MÉMOIRES
COMPLETS ET AUTHENTIQUES
DU DUC
DE SAINT-SIMON

SUR LE SIÈCLE DE LOUIS XIV ET LA RÉGENCE

COLLATIONNÉS SUR LE MANUSCRIT ORIGINAL PAR M. CHÉRUEL

ET PRÉCÉDÉS D'UNE NOTICE

PAR M. SAINTE-BEUVE DE L'ACADÉMIE FRANÇAISE

TOME DIX-SEPTIÈME

PARIS
LIBRAIRIE DE L. HACHETTE ET Cie
RUE PIERRE-SARRAZIN, N° 14

1858

MÉMOIRES

DU DUC

DE SAINT-SIMON

XVII

TYPOGRAPHIE DE CH. LAHURE
IMPRIMEUR DU SÉNAT ET DE LA COUR DE CASSATION
RUE DE VAUGIRARD, 9, A PARIS

MÉMOIRES

COMPLETS ET AUTHENTIQUES

DU DUC

DE SAINT-SIMON

SUR LE SIÈCLE DE LOUIS XIV ET LA RÉGENCE

COLLATIONNÉS SUR LE MANUSCRIT ORIGINAL PAR M. CHÉRUEL

ET PRÉCÉDÉS D'UNE NOTICE

PAR M. SAINTE-BEUVE DE L'ACADÉMIE FRANÇAISE

TOME DIX-SEPTIÈME

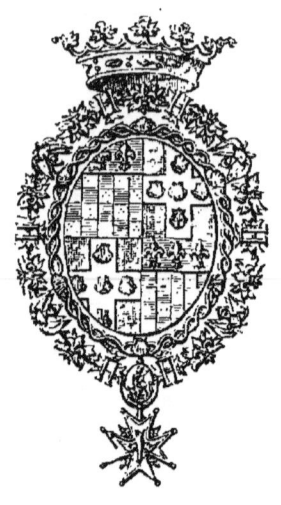

PARIS

LIBRAIRIE DE L. HACHETTE ET Cie

RUE PIERRE-SARRAZIN, N° 14

1858

MÉMOIRES

DE

SAINT-SIMON

CHAPITRE PREMIER.

Message étrange que M. le duc d'Orléans m'envoie par le marquis de Biron, au sortir du lit de justice. — Dispute entre M. le duc d'Orléans et moi, qui me force d'aller à Saint-Cloud annoncer à Mme la duchesse d'Orléans la chute de son frère, interrompue par les conjouissances de l'abbé Dubois et les nouvelles de l'abattement du parlement. — La dispute fortement reprise après; puis raisonnements et ordres sur ce voyage. — Ma prudence confondue par celle d'un page. — Folie de Mme la duchesse d'Orléans sur sa bâtardise. — On ignore à Saint-Cloud tout ce qui s'est passé au lit de justice. — J'entre chez Mme la duchesse d'Orléans. — Je quitte Mme la duchesse d'Orléans et vais chez Madame. — Menace folle et impudente de la duchesse du Maine au régent, que j'apprends par Madame. — Mme la duchesse d'Orléans m'envoie chercher chez Madame, qui me prie de revenir après chez elle. — Lettre de Mme la duchesse d'Orléans, écrite en partie de sa main, en partie de la mienne (dictée par elle), singulièrement belle. — J'achève avec Madame, que Mme la duchesse d'Orléans envoie prier de descendre chez elle. — J'entretiens la duchesse Sforze. — Je rends compte de mon voyage à M. le duc d'Orléans. — Conversation sur l'imminente arrivée de Mme la duchesse d'Orléans, de Saint-Cloud. — Entrevue de M. [le duc] et de Mme la duchesse d'Orléans, arrivant de Saint-Cloud, et de Mme la duchesse de Berry, après avoir vu ses frères qui l'attendoient chez elle. — Force et but de Mme la duchesse d'Orléans, qui sort après de toute mesure. — Misère de M. le duc d'Orléans. — Je demeure brouillé de ce moment avec Mme la duchesse d'Orléans, sans la revoir, depuis Saint-Cloud. — Je vais à l'hôtel de Condé; tout m'y rit. — Mme de L'Aigle me presse inutilement de lier avec Mme la Duchesse.

J'oublie qu'un peu devant que nous sortissions du cabinet du conseil pour le lit de justice, raisonnant à part, M. le duc d'Orléans, M. le Duc et moi, ils convinrent de se trouver ensemble avec le garde des sceaux au Palais-Royal au sortir du lit de justice, et me proposèrent d'y aller. J'y résistai un peu; mais ils le voulurent pour raisonner sur ce qui se seroit passé. Comme je vis qu'il ne s'étoit rien ému ni entrepris, je me crus libre de cette conférence, bien aise aussi de n'ajouter pas cette preuve de plus que j'avois été d'un secret qui n'étoit pas sans envieux. Entrant chez moi sur les deux heures et demie, je trouvai au bas du degré le duc d'Humières, Louville et toute ma famille jusqu'à ma mère, que la curiosité arrachoit de sa chambre, d'où elle n'étoit pas sortie depuis l'entrée de l'hiver. Nous demeurâmes en bas dans mon appartement, où, en changeant d'habit et de chemise, je répondois à leurs questions empressées, lorsqu'on vint m'annoncer M. de Biron, qui força ma porte, que j'avois défendue pour me reposer un peu en liberté. Biron mit la tête dans mon cabinet, et me pria qu'il me pût dire un mot. Je passai demi rhabillé dans ma chambre avec lui. Il me dit que M. le duc d'Orléans s'attendoit que j'irois au Palais-Royal tout droit des Tuileries, que je le lui avois promis, et qu'il avoit été surpris de ne m'y point voir; que néanmoins il n'y avoit pas grand mal, et qu'il n'avoit été qu'un moment avec M. le Duc et le garde des sceaux; que Son Altesse Royale lui avoit ordonné de me venir dire d'aller tout présentement au Palais-Royal pour quelque chose qu'elle désiroit que je fisse. Je demandai à Biron s'il savoit de quoi il s'agissoit. Il me répondit que c'étoit pour aller à Saint-Cloud annoncer de sa part la nouvelle à Mme la duchesse d'Orléans. Ce fut pour moi un coup de foudre. Je disputai avec Biron, qui convint avec moi de la douleur de cette commission, mais qui m'exhorta à ne pas perdre de temps à aller au Palais-Royal où j'étois attendu avec impatience. Il ajouta que c'étoit une confiance pénible, mais que M. le duc d'Orléans lui avoit dit ne pouvoir prendre qu'en moi, et le lui avoit dit de manière à ne lui pas laisser d'espérance de m'en excuser ni de grâce à le faire avec trop d'obstination. Je rentrai avec lui dans mon cabinet si changé, que Mme de Saint-Simon s'écria, et crut qu'il étoit arrivé quelque chose de sinistre. Je leur dis ce que je venois d'apprendre, et, après que Biron eut causé un moment et m'eut encore pressé d'aller promptement et exhorté à l'obéissance, il s'en alla dîner. Le nôtre étoit servi. Je demeurai un peu à me remettre du premier étourdissement, et je conclus à ne pas opiniâtrer M. le duc d'Orléans par ma lenteur à faire ce qu'il voudroit absolument, en même temps à n'oublier rien pour détourner de moi un message si dur et si pénible. J'avalai du potage et un œuf, et m'en allai au Palais-Royal.

Je trouvai M. le duc d'Orléans seul dans son grand cabinet, qui m'attendoit avec impatience, et qui se promenoit à grands pas. Dès que je parus, il vint à moi et me demanda si je n'avois pas vu Biron. Je lui dis que oui, et qu'aussitôt je venois recevoir ses ordres : il me demanda si Biron ne m'avoit pas dit ce qu'il me vouloit ; je lui dis que oui ; que, pour lui marquer mon obéissance, j'étois venu dans le moment à six chevaux, pour être prêt à tout ce qu'il voudroit, mais que je croyois qu'il n'y avoit pas bien fait réflexion. Sur cela, l'abbé Dubois entra, qui le félicita du succès de cette grande matinée, qui en prit occasion de l'exhorter à fermeté et à se montrer maître ; je me joignis à ces deux parties de son discours ; je louai Son Altesse Royale de l'air dégagé et néanmoins appliqué et majestueux qu'il avoit fait paroître, de la netteté, de la justesse, de la précision de ses discours au conseil, et de tout ce que je crus susceptible de louanges véritables. Je voulois l'encourager pour les suites et le capter pour le mettre bien à son aise avec moi, et m'en avantager pour rompre mon détestable message. L'abbé Dubois s'étendit sur la frayeur du parlement, sur le peu de satisfaction qu'il avoit eu du peuple par les rues, où qui que ce soit ne l'avoit suivi, et où des boutiques il avoit pu entendre des propos très-différents de ceux dont il s'étoit flatté ; en effet, cela étoit vrai, et la peur saisit tellement quelques membres de la compagnie, que plusieurs n'osèrent aller jusqu'aux Tuileries, et que ce signalé séditieux de Blamont, président aux enquêtes, déserta sur le degré des Tuileries, se jeta dans la chapelle, s'y trouva si foible et si mal, qu'il fallut avoir recours au vin des messes à la sacristie, et aux liqueurs spiritueuses.

Ces propos de conjouissance finis, l'abbé Dubois se retira et nous reprîmes ceux qu'il avoit interrompus. M. le duc d'Orléans me dit qu'il comprenoit bien que j'avois beaucoup de peine d'apprendre à me résoudre à Mme la duchesse d'Orléans une nouvelle aussi affligeante pour elle dans sa manière de penser, mais qu'il m'avouoit qu'il ne pouvoit lui écrire ; qu'ils n'étoient point ensemble sur le tour de tendresse ; que cette lettre seroit gardée et montrée ; qu'il valoit mieux ne s'y pas exposer ; que j'avois toujours été le conciliateur entre eux deux, avec une confiance égale là-dessus de part et d'autre, et toujours avec succès ; que cela, joint à l'amitié que j'avois pour l'un et pour l'autre, le déterminoit à me prier, pour l'amour de tous les deux, à me charger de la commission.

Je lui répondis, après les compliments et les respets requis, que, de tous les hommes du monde, aucun n'étoit moins propre que moi à cette commission, même à titre singulier ; que j'étois extrêmement sensible et attaché aux droits de ma dignité ; que le rang des bâtards m'avoit toujours été insupportable ; que j'avois sans cesse et ardemment soupiré après ce qu'il venoit d'arriver ; que je l'avois dit cent fois à Mme la duchesse d'Orléans, et plusieurs fois à M. du Maine, du vivant du feu roi et depuis sa mort, et une à Mme la duchesse du Maine, à Paris, la seule fois que je lui eusse parlé ; diverses fois encore à M. le comte de Toulouse ; que Mme la duchesse d'Orléans ne pouvoit donc ignorer que je ne fusse aujourd'hui au comble de ma joie; que, dans cette situation, c'étoit non pas seulement un grand manquement de respect, mais encore une insulte à moi d'aller lui annoncer une nouvelle qui faisoit tout à la fois sa plus vive douleur, et ma joie connue d'elle pour la plus sensible. « Vous avez tort, me répondit M. le duc d'Orléans, et ce n'est pas là raisonner; c'est justement parce que vous avez toujours parlé franchement là-dessus aux bâtards et à Mme d'Orléans elle-même, et que vous vous êtes conduit tête levée à cet égard, que vous êtes plus propre qu'un autre à ce que je vous demande. Vous avez dit là-dessus votre sentiment et votre goût à Mme d'Orléans; elle ne vous en a pas su mauvais gré; au contraire, elle vous l'a su bon de votre franchise et de la netteté de votre procédé, fâchée et très-fâchée de la chose en soi, mais non point contre vous. Elle a beaucoup d'amitié pour vous. Elle sait que vous voulez la paix et l'union du ménage; il n'y a personne dont elle le reçoive mieux que de vous, et il n'y a personne de plus propre que vous à le bien faire, vous qui êtes dans tout l'intérieur de la famille, et à qui elle et moi, chacun de notre côté, parlons à cœur ouvert les uns sur les autres. Ne me refusez point cette marque-là d'amitié; je sens parfaitement combien le message est désagréable; mais dans les choses importantes, il ne faut pas refuser ses amis. »

Je contestai, je protestai; grands verbiages de part et d'autre; bref, nul moyen de m'en défendre. J'eus beau lui dire que cela me brouilleroit avec elle; que le monde trouveroit très-étrange que je me chargeasse de cette ambassade, point d'oreilles à tout cela, et empressements si redoublés qu'il fallut céder.

Le voyage conclu, je lui demandai ses ordres. Il me dit que le tout ne consistoit qu'à lui dire le fait de sa part, et d'y ajouter précisément que, sans des preuves bien fortes contre son frère, il ne se seroit pas porté à cette extrémité. Je lui dis qu'il devoit s'attendre à tout de la douleur de sa femme, et en trouver tout bon dans ces premiers jours ; lui laisser la liberté de Saint-Cloud, de Bagnolet, de Paris, de Montmartre, de le voir ou de ne le point voir ; se mettre en sa place et adoucir un si grand coup par toutes les complaisances et les attentions imaginables ; donner lieu et plein champ aux caprices et aux fantaisies, et ne craindre point d'aller trop loin là-dessus. Il y entra avec amitié et compassion pour Mme la duchesse d'Orléans, sentant, et revenant souvent au travers qu'elle avoit si avant sur sa bâtardise, moi rompant la mesure, et disant qu'il n'étoit pas maintenant saison de le trouver mauvais. Je lui demandai aussi de ne point trouver mauvais ni étrange si Mme la duchesse d'Orléans, sachant ce que je lui portois, refusoit de me voir. Il me permit, en ce cas, de n'insister point, et me promit de ne s'en fâcher pas contre elle. Après ces précautions, de la dernière desquelles je méditois de faire usage, je le priai de me dire si, Madame étant à Saint-Cloud, il me chargeoit de la voir ou non. Il me remercia d'y avoir pensé, et me pria de lui rendre compte de sa part de toute sa matinée, et surtout me recommanda de revenir tout droit lui dire comment le tout se seroit passé. Je protestai encore de l'abus qu'il faisoit de mon obéissance, de ma juste répugnance, de mes raisons personnelles et particulières de résistance, des propos du monde auxquels il m'exposoit ; et finalement je le quittai comblé de ses amitiés et de douleur de ce qu'il exigeoit de la mienne.

Sortant d'avec lui, je trouvai un page de Mme la duchesse d'Orléans, tout botté, qui arrivoit de Saint-Cloud. Je le priai d'y retourner sur-le-champ au galop, de dire en arrivant à la duchesse Sforze que j'y arrivois de la part de M. le duc d'Orléans ; que je la suppliois que je la trouvasse en descendant de carrosse, et que je la pusse entretenir en particulier avant que je visse Mme la duchesse d'Orléans ni personne. Mon projet étoit de ne voir qu'elle, de la charger du paquet, sous couleur de plus de respect pour Mme la duchesse d'Orléans, de ne la point voir, puisque je m'étois assuré que

M. le duc d'Orléans ne trouveroit pas mauvais qu'elle refusât de me voir, et de lui faire trouver bon à mon retour que j'en eusse usé de la sorte. Mais toute ma pauvre prudence fut confondue par celle du page, qui n'en eut pas moins que moi. Il se garda bien d'être porteur de telles nouvelles qu'il venoit d'apprendre au Palais-Royal, et qui étoient publiques partout. Il se contenta de dire que j'arrivois, envoyé par M. le duc d'Orléans, ne sonna mot à Mme Sforze, et disparut tout aussitôt. C'est ce que j'appris par la suite, et ce que je vis presque aussi clairement en arrivant à Saint-Cloud.

J'y étois allé au petit trot pour donner loisir au page d'arriver devant moi, et à la duchesse Sforze de me recevoir. Pendant le chemin, je m'applaudissois de mon adresse ; mais je ne laissois pas d'appréhender qu'il faudroit voir Mme la duchesse d'Orléans après Mme Sforze. Je ne pouvois pas m'imaginer que Saint-Cloud fût encore en ignorance des faits principaux de la matinée, et néanmoins j'étois dans une angoisse qui ne se peut exprimer, et qui redoubloit à mesure que j'approchois du terme de ce triste voyage. Je me représentois le désespoir d'une princesse folle de ses frères, au point que, sans les aimer, surtout le duc du Maine, elle n'estimoit sa propre grandeur qu'en tant qu'elle relevoit et protégeoit la leur, avec laquelle rien n'avoit de proportion dans son esprit, et pour laquelle rien n'étoit injuste ; qui, accoutumée à une égalité de famille par les intolérables préférences du feu roi pour ses bâtards sur ses enfants légitimes, considéroit son mariage comme pour le moins égal, et l'état royal de ses frères comme un état naturel, simple, ordinaire, de droit, sans la plus légère idée que cela pût être autrement, et qui regardoit avec compassion dans moi, et avec un mépris amer dans les autres, quiconque imaginoit quelque chose de différent à ce qu'elle pensoit à cet égard ; qui verroit ce colosse monstrueux de grandeur présente et future, solennellement abattu par son mari, et qui me verroit venir de sa part sur cette nouvelle, moi qui étois dans sa confidence la plus intime et la plus étroite sur toutes choses, moi dont elle ne pouvoit ignorer l'excès de ma joie de cela même qui feroit sa plus mortelle douleur. S'il est rude d'annoncer de fâcheuses nouvelles aux plus indifférents, combien plus à des personnes en qui l'estime et l'amitié véritable et le respect du rang se trouvent réunis, et quel embarras de plus dans une espèce si singulière !

Pénétré de ces sentiments douloureux, mon carrosse arrive au fond de la grande cour de Saint-Cloud, et je vois tout le monde aux fenêtres et accourir de toutes parts. Je mets pied à terre, et je demande au premier que je trouve de me mener chez Mme Sforze, dont j'ignorois le logement. On y court : on me dit qu'elle est au salut avec Mme la duchesse d'Orléans, dont l'appartement n'étoit séparé de la chapelle que par un vestibule, à l'entrée duquel j'étois. Je me jette chez la maréchale de Rochefort, dont le logement donnoit aussi sur ce vestibule, et je prie qu'on m'y fasse venir Mme Sforze. Un moment après, on me vint dire qu'on ne savoit ce qu'elle étoit devenue, et que Mme la duchesse d'Orléans, sur mon arrivée, retournoit m'attendre dans son appartement. Un autre tout aussitôt me vint chercher de sa part; puis un second coup sur coup. Je n'avois qu'un cri après la duchesse Sforze, résolu de l'attendre, lorsque incontinent la maréchale de Rochefort arriva, clopinant sur son bâton, que Mme la duchesse d'Orléans envoyoit elle-même pour m'amener chez elle. Grande dispute avec elle, voulant toujours voir Mme Sforze, qui ne se trouvoit point. Je voulus aller chez elle pour m'éloigner et me donner du temps; mais la maréchale inexorable me tiroit par les bras, me demandant toujours les nouvelles que j'apportois. A bout enfin, je lui dis : « Celles que vous savez. — Comment ! reprit-elle, c'est que nous ne savons chose au monde, si ce n'est qu'il y a eu un lit de justice, et nous sommes sur les charbons de savoir pourquoi, et ce qui s'y est passé. » Moi, dans un étonnement extrême, je me fis répéter à quatre fois et jurer par elle qu'il étoit vrai qu'on ne savoit rien dans Saint-Cloud. Je lui dis de quoi il s'agissoit, et à son tour elle pensa tomber à la renverse. J'en fis effort pour n'aller point chez Mme la duchesse d'Orléans; mais jusqu'à six ou sept messages redoublés pendant cette dispute me forcèrent d'aller avec la maréchale, qui me tenoit par le poing, s'épouvantoit du cas, et me plaignoit bien de la scène que j'allois voir ou plutôt faire.

J'entrai donc à la fin, mais glacé, dans cet appartement des goulottes de Mme la duchesse d'Orléans, où ses gens assemblés me regardèrent avec frayeur par celle qui étoit peinte sur mon visage. En entrant dans la chambre à coucher la maréchale me laissa. On me dit que Son Altesse Royale étoit dans un salon de marbre qui y tient et est plus bas de trois marches. J'y tournai, et du plus loin que je la vis, je la saluai d'un air tout différent de mon ordinaire. Elle ne s'en aperçut pas d'abord, et me pria de m'approcher, d'un air gai et naturel. Me voyant après arrêté au bas de ces marches : « Mon Dieu, monsieur, s'écria-t-elle, quel visage vous avez ! Que m'apportez-vous ? » Voyant que je demeurois sans bouger et sans répondre, elle s'émut davantage en redoublant sa question. Je fis lentement quelques pas vers elle, et à sa troisième question : « Madame, lui dis-je, est-ce que vous ne savez rien ? — Non, monsieur, je ne sais quoi que ce soit au monde qu'un lit de justice, et rien de ce qui s'est passé. — Ah ! madame, interrompis-je en me détournant à demi, je suis donc encore bien plus malheureux que je ne pensois l'être ! — Quoi donc, monsieur ? reprit-elle, dites vivement : qu'y a-t-il donc ? » En se levant à son séant d'un canapé sur lequel elle étoit couchée : « Approchez-vous donc, asseyez-vous. » Je m'approchai, et lui dis que j'étois au désespoir. Elle, de plus en plus émue, me dit : « Mais parlez donc; il vaut mieux apprendre les mauvaises nouvelles par ses amis que par d'autres. » Ce mot me perça le cœur et ne me rendit sensible qu'à la douleur que je lui allois donner. Je m'avançai encore vers elle, et lui dis enfin que M. le duc d'Orléans avoit réduit M. le duc du Maine au rang unique d'ancienneté de sa pairie, et en même temps rétabli M. le comte de Toulouse dans tous les honneurs dont il jouissoit. Je fis en cet endroit une pause d'un moment, puis j'ajoutai qu'il avoit donné à M. le Duc la surintendance de l'éducation du roi.

Les larmes commencèrent à couler avec abondance. Elle ne me répondit point, ne s'écria point, mais pleura amèrement. Elle me montra un siége et je m'assis, les yeux fichés à terre pendant quelques instants. Ensuite je lui dis que M. le duc d'Orléans, qui m'avoit plutôt forcé que chargé d'une commission si triste, m'avoit expressément ordonné de lui dire qu'il avoit des preuves en main très-fortes contre M. du Maine; que sa considération à elle l'avoit retenu longtemps, mais qu'il n'avoit pu différer davantage. Elle me répondit avec douceur que son frère étoit un malheureux, et peu après me demanda si je savois son crime et de quelle espèce. Je lui dis que M. le duc d'Orléans ne m'en avoit du tout appris que ce que je venois de lui rendre; que je n'avois osé le questionner sur une matière de cette nature, voyant qu'il ne m'en disoit pas plus.

Un moment après je lui dis que M. le duc d'Orléans m'avoit expressément chargé de lui témoigner la douleur très-vive qu'il ressentoit de la sienne; à quoi j'ajoutai tout ce que le trouble où j'étois me put permettre de m'aviser pour adoucir un compliment si terrible, et après quelques interstices, je lui témoignai ma douleur particulière de la sienne, toute la répugnance que j'avois eue à ce triste message, toute la résistance que j'y avois apportée, à quoi elle ne me répondit [que] par des signes et quelques mots obligeants entrecoupés de sanglots. Je finis, suivant l'expresse permission que j'en avois de M. le duc d'Orléans, par lui glisser que j'avois essayé de parer ce coup. Sur quoi elle me dit que pour le présent je la voudrois bien dispenser de la reconnoissance. Je repris qu'il étoit trop juste qu'elle ne pensât qu'à sa douleur, et à chercher tout ce qui la pourroit soulager; que tout ce qui y contribueroit seroit bon à M. le duc d'Orléans : le voir, ne le point voir que lorsqu'elle le désireroit; demeurer à Saint-Cloud, aller à Bagnolet ou à Montmartre, d'y demeurer tant qu'il plairoit, en un mot tout ce qu'elle désireroit faire; que j'avois charge expresse de la prier de ne se contraindre sur rien et de faire tout ce qu'il lui conviendroit davantage. Là-dessus elle me demanda si je ne savois point ce que M. le duc d'Orléans voudroit sur ses frères, et qu'elle ne les verroit point si cela ne lui convenoit pas. Je répondis que, n'ayant nul ordre à cet égard, c'étoit une marque qu'il trouveroit fort bon qu'elle les vît; qu'à l'égard de M. le comte de Toulouse, conservé en entier, il n'y pouvoit avoir aucune matière à difficulté, et que pour M. le duc du Maine, je n'y en croyois pas davantage, que je hasarderois même de lui en répondre s'il en étoit besoin. Elle me parla encore de celui-ci; qu'il falloit qu'il fût bien criminel; qu'elle étoit réduite à le souhaiter. Un redoublement de larmes suivit ces dernières paroles.

Je restai quelque temps sur mon siége, n'osant lever les yeux dans l'état du monde le plus pénible, incertain de demeurer ou de m'en aller. Enfin je lui dis mon embarras; que je croyois néanmoins qu'elle seroit bien aise d'être seule quelque temps avant de me donner ses ordres, mais que le respect me tenoit dans un égal suspens de rester ou de la laisser. Après un peu de silence, elle témoigna qu'elle désiroit ses femmes. Je me levai, les lui envoyai et leur dis que, si Son Altesse Royale me demandoit, on me trouveroit chez Madame, chez la duchesse Sforze ou chez la maréchale de Rochefort. Je ne trouvai ni l'une ni l'autre de ces deux dames, et je montai chez Madame.

Je vis bien en entrant qu'on s'y attendoit à me voir et qu'on en avoit même impatience. Je fus environné du peu de monde qui étoit dans sa chambre, à qui je ne m'ouvris de rien, tandis qu'on l'avertissoit dans son cabinet, où elle écrivoit, comme elle faisoit presque toujours, et me fit entrer dans l'instant. Elle se leva dès que je parus, et me dit avec empressement : « Hé bien ! monsieur, voilà bien des nouvelles ! » En même temps ses dames sortirent, et je demeurai seul avec elle. Je lui fis mes excuses de n'être pas venu d'abord chez elle comme le devoir le vouloit, sur ce que M. le duc d'Orléans m'avoit assuré qu'elle trouveroit bon que je commençasse par Mme la duchesse d'Orléans. Elle le trouva très-bon en effet, puis me demanda les nouvelles avec grand empressement. Ma surprise fut extrême lorsque je connus enfin qu'elle n'en savoit nulle autre que le lit de justice et chose aucune de ce qui s'y étoit passé. Je lui dis donc l'éducation du roi donnée à M. le Duc, la réduction des bâtards au rang de leurs pairies, et le rétablissement du comte de Toulouse. La joie se peignit sur son visage. Elle me répondit avec un grand *enfin* redoublé qu'il y avoit longtemps que son fils auroit dû l'avoir fait, mais qu'il étoit trop bon. Je la fis souvenir qu'elle étoit debout ; mais par politesse elle y voulut rester. Elle me dit que c'étoit où la folie de Mme du Maine avoit conduit son mari, me parla du procès des princes du sang contre les bâtards, et me conta l'extravagance de Mme du Maine, qui, après l'arrêt intervenu entre eux, avoit dit en face à M. le duc d'Orléans, en lui montrant ses deux fils, qu'elle les élevoit dans le souvenir et dans le désir de venger le tort qu'il leur avoit fait.

Après quelques propos de part et d'autre sur la haine, le discours, les mauvais offices et pis encore du duc et de Mme la duchesse du Maine contre M. le duc d'Orléans, Madame me pria de lui conter de fil en aiguille (ce fut son terme) le détail de cette célèbre matinée. Je la fis encore inutilement souvenir qu'elle étoit debout et lui représentai que ce qu'elle désiroit apprendre seroit long à raconter ; mais son ardeur de le savoir étoit extrême. M. le duc d'Orléans m'avoit ordonné de lui tout dire, tant ce qui s'étoit passé au conseil qu'au lit de justice. Je le fis donc à commencer dès le matin. Au bout d'un quart d'heure Madame s'assit, mais avec la plus grande politesse. Je fus près d'une heure avec elle à toujours parler et quelquefois à répondre à quelques questions, elle ravie de l'humiliation du parlement et de celle des bâtards, et que M. son fils eût enfin montré de la fermeté.

La maréchale de Rochefort fit demander à entrer ; et après des excuses de Mme la duchesse d'Orléans à Madame, elle lui demanda permission de m'emmener, parce que Son Altesse Royale me vouloit parler. Madame m'y envoya sur-le-champ, mais en me priant bien fort de revenir chez elle dès que j'aurois fait avec Mme la duchesse d'Orléans. Je descendis donc avec la maréchale. En entrant dans l'appartement de Son Altesse royale, ses femmes et tous ses gens m'environnèrent pour que je l'empêchasse d'aller à Montmartre, où elle venoit de dire qu'elle s'en alloit. Je les assurai que mon message étoit bien assez fâcheux sans que j'y ajoutasse de moi-même ; que Son Altesse Royale n'étoit point dans un état à la contraindre ni à la contredire ; que j'avois bien prévu qu'elle voudroit aller à Montmartre, et pris mes précautions là-dessus ; que M. le duc d'Orléans trouvoit bon cela et toute autre chose qui seroit au soulagement et à la consolation de Son Altesse Royale, et qu'ainsi je n'en dirois pas une parole.

J'avançai, toujours importuné là-dessus, et je trouvai Mme la duchesse d'Orléans sur le même canapé où je l'avois laissée, une écritoire sur ses genoux et la plume à la main. Dès qu'elle me vit, elle me dit qu'elle s'en alloit à Montmartre, puisque je l'avois assurée que M. le duc d'Orléans le trouvoit bon ; qu'elle lui écrivoit pour lui en demander pourtant la permission, et me lut sa lettre, commencée de six ou sept lignes de grande écriture sur de petit papier ; puis, me regardant avec un air de douceur et d'amitié :

« Les larmes me gagnent, me dit-elle; je vous ai prié de descendre pour me rendre un office : la main ne va pas bien; je vous prie d'achever d'écrire pour moi; » et me tendit l'écritoire et sa lettre dessus. Je la pris, et elle m'en dicta le reste, que j'écrivis tout de suite à ce qu'elle avoit écrit.

Je fus frappé du dernier étonnement d'une lettre si concise, si expressive, des sentiments les plus convenables, des termes si choisis, tout enfin dans un ordre et une justesse qu'auroient à peine produits dans le meilleur écrivain les réflexions les plus tranquilles, et cela couler de source parmi le plus violent trouble, l'agitation la plus subite et le plus grand mouvement de toutes les passions, à travers les sanglots et un torrent de larmes. Elle finissoit qu'elle alloit pour quelque temps à Montmartre pleurer le malheur de ses frères et prier Dieu pour sa prospérité. J'aurai regret toute ma vie de ne l'avoir pas transcrite. Tout y étoit si digne, si juste, si compassé que tout y étoit également dans le vrai et dans le devoir, une lettre enfin si parfaitement belle qu'encore que je me souvienne en gros de ce qu'elle contenoit, je n'ose l'écrire de peur de la défigurer. Quel profond dommage que tant d'esprit, de sens, de justesse, qu'un esprit si capable de se posséder dans les moments premiers si peu susceptibles de frein, se soit rendu inutile à tout et pis encore, par cette fureur de bâtardise qui perdit et consuma tout!

La lettre écrite, je la lui lus. Elle ne la voulut point fermer, et me pria de la rendre. Je lui dis que je remontois chez Madame, et qu'avant partir, je saurois de Son Altesse Royale si elle n'avoit plus rien à m'ordonner. Comme j'achevois avec Madame, la duchesse Sforze vint lui parler de la part de Mme la duchesse d'Orléans sur son voyage de Montmartre, pour la prier de garder avec elle Mlle de Valois. La mère et la fille n'étoient pas trop bien ensemble, et celle-ci haïssoit souverainement les bâtards et leur rang. Madame avec bonté approuva tout ce que voudroit Mme la duchesse d'Orléans, plaignant sa douleur. Après cette parenthèse, je repris mon narré.

Comme il finissoit, la maréchale de Rochefort revint prier Madame de vouloir bien descendre chez Mme la duchesse d'Orléans, qui, en l'état où elle étoit, ne pouvoit monter, et nous dit qu'elle changeoit d'avis pour Montmartre, et resteroit à Saint-Cloud. La maréchale sortie, je finis et je suivis Madame. Je ne voulus point entrer avec elle chez Mme la duchesse d'Orléans pour les laisser plus libres. Mme Sforze en sortit, qui me dit que le voyage étoit encore changé, et qu'elle alloit à Paris. Là-dessus je la priai de rendre à Son Altesse Royale la lettre qu'elle m'avoit donnée pour M. le duc d'Orléans, et de savoir si elle n'avoit rien à m'ordonner.

Mme Sforze revint aussitôt, me mena chez elle, puis prendre l'air au bord de ce beau bassin qui est devant le degré du château. Nous nous assîmes du côté des goulottes, où il me fallut encore bien conter. Je n'oubliai pas de me servir de la permission de M. le duc d'Orléans pour lui dire ce que j'avois fait pour sauver le duc du Maine; mais je voulus y ajouter que, voyant l'éducation sans ressource, j'avois voulu la réduction au rang des pairies, et fait faire en même temps le rétablissement du comte de Toulouse. J'appuyai sur ce que j'avois toujours professé nettement à cet égard avec les bâtards, même et surtout avec Mme la duchesse d'Orléans, auxquels je ne tenois pas parole, puisque j'en sauvois un, n'ayant pu empêcher la privation de l'éducation à l'autre contre mon plus sensible intérêt. Mme Sforze, femme très-sûre et fort mon amie, qui avoit ses raisons personnelles de n'aimer ni M. ni Mme du Maine, et n'étoit fâchée que de la douleur de Mme la duchesse d'Orléans, me dit qu'elle vouloit ignorer ce que j'avois fait pour obtenir la réduction du rang, mais qu'elle feroit usage du reste. J'étois attaché d'amitié à Mme la duchesse d'Orléans. Elle me témoignoit toute confiance. Elle me devoit de la reconnoissance en toutes les façons possibles. Je n'étois pas inutile entre elle et M. le duc d'Orléans. Je désirois fort demeurer en état de contribuer à leur union et au bien intérieur de la famille. Après de longs propos, je la priai de se charger auprès de Mme la duchesse d'Orléans de ce que je n'attendois point que Madame fût sortie de chez elle pour la voir encore, puisqu'elle alloit à Paris, et je m'en allai droit au Palais-Royal, où je trouvai M. le duc d'Orléans avec Mme la duchesse de Berry. Il me vint trouver dans ce même grand cabinet dès qu'il m'y sut, où je lui rendis compte de tout ce qui s'étoit passé.

Il fut ravi de la joie, que Madame m'avoit témoignée sur le duc du Maine, et me dit que celle de Mme la duchesse de Lorraine ne seroit pas moindre. Il en venoit de recevoir une lettre toute là-dessus, pour l'en presser, et Madame me venoit de dire qu'elle en avoit une d'elle, toute sur le même sujet. Mais il ne fut pas si content de l'arrivée si prochaine de Mme la duchesse d'Orléans, dont il me parut fort empêtré. Je lui dis, outre la vérité, ce que je crus le plus propre à le toucher, et lui faire valoir son respect, son obéissance, sa soumission à ses sentiments, et toute la douceur et la soumission qu'elle avoit fait paroître dès les premiers moments. Je lui vantai surtout sa lettre, et je n'oubliai pas aussi ce que je lui avois glissé par sa permission, et dit encore à Mme Sforze, sur mon compte, à l'égard des bâtards. Il me demanda conseil s'il la verroit en arrivant. Je lui dis que je croyois qu'il devoit descendre dans son cabinet au moment de son arrivée ; faire appeler Mme Sforze, la charger de dire à Mme la duchesse d'Orléans qu'il étoit là pour la voir ou ne la point voir, tout comme elle l'aimeroit mieux, sans nulle contrainte, savoir de ses nouvelles, et faire après tout ce qu'elle voudroit là-dessus ; que, s'il la voyoit, il falloit lui faire toutes les amitiés possibles ; s'attendre à la froideur, peut-être aux reproches, sûrement aux larmes et aux cris ; mais qu'il étoit de l'humanité, de plus, de son devoir d'honnête homme de souffrir tout cela, en cette occasion, avec toute sorte de douceur et de patience, et, quoi qu'elle pût dire ou faire, ne l'en traiter que mieux. Je lui inculquai bien cela dans la tête, et, après m'être un peu vengé à lui reprocher l'abus qu'il venoit de faire de moi, je le laissai dans l'attente de cette importune arrivée, et m'en allai me reposer, excédé et poussé à bout, après une telle huitaine, d'une dernière journée si complète en fatigue de corps et d'esprit, et j'entrai chez moi qu'il étoit presque nuit.

Je sus après que Mme la duchesse d'Orléans étoit arrivée au Palais-Royal une demi-heure après que j'en fus sorti. Ses frères l'attendoient dans son appartement. Dès qu'elle les aperçut, elle leur demanda s'ils avoient la permission de la voir, et, les yeux secs, leur déclara qu'elle ne les verroit jamais si M. le duc d'Orléans le désiroit. Ensuite ils s'enfermèrent une heure ensemble. Dès qu'ils furent sortis, M. le duc d'Orléans y descendit avec Mme la duchesse de Berry, qui étoit restée pour le soutenir dans cet assaut. Jamais tant de force ni de raison. Elle dit à M. le duc d'Orléans qu'elle sentoit trop l'extrême honneur qu'il lui avoit fait en l'épousant, pour que tout autre sentiment ne cédât pas à celui-là. C'étoit la première fois depuis trente ans qu'elle lui parloit de la sorte. Puis s'attendrissant, elle lui demanda pardon de pleurer le malheur de son frère, qu'elle croyoit très-coupable, et qu'elle désiroit tel puisqu'il l'avoit jugé digne d'un si grand châtiment. Là-dessus pleurs, sanglots, cris de la femme, de la fille, du mari même, qui se surpassèrent en cette occasion. Cette triste scène dura une heure. Ensuite Mme la duchesse d'Orléans se mit au lit, et M. le duc d'Orléans et Mme la duchesse [de Berry] remontèrent le degré. Le soulagement alors fut grand de toutes parts.

Le lendemain et le jour suivant se passèrent en douceur, après lesquels Mme la duchesse d'Orléans, succombant aux efforts qu'elle s'étoit faits, commença d'aller au but qu'elle s'étoit proposé, de savoir les crimes de son frère, puis de tâcher de lui ménager une audience de son mari, espérant tout du face à face; enfin de proposer la publication de ses méfaits ou son rétablissement. A mesure qu'elle ne réussissoit pas, chagrins, larmes, aigreur, emportements, fureurs, et fureurs sans mesure. Elle s'enferma sans vouloir voir le jour ni son fils même, qu'elle aimoit avec passion, et porta les choses au delà de toute sorte de mesure. Elle savoit bien à qui elle avoit affaire. Tout autre que M. le duc d'Orléans, se voyant à bout de complaisance et d'égards, lui eût demandé, une bonne fois et bien ferme, lequel elle aimoit le mieux et de préférence de lui ou de son frère : si lui, qu'elle ne devoit avoir d'autres intérêts que les siens, et ne lui parler jamais de son frère ni de rien qui en approchât, ce qu'il lui défendoit très-expressément, et ne pas troubler le repos et l'intelligence de leur union par ce qui ne pouvoit que la rompre; si son frère, qu'elle pouvoit se retirer au lieu qu'il lui marqueroit et avec la suite et les gens qu'il choisiroit, et compter d'y passer sa vie sans entendre jamais parler de ses frères, non plus que de lui ni de leurs enfants (avec ce sage et nécessaire compliment, et une conduite soutenue, M. le duc d'Orléans se seroit bien épargné des scènes, des chagrins, des dépits, des importunités, des malaises et des misères, et à Mme la duchesse d'Orléans aussi), et chasser sur-le-champ Mme de Châtillon, les Saint-Pierre et quelques bas domestiques qui faisoient leur cour à Mme la duchesse d'Orléans de l'entretenir en cette humeur, et qui étoient son conseil là-dessus, pour la gouverner dans tout le reste.

Ce n'étoit pas à moi à inspirer une si salutaire conduite à M. le duc d'Orléans. Aussi me gardai-je très-soigneusement de lui en laisser apercevoir la plus petite lueur. Je fus d'autant plus réservé à ne lui jamais parler de Mme la duchesse d'Orléans là-dessus, et à laisser tomber tout discours quand il m'en faisoit ses plaintes, qu'ayant dit à Mme Sforze, à Saint-Cloud, que je la priois de dire à Mme la duchesse d'Orléans que je croyois plus respectueux de la laisser ces premiers jours sans l'importuner peut-être, j'attendrois à avoir l'honneur de la voir jusqu'à ce que Son Altesse Royale me fît dire par elle d'y aller. Le lendemain j'allai seulement savoir de ses nouvelles sans entrer. Je vis après Mme Sforze, qui me dit que Son Altesse Royale me prioit de ne pas trouver mauvais, si elle avoit quelque peine à me voir dans ces premiers jours. J'y entrai fort bien, et compris le contraste que faisoit en elle la joie, qu'elle ne pouvoit douter que j'eusse, avec sa douleur. Mais ces quelques jours n'ont point eu de fin, et de ce moment je demeurai brouillé avec elle. J'aurai lieu d'en parler plus d'une fois.

Rentrant chez moi, de Saint-Cloud, je pensai qu'il falloit aller à l'hôtel de Condé, où j'appris que tout le monde étoit accouru aux compliments. J'y trouvai Mme la Duchesse au lit, qui avoit pris médecine, dont le jour avoit été mal choisi. Je fus reçu à l'hotel de Condé à peu près comme je l'avois été à Saint-Cloud le jour de la déclaration du mariage de Mme la duchesse de Berry. Telle est la vicissitude de ce monde. M. le Duc m'y prit en particulier; chacun m'y arrêtoit. Ceux que je fréquentois le moins, les plus commensaux de la maison, m'y firent merveilles. Je ne savois plus en quel lieu j'étois. J'y causai longtemps en particulier avec d'Antin, puis avec Torcy, que j'exhortai à voir son ami Valincourt, comme je comptois bien faire de mon côté, pour retenir le comte de Toulouse. En sortant je fus pressé par Mme de L'Aigle de lier avec Mme la Duchesse; mais je n'y voulus point entendre, et je répondis nettement que je l'avois toujours trop été avec Mme la duchesse d'Orléans, et les deux sœurs trop mal ensemble. Bien que Mme la Duchesse n'eût rien su ni voulu savoir de toute cette trame, et qu'elle eût mieux aimé que son frère eût conservé un rang supérieur au nôtre, la haine de Mme la duchesse d'Orléans redoubla pour elle et pour tous les siens au point le plus public et le plus excessif.

CHAPITRE II

Conduite des bâtards. — O et Hautefort détournent le comte de Toulouse de suivre la fortune de son frère. — Caractère et propos d'Hautefort à son maître. — Conversation entre Valincourt et moi sur le comte de Toulouse et les bâtards. — Il revient aussi me faire les remercîments du comte de Toulouse et m'assurer qu'il s'en tiendra à sa conservation. — Le comte de Toulouse voit le régent, vient au conseil. — Le duc et la duchesse du Maine se retirent à Sceaux. — Le comte de Toulouse et Mme Sforze blâment fortement et souvent Mme la duchesse d'Orléans de ne me point voir. — Elle est outrée qu'il n'ait pas suivi le duc du Maine, qui est fort mal traité par sa femme. — Séditieux et clandestin usage de feuilles volantes en registres secrets du parlement. — Le premier président mandé et cruellement traité par la duchesse du Maine. — Blamont, président aux enquêtes, et deux conseillers enlevés et conduits en diverses îles du royaume. — Mouvements inutiles du parlement. — Effet de ce lit de justice au dehors et au dedans du royaume. — Raisons qui me détournèrent de penser alors à l'affaire du bonnet. — M. le Duc en possession de la surintendance de l'éducation du roi. — Sage avis de Mme d'Alègre. — Mauvaise sécurité du régent. — Création personnelle d'un second lieutenant général des galères en faveur du chevalier de Rancé. — Folie du duc de Mortemart, qui envoie au régent la démission de sa charge pour la seconde fois. — Je la fais déchirer avec peine, et j'obtiens après la survivance de sa charge pour son fils. — Ma dédaigneuse franchise avec le duc de Mortemart. — Survivances des gouvernements du duc de Charost à son fils; de grand maître de la garde-robe; des gouvernements de Normandie et de Limousin, aux fils des ducs de La Rochefoucauld, de Luxembourg et de Berwick, et du pays de Foix au fils de Ségur, qui épouse une bâtarde, non reconnue, de M. le duc d'Orléans. — La Fare lieutenant général de Languedoc, et l'abbé de Vauréal maître de l'oratoire. — Gouvernement de Douai à d'Estaing. — Mme la duchesse d'Orléans, qui s'étoit tenue enfermée depuis le lit de justice, revoit le monde et joue.

Le duc du Maine et le comte de Toulouse, au sortir du cabinet du conseil, descendirent dans l'appartement du duc du Maine, où ils s'enfermèrent avec leurs plus confidents. Ils les surent si bien choisir, que nul n'a su ce qu'il s'y passa. On peut, je crois, sans jugement téméraire, imaginer qu'il s'y proposa bien des choses que la sagesse du comte de Toulouse empêcha moins que le peu d'ordre et de préparation de la cabale, et la prompte venue du parlement en trouble, qui ne donna pas loisir d'y faire des pratiques. Le cardinal de Polignac y fut toujours avec eux et leurs principaux amis en très-petit nombre. Je n'ai jamais compris comment ils ne tentèrent pas de se trouver au lit de justice, pour y parler et y faire tous leurs efforts. La foiblesse qu'ils connoissoient si bien dans le régent, surtout en face, les y devoit convier puissamment; mais la peur extrême, qui fut visible dans le duc du Maine, ne lui permit pas sans doute d'y penser, encore moins de se hasarder à rien. Il avoit vu le régent si libre dans sa taille, qu'il ne douta jamais qu'il ne fût bien préparé à tout; et moins un grand coup, et si secrètement préparé étoit de son génie, plus il redouta tout ce qu'il en ignoroit. Quoi qu'il en soit, le comte de Toulouse n'en sortit pour aller chez lui qu'après cinq heures du soir, où il fit contenance de vouloir s'en aller à la suite de son frère. Ils n'avoient rien su de précis qu'après le lit de justice, et ils avoient eu trois heures à raisonner ensemble depuis.

La différence mise entre les deux frères combla la douleur de l'aîné et le dépit de sa femme, et les remua plus que tout le reste à persuader au comte de Toulouse de suivre leur fortune. Il témoigna chez lui son penchant à le faire; mais d'O, qui avoit conservé sur son esprit comme dans sa maison une espèce de majordomat d'ancien gouverneur, l'en détourna. Ce n'étoit pas qu'il ne fût fort attaché au duc du Maine; mais il l'étoit plus encore à son intérêt, qui n'étoit pas d'anéantir son maître et de le confiner à la campagne. On sut après que la franchise avec laquelle le chevalier d'Hautefort lui avoit parlé acheva de lui faire prendre le bon parti. Le chevalier d'Hautefort étoit son écuyer et lieutenant général de mer, frère du premier écuyer de Mme la duchesse de Berry, de Surville, qui avoit eu le régiment du roi, si connu par ses disgrâces, et d'Hautefort, lieutenant général, mort depuis chevalier de l'ordre, fort fâché avec raison de n'être pas maréchal de France. Hautefort, [écuyer] du comte de Toulouse, étoit un rustre qui, sans aucune vertu ni philosophie, s'étoit persuadé d'affecter l'une et l'autre pour se faire admirer aux sots, et sa place auprès du comte de Toulouse l'avoit fait arriver à bon marché dans la marine. Il lui dit nettement qu'il étoit la dupe de gens qui ne l'avoient jamais aimé, qui avoient toujours tout fait sans lui, qui s'étoient mis eux et leurs enfants sur sa tête, et dont les entreprises folles les avoient conduits au point où ils se trouvoient ; que, quelque douloureuse que lui fût une chute, elle lui valoit une distinction inouïe et la plus flatteuse ; que c'étoit à lui à peser s'il vouloit abandonner et perdre cette même distinction et toutes les fonctions de ses charges, pour suivre une folle et un homme qui en eux-mêmes s'en moqueroient de lui, et s'enterrer tout vif dans Rambouillet avant quarante ans, où, après les premiers jours d'admiration des sots, chacun le laisseroit là et trouveroit son choix ridicule, dont il auroit tout le temps de s'ennuyer et de se repentir. Que pour lui, il lui disoit librement qu'ayant tant fait que d'être à lui, il avoit compté être avec un prince du sang, vrai ou d'apparence, non à un particulier, et être avec un amiral auprès de qui il mèneroit dans son métier une vie agréable et considérée ; qu'il seroit ravi sur ce pied-là de demeurer toute sa vie avec lui, mais que, pour s'enfouir tout vivant dans Rambouillet, il le prioit de n'y pas compter ; que tout ce qu'il y avoit de bon chez lui pensoit de même, et prendroit son parti les uns après les autres ; que pour lui, il aimoit mieux le lui dire tout d'un coup.

On assure que rien ne donna tant à penser au comte de Toulouse que cette déclaration si prompte. Il se considéra tout seul à Rambouillet hors d'état et de volonté de rien entreprendre, en risque d'être dégradé comme son frère, pour son refus d'accepter le bénéfice de la déclaration en sa faveur; tiraillé entre la reconnoissance qu'elle méritoit, même aux yeux du monde et la dépendance de la fortune et des caprices d'une folle qu'il abhorroit, et d'un frère qu'il n'aimoit ni n'estimoit. Les suites le firent trembler, et il prit son parti de conserver son rang et son état ordinaire. Lui et son frère allèrent le soir au Palais-Royal voir Mme la duchesse d'Orléans, comme je l'ai dit, tandis que Mme du Maine et ses enfants se retirèrent à l'hôtel de Toulouse, où ils les trouvèrent au retour. On peut juger de la soirée; le maréchal de Villeroy, M. de Fréjus et très-peu d'autres les y virent. Le lendemain, samedi, Mme la duchesse d'Orléans y alla; nouvelles douleurs, Mme du Maine au lit, immobile comme une statue.

Ce même samedi, lendemain du lit de justice, j'envoyai prier Valincourt de venir chez moi. Il y vint. Je lui parlai franchement sur le choix que le comte de Toulouse avoit à faire. Je ne lui dissimulai point ce que j'avois voulu parer, et que n'ayant pu sauver l'éducation, ce que j'avois obtenu sur le rang; que c'étoit moi qui avois imaginé, proposé, et fait agréer la déclaration en faveur du comte de Toulouse. Je le fis souvenir que je ne m'étois jamais caché sur le rang des bâtards, et je le priai de parler si fortement à son maître, qu'il ne se perdît pas pour son frère. Valincourt convint que j'avois raison, et me pria qu'il pût dire au comte de Toulouse l'obligation qu'il m'avoit. C'étoit bien mon dessein; surtout je le pressai de faire que, dès le lendemain dimanche, le comte de Toulouse se trouvât au conseil de régence, et qu'il se défît de ses hôtes au plus tôt. Valincourt en étoit déjà ennuyé : il revint peu après me faire les remercîments du comte de Toulouse, et me dire que, malgré sa douleur et toutes les persécutions de famille, il demeureroit et se trouveroit le lendemain au conseil. Cela me rafraîchit fort le sang, car j'en prévoyois l'affoiblissement et la chute même du parti du duc et de la duchesse du Maine, et la division prochaine des deux frères. Il me laissa entendre que le séjour de M. et de Mme du Maine à l'hôtel de Toulouse pesoit à tous, et que le lendemain matin, dimanche, ils s'en iroient à Sceaux, où il trouvoit indécent qu'ils ne fussent pas encore; je priai Valincourt de savoir du comte de Toulouse s'il vouloit compliment ou silence de ma part et de celle de M. le Duc qui en étoit en peine, qui mouroit d'envie de lui marquer son amitié personnelle, et qui s'étoit adressé à moi pour savoir comment il en devoit user à son égard. Valincourt me dit qu'il croyoit que le silence conviendroit mieux d'abord, mais qu'il le demanderoit franchement de ma part et de celle de M. le Duc, à M. le comte de Toulouse, et qu'il me le feroit savoir. En effet, il m'écrivit dans le soir même que M. le comte de Toulouse sentoit moins sa distinction que le malheur de son frère auquel même elle le rendoit plus sensible, et qu'il désiroit que M. le Duc et moi ne lui dissions rien. Je le fis savoir à M. Duc, et je rendis compte à M. le duc d'Orléans de ce que j'avois fait avec Valincourt, qui fut très-aise du parti que prenoit le comte de Toulouse, lequel alla voir le régent, le samedi au soir. Cela se passa courtement, mais bien entre eux, à ce que me dit M. le duc d'Orléans.

Le lendemain dimanche, M. et Mme du Maine s'en allèrent à Sceaux. Après leur départ, le comte de Toulouse tint le conseil de marine à l'ordinaire, et vint l'après-dînée au conseil de régence avec un air froid, sérieux et concentré. Il y eut des gens surpris et fâchés de l'y voir. Peu s'approchèrent de lui, et peu après son arrivée, on se mit en place. Dès que je fus assis, je lui dis à l'oreille qu'il étoit servi comme il l'avoit désiré, que je ne lui dirois qu'un seul mot dont je ne pouvois me passer : que c'étoit, ce jour-là, la première fois que je m'asseyois au-dessous de lui avec plaisir. Son remercîment tint de sa nature; il fut très-froid; je ne lui parlai plus de tout le conseil. Ce froid dura quelque temps. Je pense aussi qu'il y crut de la bienséance, et je ne me pressai pas de le réchauffer, mais peu à peu nous revînmes ensemble en notre premier état. Je sus même, par la duchesse Sforze, qu'il blâmoit fort Mme la duchesse d'Orléans de ne me point voir, jusqu'à l'en avoir bien fait pleurer, par tout ce que lui et Mme Sforze lui avoient souvent dit là-dessus. Mme la duchesse d'Orléans étoit outrée de ce qu'il étoit demeuré, et n'avoit rien oublié pour l'engager à suivre le sort de son frère et servir la passion du duc du Maine et la rage de la duchesse du Maine. Plusieurs se firent écrire à l'hôtel de Toulouse. M. le comte de Toulouse, comme je l'ai dit, ne voulut recevoir de compliment de personne, ni M. et Mme du Maine. J'étois quitte du mien par Valincourt, et à l'égard du duc et de la duchesse du Maine, je ne crus pas devoir leur donner aucun signe de vie. Je sus depuis qu'ils se prirent fort à moi de ce qui leur étoit arrivé, quoique fort sobres en discours. Je me contentai à leur égard d'avoir préféré le bien de l'État à tout le reste, et satisfait de moi-même sur ce point principal, je jouis dans toute son étendue du plaisir de notre triomphe, sans me lâcher aussi en propos, et laissai M. du Maine en proie à ses perfidies, et Mme du Maine à ses folies, tantôt immobile de douleur, tantôt hurlante de rage, et son pauvre mari pleurant journellement comme un veau des reproches sanglants et des injures étranges qu'il avoit sans cesse à essuyer de ses emportements contre lui.

Le parlement, retourné à pied des Tuileries au palais, avec aussi peu de satisfaction, par les rues, qu'il en avoit eu en venant, y respira de la frayeur et de la honte qu'il avoit essuyées, et tâcha de s'en venger clandestinement, en faisant écrire sur une feuille volante de registres secrets et fugitifs, qu'il n'avoit ni pu ni dû opiner au lit de justice, et sa protestation contre tout ce qui s'y étoit fait. Mme du Maine avoit envoyé chercher le premier président, sitôt qu'il fut rentré chez lui où on l'attendoit de sa part. Il n'osa désobéir, et s'y en alla. Il fut reçu avec un torrent d'injures et de reproches, et traité comme le dernier valet qu'on eût surpris en friponnerie ; il n'eut jamais le temps de s'excuser ni de répondre. Elle se prit à lui de n'avoir pas tout empêché et arrêté, et l'accabla de mépris et de duretés les plus cruelles, en sorte qu'après une heure de ce torrent d'horreurs, qu'il lui fallut essuyer, il s'en revint chez lui avec ce surcroît de rage. Nous le sûmes dès le lendemain ; on peut juger si je le plaignis, et dans la vérité il leur étoit trop indignement et abandonnément vendu pour être plaint de personne. Un moins malhonnête homme que lui en seroit crevé.

Le lendemain du lit de justice, lundi 29 août, vingt-sept mousquetaires, commandés par leurs officiers, et partagés en trois détachements, avec un maître des requêtes à chacun, allèrent, avant quatre heures du matin, enlever de leur lit et de leurs maisons, Blamont, président aux enquêtes, et les conseillers Saint-Martin et Feydeau de Calendes. Leur frayeur fut mortelle, mais leur résistance nulle. Ils furent mis chacun dans un carrosse, qu'on tenoit tous prêts, et séparément conduits, le premier aux îles d'Hyères, le second à Belle-Ile, le troisième dans l'île d'Oléron, sans parler à personne sur la route ni dans le lieu de la prison, et mortellement effrayés de se voir le Mississipi pour leur plus prochaine terre. On ne trouva rien qui valût chez les deux conseillers, mais infiniment chez Blamont, tant à Paris qu'en sa maison de campagne, où un autre maître des requêtes s'étoit transporté en même temps, en sorte qu'il y eut de quoi admirer l'imprudence ou la sécurité d'un homme qui sembloit chercher ce qui lui arriva par ses menées et par l'éclat de sa conduite, et n'avoir pas eu plus de soin à mettre ses papiers à couvert.

Cette capture, qui auroit pu se faire avec moins d'appareil, ne fut pas plutôt sue au palais, que les chambres s'assemblèrent et résolurent une députation aux femmes des exilés pour leur témoigner la part que la compagnie prenoit en leur détention, et une autre la plus nombreuse qu'il se pourroit au roi et au régent, pour s'en plaindre. Ils furent donc dès le dimanche matin au Palais-Royal, et l'après-dînée aux Tuileries. Leur harangue, prononcée par le premier président, fut pressante, mais en termes très-mesurés et très-respectueux. La réponse à toutes les deux fut à peu près de même, grave et vague. Le lundi et le mardi le palais fut fermé, et un avocat, ayant plaidé à la cour des aides, pensa être chassé de sa compagnie, qui avoit résolu de cesser ses fonctions; cependant cette grande résolution, qui alloit à suspendre tout cours de justice, qui tendoit à soulever le monde et à essayer un second tome du fameux Broussel, de la dernière minorité, ne put se soutenir. Dès le mercredi le parlement reprit de lui-même ses ordinaires fonctions; mais il ordonna aux gens du roi de se trouver tous les matins au Palais-Royal, pour insister sur le rappel de leurs membres. Ce manége, aussi ridicule qu'infructueux, dura jusqu'au 7 septembre. Comme les extrémités sont du goût des François, il se débita que, la cessation de l'exercice de la justice n'ayant pas réussi, le parlement entreprendroit de ne se point séparer aux vacances, et de continuer à s'assembler après la Notre-Dame de septembre. Néanmoins il n'osa l'attenter. Il laissa seulement commission au président qui devoit tenir la chambre des vacations d'aller souvent solliciter auprès du régent le retour de leurs membres. Ce président vit bien, par l'éloignement des lieux, où on sut enfin qu'ils étoient arrivés et détenus sans parler à personne, qu'ils n'étoient pas pour en sortir sitôt, vit le régent deux ou trois fois, et lui épargna ensuite une importunité inutile.

Ainsi finit cette grande affaire, et si importante que le repos de l'État en dépendoit, par le consolidement de l'autorité royale entre les mains du régent, en empêchant un partage qui ne lui eût bientôt laissé qu'une représentation vaine et vide, et qui eût attiré toutes sortes de confusions, affaire compliquée dont le succès fut également dû à la diligence et au profond secret, au peu d'arrangement de la cabale qui se formoit, et à la foiblesse de ses principales têtes.

L'honneur que cette exécution fit au régent dans les pays étrangers est incroyable. On commença à s'y rassurer de la crainte de ne pouvoir traiter solidement avec un prince qui sembloit se laisser arracher son pouvoir par des légistes : c'est ainsi que le roi de Sicile s'en expliqua en propres termes à Turin, et que les autres puissances ne s'en laissèrent pas moins clairement entendre.

La consternation du parlement ne fit pas un moindre effet dans le royaume. Les autres parlements, qui tous avoient été sondés, et dont quelques-uns n'avoient pas voulu se joindre à celui de Paris, s'affermirent dans l'obéissance, et les provinces séduites par des pratiques et depuis par l'exemple de l'indépendance, n'osèrent plus montrer d'audace. La Bretagne, dont les états assemblés et le parlement se tournoient ouvertement à la révolte, commença par ce coup à rentrer peu à peu dans l'obéissance, et, s'il y eut nombre de particuliers entraînés depuis par de folles espérances qui se précipitèrent dans la rébellion, le nombre en fut si médiocre, l'espèce si méprisable, les moyens si nuls, et la terreur et les cris si pitoyables dès qu'ils se virent découverts, qu'il n'y eut qu'à les châtier par les voies ordinaires de la justice, sans aucune sorte d'inconvénient ni de suites à en craindre. Voilà comme la fermeté est le salut des États, et comme une débonnaireté et une facilité qui dégénère en foiblesse, opère le mépris et les attentats, précipite tout en dangers et en ruine, et ne se peut relever que par des coups de force où le bonheur ne préside guère moins que la conduite. J'avois tout appréhendé d'un coup double frappé à la fois sur le parlement et sur le duc du Maine, et en effet tout en étoit à craindre. Le besoin que, dans cette extrémité d'affaires, le

régent eut de l'union avec M. le Duc; l'opiniâtreté de M. le
Duc à ne plus laisser échapper la surintendance de l'éducation du roi et qui sentit ses forces en cette occasion après
tant de fois que M. le duc d'Orléans lui avoit donné et manqué de paroles les plus positives là-dessus; ces intérêts divers, mais alors réunis de ces deux princes, chacun pour
son but, l'emportèrent sur les plus sages considérations. Le
favorable succès me combla de joie, et le délicieux fruit du
rang que j'en recueillis me fut d'autant plus précieux que ce
grand objet ne me séduisit ni l'esprit ni le cœur, et que je le
pus goûter avec toute la paix qu'une conscience pure répand
dans l'âme d'un homme de bien qui a sincèrement préféré
l'État à soi-même.

Pour achever un morceau si curieux de l'histoire de cette
régence, il faut dire pourquoi je ne crus pas à propos de
profiter de cette occasion pour le bonnet. Je crus qu'il ne
falloit pas surcharger la foiblesse du régent de tant de choses à la fois et ne pas embarrasser l'affaire si principale de
la réduction des bâtards au rang de leurs pairies, dont il
falloit presque abandonner l'espérance, si nous ne l'obte-
nions pas à l'occasion du changement de main de l'éducation; ne l'embarrasser pas, dis-je, d'une autre affaire si
inférieure à celle-là. Je pensai que le bonnet étoit une
affaire si ridicule en soi du côté des bonnets, et si entamée,
qu'il étoit impossible, que, près ou loin, une chose si juste
nous fût refusée, et qu'il étoit même peu décent pour nous
de ne l'obtenir que comme une vengeance du régent dont
nous profiterions. Je craignis que le parlement, outré de
l'affront qu'il alloit recevoir, uni avec le duc du Maine enragé de sa chute, et que l'éclat commun resserroit de plus
en plus, se portât à des extrémités dont le monde ne manqueroit pas de nous charger, si notre intérêt devenoit une
des amertumes de cette compagnie. Je sentis toute la différence pour la solidité d'un avantage tel que la réduction des
bâtards au rang de leurs pairies, qui auroit M. le Duc pour

garant qui, au lieu d'avoir le parlement pour partie, étoit au contraire conforme à ses usages et à ses règles, d'avec un avantage qui, portant directement sur les présidents à mortier, et par leur intrigue sur le parlement, à qui ils le feroient accroire, n'auroit de garantie que la durée de la colère et de la fermeté d'un régent qui ne connoissoit ni l'une ni l'autre, surtout pour les intérêts d'autrui, et qui, suivant son goût, entendroit si volontiers aux prétendus *mezzo-termine*, rapatriages, conciliations, qui lui pouvoient être opposés dans la suite, par lesquels le régent et le parlement seroient peut-être ravis de sortir d'affaire l'un d'avec l'autre à nos dépens. Ces considérations me firent estimer que l'affaire du bonnet n'étoit pas de saison, et qu'il falloit quelquefois savoir demeurer en souffrance. Je pensai enfin, mais sans être déterminé par cette raison surabondante et assez peu apparente, que le parlement, touché de cette modération de notre part, sentiroit peut-être enfin l'excès, la nouveauté, l'injustice si évidente de l'usurpation de ses présidents à cet égard, et qui n'intéressoit le corps du parlement en nulle sorte, l'engageroit à y prendre peu de part si cette affaire venoit à être jugée, comme celle de la préopinion sur les présidents et le premier président le fut en notre faveur en 1664, peut-être même à se porter à nous faire justice comme le parti le plus honorable sur un point si criant, et ôter le mur de séparation et de division d'entre les pairs et le parlement par l'inconvénient duquel cette compagnie n'avoit cessé d'être continuellement flétrie, au lieu du lustre peut-être excessif, où son union avec les pairs l'avoit élevée et établie avant ces usurpations.

Dès le lendemain du lit de justice, M. le Duc prit possession de la surintendance de l'éducation du roi et en fit les fonctions. Il s'établit peu de jours après dans l'appartement que le duc du Maine occupoit aux Tuileries. L'après-dînée du jour du lit de justice le maréchal de Villeroy, accompagné de M. de Fréjus et de toute l'éducation, alla piaffant, quoique enrageant, à l'hôtel de Condé, où les souples respects d'une part, et les faux compliments de l'autre, donnèrent une autre sorte de spectacle. Dès le lendemain, le roi s'alla promener au Cours où M. le Duc l'accompagna, au lieu du duc du Maine, et entra publiquement en fonction.

Mme d'Alègre ne tarda pas à me venir voir. Elle m'avoua enfin, parmi toutes ses enveloppes ordinaires, ses phrases suspendues et souvent coupées sans les achever, que ses avis si souvent réitérés et si fort hiéroglyphiques, n'avoient tendu qu'à m'avertir, et le régent par moi, de la dangereuse cabale qui se brassoit de longue main, qui se fortifioit tous les jours, et qu'il étoit grand temps d'abattre par le grand coup qui venoit d'être frappé; en même temps elle m'avertit, pour le bien inculquer au régent, de ne se pas trop reposer sur une exécution si importante; qu'elle connoissoit les allures des gens à qui elle avoit affaire; que, quelque étourdis qu'ils fussent d'un coup auquel ils ne s'attendoient pas de la conduite et de la foiblesse du régent, ils n'en seroient que plus enragés et plus unis; que ce coup même leur apprenoit à changer leur sécurité, leur lenteur, leur négligence en mesures plus justes, plus serrées, plus fortes, pour atteindre au grand but qu'ils s'étoient proposé, de profiter de plus en plus des dispositions de l'Espagne, irritée au dernier point du dernier traité avec l'empereur et les puissances maritimes, et du dépit général qui s'en répandoit par toute la France. Je ne manquai pas d'en rendre un compte exact à M. le duc d'Orléans, et d'y ajouter mes réflexions. Je trouvai un homme si à son aise d'être au lendemain de cette grande crise, si étouffé encore d'un tour de force aussi contraire à son naturel, qu'il s'y étoit replongé tout à fait comme un homme qui s'étend dans son lit en arrivant d'une grande course, et qui ne veut pas ouïr parler d'autre chose que de repos. Il me chargea de bien remercier Mme d'Alègre et m'assura en même temps qu'après une telle touche il n'avoit rien à craindre de personne, sans que je le pusse jamais tirer pour lors d'un si dangereux préjugé. Je fis à Mme d'Alègre plus de compliments que je n'en étois chargé, et je ne craignis pas d'outrepasser ma commission, en la priant fort de la part du régent d'avoir les yeux bien ouverts, et de m'avertir de tout ce qu'elle pourroit soupçonner ou découvrir. J'y joignis les louanges et les flatteries qui pouvoient le plus l'y engager, et notre commerce demeura enseveli dans le même secret dans lequel il l'avoit toujours profondément été.

J'obtins en ce temps-ci deux grâces que je ne puis oublier, parce que je n'en ai point reçu qui m'aient fait tant ni de si sensible plaisir. On a pu voir, dans les commencements de ces Mémoires, que le saint et fameux abbé de la Trappe avoit été l'homme que j'avois le plus profondément admiré et respecté, et le plus tendrement et réciproquement aimé : il avoit laissé un frère que je n'avois jamais vu, et avec qui je n'avois jamais eu aucun commerce : il étoit de bien loin, et en tout genre, le plus ancien officier de toutes les galères ; il y avoit acquis de la réputation et l'affection du corps : il en étoit premier chef d'escadre, commandant du port de Marseille depuis bien des années, et à plus de quatre-vingt-quatre ou quatre-vingt-cinq ans il avoit toute sa tête et toute sa santé. La fantaisie le prit d'en profiter pour venir faire un tour à Paris, où il n'étoit jamais venu de ma connoissance. Ce fut M. de Troyes, dont il étoit cousin germain de son père, enfants des deux frères, qui m'apprit son arrivée. Il s'appeloit le chevalier de Rancé. Je me hâtai de l'aller voir et de le convier à dîner : il ressembloit tant à M. de la Trappe, que je dirai sans scandale que j'en devins amoureux, et qu'on rioit de voir que je ne pouvois cesser de le regarder. Ses propos ne sentoient le vieillard que par leur sagesse, avec tout l'air et la politesse du monde. Tout à coup j'imaginai de faire pour lui la chose la plus singulière et la plus agréable : jamais il n'y eut qu'un seul lieutenant général des galères, charge qui se vend et qu'avoit le marquis de Roye. Je résolus de demander au régent d'en faire un second en la personne du chevalier de Rancé, à condition qu'après lui sa place ne seroit plus remplie, et que les choses à cet égard reviendroient sur le pied où elles étoient auparavant. J'en parlai à M. de Troyes, à l'insu duquel il n'auroit pas été honnête de m'employer. Il fut charmé de ma pensée, et me promit de m'y seconder. En même temps je le priai que le secret en demeurât entre nous deux pour ne pas donner une espérance vaine et un chagrin sûr s'il y avoit un refus que nous ne pussions vaincre : l'amitié, quand elle est forte, rend pathétique. Je représentai si bien à M. le duc d'Orléans les services, le mérite, la qualité de frère de M. de la Trappe, le grand âge du chevalier de Rancé, dont l'avancement extraordinaire ne pouvoit faire tort ni servir d'exemple à personne, qu'en présence de M. de Troyes, qui m'appuya légèrement, peut-être parce que je ne lui en laissai pas trop le loisir, j'emportai la création d'un second lieutenant général des galères, sans pouvoir être remplie après le chevalier de Rancé, et dix mille livres d'appointement en outre de ce qu'il en avoit. Je fus transporté de la plus vive joie qui, contre mon attente, s'augmenta encore par celle du chevalier de Rancé, dont la surprise fut incroyable. On peut juger que je pris soin que l'expédition fût bien libellée. Il passa deux mois à Paris, beaucoup moins que je n'aurois désiré, et il jouit encore de son nouvel état quelques années. Mais, comme les exemples sont dangereux en France, l'âge, l'ancienneté, les services, la naissance du chevalier de Roannois, premier chef d'escadre des galères, crièrent tant à la mort du chevalier de Rancé, qu'il parvint enfin à succéder à sa charge, qui, néanmoins, a fini avec lui. L'autre grâce, voici quelle elle fut.

On a pu voir (t VII, p. 63), l'étrange trait du duc de Mortemart à mon égard, à l'occasion de la mort de Mme de Soubise, ce qui fut sur le point d'en arriver, et que M. de Beauvilliers lui ordonna de sortir de chez lui dès que j'y entrerois, et de n'y jamais entrer tant que j'y serois : ce qui a duré presque jusqu'à la fin de sa vie, c'est-à-dire plusieurs années, qu'il me demanda de souffrir son gendre chez lui. On a pu voir (t. IX, p. 56), l'autre trait qu'il me fit dans le salon de Marly, sur notre requête contre d'Antin. Je ne le voyois donc en aucune occasion, quoique ami intime de toute sa famille, même de sa mère. Il s'étoit déjà pris une fois de bec avec le maréchal de Villeroy sur les fonctions de leurs charges. On a vu (t. XV, p. 133), que le service en manqua plusieurs jours, et qu'il voulut donner la démission de sa charge. Cette disparate avoit éloigné de lui M. le duc d'Orléans. Un peu après l'affaire du chevalier de Rancé, il s'éleva une autre dispute entre le duc de Mortemart et le maréchal de Villeroy, où le premier poussa les choses d'autant plus loin qu'il avoit plus de tort, et le maréchal demeura d'autant plus sage qu'il se sentoit toute la raison de son côté. L'affaire portée au régent, il décida en faveur du maréchal, et blâma d'autant plus l'autre, qu'il l'avoit indisposé par sa première dispute, par sa première démission et par d'autres disputes moins importantes, mais fréquentes, pour des vétilles, avec les uns et les autres. Mortemart, piqué d'avoir succombé après l'éclat qu'il avoit fait, peut-être autant d'avoir été tancé plus que M. le régent n'avoit accoutumé de faire, n'en fit pas à deux fois et lui envoya la démission de sa charge de premier gentilhomme de la chambre, avec une lettre fort peu ménagée.

Heureusement c'étoit un jour que je travaillois avec M. le duc d'Orléans, et que j'arrivai comme il venoit de la lire. Je trouvai ce prince en furie, qui d'abordée me conta la chose, et conclut que, pour cette fois, Mortemart seroit pris au mot, et lui délivré de toutes ses impertinences ; tout de suite, en me regardant, il me fit entendre que j'étois venu tout à propos. L'horreur que je sentis de la dépouille de M. de Beauvilliers, et de m'en revêtir aux dépens de ses petits-fils, m'inspira la plus nerveuse éloquence. Je représentai au régent que ce n'étoit pas M. de Mortemart qu'il devoit regarder, mais la mémoire de M. de Beauvilliers, et les obligations étroites, importantes, continuelles, qu'il lui avoit à l'égard de Mgr le duc de Bourgogne, lorsqu'il alloit tout gouverner, puis à la mort de ce prince, et précédemment encore lors du mariage de Mme la duchesse de Berry. Je m'espaçai sur ces matières avec la dernière force, et je finis par lui dire qu'il étoit fait et payé, tout régent qu'il étoit, pour souffrir toutes les sottises et tous les égarements du gendre de M. de Beauvilliers. Il disputa, me fit sentir encore que l'occasion étoit belle et unique. Mon indignation redoubla, dont la fin fut que la démission fut sur-le-champ mise en pièces.

Au sortir du Palais-Royal, j'allai dire à la duchesse de Mortemart la folie que son fils venoit de faire, la peine que j'avois eue à l'en sauver, et le soin extrême qu'elle devoit d'en empêcher une troisième récidive, qui sûrement seroit plus forte que moi, ou se brusqueroit à mon insu, puisque c'étoit le plus grand hasard du monde que celle-ci fût arrivée le même jour et si peu de temps avant que je vinsse travailler avec M. le duc d'Orléans. Le duc de Mortemart, revenu de sa fougue par l'avoir satisfaite, sentit tout le péril où elle l'avoit jeté, et se trouva heureux de n'avoir pas perdu sa charge. Je fus très-surpris, trois jours après, de le voir entrer dans ma chambre, où il me fit de grands remercîments. Je lui répondis froidement qu'il ne m'en devoit aucun, parce que je n'avois rien fait pour lui, mais tout par mon tendre, fidèle et reconnoissant souvenir de M. le duc de Beauvilliers, dont la famille me seroit toujours infiniment chère, et pour conserver sa charge à ses petits-fils, et je l'exhortai en peu de mots à ne se plus jouer à mettre la patience de M. le duc d'Orléans à de pareilles épreuves. On peut juger que la franchise d'une si sèche réponse abrégea la visite, qui finit froidement, mais poliment, sans que depuis j'aie ouï parler de lui. Le lendemain matin, sa femme, qu'il tenoit étrangement captive, dont la vertu, la piété, l'esprit et la conduite méritoient un tout autre mari, vint

chez moi me remercier avec la plus grande effusion de cœur.
Je l'assurai que j'étois tellement payé d'avance par tout ce que
j'avois reçu de son père, que je ne méritois nul remercîment,
mais d'être félicité d'avoir eu occasion de témoigner à sa
mémoire le plus tendre et le plus vif attachement, et de la tirer
elle-même de la peine de voir passer sa charge en d'autres
mains. Je n'ajouterai point ce qu'elle me dit sur l'occasion
si aisée de la prendre pour moi, ni ce que ses tantes m'en
témoignèrent, car sa belle-mère étoit sa tante aussi. Nous
nous embrassâmes de bon cœur, qui fut la fin de la visite et
la dernière fois que je la vis; elle mourut bientôt après, sans
que son mari sentît une si grande perte.

J'achèverai tout de suite, pour n'avoir plus à y revenir.
La sombre folie du duc de Mortemart m'inquiétoit toujours
pour sa charge. On ne pouvoit se flatter qu'elle ne lui causât
encore des querelles aussi mal fondées que les dernières;
qu'elles ne lui tournassent la tête comme elles avoient déjà
fait, et que M. le duc d'Orléans, excédé de lui, ne pût être
arrêté, pour s'en défaire, à la difficulté que j'y avois éprouvée. Cela me revint si souvent dans l'esprit, qu'au bout de
deux mois je pris ma résolution, sans en parler à personne,
de demander à M. le duc d'Orléans la survivance de sa charge
pour son fils qui n'avoit pas sept ans. Par là je ne craignois
plus les frasques du père. Il ne pouvoit plus la vendre, et s'il
s'avisoit encore une fois de se piquer et d'envoyer sa démission, il n'y avoit plus à courir après, son fils devenoit le titulaire. Je pris donc cette résolution, et je l'exécutai si bien
que j'emportai la survivance. Comblé de joie d'avoir mis en
sûreté le petit-fils du duc de Beauvilliers pour sa charge,
j'allai, au sortir du Palais-Royal, l'apprendre aux duchesses
de Beauvilliers, de Mortemart et de Chevreuse, chacune chez
elle, dont la surprise, la joie et les expressions ne se peuvent rendre. Je dis aux deux premières qu'il étoit très-essentiel de bien constater la chose par leur remercîment public.
Dès le lendemain, quoiqu'elles n'allassent plus en aucun

lieu, depuis bien des années, au delà de leur famille et d'un très-petit nombre d'amis particuliers, je les accompagnai au Palais-Royal. J'avertis M. le duc d'Orléans, dans son cabinet, qu'elles l'attendoient pour lui faire leur remercîment. Il vint aussitôt les trouver; il se passa le mieux du monde, et la survivance fut expédiée le lendemain. Ce remercîment la rendit publique. Rien au monde ne m'a jamais tant fait de plaisir, et toute cette famille n'a jamais oublié ce service.

Cette survivance en occasionna d'autres, que je mets tout de suite comme elles furent données aussi. Le duc de Charost, mon ami, comme on l'a vu, depuis bien des années, me pria de demander la survivance de sa charge de capitaine des gardes du corps pour son fils; je lui dis que ce n'étoit pas celle-là qu'il devoit désirer pour lors, mais celle de ses gouvernements de Calais et de Dourlens, et de sa seule lieutenance générale de Picardie, qui est une grâce de quatre-vingt mille livres de rente, et des emplois dont l'importance attireroit après très-facilement celle de sa charge. Il me crut, et je l'obtins deux jours après. Là-dessus le duc de La Rochefoucauld eut celle de grand maître de la garde-robe, pour son fils; le duc de Luxembourg, celle de gouverneur de Normandie pour le sien; et le duc de Berwick, arrivé de son commandement de Guyenne depuis deux jours, celle de son gouvernement de Limousin pour son fils. La Fare acheta une lieutenance générale de Languedoc du comte du Roure, qui obtint son gouvernement du Pont-Saint-Esprit pour son fils en s'en démettant, et l'abbé de Vauréal eut permission d'acheter de l'évêque de Saint-Omer la charge de maître de l'oratoire, qui n'a point de fonctions, mais les entrées de la chambre, et cinq ou six mille livres d'appointements.

Je ne ferois pas mention de cette dernière bagatelle, sans la singulière et fort étrange fortune que ce Vauréal a faite depuis. C'est un grand drôle, d'esprit et d'intrigue, d'effronterie sans pareil, grand et fort bien fait, et qui en soit user avec peu de contrainte, riche et de la lie du peuple, qui, à la faveur du petit collet, voulut s'accrocher à la cour; son nom est Guérapin, et son état premier franc galopin. Ségur, maître de la garde-robe de M. le duc d'Orléans, et qui depuis a bien poussé sa fortune, épousa la bâtarde non reconnue de M. le duc d'Orléans et de la comédienne Desmares; ce prince lui donna de l'argent, et la survivance du gouvernement du pays de Foix qu'avoit son père qui étoit lieutenant général et grand'croix de Saint-Louis. Il avoit acheté ce gouvernement du maréchal de Tallard à qui le feu roi l'avoit donné à vendre. Il avoit perdu une jambe à la guerre, et étoit encore, à près de quatre vingts ans, beau et bien fait. C'est ce mousquetaire qui jouoit si bien du luth dont on a vu en son lieu l'aventure avec l'abbesse de La Joie, sœur du duc de Beauvilliers. Ces différentes grâces arrivées, lors de la survivance du duc de Mortemart, m'ont emporté trop loin. Rétrogradons maintenant deux bons mois; on y verra des choses plus importantes.

Il y faut pourtant ajouter le gouvernement de Douai au marquis d'Estain, lieutenant général qui avoit servi en Italie et en Espagne sous M. le duc d'Orléans, et qu'il aimoit et estimoit fort avec raison, qui vaquoit par la mort du vieux Pomereu, lieutenant général, ancien capitaine aux gardes, frère du feu conseiller d'État, et au conseil royal des finances. Dernière bagatelle : Mme la duchesse d'Orléans qui s'étoit tenue sous clef depuis le lit de justice, s'en ennuya enfin, et rouvrit ses portes et son jeu à l'ordinaire. Retournons maintenant sur nos pas.

CHAPITRE III.

Efforts du duc du Maine, inutiles, pour obtenir de voir M. le duc d'Orléans et se justifier — Députation du parlement au régent sur ses membres prisonniers. — Le parlement de Bretagne écrit en leur faveur au régent. — Le parlement de Bretagne écrit à celui de Paris, qui lui répond. — Le régent demeure ferme. — Menées en Bretagne. — Le régent entraîné maintient très-mal à propos Montaran, trésorier des états de Bretagne, qui le vouloient faire compter et lui ôter cet emploi. — Le comte Stanhope passe trois semaines à Paris revenant d'Espagne en Angleterre. — Riche flotte d'Amérique arrivée à Cadix. — Les conseils sur leur fin, par l'intérêt de l'abbé Dubois et de Law. — Appel du cardinal de Noailles, etc., de la constitution *Unigenitus*. — Il se démet de sa place de chef du conseil de conscience. — Tous les conseils particuliers cassés. — L'abbé Dubois fait secrétaire d'État des affaires étrangères, et Le Blanc secrétaire d'État de la guerre. — Brancas et le premier écuyer conservent leurs départements ; plusieurs des conseils leurs appointements. — Canillac entre au conseil de régence. — La Vrillière a la feuille des bénéfices. — Le comte d'Évreux, Coigny, Biron, Asfeld, demeurent comme ils étoient. — Admirable mandement publié par le cardinal de Noailles sur son appel de la constitution. — Fêtes données à Chantilly à Mme la duchesse de Berry. — Le frère du roi de Portugal incognito à Paris. — Mariage du roi Jacques d'Angleterre, dit le chevalier de Saint-Georges, avec une Sobieska, qui, en allant le trouver avec la princesse sa mère, est arrêtée à Inspruck par ordre de l'empereur. — Tyrannie étendue à cet égard. — Foiblesse du régent pour le traitement du duc du Maine. — Autres gens des conseils récompensés. — Bonamour et sept membres du parlement de Bretagne exilés, puis quatre autres encore. — Mme la duchesse d'Orléans à l'Opéra. — Curiosité sur les tapis. — Mort du maréchal-duc d'Harcourt et de l'abbé de Louvois. — Conseillers d'État pointilleux et moqués. — Kœnigseck ambassadeur de l'empereur à Paris. — Époque singulière de l'entier silence de tout ce qui eut trait à la constitution au conseil de régence. — Retour des conseillers du parlement de Paris exilés, non du président Blamont. — Faux sauniers nombreux, excités. —

Mézières avec des troupes est envoyé contre eux. — Le duc du Maine achète une maison à Paris. — Meudon donné à Mme la duchesse de Berry. — Rion en a d'elle le gouvernement. — Du Mont, qui l'avoit, en conserve les appointements. — Chauvelin, longtemps garde des sceaux si puissant, et chassé, devient président à mortier; Gilbert avocat général, et l'abbé Bignon bibliothécaire du roi. — Nangis veut se défaire du régiment du roi. — J'en obtiens l'agrément pour Pezé, et aussitôt Nangis ne veut plus vendre. — Le duc de Saint-Aignan, ambassadeur en Espagne, reçoit ordre du régent de revenir. — Je lui assure à son insu une place en arrivant au conseil de régence. — Berwick accepte de servir contre l'Espagne. — Asfeld s'en excuse. — Six mille livres de pension à Mlle d'Espinoy; autant à Mlle de Melun; quatre mille livres à Meuse; autant à Béthune le Polonois. — Six mille livres à Méliant, maître des requêtes, en mariant sa fille unique au fils aîné du garde des sceaux. — Dix mille livres au marquis de La Vère, frère du prince de Chimay. — Huit mille livres à Vertamont, premier président du grand conseil. — Mme la duchesse de Berry en reine à l'Opéra, une seule fois. — Elle donne audience de cérémonie à l'ambassadeur de Venise sur une estrade de trois marches. — Force plaintes. — Elle n'y retourne plus.

La fermentation se cachoit, mais subsistoit toujours, M. du Maine, fort abandonné à Sceaux, où il avoit déclaré qu'il ne vouloit voir personne, protestoit qu'il ne se sentoit coupable de rien. Mme la duchesse d'Orléans l'y alloit voir. Ils faisoient tous leurs efforts pour lui obtenir une audience de M. le duc d'Orléans, dans laquelle il prétendoit se justifier, et ces efforts furent inutiles.

Le parlement de Bretagne écrivit au régent pour lui demander la liberté des trois prisonniers du parlement de Paris, et en même temps à ce parlement pour lui rendre compte de cet office, et pour louer et approuver toute la conduite du parlement de Paris. Celui-ci, en même temps, députa au régent le premier président et huit conseillers pour lui demander la liberté de leurs trois confrères. Il leur répondit que la conduite qu'auroit désormais le parlement régleroit la sienne à l'égard des prisonniers, et mortifia beaucoup par cette réponse des gens qui s'étoient tout promis de cette démarche vers le régent sans aller au roi, et de la facilité de M. le duc d'Orléans dont ils avoient tant et si longuement abusé. Il ne fit aucune réponse au parlement de Bretagne, et trouva son interposition et sa lettre au parlement de Paris fort impertinente et séditieuse. Le parlement de Paris abattu de ce qui s'étoit passé au lit de justice, de la prison de trois de ses membres et de la réponse qu'il venoit de recevoir sur leur liberté, n'osa répondre au parlement de Bretagne qu'en termes fort mesurés et après avoir montré sa réponse au régent. Ce qui s'étoit passé à Paris avoit influé sur la Bretagne. De plus, à ce qu'il s'y méditoit, il n'étoit pas temps de rien témoigner. Le feu s'y entretenoit avec art et mesure. Ce fut pour cela qu'il lui fallut donner quelque pâture par ces lettres du parlement de Bretagne dont on vient de parler. Leur mauvais succès et la réponse du parlement de Paris au parlement de Bretagne, qui se sentoit si fort de la touche que le parlement de Paris avoit reçue, et dont il étoit encore dans le premier étourdissement, fit sentir à la Bretagne la nécessité d'amuser la cour par une déférence qui n'altéroit point ses sourdes mesures. Ainsi les états nommèrent les députés que la cour avoit choisis pour apporter à l'ordinaire leurs cahiers à Paris, en finissant leurs séances; ils avoient précédemment obtenu qu'une députation par chaque diocèse s'y pût assembler entre deux tenues d'États, pour l'exécution de ce qui y étoit ordonné.

Cela étoit tout nouveau. Le spécieux de préparer et d'abréger les matières pour les États suivants, avoit surpris la facilité du régent. L'occupation présentée n'étoit pas celle qu'on s'y proposoit; le dessein, comme les suites ne le firent que trop évidemment reconnoître, étoit de s'organiser entre eux, d'accroître le nombre pour remuer, embarquer, se fournir des moyens de soutenir des troubles, choisir les chefs et les affidés de chaque diocèse, de concerter leurs mesures pour conduire les états au but qu'ils se proposoient en fascinant la multitude du bien public, de la restitution de leurs anciens priviléges, de la facilité des conjonctures. C'est ce qui causa tant de bruit et tant de prétentions aux états qui suivirent et qui, enfin reconnus, porta le régent à supprimer ces nouvelles et si dangereuses députations diocésaines qui s'assembloient, tant qu'il leur plaisoit, d'une tenue d'États à l'autre et qui s'entre-communiquoient et s'entendoient secrètement. Le coup frappé par le lit de justice opéra sans bruit cette suppression et termina les États de même. Mais le mal que ces députations diocésaines avoient fait, snbsistant avec le dépit de ne pouvoir user de la même et si grande et commode facilité pour le pousser à leur gré. Ce fut à revenir par d'autres voies et plus couvertes qu'il fallut travailler, et c'étoit l'embarras où se trouvèrent alors les secrets conducteurs de ces sourdes pratiques. Ils les continuèrent donc comme ils purent par les connoissances, les liaisons et les mesures que ces députations diocésaines leur avoient donné lieu de prendre, et la conjoncture présente qui demandoit une surface soumise et paisible ne leur permit pas d'agir autrement pour un temps.

Le gouvernement fit aussi une grande faute et pour des intérêts particuliers, à laquelle je m'opposai vainement, par la déplorable facilité et sécurité du régent. La province entière étoit mécontente de Montaran, son trésorier, et le vouloit ôter, et dans ce mécontentement il n'entroit rien qui eût trait à aucune autre chose qu'à un détail pécuniaire entièrement domestique et entièrement étranger aux intérêts politiques ou pécuniaires du roi ni à aucune forme publique. Montaran, qui étoit fort riche, regardoit avec raison son emploi comme sa fortune par les énormes profits qui y étoient ou attachés ou tirés. Sa magnificence et son attention à obliger de sa bourse les gens de la cour et beaucoup encore de son crédit, lui acquirent la protection des dames et de beaucoup de gens considérables; il se trouvoit de plus soutenu par son frère, capitaine aux gardes, estimé dans son métier, fort gros et fort honnête joueur, et par là mêlé depuis longtemps avec le meilleur et le plus grand monde. Par ces appuis le trésorier se maintint contre les cris de toute la province, qui alléguoit avec raison qu'il étoit inouï, chez les particuliers, que, par autorité supérieure, un trésorier empêchât son maître de le faire compter avec lui et de le renvoyer quand il le vouloit ; que cette liberté commune à tout le monde étoit la moindre chose qu'elle pût espérer en faveur, du moins, de ce qu'elle payoit au roi sans murmure, qui ne tendoit qu'à voir clair en ses affaires et en pouvoir charger qui bon lui sembleroit. Ces raisons étoient vraiment sans réplique, mais le crédit de Montaran l'emporta. Il n'est pas croyable à quel point la province en fut aigrie et l'usage qu'en surent tirer les instruments des menées, même envers les plus éloignés d'avoir connoissance ni part encore moins à ce qui se tramoit.

Milord Stanhope arriva de Madrid à Paris au commencement de septembre, peu content, comme on l'a pu voir, du voyage qu'un ministre d'Angleterre aussi accrédité que lui avoit pris la peine d'y faire, [au moment] où la flotte d'Amérique, très-richement chargée, venoit d'arriver à Cadix. Ce ministre demeura trois semaines à Paris, où, conduit par l'abbé Dubois vendu à l'Angleterre, il vit souvent M. le duc d'Orléans, et s'en retourna reprendre sa place dans le conseil secret du roi son maître.

Cet abbé, plus puissant que jamais auprès du sien, n'y perdoit pas son temps pour sa fortune. [Être] conseiller d'État et entré dans le conseil des affaires étrangères, dont il ne lui laissoit que la plus grossière écorce, ne le satisfaisoit pas. Cette légère écorce le gênoit ; il lui importoit, pour son but du chapeau, que l'Angleterre et l'empereur le vissent maître unique, et sans fantômes de compagnons, de toutes les affaires étrangères. Law ne se trouvoit guère moins gêné du conseil des finances. Celui de la guerre étoit devenu une pétaudière, et dès qu'il étoit intérieurement résolu de laisser de plus en plus tomber le peu qu'il restoit de marine, le conseil qui en portoit le nom étoit fort vide et très-inutile ; celui des affaires du dedans du royaume ne tenoit qu'à un bouton par sa matière et par le peu de compte que M. le duc d'Orléans faisoit de d'Antin. Enfin, celui de conscience ne pouvoit plus subsister, comme on le verra tout à l'heure. En général, ces conseils avoient été fort mal arrangés dès le commencement, par les menées du duc de Noailles qui n'oublia rien pour confondre et mêler leurs fonctions, et les commettre ensemble pour les rendre ridicules et importuns, pour les détruire et se faire premier ministre. S'il ne réussit pas à le devenir, il réussit du moins à énerver les conseils et à frayer le chemin à l'abbé Dubois pour s'en défaire et arriver ainsi au but qu'il s'étoit proposé vainement pour lui-même.

M. le duc d'Orléans m'en parla avec dégoût, et me témoigna qu'il les vouloit casser. Dubois et Law y avoient trop d'intérêt et le tenoient de trop près et de trop court pour espérer de l'empêcher. Je me contentai de lui dire que faire et défaire étoit un grand inconvénient dans le gouvernement et qui n'attiroit pas le respect ni la confiance du dedans ni du dehors, et je lui reprochai en détail les fautes qu'il avoit voulu faire dans la manière de leur établissement, et celles où, à leur égard, il s'étoit sans cesse laissé entraîner depuis. Je lui représentai le dégoût qu'il alloit gratuitement donner à ceux qui les composoient, et la considération de les avoir lui-même proposés et fait passer au parlement le jour qu'il y prit la solennelle possession de la régence. Enfin, je le priai de réfléchir sur tout ce qu'il avoit eu la foiblesse de fourrer dans le conseil de régence, où par conséquent il ne se pouvoit plus rien traiter d'important, et que, dénué de ce nombre de conseils dont les affaires s'y référoient, excepté l'important étranger et certains coups de finance, et destitué de ce groupe de personnes de tous états qui les composoient, celui de régence tomberoit dans un vide qui mécontenteroit tout le monde, et dans un mépris qui montreroit trop à découvert qu'il vouloit gouverner tout seul de son cabinet. Le défaut des personnes faciles et foibles est de tout craindre et tout ménager au point de se laisser acculer, et, sortis du danger, se croire invulnérables et tomber tout à coup dans l'autre extrémité, si l'intérêt de ceux à qui cette même foiblesse les livre le demande et les y pousse. C'est ce qui arriva au régent, que Dubois et Law, d'intelligence ensemble, entraînèrent.

Le cardinal de Noailles, arrêté par le P. de La Tour, général de l'Oratoire, qui eut après tout lieu de se repentir d'une prudence dont les vues étoient droites, mais trop courtes avec tout son bon esprit, le cardinal de Noailles, dis-je, avoit fait, malgré ses vrais amis, ceux de la vérité, et qui voyoient le plus clair, la faute capitale de n'avoir pas déclaré son appel de la constitution *Unigenitus*, lors de celui des quatre célèbres évêques en pleine Sorbonne avec elle, et en ce même temps que tant d'universités et de grands corps réguliers et séculiers firent publiquement le leur. Je lui exposai chez moi toutes les raisons importantes, pressantes, évidentes de déclarer son appel en si bonne compagnie qui l'auroit augmentée encore d'un grand nombre, à l'appui de son nom, et qui, selon les apparences, eût emporté celui du parlement de Paris et de quelques autres; mes exhortations furent vaines, et ceux qui aimoient l'Église et l'État, et qui voyoient les suites d'un délai si pernicieux, en gémirent. Il faut ici se souvenir de la conversation que j'eus là-dessus alors avec M. le duc d'Orléans, dans sa petite loge de l'Opéra, enfermés tête à tête, lieu étrange à traiter d'affaires pareilles, qui est rapporté tome XIV, page 267. L'intérêt de l'abbé Dubois, pour son chapeau, l'avoit changé, et son maître, qui ne traitoit cette affaire qu'en politique, se laissa entraîner à la sienne et à la cabale intérieure que les chefs de la constitution avoient su se faire auprès de lui, et plus que par elle, par le duc de Noailles qui vendit son oncle à sa fortune, je ne dirai pas ses sentiments premiers, l'Église et l'État ; il a fait toutes ses preuves qu'il ne se soucie guère ni de l'une ni de l'autre. Toutes ces choses ont été expliquées au même lieu indiqué. Les affaires s'étant depuis continuellement aigries par l'intérêt des chefs de la constitution en France, malgré Rome qui leur résistoit, le cardinal de Noailles sentit enfin la faute énorme qu'il avoit faite, et crut ne pouvoir plus trouver d'abri que par la déclaration de son appel. Il en rendit compte au régent, bien résolu à cette fois de ne se plus laisser gagner, et se démit en même temps de sa place de chef du conseil de conscience qui, de ce moment, ne s'assembla plus à l'archevêché, mais chez l'archevêque de Bordeaux qui y étoit en second. L'appel du cardinal de Noailles fut donc rendu public, dès le lendemain, 23 septembre. Il fut incontinent suivi de celui du chapitre de Notre-Dame, de presque tous les curés de Paris et du grand nombre du reste du diocèse, de plusieurs communautés séculières et régulières, et d'une foule immense d'ecclésiastiques particuliers, aux acclamations générales et publiques, avec tout le bruit et le fracas qu'on peut se représenter.

Cet éclat donna le dernier coup aux conseils. Celui de conscience ne s'assembla qu'une fois chez l'archevêque de Bordeaux, et fut cassé. Sa chute précipita celle des autres ; le régent envoya à chacun de leurs chefs une lettre du roi pour les remercier, et fit en même temps l'abbé Dubois secrétaire d'État des affaires étrangères, et Leblanc secrétaire d'État de la guerre ; j'eus grande part au choix de ce dernier, qui étoit du conseil de guerre dès son établissement, à la mort du roi, en sorte que la forme du gouvernement de ce prince, que le régent avoit voulu détruire à sa mort, dut, trois ans après, son rétablissement au même régent, tant il est vrai qu'il n'est en ce monde que bas et petit intérêt particulier, et que tout est cercle et période ; il y eut pourtant des gens qui, tout d'abord, se sauvèrent du naufrage. Le premier écuyer demeura chargé des ponts, chaussées, grands chemins, pavés de Paris, et y acquit toujours beaucoup d'honneur, et le marquis de Brancas, des haras qu'il laissa achever de ruiner. Ils conservèrent leurs appointements avec quelque augmentation. Ils étoient du conseil du dedans du royaume. Asfeld demeura de même chargé des fortifications et des ingénieurs, et le détail de la cavalerie et des dragons fut laissé au comte d'Évreux et à Coigny, leurs colonels généraux. On laissa à plusieurs conseillers réformés des conseils leurs appointements. Canillac refusa les siens. Il vouloit mieux et l'obtint bientôt; il conduisit M. le duc d'Orléans à le prier de vouloir bien entrer dans le conseil de régence; et Canillac, pour cette fois, voulut bien être complaisant.

Le cardinal de Noailles publia un mandement sur son appel, qui fut applaudi comme un chef-d'œuvre en tout genre. Quoique fort gros, il n'étoit que la première partie du total en attendant la seconde. Je n'en dirai pas davantage pour ne pas enfreindre la loi que je me suis faite de ne point entrer ici dans l'affaire de la constitution par les raisons que j'en ai alléguées. Il fit grand bruit et grand effet. Ce cardinal vit toujours M. le duc d'Orléans.

M. le Duc, qui vouloit plaire à M. le duc d'Orléans, dont il étoit extrêmement content depuis le dernier lit de justice, voulut donner une fête à Mme la duchesse de Berry, qu'il convia d'aller passer quelques jours à Chantilly. Ce voyage dura dix jours, et chaque jour eut différentes fêtes. La profusion, le bon goût, la galanterie, la magnificence, les inventions, l'art, l'agrément des diverses surprises s'y disputèrent à l'envi. Mme la duchesse de Berry y fut accompagnée de toute sa cour. Elle ne fit pas grâce d'une ligne de toute sa grandeur, qui eut lieu d'être satisfaite de tous les honneurs et de tous les respects qu'elle y reçut. Elle y eut, sans y déroger en rien, toute sorte de politesse pour M. le Duc et pour Mme la Duchesse douairière. A l'égard de l'épouse de M. le Duc, elle affecta une hauteur dédaigneuse, et partit de Chantilly sans lui avoir dit un seul mot. Elle ne lui pardonna jamais d'avoir fait rompre le mariage du prince de Conti avec Mlle sa sœur, comme je l'ai raconté, tome X, page 413 et suiv. Lassai, qui depuis bien des années étoit chez Mme la Duchesse la mère ce que Rion étoit devenu chez Mme la duchesse de Berry, fut chargé de lui faire particulièrement les honneurs de Chantilly. Il tenoit une table particulière pour lui; il y avoit une calèche et des relais pour eux deux, et cette attention fut marquée jusqu'au plus plaisant ridicule.

Il pensa y arriver une aventure tragique au milieu de tant de somptueux plaisirs. M. le Duc avoit de l'autre côté du canal une très-belle ménagerie, remplie en très-grande quantité des oiseaux et des bêtes les plus rares. Un grand et fort beau tigre s'échappa et courut les jardins de ce même côté de la ménagerie, tandis que les musiciens et les comédiens, hommes et femmes, s'y promenoient. On peut juger de leur effroi et de l'inquiétude de toute cette cour rassemblée. Le maître du tigre accourut, le rapprocha et le remena adroitement dans sa loge, sans qu'il eût fait aucun autre mal à personne que la plus grande peur.

Pendant ces superbes fêtes, et qui eurent tout le gracieux qui leur manque si ordinairement, arriva de Hollande à Paris, incognito, le frère du roi de Portugal, qui avoit fait avec réputation les deux dernières campagnes en Hongrie, et descendit chez l'ambassadeur du roi son frère. L'accueil qu'on lui fit fut nul jusqu'au scandale. Aussi séjourna-t-il ici le moins qu'il put, quoique mal avec le roi de Portugal, auprès duquel il ne voulut pas retourner. Cette raison fit que le régent ne se soucia pas de s'en contraindre ni d'en importuner le roi. Paris, les étrangers, le Portugal même, ne laissèrent pas d'en être fort choqués; mais le prince ni l'ambassadeur n'en témoignèrent pas la moindre chose, je crois par un air de mépris et de grandeur qui fut fort approuvé.

MARIAGE DU CHEVALIER DE SAINT-GEORGES.

Le chevalier de Saint-Georges, pressé enfin de se marier pour avoir postérité, et maintenir par là l'espérance du parti qui lui restoit en Angleterre, et son malheureux sort l'empêchant de trouver une alliance proportionnée à ce qu'il auroit dû être en effet comme il l'étoit de droit, conclut son mariage avec la fille du prince Jacques Sobieski et de la sœur de l'impératrice épouse de l'empereur Léopold, de la duchesse de Parme mère de la reine d'Espagne, et de l'électeur palatin. Le prince Jacques étoit fils aîné du fameux Jean Sobieski, roi de Pologne, et de [Marie-Casimire] de La Grange, fille du cardinal d'Arquien[1]. Il étoit chevalier de la Toison d'or et gouverneur de Styrie, et demeuroit à Olaw, en Silésie, où il avoit de grands biens. Il donna six cent mille livres de dot, et le pape neuf cent mille livres, avec quatre-vingt mille livres de pension, et des meubles. L'épouse, mariée par procureur, partit d'Olaw le 12 septembre, accompagnée de sa mère, pour aller à Rome; mais arrivées à Inspruck, elles furent arrêtées toutes deux par ordre de l'empereur, qui, pour mieux et plus bassement faire sa cour au roi Georges, ôta en même temps au prince Jacques la pension qu'il lui donnoit, lui envoya ordre de sortir de ses États, et défendit au duc de Modène d'accomplir le mariage signé entre le prince de Modène son fils et une autre fille du prince Jacques Sobieski. C'étoit pousser la persécution bien loin et d'une manière que toute l'Europe, même en Angleterre, trouva bien peu honorable, pour en parler modestement, et dont le pape fut indigné.

L'évêque de Viviers, député des états de Languedoc, n'avoit point fait sa harangue au prince de Dombes, gouverneur de cette province en survivance, qui avoit été absent. Viviers étoit frère de Chambonnas, qui étoit à M. du Maine,

---

1. Nous avons reproduit exactement le texte du manuscrit qui avait été modifié dans les précédentes éditions. Antoine de La Grange, marquis d'Arquien, père de la reine de Pologne, Marie-Casimire, avait été nommé cardinal le 12 novembre 1695.

et sa femme dame d'honneur de Mme du Maine. Embarrassé du traitement depuis leur chute au dernier lit de justice, il demanda au régent comment il lui plaisoit qu'il en usât. Le régent lui dit d'en user à l'ordinaire : tellement que le prélat le traita d'Altesse Sérénissime. M. le duc d'Orléans, parfaitement sans fiel comme la colombe, croyoit que les autres étoient comme lui. Il ne tenoit pourtant qu'à lui de bien savoir à quoi s'en tenir sur le duc du Maine : mais il ne pouvoit ni faire de mal à ceux qu'il savoit être le plus ses ennemis, ni soutenir celui qu'il n'avoit pu s'empêcher de leur faire. Sa nature, de plus, n'étoit pas d'être conséquent en rien. Il se flattoit de regagner, et, par cette foiblesse, il augmentoit le courage et l'audace, et ne réussissoit qu'à perdre davantage avec amis et ennemis, sans qu'aucune expérience pût l'en corriger.

Canillac avoit gagné huit mille livres de rente en refusant ses appointements du conseil des affaires étrangères, et obtenu une place dans la régence. Sur cet exemple, tous les gens de quelque considération qui avoient eu des places dans les conseils en tirèrent pied ou aile. L'archevêque de Bordeaux eut les économats et conserva ses appointements. Bonrepos garda aussi les siens et un brevet de conseiller d'État d'épée. Biron continua à se mêler du détail de l'infanterie, avec dix mille livres d'appointements pour cela, outre ceux du conseil de guerre qu'on lui laissa. Cheverny entra au conseil des parties comme conseiller d'État d'épée surnuméraire, en attendant vacance, et eut les appointements de ce conseil, outre ceux qu'il avoit pour celui des affaires étrangères, et La Vrillière eut l'expédition de tous les bénéfices, qui, sous le feu roi, s'expédioient par le secrétaire d'État qui se trouvoit en mois. Je ne parle point des diverses formes que prirent ceux du conseil des finances.

Bonamour, gentilhomme de Bretagne, qui avoit été exilé, puis rappelé, fut exilé de nouveau avec sept membres du parlement de la même province, dont les menées ne purent être si cachées qu'elles ne fussent découvertes; quatre autres le furent encore bientôt après.

Mme la duchesse d'Orléans, malgré sa douleur sur l'état du duc du Maine, alla à l'Opéra dans la petite loge de M. le duc d'Orléans, parce qu'elle n'alloit jamais dans la grande loge qu'avec Madame. La raison en est que Madame y a un tapis et que Mme la duchesse d'Orléans n'y en peut avoir. On voit donc que jusqu'alors le tapis étoit réservé aux seuls fils de France. Les princesses du sang en ont depuis franchi le saut à leurs tribunes dans les églises de Paris, mais elles n'ont encore osé en mettre à leurs loges aux spectacles. On n'en comprend pas bien la différence, si ce n'est qu'elles vont seules aux églises, et qu'au spectacle elles mènent les dames qui seroient avec elles sur le tapis, à moins que les princesses du sang fussent seules sur le banc de devant, ce qu'elles n'ont encore osé faire; mais l'expédient qu'elles y ont trouvé est de n'aller plus aux loges ordinaires, et d'en louer à l'année de petites, reculées sur le théâtre, où elles ne paroissent point en spectacle. Ainsi, tapis et non tapis est évité, et c'est la solution de l'enlèvement que fit Mme la Duchesse la mère, avec la violence qu'on a vue en son lieu, de la petite loge qu'avoit la maréchale d'Estrées.

Le maréchal d'Harcourt mourut enfin le 19 octobre, n'ayant que cinquante-cinq ans. Plusieurs apoplexies redoublées l'avoient réduit à ne pouvoir articuler une syllabe, à marquer avec une baguette les lettres d'un grand alphabet placé devant lui, qu'un secrétaire, toujours au guet, écrivoit à mesure et réduisoit en mots, et à toutes les impatiences et les désespoirs imaginables. Il ne voyoit plus depuis longtemps que sa plus étroite famille et deux ou trois amis intimes. Telle fut la terrible fin d'un homme si fait exprès pour les affaires et les premières places par son esprit et sa capacité, et autant encore par son art, et si propre encore par la délicatesse, la douceur et l'agrément de son esprit et de ses manières à faire les délices de la société. Il a été si souvent mention de lui dans ces Mémoires, que je n'en dirai pas davantage. Il laissa peu de bien et tiroit du roi plus de soixante mille livres de rente, dont rien de susceptible de passer à son fils aîné, et il avoit plusieurs enfants. L'abbé de Louvois le suivit de fort près. Il mourut de la taille. Ce fut dommage : un homme d'esprit, savant, aimable, que les jésuites empêchèrent d'être placé, et qui eût été un très-digne évêque, et qui auroit honoré et paré l'épiscopat.

Les conseillers d'État, de jour en jour devenus plus pointilleux par la tolérance de leurs prétentions, dont on n'avoit jamais ouï parler avant la difficulté que fit La Houssaye d'être en troisième après le comte du Luc au traité de Bade, qui mit le dernier sceau à la paix d'Utrecht, se plaignirent amèrement de ce que deux conseillers d'État commissaires généraux des finances depuis l'extinction des conseils, venus rapporter en manteau court des affaires de finances au conseil de régence, y avoient eu place au bout de la table, et y avoient opiné les derniers. M. le duc d'Orléans les amusa et s'amusa d'eux, et ces messieurs n'y gagnèrent rien que de faire rire.

Le comte de Kœnigseck, ambassadeur de l'empereur, fit une entrée magnifique. Il se mêla fort avec la bonne compagnie, fit belle, mais sage dépense, et tant par la manière de traiter les affaires, que par sa conduite dans le monde, et l'agrément de la société, il se fit fort estimer et compter. Il n'a pas moins acquis de réputation à la tête des armées impériales.

Je ne rapporterois pas la bagatelle suivante, si elle n'étoit l'époque du silence entier, qui fut depuis elle religieusement gardé au conseil de régence, sur l'affaire de la constitution, dont on y parloit souvent par rapport aux querelles des évêques constitutionnaires dans leurs diocèses et avec les parlements, et dont on ne dit plus un seul mot depuis; car du fond de l'affaire, il y avoit longtemps qu'elle ne se traitoit plus que dans le cabinet du régent. Les chefs de la constitution avoient raison d'éviter le grand jour dans une matière devenue toute de manége et de la plus étrange tyrannie de leur part, où leur fortune et l'amour de la domination en avoit tant, et la religion nulle, qui n'en étoit que le voile, jusque-là que Rome, contente de l'obéissance qu'elle avoit emportée, étoit outrée de tout ce qui se passoit en France, qui, à son égard, n'étoit plus bon qu'à des éclaircissements de ses entreprises, des lois de l'Église, des pratiques de tous les temps, et à ventiler et rendre odieuse la puissance arbitraire et infaillible que cette cour se vouloit arroger. J'ai parlé en son lieu d'Aubigny, parent factice de Mme de Maintenon ; de sa découverte par Godet, évêque de Chartres ; de sa promotion à l'évêché de Noyon, puis à l'archevêché de Rouen ; homme sincèrement de bien et d'honneur, mais ignorantissime, grossier, entêté, excrément de séminaire, fanatique sur la constitution, et accoutumé par l'autorité de Mme de Maintenon à toutes sortes de violences dans son diocèse, qu'il n'avoit cessé de désoler, farci d'ailleurs de toutes les plus misérables minuties de Saint-Sulpice, la moindre contravention desquelles étoit à son égard crime sans rémission. La mort du roi et la chute de l'autorité, qui lui donnoit celle de faire tout ce qu'il vouloit, ne put le rendre plus traitable, et ne fit que lui procurer des dégoûts sans le corriger dans ses entreprises. Il en fit une très-violente contre des curés fort estimés, qu'il poursuivit à son officialité, par laquelle il les fit interdire. Ils se pourvurent à la chambre des vacations du parlement de Rouen, qui cassa l'interdiction, et les renvoya à leurs fonctions. Elle tança l'official et mit l'archevêque en furie. Il accourut à Paris pour faire casser l'arrêt et réprimander la chambre des vacations qui l'avoit rendu. Le garde des sceaux, plein de son ancien chrême et aussi ardent que lui sur la matière, quoique bien mesuré, parce qu'il avoit bien de l'esprit, lui promit tout et ne douta pas d'emporter l'affaire d'emblée.

J'ignorois parfaitement l'affaire, lorsque, arrivant au

Palais-Royal, le mardi 23 octobre, pour travailler avec M. le duc d'Orléans avant le conseil de régence qui se devoit tenir immédiatement après, je trouvai en descendant de carrosse l'archevêque de Rouen, qui attendoit le sien, tout agité et tout bouffi, si occupé qu'il ne me dit mot, à moi qui étois fort de sa connoissance, et bien avec lui depuis qu'il avoit été mon évêque à Noyon. Je passai mon chemin après l'avoir salué assez inutilement, dans la distraction où il étoit. Cela me fit soupçonner qu'il avoit quelque affaire pressante, dont il venoit apparemment de parler au régent, et conséquemment qu'il s'agissoit de quelque vexation sur la constitution.

Je contai, en arrivant, ma rencontre à M. le duc d'Orléans, et lui demandai si ce prélat l'avoit vu, et s'il savoit ce qui l'occupoit si fort. Il me dit qu'il sortoit d'avec lui ; qu'il étoit en effet fort en colère contre la chambre des vacations du parlement de Rouen, qui avoit reçu l'appel comme d'abus d'une interdiction de curés qu'elle avoit cassée ; que l'archevêque en demandoit justice, et qu'on en alloit parler tout à l'heure au conseil de régence. A la façon, quoiqu'en deux mots, dont M. le duc d'Orléans m'en parla, je le vis prévenu pour l'archevêque ; que le garde des sceaux l'en avoit entretenu, et que la cassation de l'arrêt, et la réprimande à la chambre qui l'avoit rendu, alloient passer d'emblée. Je ne dis mot, mais j'abrégeai mon travail et m'en allai du Palais-Royal descendre chez M. le Duc aux Tuileries, à qui je dis ce que je venois de voir et d'apprendre, et qu'il ne falloit pas laisser passer cette affaire sans y voir clair. Il fut du même sentiment, et me dit qu'il en parleroit à quelques-uns du conseil, avant qu'on prît place.

Je montai où il se tenoit pour les voir arriver. Je parlai au comte de Toulouse qui pensa de même, et à plusieurs autres que je mis de mon côté. Le duc de La Force, grand constitutionnaire de politique et de parti, voulut me résister. Je lui parlai ferme et net, et lui dis que, ne voulant que voir clair dans une affaire, et empêcher qu'elle ne fût étranglée, sans demander qu'on fût pour une partie ou pour l'autre, j'avois droit, justice et raison d'exiger qu'il fût de cet avis. Il eut peur de moi, et me promit d'en être.

M. le duc d'Orléans et tout le monde arrivé et en place, il dit à la compagnie qu'avant d'entamer aucune affaire, M. le garde des sceaux avoit à rendre compte d'une qui étoit provisoire, et qui regardoit M. l'archevêque de Rouen, et tout de suite se tournant au garde des sceaux, lui fit signe de parler. Argenson rapporta l'affaire avec tout l'art et toute la force qu'il y put mettre, pour l'archevêque, sans dire un seul mot des raisons des curés, et conclut, comme je l'avois prévu, à la cassation de l'arrêt, confirmation de la sentence de l'official de Rouen, tancement au moins des curés, et réprimande à la chambre qui avoit rendu l'arrêt. Dès qu'il eut cessé de parler, M. le duc d'Orléans dit : « Monsieur de Canillac, » qui voulut opiner, et qui étoit le dernier du conseil. Je l'interrompis à l'instant, et me tournant au régent, je lui dis que M. le garde des sceaux avoit parfaitement rapporté toutes les raisons de M. l'archevêque de Rouen. Je m'étendis un peu en louange sur la netteté et l'éloquence du rapport, mais j'ajoutai qu'étant aussi parfaitement instruits des raisons de l'archevêque, nous ne l'étions point du tout de celles des curés, par conséquent de celles de l'arrêt dont il s'agissoit, dont M. le garde des sceaux ne nous avoit pas dit un mot; que, bonnes ou mauvaises, il falloit bien que la chambre des vacations du parlement de Rouen en eût eu pour rendre l'arrêt dont la plainte nous étoit portée; qu'instruits d'un côté, point du tout de l'autre, nous n'étions pas en état de porter un jugement; que par cette raison il me sembloit que ce n'étoit pas sur l'arrêt, dont nous ignorions les raisons, que nous pouvions opiner; mais seulement si Son Altesse Royale l'avoit agréable, s'il étoit à propos, comme je le croyois, de demander à la chambre des vacations du parlement de Rouen les motifs qu'elle avoit eus de le rendre, pour nous mettre en état, par cette instruction, d'opiner en connoissance de cause sur la cassation ou la manutention de cet arrêt. Je vis tout le conseil dresser les oreilles tandis que je parlois, et le garde des sceaux se secouer comme un homme fort mécontent.

Mon avis frappa M. le duc d'Orléans si bien qu'il dit que j'avois raison et qu'il n'y avoit qu'à opiner là-dessus. Il demanda l'avis à Canillac, puis aux autres : tous furent de mon avis, jusqu'à d'Effiat et à M. de Troyes, qui n'osèrent montrer la corde, voyant bien que cela passeroit tout de suite. Le garde des sceaux même se contenta de faire le plongeon au lieu d'opiner. Quand ce fut à M. le duc d'Orléans : « Cela passe, dit-il, de toutes les voix. » Puis, se tournant au garde des sceaux : « Monsieur, lui dit-il, demandez les motifs de son arrêt à la chambre des vacations du parlement de Rouen. » Au lieu de répondre, Argenson fit une pirouette sur son siége, puis dit tout bas au duc de La Force, qui me le rendit après : « Monsieur, il n'y a plus moyen de parler ici de rien qui touche à la constitution ; aussi vous promets-je bien qu'on n'y en parlera plus. » Il tint exactement parole, et oncques depuis il n'y en a été parlé, pas même de cette affaire commencée. Mais, assez longtemps après, Pontcarré, premier président du parlement de Rouen, qui étoit de mes amis, m'apprit, à ma grande surprise, qu'ils savoient tous dans leur compagnie qu'ils m'avoient l'obligation d'avoir sauvé leur arrêt ; qu'il avoit tenu et qu'il avoit fait mettre dans leurs registres ce que j'avois fait pour eux au conseil de régence.

M. le duc d'Orléans accorda la liberté de revenir aux deux conseillers du parlement de Paris, mais il ne voulut pas ouïr parler du président Blamont, qui s'étoit distingué en sédition. Il s'en fomentoit beaucoup dans le royaume par le moyen de faux sauniers. Ces gens, qui ne songeoient qu'à leur profit dans ce dangereux négoce, grossirent peu à peu. Il y avoit longtemps que ceux qui méditoient des troubles les avoient pratiqués ; mais ces espèces de troupes se grossirent et se disciplinèrent à tel point qu'on [ne] put enfin se fermer assez les yeux pour n'y pas apercevoir des troupes qui se rendoient redoutables par leur valeur et par leur conduite, qui s'attiroient les peuples en ne prenant rien sur eux, qui en étoient favorisés par l'utilité d'acheter d'eux du sel à bon marché, qui s'en irritoient encore plus contre la gabelle et les autres impôts, enfin, que ces faux sauniers, répandus par tout le royaume et marchant souvent en grosses troupes qui battoient tout ce qui s'opposoit à eux, étoient des gens devenus dangereux, qui avoient des chefs avec eux et des conducteurs inconnus, qui, par ces chefs, les faisoient mouvoir, animoient les peuples et leur présentoient une protection toute prête. Le mépris d'eux, qu'on n'avoit pu ôter au régent, se changea enfin en inquiétude trop juste, mais trop tardive, et l'obligea à prendre des mesures pour arrêter un désordre fomenté par des vues fort criminelles. Il y avoit plus de cinq mille de ces faux sauniers qui faisoient le faux saunage haut à la main, en Champagne et en Picardie. Mezières, lieutenant général et gouverneur d'Amiens, fut envoyé contre eux avec des troupes pour les dissiper.

Quoique le duc du Maine n'eût rien moins qu'aucune des qualités du fameux amiral de Coligny, qui, trois jours avant l'affaire de Meaux, fut trouvé, par celui que la cour envoya chez lui examiner ce qu'il s'y passoit, seul et sans armes, dans sa maison de Châtillon-sur-Loing, taillant ses arbres dans son jardin ; M. du Maine, dis-je, prit ce temps précisément pour faire le marché d'une maison que Mme la princesse de Conti avoit fait bâtir et de deux ou trois voisines qu'il acheta six cent mille livres avec ce qu'il y fallut ajouter, dont il fit l'hôtel du Maine, au bout de la rue de Bourbon, l'Arsenal n'ayant paru à Mme la duchesse du Maine qu'une maison propre à y aller seulement faire quelques soupers.

Le roi étant fort jeune et avec beaucoup de belles maisons, et Mme la duchesse de Berry, veuve et sans enfants, elle eut envie d'avoir Meudon, et l'obtint de M. le duc d'Orléans en échange du château d'Amboise qu'elle avoit pour habitation par son contrat de mariage. Cette espèce de présent ne laissa pas de faire du bruit; elle en donna le gouvernement à Rion, et du Mont qui l'avoit, ne laissa pas de conserver les mêmes appointements qu'il en avoit.

Chauvelin, avocat général depuis la mort de son frère aîné, acheta la charge de président à mortier de Le Bailleul qui ne la faisoit point, et qui d'ailleurs la déshonoroit par sa vie et sa conduite, et vendit la sienne à Gilbert de Voisins, maître des requêtes du conseil des finances. Je ne marquerois pas cette bagatelle, si ce même Chauvelin n'étoit devenu depuis le jouet de la fortune, qui, après l'avoir élevé tout à coup au plus haut point, le précipita au plus bas. Gilbert déjà fort estimé, acquit une grande réputation dans la place d'avocat général. L'abbé Bignon eut la bibliothèque du roi qu'avoit l'abbé de Louvois, avec le même brevet de retenue de douze mille livres.

Pezé, parent du maréchal de Tessé, et fort proche de la feue maréchale de La Mothe, rapidement devenu capitaine aux gardes et gentilhomme de la manche du roi, étoit un homme de beaucoup d'esprit et de talents. Il savoit cheminer, et avoit une grande ambition. Le roi paroissoit avoir pour lui une bonté particulière qu'il savoit grossir et faire valoir. Il sut que Nangis à qui le régiment du roi ne donnoit plus le même crédit, ni les mêmes privances sous un roi enfant, en avoit traité avec le duc de Richelieu, et que le marché s'étoit rompu. Pezé qui comptoit bien faire grand usage de ce régiment quand le roi auroit plus d'âge, employa le duc d'Humières auprès de moi pour en avoir l'agrément. Je l'obtins; mais quand Pezé voulut traiter avec Nangis, il trouva un homme de travers qui se fâcha qu'il en eût demandé l'agrément, avant d'avoir commencé par savoir s'il le vouloit vendre, et n'en voulut jamais ouïr parler, disant qu'il vouloit garder le régiment. Ce procédé parut tout à fait ridicule. Pezé outré, me pria de le représenter à M. le duc d'Orléans ; je le fis, mais le régent n'eut pas la force d'imposer, et Nangis ne me l'a jamais pardonné, dont je ne me souciai guère. La suite fera voir que la mauvaise humeur de Nangis ne tendoit qu'à rançonner le régent dans cette affaire.

Tout tournoit à la rupture avec l'Espagne, le duc de Saint-Aignan y étoit devenu odieux au cardinal Albéroni, et y étoit sur un pied fort triste. Il eut ordre de revenir. Comme ce n'étoit pas par sa faute que les affaires s'y brouilloient, j'obtins de M. le duc d'Orléans de le faire entrer en arrivant au conseil de régence, sans que M. de Saint-Aignan y eût songé. Le duc de Berwick, en retournant à son commandement de Guyenne, s'engagea au régent, d'accepter le commandement de l'armée qui devoit agir contre le roi d'Espagne sur cette frontière en cas de rupture. Il avoit la grandesse et la Toison; son fils aîné établi avec l'une et l'autre en Espagne, y avoit épousé la sœur du duc de Veraguas non marié et sans enfants ; elle étoit dame du palais de la reine, et lui gentilhomme de la chambre du roi ; son père lui avoit cédé les duchés de Liria et de Quiriça dont il avoit eu le don avec la grandesse, après la bataille qu'il gagna contre les Impériaux et les Anglois à Almanza. On fut étonné qu'avec tant de liens qui devoient l'attacher au roi d'Espagne, il eût accepté un emploi pour lequel il n'étoit pas l'unique, et qui lui attira l'indignation de Leurs Majestés Catholiques, dont, pour toujours, quoi qu'on ait pu faire depuis, elles n'ont jamais du revenir, et qui nuisit fort pendant assez longtemps au duc de Liria son fils, quoiqu'il servît dans l'armée d'Espagne opposée à celle de son père. M. le duc d'Orléans aussi n'oublia jamais ce service du duc de Berwick. Il estimoit fort Asfeld, et Berwick qui l'estimoit et l'aimoit beaucoup aussi, le désiroit dans son armée. Le duc d'Orléans en parla à Asfeld, dont la délicatesse fut plus grande. « Monseigneur, répondit-il au régent, je suis François, je vous dois tout, je n'attends rien que de vous; » mais prenant sa Toison dans sa main et la lui montrant : « Que voulez-vous que je fasse de ceci que je tiens du roi d'Espagne, avec la permission du roi, si je sers contre l'Espagne, et qui est le plus grand honneur que j'aie pu recevoir? » Il paraphrasa si bien sa répugnance, et l'adoucit de tant d'attachement pour M. le duc d'Orléans, qu'il fut dispensé de servir contre l'Espagne, en promettant d'aller à Bordeaux avant que le maréchal en partît pour l'armée, si la rupture arrivoit, et de s'y tenir pour avoir soin d'amasser et de faire voiturer à l'armée tout ce qu'il seroit nécessaire, sans néanmoins de sa personne sortir de Bordeaux. Cela fut par la suite exécuté de la sorte. Asfeld y servit très-utilement, et sa délicatesse fut généralement applaudie en France et en Espagne; le régent ne l'en aima pas moins et l'en estima davantage, et le roi d'Espagne lui en sut beaucoup de gré.

Je voyois ces dispositions avec regret, et j'en parlois souvent à M. le duc d'Orléans, qui tâchoit de me persuader que ce n'étoit que des semblants pour amener l'Espagne à entrer enfin dans les propositions de paix qui lui étoient faites, et lui-même se le figura ainsi fort longtemps. Nancré arriva d'Espagne en admiration d'Albéroni : aussi ne valoient-ils pas mieux l'un que l'autre.

Mlle d'Espinoy et Mlle de Melun sa sœur, qui étoient pauvres, obtinrent chacune six mille livres de pension du roi. Meuse en eut quatre mille, et Béthune, fils de la sœur de la feue reine de Pologne, autant : c'étoient deux hommes de grande qualité, aussi fort mal dans leurs affaires; et le marquis de La Vère qui étoit officier général de beaucoup de réputation, en Espagne, dont il avoit quitté le service, à l'occasion de l'affaire du régiment des gardes wallonnes, dont il a été parlé en son temps, eut aussi une pension de dix mille livres. Il avoit été fait lieutenant général en arrivant il étoit frère du prince de Chimay, lequel étoit grand d'Espagne et chevalier de la Toison d'or, et qui depuis a été mon gendre. Méliant, depuis conseiller d'État, à mon instante prière, eut aussi six mille livres de pension, en mariant sa fille unique, très-riche, au fils aîné du garde des sceaux. Vertamont, premier président du grand conseil, fort riche, en obtint une de huit mille livres contre laquelle on cria fort, et non sans raison.

La banque de Law fut déclarée royale le 4 décembre, pour lui donner plus de crédit et d'autorité. Le dernier, sans doute ; pour le crédit, elle y en perdit.

Mme la duchesse de Berry hasarda une chose jusqu'alors sans exemple, et qui fut si mal reçue, qu'elle n'osa plus la réitérer. Elle fut à l'Opéra dans l'amphithéâtre, dont on ôta plusieurs bancs. Elle s'y plaça sur une estrade, dans un fauteuil, au milieu de sa maison et de trente dames, dont les places étoient séparées du reste de l'amphithéâtre, par une barrière. Ce qui parut de plus étonnant, c'est qu'elle y parut autorisée par la présence de Madame et de M. le duc d'Orléans, qui étoient en public dans la grande loge du Palais-Royal. Le roi, dans Paris, fit paroître l'entreprise encore plus hardie.

Elle en fit une autre qui ne le fut pas moins, mais qui fit tant de bruit, ainsi que la précédente, qu'elle n'osa y retourner. Elle s'avisa de donner audience publique de cérémonie à un ambassadeur de Venise, dans un fauteuil, placé sur une estrade de trois marches, quoi que Mme de Saint-Simon pût lui représenter. La surprise des dames assises et debout, venues à cette audience, fut extrême et telle, que plusieurs vouloient s'en retourner, qu'on eut peine à retenir. L'ambassadeur, étonné, s'arrêta à cette vue étrange, et demeura quelques moments incertain. Il approcha néanmoins, comme prenant son audience, pour éviter l'éclat ; mais, après sa dernière révérence et quelques moments de silence, il tourna le dos et s'en alla sans avoir fait son compliment. Au sortir de Luxembourg, il fit grand bruit, et, le jour même, tous les ambassadeurs protestèrent contre cette entreprise et protestèrent encore qu'aucun ambassadeur ne se présenteroit plus chez Mme la duchesse de Berry qu'ils ne fussent assurés, avec certitude, que cette entreprise ne se réitéreroit plus. Ils s'abstinrent tous de la voir, et ne s'apaisèrent qu'avec peine et au bout d'assez longtemps sur les assurances les plus fortes qu'on pût leur donner que pareille chose n'arriveroit jamais. On remarquera, en passant, que jamais reine de France n'a donné d'audience en cérémonie, sur une estrade, pas même sur un simple tapis de pied.

CHAPITRE IV.

Conversation entre M. le duc d'Orléans [et moi], sur ses subsides secrets contre l'Espagne, qui la voulut avoir enfermé seul avec moi dans sa petite loge à l'Opéra. — Conversation forte entre M. le duc d'Orléans et moi, dans son cabinet, tête à tête, sur la rupture avec l'Espagne. — Foiblesse étrange du régent, qui rompt avec l'Espagne, contre sa persuasion et sa résolution. — Launay gouverneur de la Bastille. — Projet d'Albéroni et travail de Cellamare contre le régent. — Précautions de Cellamare pour pouvoir parler clairement à Madrid, et prendre les dernières mesures. — Je suis mal instruit de la grande affaire dont je vais parler. — Cause étrange de cette ignorance. — Les dépêches de Cellamare, envoyées avec tant de précautions, arrêtées à Poitiers et apportées à l'abbé Dubois, qui, dans cette affaire surtout, en fait un pernicieux usage; et le secret de tout enfoui. — Résultat bien reconnu des ténèbres de cette affaire. — Instruments de la conjuration pitoyables. — Cellamare arrêté; sa conduite. — J'apprends de M. le duc d'Orléans ce qui vient d'être raconté de Cellamare, du duc et de la duchesse du Maine, et du projet vaguement. — Conseil de régence sur l'arrêt de l'ambassadeur d'Espagne, où deux de ses lettres au cardinal Albéroni sont lues. — Pompadour et Saint-Geniez mis à la Bastille.

— Députation du parlement au régent, inutile, en faveur du président de Blamont. — Abbé Brigault à la Bastille. — D'Aydie et Magny en fuite. — La charge du dernier donnée à vendre à son père. —Tous les ministres étrangers, au Palais-Royal, sans aucune plainte. — On leur donne à tous des copies des deux lettres de Cellamare à Albéroni, qui avoient été lues au conseil de régence.

J'étois inquiet de voir que tout se préparoit à rompre avec l'Espagne. L'intérêt de l'abbé Dubois y étoit tout entier; on a vu, dans ce que j'ai donné de M. de Torcy, quelle fut sa conduite en Angleterre. Il n'avoit osé y conduire son maître que par degrés, et ce fut à ce premier degré, dont je prévis l'entraînement et les suites, que je crus devoir m'opposer à temps. Il n'étoit alors question que de subsides de la France à l'Angleterre, se déclarant contre l'Espagne, conjointement avec l'empereur, et ces subsides devoient être secrets. Après avoir effleuré cette matière avec M. le duc d'Orléans, nous convînmes, lui et moi, de la traiter à fond. Il en usa pour cette affaire comme il avoit fait pour celle des appels, et me traîna, malgré tout ce que je lui pus représenter, dans sa petite loge de l'Opéra. Il en ferma la porte après avoir défendu qu'on y frappât, et là, tête à tête, nous ne songeâmes à rien moins qu'à l'opéra. Je lui représentai le danger d'élever l'empereur, à l'abaissement duquel et de sa maison la France avoit sans cesse travaillé depuis les grands coups que le cardinal de Richelieu lui avoit su porter, toutes les fois que l'État n'avoit pas été trahi par l'intérêt et l'autorité des reines mères italiennes ou espagnoles; de l'empereur qui, de plus, ne pardonneroit jamais à la France d'avoir enlevé l'Espagne et les Indes à sa maison et à lui-même, de l'empereur enfin qui avoit mis la France à deux doigts de sa perte, et qui, lorsque la reine Anne la sauva, fit l'impossible contre elle, et fut le dernier de tous les alliés à signer la paix; que l'agrandissement de l'Angleterre et du roi Georges n'étoit pas moins redoutable, qui, sous les trompeuses apparences d'une feinte amitié, étoient nos plus anciens et plus naturels ennemis, que l'épreuve de cette vérité étoit de tous les siècles, si on en excepte des instants comme entre Henri IV et Élisabeth, et les moments d'autorité de Charles II et du changement du conseil de la reine Anne ; que leur double intérêt revenoit au même : celui du roi Georges, de tout faire pour l'empereur, par la raison de ses États d'Allemagne, et par l'investiture de Brême et de Verden, après laquelle il soupiroit depuis si longtemps, et que l'empereur lui faisoit attendre pour le tenir en ses mains et s'en servir sûrement dans toutes ses vues ; de la nation, qui n'avoit d'objet que le commerce, que de ruiner celui d'Espagne et le nôtre en même temps, peu inquiets de celui du Portugal où ils étoient les maîtres, de celui de Hollande qu'ils avoient à demi ruiné et dont ils dominoient la république, et que nous avions grand intérêt de ne pas laisser achever de ruiner, parce qu'il ne pouvoit nous être contraire au point où il se trouvoit réduit. J'ajoutai l'intérêt commun de toute l'Europe, de brouiller sans cesse et irrémédiablement, si elle le pouvoit, les deux branches de la maison de France ; dont la jalousie étoit telle, depuis que la couronne d'Espagne y étoit entrée, qu'il n'étoit efforts qu'elle n'eût faits pour l'en arracher, et depuis ne l'avoir pu par les armes, pour brouiller les deux couronnes et y semer sans cesse la zizanie depuis la mort du roi ; que cet objet étoit si grand pour l'empereur et pour l'Angleterre, qu'il ne falloit pas croire que nulle difficulté pût les rebuter, et d'autre part aussi tellement visible que tous leurs artifices ne pouvoient qu'être grossiers ; que l'intérêt si grand, si évident, si naturel de notre union avec l'Espagne, nous étoit appris par leur acharnement à tout tenter pour la rompre, quand nous ne sentirions pas jusqu'à quel point il étoit capital à la France d'entretenir une union indissoluble avec l'Espagne, d'avoir mêmes amis et mêmes ennemis, et, comme je le lui avois si souvent représenté dans son cabinet et en plein conseil, d'imiter l'union des deux branches de la maison d'Autriche, qui avoit mis le sceau à sa grandeur, et dont l'identité continuelle tant que celle d'Espagne avoit duré l'avoit conservée.

Je lui fis remarquer avec détail que l'empereur et l'Angleterre ne pouvoient être que de faux amis, et encore de moments, parce que ces deux puissances avoient et auroient toujours des intérêts directement contraires à ceux de la France, au lieu qu'outre le même sang et la proximité, nul intérêt essentiel ne pouvoit jamais aliéner la France de l'Espagne, depuis qu'elle n'obéissoit plus à un roi de la maison d'Autriche, ni l'Espagne de la France. Je lui touchai après son intérêt personnel, de ne se pas mettre au hasard de rompre avec l'Espagne, après tout ce qui s'étoit passé vers la fin du feu roi sur son compte avec l'Espagne. Ensuite je lui fis sentir la grossièreté du piége qu'on lui tendoit; que des subsides secrets étoient un engagement qui l'entraîneroit à la rupture, qu'on n'osoit lui proposer d'abord, et où on l'amèneroit par degrés; qu'il étoit honteux et très-nuisible à la France, de payer les ennemis de l'Espagne pour lui faire la guerre, et plus honteux à lui personnellement, après ce qui s'étoit passé de personnel, qu'à tout autre qui auroit le timon de l'État; que l'intérêt, le but, les vues de l'entraîner à la rupture étoient trop grands et trop évidents pour qu'il dût espérer que l'empereur et l'Angleterre ne trahissent pas le prétendu secret des subsides qu'il donneroit, et qu'il devoit compter qu'eux-mêmes auroient grand soin de faire revenir à l'Espagne qu'il leur en fournissoit; que dès lors il devoit s'attendre aux plus vifs reproches, aux emportements de la reine, à tout le venin d'Albéroni, dont l'abbé Dubois sauroit bien profiter pour l'aigrir, pour emporter ainsi ce qu'il n'ose proposer encore; qu'alors, Son Altesse Royale donneroit beau jeu aux brouillons qui ne cherchoient qu'à ranimer les haines amorties de l'Espagne contre sa personne pour s'en avantager à l'abri de la naissance et de la puissance du roi d'Espagne, et faire payer bien cher la complaisance pour l'abbé Dubois, qui, n'osant aller directement où il aspire, ne songeoit, pour y parvenir, qu'à servir si utilement nos ennemis naturels contre des amis que tout nous doit faire à jamais considérer comme des frères, et j'ajoutai avec feu : « Qu'il obtienne donc la pourpre par le crédit de l'empereur qui peut maintenant tout à Rome, et par celui du roi Georges, qui peut infiniment sur l'empereur ! »

M. le duc d'Orléans, qui jusque-là m'avoit écouté attentivement et tranquillement, excepté quelques applaudissements sur ne pas rompre avec l'Espagne, s'écria que voilà comme j'étois, suivant toujours mes idées aussi loin qu'elles pouvoient aller ; que Dubois étoit un plaisant petit drôle pour imaginer de se faire cardinal ; qu'il n'étoit pas assez fou pour que cette chimère lui entrât dans la tête, ni lui, si elle y entroit jamais, pour le souffrir ; que pour son intérêt personnel, il ne risqueroit rien, parce qu'il ne s'agissoit que de subsides secrets qui seroient toujours ignorés de l'Espagne, et qu'à l'égard de celui de l'État, il se garderoit bien de lâcher aux Anglois ni à l'empereur la courroie assez longue pour que la puissance de l'empereur pût s'augmenter, ni le commerce des Anglois s'accroître. Je ne me payai point de ces raisons ; j'assurai le régent qu'en de telles liaisons on étoit toujours mené plus loin qu'on ne pensoit et qu'on ne vouloit, et pour le secret de ses subsides, je lui maintins que l'intérêt de ces deux puissances étoit si capital de le brouiller avec l'Espagne, qu'elles se garderoient bien de ne le pas publier comme le moyen le plus court et le plus certain d'arriver à leur but principal, qui étoit de le forcer à la rupture ouverte, et par là même à une liaison avec elles de nécessité et de dépendance.

Tout cela agité, approfondi, discuté et disputé entre nous deux, tant que l'opéra dura sans le voir ni l'entendre, nous laissa chacun dans sa persuasion : M. le duc d'Orléans, qu'il demeureroit très-sûrement maître de son secret et de son aiguière, et que, par cette complaisance, il s'assuréroit d'autant plus d'être le modérateur de l'Europe ; moi, au contraire, que le secret et l'aiguière lui échapperoient l'un et l'autre, et bientôt, et qu'il se trouveroit dans un embarquement dont il auroit tout lieu et tout le temps de se bien repentir. En effet, de là à la rupture, il s'écoula peu de mois. Il arriva, comme je l'avois prévu, que l'Espagne fut promptement informée de l'engagement que le régent avoit pris avec l'empereur et l'Angleterre, et qu'elle redoubla tout aussitôt ses soins à donner à M. le duc d'Orléans tant d'affaires domestiques, qu'il ne fut plus à craindre pour celles du dehors, dont on verra bientôt les effets, mais qui heureusement ne firent que montrer l'étendue des projets et de ses ressorts.

La rupture s'approchoit par les ruses de l'abbé Dubois, qui n'en laissoit voir à personne que ce qu'il ne pouvoit empêcher, par l'extérieur de mesures qui ne se qualifioient que de simples précautions ; et il avoit fermé la bouche là-dessus à M. le duc d'Orléans, jusque avec le très-petit nombre de ceux avec qui il s'ouvroit le plus sur différentes affaires ; car nul n'eut jamais sa confiance sur toutes que l'abbé Dubois, depuis qu'il s'y fut tout à fait abandonné.

Dubois ne put pourtant si bien faire que le secret m'en fût gardé jusqu'au bout. Une après-dînée que j'allai au Palais-Royal pour mon travail ordinaire, tête à tête, comme j'avois accoutumé un jour au moins de chaque semaine, et que je commençois à en mettre les papiers sur le bureau de M. le duc d'Orléans, il me dit qu'avant de commencer, il avoit chose bien plus importante à me dire, sur laquelle il vouloit raisonner à fond avec moi ; et, tout de suite, m'expliqua la situation en laquelle il se trouvoit avec l'empereur, l'Angleterre et l'Espagne, et combien il étoit vivement pressé de se déclarer ouvertement et par les armes contre la dernière.

Après avoir bien écouté tout son récit, je le fis souvenir de ce que je lui avois dit et prédit à l'Opéra, quand, tête à tête, nous y agitâmes, dans sa petite loge, l'affaire des subsides secrets, et je lui rappelai fort en détail tout ce que je lui avois allégué alors contre la rupture avec l'Espagne dont il avoit été si bien convaincu, qu'il n'avoit persisté à donner les subsides contre mon avis que dans la prétendue certitude du secret et de nul danger d'engagement plus fort, ni que les choses pussent aller trop loin de la part de l'empereur et de l'Angleterre contre l'Espagne, choses que je lui avois toujours fortement contestées. La rupture à laquelle il étoit violemment poussé par l'abbé Dubois fut longuement et fortement discutée.

Le régent ne trouva point de réponse valable à mes raisons; mais il étoit embarrassé de l'empereur, enchanté par l'Angleterre, plus que tout entraîné par sa foiblesse pour l'abbé Dubois, qui comptoit la fortune après laquelle il soupiroit avec de si vifs élans indissolublement attachée à la rupture. Voyant donc le régent convaincu, mais pourtant point persuadé, et gémissant intérieurement des chaînes dans lesquelles il se sentoit entravé, j'imaginai tout à coup de les lui faire rompre par quelque chose d'extraordinaire. Je lui dis donc avec feu que je le suppliois de vouloir bien ne se pas effaroucher d'une supposition impossible, de m'écouter tout du long et de suivre mon raisonnement : « S'il vous étoit aussi évident, lui dis-je, qu'il y eût quelque part à portée de vous un devin ou un prophète qui sût clairement l'avenir, et qui fût en pouvoir et en volonté de répondre à vos consultations, comme il est évident que cela n'est pas, n'est-il pas vrai qu'il y auroit de la folie d'entreprendre une guerre sans avoir su de lui auparavant quel en seroit le succès? Si ce prophète ne vous annonçoit que places et batailles perdues, n'est-il pas vrai encore que vous n'entreprendriez pas cette guerre, et que rien ne vous y pourroit entraîner? Et moi je vous dis que sur celle dont il s'agit votre résolution devroit être aussi fermement la même, si cet homme merveilleux ne vous promettoit que victoires et que succès, et en voici mes raisons : dans l'un et dans l'autre cas, vous affoiblissez l'État, vous en agrandissez d'autant les ennemis naturels par qui vous vous laissez entraîner à la guerre; vous tentez toute une nation, accoutumée depuis qu'elle existe dans le pays où elle est, à l'aînesse dans la maison de ses rois; vous hasardez un pouvoir précaire et vous donnez lieu de publier que vous ne l'employez que pour votre intérêt personnel, et pour acheter aux dépens de l'État, de son plus naturel intérêt et de tout le sang et les trésors répandus depuis la mort du feu roi d'Espagne, pour acheter, dis-je, un appui étranger contre les droits de Philippe V sur la France, dont par là vous avouez toute la force et toute votre crainte. Et au cas d'heureux succès, que ces mêmes puissances vous forcent à pousser plus loin que vous ne voudrez, où en seriez-vous si le roi d'Espagne, à bout de moyens, et de dépit, vous laissoit faire, entroit en France désarmé, publioit qu'il vient se livrer à ces mêmes François qui l'ont mis et qui l'ont maintenu sur le trône, qui sont les sujets de ses pères et de son propre neveu paternel; qu'il ne vient que pour le secourir et en prendre la régence que sa naissance lui donne, sitôt que son absence ne l'en exclut plus, et l'arracher lui, sa nation et son héritage à un gouvernement tel qu'il lui plaira de le représenter? Je ne sais, ajoutai-je, quelle en pourroit être la révolution; mais je vous confesse, monsieur, à vous tout seul, que pour moi, qui n'ai jamais été connu du roi d'Espagne que pour avoir joué aux barres avec lui et à des jeux de cet âge, qui n'en ai pas ouï parler depuis qu'il est en Espagne, ni lui beaucoup moins de moi, et qui n'y connois qui que ce soit; moi, qui suis à vous dès l'enfance, et qui savez à quel point j'y suis; qui ai tout à attendre de vous, et quoi que ce soit de nul autre, je vous confesse, dis-je, que, si les choses venoient à ce point, je prendrois congé de vous avec larmes, j'irois trouver le roi d'Espagne, je le tiendrois pour le vrai régent et le dépositaire légitime de l'autorité et de la puissance du roi mineur; que si moi, tel que je suis pour vous, pense et sens de la sorte, qu'espéreriez-vous de tous les autres vrais François ? »

La sincérité, la vérité, la force de ce discours accabla le régent, et le tint assez longtemps en silence, la tête et le visage entre ses deux mains, les coudes sur son bureau, comme il se mettoit toujours quand il étoit fort en peine ; puis il avoua sans détour que j'avois raison, et que je lui rendois un grand service de lui parler de la sorte.

Là-dessus, M. le Duc entra. Le régent le mena d'abord dans la galerie, et je demeurai dans le grand salon à me promener, où, assis et le bureau entre-deux, la conversation s'étoit passée. La visite de M. le Duc fut très-courte, et M. le duc d'Orléans et moi nous remîmes aussitôt à son bureau. J'y voulus déployer les papiers que j'y avois mis, mais il ne me le permit pas, et me dit qu'il falloit continuer notre raisonnement qui rouloit sur des choses bien plus importantes. Il se leva, et nous nous promenâmes dans le salon et dans la galerie.

Je lui dis que je n'avois point de nouveau raisonnement à faire, que je lui avois tout dit, que redire ne seroit que répéter et rebattre, mais que je croyois aussi en avoir assez dit pour avoir dû le persuader et l'empêcher de tomber dans le précipice par les piéges de l'ambition de l'abbé Dubois, qui, de l'un à l'autre, l'engageoit où il ne devoit jamais se laisser aller. Le régent me protesta qu'il le feroit mettre dans un cachot, s'il osoit jamais faire un pas vers la pourpre, et convint avec moi de ne point rompre avec l'Espagne. Je tâchai de l'y affermir de plus en plus ; puis je lui dis : « Vous voilà donc bien persuadé et bien convaincu, mais je ne serai pas sorti d'ici que l'abbé Dubois vous reprendra et vous retournera, verra que c'est depuis que je vous ai entretenu que vous ne voulez plus vous déclarer contre l'Espagne, fera si bien qu'il vous changera et vous tiendra de si près qu'il viendra à bout de ce qu'il s'est mis dans la tête, et vous fera déclarer contre l'Espagne. » Le régent m'assura que sa résolution de n'en rien faire étoit si bien prise, que rien ne la lui feroit changer, et toutefois au bout de huit jours, la guerre à l'Espagne fut déclarée. »

Pendant ces huit jours, je fis ce que je n'ai jamais fait pendant toute la régence : j'allai trois ou quatre fois chez M. le duc d'Orléans, et, ce qui ne m'est jamais arrivé qu'alors, jamais je ne le pus voir. L'inquiétude de la guerre, qui m'y avoit conduit, augmenta par cette clôture, où je vis bien que Dubois le tenoit enfermé pour moi. Je lui écrivis pour demander à le voir : point de réponse; je récrivis de nouveau : il me fit dire verbalement que, dès qu'il me pourroit voir, il me le manderoit. Alors je jugeai la chose désespérée, et je ne me trompai pas.

Le jour que la nouvelle éclata, il me manda qu'il me verroit quand je voudrois. J'allai au Palais-Royal, je trouvai un homme embarrassé, la tête basse, qui de honte n'osoit me regarder. Mon abord fut froid, aussi le silence dura assez longtemps. Il le rompit enfin d'une voix basse par un « Que dirons-nous? — Rien du tout, lui répondis-je, parce qu'aux choses faites il n'y a plus à parler, il n'y a qu'à souhaiter que vous vous en trouviez bien. Du reste, je vous supplie de croire que, pour quelque intérêt particulier ou personnnel que ce pût être, je ne vous aurois pas pourchassé comme j'ai fait inutilement depuis huit jours. Vous savez que mon goût ni ma coutume n'est pas de vouloir forcer les portes; mais j'ai cru que mon attachement pour vous et mon devoir à l'égard du bien de l'État me devoient faire sortir de mon naturel et de toutes bornes. Vous n'avez pas jugé à propos de me voir, je m'en lave les mains; parlons maintenant d'autre chose; » et tout de suite je tire des papiers de mes poches et je les étends sur son bureau. Il en fit le tour pour s'y aller asseoir sans dire une parole, et tant que je fus avec lui je ne vis qu'embarras, souplesses et caresses; de mon côté, je ne montrai point d'humeur. Il fallut après du temps, pour en parler à la régence et pour dresser et lui montrer la déclaration de guerre, ce qui se fit en même temps. J'y reviendrai ensuite, parce que j'ai prévenu le temps de ma conversation du Palais-Royal, comme j'ai retardé celle de l'Opéra, parce que j'ai voulu les mettre tout de suite toutes les deux, quoique séparées d'un long intervalle pour mettre tout à la fois sous les yeux ce qui se passa entre M. le duc d'Orléans et moi sur la guerre d'Espagne. Retournons maintenant un peu sur nos pas.

Le colonel Stanhope, depuis longtemps envoyé d'Angleterre en Espagne, arriva à Paris, retournant en Angleterre.

Barnaville, qui, de lieutenant de roi de Vincennes, avec la charge de confiance des prisonniers, avoit passé au gouvernement de la Bastille, venoit de mourir. Launay, qui en étoit lieutenant de roi, eut ce gouvernement, et ce fut un très-bon choix. J'en parle ici, parce qu'il y fut mis dans un temps important et critique.

Cellamare, ambassadeur d'Espagne, de beaucoup de sens et d'esprit, s'employoit depuis longtemps à préparer bien des brouilleries, comme on le voit par ce que j'ai donné des extraits des lettres de la poste faits par M. de Torcy. On y voit combien le cardinal Albéroni avoit cette affaire dans la tête, et avec quel empressement Cellamare y répondoit pour lui plaire. Le projet n'étoit pas de moins que de révolter tout le royaume contre le gouvernement de M. le duc d'Orléans, et, sans avoir vu clair à ce qu'ils comptoient faire de sa personne, ils vouloient mettre le roi d'Espagne à la tête des affaires de France, avec un conseil et des ministres nommés par lui et un lieutenant sous lui de la régence qui auroit été le véritable régent, et qui n'étoit autre que le duc du Maine. Ils comptoient sur les parlements, à l'exemple de celui de Paris; sur les chefs et les principaux moteurs de la constitution, sur la Bretagne entière, sur toute l'ancienne cour accoutumée au joug des bâtards et de Mme de Maintenon, et depuis longtemps ils ne cessoient d'attacher tous ceux qu'ils pouvoient à l'Espagne par toutes sortes de prestiges, de promesses et d'espérances. On verra que leurs mesures répondirent mal à l'importance de ce projet. Il est vrai qu'ils ne purent pas attendre sa maturité. La rupture de la France avec l'Espagne étoit imminente, il en falloit arrêter les suites au plus tôt et différer la révolte tout le moins qu'il leur seroit possible. Ils furent découverts comme ils prenoient leurs dernières mesures; mais le régent et l'État y furent étrangement trahis, et M. le duc d'Orléans y montra une incroyable foiblesse.

Les choses étant à ce point du côté de l'Espagne et de ceux qui s'étoient dévoués à leur vengeance ou à leurs propres espérances, il fallut parler clair à Madrid sur l'état des choses et sur les noms. Cellamare, trop sage pour confier à pas un de ses gens un paquet de cette conséquence, voulut que le courrier fût choisi à Madrid, et que ce fût quelqu'un au-dessus d'un courrier, qui eût en même temps dans sa personne et dans sa qualité de quoi ôter toute défiance. Pour mieux cacher un secret si important, ils choisirent à Madrid un jeune ecclésiastique qui s'appeloit ou se fit appeler l'abbé Portocarrero, à qui ils donnèrent pour adjoint le fils de Montéléon. Rien de mieux imaginé que deux jeunes gens que le hasard sembloit faire rencontrer à Paris, l'un venant de Madrid, l'autre de la Haye, et se joindre après pour retourner de compagnie en Espagne. Le nom de Portocarrero imprimoit et, depuis le fameux cardinal Portocarrero, portoit avec soi sa faveur de la France. L'autre étoit le fils de l'ambassadeur d'Espagne, depuis longtemps en Angleterre, qui avoit été assez longtemps en France et y avoit laissé des amis considérables. Il étoit déclaré de tout temps pour la France, et pour que l'Espagne ne s'en séparât jamais; on le savoit; l'abbé Dubois en avoit été souvent témoin à Londres, et que cet attachement lui avoit mal réussi auprès d'Albéroni. On a vu, par ces extraits de lettres de la poste de M. de Torcy, que Montéléon fut là-dessus inébranlable. Montéléon, sorti d'Angleterre par la rupture et les actions de la flotte angloise contre l'Espagne dans la Méditerranée, étoit allé à la Haye attendre ce que sa cour voudroit faire de lui, et il paroissoit qu'il envoyoit son fils en Espagne pour cette affaire particulière. Deux jeunes gens de noms agréables à la France et qui sembloient si bien se rencontrer de pur hasard à Paris, l'un venant de Madrid, l'autre de la Haye, et qu'il étoit si naturel qu'ils s'en retournassent ensemble, avoient tout ce qu'il falloit pour ôter tout soupçon qu'ils pussent être chargés d'aucun paquet de conséquence par l'ambassadeur, qui avoit ses propres courriers et le renvoi de ceux qu'il recevoit d'Espagne. On peut juger aussi que ces jeunes gens eux-mêmes ignoroient parfaitement ce dont ils étoient chargés, et il étoit tout simple que, s'en allant en Espagne, l'ambassadeur les chargeât de quelque paquet par occasion.

Ils partirent donc, munis de passe-ports du roi, à cause de la conjoncture de rupture prochaine, les premiers jours de décembre, avec un banquier espagnol établi en Angleterre, qui y venoit de faire une fort grande banqueroute, et que les Anglois avoient obtenu du régent de pouvoir faire arrêter partout où ils pourroient en France. On me trouvera bien mal instruit dans tout le cours de cette grande affaire, mais je ne puis ni ne veux dire que ce que j'en ai su, et du reste je donnerai mes conjectures[1]. L'abbé Dubois, de plus en plus maître de M. le duc d'Orléans, le vouloit être du secret de tout, pour n'avoir ni contradicteur ni même de com-

---

1. Comme Saint-Simon avoue qu'il n'a connu qu'imparfaitement les détails de cette affaire, il ne sera pas inutile de chercher à compléter son récit par le témoignage d'autres écrivains. Duclos, dans ses *Mémoires secrets* (année 1718), donne des renseignements précis sur la manière dont le complot fut découvert : « Il y avoit alors à Paris une femme, nommée la Fillon, célèbre appareilleuse, par conséquent très-connue de l'abbé Dubois. Elle paroissoit même quelquefois aux audiences du régent, et n'y étoit pas plus mal reçue que d'autres. Un ton de plaisanterie couvroit toutes les indécences au Palais-Royal, et cela s'est conservé dans le grand monde. Un des secrétaires de Cellamare avoit un rendez-vous avec une des filles de la Fillon, le jour que partoit l'abbé Portocarrero. Il y vint fort tard et s'excusa sur ce qu'il avoit été occupé à des expéditions de lettres, dont il falloit charger nos

pagnon, et M. le duc d'Orléans lui fut fidèle en obéissance. Lui-même, comme on le verra, n'en sut que ce qu'il plut ou ce qu'il convint à l'abbé Dubois.

Soit que l'arrivée de l'abbé Portocarrero, et le peu de jours qu'il demeura à Paris fût suspect à l'abbé Dubois et à ses émissaires, soit qu'il eût corrompu quelqu'un de principal auprès de l'ambassadeur d'Espagne, par qui il fut averti que ces jeunes gens étoient chargés d'un paquet important, soit qu'il n'y eût pas d'autre mystère que la mauvaise compagnie du banqueroutier parti avec eux, et l'attention de l'abbé Dubois à obliger les Anglois en le faisant arrêter, et qu'il eût ordonné de les arrêter tous trois, et d'enlever tous leurs papiers, de peur que le banqueroutier ne leur eût donné les siens pour ne les pas perdre s'il venoit à être pris; quoi qu'il en soit, l'abbé Dubois fit courre après eux, et ils furent arrêtés à Poitiers, tous leurs papiers enlevés et apportés à l'abbé Dubois par le courrier qui, aussitôt après leur capture, fut dépêché de Poitiers pour lui en apporter la nouvelle. Les hasards font souvent de grandes choses. Le courrier de Poitiers entra chez l'abbé Dubois comme M. le duc d'Orléans entroit à l'Opéra. Dubois parcourut les papiers[1], et dit la nouvelle de la capture à M. le duc d'Orléans comme il sortoit de sa loge. Ce prince, qui avoit accoutumé de s'enfermer alors tout de suite avec ses roués, en usa de même ce jour-là, sous prétexte que l'abbé Dubois n'avoit

---

voyageurs. La Fillon laissa les amants ensemble, et alla sur-le-champ en rendre compte à l'abbé Dubois. Aussitôt on expédia un courrier muni des ordres nécessaires pour avoir main-forte. Il joignit les voyageurs à Poitiers, les fit arrêter; tous leurs papiers furent saisis, et rapportés à Paris le jeudi 8 décembre. Ce courrier arriva chez l'abbé Dubois précisément à l'heure où le régent entroit à l'Opéra. » Le reste du récit n'est qu'un résumé des *Mémoires* de Saint-Simon. Voy. aussi Lemontey, *Histoire de la régence*, édit. de 1832, t. I, p. 216. D'après Lemontey, un copiste nommé Buvat, que les conspirateurs avaient employé, dénonça le complot à l'abbé Dubois.

1. Lemontey (*ibid.*, p. 219) donne l'indication des papiers qui avaient été saisis à Poitiers.

pas eu le temps d'examiner les papiers, avec une incurie à laquelle tout cédoit. Les premières heures de ses matinées étoient peu libres. Sa tête, offusquée encore des fumées du vin et de la digestion des viandes du souper, n'étoit pas en état de comprendre, et les secrétaires d'État m'ont souvent dit que c'étoit un temps où il ne tenoit qu'à eux de lui faire signer tout ce qu'ils auroient voulu. Ce temps fut pris par l'abbé Dubois pour lui rendre compte des papiers arrivés de Poitiers, tel qu'il jugea à propos. Il n'en dit et n'en montra que ce qu'il voulut, et ne se dessaisit jamais d'aucun entre les mains du régent, aussi peu de pas un autre. La confiance aveugle, et la négligence abandonnée de ce prince en cette occasion fut incompréhensible ; et ce qui l'est encore plus, c'est que l'une et l'autre régna dans toute la suite de cette affaire et dans toutes ses parties, et rendit l'abbé Dubois le maître unique des preuves, des soupçons, de la conviction, de l'absolution, de la punition.

Il n'admit dans cette affaire que le garde des sceaux et Le Blanc, parce qu'il ne put s'en passer, mais sans leur dire qu'autant et si peu qu'il lui convenoit. Le premier étoit dans son intimité et dans son entière et absolue dépendance ; le second n'étoit que dans la même dépendance, et se flattoit mal à propos de l'intimité ; tous deux, dans la stupeur de sa conduite dans cette affaire, et dans la frayeur de lui faire la moindre question et d'outrepasser ses ordres d'une ligne. C'étoit de sa seule volonté que leurs places dépendoient ; il le leur faisoit sentir tous les jours. Ils comptoient donc le maître pour rien et le valet pour tout. Leurs démarches, leurs interrogatoires, les comptes qu'ils rendirent au régent dans tout le cours de cette affaire, ce qu'ils poussèrent, ce qu'ils firent semblant de pousser, ce qu'ils laissèrent échapper ou tomber, ce qu'ils favorisèrent, ce qu'ils dirent au régent et ce qu'ils lui turent, en un mot toute leur conduite, leurs démarches, jusqu'à leurs paroles, et tout cela jusque dans le dernier détail et dans la précision la plus exacte, fut à chaque pas réglé par Dubois. Cet abbé fut le seul, l'unique, le suprême conducteur et modérateur, avec un empire et une jalousie que rien ne troubla, et qui ne trouva que soumission aveugle la plus exacte dans la frayeur et le tremblement de ces deux hommes, qui reçurent dans cette servile disposition les ordres qu'ils en attendoient à chaque instant, et jusque pour chaque minutie, uniquement occupés d'une obéissance littérale et aveugle, à laquelle ce maître terrible ne leur laissa pas ignorer que leur fortune étoit singulièrement attachée. Ainsi la connoissance entière et effective de cette profonde affaire et de toutes ses différentes parties demeura uniquement à l'abbé Dubois tout seul, qui ne s'y servit aussi que de ces deux seuls hommes, auxquels il ne communiqua que par mesure et que ce qu'il lui convint de leur communiquer. Il ne traita pas M. le duc d'Orléans avec plus de confiance, à qui le garde des sceaux et Le Blanc n'osèrent jamais rien rendre que les leçons précises, et bien exactement, qu'ils recevoient pour cela de l'abbé Dubois, et au temps, au ton et à la mesure qu'il leur prescrivoit à chaque fois. Par cette conduite, je ne puis assez le répéter, Dubois demeura seul instruit et maître absolu du fond de tout le secret de l'affaire, du degré et du sort des coupables, d'en augmenter et d'en diminuer le nombre et le poids à sa volonté, sans crainte de pouvoir être démenti, ni même contredit, ni traversé en la moindre chose. On arrêtoit les gens et on les relâchoit sur les ordres du roi donnés par le régent, dont l'abbé Dubois disposoit seul et absolument, sans que jamais il y ait eu de démarches ni de procédures juridiques, parce qu'elles n'auroient pas pu être également dans sa main.

Le garde des sceaux, qui avoit le plus de part en la confiance de l'abbé Dubois et qui en a toujours espéré et été ménagé pendant sa disgrâce, est mort avant lui dans ces dispositions et a emporté avec lui ce qu'il savoit de ce secret. Le Blanc, déjà poussé et chassé par Dubois avant sa mort, et tombé au bord de l'abîme, dont il essuya depuis toutes les horreurs, avoit beaucoup moins su de tout cela que le garde des sceaux, qui étoit le seul dont Dubois pût prendre quelque conseil dans la nécessité; et Le Blanc, de retour enfin au monde et à la fortune sur une terre nouvelle et sous d'autres cieux, s'est bien gardé de dire [rien] de ce qu'il pouvoit savoir d'une affaire dont les principaux et les plus grands coupables étoient, non-seulement sortis de prison et de toute inquiétude dès avant sa plus profonde chute, mais rétablis en leur premier état, grandeur et splendeur, ainsi que tous les autres accusés et soupçonnés.

Soit que M. le régent en ait plus su qu'il n'a voulu le montrer, et que la crainte du nombre et du nom, des établissements et de la considération de ceux qui ont trempé dans cette affaire, lui ait fait prendre le parti qu'il y a pris; soit que sa négligence continuelle et son prodigieux asservissement sous le joug que l'abbé Dubois avoit su lui imposer, l'eût laissé, comme je l'ai cru, dans l'ignorance du vrai fond et des circonstances importantes de l'affaire et de la plupart des gens considérables qui y étoient entrés, ou pour ménager la foiblesse du prince qu'il connoissoit si parfaitement, ou pour se faire peu à peu, en temps et lieu, un mérite auprès de ceux dont il avoit tu les noms, ni moi ni personne n'avons rien pu tirer de M. le duc d'Orléans au delà du récit ténébreux que je vais faire. Mais toujours, d'une obscurité si étrangement profonde résulte bien certainement un complot de M. et de Mme du Maine, laquelle y travailla longtemps avant le dernier lit de justice et dès l'entrée de la régence par l'ameutement de la prétendue noblesse, du parlement, de la Bretagne, et tout ce qu'elle sut mettre en œuvre pour tenir ce qu'on a vu (t. XI, p. 421) qu'elle avoit déclaré si nettement aux ducs de La Force et d'Aumont lorsqu'ils furent forcés de la voir à Sceaux, sur l'affaire du bonnet : « Que quand on avoit une fois acquis, comme que ce fût, la qualité de prince du sang et l'habilité de succéder à la couronne, il falloit bouleverser l'État et mettre tout en feu plutôt que se les laisser arracher. »

Ces ameutements, en apparence contre les ducs, ou le gros des ameutés furent les premiers trompés, ne furent en effet pratiqués que pour se fortifier contre les princes du sang depuis que l'aigreur se fut mise entre eux par le procès de la succession de M. le Prince, et empêcher le régent de juger la demande formée contre eux par les princes du sang et d'en rayer la qualité avec le prétendu droit d'habilité factice de succéder à la couronne. Aussi réussirent-ils à lui faire une telle peur qu'il en éluda le jugement contre ses paroles souvent données, contre toute justice, raison et bienséance, et qu'il ne céda, après tant de délais, de subterfuges, de tours de souplesse, qu'aux cris et à une véritable obsession des princes du sang, qui se relevèrent à ne le pas laisser respirer. C'est ce qui parut mieux encore par la démarche beaucoup plus que hardie, à laquelle se porta le duc du Maine, d'invoquer avec éclat la majorité du roi et les états généraux comme seuls compétents d'un jugement de cette nature; qui n'étoit pas moins faire qu'anéantir les lois autant qu'il étoit en lui, l'autorité du roi mineur et celle du régent du royaume, et en donner à tous les sujets le dangereux et très-coupable exemple. Enfin ce qui se peut appeler le premier tocsin de l'éclat dont nous allons parler, fut la fameuse requête signée de cette prétendue noblesse, dont M. le duc d'Orléans avoit été si longtemps et si volontiers la dupe, ainsi qu'elle-même en gros, par rapport aux ducs, et présentée au parlement par six seigneurs, desquels six la plupart portoient sur le front l'attachement au duc du Maine; tocsin, dis-je, de ce qui se tramoit, si le régent passoit outre au jugement par lequel le duc et la duchesse du Maine sentoient bien que la qualité de princes du sang et l'habilité donnée aux bâtards par le feu roi de succéder à la couronne ne pouvoit manquer d'être anéantie. Depuis le moment de l'arrêt qui prononça cet anéantissement, et son enregistrement, le Rubicon fut intérieurement passé, et tout montra sans cesse depuis qu'il ne s'agissoit plus que de mettre la main à l'œuvre. Et quelle étoit cette œuvre? La vengeance contre les juges et les parties, c'est-à-dire contre tout le sang royal légitime qui étoit en France; détruire le régent; revêtir le roi d'Espagne et le duc du Maine, sous lui, de la régence; abolir les renonciations; réveiller les cendres du procès de la branche éteinte de Soissons contre l'état de celle de Condé, dont M. le Duc m'a souvent dit que Mme du Maine ne s'étoit point cachée, et dont j'ai très-bien su d'ailleurs qu'elle avoit parlé plus d'une fois comme d'une pièce dont elle prétendoit bien s'aider, et qui, à son compte, ne laissoit devant son mari que les infants d'Espagne; réussir à tout cela pour le soulèvement de la noblesse, des parlements, par les ressorts constitutionnaires; introduire les forces d'Espagne, en soulevant tout le royaume, au moins par mer; sûrs de la Bretagne par l'idée flatteuse d'états généraux, d'union des parlements, et des autres tribunaux par les cris excités contre l'administration des finances et contre les mœurs du régent, et en dernier lieu en tirant tous les avantages possibles de sa mésintelligence avec l'Espagne, et tout cela fortifié de plusieurs gens considérables, de l'affectation si follement et si publiquement marquée du maréchal de Villeroy par ses éclatantes précautions contre le poison, de tout craindre et sans cesse pour la vie du roi, par un premier président du parlement de Paris, tout à eux et parfaitement sans âme, et par l'affollement de sa compagnie, de se prétendre les tuteurs des rois, irritée contre le régent, et brûlante de domination et de vengeance, par la Bretagne, infatuée du rétablissement de ses anciens priviléges et de l'honneur de rendre la liberté à toute la France en recevant les troupes d'Espagne dans ses ports, et leur servant de places d'armes, d'entrepôt et de magasins; mais les instruments à faire réussir de si beaux projets ne répondirent pas à leur importance ni à leur étendue. L'étonnement fut grand quand on vit des chefs d'entreprise si risibles, et les personnages du complot si dignes de mépris.

Le lendemain de l'arrivée du courrier de Poitiers à l'abbé Dubois, le prince de Cellamare, averti de son côté d'un événement fâcheux, mais qui se flattoit encore que la compagnie du banquier banqueroutier avoit pu être la cause de l'arrêt des deux jeunes voyageurs et de l'enlèvement de leurs papiers, cacha son inquiétude sous une apparence fort tranquille, et alla à une heure après-midi chez M. Le Blanc redemander un paquet de lettres qu'il leur avoit donné par l'occasion de leur retour en Espagne et munis de passe-ports du roi. Le Blanc, qui avoit sa leçon faite de plus d'une façon, par l'abbé Dubois qu'il avoit vu le matin chez lui, et après de M. le duc d'Orléans, qu'ils avoient vu ensemble, sur la conduite à tenir dans les divers cas qui étoient possibles à l'égard de l'ambassadeur, lui répondit que le paquet avoit été vu, qu'il y avoit des choses importantes, et que, loin de lui être rendu, il avoit ordre de le remener lui-même en son hôtel avec M. l'abbé Dubois, qui, averti à l'instant de l'arrivée de Cellamare chez Le Blanc, y étoit promptement accouru. Ils le firent donc monter dans le carrosse de M. Le Blanc, et y entrèrent avec lui. L'ambassadeur, qui sentit bien qu'un pareil compliment ne se hasardoit pas sans s'être précautionné sur l'exécution, ne fit aucune difficulté, et ne perdit pas un moment de sang-froid et d'air de tranquillité, pendant les trois heures au moins qu'ils passèrent chez lui à fouiller tous ses bureaux et ses cassettes et séparer les papiers qu'ils voulurent, en homme qui ne craint rien et qui est assuré dans sa conduite. Il traita toujours M. Le Blanc fort civilement; pour l'abbé Dubois, avec qui il sentit bien qu'il n'avoit rien à ménager, et que tout son complot étoit découvert, il affecta de le traiter avec le dernier mépris, jusque-là que, Le Blanc se mettant après une petite cassette : « Monsieur Le Blanc, monsieur Le Blanc, laissez cela, lui dit-il, cela n'est pas pour vous; cela est bon pour l'abbé Dubois, » qui étoit là présent; puis, en le regardant, il ajouta : « Il a été maquereau toute sa vie, ce ne sont là dedans que lettres de femmes. » L'abbé se mit à rire, n'osant pas se fâcher. Ce fut apparemment un bon mot que Cellamare voulut lâcher. Il étoit vieux déjà, il le paroissoit encore plus que son âge. Il avoit beaucoup d'esprit, de savoir et de capacité, et tout cela tourné au solide, nulle sorte de débauche, et toute sa galanterie n'étoit que pour le commerce du grand monde, pénétrer ce qu'il vouloit savoir, faire et entretenir des partisans au roi d'Espagne et semer sans imprudence le mécontentement du régent; c'étoit donc là uniquement ce qui l'engageoit à se mêler avec choix dans les meilleures compagnies. Du reste, fort retiré chez lui à lire ou à travailler. Au moment de son arrivée chez lui avec ses deux acolytes, un détachement de mousquetaires s'empara des portes et de la maison.

Quand tout fut visité, le scellé du roi et le cachet de l'ambassadeur furent mis sur tous les bureaux et les cassettes qui renfermoient des papiers[1]. L'abbé Dubois et Le Blanc s'en allèrent ensemble rendre compte au régent, et laissèrent auprès de l'ambassadeur les mousquetaires pour le garder lui et ses domestiques, et du Libois, un des gentilshommes ordinaires du roi, comme il se pratique toujours d'en laisser un auprès des ambassadeurs dans les fâcheuses occasions. Celui-ci avoit beaucoup d'esprit et d'entendement, et avoit presque toujours été choisi pour ces tristes commissions.

J'appris ce matin chez moi la capture de Poitiers, sans avoir rien su de ceux qui y furent arrêtés. Comme j'étois à table, il vint un garçon rouge me dire de la part de M. le duc d'Orléans de me trouver à quatre heures aux Tuileries pour le conseil de régence. Comme ce n'étoit pas jour d'en tenir, je lui demandai ce qu'il y avoit donc de nouveau. A

---

1. Voy. dans l'ouvrage de Lemontey (*ibid.*, p. 220-221) la liste des pièces qui furent saisies chez Cellamare; elle a été dressée d'après les documents conservés aux archives des affaires étrangères.

son tour, il fut surpris de mon ignorance, et m'apprit que l'ambassadeur d'Espagne étoit arrêté. Dès que j'eus mangé un morceau, je quittai la compagnie, et m'en allai au Palais-Royal, où j'appris de M. le duc d'Orléans tout ce que je viens de raconter. Je lui parlai des papiers; il me dit que l'abbé Dubois les avoit; qu'il n'avoit pas eu le temps encore de les examiner, ni de lui en rendre compte; qu'il alloit seulement montrer quelque chose au conseil de régence, qu'il avoit voulu instruire lui-même sur cet éclat. Ces propos et divers autres aussi vagues gagnèrent le temps, et je m'en allai l'attendre aux Tuileries. J'y trouvai de l'étonnement sur plusieurs visages, quelques petits pelotons de deux, de trois et de quatre ensemble; en général, des gens frappés de l'éclat de l'arrêt d'un ambassadeur d'Espagne, et peu enclins à l'approuver.

M. le duc d'Orléans arriva peu après. Il avoit, mieux qu'homme que j'aie connu, le talent de la parole, et, sans avoir besoin d'aucune préparation, il disoit ce qu'il vouloit, ni plus ni moins; les termes étoient justes et précis, une grâce naturelle les accompagnoit, avec l'air de ce qu'il étoit, toujours mêlé d'un air de politesse. Il ouvrit le conseil par un discours sur les personnes et les papiers arrêtés à Poitiers, qui avoient découvert une conspiration fort dangereuse contre l'État, prête à éclater, dont l'ambassadeur d'Espagne étoit le principal promoteur. Son Altesse Royale allégua les raisons pressantes qu'il avoit eues de s'assurer de la personne de cet ambassadeur, de faire visiter ses papiers, de le faire garder par du Libois et par les mousquetaires. Il s'étendit à montrer que la protection du droit des gens ne s'étendoit pas jusqu'aux conspirations; que les ambassadeurs s'en rendoient indignes quand ils entroient, encore plus quand ils excitoient des complots contre l'État où ils résidoient. Il cita plusieurs exemples d'ambassadeurs arrêtés pour moins. Il expliqua les ordres qu'il avoit donnés pour informer de sa part tous les ministres étrangers qui étoient à Paris, de cette affaire, et il ordonna à l'abbé Dubois de rendre compte au conseil de ce qu'il avoit fait chez Cellamare, de quelle façon cela s'étoit passé avec cet ambassadeur, et de lire ensuite au conseil deux lettres de ce ministre au cardinal Albéroni, trouvées dans les papiers apportés de Poitiers.

L'abbé Dubois balbutia un récit court et mal en ordre de ce qu'il avoit fait chez l'ambassadeur, et s'étendit davantage sur l'importance de la découverte et sur celle de ce qu'on voyoit déjà de la conspiration. Les deux lettres qu'il lut ne laissèrent point douter que Cellamare ne fût à la tête de cette affaire, et qu'Albéroni n'y entrât aussi avant que lui. On fut aussi très-scandalisé des expressions de ces lettres sur M. le duc d'Orléans, qui n'étoient ménagées ni en choses ni en termes.

Ce prince reprit la parole pour témoigner avec beaucoup de modération qu'il ne soupçonnoit point le roi ni la reine d'Espagne d'entrer dans une affaire de cette nature; qu'il ne l'attribuoit qu'à la passion d'Albéroni et à celle de l'ambassadeur pour lui plaire, et qu'il en demanderoit justice à Leurs Majestés Catholiques. Il remontra ensuite l'importance de ne rien négliger pour l'entier éclaircissement d'une affaire si capitale au repos et à la tranquillité du royaume, et finit par dire que, jusqu'à ce qu'il en sût davantage, il ne vouloit nommer personne de ceux qui pouvoient y être entrés. Tout ce discours fut fort applaudi, et je crois qu'il s'en trouva dans la compagnie qui se sentirent bien à leur aise quand ils entendirent que le régent ne vouloit nommer ni laisser répandre de soupçons sur personne jusqu'à ce qu'il fût plus éclairci.

Néanmoins, dès le lendemain matin, samedi dix décembre, Pompadour fut arrêté à huit heures, comme il se levoit, et conduit à la Bastille. Mme de Pompadour et Mme de Courcillon, sa fille, et belle-fille de Dangeau, allèrent au Palais-Royal. M. le duc d'Orléans leur fit faire excuse de ce qu'il ne pouvoit leur parler par le maréchal de Villeroy, qui étoit avec lui, avec des compliments vagues qui ne signifioient rien.

Pompadour étoit un grand homme, triste et froid, qui avoit passé avec sa femme, fille du maréchal de Navailles, la plus grande partie de sa vie sans cour et sans servir, dans une grande obscurité à Paris, où il n'avoit pas laissé de se ruiner, et qui n'avoit reparu dans le monde que par le mariage de sa fille, qui étoit une beauté et fort jeune, avec Courcillon, qui y trouvoit une alliance qui l'honoroit fort, et des biens à venir, dont le père et la mère n'avoient pu dissiper les fonds. Par ce mariage, ils entrèrent à la cour. Dangeau donna à Pompadour sa place de menin de Monseigneur, qui ne lui servoit à rien, et Pompadour vécut à la cour sans être de rien et sans considération aucune. Il avoit de l'esprit et de la lecture; mais il n'en sut jamais rien faire. Ses conseils et son crédit ne pouvoient fortifier un parti, et chacun rit et s'étonna qu'il fût entré dans celui-ci. Sa femme avoit le petit manége. A l'appui de Mme de Dangeau et de la décoration de la duchesse d'Elbœuf, sa sœur, elle fit une cour basse à Mme de Maintenon, et à Mme des Ursins quand elle fit ici ce voyage triomphant dont il a été parlé, et se fit ainsi gouvernante des enfants de Mme la duchesse de Berry. Sa fonction ne fut que d'un moment, et la mort du roi la fit retomber et son mari dans le néant, dont le mariage de leur fille les avoit tirés.

Ce même samedi 10 décembre, Saint-Geniez fut aussi arrêté et conduit à la Bastille. Saint-Geniez étoit une espèce d'aventurier, bâtard de Saint-Geniez, mort en 1685, lieutenant général, gouverneur de Saint-Omer, et frère du maréchal de Navailles, mort en 1684. Il avoit eu deux fils d'A. Drouart, morte en 1671, qu'il fit légitimer, en 1678, par lettres patentes du roi enregistrées, et que par son testament il appelle ses enfants naturels et légitimés. Le cadet eut une abbaye; je ne sais ce qu'il est devenu. Celui dont il s'agit ici servit toute sa vie avec beaucoup de valeur, et s'attacha fort au maréchal de Villeroy, qui lui fit donner un brevet de colonel de dragons en 1704. Il épousa, en 1695, une fille de Rolland, fermier général, manière d'aventurière aussi et grande danseuse. En 1717, il s'avisa de vouloir être légitime, et demanda, par un placet au roi et au régent, que les enregistrements de ses lettres de légitimation, obtenues par son père, fussent rayés. On se moqua de lui. C'étoit un bon garçon, sans cervelle, uniquement propre à un coup de main. Il n'eut que deux filles. Je ne sais ce que tout cela est devenu depuis la fin de l'affaire qui me fait parler de lui.

Le même jour, les députés du parlement vinrent au Palais-Royal demander la liberté du président Blamont. Le régent leur répondit qu'il avoit fait arrêter l'ambassadeur d'Espagne pour une conspiration, qu'il le renvoyoit à Madrid, et qu'il en demandoit justice au roi d'Espagne, qu'il vouloit être éclairci sur ceux qui y étoient entrés, et que, pour le présent, il ne pouvoit répondre à ce qu'ils demandoient. Le moment de cette députation fut trouvé mal choisi.

D'Aydie, veuf de la sœur de Rion, et de même nom que lui, et qui logeoit à Luxembourg, disparut. Un abbé Brigault, fort dans le bas étage, qui étoit en fuite, fut pris à Nemours et conduit à la Bastille. Magny, introducteur des ambassadeurs, prit aussi la fuite. Sa charge fut donnée à vendre à Foucault, son père, conseiller d'État, chef du conseil de Madame. On a vu ailleurs que ce Magny n'étoit qu'un misérable fou. Ces trois hommes n'étoient pas pour fortifier beaucoup un parti. A la naissance près d'Aydie, on ne comprenoit pas ce qu'un parti en pouvoit faire.

Le mardi 13 décembre, jour que tous les ministres étrangers alloient au Palais-Royal, et qui étoit le premier mardi d'après la détention de Cellamare, ils y furent tous, ambassadeurs et autres. Aucun ne fit de plaintes de ce qui étoit arrivé; on leur donna à tous la copie des deux lettres qui avoient été lues au conseil. L'après-dînée, on fit monter l'ambassadeur d'Espagne dans un carrosse avec du Libois, un capitaine de cavalerie et un capitaine de dragons, choisis pour le conduire à Blois, et y rester auprès de lui jusqu'à ce qu'on eût nouvelle de l'arrivée du duc de Saint-Aignan en France. Quelques jours après, Sandraski, brigadier de cavalerie et colonel de hussards, Seret, autre colonel de hussards, et quelques autres moindres officiers, furent conduits à la Bastille.

CHAPITRE V.

Évêques et cardinaux en débat sur les carreaux à la chapelle du roi, pour le sacre de Massillon, évêque de Clermont, qui s'y fit devant le roi, qui lui donna trente mille livres de gratification, en attendant une abbaye. — Le parlement refuse d'enregistrer la banque royale. — Le régent s'en passe, le méprise, la publie et l'établit. — Menille à la Bastille. — Cellamare écrit très-inutilement aux ministres étrangers résidant à Paris. — Conseil secret au Palais-Royal, qui se réduit après à M. le Duc et à moi, à qui le régent confie que le duc et la duchesse du Maine sont des plus avant dans la conspiration, et qui délibère avec nous ce qu'il doit faire. — Nous concluons tous trois à les faire arrêter; conduire M. du Maine à Dourlens, et Mme du Maine au château de Dijon, bien gardés et resserrés. — M. le Duc dispute un peu sur Dijon et se rend. — M. et Mme du Maine et leurs affidés ont tout le temps de mettre leurs papiers à couvert et en profitent. — Perfidie de l'abbé Dubois. — Conseil secret entre M. le duc d'Orléans, M. le Duc, l'abbé Dubois, Le Blanc et moi, où tout est résolu pour le lendemain. — Le duc du Maine arrêté à Sceaux par La Billarderie, lieutenant des gardes du corps, et conduit dans la citadelle de Dourlens. — Mme la duchesse du Maine arrêtée par le duc d'Ancenis, capitaine des gardes du corps, et conduite au château de Dijon. — Enfants du duc du Maine exilés. — Cardinal de Polignac exilé à Anchin. — Un gentilhomme ordinaire du roi est mis auprès de lui. — Davisard et autres gens attachés ou domestiques du duc et de la duchesse du

Maine, mis à la Bastille. — Excellente et nette conduite du comte de Toulouse. — Le duc de Saint-Aignan se tire habilement d'Espagne, où on vouloit le retenir. — Mort du comte de Solre, sans nulle prétention toute sa vie. — Son fils et sa belle-fille s'en figurent de toutes nouvelles et inutiles. — Mort de Nointel, conseiller d'État, et du vieux Heudicourt. — Belle-Ile; sa famille; son île. — Caractère de Belle-Ile. — Caractère du chevalier de Belle-Ile. — Union des deux frères Belle-Ile; leur conduite domestique; leur liaison avec moi. — L'aîné commence à pointer et fait avec le roi l'échange de Belle-Ile. — Raison de s'être étendu sur les deux frères Belle-Ile.

Deux incidents arrivés le vendredi 16 décembre méritent d'être rapportés, et n'interrompront pas longtemps l'affaire de la conspiration. Le premier fut ecclésiastique : le P. Massillon, de l'Oratoire, excellent prédicateur, avoit reçu ses bulles pour l'évêché de Clermont, auquel le roi l'avoit nommé. Il avoit fort plu à la cour par des sermons à la portée de l'âge et de l'état du roi, qu'il avoit précédemment prêchés à la chapelle. Le roi eut curiosité de voir son sacre. Il fut dit que, pour sa commodité, il se feroit dans la chapelle. Les évêques, toujours très-attentifs à usurper, tirèrent sur le temps et déclarèrent que pas un n'assisteroit à ce sacre s'il s'y trouvoit des cardinaux. Il n'y avoit point d'exemple de sacre dans la chapelle du roi, très-peu ailleurs, où le roi ou la reine eussent été; et lorsque cela étoit arrivé, c'étoit dans des tribunes. La difficulté des évêques étoit qu'ils n'osoient prétendre des carreaux dans la chapelle, et que, n'en ayant point, ils n'en vouloient pas voir aux cardinaux. Mais la difficulté étoit ridicule. Les évêques se trouvent continuellement à la messe du roi et à celle de la reine, et à toutes les cérémonies et offices qui se font à la chapelle en présence de Leurs Majestés. Ils n'y ont jamais eu ni prétendu de carreau, et y en ont toujours vu aux cardinaux, sans parler des ducs et des duchesses. Quelle différence donc d'un sacre dans la chapelle, ou de la simple messe du roi, ou d'une autre cérémonie? C'est qu'ils sentoient leurs forces, la foiblesse du régent, la situation actuelle des cardinaux, et qu'ils cherchoient à se fabriquer un titre de leur ridicule difficulté.

Le cardinal de Noailles étoit éreinté par l'appel qu'il venoit de publier, et le grand aumônier lui disputoit de faire porter sa croix devant lui dans la chapelle; il ne pouvoit donc songer à y aller. Polignac étoit encore moins en état d'y paroître et de disputer, comme on le verra incontinent; Rohan et Bissy en étoient à faire leur cour aux évêques pour les attirer à faire tous les pas de fureur qui leur convenoient dans la circonstance toute fraîche de la déclaration de l'appel du cardinal de Noailles et de plusieurs évêques et corps, etc., en même temps. Bissy, dans la foule qu'il travailloit à exciter, et qui n'espéroit de succès à Rome que par celui qu'il opéreroit ici par les évêques de France, se trouva, heureusement pour leur prétention, le seul des cardinaux qui pût se trouver à ce sacre.

Il le leur sacrifia d'autant plus volontiers, que cette complaisance de ne s'y point trouver n'altéroit point la possession des cardinaux, et ne donnoit aucun titre aux évêques, qui, contents de ne point voir de carreaux dans la chapelle, parce que le roi, pour voir mieux, y devoit être dans sa tribune, qui contient aisément toute sa suite, ne purent trouver mauvais qu'il y eût là des carreaux, qui ne se pouvoient voir d'en bas, et par conséquent que le cardinal y eût le sien auprès du roi, comme le grand chambellan, le premier gentilhomme de la chambre, le gouverneur du roi et son capitaine des gardes, tous ducs, etc.; pour le cardinal de Gesvres, c'étoit avec de l'esprit, du savoir et une rage d'être cardinal, qui avoit occupé toute sa vie un hypocondriaque de sa santé, qui, dès qu'il fut parvenu à la pourpre, se renferma presque aussitôt et ne se trouva plus à rien. Mais je préviens sa promotion, qui n'arriva que dans l'année suivante. Ainsi, le P. Massillon fut sacré dans la chapelle par M. de Fréjus, précepteur du roi, assisté des évêques de Nantes, premier aumônier de M. le duc d'Orléans, et de

Vannes. Le roi étoit dans sa tribune, accompagné de sa suite, parmi laquelle étoit le cardinal de Rohan, douze ou quinze évêques en bas, et point de cardinaux; la cérémonie s'en fit le 21 décembre. Le nouvel évêque eut dix mille écus de gratification en attendant une abbaye.

L'autre incident fut d'une autre espèce. Quelque abattu que fût le parlement du dernier lit de justice, il étoit encore plus irrité et commençoit à reprendre ses esprits. Le fracas de l'arrêt de l'ambassadeur d'Espagne, le mouvement des emprisonnements qui suivirent de si près, lui donnèrent du courage pour résister à l'enregistrement de la banque royale, d'autant plus qu'elle étoit fort mal reçue du public. Le premier président alla donc rendre compte au régent de la difficulté que sa compagnie apportoit à cet enregistrement. M. le duc d'Orléans méprisa l'un et l'autre, et, à peu de jours de là, fit publier la banque royale, l'établit très-bien, et montra au parlement qu'il savoit se passer de son enregistrement.

Le samedi 17, le garde des sceaux alla à la Bastille; il y dîna même et y demeura longtemps. Le soir, Menille y fut conduit. Il étoit ami particulier de l'abbé Brigault, et avoit été longtemps gentilhomme servant du feu roi. Son esprit ni sa société n'étoit pas au-dessus de sa charge. On haussoit les épaules de pareils conjurés. Cellamare, avant partir, avoit écrit aux ambassadeurs et autres ministres étrangers, pour les intéresser dans sa détention. Ses lettres leur furent rendues; pas un d'eux ne s'en émut ni ne fit le moindre pas en conséquence, pas même ce boute-feu de Bentivoglio, trop occupé des mines à charger sous les pieds du cardinal de Noailles et de tous ceux qui venoient d'appeler en même temps.

Le dimanche 25 décembre, jour de Noël, M. le duc d'Orléans me manda de me trouver l'après-dînée chez lui, sur les quatre heures. M. le Duc, le duc d'Antin, le garde des sceaux, Torcy et l'abbé Dubois s'y trouvèrent. On y discuta plusieurs choses sur Cellamare et son voyage, sur les mesures pour éviter les plaintes des ministres étrangers, qui n'en avoient aucune envie; sur la manière de demander au roi d'Espagne une justice qu'on n'en espéroit point; enfin sur la manière de passer à côté de l'enregistrement du parlement, et d'établir sûrement sans cela la banque royale. Tout cela s'agita avec une tranquillité et une liberté d'esprit de la part du régent, qui ne me laissa pas soupçonner qu'il se pût agir d'autre chose. Ce petit conseil dura assez longtemps. Quand il fut fini, chacun s'en alla. Comme je m'ébranlois pour sortir comme les autres, M. le duc d'Orléans m'appela; cependant les autres sortirent, et je me trouvai seul avec M. le duc d'Orléans et M. le Duc. Nous nous rassîmes. C'étoit dans le petit cabinet d'hiver, au bout de la petite galerie. Après un moment de silence, il me dit de regarder s'il n'étoit demeuré personne dans cette petite galerie, et si la porte du bout, par où on y entroit de l'appartement où il couchoit, étoit fermée. J'y allai voir; elle l'étoit, et personne dans la galerie.

Cela constaté, M. le duc d'Orléans nous dit que nous ne serions pas surpris d'apprendre que M. et Mme du Maine se trouvoient tout de leur long dans l'affaire de l'ambassadeur d'Espagne, qu'il en avoit les preuves par écrit, qu'il ne s'agissoit pas de moins dans leur projet que de ce que j'en ai expliqué plus haut. Il ajouta qu'il avoit bien défendu au garde des sceaux, à l'abbé Dubois et à Le Blanc, qui seuls le savoient, de faire le plus léger semblant de cette connoissance, nous recommanda à tous deux le même secret et la même précaution, et ajouta qu'il avoit voulu, avant de se déterminer à rien, consulter avec M. le Duc et moi seuls le parti qu'il avoit à prendre. Je pensai bien en moi-même que, puisque ces trois autres hommes savoient la chose, il n'étoit pas sans en avoir raisonné avec eux, et peut-être déjà pris son parti avec l'abbé Dubois; qu'il vouloit flatter M. le Duc de la confiance et le mettre de moitié de tout ce qu'il feroit là-dessus; à mon égard, débattre réellement avec moi ce qu'il y avoit à faire pour ne s'en pas tenir à ces trois autres seuls, et parce qu'il avoit toujours accoutumé, comme on l'a toujours vu ici, de me faire part des choses secrètes les plus importantes qui demandoient des partis instants à prendre et qui l'embarrassoient le plus. M. le Duc sur-le-champ alla droit au fait, et dit qu'il falloit les arrêter tous deux et les mettre en lieu dont on ne pût rien craindre. J'appuyai cet avis et les périlleux inconvénients de ne le pas exécuter incessamment, tant pour étourdir et mettre en confusion tout le complot en lui ôtant ses chefs, tels que ces deux-là et Cellamare déjà arrêté et parti, et se parer des coups précipités et de désespoir qu'il y avoit lieu de craindre de gens si appuyés qui se voyoient découverts, et qui, en quelque état que fussent leurs mesures, sentoient qu'on en arrêteroit et qu'on [en] découvriroit tous les jours, et que conséquemment ils n'avoient pas un instant à perdre pour exécuter tout ce qui pouvoit être en leur possibilité, et tenter même l'impossible qui réussit quelquefois et qu'il faut toujours hasarder dans des cas désespérés, tels que celui dans lequel ils se rencontroient.

M. le duc d'Orléans trouva que ce seroit en effet tout le meilleur parti, mais il insista sur la qualité de Mme du Maine, moins je pense en effet, que pour faire parler le fils de son frère. Ce doute réussit fort bien par la haine qu'il portoit personnellement à sa tante et à son mari, et qu'il faut avouer que tous deux avoient largement méritée, et par la nature aussi de l'affaire qui alloit à bouleverser l'État, et les renonciations qui délivroient sa branche à son tour de l'aînesse de celle d'Espagne. M. le Duc répondit à l'objection proposée que ce seroit à lui à la faire, mais, que loin de trouver qu'elle dût arrêter, c'étoit une raison de plus pour se hâter d'exécuter; que ce ne seroit pas la première ni peut-être la vingtième fois qu'on eût arrêté des princes du sang; que plus ils étoient grands et naturellement attachés à l'État par leur naissance, plus ils étoient coupables quand ils s'en prévaloient pour le troubler, et qu'il n'y avoit à son sens rien de plus pressé que d'étourdir leurs complices par un coup de cet éclat, et les priver subitement de toutes les machines que la rage et l'esprit du mari et de la femme savoient remuer. Je louai fort la droiture, l'attachement et le grand sens de l'avis de M. le Duc; je l'étendis; j'insistai sur le courage et la fermeté que le régent devoit montrer dans une occasion si critique, et où on en vouloit à lui si personnellement, et sur la nécessité d'effrayer par là toute cette pernicieuse cabale, de leur ôter leur grand appui et de nom et d'intrigue et de moyens, et les rendre par ce grand coup pour ainsi dire orphelins, sans chefs et sans point de réunion ni de subordination, avant qu'ils eussent le temps d'aviser aux remèdes, si ce mal leur arrivoit comme ils le devoient désormais craindre continuellement. M. le duc d'Orléans regarda M. le Duc qui reprit la parole et insista de nouveau sur son avis et le mien. Le régent alors se rendit et n'y eut pas de peine.

Après quelques propos sur cette résolution, on agita où on les gîteroit. La Bastille et Vincennes ne parurent pas convenables, il falloit éviter tentation si prochaine aux partisans qu'ils avoient dans Paris, aux humeurs du parlement, aux manéges qu'y feroit le premier président. On discuta des places, car les arrêter, et les séparer l'un de l'autre, fut résolu tout à la fois; il s'agit d'abord du gîte du duc du Maine. Entre les lieux agités, M. le duc d'Orléans parla de Dourlens. Je saisis ce nom, j'alléguai que Charost et son fils en étoient gouverneurs, qu'ils l'étoient de Calais, place peu éloignée de l'autre et avoient l'unique lieutenance générale de Picardie, que c'étoient des hommes d'une race fidèle, et personnellement d'une probité, d'une vertu, d'un attachement à l'État dont je ne craignois pas de répondre, et Charost de tout temps mon ami particulier. Sur ce propos, il fut convenu d'envoyer le duc du Maine à Dourlens, et de l'y tenir serré, et bien étroitement gardé.

Ensuite on passa au gîte de Mme du Maine. Je représentai que celui-là étoit bien plus délicat à choisir par la qualité, le sexe et l'humeur de celle dont il s'agissoit, propre à tout entreprendre pour se sauver et pour faire rage sans crainte, et par son courage et sa fougue naturelle, et par ne rien craindre pour elle-même par son sexe et sa naissance, au lieu que son mari, si dangereux en dessous, si méprisable à découvert, tomberoit dans le dernier abattement et ne branleroit pas dans sa prison où il trembleroit de tout son corps dans la frayeur continuelle de l'échafaud. Divers lieux discutés, M. le duc d'Orléans se mit à sourire, à regarder M. le Duc et à lui dire qu'il falloit bien qu'il l'aidât, qu'il se prêtât de son côté, que c'étoit l'affaire de l'État et guère moins la sienne que celle de lui régent, et tout de suite lui proposa le château de Dijon. M. le Duc trouva la proposition étrange, convint qu'il falloit mettre Mme du Maine en lieu extrêmement sûr, mais que de le faire géôlier de sa tante, cela ne se pouvoit accepter. Toutefois il le dit aussi en souriant, et, par sa contenance, donna lieu au régent d'insister. M. le Duc se défendit, je ne disois mot, et je regardois de tous mes yeux. A la fin M. le Duc me demanda s'il n'avoit pas raison. Je me mis à sourire aussi et je répondis que je ne pouvois nier qu'il n'eût raison ni moins encore que M. le duc d'Orléans ne l'eût et plus grande et meilleure. J'avois fort pensé et pesé pendant la petite dispute, et je trouvai un grand avantage pour M. le duc d'Orléans de rendre M. le Duc son compersonnier[1] dans le fait de la prison de Mme du Maine, et par conséquent du duc du Maine aussi, et elle en lieu plus sûr et plus sans espérance de fuite et de ressource qu'aucun, dans le milieu du gouvernement de M. le Duc, et dans une place de son entière dépendance; je ne dissimulerai pas, non plus, un peu de nature, et de trouver la rocambole plai-

---

1. Vieux mot employé plusieurs fois par Saint-Simon dans le sens d'associé.

sante après tous les élans du procès, tant de la succession
de M. le Prince que pour la qualité de prince du sang et pour
l'habilité de succéder à la couronne, de voir cette femme qui
avoit tant osé assurer qu'elle renverseroit l'État et mettroit
le feu partout pour conserver ces avantages si étrangement
acquis, de la voir, dis-je, rager entre quatre murailles de
la dition de M. le Duc[1]. Il hésita longtemps à tout ce que
M. le duc d'Orléans et moi pûmes lui dire, à quoi la bienséance eut plus de part après tout ce qui s'étoit passé entre
eux, que la vraie répugnance. Aussi se laissa-t-il vaincre à
la fin, et consentit à l'étroite prison de sa chère tante dans
la prison de Dijon ; tout cela résolu, et pour l'exécuter en
bref, nous nous séparâmes.

Le lundi et mardi suivants, 26 et 27 décembre, se passèrent à prendre les mesures et donner les ordres nécessaires,
avec tout le secret qu'il se put ; mais M. et Mme du Maine,
qui voyoient l'ambassadeur d'Espagne conduit à Blois, ses
paquets pris, ses papiers visités et bien des gens arrêtés,
n'étoient pas sans appréhension de l'être, et avoient eu tout
le loisir de donner à leurs papiers tout l'ordre qu'ils jugèrent à propos. Avec cette précaution leur crainte diminua,
quoi qu'il pût arriver. L'abbé en savoit autant sur leur
compte lorsqu'il reçut les papiers de Blois qu'il montra en
avoir appris depuis par l'examen de ces mêmes papiers, et
s'il avoit été droit en besogne il n'eût pas différé de les montrer au régent ni d'arrêter M. et Mme du Maine au même
instant que l'ambassadeur d'Espagne au plus tard, et par
cette diligence il eût prévenu la leur et eût saisi leurs papiers importants ; mais ce n'étoit pas son intérêt particulier
de servir si bien l'État ni son maître, et le scélérat ne songea
jamais qu'à soi.

Le mercredi 28 décembre, je fus mandé au Palais-Royal,
pour l'après-dînée, par M. le duc d'Orléans, avec M. le Duc,

---

1. Dans un lieu soumis à l'autorité de M. le Duc.

l'abbé Dubois et Le Blanc, dans le petit cabinet d'hiver. C'étoit pour prendre les dernières mesures et résumer toutes celles qui avoient été prises. Pendant que nous conférions, le duc du Maine vint de Sceaux voir Mme la duchesse d'Orléans au Palais-Royal, et, au bout d'une heure de conversation avec elle, s'en retourna à Sceaux. Mme du Maine étoit demeurée depuis quelques jours à Paris, dans une maison assez médiocre de la rue Saint-Honoré, qu'ils avoient louée. C'étoit le centre de Paris. Elle étoit là aux aguets et le bureau d'adresse des siens, à quoi le peureux époux n'avoit osé se confier. La conférence chez M. le duc d'Orléans fut assez longue. Tout y fut compassé et définitivement réglé pour l'exécution du lendemain. Tous les cas possibles prévus et les ordres convenus jusque sur les bagatelles, il arriva pourtant que les ordres donnés au régiment des gardes et aux deux compagnies des mousquetaires, qui pourtant ne branlèrent pas de leurs quartiers ni de leurs hôtels, ne laissèrent pas de transpirer sur le soir, et de faire juger à ce qui en fut instruit qu'il se méditoit quelque chose de considérable. En sortant du cabinet, je convins avec Le Blanc qu'aussitôt que le coup seroit fait, il enverroit simplement un laquais savoir de mes nouvelles.

Le lendemain, sur les dix heures du matin, ayant fait filer des gardes du corps tout à l'entour de Sceaux sans bruit et sans paroître, La Billarderie, lieutenant des gardes du corps, y alla et arrêta le duc du Maine, comme il sortoit d'entendre la messe dans sa chapelle, et fort respectueusement le pria de ne pas rentrer chez lui, et de monter tout de suite dans un carrosse qui l'avoit amené. M. du Maine, qui avoit mis bon ordre qu'on ne trouvât rien chez lui ni chez pas un de ses gens, et qui étoit seul à Sceaux avec ses domestiques, ne fit pas la moindre résistance. Il répondit qu'il s'attendoit depuis quelques jours à ce compliment, et monta sur-le-champ dans le carrosse. La Billarderie s'y mit à côté de lui, et sur le devant un exempt des gardes du corps et Favancourt, brigadier dans la première compagnie des mousquetaires, destiné à le garder dans sa prison.

Comme ils ne parurent devant le duc du Maine que dans le moment qu'ils montèrent en carrosse, le duc du Maine parut surpris et ému de voir Favancourt. Il ne l'auroit pas été de l'exempt des gardes ; mais la vue de l'autre l'abattit. Il demanda à La Billarderie ce que cela vouloit dire, qui alors ne put lui dissimuler que Favancourt avoit ordre de l'accompagner et de rester avec lui dans le lieu où ils alloient. Favancourt prit ce moment pour faire son compliment comme il put, auquel le duc du Maine ne répondit presque rien, mais d'une manière civile et craintive. Ces propos les conduisirent au bout de l'avenue de Sceaux, où les gardes du corps parurent. L'aspect en fit changer de couleur au duc du Maine.

Le silence fut peu interrompu dans le carrosse. Par-ci, par-là M. du Maine disoit qu'il étoit très-innocent des soupçons qu'on avoit contre lui, qu'il étoit très-attaché au roi, qu'il ne l'étoit pas moins à M. le duc d'Orléans, qui ne pourroit s'empêcher de le reconnoître, et qu'il étoit bien malheureux que Son Altesse Royale donnât créance à ses ennemis, mais sans jamais nommer personne : tout cela par hoquets et parmi force soupirs, de temps en temps des signes de croix et de marmottages bas comme de prières, et des plongeons de sa part à chaque église ou à chaque croix par où ils passoient. Il mangea avec eux dans le carrosse assez peu, tout seul le soir, force précautions à la couchée. Il ne sut que le lendemain qu'il alloit à Dourlens. Il ne témoigna rien là-dessus. J'ai su toutes ces circonstances et celles de sa prison après qu'il en fut sorti, par ce même Favancourt que je connoissois fort, parce que c'étoit lui qui m'avoit appris l'exercice, et qui étoit sous-brigadier de la brigade de Crenay, dans la première compagnie des mousquetaires, dans le temps que j'y étois dans cette même brigade, et qui m'avoit toujours courtisé depuis. M. du Maine eut deux valets avec lui et fut presque toujours gardé à vue.

Au même instant qu'il fut arrêté, Ancenis, qui venoit d'avoir la survivance de la charge de capitaine des gardes du corps du duc de Charost, son père, alla arrêter la duchesse du Maine dans sa maison, rue Saint-Honoré. Un lieutenant et un exempt des gardes du corps à pied, et une troupe de gardes du corps parurent en même temps et se saisirent de la maison et des portes. Le compliment du duc d'Ancenis fut aigrement reçu. Mme du Maine voulut prendre des cassettes. Ancenis s'y opposa. Elle réclama au moins ses pierreries : altercation fort haute d'une part, fort modeste de l'autre ; mais il fallut céder. Elle s'emporta contre la violence faite à une personne de son rang, sans rien dire de trop désobligeant à M. d'Ancenis et sans nommer personne. Elle différa de partir tant qu'elle put, malgré les instances d'Ancenis, qui à la fin lui présenta la main, et lui dit poliment, mais fermement, qu'il falloit partir. Elle trouva à sa porte deux carrosses de remise, tous deux à six chevaux, dont la vue la scandalisa fort. Il fallut pourtant y monter. Ancenis se mit à côté d'elle, le lieutenant et l'exempt des gardes sur le devant, deux femmes de chambre, qu'elle choisit, avec ses hardes, qu'on visita, dans l'autre carrosse. On prit le rempart ; on évita les grandes rues : qui que ce soit n'y branla, dont elle ne put s'empêcher de marquer sa surprise et son dépit, ne jeta pas une larme, et déclama en général par hoquets contre la violence qui lui étoit faite. Elle se plaignit souvent de la rudesse et de l'indignité de la voiture, et demanda de fois à autre où on la menoit. On se contenta de lui dire qu'elle coucheroit à Essonne, sans lui rien dire de plus. Ses trois gardiens gardèrent un profond silence. On prit à la couchée toutes les précautions nécessaires. Lorsqu'elle partit le lendemain, le duc d'Ancenis prit congé d'elle, et la laissa au lieutenant et à l'exempt des gardes du corps avec des gardes du corps pour la conduire.

Elle lui demanda où on la menoit : il répondit simplement : « à Fontainebleau, » et vint rendre compte au régent. L'inquiétude de Mme du Maine augmenta à mesure qu'elle s'éloignoit de Paris ; mais, quand elle [se] vit en Bourgogne, et qu'elle sut enfin qu'on la menoit à Dijon, elle déclama beaucoup.

Ce fut bien pis quand il fallut entrer dans le château, et qu'elle s'y vit prisonnière sous la clef de M. le Duc. La fureur la suffoqua. Elle dit rage de son neveu, et de l'horreur du choix de ce lieu. Néanmoins, après ces premiers transports, elle revint à elle, et à comprendre qu'elle n'étoit ni en lieu ni en situation de faire tant de l'enragée. Sa rage extrême se renferma en elle-même, elle n'affecta plus que de l'indifférence pour tout et une dédaigneuse sécurité. Le lieutenant de roi du château, absolument à M. le Duc, la tint fort serrée, et la veilla et ses deux femmes de chambre de fort près. Le prince de Dombes et le comte d'Eu furent en même temps exilés à Eu, où ils eurent un gentilhomme ordinaire toujours auprès d'eux, et Mlle du Maine envoyée à Maubuisson.

Son bon ami, le cardinal de Polignac, qu'on crut être de tout avec elle, eut ordre le même matin de partir sur-le-champ pour son abbaye d'Anchin, accompagné d'un des gentilshommes ordinaires du roi, qui demeura auprès de lui tant qu'il fut en Flandre ; le cardinal partit sur la fin de la matinée même. Dans le même moment, Davisard, avocat général du parlement de Toulouse, qui s'étoit signalé par ses factums pour le duc du Maine contre les princes du sang ; deux fameux avocats de Paris, dont l'un se nommoit Bargetton, qui y avoient fort travaillé avec lui ; une Mlle de Montauban, attachée à Mme du Maine en manière de fille d'honneur, et une principale femme de chambre, favorite, confidente, et sur le pied de bel esprit[1], avec quelques au-

---

1. Mlle Delaunay, qui devint plus tard Mme de Staal, a laissé des Mé-

tres domestiques de M. et de Mme du Maine, furent aussi menés à la Bastille. Il fut résolu d'envoyer Mlle du Maine à l'abbaye de Maubuisson, et ses deux frères à Eu, avec un gentilhomme ordinaire du roi auprès d'eux.

Le Blanc me tint parole. J'étois chez moi à huis clos, inquiet de l'exécution, et n'osant pas ouvrir la bouche, me promenant dans mon cabinet et regardant à tous moments ma pendule, lorsqu'un laquais vint de sa part savoir simplement de mes nouvelles. Je fus fort soulagé, quoique dans l'ignorance comment tout se seroit passé. Mon carrosse étoit tout attelé. Je ne fis que monter dedans pour aller chez M. le duc d'Orléans. Je le trouvai seul aussi, qui se promenoit dans sa galerie. Il étoit près de onze heures, Le Blanc et l'abbé Dubois sortoient d'avec lui. Je le trouvai fort empêché de son entrevue avec Mme la duchesse d'Orléans, et moi bien à mon aise de n'être plus à portée avec elle qu'il pût me charger du paquet. Je l'encourageai de mon mieux, et, au bout d'une demi-heure, je m'en allai sur l'annonce du comte de Toulouse.

Je sus après de M. le duc d'Orléans qu'il lui avoit parlé à merveille, protesté qu'il ne savoit pas un mot de cette affaire, et que Son Altesse Royale ne le trouveroit jamais mêlé en rien contre son service ni contre la tranquillité de l'État; qu'il ne pouvoit n'être pas sensible au malheur de M. et de Mme du Maine; qu'il ne pouvoit se persuader, non plus, que Son Altesse Royale ne les crût fort coupables, puisqu'elle en étoit venue à cette extrémité avec eux; que, pour lui, il n'osoit demander d'éclaircissement; qu'il craignoit bien quelque imprudence de M. du Maine, mais qu'il ne se résoudroit jamais à croire son frère coupable qu'il n'en eût bien vu les preuves; qu'en attendant il se tiendroit dans un silence exact, et ne feroit aucune démarche que de l'agrément de

moires intéressants, qui font partie des principales collections de Mémoires relatifs à l'histoire de France.

Son Altesse Royale. Le régent fut content au dernier point de ce discours d'un homme sur la vérité et la probité duquel on pouvoit compter avec certitude. Il lui dit tout ce qu'il crut de plus honnête en général, et en particulier pour lui, sans entrer en rien sur l'affaire, lui fit beaucoup d'amitiés, et se séparèrent très-bien ensemble. La conduite du comte de Toulouse répondit exactement à son discours. Madame étoit à Paris, ainsi M. le duc d'Orléans lui parla lui-même. Pour Mme la duchesse d'Orléans on peut juger, à l'état où elle fut à la chute de son frère au dernier lit de justice, de celui où cette nouvelle la mit.

Le duc de Saint-Aignan étoit, comme on le peut juger, très-désagréablement à Madrid, par la situation où les deux cours étoient ensemble, et par la haine qu'Albéroni s'étoit fait un principe d'entretenir en Espagne contre M. le duc d'Orléans, de décrier toutes ses actions, son gouvernement, sa conduite personnelle, ses actions les plus innocentes, et d'empoisonner jusqu'à ses démarches les plus favorables à l'Espagne, et qui tendoient le plus à se la rapprocher. Ce premier ministre ne gardoit plus même depuis longtemps aucunes mesures avec le duc de Saint-Aignan, jusqu'au scandale de toute la cour de Madrid, même des moins bien disposés pour la France. Son ambassadeur ne se maintenoit que par la sagesse de sa conduite, et fut ravi des ordres qui le rappeloient. Il demanda donc son audience de congé, et le prit, en attendant, de tous ses amis et de toute la cour. Albéroni, qui attendoit à tous moments des nouvelles de Cellamare décisives sur la conspiration, vouloit demeurer maître de la personne de l'ambassadeur de France, pour, en cas d'accident, mettre à couvert celle de l'ambassadeur d'Espagne de ce qui lui pouvoit arriver. Il différa donc cette audience de congé sous différents prétextes. A la fin Saint-Aignan, pressé par ses ordres réitérés, et d'autant plus positifs qu'on commençoit à se douter qu'il pourroit arriver dans peu un éclat sur Cellamare, parla ferme au cardinal, et déclara que, si on ne vouloit pas lui accorder son audience de congé, il sauroit s'en passer. Là-dessus, le cardinal en colère lui répondit en le menaçant qu'il sauroit bien l'en empêcher. Saint-Aignan fut sage et se contint; mais voyant à quel homme il étoit exposé, et jugeant avec raison du mystère à le retenir à Madrid, il prit si bien et si secrètement ses mesures, qu'il partit la nuit même, et gagna pays avec son plus nécessaire équipage, et qu'il arriva au pied des Pyrénées avant qu'on eût pu le joindre et l'arrêter, comme il se doutoit bien qu'Albéroni, qui étoit un homme sans mesure, ne manqueroit pas d'envoyer après lui pour l'arrêter.

Saint-Aignan, déjà si heureusement avancé, ne jugea pas à propos de s'y exposer plus longtemps, et dans l'embarras des voitures parmi ces montagnes. Lui et la duchesse sa femme, suivis d'une femme de chambre et de trois valets, avec un guide bien assuré, se mirent tous sur des mules pour gagner Saint-Jean-Pied-de-Port sans s'arrêter en chemin que des moments nécessaires pour repaître. Il ordonna à son équipage d'aller à Pampelune à leur aise, et mit dans son carrosse un valet de chambre et une femme de chambre intelligents, avec ordre de se faire passer pour l'ambassadeur et l'ambassadrice, au cas qu'on les vînt arrêter, et de crier bien haut. La chose ne manqua pas d'arriver. Les gens qu'Albéroni avoit détachés après eux rejoignirent l'équipage fort tôt après. Les prétendus ambassadeur et ambassadrice jouèrent très-bien leur personnage, et ceux qui les arrêtèrent ne doutèrent pas d'avoir fait leur capture, dont ils dépêchèrent l'avis à Madrid, et la gardèrent bien dans Pampelune où ils l'avoient fait rebrousser.

Cette tromperie sauva M. et Mme de Saint-Aignan et leur donna moyen d'arriver à Saint-Jean-Pied-de-Port. Dès qu'ils y furent ils envoyèrent chercher du secours et des voitures à Bayonne, où ils se rendirent en sûreté et s'y reposèrent de leurs fatigues. Le duc de Saint-Aignan en donna avis à M. le duc d'Orléans par un courrier, et envoya dire son arrivée à Bayonne au gouverneur de Pampelune et le prier de lui renvoyer ses équipages : on y fut bien honteux d'avoir été dupés. Les équipages furent renvoyés à Bayonne. Mais Albéroni, lorsqu'il le sut, entra dans un emportement furieux et fit rudement châtier la méprise.

Le comte de Solre, lieutenant général et gouverneur de Péronne, mourut à soixante-dix-sept ans. C'étoit un fort petit homme de corps et d'esprit. La valeur, la probité, la fidélité, la naissance et le service de toute sa vie y suppléoient. Il étoit de la maison de Croï et sa femme de celle de Bournonville, la maréchale de Noailles et elle filles des deux frères. Elle étoit souvent à la cour, debout parmi les dames de qualité, aux soupers du roi et aux toilettes de Mme la Dauphine sans aucune prétention ni son mari non plus, qui fut reçu chevalier de l'ordre, le cinquante-neuvième dans la promotion du dernier décembre 1688, et y marcha sans difficulté depuis dans toutes les fêtes de l'ordre parmi les gentilshommes. Longtemps après le mari et la femme se brouillèrent, et pour ne point donner de scène en se séparant, la comtesse de Solre prit l'occasion du mariage de sa fille avec le prince de Robecque, qui s'étoit attaché à l'Espagne, où il avoit obtenu la grandesse et la Toison. Elle lui mena sa fille, qu'elle aimoit fort, qui en arrivant fut dame du palais de la reine, et toutes deux ont passé le reste de leur vie en Espagne, où je les ai beaucoup vues. Le fils aîné du comte de Solre, qui étoit maréchal de camp, quitta le service après la mort de son père, se fit appeler le prince de Croï, ne quitta plus la Flandre, où il avoit beaucoup de terres, y épousa Mlle de Mylandon, riche héritière, et firent les princes chez eux. Cette dame, devenue veuve, vint avec son fils à Paris pour le mettre dans le service, et tâcha d'éblouir le cardinal Fleury de ses prétentions. Elle n'y réussit que pour obtenir plus tôt l'agrément d'un régiment pour son fils, et ses prétentions l'ont exclue de la cour; elle est restée à Paris, toujours princesse, mais uniquement pour ses valets, et son fils pareillement.

Nointel, conseiller d'État, mourut aussi. Il étoit fils de Bechameil, surintendant de feu Monsieur, beau-père de Louville et beau-frère du feu duc de Brissac, père de celui-ci, et de Desmarets, qui avoit été contrôleur général et ministre. Ce conseiller d'État étoit un bon homme et un fort homme d'honneur.

Le vieux Heudicourt, qui avoit été grand louvetier et mari de cette Mme d'Heudicourt dont il a été parlé quelquefois ici, que j'appelois le mauvais ange de Mme de Maintenon, mourut chez lui à sa campagne. C'étoit un vieux débauché, gros et vilain joueur, dont personne ne fit jamais le moindre cas. Son fils, dont il a été parlé aussi, ne valut pas mieux, mais bien plus dangereux par son esprit, ses saillies et sa méchanceté.

Il a été quelquefois mention ici, en diverses occasions, de Belle-Ile. Il est temps de commencer à faire connoître un homme qui, de naissance plébéienne, et de plus disgraciée de tous points, est parvenu à tout par des fortunes si étranges, qu'il se peut dire à la lettre que sa vie est un roman. Ces Fouquet sont Bretons, et les père et grand-père du fameux surintendant étoient conseillers au parlement de Bretagne. On sait qu'il y a des charges de conseillers qu'on appelle *bretonnes*, dont les titulaires ont été longtemps et doivent être toujours gentilshommes de noms et d'armes. Souvent il y a eu parmi eux des gens de qualité distinguée de la province. Il y a aussi des charges qu'on appelle *angevines*, toujours possédées comme le sont les mêmes charges de conseillers dans tous les parlements. Cela fait en Bretagne une grande différence entre les charges et leurs titulaires, quoiqu'il n'y en ait aucune entre eux pour le rang, le service et les fonctions. Je n'ai pas recherché si les charges de ces conseillers Fouquet étoient *bretonnes* ou *angevines*. La fortune, la chute et les malheurs du surintendant Fouquet sont trop connus pour s'y arrêter ici ; mais il faut expliquer comment il eut Belle-Ile et comment Belle-Ile est venue à son petit-fils, duquel il s'agit ici.

Cette île qui a six lieues de long sur deux de large, séparée par six lieues de mer des côtes de Vannes, appartenoit à l'abbaye de Sainte-Croix de Quimper. Charles IX la lui ôta et s'en empara, comme il est arrivé souvent à nos rois de faire de ces démembrements en des lieux dangereux et suspects comme l'est cette île par rapport à l'Angleterre, et dans des temps de troubles, de guerres civiles et de religion, comme du temps de Charles IX. Le comte de Retz, en grande faveur auprès du roi et de Catherine de Médicis, sa mère, et depuis maréchal de France, et enfin duc et pair, obtint d'eux Belle-Ile, partie en don, partie en payant, et la fit ériger en marquisat. La position de cette île a souvent donné envie aux rois successeurs de l'acquérir, et il y a eu en divers temps des échanges projetés et même fort avancés, qui n'ont point eu d'exécution. Fouquet, devenu surintendant des finances, en fit l'acquisition de la maison de Retz. A sa disgrâce, Belle-Ile fut adjugée à sa femme pour ses reprises.

Le père du surintendant, de conseiller de Bretagne s'étoit fait maître des requêtes et devint conseiller d'État. Sa femme, mère du surintendant, étoit Maupeou, dont le père étoit intendant des finances. La vertu, le courage, la singulière piété de cette dame, mère des pauvres, et dont le nom vit encore, fut inébranlable à la fortune et aux malheurs de son fils, dont la première dura huit ans et les autres dix-huit. Il mourut dans sa prison de Pignerol en mars 1680, à soixante-cinq ans, et sa vertueuse mère, et qui avoit aussi beaucoup d'esprit, le survécut un an et en avoit quatre-vingt-onze. Il avoit épousé une héritière de Bretagne, qui s'appeloit Fourché, dont il n'eut qu'une fille, mariée en 1657 au comte de Charost, mort duc et pair, etc., dont elle eut le duc de Charost, gouverneur du roi d'aujourd'hui, à la disgrâce du maréchal de Villeroy.

Le surintendant se remaria à la fille unique de Castille, président aux requêtes du palais, et c'est elle à qui Belle-Ile fut adjugée pour ses reprises. Elle eut d'elle Nicolas Fouquet, qui servit quelque temps sous le nom de comte de Vaux, qui étoit considéré pour son mérite, mais qui, par le malheur de son père, n'ayant pu avancer, quitta de bonne heure, et est mort en 1705 sans enfants de la fille de la fameuse Mme Guyon, laquelle fille est morte longtemps depuis duchesse de Sully, sans enfants. Ce fut un mariage d'amour, longtemps secret, déclaré enfin après que, de cadet et pauvre, le chevalier de Sully eut recueilli la dignité et les biens de son frère. Le second fils du surintendant, célèbre père de l'Oratoire et fort riche, légua tout son bien au neveu dont il s'agit ici. Le troisième fut un homme de beaucoup d'esprit et de savoir, que les malheurs de sa famille exclurent de toute sorte d'emploi, qui n'avoit rien et qui a été obscur et sauvage au dernier point de toute sa vie. L'amour, et plus tôt satisfait que de raison, lui valut une grande alliance. Le marquis de Lévi, grand-père du duc de Lévi, n'eut d'autre parti à prendre que de lui laisser épouser sa fille, de la chasser de chez lui et de ne vouloir jamais entendre parler d'eux. Ils furent donc réduits à suivre le pot et les exils de l'évêque d'Agde, frère du surintendant, et de vivre après de celui de sa mère, retirée aux dehors du Val-de-Grâce, qui a élevé ses deux fils Belle-Ile, dont il s'agit ici, et le chevalier son frère.

J'ai parlé en son temps de l'application de Belle-Ile au service, à plaire, à capter, à se rendre utile aux généraux; comment il eut un régiment de dragons; combien il se distingua dans Lille; comment il devint mestre de camp général des dragons. J'ai parlé aussi de deux mariages, le premier sans enfants, l'autre à une Béthune, fille du fils de la sœur de la reine de Pologne (Arquien), et de la sœur du maréchal-duc d'Harcourt. Ainsi Belle-Ile se trouva cousin germain des ducs de Charost et de Lévi, et neveu du maréchal-duc d'Harcourt, cousin issu de germain des électeurs de Cologne et de Bavière, fils de la fille de la reine de Pologne (Arquien), et au même degré du roi Jacques d'Angleterre, et du duc de Bouillon; très-proche encore du roi de Pologne, père de la reine par les Jablonowski, du duc Ossolinski, du prince de Talmont et de beaucoup des plus grands seigneurs de Pologne, et il sut tirer un grand parti de ces singulières et si proches alliances. La sœur de son père avoit épousé un Crussol-Gonsalez, dont il y a des enfants.

La mort du vieux marquis de Lévi et le temps qui amène tout, avoit réconcilié son fils le marquis de Charlus avec sa sœur et son mari Belle-Ile. C'étoit une femme qui n'avoit jamais eu d'autre inclination que celle qui fit son mariage et qui vécut avec son mari comme un ange, toute sa vie dans la pauvreté et dans la disgrâce. Revenue après bien des années à Paris, et raccommodée avec sa famille, elle chercha à en profiter. Elle avoit de l'esprit et de la piété. Les malheurs dans lesquels elle avoit vécu l'avoient accoutumé à la dépendance, aux besoins, à ne point sortir de l'état où son mariage l'avoit mise. Son caractère étoit la douceur et l'insinuation. Aimée et fort considérée dans la famille de son mari, et seulement soufferte dans la sienne, elle fit si bien qu'elle s'en fit enfin aimer. Elle comprit l'utilité qu'elle pouvoit espérer pour ses enfants de la situation de Mme de Lévi à la cour, qui étoit fille du duc de Chevreuse, et qui, en épousant son neveu fils de son frère, avoit été faite dame du palais. A la considération où étoient M. et Mme de Chevreuse et M. et Mme de Beauvilliers qui n'étoient qu'un, succéda la considération personnelle de Mme de Lévi par l'amitié que Mme de Maintenon et le roi prirent pour elle et les fréquentes parties particulières dont elle fut toujours avec eux jusqu'à la mort du roi, et la fortune voulut encore qu'elle fût après l'amie intime du cardinal Fleury, avec Mme de Dangeau son amie et sa compagne dans sa place de dame du palais et dans les continuelles privances de Mme de Maintenon et du roi. Mme de Lévi, avec infiniment d'esprit et beaucoup de piété solide, avoit le défaut de l'entêtement; et le sien étoit toujours poussé sans bornes. Avec cela une vivacité de salpêtre. Prise d'affection et pour l'avouer franchement de compassion pour sa tante de Belle-Ile, cette femme adroite qui lui faisoit sa cour, introduisit ses enfants en son amitié. Bientôt elle les aima aussi pour eux-mêmes, se prit de leur mérite et de leurs talents, et l'entêtement n'eut tôt après plus de bornes et n'en a jamais eu depuis jusqu'à sa mort. Aussi cultivèrent-ils bien soigneusement une affection si capitale et du mari et surtout de la femme. Leur bonheur voulut qu'ils n'affolèrent pas moins le duc de Charost et son fils. Mais le pouvoir de ceux-là ne fut pas tel que celui de Mme de Lévi.

Il faut maintenant venir au caractère des deux frères. L'aîné, grand, bien fait, poli, respectueux, entrant, insinuant et aussi honnête homme que le peut permettre l'ambition quand elle est effrénée, et telle étoit la sienne, avoit précisément la sorte d'esprit dont il avoit besoin pour la servir. Il n'en vouloit point montrer, il ne lui en paroissoit que pour plaire, jamais pour embarrasser, encore moins pour effrayer; un fonds naturel de douceur et de complaisance, une juste mesure entre l'aisance dans toutes ses manières et la retenue, un art infini, mais toujours caché dans ses propos et ses démarches, une insinuation délicate et rarement aperçue; une attention et une précaution continuelle dans tous ses pas et dans ses discours, jusqu'au langage des femmes et au badinage léger, lui ouvrirent une infinité de portes. Il ne négligea ni les cochères, ni les carrées, ni les rondes. Il vouloit plaire au maître et aux valets, à la bourgeoise et au prêtre de paroisse ou de séminaire quand le hasard lui en faisoit rencontrer, à plus forte raison au général et à son écuyer, aux ministres et aux derniers commis. Une accortise qui couloit de source, un langage toujours tout prêt et des langages de toutes les sortes, mais tous parés d'une naturelle simplicité, affable aux officiers, essentiellement officieux, mais avec choix et relativement à soi, et beaucoup de valeur sans aucune ostentation: tel fut Belle-Ile tant qu'il demeura *in minoribus;* sans se démentir en rien de ce caractère, il se développa davantage à mesure que la fortune l'éleva. C'est où nous n'en sommes pas encore; ce qu'il pratiqua dans tous les temps de sa vie fut une application infatigable à discerner ceux dont il pouvoit avoir besoin, à ne rien oublier pour les gagner, et après les infatuer de lui avec les plus simples et les plus doux contours, à en tirer tous les avantages qu'il put, et à ne jamais faire un pas, une visite, même une partie ou un voyage de plaisir que par choix réfléchi, pour l'avancement de ses vues et de sa fortune, et chemin faisant, appliqué sans cesse à s'instruire de tout sans qu'il y parût le moins du monde.

Le chevalier de Belle-Ile avoit bien des conformités avec son frère, et encore plus de dissemblances. Sa figure n'étoit pas si bien, et l'air ouvert et naturellement simple et libre dans l'aîné, manquoit au cadet. Il avoit toutefois l'entrant et l'insinuant de son frère, mais qui ne s'annonçoit pas à son maintien comme l'aîné. Il falloit qu'il commençât à parler pour le sentir, encore lorsqu'il s'agissoit ou d'affaires ou de gens à qui il importoit de ne pas déplaire, car pour le gros, il étoit naturellement cynique, peu complaisant, contredisant, mordant; mais avec ceux qu'il croyoit devoir ménager, et il savoit en ménager beaucoup, il étoit aussi maniable et aussi complaisant et mesuré que son frère, sans toutefois que cela parût couler de source, ni aussi naturel qu'à l'aîné; beaucoup plus d'esprit et d'étendue que lui, peut-être aussi l'esprit et les vues plus indigestes et nulle douceur dans les mœurs que forcée, et on l'apercevoit; plus de justesse néanmoins et de discernement que son frère et incomparablement plus difficile à tromper, peut-être aussi moins parfaitement honnête homme, mais beaucoup plus capable et intelligent en toutes sortes d'affaires, et rancunier implacable, ce que le frère n'avoit pas. Le chevalier avoit aussi le jargon des femmes, mais point de liant, quoique plus de tour et d'adresse à découvrir ce qu'il vouloit savoir et toute l'application possible à s'instruire et de toutes et des différentes parties de la guerre; il vouloit que rien ne lui échappât, et comme son frère, ni pas ni discours qui n'eût sa vue particulière, et toutes vues tournées à une ambition plus vaste, et, s'il étoit possible, plus effrénée que celle de son frère, et tous deux d'une suite que rien ne dérangeoit et d'un courage d'esprit invincible. Celui-ci avoit plus de ruse et de profondeur que l'autre, et moins capable que lui encore de se rebuter et de démordre. Il avoit un froid de glace, mais qui en dedans cachoit une disposition toute contraire, et un air compassé et de sagesse arrangée qui n'attiroit pas. Avec autant de valeur que son frère et possédant comme lui tous les détails militaires et de subsistances et de dépôts, il le surpassoit peut-être en celui de toute espèce d'arrangements; personne n'a eu comme eux l'art imperceptible d'amener de loin et de près les hommes et les choses à leurs fins, et de savoir profiter de tout. Le cadet, avec un flegme plus obstiné que son frère, étoit bien plus propre que lui à gouverner et à régler les dépenses et l'économie domestique, à dresser des mémoires d'affaires d'intérêt, à conduire dans les tribunaux celles qu'il y falloit porter, et à leur donner le tour et la subtilité dont elles pouvoient avoir besoin ; enfin la présence d'esprit et la souplesse à l'attaque et à la défense judiciaire, avec le style éloquent, coulant et net. Tous deux enfin sans cesse occupés et parmi cette application continuelle, vivement et continuellement les yeux ouverts à se faire des protecteurs, des amis et des créatures avec choix, et très-mesurés dans leurs paroles et ne se lâchant jamais dans les entretiens qu'avec une grande mesure et un grand choix.

L'union de ces deux frères ne fit des deux qu'un cœur et une âme, sans la plus légère lacune, et dans la plus parfaite indivisibilité et tout commun entre eux, biens, secrets, conseils, sans partage ni réserve, même volonté en tout, même autorité domestique sans partage, toute leur vie. Le cadet, moins à portée que l'aîné, ne songea qu'à sa fortune, et s'occupa principalement du domestique et des affaires de la maison, et l'aîné du dehors ; mais tout se référa toujours de l'un à l'autre, et tout fut conduit comme par un seul. On ne sauroit ajouter au respect, à l'amitié, aux soins, à l'attachement qu'ils eurent toujours pour leur père, et à la confiance qu'ils eurent pour leur mère, qui trouvèrent enfin leur bonheur par eux. L'aîné, fort sobre ; la cadet aimoit à souper et à boire le petit coup, mais sans excès et sans préjudice aux occupations sérieuses auxquelles il avoit toujours l'esprit bandé.

Mme de Lévi, et par sa plus intime famille et personnellement notre amie intime, les initia peu à peu avec Mme de Saint-Simon et avec moi. Le duc de Charost y contribua aussi ; ils nous cultivèrent fort. J'y trouvai beaucoup de ce qu'on ne trouvoit plus, et ils devinrent enfin nos amis. Ils me furent souvent utiles à m'apprendre bien des choses, et j'eus souvent le plaisir de leur rendre des services. Nous étions sur ce pied-là dans le temps duquel j'écris, et l'amitié entre nous s'est toujours depuis conservée la même. Belle-Ile avoit fait en Flandre connoissance avec Le Blanc, qui se tourna en la plus intime amitié et confiance. Le Blanc l'introduisit auprès de l'abbé Dubois chez lequel il fut bientôt en privance et en apparence de confiance. Il fut bien aussi avec le garde des sceaux et peu à peu avec beaucoup d'autres. M. le Duc le prit en grande amitié, tellement que Belle-Ile profita de cette situation pour réveiller les anciens projets de l'échange de Belle-Ile. Avant de rien proposer là-dessus, il s'étoit assuré de Law par l'abbé Dubois et Le Blanc, et du garde des sceaux par les mêmes. Il pouvoit compter sur M. le Duc et sur le comte de Toulouse, qui fut toujours de ses amis déclarés. Il se saisit de Fagon qui avoit une autorité dans les finances, qui alla toujours en croissant, et qui toute sa vie lui fut totalement dévoué ; il s'assura encore de plusieurs autres. Il pointoit dès lors assez pour attirer les yeux, et il se trouva gens du plus haut parage qui trouvèrent qu'il croissoit trop vite, qui voulurent l'arrêter de bonne heure, et que ses hommages ne purent émousser. Je ne sais par où la vieille cour l'avoient pris en grippe de si bonne heure, et si loin de pouvoir même espérer d'offusquer. Les maréchaux de Villeroy, Villars et Huxelles furent les principaux à le traverser, quoique la maréchale de Villars émoussât quelquefois son mari sur cet éloignement sans cause. Néanmoins l'échange parut utile au roi, et Belle-Ile fit si bien, qu'il se le rendit prodigieusement avantageux. Il eut le comté de Gisors, Vernon et tous les domaines du roi qui en dépendent, en sorte qu'il eut pour le moins autant de terres que M. de Bouillon en avoit par les comtés d'Évreux et de Beaumont, mais avec un revenu beaucoup moindre, parce que les forêts d'Évreux, etc., avoient été données à M. de Bouillon, et que Belle-Ile n'eut pas celles de ce qui lui fut cédé; ce fut pour quelque sorte de compensation qu'on lui donna beaucoup de domaines en Languedoc et de grand revenu.

Cet échange ne se conclut pas tout d'une voix des commissaires chargés de le régler. Les difficultés que quelques-uns firent, arrêtèrent; le monde cria qu'on lui donnoit de vrais États pour une île comme déserte et inutile au roi qui y avoit un gouverneur, un état-major et une garnison. Il ne fallut pas peu de temps, de patience et d'adresse pour vaincre ces difficultés. Une autre s'éleva encore par les mouvements que se donnèrent un grand nombre de gens distingués de la noblesse et de la robe qui relevoient du roi, et qui se trouvèrent très-offensés d'avoir à relever désormais de Belle-Ile qui exerceroit sur eux tous les droits du roi, et avec une rigueur en usage entre particuliers en tout genre utile, de chasse et honorifique, qui sont peu perceptibles avec le roi. Ces nouveaux cris arrêtèrent encore; on trouvoit Belle-Ile bien léger pour être seigneur d'un domaine aussi étendu, aussi brillant, aussi noble, et pour l'exercer en plein sur tant et de tels vassaux. Le détroit fut encore long et difficile à passer. Mais l'adresse des Belle-Ile en vint encore à bout sans le plus léger retranchement ni modification.

La chose passée vint au conseil de régence. Les maréchaux, soutenus du duc de Noailles et de Canillac, s'élevèrent; le prince de Conti les appuya. Quoique les contradicteurs fissent le moindre nombre, leur poids arrêta M. le duc d'Orléans : il dit qu'il falloit remettre la décision à une autre fois. Belle-Ile, en homme avisé, ne voulut pas presser l'affaire, pour laisser refroidir les esprits; mais six semaines après, en entrant au conseil de régence, et auparavant averti par Belle-Ile, M. le Duc me donna le mot, et je le donnai tout bas au comte de Toulouse pendant le conseil. On n'y dit pas un mot de l'affaire. Comme il se levoit, M. le Duc dit à M. le duc d'Orléans, déjà debout, s'il ne vouloit pas finir l'échange de Belle-Ile; et, me regardant, ajouta : « Les commissaires en sont d'avis, presque tout le monde en a été d'avis ici. » Je répondis que ce n'étoit pas la peine de se rasseoir, puisque la chose avoit passé ici déjà à la pluralité. Le comte de Toulouse ajouta : « Mais cela est vrai. » M. le Duc reprit, en regardant en riant M. le duc d'Orléans : « Monsieur, vous voulez aller à l'Opéra et moi aussi. Il est plus de cinq heures ; prononcez donc, et allons-nous-en. » Tout cela se fit debout, à la surprise de tout le monde, sans que les contradicteurs dans l'autre conseil eussent le temps de reprendre leurs esprits, ou osassent se prendre de bec avec M. le Duc et le comte de Toulouse, et croyant peut-être que cela se faisoit de concert avec M. le duc d'Orléans, qui n'en savoit pas un mot, et qui dans sa surprise se laissa entraîner : « Oui, dit-il, il me semble que cela a passé; » regarda le conseil tout autour, qui ne souffla pas, puis ordonna à La Vrillière d'écrire sur le registre du conseil que cela passoit, et de faire expédier l'échange et s'en alla. M. le Duc et moi en rîmes en sortant du conseil; j'en avois déjà ri avec le comte de Toulouse. Un jugement si leste ne plut à personne du conseil, moins encore aux contradicteurs, qui grommelèrent, et dirent que c'étoit une moquerie.

Belle-Ile fut aussi bien servi dans la promptitude de l'expédition. Il s'étoit fait des amis au parlement qui ne laissa pas de se rendre difficile à l'enregistrement pur et simple ; mais il le fit sans trop de délais. La chambre des comptes fut plus épineuse et plus longue ; mais Belle-Ile à la fin en vint à bout : toutefois, il étoit bien loin d'être au bout de ses peines, malgré cette consommation.

C'est s'être bien étendu sur deux particuliers alors si peu considérables ; mais ils le devinrent tellement dans leur suite par leurs malheurs et les genres de périls qu'ils coururent, par la manière dont ils en sortirent, par les effets prodigieux de la plus singulière fortune, et qui devint enfin la plus haute en tous genres, dont ils ont été les seuls artisans, que j'ai cru devoir bien faire connoître, et de bonne heure, deux hommes si rares qui, devenus des personnages en France, même en Europe, ont été les plus extraordinaires de leur siècle, de quelque côté qu'on puisse les envisager.

CHAPITRE VI.

Année 1719. — Conduite du duc du Maine. — Conduite de Mme du Maine. — Mme la Princesse obtient quelques adoucissements à Mme du Maine, et à Mme de Chambonnas, sa dame d'honneur, de s'aller enfermer avec elle ; puis son médecin. — Commotion de la découverte de la conspiration. — Conduite du duc de Noailles. — Netteté de discours et de procédé du comte de Toulouse. — Faux sauniers soumis d'eux-mêmes. — Adresse de l'abbé Dubois. — Il fait faire par Fontenelle le manifeste contre l'Espagne. — Il est examiné dans un conseil secret au Palais-Royal, passé après en celui de régence, et suivi aussitôt de la publication de la quadruple alliance imprimée, et de la déclaration de guerre contre l'Espagne. — Le tout très-mal reçu du public. — Pièces répandues contre le régent sous le faux nom du roi d'Espagne, très-foiblement tancées par le parlement. — Incendie du château de Lunéville. — Conspiration contre le czar découverte. — Le roi de Suède tué. — Prétendants à cette couronne, qui redevient élective, et la sœur du feu roi élue reine avec peu de pouvoir, qui obtient après l'association au trône du prince de Hesse, son époux, mais avec force entraves contre l'hérédité et le pouvoir. — Baron de Gœrtz est décapité, et le baron Van der Nath mis en prison perpétuelle. — M. le duc de Chartres a voix au conseil de régence, où il entroit depuis quelque temps. — Saint-Nectaire ambassadeur en Angleterre. — Rareté de son instruction et de celle des autres ministres de France au dehors. — Maligne plaisanterie du duc de Lauzun fait cinq ans après le vieux Broglio maréchal de France. — Officiers généraux et particuliers nommés pour l'armée du maréchal de Berwick. — M. le prince de Conti obtient d'y servir de lieutenant général et de commandant de la cavalerie, et de monstrueuses gratifications. — Prodigalités immenses aux princes et princesses du sang, excepté aux enfants du régent. — Prodigalités au grand prieur. — Il veut inutilement entrer au conseil de régence; mais ce fut quelque temps après être revenu d'exil; et cela avoit été oublié ici en son temps. — L'infant de Portugal retourne de Paris à Vienne. — Le duc de Saint-Aignan entre en arrivant au conseil de régence. — Mort et caractère de Saint-Germain-Beaupré. —Mort du prince d'Harcourt. — Mort et aventure de Mme de Charlus. — Mort de M. de Charlus. — Jeux de hasard défendus. —Blamont, président aux enquêtes, revient de son exil en une de ses terres. — Le grand prévôt obtient la survivance de sa charge pour son fils qui a six ans. — Milice levée.

Le duc du Maine, outre l'aîné La Billarderie, lieutenant des gardes du corps qui l'avoit arrêté, fut conduit et gardé à Dourlens par Favancourt, maréchal des logis des mousquetaires gris et qui étoit sous-brigadier de mon temps dans la brigade où j'étois; il m'avoit toujours vu depuis de temps en temps, et néanmoins il fut chargé de ce triste emploi sans que je le susse et sans même que j'eusse pensé à personne pour cela. Je n'eus aussi aucun commerce avec lui direct ni indirect pendant tout le temps qu'il le garda, et il fut auprès de lui jusqu'à sa sortie. Quoique gentilhomme de Picardie, il étoit fin et désinvolte à merveilles, et s'acquitta si bien de son emploi qu'il satisfit ceux qui l'y avoient mis et en même temps le duc du Maine, qui a depuis particulièrement protégé sa famille.

Au retour de Favancourt, je fus curieux de l'entretenir à fond. Il me conta que la mort étoit peinte sur le visage du duc du Maine pendant tout le voyage depuis Sceaux jusqu'à Dourlens; qu'il ne lui échappa ni plainte, ni discours, ni question, mais force soupirs. Il ne parla point du tout les premières cinq ou six heures et fort peu le reste du voyage, et dans ce peu presque toujours des choses qui s'offroient aux yeux en passant. A chaque église devant quoi on passoit, il joignoit les mains, s'inclinoit profondément et faisoit force signes de croix, et par-ci, par-là, marmottoit tout bas des prières avec des signes de croix. Jamais il ne nomma personne, ni Mme la duchesse du Maine, ni ses enfants, ni pas un de ses domestiques, ni qui que ce soit. A Dourlens il faisoit ou montroit faire de longues prières, se prosternoit souvent, étoit petit et dépendant de Favancourt comme un très-jeune écolier devant son maître, avoit trois valets avec lui avec qui il s'amusoit, quelques livres, point de quoi écrire; il en demanda fort rarement, et donnoit à lire et à cacheter à Favancourt ce qu'il avoit écrit. Au moindre bruit, au plus léger mouvement extraordinaire, il pâlissoit et se croyoit mort. Il sentoit bien ce qu'il avoit mérité et jugeoit par lui-même de ce qu'il avoit lieu de craindre d'un prince qu'il avoit pourtant dû avoir reconnu plus d'une fois être si prodigieusement différent de lui. Pendant le voyage et à Dourlens il mangea toujours seul.

Mme la duchesse du Maine, conduite par le cadet La Billarderie, aussi lieutenant des gardes du corps, trouva en lui de la complaisance. Elle en abusa et M. le duc d'Orléans le souffrit avec cette débonnaireté si accoutumée. On eût dit, pendant la route, que c'étoit une fille de France qu'une haine sans cause et sans droit traitoit avec la dernière indignité. L'héroïne de roman, farcie des pièces de théâtre qu'elle jouoit elle-même à Sceaux depuis plus de vingt ans, ne parloit que leur langage, où les plus fortes épithètes ne suffisoient pas à son gré à la prétendue justice de ses plaintes. Elles redoublèrent en éclats les plus violents quand, à la troisième journée, elle apprit enfin qu'on la conduisoit à Dijon. Ses projets connus et renversés, l'insolence qu'elle disoit éprouver d'être arrêtée, tous les insupportables accompagnements de sa captivité dont elle n'avoit cessé de se plaindre en furie, ne furent rien en comparaison de se voir mener dans la forteresse de la capitale du gouvernement de M. le Duc, où il étoit parfaitement le maître; elle vomit contre lui tout ce que la rage soutenue d'esprit peut imaginer de plus injurieux; elle oublia qu'elle étoit sœur de M. son père; elle n'épargna pas leur origine commune, et triompha de bien dire sur l'enfant de treize mois. Elle fit la malade, changea de voiture, s'arrêta à Auxerre et partout où elle put, dans l'espérance que Mme la Princesse pourroit obtenir un changement de lieu, peut-être dans celle de faire peur de ses transports. En effet, Mme sa mère importuna tant M. le duc d'Orléans, qu'on lui envoya trois femmes de chambre et que Mme de Chambonnas, sa dame d'honneur, obtint la permission de s'aller enfermer avec elle, puis son médecin et une autre fille à elle; mais ce fut dans le château de Dijon, sur lequel tout changement fut refusé. Ces égards étoient du bien perdu. M. le duc d'Orléans ne pouvoit l'ignorer, mais telle étoit sa déplorable foiblesse.

Plusieurs gens, mais de peu, furent successivement arrêtés et mis à la Bastille et à Vincennes. La commotion de la prison de M. et de Mme du Maine fut grande; elle allongea bien des visages de gens que le lit de justice des Tuileries avoit déjà bien abattus. Le premier président et d'Effiat, qui de concert avoient ourdi tant de trames et tenu si longtemps le régent dans leurs filets; le maréchal de Villeroy, qui en lui parlant se figuroit toujours de parler à M. le duc de Chartres, du temps de feu Monsieur, et qui se persuadoit être le duc de Beaufort de cette régence; le maréchal de Villars, qui piaffoit en conquérant; le maréchal d'Huxelles, tout important dans son lourd silence, tout du Maine, tout premier président, et qui, lié aux autres par ces mêmes liens, se persuadoit être le Mentor de la cabale et en sûreté avec ces personnages; Tallard, qui avec tout son esprit ne fut jamais que le frère au chapeau du maréchal de Villeroy et le valet des Rohan; Mme de Ventadour, transie par son vieil galant et bien d'autres en sous-ordre, pas un n'osoit dire un seul mot; ils évitoient de se rencontrer; leur frayeur peinte sur leurs mornes visages les déceloit. Ils ne sortoient de chez eux que par nécessité. L'importunité qu'ils recevoient de ce qui alloit les voir se montroit malgré eux. La morgue étoit déposée; ils étoient devenus polis, caressants, ils mangeoient dans la main, et, par ce changement subit et l'embarras qui le perçoit, ils se trahissoient eux-mêmes.

Je ne puis dire de quelle livrée fut le duc de Noailles, mais il se soutint mieux que les autres, quoique avec un embarras marqué, malgré son masque ordinaire, et il s'aida fort à propos de son enfermerie à laquelle tout le monde étoit accoutumé. S'il étoit ou n'étoit pas de l'intrigue, je n'ai pu le démêler; mais ce qui fut visible, c'est qu'il fut fort fâché de la découverte. La perte des finances, le triomphe de Law n'avoient pu être compensés par toutes les grâces dont le régent l'accabla. Il fut outré de plus de n'avoir été de rien sur le lit de justice, ni sur l'arrêt de M. et Mme du Maine, et je crois qu'il auroit voulu jouir de l'embarras du régent par quelque succès de la conspiration. D'un autre côté, il étoit trop connu et trop méprisé des principaux personnages pour que je me puisse persuader qu'ils lui eussent fait part de leurs secrets.

Le comte de Toulouse, toujours le même, vint, aussitôt l'arrêt du duc et de la duchesse du Maine, trouver M. le duc d'Orléans. Il lui dit nettement qu'il regardoit le roi, le régent et l'État comme une seule et même chose; qu'il l'assuroit sans crainte et sans détour qu'on ne le trouveroit jamais en rien de contraire au service et à la fidélité qu'il leur devoit, ni en cabale ni intrigue; qu'il étoit bien fâché de ce qui arrivoit à son frère, mais duquel, il ajouta tout de suite, il ne répondoit pas. Le régent me le redit le jour même, et me parut, avec raison, charmé de cette droiture et de cette franchise. J'ai touché plus haut cette conversation.

Ce coup frappé sur M. et Mme du Maine acheva d'éparpiller cette prétendue noblesse dont ils s'étoient joués et servis avec tant d'art, de succès et de profondeur; le gros ouvrit enfin les yeux sans que personne en prît la peine; le petit nombre des confidents, et qui servoient à mener et aveugler les autres, tombèrent dans la consternation et l'effroi. De ce moment, les faux sauniers, qui s'étoient peu à peu mis en troupes, et qui avoient souvent battu celles qu'on leur avoit opposées, mirent partout armes bas, et demandèrent et obtinrent pardon. Cette promptitude mit tout à fait au clair qui les employoit et ce qu'on en prétendoit faire. Je l'avois inutilement dit, il y avoit longtemps, à M. le duc d'Orléans, qui de lui-même m'avoua alors que j'avois eu raison; mais malheureusement je l'avois trop souvent et trop inutilement avec lui.

Pendant toute cette commotion, l'affaire du traité contre l'Espagne étoit publique. Stairs, Kœnigsek et l'abbé Dubois avoient pris soin de la répandre dès que la résolution en fut prise, afin qu'il n'y eût plus à en revenir, de forcer le régent à une prompte déclaration de guerre, et à agir aussitôt après en conséquence. Dubois, qui se servoit toujours de la plume de Fontenelle, si connu par son esprit, la pureté de son langage et ses ouvrages académiques, le chargea de la composition du manifeste qui devoit précéder immédiatement la déclaration de guerre. Avant que le montrer au conseil de régence, M. le duc d'Orléans assembla dans son cabinet M. le Duc, le garde des sceaux, l'abbé Dubois, Le Blanc et moi, pour l'examiner. Je fus surpris de l'ordre qu'il m'en donna après tout ce que je lui avois si fortement représenté contre cette guerre. M. le Duc, si étroitement lié avec le régent depuis le lit de justice, étoit là pour la forme, et Argenson et Le Blanc, comme les deux acolytes de l'abbé Dubois. Je ne compris donc point ce qui m'y faisoit admettre en cinquième, à moins que Dubois n'ait voulu orner son triomphe d'un captif qu'il n'osoit et ne pouvoit mépriser, et montrer à son maître qu'il n'étoit point blessé contre ceux qui n'étoient point de son avis, ou que le régent, honteux avec moi, m'eût voulu faire cette petite civilité, et peut-être s'appuyer de moi pour adoucir des termes trop forts du manifeste.

Le Blanc fit posément la lecture de la pièce. On voulut l'interrompre pour y faire quelque changement. Je proposai qu'on l'entendît tout de suite pour en prendre le total et le sens, faire chacun à part soi ses remarques, et à la seconde lecture interrompre et dire ce qu'on jugeroit à propos : cela fut exécuté de la sorte. Cette pièce fut ce qu'elle devoit être, c'est-à-dire masquée, fardée, mais pitoyable jusqu'à montrer la corde, parce que nul art ne pouvoit couvrir le fond ni produire au public rien de plausible; du reste, écrite aussi bien qu'il étoit possible, parce que Fontenelle ne pouvoit mal écrire. On raisonna assez, on conclut peu, on y fit peu de changements. Ce beau manifeste fut porté deux jours après au conseil de régence. Il y passa tout d'une voix, comme tout ce que le régent y présentoit. Le public ne fut pas si docile. Il le fut encore moins à la déclaration de la guerre, qui suivit de près le manifeste contre l'Espagne. Cela ne servit qu'à montrer quelle étoit la disposition de la nation; mais comme rien n'étoit organisé, et que ceux qui auroient voulu brouiller se trouvoient étourdis et effrayés du lit de justice des Tuileries et du coup de tonnerre tombé tôt après sur le duc et la duchesse du Maine et sur l'ambassadeur d'Espagne, tout se borna à une fermentation qui ne put faire peur au gouvernement. Le traité de la quadruple alliance fut imprimé bientôt après, qui ne trouva point d'approbateurs. L'Angleterre déclara en même temps la guerre à l'Espagne, et la Hollande ne tarda pas à accéder à la quadruple alliance, c'est-à-dire de la France, l'empereur, l'Angleterre et la Hollande. Il ne laissa pas de paroître une lettre du roi d'Espagne, fabriquée à Paris, très-offensante pour M. le duc d'Orléans, et qui tout aussitôt se trouva fort répandue à Paris et dans les provinces, tandis que le roi d'Espagne ignoroit ce que c'étoit, ainsi que toute l'Espagne. Elle fut incontinent après suivie d'une autre pièce, faite dans quelque grenier de Paris, pour essayer d'exciter des troubles à l'occasion de la guerre contre l'Espagne, de l'indisposition générale contre l'administration des finances, et des partis pour et contre la constitution, où les mœurs et la conduite du régent n'étoient pas épargnées. Elle portoit le faux nom de Déclaration du roi catholique du 25 décembre 1718. Le parlement, qui se souvenoit amèrement du dernier lit de justice, et qui en même temps en trembloit encore, n'osa demeurer dans le silence sur ce second libelle, comme il avoit fait sur le premier, mais aussi se contenta-t-il de supprimer comme séditieuse et fausse une pièce qui méritoit les plus grandes rigueurs de la justice. M. le duc d'Orléans méprisa également la pièce et le jugement du parlement ; aussi ne fit-elle aucune fortune.

Il y eut un grand incendie à Lunéville. Le duc de Lorraine y avoit bâti un beau et grand château qu'il avoit bien meublé et fort orné. Presque tout le château et tous les meubles furent brûlés.

Le czar découvrit une grande conspiration contre lui et contre toute sa famille. Il y eut force personnes arrêtées, quelques-unes punies de mort, plusieurs reléguées en Sibérie, d'autres confinées en diverses prisons.

Charles XII, roi de Suède, de la maison palatine, dont les exploits et les merveilles avoient étonné et effrayé l'Europe et ruiné radicalement ses États, fut tué la nuit du 11 au 12 décembre devant Frédéricshall en Norvége, appartenant au roi de Danemark, dont il faisoit opiniâtrément le siége à la tête de dix-huit cents à deux mille hommes. Il étoit allé la nuit aux travaux avec un aide de camp et un page pour toute suite, et regardant, au clair de la lune, entre deux gabions, un boulet perdu lui fracassa le menton et l'épaule, et le tua roide. Il n'avoit que trente-sept ans et n'avoit point été marié.

Ce funeste accident enleva un héros à l'Europe et à la Suède un fléau[1]. Le roi son père en avoit été un obscur, qui avoit désolé son royaume, ruiné les lois, abattu le sénat, anéanti l'ancienne noblesse avec tout l'artifice et l'acharnement des tyrans les plus détestés. Aussi mourut-il jeune et empoisonné dans de longues et cruelles douleurs. La fin du roi son fils parut aux Suédois une autre délivrance, dont ils surent profiter pour se relever de leur dégradation domestique, en attendant que les années et la suite des temps d'un gouvernement plus sage pût relever les affaires du dehors, qui pour le présent paroissoient sans ressource. Ils commencèrent par se remettre en possession de leur droit d'élire leurs rois qu'ils avoient perdu d'effet, il y avoit près d'un siècle, et depuis par une renonciation expresse que le père du roi qui venoit de mourir leur avoit extorquée.

Charles XII, unique mâle de sa branche, avoit eu deux sœurs. L'aînée, qui étoit morte veuve du duc de Holstein, tué en une des premières batailles du roi du Suède, avoit laissé des enfants, dont l'aîné duc de Holstein étoit au siége de Frédéricshall. Ulrique, l'autre sœur, avoit épousé le fils du landgrave de Hesse qui étoit aussi à ce siége. C'est le même qui servit longtemps dans les troupes de Hollande, qui fit contre la France toute la guerre qui a fini par la paix d'Utrecht, qui perdit en Italie un grand combat contre Médavy quelques jours après la bataille de Turin, et qui commandoit l'armée que le maréchal de Tallard battit à Spire.

---

1. Voy. la Note publiée à la fin du t. XIV.

Cette mort du roi de Suède combla la grandeur naissante de la Russie. Le duc de Holstein, comme fils de la sœur aînée, prétendoit succéder à la couronne de Suède; le prince de Hesse aussi, comme mari de l'unique sœur vivante. Tous deux avoient leur parti, mais la jeunesse du duc de Holstein et la mort de sa mère lui portèrent un grand préjudice, peut-être encore plus l'ancienne haine des deux couronnes du nord. Il étoit de même maison que le roi de Danemark, mais de deux branches presque toujours brouillées sur l'administration des États qu'elles avoient en commun.

Cette source de division entre elles ne put rassurer les Suédois, dont l'armée voulut proclamer le prince de Hesse. Il brusqua sur-le-champ une trêve avec les Danois, et se rendit au plus vite à Stockholm où peu de jours après l'élection fut rétablie, et la princesse Ulrique élue reine, sans faire mention du prince de Hesse son époux. En même temps le pouvoir de la reine fut tellement limité qu'il ne lui en resta que l'ombre. Tout l'exercice et l'autorité en fut transmis au sénat, et aux quatre ordres des états généraux de la nation plus entièrement et avec beaucoup plus de précautions qu'autrefois. Il est vrai, pour le dire ici tout de suite, qu'ils accordèrent quelque temps après aux prières de leur reine de lui associer son époux, mais ils ne le firent qu'avec les mêmes précautions contre son autorité et contre la succession, et ils se sont depuis si bien soutenus dans cette sage jalousie qu'il n'est roi de Pologne, ni doge plus entravé qu'il l'est demeuré.

Trois mois après l'élection de la reine de Suède, le baron de Gœrtz, dont il a été assez parlé ci-devant sur les affaires étrangères, paya chèrement l'entière confiance que le roi de Suède avoit en lui depuis plusieurs années. La haine que la ruine de la Suède y avoit allumée contre le gouvernement du feu roi de Suède tomba sur son principal ministre, dont la fortune, les biens, les hauteurs avoient excité l'envie. Il fut accusé de malversations bien ou mal fondées; il fut arrêté, son procès lui fut fait, et il eut la tête coupée ; et le baron Van der [Nath], impliqué dans la même affaire, fut condamné et mis en prison perpétuelle.

M. le duc d'Orléans, qui avoit fait entrer depuis quelque temps M. le duc de Chartres au conseil de régence et au conseil de guerre sans voix, la lui donna. Il parut qu'il s'en repentit, en l'entendant opiner, bien des fois. Saint-Nectaire fut nommé ambassadeur en Angleterre et pressé de se rendre à Hanovre où étoit le roi Georges. Quand il demanda ses instructions, l'abbé Dubois lui répondit sans détour de n'en point attendre de lui, mais de les prendre des ministres du roi Georges, et d'être bien exact à s'y conformer. Ainsi les Anglois nous gouvernoient sans voile, et par l'abbé Dubois le régent leur étoit aveuglément soumis. En Hollande, Morville avoit le même ordre. Tous deux s'y conformèrent très-exactement; les autres ministres au dehors eurent les mêmes ordres.

Broglio, qui n'avoit pas servi depuis la défaite du maréchal de Créqui à Consarbruck, et que le crédit de Bâville, son beau-frère, avoit fait lieutenant général et commandant en Languedoc pour y être, lui-même Bâville, le maître absolu et sans contradiction, comme il le fut bien des années, s'avisa de demander, sur les bruits de guerre, le bâton de maréchal de France à M. le duc d'Orléans, sous le beau prétexte qu'il étoit le plus ancien lieutenant général. Le régent se mit à rire, et lui dit que M. de Lauzun l'étoit avant lui. Une plaisanterie de M. de Lauzun avoit donné lieu à cette demande qui fut alors très-justement et très-unanimement moquée, mais qui, toute ridicule qu'elle fût, eut son effet dans la suite. La guerre donna lieu à des bruits d'une promotion de maréchaux de France, parce que le duc de Berwick étoit le seul d'entre ceux qui l'étoient, en état de servir. Le monde en nomma à son gré de toutes les sortes et plusieurs fort étranges. Cela donna lieu au duc de Lauzun, toujours prêt aux malices, de les désarçonner tous par un sarcasme, bien plus dangereux en ces occasions-là que les plus mauvais offices. Il alla donc trouver le régent, et, de ce ton bas, modeste et doux, qu'il avoit si bien fait sien, il lui représenta qu'au cas qu'il y eût une promotion de maréchaux de France comme le vouloit le public, et qu'il en fît d'inutiles, de vouloir bien se souvenir qu'il étoit depuis bien des années le premier des lieutenants généraux. M. le duc d'Orléans, qui étoit l'homme du monde qui sentoit le mieux le sel et la malignité, se mit à éclater de rire, et lui promit qu'au cas qu'il exposoit il ne seroit pas oublié. Il en fit après le conte à tout le monde, dont les prétendus candidats se trouvèrent bien fâchés, et Broglio affublé de tout le ridicule que M. de Lauzun avoit prétendu donner. Mais le rare est que ce qui lui attira la déraison publique alors le fit maréchal de France cinq ans après; il est vrai que la dérision fut pareille, mais il le fut.

En Languedoc, où le crédit et l'intérêt de Bâville l'avoit mis et soutenu après une longue oisiveté, on étoit fort las de lui. Le mépris s'y joignit, les sottises qu'il fit au passage du prince royal de Danemark le pensèrent perdre, comme on l'a vu en son lieu. Enfin, le crédit de la jadis belle duchesse de Roquelaure, et l'embarras que faire de son mari après sa triste déconfiture des lignes de Flandre, avoient fait rappeler Broglio et mettre Roquelaure en Languedoc. De retour à à Paris, il y languit dans l'obscurité et arriva à une longue et saine vieillesse, lorsque son second fils, qui fut depuis maréchal de France et bien pis encore, se trouva assez à portée de M. le Duc, premier ministre, et de ce qui le gouvernoit, pour faire valoir la primauté de lieutenant général de son père, et leur faire accroire que c'étoit obliger tous les officiers généraux que le faire maréchal de France.

Par cette qualité, Broglio voulut comme que ce fût illustrer sa famille dans l'avenir, laquelle, en effet, en avoit grand besoin, tandis que son frère aîné, pétri d'envie et de haine, déploroit, disoit-il, cette sottise et un ridicule dont son pauvre père se seroit bien passé. En effet, il fut complet de tous points, et, pour qu'il n'y en manquât aucun, il fut remarqué que La Feuillade, qui avoit très-peu servi avant Turin et point du tout depuis, et le duc de Grammont, qui furent tous deux maréchaux de France en la même promotion, n'étoient entrés tous deux dans le service qu'au siége de Philippsbourg, fait par Monseigneur en 1688, c'est-à-dire treize ans complets depuis que Broglio l'eut quitté, c'est-à-dire cessa d'être employé, n'étant que maréchal de camp.

Beaucoup de régiments de gens distingués et plusieurs officiers généraux eurent ordre de se rendre à Bayonne pour servir contre l'Espagne sous Berwick, à qui le roi d'Espagne ne pardonna jamais. M. le prince de Conti obtint d'être fait lieutenant général, de servir dans l'armée du duc de Berwick et d'y commander la cavalerie. Il s'y montra étrangement dissemblable à M. son père et au sang de Bourbon, jusque-là que toutes les troupes, jusqu'aux soldats, n'en purent retenir leur scandale. Sa conduite d'ailleurs ne répara rien, et jusqu'à beaucoup d'esprit qu'il avoit lui tourna à malheur. Il eut cent cinquante mille livres de gratification et beaucoup de vaisselle d'argent en présent. Il se fit encore payer ses postes, qu'il courut avec une petite partie de sa suite aux dépens du roi, tant en allant qu'en revenant. Ce n'est pas que le roi n'eût acheté et payé pour lui gouvernement et régiment, et qu'il ne se fût fait lourdement partager d'actions de la banque de Law qui ne lui coûtèrent rien. On rit un peu de l'invention de se faire payer les postes et de la dispute là-dessus qui retarda son départ de dix ou douze jours. A la fin son opiniâtreté l'emporta. Gouvernements et régiments [furent] achetés par le roi pour les princes du sang, les appointements de ces gouvernements triplés pour eux, pensions énormes et gratifications pareilles, sans nombre et sans mesure; des monts d'or au Mississipi, dont tout le fonds donné et payé par le roi; les princesses du sang, femmes et filles, traitées pareillement, excepté les seuls enfants de M. le duc d'Orléans, Madame et Mme sa femme, laquelle pourtant sur la fin en tira quelque parti, mais pour elle seule.

Un mois ou six semaines après cette rafle de M. le prince de Conti, Mlle de Charolois eut une augmentation de pension de quarante mille livres, et Mme de Bourbon, sa sœur, religieuse à Fontevrault, une de dix mille francs.

Le grand prieur, pour qui M. le duc d'Orléans avoit un foible, même un respect fort singulier, comme l'impie et le débauché le plus constant et le plus insigne qu'il eût jamais vu, après la tolérance de plusieurs entreprises de princes du sang qui furent enfin tout à fait arrêtées, fut au moins traité en prince du sang quant aux libéralités. J'ai oublié de dire que, environ un an ou quinze mois après son retour, il voulut entrer au conseil de régence, et j'eus vent que M. le duc d'Orléans y consentiroit. Je lui en parlai, et son embarras me montra que l'avis que j'avois eu étoit bon. Je lui montrai l'infamie d'admettre au conseil de régence un homme sans mœurs, sans honneur, sans principe, sans religion, qui depuis trente ans ne s'étoit couché qu'ivre, qui ne voyoit que des brigands, des débauchés comme lui, des gens sans aveu et sans nom; un homme déshonoré sur le courage et le pillage, qui avoit volé son frère, et capable de prendre dans les poches; enfin un homme que ses infamies avoient tenu exilé une partie de sa vie, et nouvellement les dix dernières années du feu roi. M. le duc d'Orléans ne put disconvenir de pas un de ces articles, y ajouta même, voulut tourner la chose en plaisanterie, puis me dit que je prenois l'alarme chaude, parce que le grand prieur voudroit me précéder au conseil. Je lui répondis que le grand prieur étoit bien assez insolent pour le prétendre, et lui régent assez foible pour le souffrir, mais, comme que ce fût, qu'il pouvoit s'assurer que ni moi ni pas un autre duc ne céderions au grand prieur. Le régent, au lieu de se fâcher, se remit à plaisanter, mais en évitant toujours d'articuler rien de certain.

L'objet de cette façon de répondre étoit premièrement de ne se point engager contre ce qu'il vouloit faire, puis de me donner à croire que ce qu'il me répondoit n'étoit que pour se divertir à m'impatienter, comme il lui arrivoit quelquefois; mais je le connoissois trop pour m'y méprendre. Je sentis que le parti étoit pris, mais que l'embarras de l'exécution la différoit. Je profitai du temps, et tout de suite j'informai de cette conversation et de ce que je pressentois les maréchaux de Villeroy, Harcourt et Villars, et d'Antin, parce que ces deux derniers venoient rapporter à la régence les affaires de leurs conseils. Je n'eus pas de peine à les exciter. Nous convînmes qu'ils parleroient tous quatre séparément au régent en même sens que j'avois fait, et qu'ils finiroient par lui déclarer que, dans le moment que le grand prieur entreroit dans le cabinet du conseil pour y prendre place, nous en sortirions tous, et lui remettrions les nôtres. Ils exécutèrent très-bien et très-fortement ce qui avoit été résolu, et mirent le régent dans le plus grand embarras du monde.

Je vins après eux et lui demandai de leurs nouvelles. Je vis un homme rouge bien plus qu'à son ordinaire, empêtré, et qui n'avoit plus envie de plaisanter. J'avois su du maréchal de Villeroy qu'il l'avoit bourré et imposé, des deux autres maréchaux qu'ils l'avoient extrêmement embarrassé, et de tous les quatre que la déclaration de leur retraite l'avoit mis aux abois; qu'il avoit tâché de leur persuader qu'ils prenoient l'alarme mal à propos; leur avoit fait tout plein de caresses, assuré qu'il n'étoit point question de cela, mais sans jamais leur dire que cela ne seroit point. Chacun lui répéta sa protestation de retraite si cela arrivoit jamais, pour le lui mieux inculquer.

Le régent me dit que ces messieurs lui avoient parlé fort vivement; puis me donna du même verbiage dont il les avoit servis, sans me parler de la retraite. Je lui répondis froidement qu'il devoit savoir maintenant dans quelle estime le grand prieur étoit dans le monde, quand il l'auroit pu ignorer auparavant, depuis ce que ces messieurs lui en avoient dit; qu'il me taisoit le plus important de leur conversation, quoiqu'il pût bien juger que je ne l'ignorois pas; que c'étoit maintenant à lui à peser le mérite du grand prieur contre celui du maréchal d'Harcourt si universellement reconnu, contre ses emplois et ceux du maréchal de Villeroy pendant toute sa vie, contre ceux du maréchal de Villars, tous trois si magnifiquement traités dans le testament du feu roi, si grandement établis et si fort considérés dans le monde; que je ne lui parlois plus de leur dignité à la façon dont il s'en étoit joué, mais qui à force d'injures pouvoient s'en souvenir à propos; que je me contentois du parallèle de ces trois hommes avec le grand prieur, et de le supplier comme son serviteur, faisant abstraction de tout autre intérêt que le sien, de réfléchir un peu sur l'effet que feroit dans le monde le troc qu'il feroit au conseil de régence de ces trois hommes-là pour y mettre un bandit, un homme de sac et de corde, à qui, depuis tant d'années, il n'y avoit pas un honnête homme qui voulût lui parler.

Jamais je ne vis homme plus embarrassé que M. le duc d'Orléans le fut de ce discours, que je lui fis lentement, tranquillement, posément, et qu'il écouta sans m'interrompre. Il demeura court, et le silence dura un peu. « Monsieur, lui dis-je, en le rompant le premier, nous savons tous le respect que nous devons à un petit-fils de France et à un régent du royaume; ainsi nos représentations seront toujours parfaitement respectueuses. Nous sommes aussi parfaitement éloignés de nous écarter assez de notre devoir pour oser vous faire une menace; mais rendre compte à Votre Altesse Royale d'une résolution prise, et très-fermement, et des raisons qui nous engagent à la prendre, est un respect que nous vous rendons pour que, le cas avenant, vous ne soyez pas surpris de l'exécution. Ayez donc la bonté de ne vous pas méprendre en croyant qu'on veut vous faire peur de vous remettre nos emplois à l'instant, et que, le cas arrivant, nous nous en garderions bien; mais persuadez-vous au contraire que nous le ferons, ainsi que ces messieurs et moi avons eu l'honneur de vous le dire; que nous nous déshonorerions autrement; que, de plus, nous nous en sommes donné réciproquement parole positive, et que, quoi qu'il en pût arriver, nous l'exécuterons, avec résolution de ne rien écouter, pas pour une minute, et de rendre le public, même le pays étranger, juge de la préférence. »

Cette réplique, prononcée avec le même sang-froid, acheva d'accabler M. le duc d'Orléans. Il demeura encore quelques moments en silence, puis me dit que c'étoit bien du bruit pour une imagination. « Si cela est, monsieur, repris-je, mettez-vous à votre aise et nous aussi : promettez à chacun de ces messieurs et à moi, et donnez clairement et nettement votre parole que jamais le grand prieur n'entrera dans le conseil de régence, et trouvez bon en même temps que nous disions que vous nous l'avez promis. » Il fit quelques pas, car nous étions debout, mais sans marcher, puis revint à moi et me dit : « Mais volontiers, je vous la donne, et vous le pouvez dire à ceux qui m'ont parlé. — Non pas, s'il vous plaît, monsieur; mais, si vous le trouvez bon, je leur dirai de votre part de la venir prendre de vous-même. »

Il rageoit à part soi et ne le vouloit pas montrer pour nous persuader qu'il n'avoit jamais songé à mettre le grand prieur dans le conseil, mais à qui il l'avoit promis et dont il ne savoit comment se défaire. Il voulut donc me faire entendre qu'il n'étoit pas besoin qu'il reparlât à ces messieurs, qui ne pourroient, sans m'offenser, ne pas ajouter foi à ce que je leur dirois de sa part. Je répondis qu'en telles matières je ne m'offensois pas si aisément, mais qu'il me permettroit de lui dire avec une respectueuse franchise qu'eux et moi désirions sûreté entière, qui ne se pouvoit trouver pour nous que dans ce que je lui proposois. « Voilà un homme bien entêté et bien opiniâtre, » me dit-il; puis tout de suite, avec un peu d'air de dépit : « Oh bien, ajouta-t-il, je la leur donnerai s'ils veulent; » puis changea tout court de conversation.

Après qu'elle eut un peu duré, et que je le vis remis avec moi à son ordinaire, je pris congé et j'allai ce soir-là et le lendemain rendre compte à d'Antin et aux trois maréchaux de ce que je venois d'emporter. Tous me louèrent fort d'avoir insisté sur la parole à donner à chacun d'eux, et sur la permission de n'en pas faire un mystère. Je m'en applaudis plus qu'eux parce que j'évitai par là d'en être la dupe, de voir entrer le grand prieur au conseil et M. le duc d'Orléans nier sa parole. Ces quatre ducs ne tardèrent pas à aller recevoir la parole positive de M. le duc d'Orléans, qui la leur donna très-nette d'un air aisé, et qui après leur voulut persuader qu'elle ne lui coûtoit rien sur une chose qu'il n'avoit jamais pensé à faire. Ces messieurs prirent tout pour bon, mais le supplièrent, en se retirant, de n'oublier pas qu'ils avoient sa parole. On peut juger que nous n'en gardâmes pas longtemps le secret avec la permission que j'en avois arrachée. Cela mit le grand prieur aux champs, et M. le duc d'Orléans en proie à ses reproches, qui en fut quitte pour un peu d'argent, avec quoi il fit taire le grand prieur, lequel, se voyant la porte du conseil tout à fait fermée, fut encore bien aise d'en tirer ce parti. Revenons maintenant où nous en étions, après cet oubli réparé.

Le frère du roi de Portugal, lassé d'être depuis quelques mois à Paris logé chez l'ambassadeur de cette couronne, sans distinction et sans recevoir aucune honnêteté du roi, du régent, ni du monde à leur exemple, songea à se raccommoder avec le roi son frère, qui lui envoya de l'argent pour revenir à sa cour. Ce prince, toutefois, n'osa s'y fier et s'en retourna à Vienne. Il avoit fait deux campagnes en Hongrie avec réputation.

Le duc de Saint-Aignan arriva d'Espagne et entra au premier conseil de régence qui se tint après.

Saint-Germain-Beaupré, ennuyeux et plat important qui n'avoit jamais été de rien, mourut chez lui. Il avoit cédé son petit gouvernement de la Marche à son fils, homme fort obscur, en le mariant à la fille de Doublet de Persan, conseiller au parlement, qui trouva le moyen de percer partout et d'être du plus grand monde.

Le prince d'Harcourt mourut aussi à Monjeu chez sa belle-fille, après avoir mené une longue vie de bandit et presque toujours loin de la cour et de Paris. Il en a été ici parlé ailleurs assez pour n'avoir rien à y ajouter.

La marquise de Charlus, sœur de Mezières et mère du marquis de Lévi, devenu depuis duc et pair, mourut riche et vieille. Elle étoit toujours faite comme une crieuse de vieux chapeaux, ce qui lui fit essuyer maintes avanies parce qu'on ne la connoissoit pas, et qu'elle trouvoit fort mauvaises. Pour se délasser un moment du sérieux, je rapporterai une aventure d'elle d'un autre genre.

Elle étoit très-avare et grande joueuse. Elle y auroit passé les nuits les pieds dans l'eau. On jouoit à Paris les soirs gros jeu au lansquenet chez Mme la princesse de Conti, fille de M. le Prince. Mme de Charlus y soupoit un vendredi, entre deux reprises, avec assez de monde. Elle n'y étoit pas mieux mise qu'ailleurs, et on portoit en ce temps-là des coiffures qu'on appeloit des commodes, qui ne s'attachoient point et qui se mettoient et ôtoient comme les hommes mettent et ôtent une perruque et un bonnet de nuit, et la mode étoit que toutes les coiffures de femmes étoient fort hautes. Mme de Charlus étoit auprès de l'archevêque de Reims, Le Tellier. Elle prit un œuf à la coque qu'elle ouvrit, et, en s'avançant après pour prendre du sel, mit sa coiffure en feu, d'une bougie voisine, sans s'en apercevoir. L'archevêque, qui la vit tout en feu, se jeta à sa coiffure et la jeta par terre. Mme de Charlus, dans la surprise et l'indignation de se voir ainsi décoiffée sans savoir pourquoi, jeta son œuf au visage de l'archevêque, qui lui découla partout. Il ne fit qu'en rire, et toute la compagnie fut aux éclats de la tête grise, sale et chenue de Mme de Charlus et de l'omelette de l'archevêque, surtout de la furie et des injures de Mme de Charlus qui croyoit qu'il lui avoit fait un affront et qui fut du temps sans vouloir en entendre la cause, et après de se trouver ainsi pelée devant tout le monde. La coiffure étoit brûlée, Mme la princesse de Conti lui en fit donner une, mais avant qu'elle l'eût sur la tête on eut tout le temps d'en contempler les charmes et elle de rognonner toujours en furie. M. de Charlus, son mari, la suivit trois mois après. M. de Lévi crut trouver des trésors ; il y en avoit eu, mais ils se trouvèrent envolés.

Les jeux de hasard furent de nouveau sévèrement défendus [1].

M. le duc d'Orléans permit au président de Blamont de revenir du lieu de son exil en une de ses terres ; et il accorda au grand prévôt la survivance de sa charge pour son fils, qui n'avoit que six ans, et donna quelques petites pensions. Il ordonna aussi une grande levée de milices pour suppléer, mêlées avec quelques troupes, aux garnisons des places en temps de guerre.

---

1. Le marquis d'Argenson, dans la partie de ses Mémoires qui est encore inédite, donne quelques détails sur la fureur du jeu pendant la régence : « J'ai vu, au commencement de la régence, s'introduire une irruption de jeux universelle; du moins ornoit-elle Paris alors; car on voyoit dans les cours et sur le devant des portes des pots à feux qui ornoient Paris. M. le duc d'Orléans fit cesser cela partout. »

CHAPITRE VII.

Quatre pièces, soi-disant venues d'Espagne, assez foiblement condamnées par le parlement; discutées. — Prétendue lettre circulaire du roi d'Espagne aux parlements. — Prétendu manifeste du roi d'Espagne adressé aux trois états. — Prétendue requête des états généraux de France au roi d'Espagne. — Prétendue lettre du roi d'Espagne au roi. — *Philippiques.* — La Peyronie premier chirurgien du roi. — Belle entrée de Stairs, ambassadeur d'Angleterre. — Ses vaines entreprises, et chez le roi et à l'égard des princes du sang. — Mort de Mme de Seignelay. — La bibliothèque de feu M. Colbert achetée par le roi. — Archevêque de Malines; quel. — L'empereur lui impose silence sur la constitution. — Sage et ferme conduite du roi de Sardaigne sur la même matière. — Le P. Tellier exilé à la Flèche, où il meurt au bout de six mois. — Ingratitude domestique des jésuites. — Promotion d'officiers généraux. — Duc de Mortemart vend au duc de Saint-Aignan le gouvernement du Havre. — Dix mille livres de pension au vicomte de Beaune, et vingt mille livres au duc de Tresmes, au lieu de son jeu, qui se rétablit après, et la pension lui demeure. — L'abbaye de Bourgueil à l'abbé Dubois. — Mariage de M. de Bournonville avec Mlle de Guiche. — Profusion au grand prieur. — Mariage du prince électoral de Saxe déclaré avec une archiduchesse. — Le roi Jacques en Espagne. — Retour de Turin et grâce faite à M. de Prie. — Rémond; quel; son caractère. — Mimeur; quel; son caractère; sa mort. — Mort et caractère de Térat. — La Houssaye, conseiller d'État, lui succède. — Mort d'un fils de l'électeur de Bavière, élu évêque de Munster. — Mort et caractère de Puysieux. — Belle-Ile s'accommode lestement de son gouvernement d'Huningue. — Cheverny a sa place de conseiller d'État d'épée.

Le parlement rendit, le 4 février, un arrêt qui se contente de supprimer quatre fort étranges pièces et qui défend de les imprimer, vendre ou débiter, sous peine d'être poursuivis comme perturbateurs du repos public et criminels de lèse-majesté. La première intitulée : *Copie d'une lettre du roi*

Catholique, écrite de sa main, que le prince de Cellamare, son ambassadeur, avoit ordre de présenter au roi Très-Chrétien, du 3 septembre 1718. La seconde intitulée : *Copie d'une lettre circulaire du roi d'Espagne à tous les parlements de France, datée du* 4 *septembre* 1718. La troisième intitulée : *Manifeste du roi Catholique adressé aux trois états de la France, du* 6 *septembre* 1718. La quatrième intitulée : *Requête présentée au roi Catholique au nom des trois états de la France.*

Il ne falloit pas être bien connoisseur pour s'apercevoir que pas une de ces quatre pièces n'étoit venue d'Espagne. On ne pouvoit les avoir trouvées dans les valises de l'abbé Portocarrero ni de son compagnon, ni dans les papiers de Cellamare qui avoient été pris les premiers à Poitiers, les autres chez l'ambassadeur même, qui, dans la plus tranquille confiance, ne se défioit de rien et se reposoit pleinement sur ses précautions, quand cet abbé et lui furent arrêtés et leurs papiers pris, et qui, dans cette entière sécurité, ne les auroit confiés à personne.

D'Espagne ils ne furent point avoués, quelque colère qui y fût allumée. Outre que le style étoit peu digne d'un grand roi, on y étoit trop instruit du gouvernement de France, de tous les siècles et de tous les temps, pour confondre nos parlements d'aujourd'hui avec ce qui très-anciennement s'appeloit le parlement de France, qui étoit l'assemblée législative de la nation et à qui n'ont jamais ressemblé les états généraux du royaume, qui ne sont connus que longtemps depuis, et qui n'ont jamais eu que la voix de remontrance et quelquefois aussi consultative, mais simplement et seulement quand il a plu aux rois de les consulter, et limitée de plus à la chose qui faisoit la matière de la consultation et non davantage ; on n'a pu encore moins confondre ces anciennes et primordiales assemblées connues sous le nom de parlements de France, avec les cours de justice si modernement et si fort par degrés établies telles qu'elles sont aujourd'hui sous le nom de parlement de Paris, parlement de

Toulouse, etc., si modernement, dis-je, en comparaison de ces anciens parlements de France.

On savoit en Espagne, aussi bien qu'en France, que ces anciens parlements ignoroient les légistes décorés à la fin du nom de magistrats, qu'ils n'étoient composés que du roi et de ses grands et immédiats vassaux; que là se décidoient en peu de jours les grandes questions de fief, car la chicane étoit encore à naître, et cette infinité de lois et de coutumes locales qui nourrissent et bouffissent tant de rabats; que là se décidoit la paix ou la guerre, et là les moyens de celle-ci et les conclusions de celle-là ; et que si on y prenoit la résolution de faire la guerre, c'étoit de l'assemblée même que l'on partoit pour attaquer l'ennemi ou pour défendre les frontières; enfin là même que se proposoient les lois à faire et qu'elles s'y faisoient quand il en étoit besoin.

On n'ignoroit pas aussi en Espagne quelles sont nos cours judiciaires, aujourd'hui connues sous le nom de parlements, et que ces cours, égales entre elles, parfaitement indépendantes les unes des autres, sont établies par les rois sur certains districts, plus ou moins étendus, qu'on appelle ressorts, pour y connoître des affaires et des procès de tous les sujets du roi du district qui leur a été affecté, et pour les juger suivant les lois et ordonnances des rois et les coutumes des lieux, au nom du roi, mais sans puissance législative, et seulement coactive pour l'exécution de leurs arrêts, lesquels toutefois ne laissent pas d'être cassés au conseil privé du roi, si la partie qui se prétend mal jugée prouve que l'arrêt prononcé est en contradiction avec une ou plusieurs des ordonnances des rois qui sont en vigueur : par où il est évident que les parlements ont en ce conseil un supérieur, et combien mal à propos ils avoient usurpé et s'étoient parés du nom de cour souveraine, lorsque le feu roi le leur fit rayer avec d'autant plus de justice [1], que ces cours ne tiennent

---

1. Voy. *Mémoires de Louis XIV* (t. Ier, p. 47 et suiv. des *OEuvres de*

leurs charges et leur autorité que du roi, seul souverain dans son royaume, et ne peuvent prononcer d'arrêts qu'en son nom. L'Espagne sait aussi bien que la France que ces tribunaux ne sont compétents que des matières judiciaires, qu'ils ne le sont en aucune sorte de celles d'État ni de celles du gouvernement, et que toutes les fois qu'à la faveur des temps de besoins ou de troubles, ils ont essayé de s'en arroger quelque connoissance, les rois les ont promptement et souvent rudement repris et renfermés dans leurs bornes judiciaires. L'Espagne, ainsi que la France, étoit parfaitement au fait de ce que sont les enregistrements des édits, déclarations, ordonnances, règlements que font les rois et des traités de paix.

On ne prend point en Espagne non plus qu'en France le change que ces compagnies présentent si volontiers en jouant sur la chose et sur le mot, comme elles ont tâché de faire sur celui de parlement commun à l'ancien parlement de France, dont on vient de parler, et au parlement d'Angleterre, qui est l'assemblée qui en représente toute la nation avec un pouvoir législatif et de l'étendue que tout le monde sait. Les enregistrements des parlements sont connus en Espagne comme en France pour ce qu'ils valent intrinsèquement, c'est-à-dire comme n'ayant aucun trait à ajouter rien à l'autorité du roi, devant laquelle toute autre disparoît en France; mais simplement *ut notum sit*, c'est-à-dire pour rendre publique et solennellement publique la teneur de la pièce qui s'enregistre, et pour faire une loi au parlement qui l'enregistre d'y conformer ses jugements. Que si les rois ont permis les remontrances aux parlements, chose dont

---

Louis XIV). Il dit à son fils : « Il falloit par mille raisons, même pour se préparer à la réformation de la justice qui en avoit tant de besoin, diminuer l'autorité excessive des principales compagnies qui, sous prétexte que leurs jugements étoient sans appel, et, comme on parle, *souverains et en dernier ressort*, ayant pris peu à peu le nom de *cours souveraines*, se regardoient comme autant de souverainetés séparées et indépendantes. Je fis connoître que je ne souffrirois plus leurs entreprises. »

l'usage ou l'exclusion dépend uniquement de la volonté des rois ; ce n'est que pour éviter les surprises et connoître avec plus de justesse et de réflexion les conséquences du tout ou de partie de la pièce envoyée pour enregistrer, qui se retire ou qui est modifiée, si le roi est touché des raisons qui font la matière des remontrances, ou s'il ne l'est pas, qui s'enregistre, nonobstant une ou plusieurs remontrances.

A l'égard du rang que les parlements tiennent dans l'État, on le peut voir plus haut, tome XI, pages 366 et suiv., et on y verra que ces compagnies n'y en tiennent et n'y en ont jamais tenu, et qu'elles y sont confondues dans le tiers état, sans jamais avoir fait corps à part. Que si, dans des temps de troubles, comme dans ceux de la minorité de Louis XIV et dans quelques autres, ceux qui vouloient troubler se soient adressés au parlement de Paris, cela ne peut donner à cette compagnie un droit de se mêler du gouvernement, qu'elle n'a pas ; cela montre seulement des gens qui vont à la seule assemblée toujours existante, mais seulement pour juger des procès, qui la flattent dans sa chimère d'être les tuteurs des rois, les protecteurs des peuples, le milieu entre le roi et le peuple ; des gens qui se veulent parer du nom et de l'appui du parlement, et le parlement qui saisit les moments de figurer, de se faire compter et d'essayer de se faire un titre d'autorité et de puissance, qui s'évanouit avec les troubles dont la fin remet cette compagnie en règle et dans son état naturel. Il en est en un autre sens de même des trois dernières régences, les seules qui aient été déclarées dans le parlement, comme on le pourra voir aux lieux ci-dessus où je renvoie. Il est donc évident que rien n'étoit plus inutile au projet de l'Espagne que d'écrire aux parlements, qui ne sont dans le royaume que de simples juges supérieurs, dont tout le pouvoir et la fonction n'est uniquement que de juger les procès, au nom et par l'autorité du roi, de ceux de ses sujets qui sont dans leur ressort, à quoi ils sont tellement bornés que c'est une autre cour [pour] les grands et immédiats feudataires de la couronne, qui reçoit les hommages qu'ils doivent au roi de leurs fiefs, ou le seul chancelier au choix des feudataires, mais dont les hommages sont enregistrés dans cette autre cour, qui est la chambre des comptes, laquelle aussi examine privativement au parlement et à toutes autres cours les comptes des comptables du roi, les punit ou les approuve. Mais M. du Maine et le premier président n'avoient garde de manquer une si belle occasion de flatter le parlement, de tâcher de l'engager avec eux, et d'éblouir le monde ignorant de ce vain nom en telle matière; et Cellamare, qui regardoit M. et Mme du Maine comme les chefs et l'âme du parti qu'il vouloit former, n'avoit garde aussi de s'éloigner en rien de ce qui leur convenoit et de ce qu'ils désiroient.

Le manifeste du roi d'Espagne adressé aux trois états de la France est de même espèce que la lettre aux parlements. On vient de voir, et on a vu plus haut, en plusieurs endroits, ce que c'est que les états généraux, et qu'ils n'ont dans l'État ni puissance ni autorité quelconque; qu'ils ne peuvent s'assembler que par la volonté et la convocation du roi, ou, s'il est mineur, du régent, pour faire leurs cahiers de plaintes et de représentations, et répondre uniquement aux consultations, et non entamer rien au delà, quand il plaît au roi ou au régent, le roi étant mineur, de leur en faire, et qui les sépare, quand et comme il lui plaît. L'Espagne ne pouvoit donc ignorer ces choses fondamentales, ni se promettre plus qu'un vain bruit de l'adresse de ce manifeste; mais que peut-on dire de l'adresse de ce manifeste aux états généraux, qui n'étoient ni assemblés ni même convoqués, et qui, par conséquent, n'étoient lors qu'un être de raison, puisque les états généraux n'ont d'existence que lorsqu'ils sont convoqués, et actuellement assemblés par et sous l'autorité du roi, ou, s'il est mineur, du régent? C'étoit donc une adresse purement en l'air, qui ne portoit sur rien, et de laquelle il ne se pouvoit rien attendre, par conséquent ridicule, inepte, indigne de la majesté du roi d'Espagne.

Mais il en fut comme des lettres au parlement. Le duc du Maine, à faute de mieux, vouloit du bruit, éblouir, imposer par de grands noms aux ignorants, qui font le très-grand nombre. Cette méthode lui avoit réussi à museler et à se jouer de cette prétendue noblesse qu'il avoit enivrée des charmes de croire figurer et représenter le second ordre de l'État, qu'il ravala ensuite avec la même facilité, jusqu'à présenter en son prétendu corps une requête à *nosseigneurs de parlement*, en faveur de celui qui la mettoit à tous usages, et qui enfin osa demander à n'être jugé contre les princes du sang que par les états généraux qui n'ont ni pouvoir ni autorité de juger rien. Le duc du Maine n'étoit pas en mesure de parler des pairs; il y étoit trop avec le parlement pour s'adresser ou faire adresser le roi d'Espagne à la noblesse seule ou au clergé. Il fallut donc supposer des états généraux qui n'existoient point, et qui, quand ils sont assemblés par et sous l'autorité royale, comprennent l'un et l'autre avec le tiers état, mais duquel il eut le soin de distinguer les parlements par cette lettre circulaire dont on vient de parler.

La plus folle de ces quatre pièces est sans doute *la requête au roi d'Espagne des états généraux de la France*, qui n'étoient point, qui n'existoient point, puisqu'ils n'étoient ni assemblés ni convoqués. C'étoit donc un fantôme qui parloit en leur nom, et comme un de ces rôles joués sur les théâtres, par ces héros morts depuis mille ans. La simple inspection d'une puérilité qui en effet ne pouvoit tromper que des enfants ne permet pas d'imaginer que le cardinal Albéroni pût être tombé dans des sottises si grossières. Mais tout étoit bon à M. du Maine à qui l'aveuglement qu'il avoit jeté sur cette prétendue noblesse avoit fait espérer qu'il auroit le même bonheur à infatuer tout le royaume.

A l'égard de la lettre *du roi d'Espagne au roi*, que Cellamare avoit ordre de lui présenter en main propre, qui est une voie usitée entre souverains de se parler et de se faire des représentations, elle n'auroit rien contre la vraisemblance, si le style pouvoit convenir entre deux grands monarques. C'est donc la simple lecture de cette pièce si étrange qui la rend indigne de passer pour venir du roi d'Espagne, et très-digne de l'esprit et de l'éloquence du cabinet de Sceaux. Ces pièces firent du bruit, et tombèrent bientôt d'elles-mêmes. M. le duc d'Orléans les méprisa, et n'en fut point affecté.

Il n'en fut pas de même d'une pièce de vers qui parut presque dans le même temps sous le nom de *Philippiques*, et qui fut distribuée avec une promptitude et une abondance extraordinaire. La Grange, élevé autrefois page de Mme la princesse de Conti fille du roi, en fut l'auteur, et ne le désavouoit pas. Tout ce que l'enfer peut vomir de vrai et de faux y étoit exprimé dans les plus beaux vers, le style le plus poétique, et tout l'art et l'esprit qu'on peut imaginer. M. le duc d'Orléans le sut et voulut voir ce poëme, car la pièce étoit longue, et n'en put venir à bout, parce que personne n'osa la lui montrer.

Il m'en parla plusieurs fois, et à la fin il exigea si fort que je la lui apporterois, qu'il n'y eut pas moyen de m'en défendre. Je la lui apportai donc, mais de la lui lire, je lui déclarai que je ne le ferois jamais. Il la prit donc, et la lut bas debout dans la fenêtre de son petit cabinet d'hiver où nous étions. Il la trouva tout en la lisant telle qu'elle étoit, car il s'arrêtoit de fois à autre pour m'en parler sans en paroître fort ému. Mais tout d'un coup, je le vis changer de visage et se tourner à moi les larmes aux yeux, et près de se trouver mal. « Ah! me dit-il, c'en est trop, cette horreur est plus forte que moi. » C'est qu'il étoit à l'endroit où le scélérat montre M. le duc d'Orléans dans le dessein d'empoisonner le roi, et tout prêt d'exécuter son crime. C'est où l'auteur redouble d'énergie, de poésie, d'invocations, de beautés effrayantes et terribles, d'invectives, de peintures hideuses, de portraits touchants de la jeunesse, de l'innocence du roi et des espérances qu'il donnoit, d'adjurations à la nation de sauver une si chère victime de la barbarie du meurtrier ; en un mot tout ce que l'art a de plus délicat, de plus tendre, de plus fort et de plus noir, de plus pompeux et de plus remuant. Je voulus profiter du morne silence où M. le duc [d'Orléans] tomba pour lui ôter cet exécrable papier, mais je ne pus en venir à bout ; il se répandit en justes plaintes d'une si horrible noirceur, en tendresse sur le roi, puis voulut achever sa lecture, qu'il interrompit encore plus d'une fois pour m'en parler. Je n'ai point vu jamais homme si pénétré, si intimement touché, si accablé d'une injustice si énorme et si suivie. Moi-même, je m'en trouvai hors de moi. A le voir, les plus prévenus, pourvu qu'ils ne le fussent que de bonne foi, se seroient rendus à l'éclat de l'innocence et de l'horreur du crime dans laquelle il étoit plongé. C'est tout dire que j'eus peine à me remettre, et que j'eus toutes les peines du monde à le remettre un peu.

Ce La Grange, qui de sa personne ne valoit rien en quelque genre que ce fût, mais qui étoit bon poëte, et n'étoit que cela, et n'avoit jamais été autre chose, s'étoit par là insinué à Sceaux, où il étoit devenu un des grands favoris de Mme du Maine. Elle et son mari en connurent la vie, la conduite, les mœurs et la mercenaire scélératesse. Ils la surent bien employer. Il fut arrêté peu après et envoyé aux îles de Sainte-Marguerite, d'où à la fin il obtint de sortir avant la fin de la régence. Il eut l'audace de se montrer partout dans Paris, et, tandis qu'il y paroissoit aux spectacles et dans tous les lieux publics, on eut l'impudence de répandre que M. le duc d'Orléans l'avoit fait tuer. Les ennemis de M. le duc d'Orléans et ce prince ont été également infatigables ; les premiers en toutes les plus noires horreurs, lui à la plus infructueuse clémence, pour ne lui pas donner un nom plus expressif.

Maréchal, premier chirurgien du roi, dont le fils avoit la survivance, mais si dégoûté du métier, qu'il ne vouloit plus l'exercer, s'accommoda de sa charge avec La Peyronie, fort grand chirurgien, qui parut depuis grand et habile courtisan, et qui fit grand bruit à la cour et dans le monde. Il avoit beaucoup d'esprit et d'ambition.

Stairs fit une superbe entrée. Soit ignorance que les ambassadeurs n'entrent à Paris dans la cour du roi qu'à deux chevaux, ou entreprise, ses carrosses, attelés de huit chevaux, prétendirent entrer. La contestation fut vive, mais enfin il fallut entrer à deux chevaux, et dételer les six autres. Les jours suivants il alla voir les princes du sang suivant l'usage. M. le prince de Conti lui rendit sa visite; mais ne voyant pas Stairs au bas de son escalier, pour le recevoir, comme c'est la règle, il attendit un peu dans son carrosse, puis le fit tourner, et alla au Palais-Royal se plaindre de cette innovation. Stairs avoit déjà envoyé demander une audience à Mmes les princesses de Conti, à qui M. le duc d'Orléans manda de ne le point recevoir qu'il n'eût reçu les princes du sang comme il devoit. M. le Duc suspendit aussi la visite qu'il devoit lui rendre. Stairs prétendit que la réception au bas du degré n'étoit pas dans son protocole. Il s'en fit approuver par les autres ambassadeurs, et blâmer par eux d'en avoir trop fait pour M. le duc de Chartres, qui, quoique premier prince du sang, ne devoit pas être traité différemment des autres princes du sang. Enfin au bout de deux mois de lutte et de négociations, M. le Duc et M. le prince de Conti rendirent séparément leur visite à Stairs, qui les reçut au bas de son degré. L'audace de cet ambassadeur d'Angleterre, qu'il portoit également peinte dans sa personne, dans ses discours et dans ses actions, avoit révolté toute la France. On a vu en son lieu que le régent, d'abord par Canillac et par le duc de Noailles, puis par l'abbé Dubois, dès qu'il fut à portée d'agir par lui-même, en fut subjugué, et Stairs se crut assez le maître du terrain pour hasarder, seul de tous les ambassadeurs des têtes couronnées, une entreprise sur les princes du sang, dont la longue dispute fut honteuse à notre cour. Elle finit pourtant sans innovation, mais uniquement par la persévérance des princes du sang, et sans que Stairs en fût plus mal à Londres ni au Palais-Royal.

Mme de Seignelay-Walsassine mourut en couche. Elle avoit épousé le dernier fils de Seignelay, ministre et secrétaire d'État, qui avoit quitté le petit collet [1], et qui ne servit point. Il avoit eu dans son partage l'admirable bibliothèque de M. Colbert, son grand-père, qu'il vendit longtemps après au roi.

L'archevêque de Malines, qui étoit Hennin-Liétard, des comtes de Bossut, frère du prince de Chimay, étoit de ces ambitieux et ignorants dévots, qui avoit fait ses études à Rome. Il y avoit jeté les fondements de la fortune que dès lors il se proposoit, en se dévouant aveuglément aux jésuites et à toutes les chimères ultramontaines. Ses dévots manéges, aidés de sa naissance, l'avoient mis à Malines, et obtenu de plus de riches abbayes. La constitution lui parut une occasion de gagner la pourpre, bien importante à ne pas manquer. Il s'y livra donc avec fureur, et il trouva des travailleurs qui suppléèrent à son ignorance par des écrits qui parurent sous son nom. L'empereur, moins dupe que Louis XIV, et qui n'avoit ni Maintenon ni Tellier, ne s'accommoda pas de tout ce bruit, qu'il fit taire à l'instant par une lettre du prince Eugène à ce prélat, qui lui manda que l'empereur lui défendoit d'écrire et parler sur la constitution.

Le roi de Sardaigne avoit encore mieux fait chez lui dès les commencements de cette affaire. Il sut qu'elle se glissoit dans ses États, et qu'elle commençoit à y exciter des dis-

---

1. Le petit collet était une espèce de rabat, qui indiquait qu'on avait embrassé l'état ecclésiastique. Quitter le petit collet, c'était renoncer à cet état.

putes. Il n'en fit pas à deux fois. Il manda les supérieurs des jésuites de Turin et des maisons les plus proches. Il leur dit ce qu'il apprenoit, qu'il ne vouloit point se laisser mener comme la France, qu'il leur déclaroit que, s'il entendoit parler davantage de cette affaire dans ses États, il en chasseroit tous les jésuites. Les bons pères lui protestèrent que ce n'étoient point eux qui remuoient ces questions, et qu'ils seroient bien malheureux d'être soupçonnés de ce qui se faisoit sans eux et dont ils ne se mêloient point. Le roi de Sardaigne leur répondit qu'il ne disputeroit point avec eux; mais, encore une fois, qu'ils pouvoient compter qu'au premier mot qu'il en entendroit parler, il les chasseroit tous de ses États et sans retour; et sans leur laisser l'instant d'ouvrir la bouche, leur tourna le dos et s'en alla. Les révérends pères le savoient homme de parole et de fermeté, et ne s'y jouèrent pas. Oncques depuis il n'a été mention quelconque de la constitution dans tous les États du roi de Sardaigne.

On a vu en son lieu le conseil que j'avois donné à M. le duc d'Orléans sur le traitement à faire au P. Tellier, où je voulois accommoder la reconnoissance des services qu'il en avoit reçus avec la tranquillité publique. Il l'approuva fort et en usa tout autrement. La pension fut modérée, et la liberté ne la fut point. Il voulut aller chez l'évêque d'Amiens, son intime confident, et l'obtint. Il en abusa en boute-feu furieux et enragé de n'être plus le maître. Ses commerces en France, ses intrigues aux Pays-Bas, ses cabales partout, ses machinations diverses ne purent demeurer secrètes. Il se déroba, pour aller lui-même animer le parti en Flandre, trop languissant pour son feu. Il en fit tant que l'évêque d'Amiens fut fort réprimandé, et que le P. Tellier fut confiné à la Flèche. Ce tyran de l'Église, indigné de ne pouvoir plus remuer, ce qui étoit la seule consolation de la fin de son règne et de sa terrible domination, se trouva dans une réduction à la Flèche également nouvelle et insupportable.

Les jésuites, espions les uns des autres, et jaloux et envieux de ceux qui ont le secret, l'autorité et la considération qu'elle leur donne bien au-dessus des provinciaux et des autres supérieurs, sont encore merveilleusement ingrats envers ceux mêmes qui, ayant été dans les premières places ou qui ayant servi leur compagnie avec le plus grand travail et le plus de succès, lui deviennent inutiles par leur âge ou par leurs infirmités. Ils les regardent alors avec mépris et bien loin des égards pour leur âge, leurs services et leur mérite, ils les laissent dans la plus triste solitude et leur plaignent tout jusqu'à la nourriture. J'en ai vu trois exemples de mes yeux dans trois jésuites, gens d'honneur et de grande piété, qui avoient eu les emplois de talents et de confiance, et à qui j'étois lié successivement d'une grande amitié. Le premier avoit été recteur de leur maison professe[1] à Paris, provincial de la même province, distingué par d'excellents livres de piété, plusieurs années assistant du général à Rome, à la mort duquel il revint à Paris, parce que leur usage est que le nouveau général a aussi de nouveaux assistants. De retour à la maison professe à Paris à quatre-vingts ans et plus, ils le logèrent sous les tuiles au plus haut étage, dans la solitude, le mépris et le manquement. La direction avoit été la principale occupation des deux autres, dont l'un fut même proposé pour être confesseur de Mme la Dauphine, lui troisième, par les jésuites, quand le P. le Comte fut renvoyé. Celui-là fut longtemps malade, dont il mourut. Il n'étoit pas nourri, et je lui envoyai plus de cinq mois, tous les jours, à dîner, parce que j'avois vu sa pitance, et jusqu'à des remèdes, et qu'il ne put s'empêcher de m'avouer ce qu'il souffroit du traitement

---

1. La maison professe des jésuites était située rue Saint-Antoine; c'est aujourd'hui le lycée Charlemagne. On distinguait les maisons professes, des colléges et des noviciats. Les premières étaient habitées par les jésuites profés. Ces religieux faisaient, outre les trois vœux ordinaires de chasteté, de pauvreté, d'obéissance, un vœu particulier d'obéir au pape en tout ce qui regarde le bien des âmes et la propagation de la foi chrétienne.

qu'on lui faisoit. Le dernier, fort vieux et fort infirme, n'eut pas un meilleur sort. A la fin, n'y pouvant plus résister, et me le laissant entendre, il me demanda retraite dans ma maison de Versailles, sous prétexte chez eux d'aller prendre l'air. Il y demeura plusieurs mois, et mourut au noviciat, à Paris, quinze jours après qu'il y fut revenu. Tel est le sort de tous les jésuites sans exception des plus fameux, si on en excepte quelques-uns qui, ayant brillé à la cour et dans le monde par leurs sermons et leur mérite, et s'y étant fait beaucoup d'amis, comme les PP. Bourdaloue, La Rue, Gaillard, ont été garantis de la disgrâce générale, parce que, étant visités souvent par des personnes principales de la cour et de la ville, la politique ne permettoit pas de les traiter à l'ordinaire, de peur de faire crier tant de gens considérables qui s'en seroient bientôt aperçus, et qui ne l'auroient pas souffert sans bruit et sans scandale.

C'est donc cet abandon, ce mépris et ce reproche tacite de tout soulagement qu'éprouva le P. Tellier à la Flèche quoiqu'il eût quatre mille livres de pension. Il avoit maltraité jusqu'aux jésuites. Aucun d'eux n'approchoit de lui qu'en tremblant du temps qu'il étoit confesseur; encore n'y avoit-il que quelques gros bonnets et en très-petit nombre. Les premiers supérieurs, qu'il gouvernoit à baguette, éprouvoient ses duretés, et tous sa domination, sans la moindre ouverture. Le général même fut réduit à ployer devant lui ce despotisme absolu qu'il exerce sur toute la compagnie et sur tous les jésuites en particulier. Tous, et ils me l'ont dit dans ces temps-là bien des fois, désapprouvoient la violence de sa conduite et en étoient fort alarmés pour la société; tous le haïssoient comme on déteste un maître grossier, dur, inaccessible, plein de soi-même, qui se plaît à faire sentir son pouvoir et son mépris. Son exil et la conduite qui le lui attira leur fut un nouveau motif de dépit par le dévoilement des intrigues secrètes où ils avoient grande part et qu'ils avoient grand intérêt à cacher. Tout cela ensemble ne rendit pas au P. Tellier la retraite forcée de la Flèche agréable. Il y trouva des supérieurs et des confrères aigris qui, au lieu de la terreur générale qu'il avoit imposée aux jésuites mêmes, n'eurent plus que du mépris pour lui, et se plurent à le lui faire sentir. Ce roi de l'Église et en partie de l'État, en particulier de sa société, redevint un jésuite comme les autres, et sous ses supérieurs on peut juger quel enfer ce fut à un homme aussi impétueux et aussi accoutumé à une domination sans réplique et sans bornes et à en abuser en toutes façons. Aussi ne la fit-il pas longue. On n'entendit plus parler de lui depuis, et il mourut au bout de six mois qu'il fut à la Flèche.

Il parut une promotion de six lieutenants généraux et d'un grand nombre de maréchaux de camp et de brigadiers; ce qui fit aussi de nouveaux colonels.

Le duc de Mortemart, piqué de ce que la lieutenance de roi vacante du Havre-de-Grâce ne fût pas donnée à celui pour qui il la demandoit, vendit ce gouvernement au duc de Saint-Aignan. M. le duc d'Orléans donna l'abbaye de Bourgueil à l'abbé Dubois; dix mille livres de pension, en attendant un gouvernement, au vicomte de Beaune, à la sollicitation pressante de M. le Duc et de Mme sa mère, et une de vingt mille livres au duc de Tresmes. Comme gouverneur de Paris, il avoit un jeu public dans une maison qu'il louoit pour cela, et dont il tiroit fort gros. Il l'avoit prétendu comme un droit depuis qu'il en avoit vu s'établir d'autres par licence, et quelques-uns, depuis la régence, par permission. Ces jeux étoient devenus des coupe-gorges qui excitèrent tant de cris publics, qu'ils furent tous défendus, et celui du duc de Tresmes comme les autres. Ce fut en dédommagement de ce jeu que la pension lui fut donnée. Il ne laissa pas de s'en introduire de temps en temps, mais plus modestement. Tout ayant changé de face sous le gouvernement de M. le Duc, premier ministre, Mme de Carignan, arrivée, ancrée, et point du tout oisive pour son intérêt, obtint un jeu à l'hôtel de Soissons, qui lui valut extrêmement. Sur cet exemple, le duc de Tresmes prétendit et obtint le rétablissement du sien. Le rare fut qu'il ne laissa pas de conserver la pension de vingt mille livres qu'il n'avoit eue que pour le lui ôter.

Le jeune Bournonville, petit-fils, par sa mère, du duc de Luynes et d'une sœur de M. de Soubise, et fils du cousin germain paternel de la maréchale de Noailles, et frère de la duchesse de Duras, épousa la seconde fille du duc de Guiche, mort maréchal duc de Grammont; c'est celle qui épousa depuis mon fils aîné.

Le grand prieur attrapa de M. le duc d'Orléans un don sur les loteries de Paris de plus de vingt-cinq mille écus de rente.

Le mariage du prince électoral de Saxe fut arrêté et déclaré avec une des archiduchesses.

Le roi Jacques partit assez publiquement de Rome, s'embarqua à Nettuno, 8 février, et aborda en Espagne, d'où il se rendit à Madrid.

Prie revint avec sa femme de son ambassade de Turin. Je ne remarque ce retour que par le bruit et le mal que fit cette femme, qui fut maîtresse publique de M. le Duc, et de la cour, et de l'État, quand et tant qu'il fut premier ministre. Prie eut douze mille livres de pension et quatre-vingt-dix mille livres de gratification.

Rémond, dont il a été parlé ailleurs, fut introducteur des ambassadeurs. Comme il devint une espèce de petit personnage, et, quoique subalterne, fort dangereux, il est à propos de le faire encore mieux connoître. Il étoit fils de Rémond, fermier général, connu sous le nom de Rémond le Diable. Ce fils étoit un petit homme qui n'étoit pas achevé de faire, et comme un biscuit manqué, avec un gros nez, de gros yeux ronds sortants, de gros vilains traits, et une voix enrouée comme un homme réveillé en pleine nuit en sursaut.

Il avoit beaucoup d'esprit, il avoit aussi de la lecture et des lettres, et faisoit des vers. Il avoit encore plus d'effronterie, d'opinion de soi et de mépris des autres. Il se piquoit de tout savoir, prose, poésie, philosophie, histoire, même galanterie ; ce qui lui procura force ridicules aventures et brocards. Ce qu'il sut le mieux, fut de tâcher de faire fortune, pour quoi tous moyens lui furent bons. Il fut le savant des uns, le confident et le commode des autres, et de plus d'une façon, et ne se cachoit pas de la détestable ; le rapporteur quand on le voulut et que cela lui parut utile. Il s'attacha à Canillac, à Nocé, aux ducs de Brancas, puis de Noailles, surtout à l'abbé Dubois, dont il alloit disant pis que pendre, pour faire parler les gens et le lui aller redire ; enfin à Stairs, dont il devint le panégyriste et l'homme à tout faire. Sa souplesse, l'ornement de son esprit, son aisance à parler et à frapper, sa facilité à adopter le goût de chacun, une sorte d'agrément qu'on trouvoit dans sa singularité, le mirent quelque temps fort à la mode, dont il sut tirer un grand parti pécuniaire. Il en avoit espéré d'autres qui s'évanouirent avec son cardinal Dubois. Tel qu'il étoit, il ne laissa pas de trouver et de conserver des entrées et de la familiarité dans plusieurs maisons distinguées. Il a fini par épouser une fille du joaillier Rondé, en quoi il n'y a eu ni disparité ni mésalliance, et par donner souvent des soupers à bonne et honorable compagnie. Il avoit eu la charge de Magny. Il ne la garda pas longtemps, voyant ses espérances trompées et qu'elle ne le menoit à rien.

Mimeur mourut officier général, dont je crois avoir parlé ailleurs. Il étoit fils d'un président du parlement de Dijon. Je ne sais par quelle protection il avoit été attaché à Monseigneur dès sa jeunesse, chez qui il avoit les entrées ; mais il n'alla jamais dans aucun lieu où on mangeât avec lui. Son esprit souvent plaisant sans songer à l'être, et l'ornement de son esprit joint à beaucoup de modestie et de savoir-vivre, l'avoit mêlé avec le grand monde et fait désirer dans les meilleures compagnies. Il étoit aimé et estimé sur un pied agréable, et le méritoit; il étoit honnête homme et fort brave, sans se piquer de rien, et fort doux, aimable et sûr dans le commerce; il servit toute sa vie, presque toujours dans la gendarmerie, avec réputation; il se maria à la fin de sa vie et fut regretté de beaucoup d'amis.

Térat, chancelier et surintendant des affaires et finances de M. le duc d'Orléans, mourut en même temps. Il avoit un râpé de l'ordre. Il étoit fort vieux et fort riche, fort homme d'honneur et fort désintéressé. Il étoit chancelier de Monsieur quand, à la mort de Bechameil, qui étoit surintendant, il eut sa charge, dont il refusa absolument les appointements. Ce fut une perte pour M. le duc d'Orléans, dont il gouvernoit très-bien les affaires. Il vivoit fort honorablement et n'étoit déplacé en rien; il étoit généralement aimé et estimé, et ne laissa point d'enfants. Je n'ai point su qui il étoit; je crois que c'étoit peu de chose; aussi étoit-il fort éloigné de s'en faire accroire. La Houssaye, conseiller d'État, eut les deux charges de Térat chez M. le duc d'Orléans, qui le conduisirent à être enfin contrôleur général des finances.

Un fils de l'électeur de Bavière fut élu évêque de Munster. Il étoit allé se promener en Italie, et mourut à Rome sans avoir su son élection.

La mort de Puysieux, duquel on a déjà parlé lorsque son esprit et son adresse le firent si singulièrement chevalier de l'ordre, devint le commencement et la base de la prodigieuse fortune de Belle-Ile. Les chartreux, qui sont accoutumés à donner quelquefois de grands repas, en donnèrent un à beaucoup de gens distingués de la cour et des conseils. J'en fus prié, et Puysieux, que tout le monde aimoit, et qui étoit bon et joyeux convive, en fut aussi. Le repas fut également grand et bon, et la compagnie, quoique fort nombreuse, de très-bonne humeur. Puysieux en fit la joie; mais pour un homme fort près de quatre-vingts ans, gros et court, il y mangea beaucoup, et tant que, la nuit même, il se sentit d'une indigestion et de fièvre qui l'emporta en fort peu de jours. Ce fut grand dommage pour sa probité, sa valeur, sa modestie, l'ornement de son esprit, qui avoit également l'agréable et le solide, et qui en faisoit tout à la fois un homme de guerre, un homme capable de bien manier les affaires les plus délicates et un homme de la meilleure compagnie, qui étoit estimé partout et recherché de ce qui étoit le plus distingué. Son père s'étoit ruiné à ne rien faire; il étoit resté bien peu de bien à Puysieux, et son frère, qui n'avoit presque rien, avoit été trop heureux d'être écuyer de M. le prince de Conti, qui le traita toujours avec distinction. Puysieux étoit conseiller d'État d'épée, dont Cheverny eut la place; il avoit aussi le gouvernement d'Huningue. Sa famille le voyant moribond, et n'ayant que des filles, songea promptement à profiter de la facilité du temps pour en faire une pièce d'argent, et Belle-Ile, fort à l'affût de tout ce qui pouvoit l'avancer, conclut bientôt ce marché. Il étoit ami intime de Le Blanc, qui l'avoit mis dans quelque privance avec l'abbé Dubois et Law. Il ne faisoit qu'être maréchal de camp, par conséquent fort loin d'un gouvernement, bien plus d'un de cette importance. Ces trois protecteurs, avec le maréchal de Besons, frère de la mère de Le Blanc, qui entraîna d'Effiat, joints avec la famille de Puysieux, emportèrent d'emblée l'agrément du régent, et toute l'affaire fut menée si brusquement et si secrètement, qu'on ne la sut que lorsqu'elle fut consommée, la veille de la mort de Puysieux.

Une grâce si singulière excita les cris de tout ce qui se proposoit de demander cette récompense dès qu'elle seroit vacante. L'adresse de Belle-Ile excita ceux des moins à portée et le blâme des importants, parmi lesquels les maréchaux de Villeroy, Villars, Huxelles, se signalèrent autant que leur frayeur de toute la suite de l'affaire du duc du Maine le leur permit, c'est-à-dire qu'ils ne se contraignirent pas avec leurs familiers; qu'ils encouragèrent secrètement les plaintes, et qu'ils se contentèrent d'ailleurs d'un silence de désapprobation. Tant de bruit, et la réflexion tardive sur sa matière, fit assez repentir le régent pour être tenté de révoquer la permission; mais le marché étoit signé et l'argent compté; il ne se trouvoit d'autre moyen que l'autorité, par un changement subit de volonté qui ne pouvoit se couvrir de surprise. Ceux qui avoient obtenu cette permission du régent lui firent honte de reculer, et Belle-Ile demeura paisible gouverneur d'Huningue; mais il en resta une dent contre lui à M. le duc d'Orléans, qu'il lui a toujours, mais assez inutilement gardée.

CHAPITRE VIII.

Inquiétude des maréchaux de Villeroy, Villars et Huxelles. — Villars, dans la frayeur, me prie de parler à M. le duc d'Orléans. — Je le fais, et le veux rassurer. — Manége et secret sur les prisonniers. — Politique de l'abbé Dubois sur l'affaire du duc et de la duchesse du Maine et des leurs. — La même politique fausse et très-dangereuse pour M. le duc d'Orléans. — Je le lui représente très-fortement, ainsi que l'énorme conduite à son égard du duc du Maine et de ses principaux croupiers, et le danger d'une continuelle impunité. — Je ne trouve que défaites et misères. — Trois crimes du duc du Maine à punir à la fois : premièrement, attentat d'usurper l'habilité de succéder à la couronne; secondement, les moyens pris pour soutenir cette usurpation; troisièmement, sa conspiration avec l'Espagne. — Conduite à tenir à l'égard du duc et de la duchesse du Maine, de leurs principaux complices et des enfants du duc du Maine. — Mollesse, foiblesse, ensorcellement du régent par Dubois. — Je cesse de parler au régent du duc du Maine, qui peu à peu est rétabli. — Adroit manége de Le Blanc et de Belle-Ile. — Duc de Richelieu et Saillant à la Bastille. — Leur folie. — Traité du premier. — Ils sont bientôt élargis. — Singularité de la promotion de l'ordre, dont je fus moins de dix ans après.

Ce qui tenoit de si court les trois maréchaux dont on vient de parler, étoit ce qu'ils sentoient en leur âme et conscience sur l'affaire du duc du Maine. Orseau, des postes, avoit été arrêté; Boisdavid en Saintonge, et amené à la Bastille, où il arrivoit journellement des gens pris dans les provinces; même le duc de Richelieu fut mis à la Bastille. La peur étoit grande que quelqu'un d'eux ne parlât, et qu'on ne mît la main sur le collet à des gens de leur connoissance qui en savoient encore plus, qui étoient encore libres, et tâchoient de faire bonne contenance. Il courut même un bruit que le maréchal de Villars alloit être arrêté. Sa frayeur éclata sur son visage et dans sa conduite. Il n'osoit plus sortir de chez lui, et il s'informoit de ce qui se disoit sur lui avec une inquiétude indécente.

Lui et sa femme m'avoient toujours extrêmement ménagé de tout temps. Ils avoient fermé les yeux et les oreilles à mes façons et à mes propos sur leur duché, et depuis encore sur leur pairie, et m'avoient sans cesse également cultivé et Mme de Saint-Simon. Ils m'envoyèrent prier d'aller chez eux, avec instance. J'y allai, et je trouvai le maréchal dans des transes et dans un abattement incroyable. Il me dit sans façon qu'il savoit qu'il alloit être arrêté, qu'il s'y attendoit à tous les instants, que ce n'étoit qu'avec la dernière inquiétude qu'il sortoit de chez lui pour le conseil de régence ou pour aller au Palais-Royal le moins qu'il pouvoit, même sans se croire en sûreté chez lui. Que cela prenoit fort sur sa santé, que les avis lui en venoient de toutes parts, que le bruit en étoit public, qu'il n'y avoit pas moyen de vivre de la sorte; qu'il s'apercevoit depuis du temps que M. le duc d'Orléans ne le voyoit plus de bon œil, et qu'il étoit embarrassé et froid avec lui, qu'il ne savoit quel mauvais office on lui avoit rendu; s'étendit sur son attachement et sa fidélité, et me conjura de parler à M. le duc d'Orléans, et de tâcher à le faire expliquer sur son compte. Sa femme, beaucoup plus tranquille que lui, me pria de la même chose. Je les assurai, comme il est vrai, que je n'avois rien remarqué en M. le duc d'Orléans qui eût pu donner lieu aux bruits qui couroient, et que je croyois qu'il se faisoit tort à lui-même d'en avoir de l'inquiétude.

Ce n'étoit pas que je fusse persuadé qu'il dût être dans la sécurité. On a vu comme le hasard fit savoir si peu avant le lit de justice l'assemblée mystérieuse du duc du Maine avec lui chez le maréchal de Villeroy, et toutes ses liaisons y étoient conformes. Mais M. le duc d'Orléans étoit si étouffé des deux tours de force qu'il n'avoit pu éviter de faire coup sur coup, si éloigné de ces coups d'éclat, si peu capable encore de les soutenir, beaucoup moins de les oser pousser, que j'ai toujours cru les gros complices en pleine sûreté, même les plus médiocres. Je parlai donc à M. le duc d'Orléans qui n'étoit pas fâché de la peur que le maréchal avoit prise, mais qui me répondit ce qu'il falloit pour le rassurer. Je le rendis aussitôt au maréchal et à la maréchale, elle en prit thèse pour le rassurer. Ils me remercièrent beaucoup tous deux, mais le maréchal toujours fort dans l'inquiétude. Elle fit une telle impression sur lui, qu'il en maigrit à vue d'œil. Son sang se corrompit, il lui vint un mal au cou qui menaça d'un cancer. Le remède de Garrus l'en garantit, dont il prit souvent depuis, et en porta toujours dans sa poche. Mais il languit toujours jusqu'à l'élargissement du duc et de la duchesse du Maine, après quoi il reprit bientôt son embonpoint et sa première santé, en sorte que la cause de son mal fut manifestement visible.

Le Blanc alloit souvent à la Bastille et à Vincennes, et sans que je le lui eusse demandé ne manquoit point de venir le même jour, le soir, chez moi me rendre compte de ce qu'il avoit appris des prisonniers, et de ce qu'il s'étoit passé entre eux et lui, ainsi que de tout ce qui lui revenoit sur cette affaire; mais les prisonniers, à ce qu'il m'assuroit toujours, ne disoient rien ou que les riens qu'il me rapportoit. Belle-Ile, qui s'étoit fort initié chez moi par Charost et par Mme de Lévi, qui n'étoit qu'un avec Le Blanc et qui entroit dans tout ce qu'il pouvoit, venoit raisonner avec moi en cadence des visites de Le Blanc. Je ne fus pas longtemps à démêler que je n'en saurois jamais davantage, comme il arriva en effet, excepté ce qu'il fallut tout à la fin en dire au conseil de régence pour excuser les emprisonnements et les exécutions de Bretagne. M. le duc d'Orléans n'en savoit pas plus que moi, ou si on lui en disoit quelque chose de plus, ce fut sous un secret recommandé plus pour moi que pour personne. L'abbé Dubois, maître absolu de M. le duc d'Orléans, faisoit trembler, excepté moi, tout ce qui approchoit ce prince. L'abbé craignoit le nerf de mes conversations et de n'être pas le maître de son aiguière, s'il venoit jusqu'à moi des découvertes dont je pusse battre le régent, et venir à bout de son incurie et de sa débonnaireté. On a vu, lors de l'arrêt de l'abbé Portocarrero, l'adresse et la hardiesse dont Dubois se saisit de tous les papiers. Il n'eut pas moins de soin de s'emparer de ceux de Cellamare, que Le Blanc, qui l'y accompagnoit, n'étoit pas pour lui disputer. Il s'étoit donc ainsi rendu seul maître du secret et du fond de l'affaire, et tellement que M. le duc d'Orléans ni personne n'en pouvoient savoir que ce qu'il vouloit bien leur dire. Le garde des sceaux, qui alloit rarement interroger les prisonniers, et Le Blanc, qui les voyoit bien plus souvent et à qui venoient tous les avis sur cette affaire, étoient dans l'entière frayeur et la plus soumise dépendance de l'abbé Dubois, avec lequel ils concertoient chaque jour ce qu'ils devoient dire à M. le duc d'Orléans sur les avis et sur ce qu'ils avoient tiré ou n'avoient pu tirer des prisonniers, et rendoient compte, au sortir d'avec lui, au redoutable abbé de tout ce qui s'étoit passé entre eux et le régent.

Dubois vouloit faire la peur entière au duc et à la duchesse du Maine et aux prisonniers pour tirer tout d'eux, et y mettre si bon ordre qu'il n'y eût plus rien à craindre; il vouloit aussi épouvanter les maréchaux pour les humilier et les contenir. Mais il étoit bien éloigné d'aller plus loin. Il vouloit régner sans trouble et parvenir à la pourpre et à la place et à toute l'autorité de premier ministre sans embarras au dedans, pour n'avoir à vaincre que sur le chapeau, qui le conduisoit à l'autre, que les difficultés du dehors. Il vouloit de plus se préparer une domination absolue, sans contradiction. Il sentoit quel seroit le cri public, le dépit et l'impétuosité de M. le Duc sur un second maître et de son infimité; de combien de personnages il seroit escorté dans un mécontentement qui seroit universel. Il y redoutoit les mouvements que le parlement y pourroit faire, à qui, dans un cas si étrange, chacun se réuniroit. Il se proposoit donc de mettre entre ses seules mains la vie et toute la fortune du duc du Maine et de ses enfants et celle de ses complices, pour s'acquérir sur eux l'obligation de leur avoir lui seul rendu le tout, et à ses plus importants croupiers, pour s'en faire une protection sûre contre le cri public et contre les princes du sang, et s'acquérir le parlement, au moins l'arrêter et le rendre neutre et sans mouvement par le crédit du duc et de la duchesse du Maine sur le premier président, qui s'y trouvoit en son particulier tout de son long, et sur les principaux moteurs de la compagnie.

Je ne répondrois pas aussi que, sans s'être commis à confier le fond du sac à M. le duc d'Orléans, il n'ait profité de son incroyable foiblesse, de son insensibilité aux plus cruelles injures encore plus incroyable, de son penchant à ne rien pousser et à des *mezzo-termine* déplorables, pour lui persuader cette politique à l'égard de tous ceux qui avoient trempé dans le complot; et que, profitant des sueurs que l'opiniâtre impétuosité de M. le Duc avoit données au régent, lorsqu'il lui força la main au dernier lit de justice sur la destitution du duc du Maine, sur l'éducation du roi, sur un établissement pour M. le comte de Charolois, sur une augmentation d'une pension de cent cinquante mille livres pour soi-même, il n'ait fait comprendre au régent la nécessité indispensable d'une barrière contre la hauteur et l'avidité des prince du sang, et que cette barrière ne se pouvoit trouver que dans la conservation du duc du Maine, de ses rangs, de ses établissements, et de ses complices les plus considérables. Je ne doute pas non plus qu'il n'ait fait peur à son maître des maréchaux de Villeroy, dont Tallard seroit inséparable, Villars et Huxelles, du premier président et de nombre d'autres qui venant à être publiquement convaincus, feroient avec le duc du Maine un groupe formidable dont le régent seroit d'autant plus embarrassé par le nombre, les établissements, la parentelle et le poids dans le monde, que, criminels par les lois, il resteroit vrai toutefois qu'ils ne l'étoient directement que contre le régent, subsidiairement contre l'État, mais pour le sauver du prétendu mauvais gouvernement, point du tout contre la personne du roi, dont la conservation contre les périls du poison deviendroit leur prétendue apologie, et produiroit tôt ou tard de funestes effets. Il n'en falloit pas tant pour étourdir un prince au fond timide, ennemi des grands coups, parfaitement insensible aux plus cruelles et aux plus dangereuses injures, bon et doux par nature, choisissant toujours le plus aisé comme tel, par foiblesse, dans les affaires grandes ou épineuses, et par incapacité de les suivre et d'en soutenir le poids, enfin livré et abandonné à l'abbé Dubois, auquel il ne pouvoit plus résister sur quoi que ce fût.

Mais cette politique, si bonne et si fort dans le vrai pour la fortune où tendoit l'abbé Dubois, n'étoit ni bonne ni dans le vrai pour son maître. Plus M. du Maine et ses plus considérables complices lui auroient une obligation signalée de la vie, des honneurs, des établissements, plus cette obligation à ne jamais l'oublier seroit aux dépens de M. le duc d'Orléans. Quelques marques de clémence et de misère, quand elle est gratuitement poussée à l'extrême, que ce prince eût données, jamais de grands coupables ne pardonnent à ceux contre qui ils ont commis de grands crimes, et il étoit tout naturel qu'ils fussent persuadés et que l'abbé Dubois leur fît délicatement entendre qu'il les avoit habilement arrachés des mains de son maître, sans quoi ils étoient perdus. Le coup double et prodigieux que le régent venoit si nouvellement de frapper au dernier lit de justice sur le parlement et sur le duc du Maine, n'avoit causé ni trouble ni rumeur, mais une frayeur extrême, un silence de tremblement, une soumission entière. Cet exemple devoit donc l'encourager, puisque c'étoit aux mêmes gens qu'il avoit affaire et prévenus de plus du crime d'État. C'est ce que je lui avois représenté plus d'une fois, et que le pardon, ni le semblant de manquer de preuves quand on en a, ne réconcilient jamais ceux qui ont manqué un grand coup à celui contre qui il étoit préparé; que le péril couru, plus il est grand, plus il irrite; qu'un tel bienfait reçu redouble la haine et la rage de qui s'est vu dans la main et à la merci de qui les pouvoit exterminer, leur fait mépriser une générosité qu'ils imputent à la foiblesse, qui les excite à prendre mieux leurs mesures, ou s'ils ne le peuvent pendant le reste de la régence, à renverser le régent auprès du roi majeur, avec d'autant plus de hardiesse qu'alors il n'y a plus de crime; qu'il n'est point de régence dont le gouvernement ne puisse être attaqué, ni de vie et de mœurs telles que celles de M. le duc d'Orléans à couvert sous l'abri de son rang.

Je m'étendis un peu avec le régent sur les points de son gouvernement, qu'on pourroit rendre très-répréhensibles aux yeux d'un jeune roi majeur, avec le secours d'une bonne et secrète cabale, en quoi le duc du Maine étoit un grand et dangereux ouvrier, en quoi les maréchaux de Villeroy, Villars, Huxelles, par leurs emplois dans la régence, comme témoins de près, et d'autres joints à eux, aideroient le duc du Maine : Law et sa banque; l'alliance d'Angleterre jusqu'à l'ensorcellement, pour la fortune de l'abbé Dubois, conséquemment avec l'empereur, les deux plus grands et plus naturels ennemis de la France; la rupture pour eux seuls, et malgré la Hollande, entraînée de force contre l'Espagne, après tant de sang et de trésors répandus pour la conserver, et avec qui la plus étroite union étoit si naturelle et si utile ; la facilité de fasciner les yeux d'un jeune roi et de lui tourner toute cette conduite à intérêt particulier contre celui de l'État, pour monter sur le trône sans obstacle, s'il fût mésarrivé au roi ou s'il lui mésarrivoit encore sans enfant mâle, et de là revenir aux anciennes horreurs pour lui faire craindre pour sa vie, tant que son précédent régent ne seroit pas mis en lieu de sûreté. Je ne trouvai que foiblesse ou dissimulation.

Cela ne m'arrêta pas. Je lui demandai quel retour il trouvoit dans le maréchal de Villeroy pour l'avoir traité avec une distinction qui ne différoit pas du respect, sans jamais aucun refus ni aucun délai à toutes ses demandes qui étoient continuelles pour faire montre de son crédit et de sa protection, souvent en choses considérables ; pour avoir accru son autorité à Lyon fort au delà de raison et d'usage, au point qu'il y étoit uniquement et absolument le maître de tout ; enfin pour l'avoir admis fort dangereusement au secret de la poste, et à la lecture que Torcy lui venoit faire des extraits, et encore en d'autres confidences. Je lui demandai quel retour il trouvoit dans le maréchal d'Huxelles pour avoir comblé ses désirs en lui confiant le secret et l'administration des affaires étrangères, et de son ami, le premier président, en l'accablant d'argent et outre cela de pensions. Enfin je vins au duc du Maine, et je lui demandai quel los[1] il en avoit reçu, pour ne l'avoir pas destitué à la mort du roi, comme tout le monde, tous les seigneurs, le parlement même s'y attendoit et le désiroit alors avec un empressement qu'il ne pouvoit ignorer : « Mais, me répondit-il d'une voix basse, honteuse et foible, c'est mon beau-frère. — Comment votre beau-frère ! repris-je avec feu : est-ce donc un titre à lui pour vous étrangler comme il y a tâché et buté toute sa vie ? Avez-vous oublié la honte et le désespoir de Monsieur,

---

1. Vieux mot synonyme de *louange*, et par suite de *renom*.

le vôtre alors à vous-même, la fureur et les larmes publiques de Madame d'un mariage si étrangement disproportionné? Avez-vous oublié que l'intérêt de ce beau-frère vous a éloigné du commandement des armées, dont Monsieur mourut de colère et de dépit après la prise qu'il en avoit eue avec le roi le jour même ? Avez-vous oublié jusqu'à quel point il intéressa Mme de Maintenon à votre perte, lors de votre affaire d'Espagne, malgré tous les efforts de Mme la duchesse de Bourgogne auprès d'elle en votre faveur. et de combien près vous frisâtes les derniers malheurs? Avez-vous oublié les horreurs dont ce cher beau-frère vous affubla à la mort de Mgr le Dauphin et de Mme la Dauphine, du petit prince leur fils, et de M. le duc de Berry ensuite; qu'il en persuada le roi par Mme de Maintenon, et qu'ils l'ont toujours été, la cour, Paris, les provinces, les pays étrangers ; l'art et le soin de répandre cette opinion jusqu'à en rendre le doute ridicule, et le soin vigilant de la renouveler de temps en temps et de lui donner une couleur nouvelle? Enfin avez-vous oublié le testament et le codicille du roi, la dispute si forte de M. du Maine en plein parlement contre vous, et si impudemment soutenue en faveur du codicille, et ce que vous seriez devenu, si l'une de ces deux pièces que personne n'ignore que le roi fit malgré lui, avoit subsisté, bien pis si toutes deux avoient été exécutées? Tous ces crimes à votre égard sont antérieurs à votre régence, sans que vous ayez jamais donné le moindre ombrage à M. du Maine, que celui qu'il a voulu prendre de votre naissance et de votre droit. Vous avez cru par la conduite que vous avez si longtemps soutenue et tant que vous l'avez pu à son égard, aux dépens des princes du sang et de toute justice, regagner ce bâtard brûlant de la soif de régner. Il vous en a payé dans le temps même qu'il jouissoit de votre plus grand déni de justice par la requête au parlement de cette prétendue noblesse, et par son appel aux états généraux ou au roi majeur, avec la criminelle audace de vous attaquer vous-même sur l'incompétence et le défaut de pouvoir d'un régent. Enfin vous voyez ce qu'il vient de brasser, et par tant d'expériences anciennes et nouvelles ce que vous devez attendre de lui, si vous le laissez en état de continuer [1]. »

Ces propos, que je renouvelois de temps en temps, jetoient M. le duc d'Orléans dans un trouble extrême. Il sentoit tout le poids de mes raisons ; mais il étoit enchaîné par les prestiges de l'abbé Dubois. Tantôt il s'excusoit sur le défaut de preuves, et je lui remettois ce qu'il en avoit dit à M. le Duc et à moi, que M. et Mme du Maine étoient des plus avant dans la conspiration, comme je l'ai rapporté en son temps. Une autre fois, il alléguoit le danger d'entreprendre un homme si grandement établi, et je lui démontrois qu'après le grand pas de l'avoir fait arrêter lui et Mme du Maine, et confinés en deux prisons éloignées, le danger du retour seroit bien plus grand, mortellement offensés qu'ils seroient, et que de plus ils se le devoient montrer comme innocents. Enfin retranché sur l'embarras de leurs enfants, aussi grandement établis que le père, dont ils avoient les survivances, et le gouvernement de Guyenne de plus, qui sûrement ne trempoient point dans le complot du père, et que par conséquent on ne pouvoit dépouiller ; je lui demandai où il avoit vu ou lu qu'on eût jamais laissé aux fils des criminels d'État, convaincus et punis comme tels, des établissements dont ils pussent abuser ; qu'il prît garde qu'une telle condamnation emportoit confiscation des biens patrimoniaux, quoique les enfants ne fussent pas coupables, à plus forte raison l'extinction des titres, honneurs, etc., et la privation des gouvernements et des charges dans le père, et des survivances dans ses fils, lesquels, bien que non coupables,

---

1. Si l'on en croit les *Mémoires du marquis d'Argenson* (éd. 1825, p. 178), Saint-Simon aurait pressé le duc d'Orléans de mettre en jugement le duc du Maine : « Que prétendoit M. de Saint-Simon? Il vouloit que l'on fît le procès à M. le duc du Maine ; que l'on fît tomber sa tête et que l'on donnât à lui, Saint-Simon, la grande maîtrise de l'artillerie. »

perdoient par la condamnation du père la succession entière
du patrimoine, qui, sans cela, leur étoit de tout droit acquis, à plus forte raison des grâces dont le père étoit justement dépouillé ; qu'il étoit du plus évident danger de les
leur laisser, et sur lesquelles ils ne pouvoient avoir un droit
en rien comparable au droit qu'ils avoient aux biens de
leur père, qui étoit leur patrimoine, duquel toutefois ils
ne laissoient pas d'être de tout droit totalement privés par
la confiscation inséparable de la condamnation ; qu'à la vérité on n'y touchoit jamais au bien et aux reprises de la
mère, qui demeuroient après elle aux enfants ; mais ici, la
mère se trouvant aussi coupable que le père, la condamnation emportoit confiscation de tout le bien maternel comme
du bien paternel.

A cette réponse, M. le duc d'Orléans n'eut point de réplique, baissa la tête et demeura quelque temps rêveur, puis
me dit : « Mais Mme du Maine, vous ne sauriez nier qu'elle
ne soit princesse du sang ? — Non, certes, lui répondis-je ;
mais vous ne me prouverez pas aussi qu'elle la soit davantage que les deux ducs d'Alençon, père et fils [1], que le connétable de Bourbon, que M. le Prince, propre grand-père de
Mme du Maine, qui tous aussi étoient princes du sang, bien
reconnus pour tels, et néanmoins atteints, convaincus, et
solennellement jugés et condamnés comme criminels d'État.
Vous savez après combien de prison et à quelles conditions
l'un de ces ducs d'Alençon eut sa grâce ; ce que devint le
connétable de Bourbon, et que, quel désir qu'on eût d'une
paix aussi avantageuse que fut alors celle des Pyrénées, la
passion extrême de la reine votre grand'mère du mariage

1. Les deux ducs d'Alençon, dont il est ici question, sont Jean V et son
fils René. Le premier fut arrêté en 1456, et condamné à mort en 1458 ; la
peine fut commuée en 1461 en une prison perpétuelle. Arrêté de nouveau en
1472, Jean V d'Alençon fut jeté par Louis XI dans un cachot, où il resta jusqu'à sa mort (1476). Son fils René fut arrêté en 1482 et condamné à demander
pardon au roi et à recevoir garnison royale dans ses châteaux.

du roi avec l'infante sa nièce, quelque pressé qu'en fût le cardinal Mazarin et la reine même, dans la frayeur qu'ils avoient eue l'un et l'autre de ce qui avoit pensé arriver de la nièce du cardinal [1], qui épousa depuis le connétable Colone, et de ce qui étoit toujours possible à l'égard de quelque autre, tant que le roi ne seroit pas marié; l'on aima mieux hasarder la paix et le mariage, essuyer toutes les longueurs à conclure, les persécutions et les propositions de toutes les sortes de don Louis de Haro en faveur de M. le Prince, même aux dépens du roi d'Espagne, que de souffrir qu'il tirât aucune sorte d'établissement des Espagnols, ni qu'il rentrât dans son gouvernement, ni dans sa charge de grand maître de France, qui à la fin, mais sans stipulation, furent donnés à M. son fils, mais quelque temps après; grâce dont pour conclure on n'étoit convenu que verbalement, secrètement et comme une grâce et une galanterie personnelle au roi d'Espagne et à son ministre. Aujourd'hui que vous commencez la guerre, vous ne traitez ni mariage nécessaire et pressé, vous ne traitez point la paix, vous ne sauriez craindre qu'on se persuade au dedans ni au dehors, après l'éclat fait sur l'ambassadeur d'Espagne et ce que vous savez déjà sur M. et Mme du Maine de leurs complots avec lui, qu'on leur fasse accroire des crimes pour les perdre, et vous en saurez bien davantage quand il plaira à l'abbé Dubois de vous instruire à fond par les papiers dont vous convenez qu'il s'est saisi, qu'il a vus lui seul, et qu'il ne vous a pas montrés. Grand Dieu! ajoutai-je avec dépit de ne trouver que de la filasse pour ne pas dire du fumier, grand Dieu! quel précieux présent avez-vous fait à ce prince de la plus difficile vertu du christianisme, de cette vertu tellement surhumaine, si contraire à la nature et à la plus droite raison quand elle n'est pas miséricordieusement éclairée et entraî-

---

1. Marie Mancini avait inspiré à Louis XIV une passion qui donna des inquiétudes sérieuses à Anne d'Autriche. Voy. les *Nièces de Mazarin*, par M. Amédée Renée, et les *Mémoires de Mme de Motteville*, à l'année 1659.

née par votre grâce toute-puissante, cette vertu, l'écueil des plus grands hommes, le plus dur et le plus continuel combat des plus grands saints, cette vertu toutefois à qui vous prescrivez des bornes pour la conservation des États et des hommes, enfin ce pardon des ennemis, sans lequel, ô mon Dieu, nul ne vous verra ; et vous l'accorderez à un prince qui vit comme un homme, qui compte pour rien le bonheur éternel de vous voir. O profondeur immense de vos jugements terribles qui, par l'usage et en même temps par le mépris d'un présent si rare et si exquis, va faire tout ce qui le peut conduire aux plus redoutables malheurs, et le va faire non-seulement sans éprouver en soi la plus légère violence qu'éprouvent si fortement en ces occasions les personnes les plus à Dieu, mais avec l'incurie, la facilité, l'insensibilité la plus prodigieuse, la plus incroyable, la plus unique ! »

Une si violente exclamation, précédée d'aussi fortes raisons, ébranla assez M. le duc d'Orléans pour se mettre à raisonner sur le dépouillement. Alors quoique sans espérance par sa mollesse, son peu de tenue, l'intérêt et l'ensorcellement de l'abbé Dubois, mais pour n'avoir rien à me reprocher à moi-même, je lui dis qu'il avoit beau jeu à réparer les fautes précédentes qui lui avoient fait tout pardonner au plus cruel et au plus gratuit ennemi qui fut jamais, et au plus continuellement acharné contre ses droits, son honneur et sa vie, ce que lui-même ne se pouvoit dissimuler ; qu'au crime présent pour lequel le duc du Maine se trouvoit maintenant arrêté, il en pouvoit rappeler deux autres, et les faire d'autant mieux valoir, que le criminel avoit d'autant plus pernicieusement abusé du silence et de la patience à l'égard de tous les deux : le premier, d'avoir attenté à se faire prince du sang, puis à se faire déclarer capable de succéder à la couronne, contre l'honneur de la loi de Dieu, contre la loi unanime de la France et de tous les pays chrétiens, où le fils d'un double adultère ne peut, en aucun cas, recueillir rien des biens de la famille dont il est sorti, combien moins une couronne : contre le droit de la nation en cas d'extinction de tous les mâles de la race régnante, contre le respect et le droit des princes du sang, enfin contre la précieuse vénération due à la loi salique qui distingue si grandement la couronne de France de toutes les autres couronnes. Je le fis souvenir de ce que je lui avois proposé à cet égard vers la fin de la vie du roi, pour l'exécuter dès qu'il ne seroit plus, et de la nécessité que je lui en avois prouvée et de laquelle il n'étoit pas disconvenu de mettre un tel frein à l'ambition de pouvoir être rendu capable de succéder à la couronne, que la vue certaine de la profondeur du précipice retînt bâtards, sujets trop puissants, premiers ministres, favoris démesurés, princes étrangers trop établis et appuyés, d'attenter à ce crime qui en prépare tant d'autres, et d'abuser ou de la folle tendresse, ou de la foible complaisance, ou de l'âge, ou de l'imbécillité d'un roi, ou de l'entêtement extravagant de sa toute-puissance même, pour renverser l'État; que le silence sous lequel il l'avoit laissé couler, avoit donné le temps au duc du Maine de commettre le second, de le tromper par ce ramas de prétendue noblesse, dont plusieurs étoient, et de son aveu à lui et des principaux de sa maison, en apparence, quoi qu'on eût pu lui dire et follement, contre les ducs, en effet contre lui-même, comme il y avoit bientôt paru par leur belle requête au parlement, et de là par l'appel des bâtards du régent, comme incompétent et impuissant, aux états généraux ou au roi devenu majeur, autre crime d'État et toujours connu et puni comme tel de contester la puissance royale et d'en faire aucune distinction du roi mineur ou majeur, et par là, M. du Maine l'avoit réduit en la presse où il s'étoit trouvé entre les princes du sang et les bâtards, et après une longue et criante injustice, ou déni de justice, en faveur des bâtards, forcé par leur audace à ventiler[1] son pouvoir de régent, de les déclarer déchus et non habiles à

---

1. Discuter.

succéder à la couronne, mais avec de tels ménagements de rangs et contre les termes exprès de l'arrêt qu'il venoit de rendre, que cette foiblesse avoit encouragé M. et Mme du Maine à entreprendre ce qui les retenoit maintenant en prison, dans la rage de n'avoir pas été maintenus ou soufferts dans l'habilité de succéder à la couronne, et dans le mépris de tout ce qui leur étoit conservé, compté par eux pour rien, sinon pour une foiblesse sur laquelle ils pouvoient compter, quelque chose qu'ils osassent entreprendre.

Après ce tableau ramassé et raccourci, je représentai à M. le duc d'Orléans qu'au moins pouvoit-il maintenant mettre deux aussi lourdes fautes à profit et les faire bien payer à ces deux premiers crimes à l'appui du troisième qui en étoit la suite et le fruit : reprendre le premier, en montrer l'énormité, le danger extrême de l'exemple dans un royaume très-chrétien et l'unique qui suive la loi salique comme loi fondamentale pour la succession à la couronne depuis tant de siècles, l'exposer au sort de la Russie, à l'ambition de quiconque auroit la force des établissements en main et qui posséderoit un roi; faire sentir que de se faire prince du sang et habile à succéder à la couronne, après tous les princes du sang, comme fils de roi, de le transmettre à sa postérité, à se faire préférer aux princes du sang, comme bien plus proches qu'eux, par la qualité de fils du roi, il n'y avoit guère de distance, avec la force en main, et à quiconque obtient ce droit, une violente tentation de se faire place nette et s'abréger le chemin du trône; dire que le respect pour la mémoire du roi et la considération d'une alliance, quoiqu'elle n'eût jamais dû être, l'estime de la probité du comte de Toulouse, qui n'avoit eu ni voulu avoir aucne part aux démarches de son frère pour s'élever aussi monstrueusement, avoit arrêté Son Altesse Royale sur la justice qu'il devoit aux princes du sang, à la nation entière, à soi-même, d'une entreprise si criminelle, qui n'alloit à rien moins qu'à déshonorer la mémoire du feu roi, quoiqu'on sût bien qu'il avoit eu là-dessus la main forcée comme sur les dispositions de son testament et de son codicille en faveur du duc du Maine; que, le cas avenant, cette prétention à la couronne pouvoit renverser l'État par le choc des forces de l'intrus et de celles de la nation qui ne se laisseroit pas priver d'un si beau droit, qui lui étoit si certainement et si constamment acquis, et dont les étrangers sauroient profiter pour s'agrandir des provinces à leur bienséance; et de là s'étendre sur la nécessité d'un châtiment tel qu'il ôtât pour toujours un pareil dessein de la tête des plus ambitieux et des plus puissants, et de celle des rois par orgueil ou par foiblesse, auxquels le royaume n'appartient point comme une terre à un particulier, mais comme un fidéicommis qui est perpétuellement affecté à l'aîné de génération en génération, à moins qu'une couronne présente, une vaste monarchie, un trône étranger vacant où un prince françois est appelé, par le testament du dernier roi mort sans postérité de lui ni de ses prédécesseurs rois de sa maison, testament appuyé de l'exprès consentement et des vœux de toute cette nation, ne fasse préférer une couronne présente aux futurs les plus contingents, et que toute l'Europe, avec la monarchie vacante, ne stipule la renonciation à la possible succession, avec le gré et le consentement du roi de France et les solennités célébrées pour cette renonciation; qu'un roi de France n'a pas le pouvoir de disposer de sa couronne, laquelle suit de droit et par elle-même cette aînesse de génération en génération; et si la race masculine vient à manquer, le droit commun acquiert alors tout son droit, qui donne à la nation celui de se choisir un roi et sa postérité légitime masculine pour lui succéder tant qu'elle durera de génération en génération par aînesse; appuyer sur l'attentat de troubler cet ordre, et sur tous les points qui viennent d'être mis sous les yeux.

Passer de là au second crime : ameutement de gens à qui

on fait usurper le nom de la noblesse, sans convocation du roi, ou du régent en son nom, s'il est mineur, à qui seul elle appartient, par conséquent sans légitimes assemblées des bailliages pour le choix des députés, par conséquent sans mission, sans pouvoir de personne, des gens ramassés de toutes parts pour faire nombre, et dont plusieurs se trouveroient bien empêchés de prouver leur noblesse; éblouir des gens distingués par la leur à fraterniser en égaux avec ce vil mélange; abuser des fantaisies qu'on leur a inspirées de loin pour les ramasser et les animer, se les dévouer après à soi pour tout faire, jusqu'à avilir le nom du second, mais du plus illustre des trois états, que ce ramas se prétend être, par une requête au parlement, plus basse et plus humble que celle du moindre particulier; de traiter le parlement de nosseigneurs, en nom collectif de la noblesse, et avoir recours à sa justice, à son autorité, à sa protection, au nom de la noblesse, et en chose où ces mêmes suppliants prétendent le droit de juger. Se peut-il rien de plus contradictoire en soi, de plus injurieux au second corps de l'État, en tous les points et en tous les genres, de plus insultant au pouvoir du régent et à la majesté royale, de plus visiblement et prochainement tendant à révolte et à félonie, et sous un roi mineur, à nier toute autorité, pour n'en reconnoître qu'autant qu'on le veut bien, et qu'elle peut et veut bien servir aux vues qu'on s'est formées? Montrer enfin l'énormité de cet attentat, le crime et le danger de ses diverses branches, qui ne viennent d'être touchées qu'en deux mots.

Joindre à ces deux crimes le troisième qui a fait arrêter le duc et la duchesse du Maine. Les preuves des deux premiers sont claires. De ce dernier, qui est le fruit des deux premiers, les preuves seront évidentes quand il plaira à l'abbé Dubois de montrer les papiers de Cellamare et ceux de l'abbé Portocarrero, qui n'ont été vus que de lui seul, et qui ne sont pas sortis de sous sa clef, et quand il plaira à son maître de se faire l'effort de le lui commander de façon à se faire obéir[1].

C'étoit bombarder rudement la foiblesse du régent, et tâcher à l'exciter à force de boulets rouges. Je lui laissai prendre haleine et voulus voir quel effet la batterie auroit produit. Il m'avoit laissé tout dire sans aucune interruption, et je lui voyois l'âme fort en peine. Nous fûmes quelques moments en silence. Il le rompit le premier pour me répondre que ce que je lui avois représenté étoit bel et bon sur M. et Mme du Maine, mais que je ne prenois pas garde à ce qui étoit avec eux de personnages engagés peut-être dans la même affaire et sous les mêmes preuves, et à faire un si grand coup de filet, que le filet en pourroit rompre.

Ma réplique fut prompte. Je l'assurai qu'il ne devoit pas avoir assez mauvaise opinion de mon jugement de n'avoir pas pensé à une partie si principale de cette affaire, dont j'avois bien compté de l'entretenir, après avoir achevé sur M. et Mme du Maine; que pour venir à cette autre partie, je le suppliois de se représenter toutes les conspirations qu'il avoit lues, dont il n'y avoit aucune qui n'eût son chef, et des complices principaux et distingués par la force qu'ils y pouvoient ajouter, outre le nombre des autres, dont les personnes étoient de peu ou rien; qu'en cela on dépendoit des preuves; qu'il n'étoit pas permis de retrancher ni de grossir; que plus le nombre des complices considérables seroit grand, plus le crime du chef le seroit, et le danger de l'État aussi, plus la punition très-sévère deviendroit indispensable; plus la clémence et la justice devroient marcher de front; plus le crime des personnages que le chef de la conspiration auroit débauchés de leur devoir devoit à plomb

---

1. Les représentations de Saint-Simon au régent n'étaient pas ignorées. Madame, mère du régent, écrivait le 7 juillet 1719 : « Le duc de Saint-Simon s'impatienta une fois de la bonté de mon fils et lui dit en colère : *Ah! vous voilà bien débonnaire; depuis Louis le Débonnaire on n'a rien vu d'aussi débonnaire que vous.* Mon fils faillit se rendre malade à force de rire. »

retomber sur sa tête; plus la bonté du régent auroit de quoi se satisfaire, en montrant ne chercher que la sûreté présente et future du royaume, et de la succession à la couronne, par la punition du chef et du criminel de trois grands crimes, comme du plus grand coupable, du plus dangereux ou du seul dangereux, de celui qui feroit exemple à la postérité, et en pardonnant généreusement aux personnages qu'il auroit entraînés, qui, ensemble et par eux-mêmes, n'étoient point à craindre, et par la timidité qu'il en avoit éprouvée, et par les qualités de leur esprit, et par l'impuissance de leurs établissements qui ne sont plus que des noms, sans force et sans autorité dangereuse; qu'il prît bien garde que passer les yeux clos à côté d'un tel complot, précédé de tant d'autres par le même, étoit la plus insigne preuve de crainte et de foiblesse, et le plus puissant convi à recommencer avec plus de succès; que voir le crime d'une façon publique, telle que de mettre en prison le duc et la duchesse du Maine, et leur pardonner après sans plus d'examen, revient au premier; mais qu'articuler les preuves juridiquement, ne punir que le chef et pardonner aux autres, si ce n'est à quelques gens obscurs trop signalés, c'est courage, c'est justice, c'est exemple, c'est sûreté, c'est générosité, c'est clémence, c'est rendre à jamais les personnages pardonnés hors de mesure d'oser remuer, et quelque malveillants qu'ils puissent être, hors d'état de toute sorte d'opposition, et par crainte et par honneur, en un mot c'est savoir discerner, laisser les boucheries aux Christiern[1] et aux Cromwell, ne vouloir que l'indispensable à l'exemple et à la sûreté, n'être sévère que par la nécessité, et clément et généreux par grandeur et par nature. Mais pour arriver à ce point il faut un jugement juridique, où tous les pairs

---

1. Allusion aux cruautés de Christiern II ou Christian II, roi de Suède et de Danemark de 1520 à 1523. Ses actes de cruauté en Suède et en Danemark provoquèrent un soulèvement contre lui et le firent déposer en 1523.

soient juridiquement convoqués et sans excuses admises, parce qu'en cas de pairie et de crime, nulle sorte de cause de récusation ne peut en exclure aucun; et appeler avec eux les officiers de la couronne. J'ajoutai que le comte de Toulouse, n'ayant trempé dans aucun des trois crimes de son frère, sa considération ne devoit ni ne pouvoit retenir, puisqu'il étoit en pleine innocence, et qu'à l'égard même de Mme du Maine, sa condamnation se pouvoit commuer à passer le reste de sa vie bien et sûrement enfermée, sans communication avec personne, en faveur de sa qualité de princesse du sang.

Le régent écouta tout, puis me dit : « Mais les enfants, qui sont innocents, qu'en ferez-vous ? — Les enfants, repris-je, il est vrai qu'ils sont innocents; mais il les faut empêcher de devenir coupables, et leur ôter les ongles pour qu'ils ne pussent venger leurs malheurs domestiques, ne leur laisser ni charge, ni gouvernement, ni le comté d'Eu, petite province trop sur le bord de la mer et d'un petit port, et trop voisine de l'Angleterre; ni Dombes, trop près de Savoie, qui ne fut jamais qu'un franc alleu[1], encore tout au plus, que les ducs de Montpensier ont par degrés fait souveraineté, Mademoiselle encore plus, à quoi M. du Maine a fait mettre la dernière main, depuis le don que Mademoiselle fut forcée de lui en faire, avec Eu et d'autres encore, pour tirer M. de Lauzun de Pignerol. Il restera encore le duché d'Aumale et de grands biens aux enfants de M. du Maine, dont vous leur ferez présent sur la confiscation, sans compter l'immensité de meubles, les maisons et les pierreries, dont vous savez que Mme du Maine en cacha et en emporta pour un million, que La Billarderie découvrit et qu'il rapporta, ce qui, pour le dire en passant, vous montre bien que Mme du Maine n'avoit perdu ni jugement ni desseins, pour être arrêtée, et que ce million de pierreries n'étoit pas

---

1. C'est-à-dire une terre non soumise aux droits seigneuriaux.

destiné à la parer dans sa prison. J'appelle cela, ajoutai-je, faire un bon et grand parti aux enfants qui sont innocents, et les mettre seulement hors d'état de devenir criminels. »

M. le duc d'Orléans fut un peu ébranlé de ce plan et des raisons qui le soutenoient. Il raisonna assez dessus avec moi. Mais je n'en conçus pas une meilleure espérance. Ce plan, tout juste, tout sage, tout nécessaire qu'il me paroissoit, se trouvoit en contradiction avec le naturel du maître et, qui bien pis, avec les vues et l'intérêt de l'abbé Dubois, et ce valet avoit ensorcelé M. le duc d'Orléans. Je ne me trompai pas. Je retrouvai ce prince s'affoiblissant tous les jours sur cette affaire, de sorte que, content d'avoir fait ce que je croyois de mon devoir à tous égards, je ne lui en parlai plus, et le mis ainsi fort à son aise sur les divers et prompts adoucissements qu'il donna par reprises au duc et à la duchesse du Maine jusqu'à leur liberté, et depuis. Je l'avois pourtant fort flatté sur la distribution de leurs charges et gouvernements, et je lui avois bien déclaré que je ne voulois d'aucun de ces grands morceaux, ni même de leurs cascades, parce que je lui parlois là-dessus sans aucun intérêt.

Je ne songeai donc plus à percer les mystères du complot et des complices que l'abbé Dubois se réservoit à lui seul, ni les dispositions des prisonniers, dont Le Blanc ne me disoit que des riens souvent absurdes, parce qu'il ne lui étoit pas permis de me dire mieux; mais, après le retour du duc et de la duchesse du Maine en leur précédent état, je n'eus pas de peine à m'apercevoir, par l'amitié qu'ils ont toujours depuis témoignée à Belle-Ile et à Le Blanc, qu'ils les avoient bien et efficacement servis, même auprès de l'abbé Dubois, dont ils avoient très-bien suivi l'esprit et imité la politique. Elle réussit si bien que bientôt, c'est-à-dire au commencement d'avril, Mme la Princesse obtint que Mme du Maine, qui faisoit la malade, fût conduite de Dijon à Châlon-sur-Saône, avec la permission de l'y aller voir.

On sut néanmoins en ce même temps par M. le duc d'Orléans, qui le rendit public, qu'il avoit quatre lettres au cardinal Albéroni du duc de Richelieu [1], dont trois étoient signées de lui, qu'il s'engageoit à livrer Bayonne, où son régiment et celui de Saillant étoient en garnison, pour quoi Saillant, qui étoit du complot, avoit été mis à la Bastille, et que le marché du duc de Richelieu étoit d'avoir le régiment des gardes. Le rare est que, quatre jours après ce récit public de M. le duc d'Orléans, auquel il ajouta que, si M. de Richelieu avoit quatre têtes, il avoit dans sa poche de quoi les faire couper toutes quatre, on donna à M. de Richelieu un de ses valets de chambre, des livres, un trictrac et une basse de viole, qu'il demanda. On se moqua dans le monde avec raison de la belle idée de deux jeunes colonels qui se crurent assez maîtres de leurs régiments, et leurs régiments assez maîtres de Bayonne, pour se figurer de pouvoir livrer cette place [2]. Qui m'auroit dit que, moins de dix ans après, je serois chevalier de l'ordre, en même promotion de huit que les deux fils du duc du Maine en princes du sang, M. de Richelieu, Cellamare et d'Alègre, m'auroit bien étonné [3].

---

1. Le marquis d'Argenson écrit à la date de mars 1719, dans ses Mémoires manuscrits : « Le duc de Richelieu étoit véritablement coupable, quand on le fit mettre à la Bastille, environ ce temps-ci. Mon père (le garde des sceaux) fut cause de son arrêt ; il s'en prit à lui et nous en vouloit bien du mal. Cependant il est certain que ce duc avoit des liaisons avec l'Espagne. » Le marquis d'Argenson raconte ensuite une anecdote qui se trouve dans les Mémoires imprimés, p. 192. (*Mém. du marquis d'Argenson*, 1 vol. in-8, 1825.)

2. L'abbé Dubois écrivait au maréchal de Berwick, le 1er avril 1719 : « Vous aurez été surpris sans doute d'apprendre, par le courrier que M. Le Blanc a dû vous dépêcher hier, que M. le duc de Richelieu devoit livrer Bayonne aux Espagnols, et qu'il a été mis à la Bastille, où il n'est pas disconvenu de son intelligence avec Albéroni. » Le maréchal lui répondit le 17 avril : « Je n'ai point été surpris de l'aventure de M. de Richelieu, dont la conduite, jusqu'à présent, n'a pas été d'un homme sensé. »

3. La promotion de chevaliers de l'ordre, à laquelle Saint-Simon fait allusion, eut lieu le 1er janvier 1728 ; elle comprit les huit personnages suivants : Le prince de Dombes, le comte d'Eu, les ducs de Richelieu, de Saint-Simon, de Giovenazzo (Cellamare), grand écuyer de la reine d'Espagne, les maréchaux de Roquelaure et d'Aligre, le comte de Grammont.

CHAPITRE IX.

Conduite étrange de Mme la duchesse de Berry, de Rion et de la Mouchy. — Conduite de Mme de Saint-Simon. — Scandaleuse maladie de Mme la duchesse de Berry, à [au] Luxembourg. — Rion, conduit par le duc de Lauzun, son grand-oncle, épouse secrètement Mme la duchesse de Berry. — Mme la duchesse de Berry rouvre le jardin de Luxembourg; se voue au blanc pour six mois; change de capitaine des gardes. — Canillac et le marquis de Brancas entrent au conseil des parties. — Prince Clément de Bavière est [élu] évêque de Munster et de Paderborn. — Le cardinal Albano est fait camerlingue. — Le duc d'Albret épouse de nouveau la fille de feu Barbezieux. — Mort de Mme de Maintenon. — Sa vie et sa conduite à Saint-Cyr. — Mort d'Aubigny, archevêque de Rouen. — Besons, archevêque de Bordeaux, lui succède; et le frère du garde des sceaux, à Besons. — Érection de grands-officiers de l'ordre de Saint-Louis à l'instar de ceux de l'ordre du Saint-Esprit. — Nouveaux règlements sur l'ordre de Saint-Louis, et leurs inconvénients. — Extraction, caractère, fortune de Monti. — Laval, dit *la Mentonnière*, mis à la Bastille. — Cellamare, duc de Giovenazzo, arrive en Espagne; est aussitôt fait vice-roi de Navarre. — Rare baptême de Marton. — L'abbesse de Chelles, sœur du maréchal de Villars, se démet et se retire dans un couvent à Paris avec une pension de douze mille livres du roi. — Mme d'Orléans lui succède, se démet, se retire à la Madeleine. — Leur caractère. — Diminution d'espèces. — Élargissement du quai du Louvre. — Guichet, place et fontaine du Palais-Royal. — Efforts peu heureux sur l'Écosse. — Tyrannie maritime des Anglois. — Gilly prend le port du Passage et y brûle toute la marine renaissante de l'Espagne. — Les plus confidents du duc et de la duchesse du Maine sortent de la Bastille et sont mis en pleine liberté. — Merveilles du Mississipi. — Law et le régent me pressent d'en recevoir. — Je le refuse, mais je reçois le payement d'anciens billets de l'épargne. — Blamont, rappelé à sa charge, devient l'espion du régent, et le mépris et l'horreur du parlement. — Mort de Pecoïl père, digne d'un avare, mais affreuse. — Digne refus, belle et sainte retraite, curieuse, mais inintelligible déclaration, de l'abbé Vittement, sur le règne sans bornes et sans épines du cardinal Fleury. — Douze mille livres d'augmentation d'appointements et de gouvernement à Castries.

Mme la duchesse de Berry vivoit à son ordinaire dans le mélange de la plus altière grandeur, et de la bassesse et de la servitude la plus honteuse ; des retraites les plus austères, fréquentes, mais courtes aux Carmélites du faubourg Saint-Germain, et des soupers les plus profanés par la vile compagnie, et la saleté et l'impiété des propos ; de la débauche la plus effrontée, et de la plus horrible frayeur du diable et de la mort, lorsqu'elle tomba malade à Luxembourg. Il faut tout dire, puisque cela sert à l'histoire, d'autant plus qu'on ne trouvera dans ces Mémoires aucunes autres galanteries répandues, que celles qui tiennent nécessairement à l'intelligence nécessaire de ce qu'il s'est passé d'important ou d'intéressant dans le cours des années qu'ils renferment. Mme la duchesse de Berry ne vouloit se contraindre sur rien ; elle étoit indignée que le monde osât parler de ce qu'elle-même ne prenoit pas la peine de lui cacher, et toutefois elle étoit désolée de ce que sa conduite étoit connue. Elle étoit grosse de Rion, elle s'en cachoit tant qu'elle pouvoit. Mme de Mouchy étoit leur commode, quoique les choses à cet égard se passassent tambour battant. Rion et la Mouchy étoient amoureux l'un de l'autre, et vivoient avec toute sorte de privances et de facilité pour les avoir. Ils se moquoient ensemble de la princesse qui étoit leur dupe, et de qui ils tiroient de concert tout ce qu'ils pouvoient. En un mot, ils étoient les maîtres d'elle et de sa maison, et l'étoient avec insolence, jusque-là que M. [le duc] et Mme la duchesse d'Orléans qui les connoissoient et les haïssoient, les craignoient et les ménageoient. Mme de Saint-Simon, fort à l'abri de tout cela, extrêmement aimée et respectée de toute la maison, et respectée même de ce couple qui se faisoit tant redouter et compter, ne voyoit Mme la duchesse de Berry que pour les moments de représentation qu'elle arrivoit à Luxembourg, dont elle revenoit dès qu'elle étoit finie, et ignoroit parfaitement tout ce qu'il s'y passoit, quoiqu'elle en fût parfaitement instruite.

La grossesse vint à terme, et ce terme mal préparé par les soupers continuels fort arrosés de vins et de liqueurs les plus fortes devint orageux et promptement dangereux. Mme de Saint-Simon ne put éviter de s'y rendre assidue dès que le péril parut, mais jamais elle ne céda aux instances de M. [le duc] et de Mme la duchesse d'Orléans et de toute la maison, ni pour y coucher dans l'appartement qu'on lui avoit toujours réservé, et où elle ne mit jamais le pied, ni même pour y passer les journées, sous prétexte de venir se reposer chez elle. Elle trouva Mme la duchesse de Berry retranchée dans une petite chambre de son appartement, qui avoit des dégagements commodes et hors de portée, et qui que ce fût dans cette chambre que la Mouchy et Rion et une femme ou deux de garde-robe affidées. Le nécessaire au secours avoit les dégagements libres. M. [le duc] et Mme la duchesse d'Orléans, Madame même n'entroient pas quand ils vouloient, à plus forte raison la dame d'honneur ni les autres dames, la première femme de chambre ni les médecins. Tout cela entroit de fois à autre, mais des instants. Un grand mal de tête ou le besoin de sommeil les faisoit souvent prier de vouloir bien ne point entrer, et quand ils entroient de s'en aller après quelques instants. Eux-mêmes, qui ne voyoient que trop de quoi il s'agissoit, ne se présentoient pas le plus souvent pour entrer, se contentoient de savoir des nouvelles par Mme de Mouchy qui entre-bâilloit à peine la porte, et ce manége ridicule qui se passoit devant la foule du Luxembourg, du Palais-Royal, et de beaucoup d'autres gens qui, par bienséance ou par curiosité venoient savoir des nouvelles, devint la conversation de tout le monde.

Le danger redoublant, Languet, célèbre curé de Saint-Sulpice, qui déjà s'étoit rendu assidu, parla des sacrements à M. le duc d'Orléans. La difficulté fut qu'il pût entrer pour les proposer à Mme la duchesse de Berry. Mais il s'en trouva bientôt une plus grande. C'est que le curé, en homme instruit de ses devoirs, déclara qu'il ne les administreroit point, ni ne souffriroit qu'ils lui fussent administrés, tant que Rion et Mme de Mouchy seroient non-seulement dans sa chambre, mais dans le Luxembourg. Il le fit tout haut, et devant tout le monde, exprès à M. le duc d'Orléans qui en fut moins choqué qu'embarrassé. Il prit le curé à part, et le tint longtemps à tâcher de lui faire goûter quelques tempéraments. Le voyant inflexible, il lui proposa à la fin de s'en rapporter au cardinal de Noailles. Le curé l'accepta sur-le-champ, et promit de déférer à ses ordres comme étant son évêque, pourvu qu'il eût la liberté de lui expliquer ses raisons. L'affaire pressoit, et Mme la duchesse de Berry se confessoit pendant cette dispute à un cordelier son confesseur. M. le duc d'Orléans se flatta sans doute de trouver le diocésain plus flexible que le curé avec lequel il étoit très-opposé de sentiment sur la constitution, et qui pour la même affaire étoit si fort entre les mains du régent ; s'il l'espéra, il se trompa.

Le cardinal de Noailles arriva ; M. le duc d'Orléans le prit à l'écart avec le curé, et la conversation dura plus d'une demi-heure. Comme la déclaration du curé avoit été publique, le cardinal-archevêque de Paris jugea à propos que la sienne la fût aussi. En se rapprochant tous les trois du monde et de la porte de la chambre, le cardinal de Noailles dit tout haut au curé qu'il avoit fait très-dignement son devoir, qu'il n'en attendoit pas moins d'un homme de bien, éclairé comme il l'étoit, et de son expérience ; qu'il le louoit de ce qu'il exigeoit, avant d'administrer ou de laisser administrer les sacrements à Mme la duchesse de Berry ; qu'il l'exhortoit à ne s'en pas départir et à ne se laisser pas tromper sur une chose aussi importante; que, s'il avoit besoin de quelque chose de plus pour être autorisé, il lui défendoit, comme son évêque diocésain et son supérieur, de laisser administrer ou d'administrer lui-même les sacrements à Mme la duchesse de Berry, tant que M. de Rion et Mme de Mouchy seroient dans la chambre, même dans le Luxembourg, et n'en seroient pas congédiés. On peut juger de l'éclat d'un si indispensable scandale, de l'effet qu'il fit dans cette pièce si remplie, de l'embarras de M. le duc d'Orléans, du bruit que cela fit incontinent partout. Qui que ce soit, pas même les chefs de la constitution, les plus violents ennemis du cardinal de Noailles, les évêques du plus bel air, les femmes du plus grand monde, les libertins même, pas un seul ne blâma ni le curé ni son archevêque, les uns par savoir les règles ou par n'oser les impugner, le gros et le plus nombreux par l'horreur de la conduite de Mme la duchesse de Berry, et par la haine que son orgueil lui attiroit.

Question après entre le régent, le cardinal et le curé, tous trois dans le coin de la porte, qui d'eux porteroit cette résolution à Mme la duchesse de Berry, qui ne s'attendoit à rien moins, et qui toute confessée, comptoit à tous moments de voir entrer le saint sacrement et le recevoir. Après un court colloque, que l'état de la malade pressa, le cardinal et le curé s'éloignèrent un peu tandis que M. le duc d'Orléans se fit entr'ouvrir la porte et appeler Mme de Mouchy. Là, toujours la porte entr'ouverte, elle dedans, lui dehors, il lui déclara de quoi il étoit question. La Mouchy, bien étonnée, encore plus indignée, le prit sur le haut ton, dit ce qu'il lui plut sur son mérite et sur l'affront que des cagots entreprenoient de lui faire et à Mme la duchesse de Berry, qui ne le souffriroit et n'y consentiroit jamais, et qui la feroit mourir dans l'état où elle étoit, si on avoit l'imprudence et la cruauté de le lui dire. La conclusion pourtant fut que la Mouchy se chargea d'aller dire à Mme la duchesse de Berry ce qui étoit résolu sur les sacrements ; on peut juger ce qu'elle y sut ajouter du sien. La réponse négative ne tarda pas à être rendue par la même à M. le duc d'Orléans, en entre-bâillant la porte. Avec une telle commissionnaire, il devoit bien s'attendre à la réponse qu'il en reçut. Aussitôt après, il fut la rendre au cardinal et au curé ; le curé ayant là son archevêque, et de même avis que lui, se contenta de hausser les épaules. Mais le cardinal dit à M. le duc d'Orléans que Mme de Mouchy, l'une des deux personnes indispensables à renvoyer et sans retour, n'étoit guère propre à faire entendre règle et raison à Mme la duchesse de Berry ; que c'étoit à lui, son père, à lui porter cette parole et à la porter à faire le devoir d'une chrétienne, si près de paroître devant Dieu, et le pressa d'aller lui parler. On n'aura pas peine à croire que son éloquence n'y gagna rien. Ce prince craignoit trop sa fille et auroit été un foible apôtre avec elle.

Le refus réitéré fit prendre sur-le-champ au cardinal le parti de parler lui-même à Mme la duchesse de Berry, accompagné du curé ; et comme il vouloit s'y acheminer tout de suite, M. le duc d'Orléans, qui n'osa l'en empêcher, mais qui eut peur de quelque révolution subite et dangereuse dans Mme sa fille, à l'aspect et au discours des deux pasteurs, le conjura d'attendre qu'on l'eût disposée à les voir. Il alla donc faire un autre colloque dans cette porte qu'il se fit entre-bâiller, dont le succès fut pareil au précédent. Mme la duchesse de Berry se mit en furie, répondit des emportements contre ces cafards qui abusoient de son état et de leur caractère pour la déshonorer par un éclat inouï, et n'épargna pas M. son père de sa sottise et de sa foiblesse de le souffrir. Qui l'auroit crue, on auroit fait sauter les degrés au cardinal et au curé. M. le duc d'Orléans revint à eux fort petit et fort en peine, et qui ne savoit que faire entre sa fille et eux. Il leur dit qu'elle étoit si foible et si souffrante qu'il falloit qu'ils différassent, et les entretint comme il put. L'attention et la curiosité de tout ce grand monde qui remplissoit cette pièce étoit extrême, qui sut enfin ce détail par-ci par-là, et tout de suite après dans la journée. Mme de Saint-Simon, avec quelques dames de Mme la duchesse de Berry, et quelques autres qui étoient venues savoir des nouvelles, étoit assise dans une embrasure de fenêtre, un peu au loin, qui voyoit tout ce manége, et qui de temps en temps étoit instruite de ce qui se passoit.

Le cardinal de Noailles demeura plus de deux heures avec M. le duc d'Orléans, desquels à la fin le monde principal se rapprocha. Le cardinal voyant enfin qu'il ne pouvoit entrer dans la chambre, sans une sorte de violence et fort contraire à la persuasion, trouva indécent d'attendre inutilement davantage. En s'en allant il réitéra ses ordres au curé, et lui recommanda de veiller à n'être point trompé sur les sacrements qu'on tenteroit peut-être d'administrer clandestinement. Il s'approcha ensuite de Mme de Saint-Simon, la prit en particulier, lui conta ce qui s'étoit passé, s'en affligea avec elle et de tout l'éclat qu'il n'avoit pu éviter. M. le duc d'Orléans se hâta d'annoncer à Mme sa fille le départ du cardinal, dont lui-même se trouva fort soulagé. Mais en sortant de la chambre, il fut étonné de trouver le curé collé tout près de la porte, et encore plus de la déclaration qu'il lui fit que c'étoit là le poste qu'il avoit pris et dont rien ne le feroit sortir, parce qu'il ne vouloit pas être trompé sur les sacrements. En effet, il y demeura ferme quatre jours, et les nuits de même, excepté de courts intervalles pour la nourriture et quelque repos qu'il alloit prendre chez lui, fort près de Luxembourg, et laissoit en son poste deux prêtres jusqu'à son retour; enfin, le danger passé, il leva le siége.

Mme la duchesse de Berry, bien accouchée d'une fille, n'eut plus qu'à se rétablir, mais dans un emportement égal contre le curé et contre le cardinal de Noailles auxquels elle ne l'a jamais pardonné, et fut de plus en plus ensorcelée des deux amants qui se moquoient d'elle, et qui ne lui étoient attachés que pour leur fortune et leur intérêt, qui restèrent encore du temps enfermés avec elle sans voir M. [le duc] et Mme la duchesse d'Orléans qu'à peine et des moments, Madame de même, mais qui, excepté les premiers jours, n'y alloit presque point[1].

Mme la duchesse de Berry ne se vouloit pas montrer à qui que ce fût en couche, ni se contraindre là-dessus pour personne. Personne aussi, à commencer par Mme de Saint-Simon, n'eut d'empressement à la voir, parce que personne n'ignoroit ce qui tenoit la porte close. Mme de Saint-Simon la vit pourtant des instants, mais c'étoit toujours Mme la duchesse de Berry qui lui mandoit d'entrer, sans que Mme de Saint-Simon lui en eût fait rien dire, ni qu'elle s'y fût présentée; elle y demeuroit des moments, prenoit pour bon ce que Mme la duchesse de Berry lui disoit de sa santé, et se retiroit au plus vite.

Rion, comme on l'a dit, cadet de Gascogne qui n'avoit rien, quoique de bonne maison, étoit petit-fils d'une sœur du duc de Lauzun, dont les aventures avec Mademoiselle, qui voulut l'épouser, ne sont ignorées de personne. Cette parité de son neveu et de lui leur mit en tête le même mariage. Cette pensée délectoit l'oncle qui se croyoit revivre en la personne de son neveu, et qui le conduisoit dans cette trame. L'empire absolu qu'il avoit usurpé sur cette impérieuse princesse, à qui, de propos délibéré, il faisoit chaque jour essuyer des caprices qui lui ôtoient jusqu'à la moindre liberté, et des humeurs brutales qui la faisoient pleurer tous les jours et plus d'une fois, le danger qu'elle avoit couru dans sa couche, l'horreur de l'éclat où elle s'étoit vue entre les derniers sacrements, et la rupture entière avec ce dont elle étoit affolée, la peur du diable qui la mettoit hors d'elle-même au moindre coup de tonnerre, qu'elle n'avoit jamais

---

1. Voy. la *Correspondance de Mme la duchesse d'Orléans*, lettres du 23 mai 1719, 18 juin, 17, 18, 19 et 22 juillet de la même année.

craint jusqu'alors, enhardirent l'oncle et le neveu. C'étoit l'oncle qui avoit conseillé à son neveu de traiter sa princesse comme il avoit lui-même traité Mademoiselle. Sa maxime étoit que les Bourbons vouloient être rudoyés et menés le bâton haut, sans quoi on ne pouvoit se conserver sur eux aucun empire. Rion, maître du cœur de la Mouchy, qui l'étoit de l'esprit de leur princesse, lui fut d'un merveilleux usage à son dessein. Tous deux y trouvoient leur compte. Ils avoient tremblé de l'éclat qui venoit d'arriver sur eux, dont l'occasion pouvoit revenir encore et les perdre. La peur du diable et des réflexions pouvoient à la fin produire le même effet, au lieu que Rion n'avoit plus rien à craindre et n'avoit [qu'à] jouir de la plus incompréhensible fortune en réussissant à épouser, et la Mouchy à se tout promettre d'une union où elle auroit tant de part et tous deux sûrs de se posséder l'un l'autre, sans appréhender rien pour leurs secrets plaisirs. Je m'en tiens ici à cette préparation de scène, qui commença au plus tard à l'époque de cette maladie et de l'éclat dont on vient de parler. Il n'est pas temps encore d'en dire davantage.

Mme la duchesse de Berry, infiniment peinée de la façon dont tout le monde, jusqu'au peuple, avoit pris sa maladie et ce qu'il s'y étoit passé, crut regagner quelque chose en faisant rouvrir au public les portes du jardin de Luxembourg, qu'elle avoit fait fermer il y avoit longtemps. On en fut bien aise : on en profita; mais ce fut tout. Elle se voua au blanc pour six mois. Ce vœu fit un peu rire le monde. Il survint quelques piques avec le marquis de La Rochefoucauld, qui remit sa place de capitaine des gardes, que Mme la duchesse de Berry donna au comte d'Uzès, car, pourvu qu'elle eût des noms, elle n'en cherchoit pas davantage.

Canillac et le marquis de Brancas, qui avoient des expectatives de conseiller d'État, obtinrent, en attendant les places, d'en faire les fonctions avec les appointements.

Le prince Clément fut élu évêque de Munster, au lieu de son frère, mort à Rome, et aussitôt après, de Paderborn. Le pape donna au cardinal Albano, son neveu, la charge de camerlingue[1], [vacante] par la mort du cardinal Spinola.

Le duc d'Albret, qui avoit épousé une fille de feu M. et Mme de Barbezieux, malgré toute la famille, et plaidé fortement là-dessus au parlement, puis au conseil de régence, refit son mariage, suivant l'arrêt de ce conseil. Il épousa donc une seconde fois sa femme chez Caumartin, conseiller d'État, dont le frère, évêque de Vannes, leur donna à minuit la bénédiction nuptiale dans la chapelle de la maison. Si on savoit et si on se soucioit en l'autre monde de ce qui se passe en celui-ci, je pense que M. de Turenne et M. de Louvois seroient tous deux bien étonnés.

Le samedi au soir 15 avril, veille de la Quasimodo, mourut à Saint-Cyr la célèbre et fatale Mme de Maintenon. Quel bruit cet événement en Europe, s'il fût arrivé quelques années plus tôt! On l'ignora peut-être à Versailles, qui en est si proche; à peine en parla-t-on à Paris. On s'est tant étendu sur cette femme trop et si malheureusement fameuse, à l'occasion de la mort du roi, qu'il ne reste rien à en dire que depuis cette époque. Elle a tant, si puissamment et si funestement figuré pendant trente-cinq années, sans la moindre lacune, que tout, jusqu'à ses dernières années de retraite, en est curieux.

---

1. Le camerlingue était autrefois le président de la chambre apostolique, et en cette qualité il était à proprement parler le représentant de la puissance temporelle de l'Église. Les clercs de la chambre apostolique qui formaient son conseil se partageaient les attributions réparties aujourd'hui entre les différents ministères. Si le camerlingue a perdu de son pouvoir en temps ordinaire, il a conservé le privilége d'exercer l'autorité temporelle pendant les premiers jours qui suivent la mort du pape. Durant le conclave, il ne fait plus que partager le pouvoir avec ce que l'on nomme les chefs d'ordre, c'est-à-dire un cardinal-évêque, un cardinal-prêtre et un cardinal-diacre, délégués comme représentants du sacré collège.

Elle se retira à Saint-Cyr au moment même de la mort du roi, et eut le bon sens de s'y réputer morte au monde, et de n'avoir jamais mis le pied hors de la clôture de cette maison. Elle ne voulut y voir personne du dehors sans exception, que du très-petit nombre dont on va parler, rien demander, ni recommander à personne, ni se mêler de rien où son nom pût être mêlé. Mme de Caylus, Mme de Dangeau, Mme de Lévi étaient admises, mais peu souvent, les deux dernières encore plus rarement, à dîner. Le cardinal de Rohan la voyoit toutes les semaines, le duc du Maine aussi, et passoit trois et quatre heures avec elle tête à tête. Tout lui rioit quand on le lui annonçoit. Elle embrassoit son mignon avec la dernière tendresse, quoiqu'il puât bien fort, car elle l'appeloit toujours ainsi. Assez souvent le duc de Noailles, dont elle paroissoit se soucier médiocrement, de sa femme encore moins, quoique sa propre nièce, qui y alloit fort rarement et d'un air contraint, et mal volontiers; aussi la réception étoit pareille; le maréchal de Villeroy, tant qu'il en pouvoit prendre le temps et toujours avec grand accueil; presque point le cardinal de Bissy; quelques évêques obscurs et fanatiques quelquefois; assez souvent l'archevêque de Rouen, Aubigny; Bloin de temps en temps; et l'évêque de Chartres, Mérinville, diocésain et supérieur de la maison.

Une fois la semaine, quand la reine d'Angleterre étoit à Saint-Germain, [elle] alloit dîner avec elle, mais de Chaillot, où elle passoit des temps considérables, elle n'y alloit pas. Elles avoient chacune leur fauteuil égal, vis-à-vis l'une de l'autre. A l'heure du dîner, on mettoit une table entre elles deux, leur couvert, les premiers plats et une cloche. C'étoit les jeunes demoiselles de la chambre qui faisoient tout ce ménage, et qui leur servoient à boire, des assiettes et un nouveau service quand la cloche les appeloit; la reine leur témoignoit toujours quelques bontés. Le repas fini, elles desservoient et ôtoient tout de la chambre, puis apportoient et rapportoient le café. La reine y passoit deux ou trois heures tête à tête, puis elles s'embrassoient ; Mme de Maintenon faisoit trois ou quatre pas en la recevant et en la conduisant ; les demoiselles, qui étoient dans l'antichambre, l'accompagnoient à son carrosse, et l'aimoient fort, parce qu'elle leur étoit fort gracieuse.

Elles étoient charmées surtout du cardinal de Rohan, qui ne venoit jamais les mains vides, et qui leur apportoit des pâtisseries et des bonbons de quoi les régaler plusieurs jours. Ces bagatelles faisoient plaisir à Mme de Maintenon. Il est pourtant vrai qu'avec ce peu de visites, qui ne se hasardoient point qu'elle n'en marquât le jour et l'heure, qu'on envoyoit lui demander, excepté son mignon, toujours reçu à bras ouverts, il arrivoit rarement des journées où elle n'eût personne. Ces temps-là et les vides des matinées étoient remplis par beaucoup de lettres qu'elle recevoit et de réponses qu'elle faisoit, presque toutes à des supérieurs de communautés de prêtres ou de séminaires, à des abbesses, même à de simples religieuses ; car le goût de direction surnagea toujours à tout, et comme elle écrivoit singulièrement bien et facilement, elle se plaisoit à dicter ses lettres. Tous ces détails, je les ai sus de Mme de Tibouville, qui étoit Rochechouart, sans aucun bien, et mise enfant à Saint-Cyr.

Mme de Maintenon, outre ses femmes de chambre, car nul homme de ses gens n'entroit dans la clôture, avoit deux, quelquefois trois anciennes demoiselles et six jeunes pour être de sa chambre, dont, vieilles et jeunes, elle changeoit quelquefois. Mlle de Rochechouart fut une des jeunes ; elle la prit en amitié, et autant en une sorte de petite confiance que son âge le pouvoit permettre ; et comme elle lui trouvoit de l'esprit et la main bonne, c'étoit à elle qu'elle dictoit toujours. Elle n'est sortie de Saint-Cyr qu'après la mort de Mme de Maintenon, qu'elle a toujours fort regrettée, quoiqu'elle ne lui ait rien donné. Le mariage que son total manquement de bien fit faire pour elle à d'Antin, qui l'eut toujours chez lui depuis sa sortie de Saint-Cyr, ne fut pas heureux. Tibouville mangea son bien à ne rien faire, quoique très-considérable, vendit son régiment dès que la guerre pointa, et se conduisit de façon que sa femme n'eut de ressource qu'à se retirer chez l'évêque d'Évreux, son frère. La maison de campagne de l'évêché d'Évreux n'est qu'à cinq petites lieues de la Ferté; nous voisinions continuellement, et ils passoient souvent des mois entiers à la Ferté. Ce détail est peu intéressant; mais ce que je n'ai pas vu ou manié moi-même, je veux citer comment je le sais, et d'où je l'ai pris.

Mme de Maintenon, comme à la cour, se levoit matin et se couchoit de bonne heure. Ses prières duroient longtemps; elle lisoit aussi elle-même des livres de piété, quelquefois elle se faisoit lire quelque peu d'histoire par ses jeunes filles, et se plaisoit à les faire raisonner dessus et à les instruire. Elle entendoit la messe d'une tribune tout contre sa chambre, souvent quelques offices, très-rarement dans le chœur. Elle communioit, non comme le dit Dangeau dans ses Mémoires, ni tous les deux jours, ni à minuit, mais deux fois la semaine, ordinairement entre sept et huit heures du matin, puis revenoit dans sa tribune, où ces jours-là elle demeuroit longtemps.

Son dîner étoit simple, mais délicat et recherché dans sa simplicité, et très-abondant en tout. Le duc de Noailles, après Mornay et Bloin, ne la laissoient pas manquer de gibier de Saint-Germain et de Versailles, ni les bâtiments de fruits. Quand elle n'avoit point de dames de dehors, elle mangeoit seule, servie par ces demoiselles de sa chambre, dont elle faisoit mettre quelques-unes à table trois ou quatre fois l'an tout au plus. Mlle d'Aumale, qui étoit vieille, et qu'elle avoit eue longtemps à la cour, n'étoit pas de ce côté la plus distinguée. Il y avoit un souper neuf pour cette Mlle d'Aumale et pour les demoiselles de la chambre, dont elle étoit comme la gouvernante. Mme de Maintenon ne prenoit rien le soir; quelquefois, dans les fort beaux jours sans vent, elle se promenoit un peu dans le jardin.

Elle nommoit toutes les supérieures, première et subalternes, et toutes les officières. On lui rendoit un compte succinct du courant; mais, de tout ce qui étoit au delà, la première supérieure prenoit ses ordres. Elle étoit Madame tout court dans la maison, où tout étoit en sa main; et, quoiqu'elle eût des manières honnêtes et douces avec les dames de Saint-Cyr, et de bonté avec les demoiselles, toutes trembloient devant elle. Il étoit infiniment rare qu'elle en vît d'autres que les supérieures et les officières, encore n'étoit-ce que lorsqu'elle en envoyoit chercher, ou, encore plus rarement, quand quelqu'une se hasardoit de lui faire demander une audience, qu'elle ne refusoit pas. La première supérieure venoit chez elle quand elle vouloit, mais sans en abuser; elle lui rendoit compte de tout et recevoit ses ordres sur tout. Mme de Maintenon ne voyoit guère qu'elle. Jamais abbesse, fille de France, comme il y en a eu autrefois, n'a été si absolue, si ponctuellement obéie, si crainte, si respectée, et, avec cela, elle était aimée de presque tout ce qui étoit enfermé dans Saint-Cyr. Les prêtres du dehors étoient dans la même soumission et dans la même dépendance. Jamais, devant ses demoiselles, elle ne parloit de rien qui pût approcher du gouvernement ni de la cour, assez souvent du feu roi avec éloge, mais sans enfoncer rien, et ne parlant jamais des intrigues, des cabales, ni des affaires.

On a vu que lorsque, après la déclaration de la régence, M. le duc d'Orléans alla voir Mme de Maintenon à Saint-Cyr, elle ne lui demanda quoi que ce soit, que sa protection pour cette maison. Il l'assura, elle, Mme de Maintenon, que les quatre mille livres que le roi lui donnoit tous les mois lui seroient payées de même avec exactitude chaque premier jour des mois, et cela fut toujours très-ponctuellement exécuté. Ainsi, elle avoit du roi quarante-huit mille livres de pension. Je ne sais même si elle n'avoit pas conservé celle de gouvernante des enfants du roi et de Mme de Montespan, quelques autres qu'elle avoit dans ce temps-là, et les appointements de seconde dame d'atours de Mme la dauphine-Bavière, comme la maréchale de Rochefort, première dame d'atours de la même, conservoit encore les siens, et comme la duchesse d'Arpajon, dame d'honneur, avoit touché les siens tant qu'elle avoit vécu, depuis la mort de Mme la dauphine-Bavière. Outre cela, Mme de Maintenon jouissoit de la terre de Maintenon et de quelques autres biens. Saint-Cyr, par sa fondation, étoit chargé, en cas qu'elle s'y retirât, de la loger, elle et tous ses domestiques et équipages, et de les nourrir, gens et chevaux, tant qu'elle en voudroit avoir, pour rien, aux dépens de la maison, ce qui fut fidèlement exécuté jusqu'aux bois, charbon, bougie, chandelle, en un mot, sans que, pour elle, ni pour pas un de ses gens ni chevaux, il lui en coûtât un sou, en aucune sorte que ce puisse être, que pour l'habillement de sa personne et de sa livrée. Elle avoit au dehors un maître d'hôtel, un valet de chambre, des gens pour l'office et la cuisine, un carrosse, un attelage de sept ou huit chevaux, et un ou deux de selle, et, au dedans, Mlle d'Aumale et ses femmes de chambre, et les demoiselles dont on a parlé, mais qui étoient de Saint-Cyr : toute sa dépense n'étoit donc qu'en bonnes œuvres et en gages de ses domestiques.

J'ai souvent admiré que les maréchaux, d'Harcourt si intrinsèquement lié avec elle, Tallard, Villars qui lui devoit tant, Mme du Maine et ses enfants pour qui elle avoit fait fouler aux pieds toutes les lois divines et humaines, le prince de Rohan et tant d'autres ne l'aient jamais vue.

La chute du duc du Maine au lit de justice des Tuileries lui donna le premier coup de mort. Ce n'est pas trop présumer que de se persuader qu'elle étoit bien instruite des mesures et des desseins de ce mignon, et que cette espérance l'ait soutenue, mais quand elle le vit arrêté, elle succomba;

la fièvre continue la prit, et elle mourut à quatre-vingt-trois ans, avec toute sa tête et tout son esprit.

Les regrets de sa perte, qui ne furent pas universels dans Saint-Cyr, n'en passèrent guère les murailles. Je n'ai su qu'Aubigny, archevêque de Rouen, son prétendu cousin, qui fut assez sot pour en mourir. Il fut tellement saisi de cette perte qu'il en tomba malade et la suivit bientôt. Besons, archevêque de Bordeaux, passa à Rouen, et Argenson, archevêque d'Embrun, frère du garde des sceaux, passa à l'archevêché de Bordeaux.

M. le duc d'Orléans fit ériger des officiers de l'ordre de Saint-Louis presqu'à l'instar de celui du Saint-Esprit, avec des appointements et des marques, moyennant finance à proportion. Le garde des sceaux fut chancelier et garde des sceaux de cet ordre; Le Blanc, prévôt et maître des cérémonies; Armenonville, en râpé; et Morville, son fils, en titre de greffier. Bientôt après, le garde des sceaux, conservant les marques, fit passer sa charge à son second fils, dont l'aîné eut le râpé. Tous ceux-là portèrent le grand cordon rouge et la croix brodée d'or, cousue sur leurs habits. Trois gros trésoriers de la marine et de l'extraordinaire des guerres [1] furent trésoriers de l'ordre et portèrent le grand cordon rouge comme les commandeurs, mais non la croix brodée sur leurs habits, comme les grand'croix et comme les trois principales charges, ci-devant dites. D'autres gens moindres, la plupart des bureaux, eurent les autres petites charges avec la croix à la boutonnière, comme les simples chevaliers. Bientôt après il fut réglé, au conseil de régence, que les rachats qui revenoient au roi seroient affectés par un édit enregistré à l'ordre de Saint-Louis, et que les grand'croix commandeurs et même les chevaliers de Saint-Louis qui avoient des pensions sur cet ordre les perdroient s'ils devenoient chevaliers du Saint-Esprit.

1. On appelait *extraordinaire des guerres* un fonds spécial destiné à payer les dépenses extraordinaires de la guerre.

Ces deux règlements passèrent : le premier en forme, l'autre par l'usage, malgré leurs inconvénients. Celui du premier regardoit essentiellement tout le monde, parce qu'il ôtoit au roi la liberté de remettre les rachats qui lui étoient dus, et à ses sujets de toute qualité une gratification qui s'accordoit aisément pour peu que les débiteurs de ces rachats fussent graciables par leurs services ou par leur considération; le second, parce que le cordon bleu ne valant que mille écus; et les grandes croix, les unes six mille livres, les autres huit mille livres; les commanderies, les unes quatre mille livres, les autres six mille livres; et les pensions des chevaliers, plusieurs de mille livres, de quinze cents livres et de deux milles livres, il se pouvoit trouver parmi tous ceux-là des maréchaux de France et d'autres à être chevaliers du Saint-Esprit, mais pauvres, qui perdroient, à devenir chevaliers du Saint-Esprit, un revenu qui faisoit toute leur aisance, comme il arriva en effet. Il fut réglé aussi qu'ils demeureroient par simple honneur ce qu'ils étoient dans l'ordre de Saint-Louis, et que leurs pensions seroient distribuées en détail dans le même ordre. Au moins eût-il mieux valu rendre vacant ce qu'ils y étoient, pour faire en leur place d'autres grand'croix et d'autres commandeurs, puisque, recevant l'ordre du Saint-Esprit, ils quittoient la croix d'or brodée sur leurs habits pour y porter celle d'argent du Saint-Esprit, et tous le grand cordon rouge, et ne gardoient que le petit ruban rouge et la petite croix de Saint-Louis attachés au bas du cordon bleu. On fut encore choqué de voir des hommes de robe et des gens de plume et de finances porter, pour de l'argent, des marques précisément militaires et des croix sur eux et à leurs armes (car qui n'a pas des armes aujourd'hui?) sur lesquelles on voyoit écrites ces paroles en lettres d'or : *Præmium bellicæ virtutis*.

Monti, dont il a souvent été parlé ici dans ce qui y a été copié de M. de Torcy sur les affaires étrangères, eut ordre, par une lettre de cachet, de sortir incessamment du royaume, et défense en même temps d'aller en Espagne. Il étoit colonel réformé, et comme il avoit de l'esprit et du sens, il étoit bien reçu dans les meilleures compagnies, et avec cela fort honnête homme quoique ami intime d'Albéroni. Il étoit pauvre et de Bologne, où il avoit plusieurs frères et un à Rome, fort distingué dans la prélature, qui à la fin est devenu cardinal. Il y a deux familles Monti, qui ne sont point parentes : l'une ancienne et fort noble, l'autre qui n'est ni l'un ni l'autre, dont étoit celui dont il s'agit ici. Son mérite, et des hasards qui dépassent de beaucoup le temps de ces Mémoires, lui procurèrent des emplois fort importants au dehors et un très-principal lors de la seconde catastrophe du roi Stanislas en Pologne, dont il s'acquitta très-judicieusement[1]. Il y avoit la disposition de grandes sommes fournies par la France, dont il rapporta plus d'un million, qu'il pouvoit très-aisément s'approprier sans qu'on en pût avoir nulle connoissance. Le ministère même fut très-agréablement surpris de revoir ce million, auquel il étoit bien loin de s'attendre. Monti, qui avoit déjà le régiment Royal-Italien, fut fait chevalier de l'ordre, mais ce fut tout. On le laissa mourir de faim, et il en mourut en effet peu après, quoique en grande considération et en grande estime. Le ministère lui parloit même quelquefois des affaires. Il étoit encore dans la force de l'âge quand il mourut de déplaisir de sa misère, et n'avoit point été marié. Il fut fort regretté et mérita de l'être.

M. de Laval, dit *la Mentonnière*, d'une blessure qu'il avoit reçue au menton, qui lui en faisoit porter une par besoin ou pour se faire remarquer, fut mis à la Bastille. Cette détention renouvela très-vivement et d'une façon marquée les

---

1. On trouvera dans la note sur Charles XII, publiée à la fin du t. XIV, quelques détails sur ce Monti, qui avait été employé dans les négociations d'Albéroni. La date de sa mort est aussi indiquée dans cet extrait des Mémoires inédits du marquis d'Argenson.

alarmes de ceux qui ne sentoient pas nets de l'affaire de Cellamare et du duc du Maine. Il venoit d'attraper une pension, et il se trouva à la fin qu'il étoit une clef de meute et le plus coupable de tous, sans qu'il lui en soit rien arrivé qu'une courte prison. C'est le même Laval dont il a été parlé à propos de la prétendue noblesse et de l'effronterie de ses mensonges en confondant hardiment les Laval-Montfort avec les Laval-Montmorency dont il étoit, et neveu paternel de la duchesse de Roquelaure.

Peu de temps après le prince de Cellamare, conduit par du Libois, gentilhomme ordinaire du roi, qui ne l'avoit point quitté depuis le jour qu'il fut arrêté à Paris, arriva à la frontière et passa en Espagne. Il fut aussitôt déclaré viceroi de Navarre, et comme son père étoit mort il prit tout à fait le nom de duc de Giovenazzo, auquel on n'avoit pu s'accoutumer en France par l'usage de l'y avoir toujours appelé prince de Cellamare.

Je ne puis passer sous silence une bagatelle de soi très-peu intéressante, mais parfaitement ridicule, pour ne rien dire de pis. On obtint mille écus de pension pour Marton, fils de Blansac, et colonel du régiment de Conti. Il avoit vingt-quatre ou vingt-cinq ans. Quand il fallut lui expédier sa pension, point de nom de baptême. On chercha, il se trouva qu'il avoit été ondoyé tout au plus. On suppléa donc les cérémonies pour lui donner un nom. On le dispensa de l'habit blanc; il fut tenu par M. le prince de Conti et Mme la duchesse de Sully.

Mme d'Orléans, religieuse professe à Chelles par fantaisie, humeur et enfance, ne put durer qu'en régnant où elle étoit venue pour obéir. L'abbesse, fille de beaucoup de mérite, sœur du maréchal de Villars, se lassa bientôt d'une lutte où Dieu et les hommes étoient pour elle, mais qui lui étoit devenue insupportable, et qui troubloit toute la paix et la régularité de sa maison. Elle ne songea donc qu'à céder et à avoir de quoi vivre ailleurs. Elle obtint douze mille livres de pension du roi, vint à Paris loger chez son frère en attendant un appartement dans un couvent. Elle le trouva chez les Bénédictines du Cherche-Midi, près la Croix-Rouge ; elle s'y retira, elle y vécut plusieurs années faisant l'exemple et les délices de la maison, et y est enfin morte fort regrettée. Pour achever de suite une matière qui ne vaut pas la peine d'être reprise, et dont la fin passe les bornes du temps de ces Mémoires, la princesse qui lui succéda se lassa bientôt de sa place. Tantôt austère à l'excès, tantôt n'ayant de religieuse que l'habit, musicienne, chirurgienne, théologienne, directrice, et tout cela par sauts et par bonds, mais avec beaucoup d'esprit, toujours fatiguée et dégoûtée de ses diverses situations, incapable de persévérer en aucune, aspirant à d'autres règles et plus encore à la liberté, mais sans vouloir quitter son état de religieuse, se procura enfin la permission de se démettre et de faire nommer à sa place une de ses meilleures amies de la maison, dans laquelle néanmoins elle ne put durer longtemps. Elle vint donc s'établir pour toujours dans un bel appartement du couvent des Bénédictines de la Madeleine de Tresnel, auprès duquel Mme la duchesse d'Orléans, qui avoit quitté Montmartre, s'étoit fait un établissement magnifique et délicieux, avec une entrée dans la maison, où elle alloit passer les bonnes fêtes et quelquefois se promener. Mme de Chelles peu à peu reprit la dévotion et la régularité, et, quoique en princesse, mena une vie qui édifia toujours de plus en plus jusqu'à sa mort, qui n'arriva que plusieurs années après dans la même maison sans en être sortie.

On diminua les espèces par un arrêt du conseil. On commença aussi le très-nécessaire élargissement du quai le long du vieux Louvre, et d'accommoder la place du Palais-Royal en symétrie d'architecture en face, avec une fontaine et un grand réservoir. Je fis tout ce que je pus auprès de M. le duc d'Orléans pour faire changer le guichet du Louvre, le mettre vis-à-vis la rue Saint-Nicaise, et le faire de la largeur de cette rue, sans avoir pu, en faveur d'une telle commodité pour un passage qui fait la communication d'une partie de Paris, surmonter la rare considération du régent pour Launay, fameux et très-riche orfévre du roi, qui étoit logé dans l'emplacement de ce guichet, et qu'il auroit fallu déranger et loger ailleurs.

Le chevalier de Saint-Georges avoit été très-bien reçu en Espagne. Albéroni, enragé contre l'Angleterre, et qui n'avoit de ressource qu'à y jeter des troubles, fit équiper une flotte, mais, à peine fut-elle en mer qu'une tempête la dispersa et la maltraita fort. Cependant les lords Maréchal, Tullybaldine et Seaford, partis du port du Passage sur des frégates avec beaucoup d'armes, étoient heureusement arrivés en Écosse.

Ce port du Passage qu'Albéroni avoit entrepris de fortifier et où il avoit le dépôt principal de construction pour l'Océan, étoit le point secret de la jalousie de l'Angleterre depuis que ce cardinal s'étoit sérieusement appliqué à rétablir la marine d'Espagne. Les Anglois ne vouloient souffrir de marine à aucune puissance de l'Europe. Elle étoit venue à bout par l'intérêt de l'abbé Dubois à obtenir formellement qu'il ne s'en formât point en France, et qu'on y laissât tomber le peu qui en restoit. La ruine de la flotte d'Espagne par une angloise très-supérieure avoit été l'objet du secours de Naples et de Sicile pour le moins autant que l'attachement aux intérêts de l'empereur ; et la guerre déclarée à l'Espagne en conséquence de la quadruple alliance avoit en point de vue principal la destruction de la marine d'Espagne renaissante au Passage. L'union de l'Angleterre avec la Hollande n'empêchoit pas cette couronne d'abuser de sa supériorité sur la république, et de lui donner souvent des occasions de plaintes sur le trouble de ses navigations et de son commerce, et les plus clairvoyants de ces pays de liberté sentoient le poids de cette alliance léonine, et que, si l'Angleterre avoit jamais autant de moyens que de volonté, elle ne traiteroit pas mieux leur marine, pour en avoir seule en Europe, et c'est ce qui avoit rendu les Hollandois si rétifs à la quadruple alliance dans laquelle ils n'étoient enfin entrés qu'après coup, malgré eux et foiblement, parce qu'ils étoient fâchés de la destruction de la marine renaissante de l'Espagne, à quoi ils voyoient que tout tendoit principalement. En effet, dès que Cilly se fut emparé de quelques petits forts sur la Bidassoa, il marcha secrètement et brusquement au port du Passage, le prit et les forts commencés pour le défendre, brûla six vaisseaux qui étoient sur les chantiers, un amas immense d'autres bois et de toutes les choses nécessaires aux constructions et n'y laissa chose quelconque dont on pût faire le moindre usage. Ce coup fit exulter l'Angleterre, et fixa la certitude du chapeau sur la tête de Dubois. Il montra une joie odieuse de cette funeste expédition, et toute la France une douleur dont personne ne se contraignit, et qui embarrassa le régent pendant quelques jours. Le grand but se trouvant rempli, on se soucia médiocrement depuis des expéditions militaires sur la frontière d'Espagne. Dans cette satisfaction angloise et si peu françoise de l'abbé Dubois et de son maître, Mlle de Montauban fort attachée à Mme du Maine, le fils de Malézieu, Davisart et l'avocat Bargetton, qui étoient à la Bastille, furent mis en pleine liberté, quoique Saillant, en sortant de cette prison, eût été exilé chez son père en Auvergne.

Law faisoit toujours merveilles avec son Mississipi. On avoit fait comme une langue pour entendre ce manége et pour savoir s'y conduire, que je n'entreprendrai pas d'expliquer, non plus que les autres opérations de finances. C'étoit à qui auroit du Mississipi. Il s'y faisoit presque tout à coup des fortunes immenses. Law, assiégé chez lui de suppliants et de soupirants, voyoit forcer sa porte, entrer du jardin par ses fenêtres, tomber dans son cabinet par sa cheminée. On ne parloit que par millions. Law, qui, comme je l'ai dit, venoit chez moi tous les mardis entre onze heures et midi, m'avoit souvent pressé d'en recevoir sans qu'il m'en coûtât rien, et de le gouverner sans que je m'en mêlasse pour me valoir plusieurs millions. Tant de gens de toute espèce y en avoient gagné plusieurs par leur seule industrie, qu'il n'étoit pas douteux que Law ne m'en fît gagner encore plus et plus rapidement; mais je ne voulus jamais m'y prêter. Law s'adressa à Mme de Saint-Simon, qu'il trouva aussi inflexible. Enrichir pour enrichir, il eût bien mieux aimé m'enrichir que tant d'autres, et m'attacher nécessairement à lui par cet intérêt dans la situation où il me voyoit auprès du régent. Il lui en parla donc pour essayer de me vaincre par cette autorité. Le régent m'en parla plus d'une fois : j'éludai toujours.

Enfin, un jour qu'il m'avoit donné rendez-vous à Saint-Cloud, où il étoit allé travailler pour s'y promener après, étant tous deux assis sur la balustrade de l'orangerie qui couvre la descente dans le bois des Goulottes, il me parla encore du Mississipi, et me pressa infiniment d'en recevoir de Law; plus je résistai, plus il me pressa, plus il s'étendit en raisonnements; à la fin il se fâcha, et me dit que c'étoit être trop glorieux aussi, parmi tant de gens de ma qualité et de ma dignité qui couroient après, de refuser obstinément ce que le roi me vouloit donner, au nom duquel tout se faisoit. Je lui répondis que cette conduite seroit d'un sot et d'un impertinent encore plus que d'un glorieux; que ce n'étoit pas aussi la mienne; que, puisqu'il me pressoit tant, je lui dirois donc mes raisons; qu'elles étoient que, depuis la fable du roi Midas, je n'avois lu nulle part, et encore moins vu, que personne eût la faculté de convertir en or tout ce qu'il touchoit; que je ne croyois pas aussi que cette vertu fût donnée à Law, mais que je pensois que tout son savoir étoit un savant jeu, un habile et nouveau tour de passe-passe, qui mettoit le bien de Pierre dans la poche de Jean, et qui n'enrichissoit les uns que des dépouilles des autres; que tôt ou tard cela tariroit, le jeu se verroit à découvert, qu'une infinité de gens demeureroient ruinés, que je sentois toute la difficulté, souvent l'impossibilité des restitutions, et de plus à qui restituer cette sorte de gain; que j'abhorrois le bien d'autrui, et que pour rien je ne m'en voulois charger, même d'équivoque.

M. le duc d'Orléans ne sut trop que me répondre, mais néanmoins, parlant, rebattant et mécontent, revenant toujours à son idée de refuser les bienfaits du roi. L'impatience heureusement me prit : je lui dis que j'étois si éloigné de cette folie que je lui ferois une proposition dont je ne lui aurois jamais parlé sans tout ce qu'il me disoit, et dont non-seulement je ne m'étois pas avisé, mais, comme il étoit vrai, qui me tomboit en ce moment dans l'esprit pour la première fois. Je lui expliquai ce qu'autrefois je lui avois conté, dans nos conversations inutiles, des dépenses qui avoient ruiné mon père à la défense de Blaye contre le parti de M. le Prince, à y être bloqué dix-huit mois, à avoir payé la garnison, fourni des vivres, fait fondre du canon, muni la place, entretenu dedans cinq cents gentilshommes qu'il y avoit ramassés, et fait plusieurs dépenses pour la conserver au roi sans rien prendre sur le pays, et n'ayant tiré que du sien; qu'après les troubles on lui avoit expédié pour cinq cent mille livres d'ordonnances dont il n'avoit jamais eu un sou, et dont M. Fouquet alloit entrer en payement lorsqu'il fut arrêté. Je dis après à M. le duc d'Orléans que, s'il vouloit entrer dans la perte de cette somme et dans celle d'un si long temps sans en rien toucher, tandis que mon père et moi portions, pour ce service essentiel rendu au roi, bien plus que la somme, et de plus les intérêts tous les ans depuis, ce seroit une justice que je tiendrois à grande grâce, et que je recevrois avec beaucoup de reconnoissance, en lui rapportant mes ordonnances à mesure des payements pour être brûlées devant lui. M. le duc d'Orléans le voulut bien : il en parla dès le lendemain à Law; mes billets et ordonnances furent peu à peu brûlés dans le cabinet de M. le duc d'Orléans, et c'est ce qui a payé ce que j'ai fait à la Ferté.

Le président Blamont eut permission de revenir à Paris et d'y faire sa charge aux enquêtes; il avoit fait son marché avec le régent qui, moyennant quelque gratification secrète, fit de ce beau magistrat, si ferme et si zélé pour sa compagnie, un très-bon espion qui lui rendit compte depuis avec exactitude de tout ce qui se passoit de plus intérieur dans le parlement. Il en fut reçu comme le défenseur et le martyr, et jouit quelque temps des applaudissements républicains; mais à la fin il fut découvert et parfaitement haï, méprisé et déshonoré dans sa compagnie et dans le monde.

Pécoil mourut en ce temps-ci. C'étoit un vieux et plat maître des requêtes, qui n'avoit jamais su rapporter un procès ni aller en intendance, fort obscur et riche à millions, ne laissant qu'une fille. Cet article ne semble pas fait pour tenir place ici, mais l'étrange singularité au rapport de laquelle il donne lieu m'a engagé à ne pas l'omettre. Ce Pécoil étoit petit-fils d'un regrattier de Lyon, dont le fils, père du maître des requêtes, travailla si bien et fut si prodigieusement avare qu'il gagna des millions, mourant de faim et de froid auprès, n'habillant presque pas ni soi ni sa famille; et le magot croissant toujours. Il avoit fait chez lui à Lyon une cave pour y déposer son argent avec toutes les précautions possibles, avec plusieurs portes dont lui seul gardoit les clefs. La dernière étoit de fer et avoit un secret à la serrure qui n'étoit connu que de lui et de celui qui l'avoit fait, qui étoit difficile et sans lequel cette porte ne pouvoit s'ouvrir. De temps en temps il y alloit visiter son argent et y en porter de nouveau, tellement qu'on ne laissa pas de s'apercevoir chez lui qu'il alloit quelquefois dans cette cave, qu'on soupçonna exister par ces voyages à la dérobée.

Un jour qu'il y étoit allé, il ne reparut plus. Sa femme, son fils, un ou deux valets qu'ils avoient, le cherchèrent partout, et ne le trouvant ni chez lui ni dans le peu d'endroits où quelquefois il alloit, se doutèrent qu'il étoit allé dans cette cave. Ils ne la connoissoient que par sa première porte qu'ils avoient découverte dans un recoin de la cave ordinaire. Ils l'enfoncèrent avec grand'peine, puis une autre et parvinrent à la porte de fer; ils y frappèrent, prièrent, appelèrent ne sachant comment l'ouvrir ou la rompre. N'entendant rien, la crainte redoubla; ils se mirent à tâcher d'enfoncer la porte; mais elle étoit trop épaisse et trop bien prise dans la muraille pour en venir à bout; il fallut du secours. Avec [celui] de leurs voisins et un pénible travail ils se firent un passage; mais que trouvèrent-ils? des coffres forts de fer bien armés de grosses barres et le misérable vieillard le long de ces coffres, les bras un peu mangés, le désespoir peint encore sur ce visage livide, une lanterne près de lui dont la chandelle étoit usée, et la clef dans la porte qu'il n'avoit pu ouvrir cette fois après l'avoir ouverte tant d'autres. Telle fut l'horrible fin de cet avare. L'horreur et l'effroi les firent bientôt remonter; mais les voisins qui avoient aidé au travail et les mesures qu'il fallut prendre quoique avec le moindre bruit qu'il fût possible, empêchèrent que l'affaire fût assez étouffée. Elle est si épouvantable et le châtiment y est si terriblement marqué que j'ai cru qu'elle ne devoit pas être oubliée[1].

La fille unique de Pécoil et d'une fille de Le Gendre, riche, honnête et fameux marchand de Rouen, épousa depuis le duc de Brissac, car, excepté ma sœur et la Gondi, sa belle-mère, il est vrai que MM. de Brissac n'ont pas été heureux ni délicats en alliances.

On a parlé ailleurs de l'abbé Vittement, que son seul mérite fit sous-précepteur du roi, chose bien rare à la cour, et sans qu'il y pensât ni personne pour lui. Il y vécut en solitaire, mais sans être farouche ni singulier et s'y fit géné-

---

1. Tout ce passage, depuis *Pécoil mourut*, a été supprimé dans les éditions précédentes. On trouvera la même anecdote dans le tome XVIII, mais avec des variantes considérables.

ralement aimer et fort estimer. Il vaqua en ce temps-ci une abbaye de douze mille livres de rente. M. le duc d'Orléans proposa au roi de la lui donner et de le lui apprendre lui-même. Le roi en fut ravi, l'envoya chercher sur-le-champ et le lui dit. Vittement lui témoigna toute sa reconnoissance, et le supplia avec modestie de le dispenser de l'accepter. Il fut pressé par le roi, par le régent, par le maréchal de Villeroy qui étoit présent. Il répondit qu'il avoit suffisamment de quoi vivre. Le maréchal insista, et lui dit qu'il en feroit des aumônes. Vittement répondit humblement que ce n'étoit pas la peine de recevoir la charité pour la faire, tint bon et se retira.

Cette action, qui a si peu d'exemples et faite avec tant de simplicité, fit grand bruit et augmenta l'estime et le respect même, que sa vertu lui avoit acquis. Mais elle incommoda M. de Fréjus, qui voyoit croître l'affection du roi pour Vittement. Dès que celui-ci s'en aperçut, il compta sa vocation finie, d'autant plus que, s'il avoit su se faire aimer et goûter, il n'en espéroit rien pour le but qu'il avoit uniquement en vue. Bientôt après, M. de Fréjus, qui s'inquiétoit de lui, lui conseilla doucement la retraite. Il la fit sur-le-champ avec joie à la Doctrine chrétienne, d'où il ne sortit plus, et où il ne voulut presque recevoir personne.

On a de lui une prophétie aussi célèbre que surprenante, dont on a vainement cherché la clef, et que Bidault m'a contée. Bidault étoit un des valets de chambre que le duc de Beauvilliers avoit choisis pour mettre auprès de Mgr le duc de Bourgogne. Il avoit de l'esprit, des lettres, du sens, encore plus de vraie et solide piété. Son mérite, joint à une grande et respectueuse modestie, l'avoit distingué dans son état. M. de Beauvilliers l'aimoit, et Mgr le duc de Bourgogne avoit beaucoup de bonté pour lui. Il avoit le soin de ses livres; cela me l'avoit fait connoître et encore plus familièrement depuis le soin dont il voulut bien se charger des affaires que la Trappe pouvoit avoir à Paris. On le mit auprès du roi dès son enfance, et quand il commença à avoir quelques livres il en fut chargé. Cela lui donna du rapport avec Vittement et les lia bientôt d'amitié et de confiance. Bidault venoit chez moi quelquefois et voyoit Vittement dans sa retraite. Effrayé des premiers rayons de la toute-puissance de Fréjus, devenu tout nouvellement cardinal, il en parla à Vittement qui, sans surprise aucune, le laissa dire. Bidault, étonné du froid tranquille et silencieux dont il étoit écouté, pressa Vittement de lui en dire la cause. « Sa toute-puissance, répondit-il tranquillement, durera autant que sa vie, et son règne sera sans mesure et sans trouble. Il a su lier le roi par des liens si forts, que le roi ne les peut jamais rompre. Ce que je vous dis là, c'est que je le sais bien. Je ne puis vous en dire davantage; mais si le cardinal meurt avant moi, je vous expliquerai ce que je ne puis faire pendant sa vie. » Bidault me le conta quelques jours après, et j'ai su depuis que Vittement avoit parlé en mêmes termes à d'autres. Malheureusement il est mort avant le cardinal et a emporté ce curieux secret avec lui. La suite n'a que trop montré combien Vittement avoit dit vrai [1].

Jamais, depuis sa retraite, il n'a songé à voir le roi ni à visiter personne. Il a vécu dans la Doctrine chrétienne, dans la pénitence et dans la médiocrité la plus frugale, dans une séparation entière, dans une préparation continuelle à une meilleure vie, et il y est saintement mort au bout de quelques années. Le maréchal de Villeroy l'alloit voir quelquefois malgré lui, et en revenoit toujours charmé, quoiqu'il y trouvât souvent des morales courtes mais bien placées, que peut-être il n'y cherchoit pas.

Castries, gouverneur de Montpellier et chevalier d'honneur de Mme la duchesse d'Orléans, et dont il a été parlé

---

1. Le marquis d'Argenson rapporte le même fait dans ses Mémoires manuscrits : « J'oubliois de dire que l'abbé Vittement disoit à ses amis, à qui il confioit ce secret, que, s'il survivoit au cardinal, il diroit quel étoit ce lien indissoluble entre le roi et le cardinal. »

quelquefois ici, obtint que le port de Cette fût mis en gouvernement pour lui, uni à celui de Montpellier, avec des appointements particuliers de douze mille livres payés par la province.

CHAPITRE X.

Mme la duchesse de Berry va demeurer à Meudon, où sa maladie empire, et sa volonté de déclarer son mariage augmente. — M. le duc d'Orléans me le confie et fait subitement partir Rion pour l'armée du maréchal de Berwick. — Mme la duchesse de Berry, déjà considérablement mal, se fait transporter à la Muette. — Mort d'Effiat. — Singularité étrange de sa dernière maladie. — Biron premier écuyer de M. le duc d'Orléans. — Mort de La Vieuville et de Mme de Leuville; quelle elle étoit. — Pensions données à Coettenfao, à Fourille, à Ruffey, à Savine, à Béthune, à La Billarderie. — La duchesse du Maine à Châlon-sur-Saône, presque en pleine liberté. — L'épouse du roi Jacques se sauve d'Inspruck, est reçue à Rome en reine. — Le roi en pompe à Notre-Dame. — Étrange arrangement de son carrosse. — Siége de Fontarabie. — Folle lettre anonyme à M. le prince de Conti. — Mort du fils de d'Estaing. — Prise de Fontarabie, puis de Saint-Sébastien. — On brûle à Santona trois vaisseaux espagnols prêts à être lancés à la mer. — Mort, fortune et caractère de La Berchère, archevêque de Narbonne. — Beauvau, archevêque de Toulouse, lui succède. — Mort, caractère et infortune de Dupin. — Misère de notre conduite à l'égard de Rome. — Impudence des *Te Deum*. — Mort, fortune et caractère de Nyert. — Le roi, à l'hôtel de ville, voit le feu de la Saint-Jean. — Fatuités du maréchal de Villeroy. — Mort et caractère de Chamlay. — La cour des monnoies obtient la noblesse. — Le chevalier de Bouillon obtient trente mille livres de gratification. — Sainte-Menehould brûlée. — Autre incendie à Francfort-sur-le-Mein. — Mort et caractère de Nancré. — Mort de la duchesse d'Albret (Le Tellier). — Clermont-Chattes; quel; est capitaine des Suisses de

M. le duc d'Orléans. — Le garde des sceaux marie son second fils ; perd sa femme ; pousse ses deux fils. — Mort de Chauvelin, conseiller d'État. — Mort, extraction, fortune du duc de Schomberg. — Mort, fortune et caractère de Bonrepos.

La maladie de Mme la duchesse de Berry, dont on a parlé, la prit le 26 mars, et le jour de Pâques se trouva le 9 avril. Elle étoit tout à fait bien, mais sans vouloir voir personne. La semaine de Pâques après la semaine sainte étoit fâcheuse à Paris, après le scandale qu'on a raconté. D'ailleurs les visites de M. le duc d'Orléans devenoient rares et pesantes. Le mariage de Rion causoit de violentes querelles et force pleurs. Pour s'en délivrer et sortir en même temps de l'embarras des Pâques, elle résolut de s'aller établir à Meudon le lundi de Pâques. On eut beau lui représenter le danger de l'air, du mouvement du carrosse et du changement de lieu au bout de quinze jours, et de beaucoup moins depuis le grand danger où elle s'étoit vue, rien ne put lui faire supporter Paris plus longtemps. Elle partit donc, suivie de Rion et de la plupart de ses dames et de sa maison.

M. le duc d'Orléans m'apprit alors le dessein arrêté de Mme la duchesse de Berry de déclarer le mariage secret qu'elle avoit fait avec Rion. Mme la duchesse d'Orléans étoit à Montmartre pour quelques jours, et nous nous promenions dans le petit jardin de son appartement. Le mariage ne me surprit que médiocrement par cet assemblage de passion et de peur du diable, et par le scandale qui venoit d'arriver. Mais je fus étonné au dernier point de cette fureur de le déclarer dans une personne si superbement glorieuse. M. le duc d'Orléans s'étendit avec moi sur mon embarras, sa colère, celle de Madame, qui se vouloit porter aux dernières extrémités, le dépit extrême de Mme la duchesse d'Orléans. Heureusement le gros des officiers destinés à servir sur les frontières d'Espagne partoient tous les jours, et Rion n'étoit resté qu'à cause de la maladie de Mme la duchesse de Berry. M. le duc d'Orléans trouva plus court de se donner une espérance de délai en faisant partir Rion, se flattant que cette déclaration se différeroit plus aisément en absence qu'en présence. J'approuvai fort cette pensée, et dès le lendemain Rion reçut à Meudon un ordre sec et positif de partir sur-le-champ pour joindre son régiment dans l'armée du duc de Berwick. Mme la duchesse de Berry en fut d'autant plus outrée qu'elle en sentit la raison et par conséquent son impuissance de retarder le départ, à quoi Rion, de son côté, n'osa se commettre. Il obéit donc ; et M. le duc d'Orléans, qui n'avoit pas encore été à Meudon, fut plusieurs jours sans y aller.

Ils se craignoient l'un l'autre, et ce départ n'avoit pas mis d'onction entre eux. Elle lui avoit dit et répété qu'elle étoit veuve, riche, maîtresse de ses actions, indépendante de lui, répétoit ce qu'elle avoit ouï dire des propos de Mademoiselle quand elle voulut épouser M. de Lauzun, grand-oncle de Rion; y ajoutoit les biens, les honneurs, les grandeurs qu'elle prétendoit pour Rion dès que leur mariage seroit déclaré, et se mettoit en furie jusqu'à maltraiter fortement de paroles M. le duc d'Orléans, dont elle ne pouvoit supporter les raisons ni les oppositions. Il avoit essuyé de ces scènes à Luxembourg dès qu'elle fut mieux, et il n'en essuya pas de moins fortes à Meudon dans le peu de visites qu'il lui fit. Elle y vouloit déclarer son mariage, et tout l'esprit, l'art, la douceur, la colère, les menaces, les prières et les instances les plus vives de M. le duc d'Orléans ne purent qu'à grand'peine pousser en délais le temps avec l'épaule. Si on en avoit cru Madame, l'affaire auroit été finie avant le voyage de Meudon, car M. le duc d'Orléans auroit fait jeter Rion par les fenêtres de Luxembourg.

Le voyage si prématuré de Meudon et des scènes si vives n'étoient pas pour rétablir une santé si nouvellement revenue des portes de la mort. Le désir extrême qu'elle eut de cacher son état au public et de soustraire à sa connoissance la situation où elle se trouvoit avec M. son père, dont on remarquoit la rareté des visites qu'il lui faisoit, l'engagèrent à lui donner un souper sur la terrasse de Meudon, sur les sept heures du soir. En vain on lui représenta le danger du serein et du frais du soir sitôt après l'état où elle avoit été et dans l'état chancelant où sa santé se trouvoit encore. Ce fut pour cela même qu'elle s'y opiniâtra dans la pensée qu'un souper sur la terrasse, sitôt après l'extrémité où elle avoit été, ôteroit à tout le monde la persuasion de sa couche et feroit croire qu'elle étoit toujours avec M. le duc d'Orléans comme elle y avoit été, nonobstant la rareté inusitée de ses visites, qui avoit été remarquée. Ce souper en plein air ne lui réussit pas. Dès la nuit même elle se trouva mal. Elle fut attaquée d'accidents causés par l'état où elle étoit encore et par une fièvre irrégulière, que la contradiction qu'elle trouvoit à la déclaration de son mariage ne contribuoit pas à diminuer. Elle se dégoûta de Meudon comme les malades de corps et d'esprit, qui, dans leur chagrin, se prennent à l'air et aux lieux.

Elle étoit embarrassée de ce que les visites de M. le duc d'Orléans ne se rapprochoient point, et de ce que Madame et Mme la duchesse d'Orléans n'alloient presque point la voir, quoique considérablement malade. Son orgueil en souffroit plus que sa tendresse, qui étoit nulle pour ces princesses, et qui commençoit à se tourner en haine par leur résistance à ses plus ardents désirs. La même raison commençoit à lui faire prendre les mêmes sentiments pour M. son père ; mais elle espéroit le ramener à ses volontés par l'empire qu'elle avoit sur lui, et elle étoit de plus peinée que le monde s'aperçût de la rareté de ses visites et ne diminuât la considération qu'elle tiroit du pouvoir si connu qu'elle avoit sur lui, quand il paroîtroit qu'il n'étoit plus le même. Quelque contraire que lui fût l'air, le mouvement, le changement de lieu dans l'état où elle se trouvoit, rien ne put l'empêcher de se faire transporter de Meudon à la Muette, couchée entre deux draps, dans un grand carrosse, le dimanche 14 mai, où elle espéra que la proximité de Paris engageroit M. le duc d'Orléans à la venir voir plus souvent, et Mme la duchesse d'Orléans aussi, au moins par bienséance. Ce voyage fut pénible par les douleurs qui s'étoient jointes aux autres accidents que ce trajet augmenta et que le séjour de la Muette ni les divers remèdes ne purent apaiser que par de courts intervalles, et qui devinrent très-violentes.

Le marquis d'Effiat, dont on a parlé ici en plusieurs endroits et suffisamment pour le faire connoître, se trouva fort mal à quatre-vingt-un ans dans sa belle maison de Chilly, près Paris, où il étoit allé prendre du lait. Il fut ramené à Paris le 23 mai, mais si mal qu'on n'en espéroit plus. Le maréchal de Villeroy, son bon ami et sa dupe en bien des choses, courut chez lui, et pour se donner le vernis de sa conversion, si convenable à sa place de gouverneur du roi, vint à bout de lui faire recevoir ses sacrements sur-le-champ. Sa maladie diminua et traîna. C'étoit, comme on l'a vu ici, un homme dont le fond de la vie étoit obscur par goût, par habitude et par la plus sordide avarice. Il avoit toujours quelques femmes de rien et de mauvaise vie qui l'amusoient, qui en espéroient et qui lui coûtoient peu. Il avoit la meute de Monsieur, que M. le duc d'Orléans lui avoit conservée. Il étoit maître de leur écurie comme leur premier écuyer. Ainsi c'étoit à leurs dépens qu'il couroit le cerf, tous les étés, chez lui à Montrichard, ou dans les forêts voisines de Montargis dont il étoit capitaine. Il y voyoit peu de noblesse du pays, à qui il faisoit très-courte chère.

La chasse et les filles l'avoient peu à peu apprivoisé avec du Palais, qui chassoit les étés avec lui et le voyoit les hivers. Il n'en voyoit guère d'autres avec familiarité, et malgré cette liaison, du Palais, qui avoit de l'esprit et du monde, étoit honnête homme, connu pour tel, et voyoit bonne compagnie à Paris, et avoit très-bien servi. Il eut grand soin d'Effiat pendant sa maladie, qui ne voulut voir que lui. Tous les jours sur les sept heures du soir, Effiat le renvoyoit et, comme par politesse et amitié, il le forçoit de s'en aller. Du Palais, au bout de quelques jours, s'aperçut de la régularité de l'heure et de l'inquiétude d'Effiat à se défaire de lui. Comme de longue main il étoit familier dans la maison, il en parla aux valets de chambre. Ils se regardèrent et lui dirent ensuite qu'ils étoient dans le même cas et dans la même curiosité ; qu'eux-mêmes étoient chassés de la chambre à cette même heure, avec des défenses si expresses d'y rentrer et d'y laisser personne sans exception quelconque, et par quelque raison que ce pût être, jusqu'à ce qu'il sonnât, qu'ils ne savoient ce que ce pouvoit être. Mais ce qu'ils ajoutèrent est bien plus étrange. Ils dirent à du Palais qu'ils s'étoient mis à écouter à la porte ; que tantôt plus tôt, tantôt plus tard, ils y entendoient parler leur maître et une autre voix avec lui, étant très-sûrs qu'il n'y avoit et ne pouvoit y avoir que le malade dans la chambre ; qu'ils ne pouvoient distinguer que rarement quelques mots qui leur avoient paru indifférents, que ce colloque duroit souvent une heure et plus, très-rarement court ; que rentrant dans la chambre au bruit de la sonnette, ils n'y remarquoient aucun changement en rien, mais leur maître fort concentré en lui-même, et d'ailleurs comme ils l'avoient laissé. Ce récit augmenta tellement la curiosité de du Palais, qu'il accepta la proposition que lui firent les valets de chambre d'éprouver lui-même ce qu'ils lui racontoient. Du Palais sortant de chez d'Effiat qui à l'ordinaire l'avoit congédié, demeura avec eux, écouta, et entendit comme eux parler d'Effiat et l'autre voix, et quelquefois l'élever l'un et l'autre, mais sans en entendre que quelques mots rares, indifférents et seuls. Du Palais voulut se donner encore le même passe-temps, et se le donna deux ou trois fois encore. Il raisonna avec les valets de chambre, et ne purent deviner ce que ce pouvoit être, d'autant que du Palais, qui connoissoit cet appartement comme le sien, savoit comme eux que, depuis sa sortie de la chambre d'Effiat, il étoit impossible que par aucune voie il s'y fût glissé personne.

Il fut tenté de tourner d'Effiat là-dessus ; mais n'osant trop, il se contenta de lui montrer sa surprise de l'heure fixe de son renvoi. Effiat fit la sourde oreille, puis battit la campagne sur l'heure de la société, et qu'il ne vouloit pas abuser de son amitié et de son assiduité ; puis l'heure venue, le renvoya comme de coutume. Du Palais fit semblant de sortir, et demeura près de la porte ; un peu après, du Palais ne sait s'il lui échappa quelque mouvement ; mais d'Effiat s'aperçut qu'il étoit là, se mit en colère, lui dit que, quand il le prioit de s'en aller, il vouloit qu'il s'en allât; qu'il ne savoit par quel esprit il se cachoit dans sa chambre ; que c'étoit l'offenser cruellement ; qu'en un mot, s'il vouloit continuer à le voir, et qu'il demeurât son ami, il le prioit de sortir sur-le-champ, et de ne lui faire pareil tour de sa vie. Du Palais répondit d'où il étoit ce qu'il put, l'autre à répéter avec empressement : « Sortez donc ; mais sortez. » Il sortit en effet, et se tint en dehors de la porte. Le colloque, à ce qu'il entendit, ne tarda pas à commencer. Ni lui ni les valets de chambre n'en ont jamais pu découvrir davantage.

Sur les neuf heures, quelque femme de l'espèce dont j'ai parlé, et quelque complaisant, venoient l'amuser. Quelquefois du Palais y revenoit. Effiat ne sortoit point de son lit, et eut sa tête libre et entière jusqu'à sa mort qui arriva le 3 juin. Il laissa un prodigieux argent comptant, de grands biens et de belles terres, fit des legs considérables, et des fondations fort utiles pour l'éducation de pauvres gentilshommes. Il donna Chilly à M. le duc d'Orléans, qui ne le voulut pas accepter, et le rendit à la famille. Le duc Mazarin, fils de sa sœur, en hérita, et de la plupart de ses biens. Il fit du Palais exécuteur de son testament, et lui donna un diamant de mille pistoles. Il avoit beaucoup de pierreries. C'est le premier particulier à qui j'aie vu une croix du Saint-Esprit de diamants fort belle sur son habit, au lieu de la croix d'argent brodée, et tout l'habit garni de boutons et de boutonnières de diamants. A la considération que M. le duc d'Orléans lui avoit toujours témoignée, on fut surpris et lui mortifié de ce qu'il ne l'alla point voir, et il parut si peu touché de sa maladie et de sa mort, que les maréchaux de Villeroy, Villars, Tessé, Huxelles et autres en prirent une nouvelle inquiétude. L'écurie et les équipages de M. le duc d'Orléans qu'Effiat entretenoit moyennant une somme, se trouvèrent dans un grand délabrement. Biron fut deux jours après choisi par M. le duc d'Orléans pour remplir cette charge lucrative.

Il faut dire maintenant où j'ai pris ce récit curieux; car j'étois fort éloigné d'avoir jamais eu aucun commerce avec d'Effiat. Du Palais avoit épousé la mère de Lanmary, et vivoit avec lui dans la plus étroite amitié, contre l'ordinaire de telles parentelles; il conta tout ce que je viens d'écrire à Lanmary qui étoit fort de mes amis et en est encore, qui me le rendit incontinent après.

La Vieuville mourut à Paris; il étoit veuf de la dame d'atours de Mme la duchesse de Berry, et avoit été chevalier d'honneur de la reine, mais le plus pauvre et le plus obscur homme du monde.

Mme de Leuville mourut aussi à soixante-sept ans. Son mari, mort très-jeune, étoit frère de la femme d'Effiat, duquel on vient de parler, morte jeune aussi et tous deux sans enfants. Le chancelier Olivier étoit leur trisaïeul paternel, mort en 1560, dont le père fut premier président du parlement de Paris, après avoir été avocat du roi, comme on parloit alors, c'est-à-dire avocat général, et président à mortier. Ce fut lui qui commença la race, car son père, qui étoit de Bourgneuf, près de la Rochelle, ne fut jamais que procureur au parlement. Mme de Leuville dont on parle ici étoit nièce de Laigues, un des importants de la Fronde, qu'on prétendit que la fameuse Mme de Chevreuse avoit, à a fin, épousé secrètement. Sa nièce tâcha aussi d'être importante. Elle avoit beaucoup d'esprit, de domination, d'intrigue et d'amis qui se rassembloient chez elle et qui lui donnoient de la considération. C'étoit une femme qui, sans tenir à rien, eut l'art de se faire compter : elle étoit riche et médiocrement bonne.

Je fis rendre à Coettenfao une ancienne pension qu'il avoit eue du feu roi de six mille livres, et donner parole de l'ordre, par M. le duc d'Orléans, pour la première promotion qui se feroit. Fourille, aveugle, et ancien capitaine aux gardes, fort pauvre, eut quatre mille livres de pension, et Ruffey, sous-gouverneur du roi, une de six mille. Savine obtint six mille livres d'augmentation d'appointements à son gouvernement d'Embrun. Béthune, distingué dans la marine, eut une pension de trois mille livres, et La Billarderie, conducteur de Mme du Maine à Dijon, en eut une de six mille livres. Trois semaines après, il y fut chercher la même avec un chirurgien et deux femmes de chambre, et la mena à Châlon-sur-Saône presque en pleine liberté ; elle y arriva le 24 mai.

La fille aînée du prince Jacques Sobieski, arrêtée avec sa mère à Inspruck par ordre de l'empereur, depuis quelques mois, allant à Rome épouser le roi Jacques, trouva moyen de se sauver la nuit en chaise de poste escortée par quatre hommes à cheval. On trouva sur sa table un écrit par lequel elle marquoit que c'étoit par ordre de sa famille. Elle arriva le 2 mai à Bologne ; elle y fut épousée le 7 par lord Murray, chargé de la procuration du roi Jacques, en partit le 9 pour Rome où elle fut reçue et traitée en reine.

Quelle que fût la persécution sans bornes et sans mesure et ouverte depuis si longtemps et avec une si scandaleuse animosité contre le cardinal de Noailles, elle ne put empêcher que le roi fît une démarche publique qui ne sentoit ni le prélat réprouvé ni son Église hérétique. Il fut, l'après-dînée du jour de la Pentecôte, après avoir entendu le sermon aux Tuileries, à Notre-Dame en pompe. Il fut reçu à la porte par le cardinal de Noailles pontificalement revêtu, à la tête de son chapitre, avec les cérémonies accoutumées, et par lui conduit au chœur où ce prélat entonna le *Te Deum*, qui fut continué par la musique et terminé par la bénédiction que le cardinal donna. Le chœur étoit nouvellement achevé et la chapelle de la Vierge aussi, qui fut trouvée très-magnifique, laquelle fut toute aux dépens du cardinal, ainsi que l'admirable vitrage sur la porte collatérale, que le cardinal avoit tout refait, quoiqu'il ne fût obligé à aucune de ces deux grandes dépenses. Après la bénédiction, il conduisit le roi autour du chœur et à cette chapelle, et de là à son carrosse. Le roi y étoit avec peu de dignité et comme si on eût voulu le mettre incognito, malgré la pompe de sa suite. Il y fut entre M. le duc d'Orléans et M. le comte de Clermont sur le derrière; le prince Charles, grand écuyer, sur le devant, entre M. le duc de Chartres et M. le Duc; le maréchal de Villeroy, gouverneur, et le duc de Charost, capitaine des gardes en quartier aux portières. On fut très-étonné de cet arrangement; le roi en cérémonie, comme il étoit là, devoit être seul sur le derrière. M. le duc d'Orléans, régent, et M. le Duc, surintendant de l'éducation, seuls sur le devant, les portières comme elles étoient. M. le duc de Chartres et M. le comte de Clermont n'y avoient que faire pour offusquer le roi, et faire de son carrosse un coche, le prince Charles encore moins. Bien est vrai que le grand écuyer entre les grands officiers y a la première place, mais il n'en est pas moins vrai que le grand chambellan, le premier gentilhomme de la chambre, et le même premier écuyer y entrent de préférence à lui ; c'est ce qui a été expliqué ailleurs ici assez clairement pour n'avoir pas besoin d'être répété. On trouva aussi fort singulier que M. le duc de Chartres fût sur le devant, tandis que M. le comte de Clermont étoit sur le derrière. Il avoit neuf ans et M. de Chartres quinze, qui, de la taille dont il étoit, n'auroit pas plus pressé le roi que M. le comte de Clermont.

Le maréchal de Berwick fit ouvrir la tranchée le 27 mai devant Fontarabie. Pendant ce siége, où étoit M. le prince de Conti, il reçut une lettre anonyme par laquelle on lui promettoit de le faire roi de Sicile, s'il vouloit passer en Espagne. Il s'en moqua avec raison, et l'envoya à M. le duc d'Orléans. La proposition ne pouvoit venir d'Espagne. M. le prince de Conti n'avoit ni place, ni suite, ni parti, ni réputation; son acquisition n'eût pas valu que l'Espagne se dépouillât de la Sicile pour l'avoir, et il n'y auroit été que fort à charge. La proposition de plus étoit ridicule; quinze mille Impériaux venoient d'y passer de Naples, et avoient déjà obligé le marquis de Lede de leur abandonner son camp de Melazzo, avec ses malades, ses blessés et toutes les provisions de vivres et de fourrage qu'il y avoit amassées. Il y recommanda ceux qu'il y laissoit au général Zumzungen, qui, aussitôt après, laissa le commandement de l'armée impériale à Mercy, et la Sicile ne fut pas longtemps à changer de maître. Mais la conjuration du duc et de la duchesse du Maine enhardie après les frayeurs des emprisonnements, par leur courte durée, et par la conduite du régent et de l'abbé Dubois à cet égard, faisoit bois de toute flèche et ne désespéroit pas encore de réussir.

Le fils unique d'Estaing, aide de camp de Joffreville, fut tué devant Fontarabie, sans enfants de la fille unique de Mme de Fontaine-Martel. L'armée d'Espagne étoit vers Tafalla à trois lieues de Fontarabie. Coigny, par ordre du duc de Berwick, visitoit cependant, avec un léger détachement, les gorges et les passages de toute la chaîne des Pyrénées pour les bien reconnoître. Fontarabie capitula le 16 juin. Tresnel, gendre de Le Blanc, en apporta la nouvelle. Le duc de Berwick fit aussitôt après le siége de Saint-Sébastien. Il y eut quelque désertion dans ses troupes, mais pas d'aucun officier. L'armée d'Espagne n'étoit pas en état de se commettre avec celle du maréchal de Berwick. Saint-Sébastien capitula le 1ᵉʳ août. Bulkley, frère de la maréchale de Berwick, en apporta la nouvelle. Quinze jours après, M. de Soubise apporta celle du château, et qu'on avoit brûlé, dans un petit port près de Bilbao, nommé Santona, trois gros vaisseaux espagnols, qui étoient sur le chantier prêts à être lancés à la mer.

L'archevêque de Narbonne mourut dans son diocèse. Il s'appeloit Le Goust : il étoit frère de La Berchère qui avoit passé sa vie maître des requêtes, dont le fils, guère plus esprité mais fort riche, étoit devenu conseiller d'État et chancelier de M. le duc de Berry, parce qu'il avoit épousé une fille du chancelier Voysin. Le prélat avoit été évêque de Lavaur, puis archevêque d'Aix, après de Toulouse, enfin de Narbonne. C'étoit un grand vilain homme, sec et noir avec des yeux bigles [1], qui avoit été ami intime du P. de La Chaise. L'âme en étoit aussi belle que le corps en étoit désagréable ; très-bon évêque et pieux, sans fantaisie et sans faire peine à personne, adoré partout où il avoit été, beaucoup d'esprit et facile, et l'esprit d'affaires et sage, possédant au dernier point toutes celles du clergé, et venant à bout des plus difficiles sans faire peine à personne, allant au bien, parlant franchement aux ministres et en étant cru et considéré. Ce fut une perte qui ne fut pas réparée par M. de Beauvau qui lui succéda, après avoir été évêque de Bayonne, ensuite de Tournay, puis archevêque de Toulouse.

Dupin, célèbre docteur de Sorbonne par sa vaste et profonde érudition, et par le grand nombre et la qualité de ses ouvrages, mourut en même temps. Il fut un étrange exemple de la conduite, si funestement répétée en France par la suggestion des jésuites et de leurs adhérents. Dans les temps de brouillerie avec Rome, sur les propositions de l'assemblée du clergé de 1682, etc., la cour se servit très-avantageusement de sa plume, et, pour plaire à Rome depuis, le laissa manger aux poux. Il fut réduit à imprimer

---

1. Louches.

pour vivre : c'est ce qui a rendu ses ouvrages si précipités, peu corrects, et ce qui enfin le blasa de travail et d'eau-de-vie qu'il prenoit en écrivant pour se ranimer, et pour épargner d'autant sa nourriture, bel et bon esprit, juste, judicieux quand il avoit le temps de l'être, et un puits de science et de doctrine, avec de la droiture, de la vérité et des mœurs.

Mme la Duchesse, qui avoit été longtemps fort mal, fut si considérablement mieux qu'on la crut guérie. Il y eut pour cela un *Te Deum* aux Cordeliers, que l'hôtel de Condé fit chanter plus que très-mal à propos. Le *Te Deum* est une action publique jusqu'alors réservée au public et aux rois pour remercier Dieu solennellement, au nom du public, des grâces qui intéressent l'un ou l'autre, ou plutôt inséparablement tous les deux. Celui-ci ne porta pas bonheur à Mme la Duchesse. C'étoit la jeune, sœur de M. le prince de Conti; des princes du sang on les vit tôt après tomber aux moindres particuliers.

Nyert, premier valet de chambre, mourut en ce même temps : c'étoit un des plus méchants singes, auquel il ressembloit fort, et des plus gratuitement dangereux qu'il y eût parmi ce qu'on pouvoit appeler les affranchis du feu roi, qui, par leurs entrées à toute heure et leur familiarité avec lui, étoient des personnages fort comptés et redoutables aux ministres mêmes. Celui-ci l'amusoit aux dépens de tout le monde avec le jugement d'un valet d'esprit et d'expérience. Aussi l'avarice, l'envie et la haine étoient peintes sur son visage décharné.

Il étoit fils d'un excellent musicien dont la voix et le luth étoient admirables; il étoit au marquis de Mortemart, premier gentilhomme de la chambre de Louis XIII, du temps que mon père l'étoit aussi, père de la trop fameuse Mme de Montespan, et duc et pair des quatorze de 1663. Louis XIII, s'opiniâtrant dans les Alpes en 1629, à forcer le célèbre pas de Suze malgré la nature, et ce qui étoit peut-être plus, malgré le cardinal de Richelieu, et malgré tous ses généraux qui jugeoient l'entreprise impraticable, s'ennuyoit fort les soirs au retour de ses recherches assidues des passages, parce que le cardinal lui écartoit le monde à dessein, dans l'espérance de l'abandon plus prompt d'un projet que tous jugeoient impossible. Mon père, alors en grandes charges et en grande faveur, cherchoit à amuser le roi qui aimoit fort la musique, et lui proposa, dans cette solitude des soirs, d'entendre Nyert. Le roi le goûta fort, tellement qu'au retour de ce triomphant voyage où le roi s'étoit couvert de lauriers si purs et si uniquement dus à lui seul, mon père trouva jour à lui donner Nyert; il en parla à M. de Mortemart avant de rien entreprendre, qui fut ravi de faire cette fortune, et qui même pria mon père d'en parler au roi. Le héros le prit, et mon père, dans la suite, le fit premier valet de chambre. Son fils, dont on parle ici, ne lui ressembla en rien, et le fils que celui-ci laissa ressembla encore moins au père. Il fut modeste, très-honnête homme, et un saint; il dura peu, il laissa deux fils de même caractère que lui, qui ne durèrent pas non plus. Le singe qui a donné lieu à cet article avoit attrapé le petit gouvernement de Limoges et celui des Tuileries, lequel passa à son fils avec sa charge de premier valet de chambre.

On donna le plaisir au roi d'aller voir le feu de la Saint-Jean à l'hôtel de ville, qui fut, à cause de lui, beaucoup plus beau qu'à l'ordinaire. Quantité de dames de la cour et de seigneurs y furent conviés par le duc de Tresmes; on ne doutoit point que le roi ayant huit ans, la galanterie dont le maréchal de Villeroy s'étoit piqué toute sa vie et se piquoit encore, ne fît manger les dames avec lui. La pédanterie de gouverneur l'emporta. Il fit souper le roi seul dans une chambre particulière, et à son heure accoutumée : le premier maître d'hôtel, soutenu de M. le Duc comme grand maître, prétendit le servir, parce que le souper du roi fut fait par la bouche. Le prévôt des marchands revendiqua son droit; un *mezzo-termine*, si chéri du régent, finit la dispute. Il fit signer un billet au prévôt des marchands, par lequel il reconnut que ce seroit sans conséquence à l'égard du premier maître d'hôtel qu'il serviroit le roi, et en effet il le servit. Après ce solitaire souper, la fatuité du maréchal de Villeroy se déploya tout entière. Il fit faire au roi la prière comme s'il alloit se coucher, et se fit moquer par tout le monde. Après, le roi vit le feu. Le roi parti, il y eut plusieurs tables magnifiquement servies pour tout ce qui avoit été convié, et un bal à l'hôtel de ville termina la fête.

On a tant parlé de Chamlay dans ces Mémoires, qu'on n'a rien à y ajouter. Il étoit extrêmement gros; sa grande sobriété et un exercice à pied journalier et prodigieux ne purent le garantir de l'apoplexie. Il en eut plusieurs attaques qui lui avoient fort abattu le corps et l'esprit. Il en mourut à Bourbon. C'étoit un homme d'un mérite très-rare, qui, en quelque état qu'il fût, fut fort regretté. Il étoit grand'croix de Saint-Louis, dès la fondation de l'ordre, et maréchal général des logis des armées du roi, qu'il avoit exercé avec la plus grande capacité et distinction, et la confiance de M. de Turenne et des meilleurs généraux des armées. On a vu ailleurs combien il eut toujours la confiance du roi, et la probité, la modestie, et le désintéressement avec lequel il en usa.

M. le duc d'Orléans, à qui tout couloit d'entre les doigts, accorda la noblesse aux officiers de la cour des monnoies, et dix mille écus au chevalier de Bouillon. Il y eut un grand incendie à Francfort-sur-le-Mein, et en Champagne toute la ville de Sainte-Menehould fut brûlée.

On a souvent parlé de Nancré, assez nouvellement revenu d'Espagne, charmé d'Albéroni avec qui il étoit aussi assez homogène, lorsqu'il vint mourir ici en vingt-quatre heures. C'étoit un des hommes du monde le plus raffiné et dont le cœur et l'âme étoient le plus parfaitement corrompus, avec beaucoup d'esprit, des connoissances et beaucoup de souplesse et de liant. Il avoit servi, puis fait le philosophe; après, s'étoit accroché au Palais-Royal par Canillac et par les maîtresses, de là à M. de Torcy, et le plus sourdement qu'il avoit pu à tout ce qui approchoit du feu roi; il ne tint pas à lui d'en devenir l'espion, puis l'organe. On a vu ici qu'il le fut bien étrangement lors des renonciations. Valet de Nocé, enfin âme damnée de l'abbé Dubois qui le porta aux négociations étrangères, et à d'autres plus intérieures. Nocé comptoit voler haut, lorsque tout à coup il lui fallut quitter ce monde.

Ce n'étoit pas la peine de tant de bruit de part et d'autre, d'importuner les tribunaux, le régent et le conseil de régence sur le mariage du duc d'Albret avec une fille de Barbezieux. Elle mourut presque incontinent après en couche d'un fils qui mourut dix ou douze ans après.

M. le duc d'Orléans remplit dignement la place de Nancré, capitaine de ses Suisses, de vingt mille livres de rente par les profits. Nancré n'étoit point marié, étoit sans suite, et n'avoit point de brevet de retenue. Le régent la donna à Clermont-Chattes, frère de Roussillon et de l'évêque-duc de Laon, qui n'avoit rien vaillant, et qui, des plus riantes espérances, étoit tombé dans la plus cruelle disgrâce, à laquelle la mort de Monseigneur avoit mis le dernier sceau, et qui a été racontée ici sous l'an[1] [1694] avec l'aventure célèbre de Mlle Choin et de Mme la princesse de Conti. Clermont, en naissance, en honneur, en probité, étoit le parfait contraste de Nancré. Ce choix fut fort applaudi.

Le garde des sceaux maria son second fils à la fille, fort riche, du président Larcher. Ce mariage ne fut pas heureux, mais le jeune époux fit dans la suite la plus brillante fortune de son état. Le mariage de son père avec une sœur de Caumartin, intendant des finances, fort accrédité et conseiller d'État, n'avoit pas été, non plus, fort heureux ; il perdit

1. T. Ier, p. 208, 209.

sa femme de la petite vérole quelques mois après le mariage de son fils. Il en avoit deux fils : celui-ci plein d'esprit et d'ambition, et fort galant de plus, et un aîné qui étoit et fut toujours un balourd[1]. Le père ne fut pas longtemps à les mettre dans les emplois de leur état, et, malgré leur jeunesse, à les faire conseillers d'État, tous deux à peu de distance l'un de l'autre.

Chauvelin, conseiller d'État, mourut aussi. Il avoit été intendant de Picardie, avec peu de lumières, mais beaucoup de probité. Il étoit père de l'avocat général, dont il a été parlé ici, et de Chauvelin, dont la prodigieuse élévation et la lourde chute[2] ont fait depuis tant de bruit.

Le duc de Schomberg mourut subitement en une de ses maisons, près de Londres, à soixante-dix-neuf ans. Il étoit fils du dernier maréchal de Schomberg, qui avoit commandé les armées de Portugal, et depuis celles de France avec réputation. Il étoit Allemand et gentilhomme, mais point du tout parent des deux précédents maréchaux de Schomberg, père et fils, lequel fut duc et pair d'Halluyn, en épousant l'héritière, par de nouvelles lettres.

Ce dernier maréchal de Schomberg dont on parle ici étoit huguenot, et se retira en Allemagne avec sa famille, à la révocation de l'édit de Nantes. L'électeur de Brandebourg le

---

1. Les deux fils du garde des sceaux d'Argenson et de Marguerite Le Fèvre de Caumartin, furent René-Louis Le Voyer de Paulmy, marquis d'Argenson, et Marc-Pierre Le Voyer de Paulmy, comte d'Argenson. L'aîné, que Saint-Simon traite sévèrement, a laissé des Mémoires, dont on n'a publié que des fragments (voy. *Mémoires du marquis d'Argenson*, édit. 1825). Nous avons publié quelques passages des Mémoires inédits (t. XIV, p. 477, et t. XV, p. 462). Du reste, Saint-Simon n'a fait que reproduire l'opinion de ses contemporains, qu'exprime en ces termes un des biographes du marquis d'Argenson : « Plus froid, plus mesuré [que son frère], ne se livrant qu'à des amis intimes ; raisonnant juste, mais sans la même grâce dans la façon de s'exprimer, les habitants de Versailles, à une époque où il étoit d'usage de donner à tout le monde des sobriquets ridicules, le désignèrent sous celui d'*Argenson la Bête.* » On prépare en ce moment même une édition plus complète des Mémoires du marquis d'Argenson.

2. Voy., sur ce Chauvelin, t. XII, p. 474.

mit à la tête de son conseil et de ses troupes, et le donna après au prince d'Orange comme un homme utile dans les affaires et dans les armées. Lorsqu'il fut question de la révolution d'Angleterre, le maréchal en eut le secret tout d'abord et en dirigea la mécanique avec le prince d'Orange. Il passa avec lui en Angleterre, puis avec lui en Irlande, où il commanda son armée sous lui, et fut tué à la bataille de La Boyne, que le prince d'Orange gagna contre le roi d'Angleterre, laquelle fut le dernier coup de son accablement.

Le fils du maréchal de Schomberg fut fait duc par le roi Guillaume, et commanda les troupes angloises en chef en divers pays et diverses armées, et se retira à la fin mécontent. Il avoit épousé une sœur bâtarde de Madame, que l'électeur palatin avoit eue d'une demoiselle de Degenfeldt, et qu'il fit faire comtesse par l'empereur.

Bonrepos mourut subitement dans sa maison à Paris, dans une heureuse vieillesse, sain de corps et d'esprit, sans avoir été marié. Il avoit été longtemps dans les bureaux de la marine, du temps de M. Colbert, ensuite un des premiers commis de Seignelay, dont il eut la confiance. A sa mort il se retira des bureaux, qui lui avoient servi à se faire à la cour des amis et à être depuis bien reçu dans toute la bonne compagnie. Il alla en Angleterre faire un traité de commerce, puis aux villes anséatiques, enfin ambassadeur en Danemark, puis en Hollande, où il réussit fort bien. Le roi le traitoit avec bonté, Mme de Maintenon aussi; il étoit estimé, et sur un pied de considération dans le monde, avec de l'esprit, de l'honneur, de la capacité et des talents. Bonac, fils de son frère aîné, hérita de lui. Il étoit gendre de Biron, qui lors n'avoit rien à donner à ses filles, et à Constantinople où il étoit ambassadeur. Bonrepos avoit près de trente mille livres du roi.

CHAPITRE XI.

Mme la duchesse de Berry se fait transporter de Meudon à la Muette. — Conduite de Mme de Saint-Simon à l'égard de Mme la duchesse de Berry. — Raccourci de Mme la duchesse de Berry. — Mme la duchesse de Berry reçoit superbement ses sacrements, fait après à Mme de Mouchy présent d'un baguier de deux cent mille écus. — M. le duc d'Orléans le prend, et elle demeure perdue. — Mme la duchesse de Berry reçoit une seconde fois ses sacrements, et pieusement. — Scélératesse insigne de Chirac, impunie. — Ma conduite à l'égard de Mme la duchesse de Berry en sa dernière extrémité. — Je vais à la Muette auprès de M. le duc d'Orléans. — Il me charge de ses ordres sur tout ce qui devoit suivre la mort. — J'empêche toute cérémonie et l'oraison funèbre. — Mort de Mme la duchesse de Berry regrettée, sans exception, de personne que de M. le duc d'Orléans, et encore peu de jours. — Scellés mis par La Vrillière, secrétaire d'État. — Convois du cœur et du corps. — Ni manteaux ni mantes au Palais-Royal. — Les appointements et logements continués à toutes les dames de Mme la duchesse de Berry. — Mouchy et sa femme chassés. — Gouvernement de Meudon rendu à du Mont. — Désespoir de Rion, qui à la fin se console. — Maladie de Mme de Saint-Simon à Passy. — Le régent nous prête le château neuf de Meudon. — Deuil de la cour prolongé six semaines au delà de celui du roi. — Il visite Madame, M. [le duc] et Mme la duchesse d'Orléans. — Le roi au Louvre, en visite toutes les académies pendant qu'on nettoie les Tuileries. — M. et Mme du Maine fort relâchés. — Aveux de la duchesse du Maine. — Misérable comédie entre elle et son mari. — Le secrétaire du prince de Cellamare mis au château de Saumur. — MM. d'Allemans, Renaud et le P. Malebranche; quels. — Mémoire d'Allemans sur la manière de lever la taille. — La Muette donnée au roi, et le gouvernement à Pezé. — Vingt mille livres de pension à Mme la princesse de Conti la mère. — Cent cinquante mille livres de brevet de retenue à Lautrec sur sa lieutenance générale de Guyenne. — Toutes pensions se payent. — Forte augmentation de troupes. — M. le duc d'Orléans achète pour M. le duc de Chartres le gouvernement de Dauphiné, de La Feuillade, qu'il accable d'argent. — La Vrillière présente au roi les députés des états de Languedoc, de préférence à Maillebois, lieutenant général de la province. — Extraction de Maillebois. — Belle action des moines d'Orcamp. — Mme la duchesse d'Orléans refuse audience à tous députés d'états, depuis la prison du duc du Maine. — Le duc de Richelieu peu à peu en liberté.

Mme la duchesse de Berry étoit à Meudon du lendemain de Pâques, 10 avril, d'où elle s'étoit fait transporter à la Muette le 14 mai, couchée dans un carrosse entre deux draps. Elle ne s'y trouva point soulagée. Le mal eut son cours, les accidents et les douleurs augmentèrent avec des intervalles courts et légers, et la fièvre le plus ordinairement marquée et souvent forte. Des irrégularités de crainte et d'espérance se soutinrent jusqu'au commencement de juillet. Cet état, où les temps de soulagement passoient si promptement et où la souffrance étoit si durable, donna des trêves à l'ardeur [de] déclarer le mariage de Rion, et engagea, outre la proximité de lieu, M. le duc d'Orléans à rapprocher ses visites, et même Mme la duchesse d'Orléans et Madame aussi, laquelle passoit l'été à Saint-Cloud. Le mois de juillet devint plus menaçant par la suite continuelle des accidents et des douleurs et par beaucoup de fièvre. Ces maux augmentèrent tellement le 14 juillet, qu'on commença tout de bon à tout craindre.

La nuit fut si orageuse qu'on envoya éveiller M. le duc d'Orléans au Palais-Royal. En même temps, Mme de Pons écrivit à Mme de Saint-Simon, et la pressa d'aller s'établir à la Muette. On a vu qu'elle ne voyoit Mme la duchesse de Berry que pour des cérémonies, et les soirs pour l'heure de sa cour, où elle ne soupoit presque jamais, et retenoit seulement les dames qui étoient choisies pour y souper, entre celles qui s'y trouvoient ou au jeu ou à voir jouer, ce qui étoit le temps de sa cour publique. Elle ne la suivoit guère que chez le roi, ce qui étoit rare; et quoiqu'elle eût un logement à la Muette, elle n'y alloit comme point; c'étoit excès de complaisance si elle y couchoit une nuit, quoique la princesse et sa maison n'y fussent occupées que d'elle, et que ce fût une fête et toutes sortes de soins quand elle faisoit tant que d'y aller une fois, et rarement deux pendant tout le séjour qu'on y faisoit. Elle se rendit à l'avis de Mme de Pons, et s'y en alla sur-le-champ pour y demeurer.

Elle trouva le danger grand. Il y eut une saignée faite au bras, puis au pied ce même jour 15 juillet, et on envoya chercher un cordelier son confesseur. J'interromps ici la suite de cette maladie, qui dura encore sept jours, et qui finit le 21 juillet, parce que ce qui reste à en rapporter s'entendra mieux après avoir vu d'un même coup d'œil cette princesse tout entière, au hasard peut-être de quelques légères redites de ce qui se trouve d'elle ici en différents endroits.

Mme la duchesse de Berry a fait tant de bruit dans l'espace d'une très-courte vie que, encore que la matière en soit triste, elle est curieuse et mérite qu'on s'y arrête un peu. Née avec un esprit supérieur, et, quand elle le vouloit, également agréable et aimable, et une figure qui imposoit et qui arrêtoit les yeux avec plaisir, mais que sur la fin le trop d'embonpoint gâta un peu, elle parloit avec une grâce singulière, une éloquence naturelle qui lui étoit particulière, et qui couloit avec aisance et de source, enfin avec une justesse d'expressions qui surprenoit et charmoit. Que n'eût-elle point fait de ces talents avec le roi et Mme de Maintenon, qui ne vouloient que l'aimer, avec Mme la duchesse de Bourgogne, qui l'avoit mariée, et qui en faisoit sa propre chose, et depuis avec un père régent du royaume, qui n'eut des yeux que pour elle, si les vices du cœur, de l'esprit et de l'âme, et le plus violent tempérament n'avoient tourné tant de belles choses en poison le plus dangereux. L'orgueil le plus démesuré et la fausseté la plus continuelle, elle les prit pour des vertus, dont elle se piqua toujours, et l'irréligion, dont elle croyoit parer son esprit, mit le comble à tout le reste.

On a vu en plus d'un endroit ici son étrange conduite avec M. le duc de Berry, son horreur pour une mère bâtarde; ses mépris pour un père qu'elle avoit dompté; ses extravagantes idées à l'égard de Monseigneur; son désespoir de rang et d'ingratitude pour M. [le duc] et Mme la duchesse de Bourgogne, à qui elle devoit tout; son peu d'égards pour le roi et pour Mme de Maintenon; sa haine déclarée pour tous ceux qui avoient contribué à son mariage, parce que, disoit-elle, il lui étoit insupportable d'avoir obligation à quelqu'un; ses grossières tromperies et ses hauteurs; l'inégalité d'une conduite si peu d'accord avec elle-même; enfin jusqu'à la honte de l'ivrognerie complète et de tout ce qui accompagne la plus basse crapule en convives, en ordures et en impiétés. On a vu que, dès les premiers jours du mariage, la force du tempérament ne tarda pas à se déclarer, les indécences journalières en public, ses courses après plusieurs jeunes gens avec peu ou point de mesure, et jusqu'à quelles folies fut porté son abandon à La Haye, ensuite à Rion, enfin ses projets d'avoir de grands noms et des braves dans sa maison pour se faire compter entre l'Espagne et son père, se tourner du côté qui lui sembleroit le plus avantageux des deux, se figurer que cela lui seroit possible, usurper aussi le rang de reine en plusieurs occasions, et une fois de plus que reine, avec les ambassadeurs.

Ce qui parut de plus extraordinaire fut l'étonnant contraste d'un orgueil qui la portoit sur les nues, et de la débauche qui la faisoit manger non-seulement avec quelques gens de qualité, elle dont le rang ne souffroit point d'autres hommes à sa table que des princes du sang, même en particulier uniquement et à des parties de campagne, mais d'y admettre le P. Riglet, jésuite, qui en savoit dire des meilleures, et d'autres espèces de canailles, qui n'auroient été

admis dans aucune honnête maison, et souper souvent avec
les roués de M. le duc d'Orléans, avec lui et sans lui, et se
plaire à exciter leurs gueulées et leurs impiétés. Ce court
crayon rappelle en peu de mots ce qu'on a vu épars ici plus
au long à mesure que les occasions s'en sont présentées,
quoique écrit le plus succinctement qu'il a été possible, qui
a montré jusqu'à quel point elle manquoit de tout jugement
et de tout honnête, même naturel sentiment.

Parmi une dépravation si universelle et si publique, elle
étoit indignée qu'on osât en parler. Elle débitoit hardiment
qu'il n'étoit jamais permis de parler des personnes de son
rang, non pas même de blâmer ce qui pouvoit le mériter
dans leurs actions les plus publiques, et qu'on auroit vues
soi-même, combien moins de ce qui ne se passoit qu'en
particulier. C'est ce qui l'irritoit contre tout le monde,
comme d'un droit sacré violé en sa personne, le plus criminel manquement de respect, le plus indigne de pardon. Sa
mort aussi fut un étrange spectacle. C'est maintenant à quoi
il faut revenir.

Les longues douleurs dont elle fut accablée ne purent la
persuader de penser à cette vie par un régime nécessaire à
son état, ni à celle qui la devoit bientôt suivre, jusqu'à ce
qu'enfin parents et médecins se crurent obligés de lui parler
un langage qu'on ne tient aux princes de ce rang qu'à
grand'peine dans la plus urgente extrémité, mais que l'impiété de Chirac déconcerta. Néanmoins, comme il fut seul
de son avis, et que tous les autres, qui avoient parlé, continuèrent à le faire, elle se soumit aux remèdes pour ce
monde et pour l'autre. Elle reçut ses sacrements à portes
ouvertes, et parla aux assistants sur sa vie et sur son état,
mais en reine de l'une et de l'autre. Après que ce spectacle
fut fini, et qu'elle se fut renfermée avec ses familiers, elle
s'applaudit avec eux de la fermeté qu'elle avoit montrée, et
leur demanda si elle n'avoit pas bien parlé, et si ce n'étoit
pas mourir avec grandeur et avec courage.

Un peu après, elle ne retint que Mme de Mouchy, lui indiqua clef et cassette, et lui dit de lui apporter son baguier; il fut apporté, et ouvert. Mme la duchesse de Berry lui en fit un présent après quantité d'autres; car, outre ce qu'elle avoit eu souvent, il n'y avoit guère de jours, depuis qu'elle étoit malade, qu'elle n'en tirât tout ce qu'elle pouvoit, souvent de l'argent et des pierreries : le moins étoit des bijoux. Ce baguier valoit seul plus de deux cent mille écus. La Mouchy, tout avide qu'elle étoit, ne laissa pas d'en être étourdie. Elle sortit et le montra à son mari. C'étoit le soir. M. [le duc] et Mme la duchesse d'Orléans étoient partis. Le mari et la femme eurent peur d'être accusés de vol, tant leur réputation étoit bonne. Ils crurent donc en devoir dire quelque chose à ce qui leur étoit le moins opposé dans la maison, où ils étoient généralement haïs et méprisés.

De l'un à l'autre la chose fut bientôt sue, et vint à Mme de Saint-Simon. Elle connoissoit ce baguier et en fut si étonnée, qu'elle crut en devoir informer M. le duc d'Orléans, à qui elle le manda sur-le-champ. L'état où étoit Mme la duchesse de Berry faisoit qu'on ne se couchoit guère à la Muette, où on se tenoit dans un salon. Mme de Mouchy, voyant que l'affaire du baguier devenoit publique et réussissoit mal, s'approcha fort embarrassée de Mme de Saint-Simon, lui conta comment cela s'étoit passé, tira le baguier de sa poche, et le lui montra. Mme de Saint-Simon appela les dames les plus proches d'où elle étoit pour le voir aussi, et devant elles (car elle ne les avoit appelées que dans ce dessein), elle dit à Mme de Mouchy que c'étoit là un beau présent, mais qu'il étoit si beau qu'elle lui conseilloit d'en aller rendre compte au plus tôt à M. le duc d'Orléans, et [de] le lui porter. Ce conseil, et donné en présence de témoins, embarrassa étrangement Mme de Mouchy. Elle répondit néanmoins qu'elle le feroit, et alla retrouver son mari, avec qui elle monta dans sa chambre.

Le lendemain matin ils furent ensemble au Palais-Royal,

et demandèrent à parler à M. le duc d'Orléans, qui, averti par Mme de Saint-Simon, les fit aussitôt entrer, et sortir le peu qui étoit dans son cabinet; car il étoit fort matin. Mme de Mouchy, son mari présent, fit son compliment comme elle put. M. le duc d'Orléans, pour toute réponse, lui demanda où étoit le baguier. Elle le tira de sa poche et le lui présenta. M. le duc d'Orléans le prit, l'ouvrit, considéra bien si rien n'y manquoit, car il le connoissoit parfaitement, le referma, tira une clef de sa poche, l'enferma dans un tiroir de son bureau, puis les congédia par un signe de tête, sans dire un mot, ni eux non plus. Ils firent la révérence, et se retirèrent également outrés et confus. Oncques depuis ils ne reparurent à la Muette. Bientôt après M. le duc d'Orléans y arriva, qui, dès qu'il eut vu un moment Mme sa fille, prit Mme de Saint-Simon en particulier, la remercia beaucoup de ce qu'elle lui avoit mandé et fait, lui conta ce qu'il venoit de faire, et que le baguier ne sortiroit plus de ses mains. Il étoit si en colère de cette effronterie, qu'il ne put se tenir d'en parler dans le salon en termes fort désavantageux pour M. et Mme de Mouchy, au grand applaudissement de toute la compagnie, même jusque des valets.

Je ne sais si l'absence de la Mouchy fit quelque impression heureuse sur Mme la duchesse de Berry; mais elle n'en parla jamais, et peu après elle parut fort rentrée en elle-même, et souhaita de recevoir encore une fois Notre-Seigneur. Elle le reçut, à ce qu'il parut, avec beaucoup de piété, et tout différemment de la première fois. Ce fut l'abbé de Castries, son premier aumônier, nommé à l'archevêché de Tours, qui le fut après d'Albi, et enfin commandeur de l'ordre, qui le lui administra et qui le fut chercher à la paroisse de Passy, et l'y reporta, suivi de M. le duc d'Orléans et de M. le duc de Chartres. Cet abbé fit une exhortation courte, belle, touchante et tellement convenable, qu'elle fut admirée de tout ce qui l'entendit.

Dans cette extrémité où les médecins ne savent plus que faire et où on a recours à tout, on parla de l'élixir d'un nommé Garus, qui faisoit alors beaucoup de bruit, et dont le roi a depuis acheté le secret. Garus fut donc mandé et arriva bientôt après. Il trouva Mme la duchesse de Berry si mal qu'il ne voulut répondre de rien. Le remède fut donné et réussit au delà de toute espérance. Il ne s'agissoit plus que de continuer. Sur toutes choses, Garus avoit demandé que rien sans exception ne fût donné à Mme la duchesse de Berry que par lui, et cela même avoit été très-expressément commandé par M. [le duc] et par Mme la duchesse d'Orléans. Mme la duchesse de Berry continua d'être de plus en plus soulagée, et si revenue à elle-même que Chirac craignit d'en avoir l'affront. Il prit son temps que Garus dormoit sur un sofa, et avec son impétuosité présenta un purgatif à Mme la duchesse de Berry, qu'il lui fit avaler sans en dire mot à personne et sans que deux garde-malades, qu'on avoit prises pour la servir, et qui seules étoient présentes, osassent branler devant lui..L'audace fut aussi complète que la scélératesse, car M. [le duc] et Mme la duchesse d'Orléans étoient dans le salon de la Muette. De ce moment à celui de retomber pis que l'état d'où l'élixir l'avoit tirée, il n'y eut presque pas d'intervalle. Garus fut réveillé et appelé. Voyant ce désordre, il s'écria qu'on avoit donné un purgatif qui, quel qu'il fût, étoit un poison dans l'état de la princesse. Il voulut s'en aller, on le retint, on le mena à M. [le duc] et à Mme la duchesse d'Orléans. Grand vacarme devant eux, cris de Garus, impudence de Chirac et hardiesse sans égale à soutenir ce qu'il avoit fait. Il ne pouvoit le nier, parce que les deux gardes avoient été interrogées et l'avoient dit. Mme la duchesse de Berry, pendant ce débat, tendoit à sa fin sans que Chirac ni Garus eussent de ressource. Elle dura cependant le reste de la journée et ne mourut que sur le minuit. Chirac, voyant avancer l'agonie, traversa la chambre, et faisant une révérence d'insulte au pied du lit, qui étoit ouvert, lui souhaita un bon voyage en termes équivalents, et de ce pas s'en alla à Paris. La merveille est qu'il n'en fut autre chose, et qu'il demeura auprès de M. le duc d'Orléans comme auparavant.

Depuis la légèreté, pour ne pas employer un autre nom, que M. le duc d'Orléans avoit eue de parler à Mme la duchesse de Berry d'un avis que je lui avois donné, si important à l'un et à l'autre, au lieu d'en profiter, et de la haine qu'elle en conçut, ce qui arriva dès les premiers mois de son mariage, je ne la vis plus qu'aux occasions indispensables, qui n'arrivoient presque jamais, et d'ailleurs quand il n'en arrivoit point, une fois ou deux l'an tout au plus, à une heure publique, et un instant à chaque fois. Mme de Saint-Simon, voyant que la fin s'approchoit, et qu'il n'y avoit personne à la Muette avec qui M. le duc d'Orléans fût bien libre, me manda qu'elle me conseilloit d'y venir pour être auprès de lui dans ces tristes moments. Il me parut en effet que mon arrivée lui fit plaisir, et que je ne lui fus pas inutile au soulagement de s'épancher en liberté avec moi. Le reste du jour se passa ainsi et à entrer des moments dans la chambre. Le soir je fus presque toujours seul auprès de lui.

Il voulut que je me chargeasse de tout ce qui devoit se faire après que Mme la duchesse de Berry [seroit morte], sur l'ouverture de son corps, et le secret en cas qu'elle se trouvât grosse, sur tous les détails qui demandoient ses ordres et sa décision, pour n'être point importuné de ces choses touchantes, et de tout ce qui regardoit les funérailles et les ordres qu'il y avoit à y donner. Il me parla avec toute sorte d'amitié et de confiance, ne voulut point qu'ensuite je lui demandasse ses ordres sur rien, et dit en passant à toute la maison de la princesse, qui se trouvoit là toute rassemblée, qu'il m'avoit donné ses ordres, et que c'étoit à moi, qu'il en avoit chargé, à les donner sur tout ce qui pourroit demander les siens. Il me dit, de plus, qu'il ne comptoit plus Mme de Mouchy pour être de la maison, avec sa chimère de charge de seconde dame d'atours; qu'elle avoit perdu sa fille, qu'elle l'avoit pillée, n'oublia pas le baguier qu'il lui avoit ôté, et me chargea, conjointement avec Mme de Saint-Simon, d'empêcher qu'elle demeurât à la Muette si elle s'y présentoit, encore plus de lui laisser faire aucune fonction, ni d'entrer dans les carrosses pour accompagner le corps à Saint-Denis, ou le cœur au Val-de-Grâce.

Je proposai à M. le duc d'Orléans qu'il n'y eût ni garde du corps, ni eau bénite, ni aucune cérémonie; que le convoi fût décent, mais au plus simple, et les suites de même, surtout qu'au service de Saint-Denis, où on ne pouvoit éviter le cérémonial ordinaire, il n'y eût point d'oraison funèbre : je lui en touchai légèrement les raisons, qu'il sentit très-bien, me remercia, et convint avec moi que les choses se passeroient ainsi, et que de sa part je les ordonnasse de la sorte. Je fus le plus court que je pus avec lui sur ces funèbres matières, et je le promenois tant que je pouvois de temps en temps dans les pièces de suite de la maison et dans l'entrée du jardin, et le détournois de la chambre de la mourante autant qu'il me fut possible.

Le soir bien avancé, et Mme la duchesse de Berry de plus en plus mal et sans connoissance depuis que Chirac l'avoit empoisonnée, comme on a vu en son lieu que les médecins de la cour en firent autant au maréchal de Boufflers, en pareil cas, à Fontainebleau, et avec même succès, M. le duc d'Orléans rentra dans la chambre et approcha du chevet du lit, dont tous les rideaux étoient ouverts; je ne l'y laissai que quelques moments et le poussai dans le cabinet, où il n'y avoit personne. Les fenêtres y étoient ouvertes, il s'y mit appuyé sur le balustre de fer, et ses pleurs y redoublèrent au point que j'eus peur qu'il ne suffoquât. Quand ce grand accès se fut un peu passé, il se mit à me parler des malheurs de ce monde et du peu de durée de ce qui est de plus agréable. J'en pris occasion de lui dire ce que Dieu me donna, avec toute la douceur, l'onction et la tendresse qu'il me fut possible. Non-seulement il reçut bien ce que je lui disois, mais il y répondit et en prolongea la conversation.

Après avoir été là plus d'une heure, Mme de Saint-Simon me fit avertir doucement qu'il étoit temps que je tâchasse d'emmener M. le duc d'Orléans, d'autant plus qu'on ne pouvoit sortir de ce cabinet que par la chambre. Son carrosse étoit prêt, que Mme de Saint-Simon avoit eu soin de faire venir. Ce ne fut pas sans peine que je pus venir doucement à bout d'arracher de là M. le duc d'Orléans plongé dans la plus amère douleur. Je lui fis traverser la chambre tout de suite, et le suppliai de s'en retourner à Paris. Ce fut une autre peine à l'y résoudre. A la fin il se rendit. Il voulut que je demeurasse pour tous les ordres. Il pria Mme de Saint-Simon avec beaucoup de politesse d'être présente à tous les scellés, après quoi je le mis dans son carrosse, et il s'en alla. Je rendis ensuite à Mme de Saint-Simon les ordres qu'il m'avoit donnés sur l'ouverture du corps, pour qu'elle les fît exécuter, et sur tout le reste, et je l'empêchai de demeurer dans le spectacle de cette chambre où il n'y avoit plus que de l'horreur.

Enfin sur le minuit du 21 juillet, Mme la duchesse de Berry mourut, deux jours après le forfait de Chirac. M. le duc d'Orléans fut le seul touché. Quelques perdants s'affligèrent; mais qui d'entre eux eut de quoi subsister ne parut pas même regretter sa perte. Mme la duchesse d'Orléans sentit sa délivrance, mais avec toutes les mesures de la bienséance. Madame ne s'en contraignit que médiocrement. Quelque affligé que fût M. le duc d'Orléans, la consolation ne tarda guère. Le joug auquel il s'étoit livré et qu'il trouvoit souvent pesant, étoit rompu. Surtout il se trouvoit affranchi des affres de la déclaration du mariage de Rion et de ses suites, embarras d'autant plus grand, qu'à l'ouverture du corps, la pauvre princesse fut trouvée grosse; on trouva aussi un dérangement dans son cerveau. Cela ne promettoit que de grandes peines et fut soigneusement étouffé pour le temps.

Sur les cinq heures du matin, c'est-à-dire cinq heures après cette mort, La Vrillière arriva à la Muette, où il mit le scellé en présence de Mme de Saint-Simon. Dès que cela fut fait, elle monta dans son carrosse avec lui, que les gens nécessaires au scellé suivirent dans le carrosse de La Vrillière, et s'en allèrent en faire autant à Meudon, puis au Luxembourg, de là au Palais-Royal en rendre compte à M. le duc d'Orléans, après quoi Mme de Saint-Simon revint à la Muette, où une plus cruelle nuit l'attendoit par l'horreur de ses fonctions à l'ouverture du corps, de laquelle j'allai rendre compte à M. le duc d'Orléans, et de l'exécution de ses ordres. Le corps fut déposé ensuite dans la chapelle de la Muette sans être gardé, où les messes basses furent continuelles tous les matins.

Je m'établis à Passy chez M. et Mme de Lauzun pour être plus près de la Muette, sans y être toujours, d'où j'allois presque tous les jours voir M. le duc d'Orléans, outre les jours de conseil de régence. Comme il n'y eut point de cérémonie, tout le monde fut dispensé des manteaux et des mantes au Palais-Royal, où on se présenta en deuil, mais en habits ordinaires. Il ne se trouva point de testament, et Mme la duchesse de Berry ne donna rien à personne, que ce que Mme de Mouchy s'étoit fait donner. Elle jouissoit de sept cent mille livres de rente, sans ce que depuis la régence elle tiroit de M. le duc d'Orléans.

Le soir du samedi 22, l'abbé de Castries, nommé à l'archevêché de Tours et son premier aumônier, porta le cœur au Val-de-Grâce, ayant à sa gauche Mlle de La Roche-sur-Yon, Mme de Saint-Simon au-devant et la duchesse de Louvigny nommée par le roi. Mme de Brassac, dame de Mme la duchesse de Berry, à une portière, et ce qui fut fort étrange, la dame d'honneur de Mme la princesse de Conti, mère de Mlle de La Roche-sur-Yon, à l'autre. Le deuil du roi fut de six semaines, celui du Palais-Royal de trois mois par respect du rang, et Mme de Saint-Simon drapa pour six mois, parce qu'elle avoit, comme on l'a vu en son lieu, drapé par excès de complaisance à d'autres deuils où M. le duc de Berry drapoit sans que le roi drapât.

Le dimanche 23 juillet, sur les dix heures du soir, le corps de Mme la duchesse de Berry fut mis dans un carrosse dont les huit chevaux étoient caparaçonnés. Il n'y eut aucune tenture à la Muette. L'abbé de Castries et les prêtres suivoient dans un autre carrosse, et les dames de Mme la duchesse de Berry dans un autre. Il n'y eut qu'une quarantaine de flambeaux portés par ses pages et ses gardes. Le convoi passa par le bois de Boulogne et la plaine de Saint-Denis, avec beaucoup de simplicité, et fut reçu de même dans l'église de l'abbaye.

La veille du convoi, M. le duc d'Orléans, sans que je lui en parlasse, me dit que le roi conservoit à Mme de Saint-Simon ses appointements en entier qui étoient de vingt et un mille livres. Je l'en remerciai, et en même temps je lui dis que ce seroit faire à Mme de Saint-Simon et à moi la grâce entière, de conserver aux dames de Mme la duchesse de Berry leurs appointements; il me les accorda sur-le-champ; ensuite je lui demandai la même grâce pour la première femme de chambre qui étoit une fille d'un singulier mérite, je l'obtins aussi. Au sortir du Palais-Royal, j'allai à la Muette, où je dis à Mme de Saint-Simon ce que je venois de faire; elle envoya prier toutes les dames de venir dans sa chambre, et leur manda que j'y étois et que j'avois à leur parler. J'eus la malice de ne leur rien dire jusqu'à ce que toutes fussent arrivées; alors je leur appris les grâces du régent qui leur conserva aussi en même temps leurs logements au Luxembourg. La joie fut grande et sans contrainte, et je fus bien embarrassé; je leur conseillai d'aller toutes ensemble le lendemain remercier M. le duc d'Orléans ; elles le firent et furent reçues de très-bonne grâce. En même temps, Mme de Saint-Simon lui remit l'appartement qu'elle avoit au Luxembourg, et lui demanda de le rendre à Mlle de Langeais et à ses frères qui l'avoient auparavant, et elle l'obtint. On a vu ailleurs que Mme de Saint-Simon ne s'en étoit jamais servie, mais on n'avoit pas voulu le reprendre, et qu'il parût qu'elle n'avoit point d'appartement au Luxembourg.

Mme de Mouchy fit demander une audience à M. le duc d'Orléans qui ne voulut pas la voir, et lui fit dire d'aller parler à La Vrillière. Elle y fut donc avec son mari. Elle y reçut l'ordre de sortir tous deux en vingt-quatre heures de Paris et de n'y pas revenir. Longtemps après ils y revinrent, mais aucun des événements arrivés dans la suite n'a pu les rétablir dans le monde, ni les tirer d'obscurité, de mépris et d'oubli.

Les spectacles furent interrompus huit jours à Paris.

M. le duc d'Orléans, dès les premiers jours, envoya chercher du Mont, lui rendit le gouvernement de Meudon, et lui ordonna d'y faire revenir tous les gens qui y étoient lorsque Mme la duchesse de Berry eut Meudon, et que leurs emplois leur seroient rendus. On peut juger en quel état tomba Rion en apprenant à l'armée une aussi terrible nouvelle pour lui ; quel affreux dénoûment d'une aventure plus que romanesque, au point qu'il touchoit à tout ce que l'ambition peut procurer même de plus imaginaire ; aussi fut-il plus d'une fois sur le point de se tuer, et longtemps gardé à vue par des amis que la pitié lui fit. Il vendit bientôt après la fin de la campagne son régiment et son gouvernement. Comme il avoit été doux et poli avec ses amis, il en conserva, et fit bonne chère avec eux pour se consoler. Mais au fond, il demeura obscur, et cette obscurité l'absorba.

Le service de Mme la duchesse de Berry se fit à Saint-

Denis avec les cérémonies accoutumées, mais sans oraison funèbre, les premiers jours de septembre.

Mme de Saint-Simon, qui, comme on l'a vu en son lieu, avoit été forcée, et moi aussi, à consentir qu'elle fût dame d'honneur de Mme la duchesse de Berry, n'avoit pu, en aucun temps, trouver le moindre jour à quitter cette triste place. On avoit pour elle toute sorte de considération, et on lui laissoit toute sorte de liberté ; mais tout cela ne la consoloit point de cette place, de sorte qu'elle sentit tout le plaisir, pour ne pas dire toute la satisfaction, d'une délivrance qu'elle n'attendoit pas d'une princesse de vingt-quatre ans. Mais l'extrême fatigue des derniers jours de la maladie, et de ceux qui suivirent la mort, lui causèrent une fièvre maligne dont elle fut six semaines à l'extrémité dans une maison que Fontanieu lui avoit prêtée à Passy pour prendre l'air et des eaux de Forges, et s'y reposer ; elle fut deux mois à s'en remettre. Cet accident, qui me pensa tourner la tête, me séquestra de tout pendant deux mois sans sortir de cette maison et presque de sa chambre, sans ouïr parler de rien, et sans voir que le peu de proches ou d'amis indispensables. Lorsqu'elle commença à se rétablir, je demandai à M. le duc d'Orléans quelques logements au château neuf de Meudon. Il me le prêta tout entier et tout meublé. Nous y passâmes le reste de l'été et plusieurs autres depuis. C'est un lieu charmant pour toute espèce de promenades. Nous comptions de n'y voir que nos amis, mais la proximité nous accabla de monde, en sorte que tout le château neuf fut souvent tout rempli, sans les gens de simple passage.

Pour ne plus revenir à la même matière, le deuil de Mme la duchesse de Berry eut une chose jusqu'alors sans exemple, et qui n'en a pas eu depuis : c'est que le roi, ne le portant que six semaines, la cour ne comptoit pas le porter davantage, parce que les deuils de cour ne se portent que par respect pour le roi, et se prennent et se quittent en même temps que lui. Cependant il y eut ordre de le continuer au delà du roi et de le porter trois mois, c'est-à-dire autant que M. le duc d'Orléans le porta.

Les logements au Luxembourg furent conservés aux deux premiers officiers, et au premier maître d'hôtel ; et le chevalier d'Hautefort, premier écuyer, obtint de conserver les livrées et un carrosse aux armes de Mme la duchesse de Berry sur le dernier exemple de Sainte-Maure, premier écuyer de feu M. le duc de Berry.

Le roi alla voir sur cette mort Madame, M. [le duc] et Mme la duchesse d'Orléans.

Le roi, qui étoit depuis trois semaines dans l'appartement de la reine mère au Louvre pour laisser nettoyer les Tuileries, alla, pendant ce séjour, voir toutes les académies et le balancier. Le maréchal de Villeroy voulut parler aux Académies françoise, des sciences et des belles-lettres ; on ne comprit ni pourquoi ni trop ce qu'il y dit ; les directeurs de ces académies firent chacun une harangue au roi, qui retourna après aux Tuileries.

Mme du Maine obtint d'aller demeurer dans un château voisin de Châlon-sur-Saône où La Billarderie la fut conduire, et le duc du Maine, celle de chasser autour de Dourlens, mais sans en découcher. En même temps le secrétaire du prince de Cellamare, qui avoit eu enfin permission de retourner en Espagne, fut arrêté en chemin à Orléans, et mené dans le château de Saumur. C'est que la duchesse du Maine avoit enfin commencé à parler, à avouer beaucoup de choses, peut-être à en cacher davantage ; car, comme je l'ai dit au commencement de cette affaire, et pourquoi, je n'y ai jamais vu bien clair, et je suis très-persuadé que M. le duc d'Orléans, qui sûrement en a su davantage, en a ignoré plus qu'il n'en a su, et que l'abbé Dubois s'est bien gardé de ne retenir pas pour soi tout seul le fond et le très-fond de l'affaire, n'en a dit à son maître que ce qu'il n'a pu lui cacher, et lui a soigneusement tu tout ce qui ne le conduisoit pas aux vues que j'ai expliquées.

Mme du Maine avoua donc enfin, par une espèce de mémoire qu'elle envoya, signé d'elle, à M. le duc d'Orléans, que le projet d'Espagne étoit véritable, nomma comme complices ceux dont j'ai parlé, mais fort diversement. Elle y traita Pompadour avec un grand mépris, et les gens de peu qui étoient arrêtés, confirma la chimère du duc de Richelieu sur Bayonne pour avoir le régiment des gardes, et de Saillant qui y avoit aussi son régiment, et qui s'étoit laissé entraîner. Boisdavid y étoit fort chargé, et Laval plus qu'aucun autre, comme la clef de meute, l'homme de confiance et d'expédients, qui conduisoit Cellamare en beaucoup de choses, le seul qui allât directement de lui à elle et d'elle à lui, qui avoit la créance de la noblesse qui leur étoit attachée, et qu'il savoit conduire où il convenoit sans leur rien dire qu'avec grande mesure pour les temps et pour le choix des personnes; enfin qu'ils avoient compté de faire une révolte à Paris et dans les provinces contre le gouvernement, de le changer, d'y faire déclarer le roi d'Espagne régent, de mettre à la tête de toutes les affaires et de toutes les troupes celui que le roi d'Espagne nommeroit pour exercer la régence en son nom et en sa place, de faire enregistrer ces changements dans tous les parlements, et que pour opérer ces choses, ils avoient formé un grand parti en Bretagne avec promesse réciproque que le roi d'Espagne leur rendroit tous leurs priviléges, tels qu'ils en jouissoient du temps d'Anne de Bretagne et des deux rois successivement ses époux, Charles VIII et Louis XII, et que la Bretagne recevroit toutes les troupes que l'Espagne voudroit envoyer en France, et lui livreroit le Port-Louis pour en être le seul maître absolu. Plusieurs Bretons furent nommés; je n'ai point su qu'aucun membre des parlements de Paris et de Rennes l'aient été, peut-être bien M. le duc d'Orléans l'a-t-il ignoré lui-même. Si elle a chargé des seigneurs de la cour qui ont montré avoir grand'peur, mais qui ne furent pas arrêtés, c'est encore ce qui n'est pas venu jusqu'à moi.

Laval, interrogé à la Bastille sur ces aveux, entra en furie contre la duchesse du Maine, jusqu'à lui donner toutes sortes de noms, s'écria que c'étoit bien la dernière personne dont il auroit soupçonné la foiblesse et l'infamie de révéler et de perdre ses amis, qu'il y avoit plus de dix ou douze ans qu'il la voyoit peu en public, très-fréquemment en secret; que c'étoit elle qui l'avoit embarqué dans toute cette affaire, dont la colère lui fit dire plusieurs détails, sans que ces détails soient revenus à moi ni à personne qu'à M. le duc d'Orléans, qui, à ce que je crus voir, n'en fut même que légèrement instruit, et ne les approfondit pas.

Un seul fut su : c'est qu'une nuit, qu'après avoir été souper à l'Arsenal, Mme du Maine alloit en bonne fortune voir Cellamare sans valets, n'ayant que quelques gens affidés dedans et derrière son carrosse, et Laval le menant au lieu de cocher et sans flambeaux, elle fut accrochée par un autre carrosse, dont ils eurent toutes les peines du monde à se débarrasser, et la plus grande frayeur d'en être reconnus.

Ce furent ces aveux qui valurent plus de liberté à M. et à Mme du Maine, et qui firent mettre à Saumur le secrétaire de Cellamare. Ce fut aussi où commença cette comédie entre eux deux, dont qui que ce soit ne put être la dupe. Ces aveux furent accompagnés de toutes sortes d'assurances et de protestations que le duc du Maine n'avoit jamais su un mot de toute cette affaire; qu'ils n'avoient garde d'en rien laisser apercevoir à sa timidité naturelle, car, pour le sauver, elle ne le ménageoit pas; qu'ils se seroient exposés à voir rompre leur projet à l'instant, et très-possiblement encore à la révélation qu'il en auroit faite dans la peur où il en auroit été; que leur plus épineux embarras avoit été de se cacher de lui, ce qui avoit souvent retardé et quelquefois déconcerté toutes leurs mesures par les contre-temps des rendez-vous et la fréquente nécessité de les abréger. Ce fut à cette momerie que tout l'esprit de la duchesse du

Maine s'aiguisa, comme celui du duc du Maine, quand il apprit ces aveux, à jurer de son ignorance, de son aveuglement, de son imbécillité à ne s'être ni aperçu ni même douté de rien, à détester le projet et ceux qui y avoient embarqué sa femme, et à se déchaîner contre elle avec peu de ménagement.

M. le duc d'Orléans me conta toutes ces choses en attendant qu'il en parlât au conseil de régence. Il eut l'air avec moi de mépriser la conspiration, et de rire de la comédie entre le mari et la femme, de la male-peur du duc du Maine et de l'usage que Mme du Maine ne doutoit pas de faire de son esprit à cet égard, et de son sexe et de sa naissance pour elle-même, et du plein succès qu'elle s'en promettoit sûrement. Je me contentai de sourire et de lui répondre un peu dédaigneusement que je serois bien de moitié avec elle, parce qu'il n'est rien de si certain que de persuader qui veut absolument être persuadé, et aussitôt je changeai de discours. Il y avoit longtemps que nous ne nous étions parlé de cette affaire. Il sentoit bien que j'avois raison ; mais il sentoit encore plus le poids du joug de l'abbé Dubois, et j'avois bien reconnu, comme je l'ai dit plus haut, à quoi aboutiroit tout ce vacarme, et l'indignation m'avoit fermé la bouche là-dessus. On verra bientôt les suites de ces aveux sur la Bretagne, et à quel point la comédie fut poussée entre M. et Mme du Maine.

Quoique je fasse profession dans ces Mémoires de ne les charger pas de deux matières, dont l'une a produit une infinité de volumes, qui sont entre les mains de tout le monde, et dont l'autre n'en fourniroit guère moins par son étendue et l'excès de ses révolutions, je veux dire la constitution *Unigenitus* et la finance, il se trouve néanmoins en mon chemin des choses là-dessus que je me crois quelquefois obligé de raconter.

La taille et la manière de la lever plus à charge que la taille même avoient été un objet sur lequel on avoit sans cesse médité depuis la régence[1]. Les inconvénients en étoient extrêmement moindres en Languedoc et en Bretagne ; mais c'étoient les seuls pays d'états[2] : car le peu d'autres pays d'états sont si petits, et objets si peu considérables, que ce n'étoient pas des objets. M. d'Allemans, qui étoit un homme fort distingué parmi la noblesse du Périgord par la sienne et par son mérite, et qui, depuis qu'il s'y étoit retiré, y étoit considéré par tout ce qui y vivoit, comme un arbitre général, à qui chacun avoit recours pour sa probité, sa capacité et la douceur de ses manières, et comme un coq de province, où il vivoit très-honorablement, étoit venu faire un tour à Paris, revoir ses anciens amis, et il en avoit beaucoup, et quelques-uns fort considérables ; car il avoit longtemps vécu à la cour et à Paris, où il s'étoit fait généralement estimer. Il étoit des miens dès ma jeunesse, et son fils aussi, qui est devenu lieutenant-colonel du régiment du roi infanterie, brigadier et commandeur de Saint-Louis, et qui n'a quitté que par une grande blessure à la bataille de Parme, avec des pensions, parce qu'elle l'avoit mis hors d'état de servir. Le père et le fils avoient beaucoup d'esprit, de savoir et de monde. Je les avois connus chez le célèbre P. Malebranche, de l'Oratoire, dont la science et les ouvrages ont fait tant de bruit, et la modestie, la rare simplicité, la piété solide ont tant édifié, et dont la mort dans un âge avancé a été si sainte, la même année de la mort du roi. D'autres circonstances l'avoient fait connoître à mon père et à ma mère. Il avoit bien voulu quelquefois se mêler de mes études ; enfin il m'avoit pris en amitié, et moi lui, qui a duré autant que sa vie. Le goût des mêmes sciences l'avoit fait ami intime de MM. d'Allemans père et fils, et c'étoit chez lui que j'étois devenu le leur. Cette préface semble bien étrangère à ce qui est annoncé. Elle y va pourtant

---

1. Voy. les notes à la fin du volume.
2. Voy., sur les pays d'États, t. XIV, p. 482.

paroître nécessaire, parce qu'elle y montre la raison qui m'a fait mêler d'un projet de finance, moi dont le goût et l'aptitude en sont si éloignés.

M. d'Allemans, excellent citoyen, qui étoit depuis longtemps témoin oculaire des malheurs de la campagne, chercha des remèdes à ces maux. Il crut en avoir trouvé un dans une manière de taille proportionnelle. Il travailla son projet, et il en apporta des mémoires à Paris. Il me vint voir et il m'en parla. Je lui dis que le petit Renaud avoit eu une idée pareille, et que M. le duc d'Orléans aussi l'avoit envoyé en quelques provinces faire quelques essais sur des paroisses en petit nombre, et Silly d'un autre côté, qui s'y étoit présenté, qui est le même Silly dont j'ai ailleurs raconté par avance la fortune et la catastrophe. Je crois avoir aussi fait connoître ailleurs ce petit Renaud, que tout le monde, et le meilleur, avec qui son mérite l'avoit mêlé, appeloit ainsi de sa très-petite taille. Il étoit très-savant, très-homme d'honneur, modeste, désintéressé, zélé citoyen, avec de l'esprit et du monde, des distractions plaisantes de géomètre, consommé dans toutes les parties de la marine, fort brave, lieutenant général des armées navales, grand'-croix de Saint-Louis, qui avoit fait en chef diverses expéditions, fort estimé du feu roi dont il avoit des pensions, et de ses ministres, et de tout temps aimé de M. le duc d'Orléans. Il étoit ami intime de Louville. Il étoit des miens, et, comme il étoit grand disciple du P. Malebranche, il avoit connu aussi M. d'Allemans. Ce dernier me lut un mémoire tiré de ses observations. Louville, qui le connoissoit, et qui avoit dîné avec lui chez moi, demeura présent à cette lecture.

Le mémoire étoit beau et solide et nous parut mériter d'aller plus loin; mais avant d'en parler à M. le duc d'Orléans, nous jugeâmes qu'il falloit éviter d'être croisés, et qu'il étoit à propos de rassembler les lumières. Renaud étoit venu faire un tour à Paris; nous en voulûmes profiter. Louville aboucha d'Allemans avec lui; ils eurent plusieurs conférences chez Louville et une dernière chez moi. Réciproquement ils approuvèrent leurs vues et leurs moyens de les remplir. Réciproquement aussi ils trouvèrent des embarras et des obstacles. Deux hommes d'honneur et d'esprit qui sincèrement ne cherchent que le bien et ne se proposent aucun but particulier conviennent aisément, même sur ce qui reste en dispute entre eux; ainsi, tout bien examiné, ils jugèrent tous deux que ce plan devoit être proposé et lu en leur présence, pour qu'il jugeât lui-même des points qui demeuroient indécis entre eux. Louville n'avoit pas laissé de travailler aussi à la refonte des points convenus, sur plusieurs desquels Renaud et d'Allemans s'étoient conciliés; il entendoit bien la matière, et nous crûmes qu'il ne seroit pas inutile.

Je parlai donc à M. le duc d'Orléans de ce mémoire et je lui proposai d'en entendre la lecture en présence de ces trois hommes pour en raisonner en même temps avec eux. Il me parut que la proposition lui plut, il l'accepta avec plaisir, il voulut aussi que j'y assistasse, et me donna jour au 2 août, trois ou quatre jours après; nous allâmes donc ce jour-là de bonne heure l'après-dînée chez lui. Lecture ou conférence durèrent quatre bonnes heures sans dispute et chacun ne cherchant que les meilleurs moyens à lever les embarras et les difficultés. La conclusion fut louanges et remercîments du régent et approbation du mémoire; mais il fut convenu de voir pendant un an les difficultés et les succès de Renaud dans la généralité de la Rochelle, et de Silly dans une des élections[1] de Normandie, où ils travailloient à établir la taille proportionnelle, pour ensuite revoir avec eux ce même mémoire, et sur l'expérience de leur travail et les lumières que donnoit le mémoire, se déterminer, se fixer et travailler

---

1. Les élections étaient des circonscriptions territoriales de l'ancienne monarchie, soumises, pour la juridiction financière, au tribunal des magistrats appelés *élus*. Ceux-ci connaissaient en première instance de l'assiette des tailles et des aides, ou impôts prélevés sur les personnes, les propriétés et les denrées.

en conséquence dans tout le royaume sur la manière de lever la taille.

Ce projet, qui fut de l'avis de tous, et qui étoit sage, n'eut pas le temps d'être exécuté. Renaud, malade de fatigue et du chagrin que lui causoient les obstacles qu'il rencontroit dans la généralité de la Rochelle, et de la haine que, sans savoir pourquoi, la nouveauté qu'il vouloit introduire avoit excitée contre lui, malgré la netteté de ses mains très-reconnue, parce que toute nouveauté est suspecte en matière d'impôts et de levée, Renaud, dis-je, voulut se presser de retourner à son travail. Il voulut prendre des eaux de Pougues; il en prit par excès, car par principe, comme le père Malebranche, il étoit grand buveur d'eau, et mourut à Pougues les derniers jours de septembre. M. d'Allemans, retourné chez lui, ne le survécut que de peu de mois; ainsi tout ce projet s'en alla en fumée.

M. le duc d'Orléans fit au roi une galanterie très-convenable à son âge, ce fut de lui proposer de prendre la maison de la Muette pour s'en amuser, et y aller faire des collations. Le roi en fut ravi. Il crut avoir quelque chose personnellement à lui, et se fit un plaisir d'y aller, d'en avoir du pain, du lait, des fruits, des légumes, et de s'y amuser de ce qui divertit à cet âge. Ce lieu changeant de maître changea aussi de gouverneur. Le duc d'Humières me parla pour Pezé; je le lui fis donner, et il en sut tirer parti pour se rendre de plus en plus agréable au roi. Il eut aussi la capitainerie du bois de Boulogne, comme Rion avoit l'un et l'autre.

M. le Duc, qui avoit un procès fort aigre avec Mme la princesse de Conti sa tante, l'accommoda; mais ce fut aux dépens du roi à qui il en coûta une pension de vingt mille livres à Mme la princesse de Conti, outre celles qu'elle avoit déjà. M. le duc d'Orléans accorda aussi à Lautrec cent cinquante mille livres de brevet de retenue sur sa lieutenance générale de Guyenne. Il profita aussi du bon état de la banque de Law pour faire payer toutes les pensions, vieux et courant. Il fit aussi une grande augmentation de troupes pour environ sept à huit millions.

Peu de jours après, il fit un marché qui scandalisa étrangement, après tout ce qui s'étoit passé à Turin de La Feuillade à lui, et les exécrables propos que ce dernier s'étoit piqué de tenir à tous venants sur la mort de M. le Dauphin et de Mme la Dauphine. Ils furent tels et si publics et si connus, que j'eus toutes les peines du monde à empêcher M. le duc d'Orléans de lui faire donner des coups de bâton, lui, si insensible à tout ce qui s'est fait et dit contre lui, comme on le voit en tant d'endroits de ces Mémoires. Mais Canillac, ami intime de La Feuillade de tout temps, voulut faire éclater son crédit et la puissance de sa protection aux dépens de M. le duc d'Orléans même, raccommoder avec lui un homme si gratuitement et si démesurément coupable envers lui, et lui ouvrir un large robinet d'argent. Il persuada donc à M. le duc d'Orléans, qui ne songeoit à rien moins, d'acheter de La Feuillade, pour M. le duc de Chartres, le gouvernement de Dauphiné cinq cent cinquante mille livres comptant, trois cent mille livres en outre pour le brevet de retenue que La Feuillade avoit, et de plus les appointements d'ambassadeur à Rome depuis le jour que le même Canillac l'avoit fait nommer, en obtenant son pardon jusqu'à son départ. Ce fut donc près d'un million pour un gouvernement de soixante mille livres de rente, et dix ans d'appointements d'ambassadeur à Rome où il n'alla jamais. On verra, dans la suite, la rare reconnoissance de ce galant homme, le plus corrompu et le plus méprisable que j'aie jamais connu. Clermont qui, comme on l'a dit, avoit les Suisses de M. le duc d'Orléans, fut aussi capitaine des gardes de M. le duc de Chartres, comme gouverneur de Dauphiné : il n'avoit rien et grand besoin de subsistance.

L'audience ordinaire du roi à la députation des états de Languedoc donna lieu à une étrange dispute à qui les présenteroit, par l'absence du duc du Maine et du prince de

Dombes, gouverneurs de cette province, entre Maillebois qui en étoit un des lieutenants généraux, et La Vrillière, secrétaire d'État, qui avoit le Languedoc dans son département, qui, plus étrangement encore, l'emporta. Voilà ce que perdent les charges à tomber à des gens infimes. On n'a jamais contesté au lieutenant général d'une province d'y faire les fonctions de gouverneur en son absence, quand le lieutenant général y est de l'agrément du roi. Or, c'en est une constante de présenter au roi les députés des états en l'absence du gouverneur, et qui n'a pas besoin de l'agrément du roi, parce que cette fonction est très-passagère, et n'emporte ni détail ni commandement. Toutefois La Vrillière osa la prétendre, et l'emporta parce qu'il n'eut affaire qu'à Maillebois, et de là en avant, voilà cette fonction ôtée aux lieutenants généraux par les secrétaires d'État, dans un pays où rien de suivi par règle, par principes, par maximes, tout par exemple et par considération.

A ce propos, puisque dans la suite ce Maillebois a voulu faire du seigneur, si faut-il que je dise au vrai d'où il vient. Desmarets étoit laboureur de l'abbaye d'Orcamp, comme l'avoit été son père. Peu à peu il en prit des fermes et s'y enrichit. M. Colbert, fort petit compagnon alors, mais déjà dans les bureaux, n'avoit pas encore oublié Reims, sa patrie ni ses environs. Il sut que ces Desmarets, père et fils, étoient devenus de gros marchands de blés, et qu'ils y avoient fait fortune. Il trouva le nid bon pour sa sœur, et la leur fit proposer pour le fils. Les Desmarets ne se firent pas prier pour s'allier à un homme qui travailloit dans les bureaux du premier ministre, et le mariage se fit. Colbert, de degré en degré, parvenu à la place d'intendant des affaires du cardinal Mazarin et d'intendant des finances, voulut recrépir son beau-frère. Il lui fit acheter une charge de trésorier de France[1] à Soissons, où il alla s'établir, sans

---

1. Les trésoriers de France étaient des officiers de finance chargés prin-

avoir jamais monté plus haut, et ne laissa pas tout doucement de continuer son commerce et d'accumuler. Il eut trois fils de la sœur de Colbert, dont l'aîné fut Desmarets dont il a été suffisamment parlé en plusieurs endroits ici pour n'avoir rien de plus à en dire, et qui, à la mort du roi, étoit ministre d'État et contrôleur général des finances, lequel, d'une fille de Bechameil, surintendant de Monsieur, a eu Maillebois, qui a donné lieu à ce récit.

Le même, mot pour mot, m'a été fait dans l'abbaye d'Orcamp par le prieur et par ses principaux religieux, et m'a été confirmé unanimement par tout le pays. Ce qu'ils ne m'ont pas dit, et ce que j'ai appris de tout leur voisinage, mérite de n'être pas oublié, pour la beauté et encore plus pour l'extrême rareté de l'action. Il y avoit trente ans, lorsque je l'appris, que le prieur et les principaux religieux de l'abbaye d'Orcamp surent que deux enfants gentilshommes, dont les ascendants paternels avoient fait de grands biens à leur abbaye et l'avoient presque fondée, étoient tombés dans la nécessité. Ils les prirent chez eux, les élevèrent, et leur firent apprendre tout ce qui convenoit à leur état; ensuite ils trouvèrent moyen de les faire officiers, leur achetèrent après des compagnies, et tous les hivers défrayoient leurs équipages chez eux; enfin au printemps leur faisoient une bourse pour leur campagne, et ont toujours continué tant que ces gentilshommes ont eu besoin et ont bien voulu recevoir ce secours. Aussi ces moines, tout riches qu'ils sont, en ont recueilli la vénération de tout leur pays : ils la méritent sans doute et d'être proposés en exemple. J'ai regret d'avoir oublié le nom de ces gentilshommes, qui doivent être d'ancienne race. Orcamp est si près de Paris que ce nom est aisé à retrouver.

cipalement de l'administration des domaines royaux. Ils formaient des bureaux de finance qui siégeaient à Alençon, Amiens, Bordeaux, Bourges, Grenoble, la Rochelle, Limoges, Lyon, Montauban, Moulins, Orléans, Paris, Poitiers, Reims, Rouen, Soissons et Tours.

Avant de quitter Maillebois et la députation des états de Languedoc, il ne faut pas oublier cette singularité. Cette députation, après avoir fait sa harangue au roi, alloit toujours en faire une à Madame, et à M. [le duc] et Mme la duchesse d'Orléans, ainsi que les députés des états de Bretagne. Cela se pratiquoit de même sous le feu roi. Mme la duchesse d'Orléans ne voulut point la recevoir cette année, pour marquer le deuil qu'elle demenoit[1] de la situation du duc du Maine, quoique si étrangement adoucie, d'une manière plus solennelle et plus publique.

Peu de jours après, le duc de Richelieu sortit de la Bastille et alla coucher à Conflans chez le cardinal de Noailles. Il étoit veuf sans enfants de sa nièce, mais, par son traité avec l'Espagne, il avoit voulu dépouiller le duc de Guiche, autre neveu du cardinal de Noailles, du régiment des gardes, et l'avoir. Il devoit s'en aller à Richelieu; il obtint d'aller faire une pause à Saint-Germain, où il avoit une maison, puis d'y demeurer, après d'être à Paris sans voir le roi ni le régent; au bout de trois mois il eut permission de les saluer, et tout fut bientôt oublié.

CHAPITRE XII.

Paix de la Suède avec l'Angleterre. — Le duc de Lorraine échoue pour l'érection de Nancy en évêché. — Vaudemont en tombe fort malade à Paris. — Maximes absurdes, mais suivies toujours et inhérentes, du parlement sur son autorité. — J'empêche le régent d'en rembourser toutes les charges avec le papier de Law. — Raisons secrètes contre le remboursement des charges du parlement. — Seconde tentative du projet du remboursement des charges du

1. Le mot *demenoit* est pris ici dans le sens de *affectoit de mener.*

parlement finalement avortée. — Le parlement informé du risque qu'il a couru, qui le lui a paré, et qui y a poussé. — Duchesse du Maine à Chamlay, où Mme la Princesse la visite. — Officiers des princes du sang, et leur date. — Usurpations et richesses. — Le chevalier de Vendôme vend au bâtard reconnu de M. le duc d'Orléans le grand prieuré de France, et veut inutilement se marier. — Retour de Plénœuf en France. — Raisons d'en parler. — Plénœuf, sa femme et sa fille; quels. — Courte reprise de sa négociation de Turin avortée par l'intérêt personnel et la ruse singulière de l'abbé Dubois. — Étrange trait de franchise de Madame, qui rompt tout court la négociation de Turin. — Digression sur les maisons d'Este et Farnèse. — Maison d'Este. — Bâtards d'Este, ducs de Modène et de Reggio jusqu'à aujourd'hui. — Maison Farnèse. — Farnèses bâtards, ducs de Parme et de Plaisance.

Enfin l'alliance du nord se démancha. Le roi de Suède n'étoit plus, et la foiblesse où son règne avoit réduit ce royaume contribua beaucoup à la paix qu'il conclut enfin avec le roi d'Angleterre. Le czar, déjà adouci par la même raison, même du temps dernier de Charles XII, étoit plus occupé du dedans que du dehors; le roi de Danemark demeura seul, faisant la guerre en Norwége. C'est grand dommage que les Mémoires de M. de Torcy ne soient pas venus jusqu'à ce temps-ci, et que le joug de l'abbé Dubois n'ait pas laissé la liberté à M. le duc d'Orléans de me parler aussi librement, qu'il avoit accoutumé de l'intérieur, des affaires étrangères : c'est ce qui m'y rendra sec désormais, parce que je ne veux dire que ce que je sais par moi-même ou par des gens assez instruits pour que je puisse m'y fier, et les citer pour garants.

Le roi d'Espagne, qui s'étoit approché de son armée, et qui même l'étoit venu voir, s'en retourna à Madrid. Le prince Pio, qui la commandoit, ne se trouva pas en état de s'opposer à rien. Il se contenta de bien faire rompre autour de l'abbaye de Roncevaux les chemins qu'on y avoit faits à grand'peine pour le canon et les autres voitures, dans un temps où on n'imaginoit pas qu'il pût jamais arriver de rupture avec Philippe V.

On vit au conseil de régence tous les ressorts que le duc de Lorraine remuoit pour obtenir l'érection d'un évêché à Nancy. Cet objet avoit été celui de ses pères et le sien pour se tirer du spirituel de l'évêché de Toul, à quoi, par la raison contraire, la France s'étoit toujours opposée. Il étoit temps d'arrêter les menées là-dessus. Le pape, qui trembloit toujours devant l'empereur, le lui avoit comme accordé. Il espéroit brusquer l'affaire avant que la France intervînt. Je ne sais si M. le duc d'Orléans, abandonné ou plutôt entraîné comme il l'étoit à tout ce qui convenoit au duc de Lorraine par Madame, par Mme la duchesse de Lorraine et par d'autres gens, en auroit été bien fâché. J'ai soupçonné que l'affaire n'avoit pu être conduite si près du but sans qu'il en eût su quelque chose, et qu'il l'avoit voulu ignorer ou négliger. Mais enfin l'abbé Dubois, qui n'avoit rien personnellement à y gagner, ne crut pas devoir salir son ministère d'une tolérance si préjudiciable et qui feroit crier contre lui, de sorte qu'il y fit former à Rome une opposition solennelle et parler si ferme au pape et au duc de Lorraine qu'il abandonna ses poursuites. Ainsi le voyage précipité de Commercy ici, où M. de Vaudemont venoit d'arriver, fut inutile ; deux jours après il tomba malade à l'extrémité. Le dépit du peu de succès de sa conversation avec le régent le piqua. Il n'avoit pas l'habitude d'être contredit. Il n'avoit pas compté avoir grand'peine à tirer le consentement, au moins tacite, à une chose si avancée et que le duc de Lorraine désiroit si ardemment. Il y fut trompé et ne fut plaint que de ses chères nièces, aussi dépitées que lui, et de ses complaisants, dont quelques-uns encore étoient ou se réputoient du plus haut parage.

Le parlement, comme on l'a déjà dit, plus irrité du lit de justice des Tuileries, qu'abattu, étoit revenu du premier étourdissement. Après quelque temps d'inaction et de crainte il ne trouva dans la conduite du régent à l'égard du duc du Maine, que de quoi se rassurer. Il ne s'appliqua donc plus qu'à éluder tout ce qui le regardoit dans les enregistrements que le roi avoit fait faire en sa présence. Cette compagnie est très-conséquente pour ses intérêts : elle se prétend, quoique très-absurdement, la modératrice de l'autorité des rois mineurs, même majeurs. Quoique si souvent battue sur ce grand point, elle n'a garde de l'abandonner. De cette maxime factice, elle en tire une autre sur les enregistrements; elle ne les prend point comme une publication qui oblige parce qu'elle ne peut être ignorée; elle n'en regarde point la nécessité comme étant celle de la notoriété, de laquelle résulte l'obéissance à des lois qu'on ne peut plus ignorer; mais elle prétend que l'enregistrement est en genre de lois, d'ordonnances, de levées, etc., l'ajoutement d'une autorité nécessaire et supérieure à l'autorité qui peut faire les lois, les ordonnances, etc., mais qui, en les faisant, ne peut les faire valoir ni les faire exécuter sans le concours de la première autorité, qui est celle que le parlement ajoute par son enregistrement à l'autorité du roi, laquelle par son concours rend celle-ci exécutrice, sans laquelle l'autorité du roi ne la seroit pas. De cette dernière maxime suit, dans les mêmes principes, que tout effet d'autorité nécessaire, mais forcée, est nul de droit; par conséquent que tout ce que le roi porte au parlement et y fait enregistrer par crainte et par force, est vainement enregistré, est nul de soi et sans force : enfin qu'il n'y a d'enregistrement valable et donnant aux édits, déclarations, règlements, lois, levées, etc., l'ajoutement nécessaire à l'autorité du roi qui les a faits, l'autorité qui les passe en loi et qui les rende exécutoires, que l'enregistrement libre, et qu'il n'est libre qu'autant que ce qui se porte au parlement pour y être enregistré y soit communiqué, examiné et approuvé; ou que, porté directement par le roi au lit de justice, y est, non pas approuvé du bonnet, parce que nul n'ose parler, mais discuté en pleine liberté pour être admis ou rejeté.

Dans cet esprit, il étoit très-naturel et parfaitement conséquent que non-seulement le parlement ne se crût pas tenu d'observer rien de tout ce qui avoit été enregistré au lit de justice des Tuileries malgré lui et contre ses prétentions, mais encore qu'il se crût en droit d'agir d'une manière tout opposée à la teneur de ce qui y avoit été ainsi enregistré. C'est aussi ce que le parlement fit pas à pas, avec toute la suite et la fermeté possible, et toute la circonspection aussi qui pût assurer l'effet de son intention, en s'opposant à tous les enregistrements nécessaires aux diverses opérations de Law, et vainement tentées sous toutes les formes.

M. le duc d'Orléans étoit exactement informé et très-peiné de cette conduite, et Law infiniment embarrassé; il avoit bien des manéges et des opérations à faire qui demandoient un parlement soumis, et il avoit affaire à un régent qui n'aimoit pas les tours de force, et qui sembloit épuisé sur ce point par ceux où il avoit été contraint d'avoir recours. Dans cette perplexité Law imagina de trancher ce nœud gordien. Il se trouvoit au plus haut point de son papier : le feu du François y étoit; il n'y avoit que peu de gens, en comparaison du grand nombre, qui préférassent l'argent à ce papier. Il proposa donc à M. le duc d'Orléans de rembourser avec ce papier toutes les charges du parlement de gré ou de force, de se parer à l'égard du public d'ôter la vénalité des charges qui a tant fait crier autrefois, et qui nécessairement entraîne de si grands abus; de les remettre toutes en la main du roi pour n'en plus disposer que gratuitement, comme avant que les charges fussent vénales, et le rendre ainsi maître du parlement, par de simples commissions qu'il donneroit, pour le tenir d'une vacance à l'autre, et qui seroient ou continuées ou changées à chaque tenue du parlement, en faveur des mêmes, ou d'autres sujets, selon son bon plaisir.

Un spécieux si avantageux, et sans bourse délier, éblouit le régent. Le duc de La Force appuya cette idée de concert avec l'abbé Dubois qui n'y vouloit pas trop paroître, mais qui faisoit agir, et qui, dans la crainte des revers et dans la connoissance qu'il avoit et du parlement et de son maître, se tenoit derrière la tapisserie d'où il dirigeoit ses émissaires. Lui-même trouvoit son compte à ce remboursement, dans ses vues de se rendre maître absolu du gouvernement sous le nom du régent, et tout de suite après sous le nom du roi majeur; mais il sentoit tous les hasards de la transition, et ne vouloit pas se commettre.

Law, qui, comme je l'ai déjà dit, venoit chez moi tous les mardis matin, ne m'avoit pas ouvert la bouche de rien qui pût me faire sentir ce projet; j'ai lieu de croire, sans pourtant rien d'évident, qu'ils n'osèrent se hasarder à un examen de ma part, et qu'ils voulurent surprendre ce qu'ils imaginoient de mon goût, de ma haine, de mon intérêt par la proposition que m'en feroit M. le duc d'Orléans, et m'engager ainsi à l'improviste à une approbation qui se tourneroit incontinent en impulsion. C'est ce qui m'a toujours fait pencher à croire que ce fut de cet artifice que vint à M. le duc d'Orléans la volonté de me consulter là-dessus. Ils me connoissoient tous pour être un des hommes du monde qui portoit le plus impatiemment les prétentions et les entreprises sur l'autorité royale, et qui, par attachement à ma dignité, demeuroit le plus ouvertement et le plus publiquement ulcéré de toutes les usurpations que cette compagnie lui avoit faites, et de tout ce qui s'étoit passé en dernier lieu sur le bonnet dans les fins du feu roi et depuis sa mort. C'étoit aussi par là que M. le duc d'Orléans, dont les soupçons n'épargnoient pas les plus honnêtes gens ni ses plus éprouvés serviteurs, avoit regardé de cet œil tout ce que je lui avois dit dans les commencements des entreprises du parlement sur son autorité, et pourquoi j'étois demeuré depuis à cet égard dans un silence entier et opiniâtre avec lui, et qui n'avoit été que forcément rompu de ma part, quand il me parla du lit de justice peu de jours avant qu'il fût tenu aux Tuileries, comme il a été rapporté en son lieu. Les

mêmes raisons, les mêmes soupçons, le même naturel de
M. le duc d'Orléans le devoient éloigner de me parler du
remboursement du parlement, s'il n'y avoit été poussé
d'ailleurs. Mais si j'étois celui contre lequel, à son sens, il
devoit être le plus en garde là-dessus, c'étoit, à ce qu'il
pouvoit sembler aux intéressés, un coup de partie d'engager
M. le duc d'Orléans à consulter un homme qu'ils comptoient
être si fait exprès pour seconder leurs désirs, et qui rassembloit en soi tout ce qu'il falloit pour les faire réussir pleinement et avec promptitude.

Quoi qu'il en fût, une après-dînée que je travaillois à mon
ordinaire tête à tête avec M. le duc d'Orléans, il se mit avec
moi sur le parlement sans que rien n'y eût donné lieu, et à
me conter et à m'expliquer les entraves que cette compagnie
lui donnoit sans cesse, le peu de compte qu'elle faisoit
publiquement du lit de justice des Tuileries, le peu de fruit
qu'il en tiroit, puis tout de suite me proposa l'expédient
qu'on lui avoit trouvé, et en même temps tira de sa poche
un mémoire bien raisonné du projet, dont jusqu'à ce moment il ne m'étoit pas revenu la moindre chose. J'entrai fort
dans ses plaintes de la conduite du parlement, et dans les
raisons de le ranger à son devoir à l'égard de l'autorité
royale. Je n'oubliai pas d'alléguer les causes personnelles
de mon désir de le voir mortifier et remis dans les bornes
où il devoit être, et les avantages que ma dignité ne pouvoit
manquer de trouver dans l'exécution de ce projet; mais
j'ajoutai tout de suite que de première vue il me paroissoit
d'un côté bien injuste, et de l'autre bien hardi, et que ce
n'étoit pas là matière à prendre une résolution sans beaucoup de mûre délibération, et sans en avoir bien reconnu
et pesé toutes les grandes suites et l'importance très-étendue. Il ne m'en laissa pas dire davantage, et voulut lire le
mémoire d'abord de suite et sans interruption, malgré sa
mauvaise vue, puis une seconde fois en s'arrêtant et raisonnant dessus.

Cette lecture première me confirma dans l'éloignement que j'avois conçu du projet dès sa première proposition, et que je n'avois pu tout à fait cacher. Quand ce fut à la seconde lecture je raisonnai, et mes raisonnements alloient toujours à la réfutation. M. le duc d'Orléans, surpris au dernier point de m'y trouver contraire, mais déjà entraîné et enchanté du projet, ne fut pas content de ma résistance. Il me témoigna l'un et l'autre ; il n'oublia rien pour me piquer, et me ramener par l'intérêt de ma dignité, me dit qu'il falloit donc laisser le parlement le maître, ou en venir à bout par l'unique moyen qu'on en avoit, puis se répandit sur l'odieux et les inconvénients infinis de la vénalité des charges[1], sur le bonheur public que ce changement apporteroit, et sur les acclamations qu'on en devoit attendre.

Le voyant si prévenu, et reployer le mémoire pour le remettre dans sa poche, je sentis tout le danger où on l'alloit embarquer. Je lui dis donc qu'encore qu'il y eût déjà fort longtemps que nous en étions là-dessus, cette matière étoit pour ou contre trop importante pour n'être pas examinée plus mûrement ; que j'avois dit ce qui s'étoit présenté d'abord à mon esprit ; qu'en y pensant davantage, et faisant tout seul plus de réflexion sur ce mémoire, et avec plus de loisir, peut-être que je changerois d'avis ; que je le souhaitois passionnément pour lui complaire, pour l'intérêt de ma dignité, pour l'extrême plaisir de ma vengeance personnelle, mais qu'il ne devoit pas avoir oublié aussi ce que je lui avois protesté en plus d'une occasion, et qu'il m'avoit vu pratiquer si fermement et si opiniâtrément, quoique presque si inutilement sur celle du changement de main de l'éducation du roi, et sur la réduction des bâtards au rang et ancienneté de leurs pairies ; que je le lui répétois en celle-ci, que j'aimois incomparablement mieux ma dignité que ma fortune, mais que l'une et l'autre ne me seroient

---

1. Voy. notes à la fin du volume.

jamais rien en comparaison de l'État. Je le priai ensuite que je pusse emporter le mémoire pour le mieux considérer tout à mon aise. Il y consentit à condition qu'il ne seroit vu que de moi seul. Il me le donna, mais avec promesse de le lui rapporter le surlendemain, sans m'avoir jamais voulu accorder un plus long terme.

Je tins parole et plus, car je fis de ma main une réponse si péremptoire que je lus à M. le duc d'Orléans, qu'il demeura convaincu que le projet étoit la chimère du monde la plus dangereuse. Cette réponse, je l'ai encore; elle se trouvera parmi les Pièces. En effet, il ne fut plus parlé du projet. Ceux qui l'avoient fait et conseillé trouvèrent M. le duc d'Orléans si armé contre leurs raisons, qu'ils n'y trouvèrent point de réplique, et qu'ils se continrent dans le silence; mais ce ne fut pas pour toujours.

Outre les raisons contre ce remboursement, expliquées dans le mémoire qui persuada alors M. le duc d'Orléans, trop long pour être inséré ici, mais qu'il faut voir dans les Pièces, j'en eus deux autres non moins puissantes, non moins inhérentes à l'intérêt de l'État, mais qui n'étoient pas de nature à mettre dans mon mémoire : la première est que, quelque fausses et absurdes que soient les maximes du parlement qui viennent d'être expliquées, et quelque abus énorme et séditieux qu'il en ait fait trop souvent, surtout dans la minorité du feu roi, il ne falloit pas oublier le service si essentiel qu'il rendit dans le temps de la Ligue, ni se priver d'un pareil secours dans les temps qui pouvoient revenir, puisqu'on les avoit déjà éprouvés, en même temps ne pas ôter toute entrave aux excès de la puissance royale tyranniquement exercée quelquefois sous des rois foibles, par des ministres, des favoris, des maîtresses, des valets même, pour leurs intérêts particuliers contre celui de l'État, de tous les particuliers, de ceux d'un roi même qui les autoriseroit à tout faire et à employer son nom sacré et son autorité entière à la ruine de son État, de ses sujets et de sa réputation. Mon autre raison fut l'importance d'opposer l'unique barrière que l'État pût avoir contre les entreprises de Rome, du clergé de France, d'un régulier[1] impétueux qui gouverneroit la conscience d'un roi ignorant, foible, timide, ou qui n'étant d'ailleurs ni timide ni foible, le seroit par la grossièreté d'une conscience délicate et ténébreuse sur toutes les matières ecclésiastiques, ou qu'on lui donneroit pour l'être. Il n'y a qu'à ouvrir les histoires de tous les pays et du nôtre en particulier, pour voir la solidité de ces raisons. Celles de mon mémoire ne me parurent ni moins fortes ni moins solides, mais celles-ci qui ne s'y pouvoient mettre, me semblèrent encore plus importantes.

Tandis que je suis sur cette matière, je suis d'avis de l'achever pour n'avoir pas à y revenir sur l'année prochaine, où il n'y auroit qu'un mot à en dire. Ce projet étoit trop cher à Law et à l'abbé Dubois pour l'abandonner : à Dubois pour s'ôter toutes sortes d'obstacles présents et à venir pour l'établissement et la conservation de sa toute-puissance ; à Law pour son propre soutien par ce prodigieux débouchement de papier dont il sentoit de loin tout le poids en quelque vogue qu'il fût alors. On verra sur l'année prochaine, qu'elle se passa en luttes entre le gouvernement et le parlement. Ces luttes donnèrent lieu aux promoteurs du projet abandonné de tâcher de le ressusciter, sans qu'en aucun temps ni l'un ni l'autre m'en ait parlé, sinon une fois ou deux quelques regrets échappés courtement à Law d'un si bon coup manqué.

J'étois allé, dans l'été, passer quelques jours à la Ferté, dans un intervalle d'affaires et du conseil de régence. Peut-être que mon absence leur fit naître l'espérance de le brusquer. Le lendemain de mon arrivée, j'allai faire ma cour à M. le duc d'Orléans, comme je faisois à tous mes retours. Je le trouvai avec assez de monde. Après quelques moments

---

1. C'est-à-dire ecclésiastique soumis à une règle monastique.

de conversation générale, M. le duc d'Orléans me tira à part dans un coin; il me dit qu'il avoit bien à m'entretenir de choses instantes et pressées, et que ce seroit pour le lendemain. Je le pressai de m'en dire la matière; il eut quelque peine à s'expliquer, puis me dit qu'il étoit excédé du parlement, qu'il falloit reprendre le projet du remboursement et voir enfin aux moyens de l'exécuter. Je lui témoignai toute ma surprise de le voir revenir encore une fois à un expédient si ruineux, et de l'abandon duquel il étoit demeuré si pleinement convaincu. Le régent insista, mais coupa court, et me donna son heure pour le lendemain; je lui dis que j'étois tout prêt, mais que je n'avois rien de nouveau à lui exposer sur cette matière, et que je serois surpris si on lui en proposoit quelque solution praticable. La nuit suivante, la fièvre me prit assez forte; je m'envoyai donc excuser d'aller au Palais-Royal. Le jour d'après, M. le duc d'Orléans envoya savoir de mes nouvelles, et quand je pourrois le voir. Ce fut une fièvre double-tierce, qui impatienta d'autant plus les promoteurs du projet qu'apparemment ils trouvèrent le régent arrêté à n'y avancer pas sans moi, car deux jours après, le duc de La Force vint forcer ma porte de la part de M. le duc d'Orléans. Il me trouva au lit, dans l'accès, et hors d'état de raisonner sur la mission qui l'amenoit, et qu'il me dit être le projet du remboursement du parlement. Il me demanda avec empressement quand il en pourroit conférer avec moi, parce que l'affaire pressoit. Je sus après que c'étoit la première fois que M. le duc d'Orléans lui en avoit parlé. Je répondis au duc de La Force que je ne prévoyois pas être sitôt en état de raisonner, ni d'aller au Palais-Royal, mais que si l'affaire pressoit tant, que j'avois tellement dit à M. le duc d'Orléans, il y avoit plus d'un an, tout ce que je pouvois lui en dire, que je n'avois plus rien à y ajouter; que tout ce que je pouvois faire, c'étoit de lui prêter à lire un mémoire que j'avois fait là-dessus et que par hasard j'avois gardé. En effet, je le lui envoyai l'après-dînée du même jour. Apparemment qu'ils le trouvèrent péremptoire, car le duc de La Force me le rapporta quelques jours après. Je n'étois pas lors encore trop en état de parler d'affaires, et moins en volonté d'entrer sur celle-là en matière avec lui, aussi n'y insista-t-il pas, et se contenta d'avouer en général que le mémoire étoit bon. Ils n'y purent apparemment rien répondre, parce que la première fois ensuite que je vis M. le duc d'Orléans, il me dit d'abord qu'il n'y avoit pas moyen de songer davantage à ce projet, et en effet il n'en fut plus du tout parlé depuis.

Ce qui ne peut se comprendre, et qui pourtant est arrivé quelquefois dans la régence, c'est que tout cela fut su en ce même détail par le premier président avec qui j'étois demeuré en rupture plus qu'ouverte, sans le saluer, et quelquefois pis encore, depuis l'affaire du bonnet, dès avant la mort du roi. Peu après ceci, le parlement, comme on le verra en son lieu, fut envoyé à Pontoise. Le premier président, en y allant avec sa famille, dit en carrosse à Mme de Fontenelle, sa sœur, le risque que le parlement avoit couru, et lui donna à deviner qui l'avoit sauvé, dont il ne sortoit pas de surprise, et me nomma. Sa sœur n'en fut pas moins étonnée; elle-même me l'a raconté après que nous fûmes raccommodés. Ils surent aussi la part contradictoire que le duc de La Force y avoit eue, et surent après s'en venger cruellement. Pour moi, qui n'avois pas prétendu à leur reconnoissance, je demeurai avec eux tel que j'étois auparavant, et eux avec moi.

Mme la Princesse fut refusée du séjour d'Anet pour la duchesse du Maine, où elle auroit voulu la faire venir et y passer quelque temps avec elle. Mais peu après elle obtint le séjour du château de Chamlay, près de Joigny, qui étoit à vendre depuis la mort de Chamlay; et comme cette mort étoit récente, le lieu qu'il avoit fort accommodé étoit encore entretenu et meublé. Mme la Princesse eut permission d'y aller voir Mme sa fille.

A propos de princes du sang, il faut réparer ici, bien ou mal à propos, l'oubli d'une remarque qui auroit dû être placée lors de l'achat du gouvernement du Dauphiné, et que Clermont-Chattes, capitaine des Suisses de M. le duc d'Orléans, fut aussi capitaine des gardes de M. le duc de Chartres, comme gouverneur du Dauphiné. Les princes du sang, comme tels, n'ont ni gardes ni capitaines des gardes, mais quand ils sont gouverneurs de province, ils ont en cette qualité des gardes, mais dans leur province, et un capitaine des gardes comme en ont tous les autres gouverneurs de province. Le seul premier prince du sang a un gentilhomme de la chambre. Ils l'appellent maintenant premier gentilhomme de la chambre et en ont tous un. La date de cette nouveauté, peu après imperceptiblement introduite, est depuis la mort du roi, et n'a paru que longtemps après. Qui voudrait expliquer leurs diverses usurpations en tous genres depuis la mort du roi, et les millions qu'ils ont eus, et les augmentations immenses en sus de pensions, feroit un volume.

Le chevalier de Vendôme, grand prieur de France, dont on a assez parlé ailleurs pour le faire connoître, avoit passé sa vie à se ruiner et à manger tout ce qu'il avoit pu d'ailleurs. Les biens du grand prieuré étoient tombés dans le dernier désordre, et l'ordre de Malte avoit à cet égard une action toujours prête contre lui. Il avoit tiré infiniment de Law, et n'étoit pas d'avis d'en réparer ses bénéfices. Les accroissements prodigieux et parfaitement inattendus qu'il avoit vu arriver à son rang par le feu roi, à cause de ses bâtards, et que son impudence avoit augmentés depuis par les tentatives hardies, que la foiblesse, ou peut-être la prétendue politique de M. le duc d'Orléans, avoit souffertes, lui avoient tellement tourné la tête, que la chute de ce rang arrivée au dernier lit de justice des Tuileries n'avoit pu le rappeler à la première moitié de sa vie, ni le détacher de la folle espérance de revenir au rang de prince du sang. Il la combla par vouloir avoir postérité, et ne put comprendre que cette postérité même seroit un obstacle de plus à ses désirs. Il s'abandonna donc à sa chimère, et Law, son ami et son confident, en profita pour faire sa cour au régent, et procurer au bâtard qu'il avoit reconnu de Mme d'Argenton le grand prieuré de France. Le marché en fut bientôt fait et payé gros. Pas un de ceux qui y entrèrent de part et d'autre n'étoient pas pour en avoir plus de scrupule que du marché d'une terre ou d'une charge, et l'ordre de Malte, ni le grand maître, pour oser refuser un régent de France. L'affaire se fit donc avec si peu de difficulté qu'on la sut consommée avant d'en avoir eu la moindre idée. Il s'en trouva davantage pour la dispense des vœux du chevalier de Vendôme, et pour celle de se pouvoir marier; mais il l'obtint enfin par la protection de M. le duc d'Orléans, et au moyen des sûretés qu'il donna à la maison de Condé de ne répéter rien de la succession du feu duc de Vendôme, son frère, qui par la donation entre vifs de son contrat de mariage avec la dernière fille de feu M. le Prince, fondée sur la profession de cet unique frère, étoit passée tout entière aux héritiers de la feue duchesse de Vendôme, excepté ce qui se trouva réversible à la couronne. Cela fait, il chercha partout à se marier, et partout personne ne voulut d'un vieux ivrogne de soixante-quatre ou soixante-cinq ans, pourri de vérole, vivant de rapines, sans autre fonds de bien que le portefeuille qu'il s'étoit fait et dont tout le mérite ne consistoit que dans son extrême impudence; lui, au contraire se persuadoit qu'il n'y avoit rien de trop bon pour lui. Il chercha donc en vain et si longtemps qu'il se lassa enfin d'une recherche vaine et ridicule. Il continua sa vie accoutumée qu'il étoit incapable de quitter, qui l'obscurcit de plus en plus, et qui ne dura que peu d'années depuis cette dernière scène de sa vie.

Ce fut en ce temps-ci que Plénœuf revint en France en pleine liberté, après s'être accommodé avec ses créanciers à peu près comme il voulut. Je ne barbouillerois pas ces Mémoires du nom et du retour de ce bas financier sans les raisons curieuses qui s'en présenteront d'elles-mêmes en cet article, et qui m'engageront même à une courte, mais nécessaire répétition. Il étoit de la famille des Berthelot, tous gens d'affaires, et frère de la femme du maréchal de Matignon. Il entra dans plusieurs affaires, enfin dans les vivres et les hôpitaux des armées, où tant de soldats périrent par son pillage, et où il amassa tant de trésors. Embarrassé de tant de proie, il se mit à l'abri en se faisant connoître à Voysin comme un homme consommé dans la science des vivres et des fourrages, qui le fit un de ses premiers commis. Il ne s'oublia pas dans cet emploi, et en profita dans le peu qu'il dura pour cacher si bien tout ce qu'il avoit amassé que lorsqu'il se vit recherché par la chambre de justice, après la mort du roi, il fit une banqueroute frauduleuse et prodigieuse, se sauva hors du royaume, et ne craignit point qu'on trouvât ce qu'il avoit caché. Ce fut d'au delà des Alpes qu'il plaida en sûreté et mains garnies, et qu'il se servit sans qu'il lui en coûtât rien, de ce qui corrompt tant de gens, de l'argent et de la beauté.

Sa femme en avoit, des agréments encore plus, tout l'esprit, et la sorte d'esprit de suite, d'insinuation et d'intrigue, qui est la plus propre au grand monde, et à y régner autant que le pouvoit une bourgeoise que sa figure, son esprit, ses manières, ses richesses y avoient mêlée d'une façon fort au-dessus de son état, et avec un empire qu'elle ne déployoit qu'avec discrétion, mais qu'elle eut toujours l'art de faire aimer à ceux qu'elle avoit entrepris d'y soumettre. Elle étoit mère de la trop fameuse Mme de Prie, qui avoit autant d'esprit et d'ambition qu'elle, et plus de beauté. Elle enchaîna M. le Duc, le gouverna entièrement, et pendant qu'il fut premier ministre fit des maux infinis à la cour et à l'État, dont il se peut dire que les trésors immenses qu'elle ramassa de toutes parts fut le moindre mal qu'elle fit, si on excepte la pension d'Angleterre, pareille à celle qu'avoit eue l'abbé Dubois, et qui ne coûta guère moins cher au royaume. La rivalité de beauté brouilla la mère et la fille, les rendit ennemies implacables, et [elles] y entraînèrent leurs adorateurs. C'est ce qui mit Le Blanc et Belle-Ile à une ligne de leur perte après une longue et dure prison. On se contente d'en faire ici la remarque; le règne funeste et cruel de Mme de Prie dépasse le temps de ces Mémoires, qui ne doivent pas aller plus loin que la vie de M. le duc d'Orléans.

Plénœuf, d'extérieur grossier, lourd, stupide, étoit le plus délié matois, qui alloit le mieux et le plus à ses fins, qui n'étoit retenu par aucun scrupule et dont l'esprit financier étoit propre aussi aux affaires et à l'intrigue. Ce dernier talent l'initia dans la cour de Turin, et le mit en situation de mettre sur le tapis le mariage de Mlle de Valois avec le prince de Piémont, sans en avoir nulle charge. On a vu ailleurs ce qui se passa là-dessus, comme je fus chargé malgré moi de la correspondance sur cette affaire avec Plénœuf, comme sa femme s'insinua chez Mme la duchesse d'Orléans et chez moi, sous prétexte de rendre elle-même les lettres de son mari, et comme, l'affaire avortée, elle sut se maintenir toujours auprès de Mme la duchesse d'Orléans et m'a toujours cultivé depuis. On a vu aussi qu'alors l'abbé Dubois étoit auprès du roi d'Angleterre, et que, dès qu'il fut arrivé, las de la correspondance avec un homme tel que Plénœuf, et connaissant la jalousie de l'abbé Dubois et la foiblesse de M. le duc d'Orléans pour lui, enfin qu'il goûtoit très-médiocrement ce mariage, quoique très-mal à propos, je lui proposai de ne pas faire un pot à part de cette seule affaire étrangère, et de trouver bon que je la remisse à l'abbé Dubois, pour ne m'en plus mêler, ce que je fis en même temps, au grand regret de Mme la duchesse d'Orléans, et dont Mme de Plénœuf fut aussi bien fâchée, mais à ma grande satisfaction. Celle-ci bâtissoit déjà beaucoup en espérance, si son mari concluoit ce mariage. Mme la duchesse d'Orléans le désiroit passionnément ; elle étoit informée de tout par moi, ce qu'elle n'espéroit pas de l'abbé Dubois, et craignoit tout de lui, avec raison, pour le faire manquer. Mme de Plénœuf, le voyant en de telles mains, le comptoit déjà rompu et ses espérances perdues.

En effet ce mariage n'étoit pas le compte personnel de l'abbé Dubois. Sa boussole étoit sa fortune particulière, comme on l'a remarqué ici bien des fois, et ses vues étoient trop avancées pour leur tourner le dos par quelque considération que ce pût être. Il avoit sacrifié l'Espagne, sa marine et la nôtre à l'Angleterre; il ne restoit plus qu'à sacrifier la même Espagne et le roi de Sicile à l'empereur. Le sacrifice déjà fait aux dépens de l'État et à ceux de son maître lui avoit assuré les offices de l'Angleterre les plus efficaces auprès de l'empereur, qui en profitoit, et qui alors étoit très-intimement avec le roi Georges. Le sacrifice qui restoit à faire étant directement à l'empereur, le rendoit son obligé et le disposoit personnellement à ce que le roi Georges lui demandoit, qui ne lui coûtoit rien que de faire dire au pape, qui trembloit devant lui et qui ne cherchoit qu'à prévenir ses désirs, qu'il vouloit, et promptement, un chapeau pour l'abbé Dubois. Dans cette position, l'abbé Dubois n'avoit dans la tête que la quadruple alliance, dont la Sicile devoit être le premier fruit pour l'empereur, aux dépens du roi de Sicile à qui étoit destiné, aux dépens encore de l'Espagne, le triste dédommagement de la Sardaigne, pour lui conserver le titre et le rang de roi. Dubois n'avoit donc garde de vouloir le mariage à la veille de le dépouiller. Il fit donc languir la négociation pour se préparer à la rompre, la laissa transpirer exprès et revenir à Madame, sans y paroître, parce qu'il en étoit méprisé et haï, mais dans l'espérance de quelque trait de férocité allemande. Il la connoissoit et il devina.

Madame étoit la droiture, la vérité, la franchise même, avec de grands défauts, dont l'un étoit de pousser à l'extrême les vertus dont on vient de parler. Aussi, dans cette occasion, n'en fit-elle pas à deux fois. Elle aimoit tellement à écrire à ses parents et à ses amis, comme on l'a pu voir ici, par ce qui lui en arriva à la mort de Monsieur, qu'elle y passoit sa vie[1]. La reine de Sicile et elle s'écrivoient toutes les semaines. Madame lui manda sans détour qu'elle apprenoit qu'il étoit sérieusement question du mariage du prince de Piémont avec Mlle de Valois; qu'elle l'aimoit trop pour lui vouloir un si mauvais présent et pour la tromper; qu'elle l'avertissoit donc[2], etc.; et lui raconta tout de suite tout ce qu'elle en savoit, ou ce qu'elle en croyoit savoir; puis, la lettre partie et hors de portée de pouvoir être arrêtée et prise, elle dit tout ce qu'elle contenoit à M. [le duc] et à Mme la duchesse d'Orléans, qui en fut outrée. M. le duc d'Orléans, qui n'avoit jamais été de bon pied en cette affaire, et beaucoup moins depuis qu'elle avoit été remise à l'abbé Dubois, ne fit qu'en rire, et Dubois rit encore de bien meilleur cœur de ce rare et subit effet de son artifice. Ce mariage tomba donc de la sorte.

Plénœuf en fut éconduit avec assez peu de ménagement; ses affaires en France s'étoient accommodées; il se hâta de quitter Turin et revint avec l'air de l'importance, le fruit et la sécurité de sa banqueroute. Il n'en jouit pas longtemps et ne vécut pas longues années.

Six semaines après cette aventure, M. le duc d'Orléans, qui avoit ses raisons de se soucier peu de Mlle de Valois, et beaucoup de s'en défaire, conclut et déclara son mariage avec le fils aîné du duc de Modène. Personne malheureusement n'ignoroit pourquoi le régent se hâtoit tant de se défaire de cette princesse et avec si peu de choix. Je ne pus

1. Des extraits des lettres de la duchesse d'Orléans ont été publiés plusieurs fois. La dernière édition a été donnée par M. Brunet. (Paris, Charpentier, 2 vol. in-12. 1855.)
2. Madame fait mention de Mlle de Valois dans plusieurs lettres de 1719 et notamment dans les lettres du 13 mai, du 8 juin, 9 novembre, 30 novembre, 3 décembre, 17 décembre. Dans les dernières lettres, Madame parle du mariage prochain de Mlle de Valois avec le fils aîné du duc de Modène; dans celle du 13 mai, il est question de ses intrigues avec le duc de Richelieu.

m'empêcher pourtant de le lui reprocher. « Pourquoi ne mérite-t-elle pas mieux? me répondit-il : tout m'est bon, pourvu que je m'en défasse. » Il n'y eut rien qui n'y parût : on lui donnoit un des plus petits princes d'Italie quant à la puissance et aux richesses, qui avoit à attendre longtemps à être souverain, et dont le père étoit connu pour être d'un caractère et d'une humeur fort difficile, comme il le leur montra bien tant qu'il vécut. Il est vrai que la reine d'Espagne n'étoit pas de meilleure maison, et que Philippe V étoit fort au-dessus de Mlle de Valois en bien des manières. Aussi on a vu ici en son lieu de quelle façon ce mariage se fit, et que le feu roi ne le pardonna pas à Mme des Ursins. Il n'est peut-être pas inutile d'expliquer ici en peu de mots ce que sont les d'Este d'aujourd'hui, et ce que sont aussi les Farnèse.

Je ne me donne pas pour être généalogiste, mais je suivrai Imhoff qui passe pour exact et savant sur les maisons allemandes, espagnoles et italiennes[1], et fort peu l'un et l'autre sur les françoises. Peut-être que si nous connoissions autant ces maisons étrangères que nous faisons celles de notre pays, cet auteur n'auroit pas pris tant de réputation ; mais ce qui regarde l'origine des Farnèse et l'étrange déchet des Este d'aujourd'hui est si moderne et si connu qu'il n'y a pas de méprise à craindre.

Imhoff donne pour tige, dont la maison d'Este est sortie, Azon, seigneur d'Este, marchis en Lombardie, c'est-à-dire général et gardien des marches ou des frontières de ces pays, qui épousa en premières noces Cunegonde, qui étoit Allemande et héritière de sa maison, (héritage difficile à entendre dans une fille en Germanie à la fin du xe siècle où cela se passoit); et en secondes noces Ermengarde, fille du comte

1. Il a déjà été question, t. III, p. 249, des *Recherches historiques et généalogiques des grands d'Espagne*, par Imhoff. On a encore de lui une histoire généalogique de la maison royale de Portugal, sous le titre de *Stemma regium Lusitanicum* (Amsterdam, 1708, in-fol.). Saint-Simon fait allusion, à la fin de sa phrase, à l'ouvrage du même auteur, intitulé : *Excellentium familiarum in Gallia genealogiæ* (Nuremberg, 1687, in-fol.)

du Maine en France. Du premier lit il eut Guelfe, héritier des biens de sa mère. Il fut créé duc de Bavière en 1071, répudia sa première femme, fille d'Otton le Saxon, duc de Bavière, épousa ensuite Judith, fille de Baudouin le Pieux, comte de Flandre, mourut en 1101 dans l'île de Chypre, laissa deux fils : Guelfe l'aîné, duc de Bavière, mort sans postérité en 1119; et Henri, dit le Noir, duc de Bavière après son frère. Il épousa Walflide, fille de Magnus, duc de Saxe, mourut 1125, et laissa un fils nommé Henri comme lui, qui fut duc de Bavière et de Saxe. Celui-ci épousa Gertrude, fille de l'empereur Lothaire II, et de ce mariage est sortie la maison de Brunswick et Lunebourg, à ce qu'on prétend.

Hugues, second fils d'Azon tige de cette maison, et fils de son second lit, hérita des biens de sa mère, fut comte du Maine en France, et vécut peu; il ne lui paroît point de postérité, et le comté du Maine disparoît avec lui.

Son frère Foulques fut seigneur d'Este et marchis. Obizzo son fils eut les mêmes titres, y ajouta en 1177 celui de podestat[1] de Pavie, et de Ferrare l'année suivante. Il mourut en 1196. Son fils Azon II devint en 1196 marquis d'Este et de Ferrare, en 1199 podestat de Padoue, en 1207 podestat de Vérone, en 1208 marquis d'Ancône; il mourut en 1212. Son fils Obizzo III devint premier marquis d'Este et de Ferrare, fut aussi seigneur de Modène et de Parme. Il épousa Élisabeth, fille d'Albert duc de Saxe, électeur. Nicolas, fils de son fils, ajouta à ces titres ceux de seigneur de Reggio, Forli et Romandiole. Borsus son fils fut créé duc de Modène et de Reggio par l'empereur Frédéric III, 18 mai 1452, et duc de Ferrare par le pape Paul III (Farnèse), 14 avril 1470. Borsus ne se maria point, et mourut en 1471. Hercule son frère lui succéda; il fut gendre de Ferdinand d'Aragon, roi de Naples, et mourut en 1505.

---

1. Les podestats étaient des gouverneurs établis dans certaines villes d'Italie avec droit de haute justice.

Son fils Alphonse Ier lui succéda. Il épousa en premières noces Anne Sforce, fille de Galéas Marie duc de Milan; en secondes noces Lucrèce Borgia, fille du pape Alexandre VI. Il faut ici expliquer sa famille avant d'aller plus loin. De trois frères qu'il eut, deux ne se marièrent point, tous deux moururent longtemps avant lui, dont un des deux en prison. L'autre frère fut évêque de Ferrare, archevêque de Strigonie, de Milan, de Capoue, de Narbonne, fut cardinal en 1493, mourut en 1520. Cet Alphonse Ier, frère aîné de ce cardinal, eut un fils de Laure Eustochie degli Dianti, dont le père étoit un artisan de Ferrare. Il avoit perdu ses deux femmes longtemps avant sa mort. On a prétendu qu'il épousa enfin cette maîtresse; mais il n'est pas contesté que le fils qu'il en eut, et qui s'appela aussi Alphonse, ne soit né avant ce dernier mariage, si tant est qu'il ait été fait. Le duc Alphonse Ier mourut en 1534 et laissa : Hercule II qui lui succéda; Hippolyte, élevé en France, évêque de Ferrare, de Treguier, d'Autun, de Saint-Jean de Maurienne, archevêque de Strigonie, de Milan, de Capoue, de Narbonne, d'Arles, de Lyon, cardinal en 1538, mort en décembre 1572, à soixante-trois ans; un fils qui n'eut que deux filles; le bâtard Alphonse susdit; un fils mort dès 1545 sans alliance; et une fille religieuse.

Hercule II, fils aîné susdit d'Alphonse Ier, fut son successeur, duc de Ferrare, de Modène et de Reggio. Il épousa, en 1527, Renée de France, fille du roi Louis XII, et ce mariage fut peu concordant. Il mourut en octobre 1558 à cinquante ans. Renée se retira en France, où elle mourut en juin 1571 avec un grand apanage et une grande considération. Elle fut la protectrice des savants; et quoique belle-mère du duc de Guise, elle protégea aussi les huguenots. De ce mariage, deux fils et quatre filles : Alphonse II, successeur de son père, Louis, évêque de Ferrare, archevêque d'Auch, cardinal, 1561, mort à Rome 3 décembre 1586, chargé des affaires de France, après son oncle Hippolyte, et toujours très-français et très-opposé à la Ligue et aux Guise ses cousins germains. Les filles, leurs sœurs, furent : la trop célèbre Anne d'Este, duchesse de Guise, née en 1531, mariée décembre 1549, veuve par l'assassinat de Poltrot, février 1563 ; remariée, 1566, à Jacques de Savoie, duc de Nemours, mère des duc et cardinal de Guise, tués, décembre 1588, aux derniers états de Blois, du duc de Mayenne, de la duchesse de Montpensier, etc., et du duc de Nemours, et du marquis de Saint-Sorlin, duc de Nemours après son frère ; elle mourut mai 1607, à soixante-dix-sept ans ; Lucrèce, épouse de François-Marie della Rovere, duc d'Urbin, en 1570, morte en 1598 ; Marfise et Bradamante, mariées aux marquis de Carrare-Cibo et comte Bevilaqua.

Alphonse II, duc de Ferrare, de Modène et de Reggio, fils aîné et successeur d'Hercule II, épousa, en février 1560, Lucrèce, fille de Cosme de Médicis, grand-duc de Toscane ; en février 1565, Barbe d'Autriche, fille de l'empereur Ferdinand Ier ; enfin, Marguerite, fille de Guillaume Gonzague, marquis de Mantoue. Il mourut sans enfants, 27 octobre 1597, à soixante-quatre ans, le dernier de la véritable et illustre maison d'Este.

Ici commence la maison bâtarde d'Este, présentement régnante.

Alphonse, fils du duc Alphonse Ier et de la fille de cet artisan de Ferrare, étoit frère bâtard du duc Hercule, gendre du roi Louis XII et oncle de son fils Alphonse II, mort sans enfants, en 1597. Ce bâtard avoit pourtant épousé, en 1549, Julie, fille de François-Marie della Rovere, duc d'Urbin. Elle mourut en 1563 et lui en 1582, quinze ans avant le dernier duc de Ferrare, de Modène et de Reggio, de la véritable maison d'Este. Ce bâtard Alphonse laissa César, son aîné, et Alexandre, évêque de Reggio, cardinal, 1598, mort 1624, et deux filles mariées, l'une à Charles Gesualdo, prince de Venose au royaume de Naples, l'autre à Frédéric Pic, prince de la Mirandole.

César, fils aîné du bâtard, se trouva le seul à prétendre à la succession de son cousin germain le duc Alphonse II, mort sans enfants en 1597 et le dernier de l'ancienne et véritable maison d'Este. Il fut protégé par l'empereur, et, sans difficulté, duc de Modène et de Reggio. Clément VIII ne fut pas si facile pour Ferrare qui ne relevoit pas de l'Empire comme Modène et Reggio, mais du saint-siége, et qu'il prétendit lui être dévolu faute d'hoirs légitimes. Il ne voulut pas voir l'envoyé de César, lequel prit les armes pour soutenir sa prétention et se maintenir dans Ferrare. Le pape s'arma de son côté, et n'oublia pas en même temps de se servir des foudres de l'Église. Henri IV, qui avoit grand intérêt de se montrer ami du pape, lui offrit le secours de ses armes. Cette démonstration finit tout. César, hors d'état de résister, ne pensa plus qu'à tirer de sa soumission le meilleur parti qu'il pût. Il conclut donc un traité avec le pape à la fin de 1597, par lequel il céda au pape la ville et le duché de Ferrare avec la Romandiole. Le pape lui céda quelques terres dans le Bolonois, lui laissa ses biens allodiaux[1], lui garantit ses biens mouvants de l'Empire, lui accorda le rang à Rome que les ducs ses prédécesseurs y avoient eu, enfin donna à son frère Alexandre, évêque de Reggio, le chapeau de cardinal, en mars 1598, lequel mourut en mai 1624. Après ce traité, Clément VIII alla lui-même à Ferrare prendre possession de la ville et du duché qui fait encore aujourd'hui une des plus belles possessions de l'État ecclésiastique. César, seulement duc de Parme et de Reggio, épousa, en 1586, Virginie, fille de Cosme de Médicis, grand-duc de Toscane, qui mourut en 1615, et César en 1628 à soixante-six ans.

Alphonse, son fils, épousa en 1608 Isabelle, fille de Charles-Emmanuel duc de Savoie, et la perdit en 1626. Il se

---

1. L'alleu, ou domaine allodial, était un bien possédé en toute propriété, à la différence du fief qui relevait d'un seigneur dominant ou suzerain.

dégoûta en moins d'un an de la souveraineté à laquelle il avoit succédé à son père, et s'alla faire capucin à Munich en Bavière en 1629, et mourut dans cet ordre en 1644, à cinquante-trois ans, ayant porté cet habit quinze ans. Il laissa entre autres enfants François, son aîné, qui lui succéda; Renaud, évêque de Reggio, cardinal 1641, mort 1672, qui fut attaché à la France, chargé de ses affaires à Rome, et qui l'étoit lors de l'insulte que les Corses de la garde du pape firent au duc de Créquy, ambassadeur de France en [1662], et qui sut en tirer un si bon parti pour sa maison par l'accommodement de cette affaire; et une fille mariée à ce fameux muet prince de Carignan.

François duc de Modène et de Reggio, par la retraite d'Alphonse, son père, épousa les deux filles de Ranuce Farnèse duc de Parme, l'une après l'autre, en 1630 et 1648, et en troisièmes noces Lucrèce fille de Tadée Barberin prince de Palestrina en 1654. Il mourut en 1658 à quarante-huit ans, et sa dernière femme en 1699. Entre autres enfants il laissa Alphonse II, son fils aîné et son successeur; François, cardinal, puis duc de Parme à son tour, et deux filles qui, l'une après l'autre, furent la seconde et la troisième femme de Ranuce Farnèse duc de Parme.

Alphonse II, fils et successeur de François, duc de Modène et de Reggio. Il épousa en 1655 Laure, fille de Jérôme Martinozzi et de Marguerite sœur du cardinal Mazarin. Il mourut en juillet 1662, et son épouse qui étoit sœur de Mme la princesse de Conti, mourut à Rome, 19 juillet 1687. De ce mariage il n'y eut qu'un fils et une fille à remarquer : François II, successeur; et Marie Béatrix qui épousa en 1673 le duc d'York, depuis roi d'Angleterre, Jacques II, et détrôné par le prince d'Orange, réfugié en France, mort à Saint-Germain [16 septembre 1701], et elle morte aussi à Saint-Germain [7 mai 1718], mère de Jacques III, réfugié et traité en roi à Rome.

François II fils et successeur d'Alphonse II, duc de Modène et de Reggio, gendre de Ranuce II Farnèse duc de Parme, mort sans enfants 1694, à trente-quatre ans.

Renaud, frère d'Alphonse II, oncle paternel de François II, cardinal en 1686 à trente-un ans, n'entra point dans les ordres sacrés. Il succéda en 1694 à François II, duc de Parme et de Reggio, son neveu, remit son chapeau au pape, épousa en février 1696 Charlotte-Félicité, sœur de l'impératrice Amélie, femme de l'empereur Joseph, qui ne l'épousa que depuis; filles de Joseph Frédéric, duc de Brunswick-Lunebourg, et de la sœur de la princesse de Salm, dont le mari avoit été gouverneur et grand maître de l'archiduc, puis empereur Joseph, et de Mme la princesse de Condé, femme du dernier M. le Prince.

François Marie, fils et depuis successeur de Renaud duc de Parme et de Reggio, né en 1698, qui a épousé Mlle de Valois, fille de M. le duc d'Orléans, lors régent de France.

Ainsi la bâtardise de ces derniers Este ne peut être plus clairement ni plus évidemment prouvée. Passons maintenant à la maison Farnèse.

Elle est d'Orvieto et a pris le nom de son fief de Farnèse en Toscane. On prétend qu'ils ont paru dès l'an 1000 entre les principaux citadins d'Orvieto. Ce qui est certain, c'est qu'ils en ont été, plusieurs de suite, consuls, et vers 1226 podestats. De là ils ont commandé les troupes de Bologne, puis celles de Florence. On en connoît en tout cinq générations avant le pape qui a fait les ducs de Parme, et six générations légitimes sorties du père ou de l'oncle paternel de ce pape, et qui ont duré jusque vers 1700 qu'elles se sont éteintes, la plupart connues par des emplois militaires distingués, par des fiefs qui l'étoient aussi, par des alliances bonnes, et plusieurs grandes, comme des maisons Olonne, Ursins, Savelli, Conti, Acquaviva, Piccolomini, Sforce, etc. On parle ici des Farnèse légitimes; venons maintenant aux bâtards qui seuls des Farnèse ont été ducs de Parme et de Plaisance, de Castro et de Camerino aux dépens de l'Église.

Alexandre, second fils de Louis Farnèse, seigneur de Montalte et de Jeanne Cajetan, fille de Jacques seigneur de Sermoneta, né dernier février 1468, cardinal 1493, évêque de Parme, puis d'Ostie, et doyen du sacré collége, pape 1534, sous le nom de Paul III, mort 2 novembre 1549 à quatre-vingt-un ans ; il eut un frère aîné, Barthélemy Farnèse qui, de Violente Monaldeschi de Corvara, laissa une postérité légitime qui a été illustre, et qui, avec celle de ses autres frères et cousins, n'a fini qu'un peu avant 1700, et avec elle toute la maison Farnèse légitime. Ce pape eut aussi deux sœurs dont l'aînée épousa Jules des Ursins de Bracciano, et l'autre un Pucci de Florence, puis Gilles comte de l'Anguilliara.

Farnèse bâtards : Alexandre Farnèse, depuis pape Paul III, avait commencé par être évêque de Montefiascone et de Corneto. Étant cardinal et évêque sacré, il eut deux bâtards : Pierre-Louis et Ranuce, et une bâtarde, Constance, qu'il maria depuis qu'il fut pape à Étienne Colone, prince de Palestrine.

Ce pape acheta de Lucrèce della Rovere, veuve de Marc-Antoine Colone, la terre de Frescati qu'elle avoit eue en dot du pape son oncle, puis il échangea avec l'Église Frescati pour les terres de Castro et de Ronciglione qu'il donna à son bâtard Pierre-Louis. Ensuite il acheta chèrement Camerino de ceux qui y avoient droit, se fondant sur ce que ce fief étoit dévolu à l'Église par la mort de Jean-Marie Varani sans enfants mâles, et qu'il avoit droit de l'ôter aux héritiers de Guidobaldo della Rovere, son gendre, qui étoit mort. Il maria son bâtard Pierre-Louis à une fille de Louis des Ursins comte de Petigliano, et Ranuce, son autre bâtard, à Virginie Gambara. Il fut général des Vénitiens en 1526, du pape son père en 1527, du roi de France 1529 ; il mourut sans postérité.

Il maria Octave, fils de Pierre-Louis, qu'il fit duc de Camerino, à Marguerite, bâtarde de l'empereur Charles-Quint, veuve d'Alexandre de Médicis, et ne se flatta pas de moins que d'obtenir le duché de Milan en dot de ce mariage. Cette espérance fut le grand motif de la conférence de Nice entre ce pape et Charles-Quint. Il y fut trompé : il se réduisit donc à l'échange de Camerino avec Parme et Plaisance que Léon X avoit réclamés et acquis à l'Église comme ayant fait partie de l'exarchat de Ravenne ; son prétexte fut la proximité de Camerino qui par là convenoit mieux à l'Église que Parme et Plaisance qui étoient éloignés et qui ne pouvoient s'entretenir et se conserver qu'avec beaucoup de dépense. La plupart des cardinaux s'y opposèrent, mais le pape passa outre, fit remettre à l'Église Camerino par Octave, fils de Pierre-Louis, et le retira aussitôt après et le redonna au même Octave, avec la qualité de duc et de duché, en le soumettant envers l'Église au tribut annuel de dix mille écus d'or.

Ainsi ce bon pape fit ses deux bâtards l'un duc de Parme et de Plaisance, l'autre duc de Castro, et le fils de son bâtard aîné duc de Camerino, en attendant qu'il eût la succession de son père.

Pierre-Louis, bâtard aîné de Paul III, ne fut pas deux ans duc de Parme et de Plaisance. C'étoit un homme perdu de toutes sortes de débauches et de crimes, et qui s'étoit enrichi au pillage de Rome, par l'armée du connétable de Bourbon, quoiqu'il ne fût point dans les troupes. Un dernier crime énorme et de la nature de ceux qu'on ne peut nommer, mit le comble à l'exécration publique. Il se fit une conjuration dont le pape son père l'avertit ; l'un et l'autre étoient fort enclins à la magie. On prétend que Pierre sut par cette voie qu'il trouveroit le nom des conspirateurs écrits sur sa monnoie. Elle portoit cette inscription P. Aloïs. Farn. Parm. et Place. Dux. Il eut beau l'examiner, il n'en fut pas plus savant. Il se trouva pourtant que les quatre premières lettres, P. Aloïs. les désignoient. Les comtes Camille Palavicin, Jean Anguisciola, Auguste Landi et Jean Louis gonfalonier, surprirent la forteresse de Plaisance, tuèrent les gardes, et Anguisciola le tua dans sa chambre. Aussitôt après cette exécution qui se fit le 10 septembre 1547, les Impériaux envoyés au voisinage par Gonzague, qui étoit du complot, se saisirent de Plaisance pour l'empereur. Octave, fils de l'assassiné, se retira auprès du pape son grand-père, qui pourvut à la conservation de Parme, par les troupes qu'il y envoya sous Camille des Ursins. Quelque temps après Octave, à l'insu du pape, tenta d'être reçu dans la citadelle de Parme, comme dans son héritage, et en fut refusé par Camille des Ursins, qui la gardoit pour le pape. Octave menaça le pape de s'accommoder avec Ferdinand Gonzague et de se rendre maître de Parme par son secours, si le pape refusoit de lui faire remettre la place. Le pape entra sur cette menace dans une si étrange colère, qu'il en mourut le 2 novembre 1549, s'écriant et répétant ce verset du psaume 18 : « Si mei non « fuissent dominati tunc immaculatus essem et emundatus a « delicto maximo. » Louis XIV, qui se trouvoit dans le même cas, y mit le comble en mourant, bien loin du repentir de ce pape, entre les bras de ses bâtards déifiés, de la Maintenon leur gouvernante, du jésuite Tellier, des cardinaux de Rohan et de Bissy, et de Voysin, leur fidèle ministre, et leur immola de plus son royaume, autant qu'il fut en lui, et l'éducation du roi son successeur et son arrière-petit-fils, en plein.

Les enfants de Pierre-Louis furent : Octave, qui lui succéda ; Alexandre et Ranuce à dix ans l'un l'autre, que le pape leur grand-père fit cardinaux, chacun à quinze ans, et leur donna force grands évêchés et archevêchés, et les premières charges de la cour de Rome, dont ils furent l'un et l'autre l'ornement à tous égards : Alexandre mourut en 1589, à soixante-neuf ans, doyen du sacré collége, et Ranuce en 1565, à quarante-cinq ans ; Horace duc de Castro, tué à la guerre en 1554, un an après avoir épousé Diane, bâtarde d'Henri II, et de Diane de Poitiers, laquelle fut remariée au duc de Montmorency maréchal de France, fils et frère des deux derniers connétables de Montmorency ; elle n'eut point d'enfants de ses deux maris : enfin une fille Victoire mariée à Guidobaldo della Rovere duc d'Urbin.

Octave avoit épousé en 1535, comme on l'a déjà dit, Marguerite, bâtarde de l'empereur Charles-Quint, qui ne fut pas heureuse avec lui. Brouillé avec Charles-Quint, lors de la mort du pape son grand-père, il se jeta dans le service de France jusqu'à ce qu'il se fut raccommodé avec lui en 1556. Il joignit alors le duché de Plaisance à celui de Parme ; mais il ne put jamais avoir la citadelle de Plaisance. Il servit toute sa vie la maison d'Autriche dans toutes ses guerres, et vint mourir à Parme, en octobre 1586, à soixante-deux ans. Marguerite, son épouse, fut la célèbre gouvernante des Pays-Bas pendant huit ans, à qui succéda le duc d'Albe ; elle vint se retirer à Ortone, dans le royaume de Naples, qu'elle avoit eu en dot, et y mourut dans la plus haute réputation en tout genre, en janvier 1586. Ils laissèrent Alexandre, leur fils unique, qui fut duc de Parme et de Plaisance, et quatre filles. L'aînée épousa Jules Cesarini, puis Marc Pio, marquis de Sassolo ; les trois autres, Alexandre marquis Palavicini, Renaud comte Borromée, Alexandre Sforce comte de Borgonovo.

Alexandre, duc de Parme et de Plaisance, fut un des plus grands capitaines de son siècle, si connu par la guerre qu'il fit dans les Pays-Bas pour l'Espagne, et en France pour la Ligue. Il épousa, en 1566, Marie, fille d'Édouard, prince de Portugal, qui mourut en 1577, et lui en Artois, 11 décembre 1592, à quarante-sept ans. Ils laissèrent deux fils et une fille : Ranuce qui succéda à son père ; Odoard, cardinal 1591, mort 1626, à soixante-deux ans ; et Marguerite, mariée à Vincent Gonzague, duc de Mantoue ; elle en fut séparée pour cause de parenté et se fit religieuse à Plaisance.

Ranuce, duc de Parme et de Plaisance, après le fameux Alexandre son père, épousa Marguerite Aldobrandin, fille du frère de Clément VIII. Il fut gonfalonier de l'Église, et mourut plus craint qu'aimé, en 1622, à cinquante-deux ans, et sa femme en 1646. Ils laissèrent deux fils et deux filles : Odoard qui succéda ; François-Marie, cardinal, 1645, mort, 1647, à trente ans; Marie, femme de François d'Este, duc de Modène, et Victoire, seconde femme du même. Ranuce laissa encore une bâtarde, qu'il maria à Jules-César Colone, prince de Palestrine.

Odoard, duc de Parme et de Plaisance, après Ranuce son père, épousa, en 1628, Marguerite de Médicis, fille de Cosme II, grand duc de Toscane. Il se brouilla avec les Espagnols, qui lui firent une cruelle guère ; il en essuya une autre des Barberins, non moins fâcheuse, du temps d'Urbin VIII ; il mena une vie fort agitée, et la finit, en 1646, à trente-quatre ans. Sa femme mourut en 1679. Leurs enfants furent, Ranuce II, qui succéda ; Alexandre, qui fut vice-roi de Navarre, puis gouverneur des Pays-Bas en 1680, et qui mourut sans alliance, en 1689, à cinquante-quatre ans; et Horace, général des Vénitiens, mort sans alliance, en 1656, à vingt ans.

Ranuce II, duc de Parme et de Plaisance, épousa, en 1660, Marguerite, fille de Victor-Amédée, duc de Savoie, et la perdit en 1663 ; en secondes noces, en 1664, Isabelle d'Este, fille de François duc de Modène, qu'il perdit en 1666 ; en troisièmes noces, en 1668, Marie d'Este, sœur de la dernière : elle mourut en 1684. Ranuce ne fut pas moins embarrassé de la guerre de Castro que son père l'avoit été, et des crimes d'un favori de néant. Il fut malheureux et battu, et réduit à souffrir l'*incamération*[1] de Castro. Sa vie ne fut pas moins agitée, mais plus triste encore que celle de son père ; il mourut, en 1694, à soixante-deux ans. Il eut une fille, mariée, en 1692, à François d'Este, duc de Modène, et deux fils qui lui succédèrent l'un après l'autre.

---

1. Le mot *incamération* signifie que le duché de Castro fut réuni aux domaines de la Chambre Apostolique. C'est un terme de la chancellerie romaine.

Odoard II, qui épousa, en 1690, Dorothée-Sophie, fille de Philippe-Guillaume, électeur palatin, duc de Neubourg : de ce mariage une fille unique, seconde femme de Philippe V, roi d'Espagne. Odoard mourut en 1693, à trente-trois ans. Son frère François lui succéda. Il épousa sa veuve, dont il n'eut point d'enfants. Il mourut en [1727] et en lui finirent les ducs de Parme et de Plaisance bâtards de la maison Farnèse.

On voit ainsi qu'Élisabeth Farnèse, fille unique d'Odoard II, duc de Parme et de Plaisance, est la seule héritière de ses États et de ceux de Toscane par la grand'mère de son père.

CHAPITRE XIII.

Le roi Jacques II repasse en Italie. — Le prince électoral de Saxe épouse une archiduchesse, Joséphine. — Bénédiction de Mme de Chelles. — Mort de Marillac, doyen du conseil; de Mme de Croissy; son caractère. — Mort de Courcillon; de Louvois, capitaine des Cent-Suisses. — Sa charge donnée à son fils à la mamelle. — Mort du comte de Reckem; du duc de Bisaccia; sa famille. — Mort du marquis de Crussol; de l'évêque d'Avranches, Coettenfao; d'Orry; de Mme de Bellegarde, puis de son mari; du duc de La Trémoille. — Mort de Mme de Coigny; extraction de son mari. — Mort de l'abbé de Montmorel. — Mort du président Tambonneau. — M. le comte de Charolois, comblé d'argent du roi, fait gouverneur de Touraine. — Comte d'Évreux achète le gouvernement de l'Ile-de-France et la capitainerie de Monceaux, où il désole le cardinal de Bissy. — Le nonce Bentivoglio, près d'être cardinal, prend congé et part. — Ses horreurs. — L'abbé de Lorraine et l'abbé de Castries obtiennent enfin leurs bulles de Bayeux et de Tours, et sont sacrés par le cardinal de Noailles. — Commission de juges du conseil envoyée à Nantes. — Bretons arrêtés; d'autres en fuite. — Berwick en Roussillon, prend la Ceu-d'Urgel; y finit la campagne. — Le

Guerchois, gouverneur d'Urgel. — M. le duc d'Orléans se fait appeler *mon oncle*. — Le feu roi n'appartenoit que lui, Monsieur et la vieille Mademoiselle. — Conseil de régence entièrement tombé. — Besons, archevêque de Rouen, puis l'abbé Dubois, y entrent. — Je propose à M. le duc d'Orléans un conseil étroit, en laissant subsister celui de régence; [chose] que l'abbé Dubois empêcha. — Davisard mis en liberté. — La Chapelle; quel; exilé, aussitôt rappelé, mort peu après. — Quatre millions payés en Bavière; trois en Suède. — Quatre-vingt mille livres données à Meuse, et huit cent mille francs à Mme de Châteauthiers, dame d'atours de Madame. — Abbé Alary; quel; obtient deux mille livres de pension. — Le marquis de Brancas obtient quatre mille livres de pension pour son jeune frère, et la survivance de sa lieutenance générale de Provence à son fils, à neuf ans. — Maréchal de Matignon obtient six mille livres d'augmentation d'appointements de son gouvernement. — Fureur du Mississipi et de la rue Quincampoix. — Diminution d'espèces; refonte. — Prince de Conti retire Mercœur à Lassai. — Largesses aux officiers employés contre l'Espagne. — Affaires de cour à Vienne. — Prince d'Elbœuf; quel; obtient son abolition et revient en France. — Nomination d'évêchés où l'abbé d'Auvergne et le jésuite Lafitau sont compris. — Conduite de ce dernier.

Le roi Jacques, qui avoit été bien reçu en Espagne, et qui avoit tenté avec son secours de passer en Écosse, essuya une tempête qui endommagea et sépara toute la flotte d'Espagne. La mort du roi de Suède et les affaires domestiques de Russie avoient fort déconcerté ses projets : ainsi il repassa en Italie, et s'en retourna à Rome achever son mariage, où la fille du prince Sobieski, qu'il avoit épousée par procureur, l'attendoit. C'étoit la crainte de cette tentative et de son succès qui avoit si fort pressé l'abbé Dubois de la déclaration de la guerre à l'Espagne.

Le prince électoral de Saxe épousa à Vienne l'archiduchesse, fille aînée du feu empereur Joseph avec les plus fortes renonciations en faveur de la maison d'Autriche, contenues dans le contrat de mariage, et solennellement ratifiées devant et après la célébration.

Mme de Chelles fut enfin bénite à Chelles par le cardinal de Noailles au milieu de trente abbesses. Il y eut des tables pour six cents personnes. Elle en tint une de cinquante couverts. M. le duc d'Orléans mangea en particulier avec quelques dames qu'il avoit menées. Madame n'y alla point, et Mme la duchesse d'Orléans passa toute cette journée dans sa nouvelle maison de Bagnolet.

Il mourut en ce temps-ci un grand nombre de personnes distinguées ou connues : Marillac, doyen du conseil, en la place duquel Pelletier de Sousi monta. On a vu ailleurs que la conversion forcée des huguenots fit Marillac conseiller d'État, qui étoit intendant à Poitiers, et Vérac, chevalier de l'ordre, qui étoit lieutenant général de Poitou. Marillac fut le dernier de cette famille assez récemment sortie d'un avocat, que l'élévation et les malheurs du garde des sceaux et du maréchal de Marillac, frères, avoient fort décorée.

Mme de Croissy, mère de Torcy, qui étoit fort vieille, mais tout entière de corps et d'esprit, dont elle avoit beaucoup. Elle étoit fille unique de Braud, qui de médecin s'étoit fait grand audiencier[1], après être devenu fort riche. Les ambassades de son mari l'avoient fort accoutumée au grand monde, et la cour ensuite lorsqu'il fut devenu secrétaire d'État; elle y étoit fort propre. Son goût étoit d'accord avec son génie pour la grande représentation, la magnificence et le jeu, qui l'avoient suivie à Paris dans son veuvage. Elle y tint toujours une grande et florissante maison où la cour, ce qu'il y avoit de meilleur dans la ville, et tous les étrangers de distinction, étoient toujours. Elle excelloit à la tenir et en bien faire les honneurs, avec une politesse et un discernement particulier; hors de chez elle impérieuse et insupportable. Son démêlé sur un rien, car il ne s'agissoit ni de cérémonial ni encore moins d'affaires, avec la femme du comte Olivencrantz, premier ambassadeur de Suède, et dont

---

1. Officier de la grande chancellerie chargé de présenter au sceau les lettres de grâce, de noblesse, etc. Voy., t. X, p. 451, une note sur la manière dont le chancelier et le garde des sceaux tenaient le sceau dans l'ancienne monarchie.

une dispute au jeu fut le plus essentiel, se poussa si loin, que les maris prirent parti, dont les suites ne furent pas heureuses pour la France par la haine que cet ambassadeur remporta chez lui, et qu'il inspira au conseil de son maître.

Courcillon mourut de la petite vérole. On a eu lieu de parler de lui ici assez pour n'avoir rien à y ajouter. C'étoit un homme très-singulier, qu'une cuisse de moins n'avoit pu attrister; qui, par faveur de sa mère et la sienne personnelle auprès de Mme de Maintenon, et son état mutilé, s'étoit mis sur le pied de tout dire et de tout faire, et qui en faisoit d'inouïes avec beaucoup d'esprit et une inépuisable plaisanterie et facétie. Il avoit aussi beaucoup de lecture, de valeur et de courage d'esprit, mais au fond ne valoit rien, et de la plus étrange débauche et la plus outrée. Sa femme, fille unique de Pompadour, belle comme le jour, eut de quoi être toute consolée. Dangeau et sa femme, qui n'avoient point d'autres enfants, en furent très-affligés. Courcillon ne laissa qu'une fille unique.

Louvois mourut aussi de la petite vérole à Rambouillet, chez le comte de Toulouse. Il étoit fils de Courtenvaux, fils aîné du trop célèbre Louvois, et d'une fille et sœur des deux derniers maréchaux d'Estrées, et capitaine des Cent-Suisses de la garde du roi, que son père lui avoit cédés. Il avoit épousé une fille de la maréchale de Noailles, dont il laissa un fils qui n'avoit que seize mois. Le lendemain de sa mort le maréchal de Villeroy, le duc de Noailles et le maréchal d'Estrées n'eurent pas honte de demander la charge pour un enfant à la mamelle, ni M. le duc d'Orléans de la leur accorder. Ajoutez à cela la naissance, les services, le mérite de Courtenvaux et de son fils, et on trouvera cette grâce encore mieux placée.

Le comte de Reckem, chanoine de Strasbourg, avec deux belles abbayes. Il avoit servi assez longtemps à la tête d'un des régiments du cardinal de Fürstemberg quoique dans les ordres. Dès que le roi le sut il le lui fit quitter.

Le duc de Bisaccia (Pignatelli). Il avoit été pris à Gaëte avec le marquis de Villena, vice-roi de Naples, par les Impériaux, conduit avec lui à Pizzighitone, et chargé comme lui de chaînes, en haine de la belle défense qu'ils avoient faite et avoient été pris combattant. Après une longue prison, il étoit venu à Paris. C'étoit un très-galant homme. Sa mère étoit del Giudice, et sa femme la dernière de cette grande et illustre maison d'Egmont. Elle étoit morte, et en avoit laissé le nom, les armes, la grandesse et les biens à son fils, que le père avoit marié, comme on l'a vu, à la seconde fille du feu duc de Duras. Il avoit aussi marié sa fille au duc d'Aremberg-Ligne, un des plus grands seigneurs de Flandre.

La petite vérole emporta encore le comte de Crussol, à Villacerf, chez son beau-père. Il étoit jeune et avoit un régiment. Il étoit fils de Florensac, qui étoit menin de Monseigneur et frère du duc d'Uzès, gendre du duc de Montausier. Le comte de Crussol laissa des enfants.

Coettenfao, dont il a été parlé ici plusieurs fois, et fort de mes amis, perdit son frère, évêque d'Avranches, très-bon et digne prélat.

Orry mourut enfin dans son lit, après avoir frisé de si près, et par deux fois, la corde qu'il méritoit à tant de titres. Il avoit été fermier de Villequier, puis solliciteur de procès, après homme d'affaire de la duchesse de Portsmouth, qui le chassa pour ses friponneries. Il a depuis été par deux fois maître de l'Espagne sous la princesse des Ursins. Il y a eu lieu ici d'en parler assez pour n'avoir rien à y ajouter.

Mme de Bellegarde, femme du second fils d'Antin, depuis assez peu, fille unique et héritière de Vertamont, premier président du grand conseil, mourut de la petite vérole également riche et laide, mais bonne créature. Elle n'eut point d'enfants. Son mari, qui avoit la survivance des bâtiments, fut fort sensible à cette perte, et mourut quatre ou cinq mois après.

Le duc de La Trémoille mourut de la petite vérole, laissant un seul fils, enfant, survivancier de sa charge de premier gentilhomme de la chambre.

Mme de Coigny mourut aussi fort vieille : elle étoit sœur du comte de Matignon, chevalier de l'ordre, et du maréchal de Matignon. On l'avoit mariée à grand regret, mais pour rien à Coigny qui étoit fort riche. Le fâcheux étoit qu'il les avoisinoit, et que ce qu'il étoit ne pouvoit être ignoré dans la Normandie. Son nom est Guillot, et lors du mariage, tout étoit plein de gens dans le pays qui avoient vu ses pères avocats et procureurs du roi, des petites juridictions royales, puis présidents de ces juridictions subalternes. Ils s'enrichirent et parvinrent à cette alliance des Matignon. Coigny se trouva un honnête homme, bon homme de guerre, qui ne se méconnut point, et qui mérita l'amitié de ses beaux-frères ; c'est lui qu'on a vu en son lieu refuser le bâton de maréchal de France, sans le savoir, en refusant de passer en Bavière, dont il mourut peu après de douleur. Marsin en avoit profité. Coigny s'arrondit plus que n'avoient fait ses pères. Il acheta tout près de son bien la terre de Franquetot de gens de condition en Normandie. Il vit cette maison s'éteindre. Alors il obtint des lettres patentes pour changer son nom de Guillot en celui de Franquetot, et les fit enregistrer au parlement, etc., de Normandie, par quoi son ancien nom, conséquemment son ancien état, est pour toujours solennellement constaté. Que diroit cette dame de Coigny si elle revenoit au monde ? Pourroit-elle croire la fortune de son fils et la voir sans en pâmer d'effroi et sans en mourir aussitôt de joie ?

L'abbé de Montmorel, qui avoit été aumônier de la dernière Dauphine et proposé pour être confesseur du roi. Son rare mérite l'avoit fort distingué, duquel il s'étoit toujours contenté avec grande modestie. On a de lui plusieurs ouvrages de piété pleins d'érudition et d'onction, deux choses qu'on allie rarement.

Tambonneau, qui avoit été président à la chambre des

comptes et longtemps ambassadeur en Suisse où il avoit bien fait. Il étoit fils de la vieille Tombonneau, sœur de la mère du feu maréchal et du cardinal de Noailles, qui avoit eu l'art de se faire un tribunal dans Paris, où abondoit chez elle, jusqu'à sa mort, la fleur de la cour et de la ville. On en a parlé ici en son temps. Son fils, dont elle ne fit jamais aucun cas, se fourra tant qu'il put dans le monde, et sa femme auroit bien voulu imiter sa belle-mère, mais les phénomènes ne se redoublent pas. Tambonneau étoit bon homme et honnête homme.

Dangeau n'ayant plus d'enfants, M. le Duc obtint de M. le duc d'Orléans que le roi payât comptant quatre cent mille livres à Dangeau pour le gouvernement de Touraine qu'il avoit acheté autrefois peu de chose, je ne me souviens plus de qui, et qui avoit toujours été sur le pied des petits gouvernements de province, d'environ vingt mille livres au plus d'appointements, et de le donner à M. le comte de Charolois sur le pied des grands, c'est-à-dire de soixante mille livres d'appointements au moins; ce n'étoit pas que M. de Charolois n'eût de grosses pensions du roi et pour immensément d'actions en pur présent, à faire valoir sur le roi au centuple.

Le comte d'Évreux acheta du duc d'Estrées le gouvernement de l'Ile-de-France, et du duc de Tresmes la capitainerie de Monceaux, avec laquelle il désola le cardinal de Bissy sur la chasse, par cent procès et procédés, pour sa maison de campagne de son évêché de Meaux.

Le nonce Bentivoglio, près enfin d'être cardinal et sûr de trouver sa calotte en entrant en Italie, prit congé du roi et du régent, après avoir fait, ou voulu et travaillé à faire tous les maux dont les chiens et les loups enragés peuvent être capables. Il emporta le mépris et la malédiction publique, même de ceux de son parti. Il ne fut regretté que d'une fille de l'Opéra qu'il entretenoit chèrement, et dont il eut une fille, qui à son tour monta sur le théâtre de l'Opéra, où elle a été fort connue et toujours sous le nom de *la Constitution*, en mémoire de son éminentissime père, qui en tout étoit un fou et un scélérat qui auroit mis le feu aux quatre coins de l'Europe, s'il avoit cru et pu en hâter sa promotion d'un jour. Il avoit si bien noirci à Rome l'abbé de Lorraine, nommé à Bayeux, et l'abbé de Castries, nommé à Tours, que le pape leur refusa leurs bulles. D'autres, nommés par compagnie, essuyèrent la même vexation. Je m'étois employé pour l'abbé de Castries, conjointement avec Mme la duchesse d'Orléans qui m'en avoit prié avant que nous fussions brouillés, et l'amitié pour cet abbé et pour son frère m'y auroit bien porté seul. On voit par cette date combien ces bulles se différèrent. Enfin, on fit parler si haut à Rome, qu'à la fin les bulles arrivèrent; le grand crime de ces deux nommés étoit leur liaison d'amitié avec le cardinal de Noailles. Tous deux s'en moquèrent devant et après; tous deux se firent sacrer par le cardinal de Noailles, l'abbé de Castries, à l'ordinaire, dans la chapelle de l'archevêché; l'abbé de Lorraine, quelque peu après, dans le chœur de Notre-Dame à la prière du chapitre, ce qui, depuis l'épiscopat du cardinal de Noailles, ne s'étoit fait que pour son frère, qui lui succéda à l'évêché de Châlon.

Les déclarations de la duchese du Maine qu'on a vues ici en son lieu donnèrent lieu à des découvertes importantes en Bretagne, et enfin à une commission de douze maîtres des requêtes, à la tête desquels Châteauneuf, conseiller d'État, de retour de ses ambassades, fut mis. Vattan, maître des requêtes, en fut le procureur général, et deux conseillers du Châtelet pour substituts. Plusieurs gentilshommes furent arrêtés en Bretagne, d'autres en fuite, entre ces derniers Pontcallet, Bonamour, du Poulduc[1] de la maison de Rohan. La commission se rendit à Nantes; on avoit eu soin auparavant de prendre des prétextes pour la faire soutenir par des

---

1. On écrit ordinairement Polduc.

troupes, et pour que l'arrivée de ces troupes n'effarouchât personne.

Le maréchal de Berwick, n'ayant plus rien à exécuter du côté de la Navarre, étoit passé en Roussillon, où il prit la Ceu-d'Urgel et nettoya divers postes en présence du prince Pio, qui l'avoit suivi à la tête de l'armée d'Espagne par le dedans du pays, et ce fut là que finit la campagne. Le Guerchois, lieutenant général, en eut le gouvernement avec douze mille livres d'appointements.

Sur la fin d'octobre, M. le duc d'Orléans, je n'ai point su à l'instigation de qui, car il n'étoit guère capable d'y penser lui-même, désira que le roi, parlant à lui, l'appelât mon oncle, au lieu de lui dire Monsieur, et cela fut ainsi désormais. Le feu roi n'appartenoit personne sans exception que Monsieur et M. le duc d'Orléans. Il les appeloit mon frère et mon neveu, parlant à eux et parlant d'eux. Il appeloit aussi ma cousine et disoit ma cousine en parlant de Mademoiselle, fille de Gaston, morte en 1693 ; jamais ses petits-fils ni Monseigneur. Il étoit très-rare qu'il lui dît quelquefois mon fils ou en parlant de lui ; jamais Madame ni pas un prince ni princesse du sang.

Besons, archevêque de Rouen, entra en ce même temps au conseil de régence, où il se disoit et ne se faisoit presque plus rien d'important. L'abbé Dubois, qui n'y entroit que pour les affaires étrangères depuis qu'il en étoit secrétaire d'État, y entra bientôt après tout à fait. Le ridicule où ce conseil commençoit à tomber, et que je prévis devoir s'augmenter par la facilité de M. le duc d'Orléans à y admettre, parce qu'on n'y faisoit rien, et qu'il s'en moquoit tout bas le premier, me fit sentir de plus en plus le danger de son cabinet, où tout se régloit, et celui du crédit de l'abbé Dubois qui y étoit le maître, et qui n'y laissoit rien communiquer à personne qu'à ceux-là seulement, dont il ne pouvoit [se] passer pour l'exécution, et encore pour le moment du besoin ; rarement, M. le duc d'Orléans prenoit la liberté d'étendre cette confiance. Je lui parlai de l'indécence du conseil de régence, du dégoût de ceux qui le composoient principalement, des inconvénients de son cabinet, où tout passoit et se régloit, et qui donnoit aux mécontents une toute autre prise que si les affaires se portoient dans un conseil de régence sérieux et peu nombreux, à l'exception des choses rares qui avoient besoin d'un entier secret, comme cela étoit dans les deux premières années. Je lui représentai que la confiance ne pouvoit plus être la même; qu'il donnoit lieu par là à tous les soupçons qu'on voudroit prendre et qu'on prenoit en effet, et beau jeu dans la suite à prévenir le roi contre lui, et peut-être à lui demander des comptes et à lui imputer bien des choses, dont il se trouveroit embarrassé.

C'étoit l'homme du monde qui convenoit le plus aisément de ce qu'on lui disoit de vrai, mais qui en convenoit le plus inutilement. Il m'avoua que je pouvois avoir raison, et ajouta qu'à tout ce qui étoit dans le conseil de régence, il n'y avoit plus moyen d'y rien porter que des choses de forme. Alors je souris et lui demandai à qui en étoit la faute, ainsi que de la confusion des autres conseils qui les avoit fait supprimer : « Cela est encore vrai, me dit-il en riant, mais cela est fait, et quel remède? — Quel remède? repris-je, il est bien nécessaire, et en même temps bien aisé; mais il faut le vouloir, et ne s'arrêter pas à des considérations personnelles de gens qui, s'ils pouvoient vous tenir, n'en auroient aucune pour vous, comme vous-même n'en sauriez douter; et la fermeté après de ne pas retomber dans l'inconvénient où peu à peu votre facilité a mis le conseil de régence : c'est le laissant tel qu'il est, mais n'y ajoutant plus personne et continuant à y porter les choses de forme, vous faire un conseil de quatre personnes, et vous en cinquième, les bien choisir à vous, mais tels aussi que le monde en puisse approuver le choix, et y prendre confiance; que ce soit tous gens de tel état qu'il vous plaira, mais qui n'aient aucun département, et ne soient point entraînés par cet intérêt d'un côté plus que d'un autre; que tout sans exception passe par ce conseil, et que vous vous gardiez surtout de lui rien cacher, et de ces petits pots à part de travail avec un homme et avec un autre, surtout avec aucun qui ait un département, et qui ne manqueront pas de prétexte. A cela, vous avez beau jeu. Il n'est personne, à commencer par ceux du conseil de régence, qui ne sente qu'à son nombre et à sa composition, il n'est plus possible d'y traiter rien de sérieux, et qui n'aime mieux vous voir avec un conseil particulier qu'entre les seules mains de l'abbé Dubois, et par-ci par-là, du premier venu pour d'autres affaires. Vous n'êtes point gêné en ce choix, comme vous l'avez été pour le conseil de régence, d'y mettre des gens de contrebande, même en le formant, et de l'un à l'autre depuis, d'autres parfaitement inutiles ou même embarrassants. Vous avez eu depuis la mort du roi sans parler des temps qui l'ont précédée, vous avez eu, dis-je, le temps et les occasions de connoître le fort et le foible, la conduite et les inclinations de tout ce qui peut être choisi. Choisissez donc bien et avec mûre réflexion, mais sans lenteur, parce que vous avez toutes les connoissances, et qu'il ne s'agit que de repasser les différentes personnes dans votre esprit, et ce que vous connoissez de chacune d'elles; d'en faire le triage, et de vous déterminer. Vous n'avez point à craindre là-dessus ce qui a passé au parlement sur votre régence. Vous avez supprimé les conseils particuliers sans lui, quoique établis avec lui, et le parlement n'en a pas soufflé; en laissant donc le conseil de régence comme il est, et y portant les choses seulement de forme, comme aujourd'hui il ne s'y en porte guère d'autres, le parlement n'a rien à dire. Vous travaillez chez vous avec qui il vous plaît; que ce soit toujours avec les mêmes gens ou avec un seul, ou quelquefois avec différentes personnes, le parlement n'a que voir à cela. Il n'a rien dit là-dessus jusqu'à cette heure. A l'humeur qu'il vous a montrée, il auroit bien dit là-dessus, s'il avoit cru pouvoir l'entreprendre; il ne s'agit donc que de votre volonté et d'aucune autre difficulté. Je trouve la chose si nécessaire que, pour vous en persuader mieux, je vous déclare de très-bonne foi, et vous ne sauriez me nier que je vous aie parlé toute ma vie de même, je vous déclare, dis-je, que je ne veux point être de ce conseil, par conséquent qu'aucune autre vue ne me meut à vous le proposer que le bien de l'État et que le vôtre. »

M. le duc d'Orléans se promena trois ou quatre tours dans sa petite galerie, devant son cabinet d'hiver, et moi avec lui sans dire un mot et la tête basse, comme il avoit accoutumé quand il étoit embarrassé, puis il se tourna à moi qui ne disois mot, et me dit que cela avoit du bon, et qu'il y falloit penser. « Penser, soit, lui répondis-je, pourvu que cela ait son terme court, car les raisons en sautent aux yeux et je n'en vois pas une contre; il ne s'agit que de prendre une résolution, vous déterminer sur le choix, et exécuter. »

Je laissai le régent pensif et mal à son aise; il sentoit combien ce que je proposois blesseroit l'abbé Dubois, et l'abbé Dubois étoit son maître. Il ne se pouvoit défendre aussi de sentir le ridicule du conseil de régence, et le murmure général que tout passât par l'abbé Dubois et rien que par lui; et pour le danger, s'il le sentoit, le Rubicon en étoit passé par les chaînes angloises dont il s'étoit laissé entraver et de concomitance par les impériales, et cette folle et funeste guerre contre l'Espagne, qui en étoit la suite nécessaire, et qui, formant et laissant une haine personnelle contre le régent et l'Espagne, l'en séparoit pour toujours, et nécessairement par cela même le livroit pour les suites de plus en plus à l'Angleterre, et par l'Angleterre à l'empereur, qui étoit le but où l'abbé Dubois avoit toujours tendu pour son chapeau, et de là pour être premier ministre. C'est ce que le conseil que je proposois auroit utilement empêché, s'il avoit été établi à temps, mais dont l'établissement alors auroit du moins prévenu les funestes suites et celles du chapeau et de la toute-puissance ; par conséquent, ce conseil étoit ce qui pouvoit être proposé de plus contradictoire et de plus odieux à l'abbé Dubois, à l'opposition duquel et de toutes ses forces il falloit s'attendre. Aussi en regardai-je l'établissement comme une chimère, mais chimère toutefois que le devoir ne me permettoit pas de ne pas proposer, et de ne pas poursuivre auprès d'un prince, duquel l'expérience montroit qu'il ne falloit ou plutôt qu'on pouvoit n'espérer et ne désespérer de rien.

Il permit à Davisard, cette plume si hardie du duc et de la duchesse du Maine, malade ou qui le faisoit, de sortir de la Bastille, c'est-à-dire qu'il fut mis en liberté. En même temps il exila à Bourges La Chapelle, secrétaire de M. le prince de Conti, qui cria tant qu'il le fit revenir au bout d'un mois. Je n'ai point su quelle sottise ce compagnon avoit faite. C'étoit un très-hardi et très-dangereux fripon, recrépi de bel esprit, et de l'Académie françoise. Il ne vécut pas longtemps depuis son retour.

L'argent étoit en telle abondance, c'est-à-dire les billets de la banque de Law qu'on préféroit alors à l'argent, qu'on paya quatre millions à l'électeur de Bavière et trois millions à la Suède, la plupart d'anciennes dettes. Peu après M. le duc d'Orléans fit donner quatre-vingt mille francs à Meuse, et huit cent mille livres à Mme de Châteauthiers, dame d'atours de Madame, qui l'aimoit fort depuis bien des années. L'abbé Alary obtint deux mille livres de pension. Il étoit fils d'un apothicaire de Paris, et une dangereuse espèce, avec de l'esprit et de l'érudition, du monde et de la politesse[1]. Il trouva depuis le moyen de se faire des amis, de se fourrer à la cour, d'avoir des bénéfices. Il intrigua tant qu'après quelques années il se fit chasser.

Le marquis de Brancas, mon ami depuis longtemps, avoit

---

1. Voy., sur l'abbé Alary, les détails donnés par le marquis d'Argenson. *Mémoires* (édit. de 1825, p. 229, 247, 272).

eu, comme on l'a vu en son temps, la lieutenance générale unique de Provence, à la mort de Simiane, gendre du vieux comte de Grignan. Brancas en vouloit avoir la survivance pour son fils qui n'avoit que neuf ans, et il venoit d'obtenir une pension de quatre mille livres pour son jeune frère, le comte de Cereste ; je ne sais pourquoi il me pria d'en parler à M. le duc d'Orléans, duquel il étoit très à portée de l'obtenir directement ; je le fis et cela ne fut pas difficile ; M. le duc d'Orléans la lui donna.

Le maréchal de Matignon, on ne sait pas pourquoi, eut une augmentation d'appointements de six mille livres sur son gouvernement du pays d'Aunis.

Le commerce des actions de la Compagnie des Indes, appelé communément du Mississipi, établi depuis plusieurs mois dans la rue Quincampoix, de laquelle chevaux et carrosses furent bannis, augmenta tellement qu'on s'y portoit toute la journée, et qu'il fallut placer des gardes aux deux bouts de cette rue, y mettre des tambours et des cloches pour avertir à sept heures du matin de l'ouverture de ce commerce et de la retraite à la nuit, enfin redoubler les défenses d'y aller les dimanches et les fêtes. Jamais on n'avoit ouï parler de folie ni de fureur qui approchât de celle-là. Aussi M. le duc d'Orléans fit-il une large distribution de ces actions à tous les officiers généraux et particuliers, par grades, employés en la guerre contre l'Espagne. Un mois après on commença à diminuer les espèces à trois reprises de mois en mois, puis une refonte générale de toutes. M. le prince de Conti retira forcément le duché de Mercœur, que Lassai avoit acheté huit cent mille livres. Lassai fut au désespoir, et la chose se passa de manière qu'elle ne fit pas honneur à M. le prince de Conti.

La cour de Vienne eut ses orages. Le prince Eugène y étoit envié ; son mérite l'y avoit mis à la tête du conseil de guerre, qui est la première place et de la plus grande autorité. Tout ce qui avoit été attaché au feu prince Herman de

Bade et au feu prince Louis son neveu, qui n'avoit pas été sans jalousie de l'éclat naissant du prince Eugène, et qui malgré ses grandes actions s'en étoit trouvé obscurci, et tout ce qui avoit tenu au feu duc de Lorraine, étoit contraire au prince Eugène. Il se forma donc une cabale puissante, mais qui fut découverte et dissipée avant que d'avoir pu lui nuire efficacement. En ce même temps le comte de Kœnigseck, ambassadeur de l'empereur ici, fut rappelé pour aller exercer sa charge de grand maître de la princesse électorale de Saxe, et Penterrieder vint ici prendre soin des affaires de l'empereur, avec le simple titre de ministre plénipotentiaire. Il n'étoit pas d'étoffe à être élevé même jusque-là, mais sa capacité étoit fort reconnue. Kœnigseck emporta la réputation d'un homme sage et poli, et qui servoit bien son maître, sans avoir ce rebut de fierté et de roguerie de presque tous les Impériaux.

M. le duc d'Orléans ne fut pas plus sévère pour le prince Emmanuel, frère du duc d'Elbœuf, qu'il l'avoit été pour Bonneval. La maison d'Autriche a toujours eu de grands attraits pour la maison de Lorraine. Sans remonter à la Ligue et aux temps qui en sont voisins, on a vu sous le feu roi la désertion du prince de Commercy et des fils du prince d'Harcourt. Le prince d'Elbœuf, traité par le roi avec toute sorte de bonté, crut faire ailleurs plus de fortune et déserta. Il fut juridiquement pendu en effigie à la Grève, comme on l'a rapporté ici en son temps. C'étoit une manière de brigand, mais à langue dorée, avec beaucoup d'esprit, qui fit tant de frasques qu'il perdit les emplois qu'il avoit obtenus. Il avoit été général de la cavalerie impériale au royaume de Naples, où il avoit épousé, en 1713, Marie-Thérèse, fille unique de Jean-Vincent Stramboni, duc de Salza, avec qui il vécut fort mal et n'en eut point d'enfants. Ne sachant plus que devenir ni de quoi subsister, il obtint des lettres d'abolition et revint. Il mena en France sa vie accoutumée, et peu à peu s'introduisit à Lunéville, où il suça le duc de Lorraine tant qu'il put, et il en tira fort gros et même des terres. Le duc d'Elbœuf le méprisoit et le souffroit avec peine, et ceux de sa maison établis ici n'en faisoient pas plus de cas.

M. le duc d'Orléans fit une distribution de bénéfices qui mérite d'avoir place ici. Beauvau, d'abord évêque de Bayonne, après de Tournay, puis archevêque de Toulouse, comme on l'a vu ici en son temps, eut Narbonne. Son nom et sa conduite méritoient bien ce grand siége ; mais sa tête n'étoit pas assez forte pour être à la tête des états de Languedoc et de toutes les affaires de ce pays-là. Nesmond, archevêque d'Alby, passa à Toulouse, et Castries, archevêque de Tours, à Alby. L'abbé de Thesut, qui avoit la feuille des bénéfices depuis la cessation du conseil de conscience, procura l'archevêché d'Embrun à son parent et son ami l'évêque d'Alais, qui étoit Hennin-Liétard, et homme de bien, de savoir et de mérite. Tours fut donné à l'abbé d'Auvergne. A ce nom, l'abbé de Thesut s'écria. M. le duc d'Orléans lui dit qu'il avoit raison, qu'il ne vouloit pas le lui donner, en déclama autant que l'abbé de Thesut, qui insista sur le scandale et l'indignité de ce choix. M. le duc d'Orléans répondit qu'il y avoit quatre jours que les Bouillon ne le quittoient point de vue ; qu'ils se relayoient ; qu'ils le persécutoient ; qu'il vouloit enfin acheter repos.

Un autre sujet aussi bon, mais drôle d'esprit et de manége, eut Sisteron. Ce fut Lafitau, ce fripon de jésuite qui fit cette course légère dans la chaise du cardinal de La Trémoille, de Rome à Paris et de Paris à Rome, pour faire échouer le voyage que le régent avoit fait faire à Rome à l'abbé Chevalier sur la constitution, et qui, par sa conduite droite, patiente, mais ferme, avoit forcé toutes les barricades qu'on avoit multipliées contre lui. Lafitau étoit aussi chargé de la secrète négociation personnelle de l'abbé Dubois pour son chapeau, aux dépens duquel ce bon père entretenoit une fille en chambre, en pleine Rome, et y donnoit de fort bons soupers sans s'en cacher beaucoup, à ce que m'a conté à moi-même le cardinal de Rohan, et que les jésuites, dont ce compère étoit parvenu par ses intrigues à s'en faire craindre et ménager, n'osoient souffler. Ce que j'ai admiré, c'est que, depuis que le cardinal de Rohan m'eut fait ce récit et que Lafitau fut évêque, il le fit prêcher un carême devant le roi, qui alors étoit à Versailles. L'abbé Dubois découvrit que Lafitau le trahissoit au lieu de le servir. Il n'osa éclater, dans l'état douteux où il étoit encore, contre un homme à tout faire et qui avoit son secret; mais il songea à l'éloigner de Rome sans le rapprocher de Paris, et le tenir ainsi à l'écart. C'est ce qui lui fit donner l'évêché de Sisteron, à son extrême déplaisir. Il se plaignit amèrement. Il lui fâchoit beaucoup de cesser d'être personnage et libertin à son gré pour un aussi petit morceau et si reculé. Aussi voulut-il refuser; mais il fut apaisé à force d'espérances, et quand il fut à Sisteron on l'y laissa. Les jésuites, dont la politique ne veut point d'évêques de leur compagnie, firent aussi les fâchés, mais dans le fond bien aises d'être défaits d'un drôle qui avoit su gagner l'indépendance et leur forcer la main. Avranches fut donné à un frère de Le Blanc, secrétaire d'État, qui étoit moine et curé de Dammartin.

CHAPITRE XIV.

Mississipi tourne les têtes. — Law se veut pousser, et pour cela se faire catholique. — L'abbé Tencin l'instruit et reçoit sans bruit son abjuration. — Digression sur cet abbé et sa sœur la religieuse. — Caractère de celle-ci. — Elle devient maîtresse de l'abbé Dubois. — Caractère de l'abbé Tencin. — Il va à Rome pour le chapeau de l'abbé Dubois; est admonesté en plein parlement en partant. — Law achète l'hôtel Mazarin et y établit sa banque. — Mort de Conflans; du célèbre P. Quesnel; de Blécourt, dont Louville obtient le gouvernement de Navarreins. — Mort de la princesse de Guéméné. — Retour du maréchal de Berwick. — Porteurs de lettres en Espagne arrêtés. — Vaisseaux espagnols aux côtes de Bretagne. — Bretons en fuite; d'autres arrêtés. — Profusions du régent. — Prince d'Auvergne épouse une aventurière angloise. — Law se fait garder chez lui. — Caractère et fortune de Nangis et de Pezé, qui obtient le régiment du roi d'infanterie, et Nangis force grâces. — Ma situation avec Fleury, évêque de Fréjus, avant et depuis qu'il fut précepteur. — Caractère de Mme de Lévi. — Je propose à M. de Fréjus une manière singulière, aisée, agréable et utile d'instruction pour le roi, et je reconnois tôt qu'il ne lui en veut donner aucune. — Je m'engage à travailler à faire Fréjus cardinal. — Grâces pécuniaires au duc de Brancas. — Six mille livres de pension à Béthune, chef d'escadre. — Torcy obtient l'abbaye de Maubuisson pour sa sœur. — Mme de Bourbon, depuis abbesse de Saint-Antoine; quelle. — Mort et état de l'abbé Morel.

La banque de Law et son Mississipi étoient lors au plus haut point. La confiance y étoit entière. On se précipitoit à changer terres et maisons en papier, et ce papier faisoit que les moindres choses étoient devenues hors de prix. Toutes les têtes étoient tournées. Les étrangers envioient notre bonheur, et n'oublioient rien pour y avoir part. Les Anglois même, si habiles et si consommés en banques, en compagnies, en commerce, s'y laissèrent prendre, et s'en repentirent bien depuis. Law, quoique froid et sage, sentit broncher sa modestie. Il se lassa d'être subalterne. Il visa au grand parmi cette splendeur, et plus que lui, l'abbé Dubois pour lui, et M. le duc d'Orléans; néanmoins il n'y avoit aucun moyen pour cela qu'on n'eût rangé deux obstacles : la qualité d'étranger et celle d'hérétique, et la première ne pouvoit se changer par la naturalisation sans une abjuration préalable. Pour cela il fallut un convertisseur qui n'y prît pas garde de si près, et duquel on fût bien assuré avant de s'y commettre. L'abbé Dubois l'avoit tout trouvé, pour ainsi dire, dans sa poche. C'étoit l'abbé Tencin que le diable a poussé depuis à une si étonnante fortune (tant il est vrai qu'il sort quelquefois de ses règles ordinaires pour bien récompenser les siens, et par ces exemples éclatants en éblouir d'autres et se les acquérir), que je ne puis me refuser de m'y étendre.

Cet abbé Tencin étoit prêtre et gueux, arrière-petit-fils d'un orfévre, fils et frère de présidents au parlement de Grenoble. Guérin étoit son nom et Tencin celui d'une petite terre qui servoit à toute la famille. Il avoit deux sœurs : l'une qui a passé sa vie à Paris dans les meilleures compagnies, femme d'un Ferriol assez ignoré, frère de Ferriol qui a été ambassadeur à Constantinople, qui n'a point été marié; l'autre sœur religieuse professe pendant bien des années dans les Augustines de Montfleury aux environs de Grenoble, toutes deux belles et fort aimables; Mme Ferriol avec plus de douceur et de galanterie, l'autre avec infiniment plus d'esprit, d'intrigue et de débauche. Elle attira bientôt la meilleure compagnie de Grenoble à son couvent, dont la facilité de l'entrée et de la conduite ne put jamais être réprimée par tous les soins du cardinal Le Camus. Rien n'y contribuoit davantage que l'agrément et la commodité de trouver au bout de la plus belle promenade d'autour de Grenoble un lieu de soi-même charmant, où toutes les meilleures familles de la ville avoient des religieuses. Tant de commodités, dont Mme Tencin abusa largement, ne firent que lui appesantir le peu de chaînes qu'elle portoit. On la venoit trouver avec tout le succès qu'on eût pu désirer ailleurs. Mais un habit de religieuse, une ombre de régularité quoique peu contrainte, une clôture bien qu'accessible à toutes les visites des deux sexes, mais d'où elle ne pouvoit sortir que de temps en temps, étoit une gêne insupportable à qui vouloit nager en grande eau, et qui se sentoit des talents pour faire un personnage par l'intrigue. Quelques raisons pressantes de dérober la suite de ses plaisirs à une communauté qui ne peut s'empêcher de se montrer scandalisée des éclats du désordre et d'agir en conséquence, hâtèrent la Tencin de sortir de son couvent sous quelque prétexte, avec ferme résolution de n'y plus retourner.

L'abbé Tencin et elle ne furent jamais qu'un cœur et qu'une âme par la conformité des leurs, si tant est que cela se puisse dire en avoir. Il fut son confident toute sa vie; elle de lui. Il sut la servir si bien par son esprit et ses intrigues qu'il la soutint bien des années au milieu de la vie du monde, des plaisirs et des désordres, dont il prenoit bien sa part, dans la province, et jusqu'au milieu de Paris, sans avoir changé d'état; elle fit même beaucoup de bruit par son esprit et par ses aventures sous le nom de la religieuse Tencin. Le frère et la sœur, qui vécurent toujours ensemble, eurent l'art que personne ne l'entreprît sur cette vie vagabonde et débauchée d'une religieuse professe, qui en avoit même quitté l'habit de sa seule autorité. On feroit un livre de ce couple honnête, qui ne laissèrent pas de se faire des amis par leur agrément extérieur et par les artifices de leur esprit. Vers la fin de la vie du roi ils trouvèrent enfin moyen d'obtenir de Rome un changement d'état, et de religieuse la faire chanoinesse, je ne sais d'où et où elle n'alla jamais. Cette solution demeura imperceptible en nom, en habit, en conduite, et ne fit ni bruit ni changement. C'est l'état où elle se trouva à la mort du roi. Bientôt après elle devint maîtresse de l'abbé Dubois, et ne tarda guère à devenir sa confidente, puis la directrice de la plupart de ses desseins et de ses secrets. Cela demeura assez longtemps caché, et tant que la fortune de l'abbé Dubois eut besoin de quelques mesures; mais depuis qu'il fut archevêque, encore plus lorsqu'il fut cardinal, elle devint maîtresse publique, dominant chez lui à découvert, et tenant une cour chez elle, comme étant le véritable canal des grâces et de la fortune. Ce fut donc elle qui commença celle de son frère bien-aimé; elle le fit connoître à son amant secret, qui ne tarda pas à le goûter comme un homme si fait exprès pour le seconder en toutes choses, et lui être singulièrement utile.

L'abbé Tencin avoit un esprit entreprenant et hardi qui le
fit prendre pour un esprit vaste et mâle. Sa patience étoit
celle de plusieurs vies et toujours agissante vers le but qu'il
se proposoit, sans s'en détourner jamais, et surtout incapable d'être rebutée par aucune difficulté ; un esprit si fertile en ressorts et en ressources qu'il en acquit faussement
la réputation d'une grande capacité ; infiniment souple, fin,
discret, doux ou âpre selon le besoin, capable sans effort
de toutes sortes de formes, maître signalé en artifices, retenu par rien, contempteur souverain de tout honneur et
de toute religion, en gardant soigneusement les dehors de
l'un et de l'autre ; fier et abject selon les gens et les conjonctures, et toujours avec esprit et discernement ; jamais d'humeur, jamais de goût qui le détournât le moins du monde,
mais d'une ambition démesurée ; surtout altéré d'or, non
par avarice ni par désir de dépenser et de paroître, mais
comme voie de parvenir à tout dans le sentiment de son
néant. Il joignoit quelque légère écorce de savoir à la politesse, et aux agréments de la conversation des manières et
du commerce, une singulière accortise et un grand art de
cacher ce qu'il ne vouloit pas être aperçu, et à distinguer
avec jugement entre la diversité des moyens et des routes.
Ce ne fut donc pas merveilles si, produit et secondé par une
sœur maîtresse du ministre effectivement déjà dominant, il
fut admis par ce ministre avec lequel il avoit de si naturels
rapports, et en même temps si essentiels. Tel fut l'apôtre
d'un prosélyte tel que Law que lui administra l'abbé Dubois.
Leur connoissance étoit déjà bien faite. La sœur, dont le
crédit n'étoit pas ignoré de Law dès le commencement de
l'amour de l'abbé Dubois pour elle, n'avoit pas négligé de
se l'acquérir. Elle n'étoit plus débauchée que par intérêt et
par ambition avec un reste d'habitude. Elle avoit trop d'esprit pour ne pas sentir qu'à son âge et à son état, une ambition personnelle ne pouvoit la mener bien loin. Son ambition étoit donc toute tournée sur ce cher frère, et suivant

son principe, elle le fit gorger par Law, et le gorgé sut de bonne heure mettre son papier en or. Ils en étoient là quand il fut question de ramener au giron de l'Église un protestant ou anglican; car lui-même ne savoit guère ce qu'il étoit. On peut juger que l'œuvre ne fut pas difficile, mais ils eurent le sens de la faire et de la consommer en secret, de sorte que ce fut quelque temps un problème, et qu'ils sauvèrent par ce moyen les bienséances du temps de l'instruction et de la persuasion, et une partie du scandale et du ridicule d'une telle conversion opérée par un tel convertisseur.

Quelque habile à se couvrir que fût l'abbé Tencin, ses débauches et ses diverses aventures l'avoient déshonoré dans le bas étage, parmi lequel il avoit vécu. Sa réputation d'ailleurs avoit beaucoup souffert de celle de sa sœur et de son identité avec elle. Il n'avoit pu dérober toutes leurs aventures au public, il en avoit eu d'autres pour des marchés de bénéfices qui avoient transpiré. On savoit aussi, quoique en gros, qu'il avoit tiré immensément de Law. Enfin il lui avoit été impossible de cacher jusqu'alors ses pernicieux talents à tout le monde. Il y passoit aussi pour un scélérat très-dangereux que son esprit ployant et ses grâces rendoient agréable dans un certain commerce général, où il étoit souffert par ceux qui le connoissoient, et désiré par ceux qui, n'étant pas instruits, se prenoient aisément par des dehors flatteurs. Choisi par l'abbé Dubois pour succéder à Lafitau, et aller à Rome presser sa pourpre encore fort secrète, il dédaigna d'accommoder un procès qui lui étoit intenté en simonie par l'abbé de Vessière, et de plus en friponnerie pour avoir dérobé une partie du marché qu'il avoit fait d'un prieuré. Dans la faveur où il se trouvoit, et à la veille d'aller à Rome par ordre apparent du régent, mais en effet par celui de l'abbé Dubois déjà devenu redoutable, il ne put soupçonner que sa partie osât le pousser, aussi peu que le parlement imaginât de le condamner dans la brillante position où il étoit. Ce brillant même l'aveugla, et n'effraya point sa partie, qui poussa le procès à la grand'chambre. Tencin le soutint ; il fit du bruit, le bruit se répandit et devint un objet de curiosité. La cause étoit à l'audience du matin à la grand'chambre. Plusieurs personnes voulurent se divertir de ce qui se passeroit à ce jugement dont le jour fut su. M. le prince de Conti, dont la malice ne dédaignoit aucune occasion de se signaler, y entraîna quelques pairs qui prirent leurs places en séance avec lui et d'autres gens de qualité qui remplirent les lanternes et le banc des gens du roi, lesquels étoient présents en leurs places. Aubry, avocat, qui plaidoit contre l'abbé Tencin, poussa le sien et l'engagea peu à peu en des assertions assez fortes. Le premier, qui avoit son dessein, foiblit, l'autre reprit des forces, sur quoi le premier avocat l'engagea doucement à des négatives. Le premier répliqua qu'elles étoient sèches et ne prouvoient rien, destituées de preuves, à moins que Tencin là présent ne les attestât par serment. Cette dispute, qui donnoit gain de cause à l'abbé en faisant serment, lui parut une ouverture à saisir pour le gain certain de sa cause. Il se leva, demanda la permission de parler et l'obtint. Il parla donc et très-bien, s'écria à l'injure et à la calomnie, protesta qu'il n'avoit jamais traité du prieuré dont il s'agissoit, négative qui emportoit la friponnerie dont il étoit accusé, puisqu'elle ne pouvoit porter que sur un marché qu'il protestoit être faux, et déclara enfin qu'il étoit prêt de lever la main s'il plaisoit à la cour, et de l'affirmer tel, et qu'il n'en avoit jamais fait aucun. C'étoit où l'attendoit sa partie et le piége qu'elle lui avoit tendu. L'avocat qui en avoit eu l'adresse le provoqua au serment sur l'offre qu'il en faisoit lui-même ; il la réitéra, et dit qu'il n'attendoit pour le faire que la permission de la cour. « Ce n'est pas la peine, dit alors ce même avocat, puisque vous y êtes résolu, et que vous l'offrez de si bonne grâce. Voilà, ajouta-t-il, en secouant sa manche, qui cachoit sa main et un papier qu'elle tenoit, voilà une pièce entièrement décisive, dont je demande à la cour de faire la lecture; » et tout de suite il la fit. C'étoit le marché original du prieuré, signé de l'abbé Tencin, qui prouvoit la simonie et la friponnerie à n'avoir pas un mot à répliquer. La pièce passa aussitôt entre les mains des juges, qui furent indignés de la scélératesse et de la hardiesse de Tencin. L'auditoire en frémit, qui, excité par M. le prince de Conti, fit une risée et une huée à plusieurs reprises. Tencin, confondu, perdit toute contenance, fit le plongeon, et tenta de s'évader; mais sa partie, qui s'étoit flattée de l'enferrer comme elle fit, s'étoit à tout événement pourvu de trois ou quatre gaillards, qui, sans faire semblant de rien, s'étoient mis à portée de l'abbé, et l'empêchèrent de sortir de sa place. Cependant Mesmes, premier président, alla aux opinions, qui ne durèrent qu'un instant, et où M. le prince de Conti ni les pairs qu'il avoit menés ne furent point, parce qu'ils n'avoient pas assisté aux plaidoiries précédentes. Le premier président remis en place prononça un arrêt sanglant contre Tencin avec dépens et amende, qui est une flétrissure, puis fit avancer Tencin, et l'admonesta cruellement sans épargner les termes les plus fâcheux, et de la voix la plus intelligible. Il la finit par le condamner à une aumône, qui est une peine infamante. Alors les huées recommencèrent; et, comme il n'y avoit plus rien à ajouter, l'abbé Tencin ne trouva plus d'obstacle pour se couler honteusement dans la presse et se dérober aux regards des honnêtes gens et aux insultes de la canaille. Ce jugement se répandit à l'instant par tout Paris avec l'éclat et le scandale qui en étoit inséparable.

Tout autre que l'abbé Dubois auroit changé d'agent pour Rome, mais celui-ci se trouvoit tellement à son point et dans ses mœurs, et ses talents lui semblèrent si difficiles à rassembler dans un autre, qu'il le fit partir dès le lendemain pour le faire disparoître, et par là faire cesser plus tôt ce que sa présence eût renouvelé. Dubois eut raison sans doute. Ce n'étoit ni du mérite ni de la vertu qu'il attendoit le cardinalat. Son négociateur étoit supérieur à tout autre pour faire valoir utilement l'or, l'intrigue et les divers ressorts où l'abbé Dubois avoit établi toutes ses espérances. Les manéges de son agent à Rome se trouveront en leur lieu. Law fut fort touché d'une aventure si infâme et si publique arrivée à son convertisseur, qui ne fit pas honneur à sa conversion, qui avoit déjà bien fait parler le monde. Il acheta un million l'hôtel Mazarin[1] pour y mettre sa banque qui avoit été jusqu'alors dans la maison qu'il louoit pour cela du premier président, et dont il n'avoit pas besoin par sa place qui donne un magnifique logement au palais aux premiers présidents du parlement. Law acheta en même temps cinq cent cinquante mille livres la maison du comte de Tessé. Conflans, homme de beaucoup d'esprit et de savoir, mourut assez jeune. Il exerçoit une des deux charges de premier gentilhomme de la chambre de M. le duc d'Orléans pour le fils encore enfant d'Armentières son frère qui l'avoit, et cet enfant après sa mort. Le chevalier de Conflans, troisième frère, en eut l'exercice, très-savant aussi, avec beaucoup d'esprit.

Le fameux P. Quesnel mourut à Amsterdam où la persécution l'avoit fait retirer. Si la violence lui avoit refusé d'être écouté sur son livre si singulièrement condamné par la constitution *Unigenitus*, et refusé plusieurs fois malgré toutes ses instances, ses lettres au pape et toute la soumission la plus entière, chose qu'on ne refuse pas aux hérétiques

---

1. Cet hôtel renferme maintenant la Bibliothèque impériale. La partie la plus ancienne avait été bâtie par Chevery ou Chevry, président à la chambre des Comptes. Jacques Tubeuf, président à la même chambre, fit bâtir une autre partie sur les desseins de l'architecte Le Muet. Mazarin acheta de Tubeuf ces maisons qui répondent aux bâtiments portant les numéros 14, 12 et 10 de la rue des Petits-Champs. Derrière ces maisons il y avait de vastes jardins. Mazarin agrandit considérablement l'hôtel Tubeuf; il fit bâtir la grande galerie qui longe la rue de Richelieu et s'étend de la rue des Petits-Champs à l'arcade Colbert, ainsi que la galerie Mazarine, qui contient une des parties les plus précieuses des manuscrits de la Bibliothèque impériale. Voy. l'*Histoire du Palais Mazarin*, par M. le comte L. de La Borde.

ni aux hérésiarques qu'on presse même de s'expliquer, il eut au moins la consolation d'avoir vécu et de mourir en bon catholique, et de faire en mourant une profession de foi qui fut aussitôt rendue publique, et qui se trouva tellement orthodoxe qu'on ne put jamais y toucher. Ce savant homme et si éclairé s'est acquis une si grande réputation partout, que je ne m'y étendrai pas davantage. Il avoit plus de quatre-vingts ans et travailloit toujours dans la solitude, la prière et la pénitence.

Blécourt mourut fort vieux. C'étoit un ancien officier fort attaché au maréchal d'Harcourt qui l'avoit mené avec lui en Espagne. Il y fut chargé des affaires du roi pendant les absences d'Harcourt, et il étoit seul à Madrid à la mort de Charles II, comme on l'a vu ici en son temps. Le gouvernement des Navarreins qu'il avoit fut donné à Louville.

La princesse de Guéméné qui étoit Vaucelas, mourut en même temps encore assez jeune.

Le maréchal de Berwick, qui avoit fini sa campagne par la prise d'Urgel et de Rose, arriva. On arrêta des gens au pied des Pyrénées, qui cherchoient à se couler en Espagne par des chemins détournés. On les trouva chargés de beaucoup de lettres : c'est tout ce qu'on en a su. La politique de l'abbé Dubois, qui a été expliquée en son lieu, sur le duc et la duchesse du Maine, fit un secret et des lettres et de qui elles étoient. Cela fut étouffé sous un air de mépris. Je ne pris pas la peine d'en parler à M. le duc d'Orléans. Je crois que je le soulageai, car il ne m'en parla qu'en ce sens et en passant.

Il résolut pourtant et travailla bientôt après à une grande augmentation de troupes, dont il ne fut pas longtemps à reconnoître qu'il n'avoit pas besoin. Il avoit paru sur les côtes de Bretagne quelques vaisseaux espagnols. Le maréchal de Montesquiou fit marcher des troupes pour leur empêcher le débarquement. Sur quoi, après diverses tentatives, ils se retirèrent. C'étoient des vaisseaux de guerre qu'on sut chargés de troupes de débarquement et de beaucoup d'armes. Noyan, gentilhomme de Bretagne qui avoit été exilé et rappelé, et qui étoit à Paris, fut mis à la Bastille. Peu de jours après les femmes de Bonamour et de Landivy, dont les maris étoient en fuite, furent arrêtées en Bretagne. Pontcallet s'en sauva en même temps. On courut inutilement après lui.

M. le duc d'Orléans ne se lassoit point de profusions ni de faire des ingrats. Il donna plus de quatre cent mille livres à la maréchale de Rochefort, dame d'honneur de Mme la duchesse d'Orléans; cent mille livres à Blansac, son gendre; autant à la comtesse de Tonnerre sa petite-fille; trois cent mille livres à La Châtre; autant au duc de Tresmes; deux cent mille livres à Rouillé du Coudray, conseiller d'État, qui avoit été l'âme des finances sous le duc de Noailles; cent cinquante mille livres au chevalier de Marcieu; enfin à tant d'autres que j'oublie ou que j'ignore que cela ne peut se nombrer; sans ce que ses maîtresses et ses roués lui en arrachoient, et de plus, lui en prenoient les soirs dans ses poches, car tous ces présents étoient en billets qui valoient tout courant leur montant en or, mais qu'on lui préféroit.

Cette soif de l'or fit faire un singulier mariage au prince d'Auvergne, nom que le chevalier de Bouillon avoit pris depuis quelque temps. Une Mme Trent, Angloise, qui se disoit demoiselle, et prétendoit être à Paris à cause de la religion, s'étoit fourrée par là chez Mme d'Aligre, de laquelle j'ai parlé plus d'une fois. Elle retira chez elle cette fille d'abord par charité, et la garda longtemps, charmée de son ramage. Elle ne tarda pas à se faire connoître par ses intrigues et par son esprit souple, liant, entreprenant, hardi, qui surtout vouloit faire fortune. Elle attrapa lestement force Mississipi de Law, qu'elle sut faire très-bien valoir. Ce grand bien donna dans l'œil au prince d'Auvergne, qui avoit tout fricassé. Il cherchoit à se marier sans pouvoir trouver à qui; le décri profond et public où ses débauches l'avoient fait tomber, et d'autres aventures fort étranges, ni sa gueuserie n'épouvantèrent point l'aventurière angloise. Le mariage se fit au grand déplaisir des Bouillon. Elle mena toujours depuis son mari par le nez, et acquit avec lui des richesses immenses par ce même Mississipi. Il est pourtant mort avec peu de bien, parce qu'il avoit été soulagé de presque tout son portefeuille que sa femme avoit eu l'adresse de lui faire prêter, et qu'elle a été fort accusée d'avoir mis de côté. Quoi qu'il en soit, il a été perdu pour le mari et pour les siens, sans moyens contre la femme qui en demeura brouillée avec tous les Bouillon et qui n'a point eu d'enfants qui aient vécu. Elle chercha, avant et depuis la mort de son mari, à faire un personnage, mais la défiance la fit rejeter partout. Elle se retrancha donc sur la dévotion, la philosophie, la chimie qui la tua à la fin, au bel esprit surtout, dans un très-petit cercle de ce qu'elle put à faute de mieux. Avec tout ce florissant Mississipi, il y eut des avis qu'on vouloit tuer Law, sur quoi on mit seize Suisses du régiment des gardes chez lui, et huit chez son frère qui étoit depuis quelque temps à Paris.

J'ai différé à ce temps, où Pezé[1] eut enfin le régiment du roi infanterie, à parler plus à fond de lui et de Nangis qui le lui vendit, parce que tous deux ont fait en leur temps une fortune singulière. Celui-ci, porté haut sur les ailes de l'amour et de l'intrigue, déchut toujours; celui-là avec peu de secours, mais par de grands talents, monta toujours, et par eux touchoit à la plus haute et à la plus flatteuse fortune, lorsque, arrêté au milieu de sa course, il mourut au lit d'honneur environné de gloire et d'honneurs qui, lui promettant les plus élevés et les plus distingués, lui laissèrent en même temps voir la vanité des fortunes et le néant de ce monde.

Nangis, avec une aimable figure dans sa jeunesse, le jar-

---

1. Ce nom s'écrit ordinairement Pezay.

gon du monde et des femmes, une famille qui faisoit elle-
même le grand monde, une valeur brillante et les propos
d'officier mais sans esprit et sans talent pour la guerre, une
ambition de toutes les sortes et de cette espèce de gloire sotte
et envieuse qui se perd en bassesses pour arriver, a longtemps fait une figure flatteuse et singulière par l'élévation
de ses heureuses galanteries et par le grand vol des femmes,
du courtisan, de l'officier. Ce groupe tout ensemble forma
un nuage qui le porta longtemps avec éclat, mais qui, dis-
sipé par l'âge et par les changements, laissa voir à plein le
tuf et le squelette. Il avoit le régiment d'infanterie du roi,
qui sous le feu roi étoit un emploi de grande faveur, et qui
sembloit devoir mener à la fortune par les distinctions et
l'affection particulière qu'il donnoit à ce régiment par-dessus
tout autre, et par les privances attachées à l'état du colonel
qui travailloit directement avec le roi sur tous les détails de
ce corps, sur lequel nul inspecteur ni le secrétaire d'État de
la guerre n'avoient rien à voir. Après la mort du roi, l'âge
de son successeur et l'incertitude éloignée du goût et du soin
qu'il prendroit de ce régiment dégoûtèrent Nangis. On a vu
ici en son temps qu'il le voulut vendre au duc de Richelieu,
puis à Pezé, et de quelle façon capricieuse et pire il cessa de
le vouloir vendre. Il ne lui avoit rien coûté, non plus qu'à
ses prédécesseurs, et le vendre étoit une grâce que M. le duc
d'Orléans auroit bien pu, pour ne pas dire dû, se passer de
lui faire. On a vu aussi en son lieu comment et pourquoi j'y
étois fort entré pour Pezé, auquel il faut venir maintenant,
aux dépens peut-être de quelque répétition, pour mettre
mieux le tout ensemble.

Pezé étoit du pays du Maine, bien gentilhomme mais tout
simple, parent éloigné du maréchal de Tessé par la généalo-
gie et tout au plus près par la galanterie : il avoit une mère
que le maréchal avoit trouvée aimable. Pezé étoit un cadet;
il en prit soin et le mit de fort bonne heure page de Mme la
duchesse de Bourgogne dont il étoit premier écuyer. Cour-

talvert, frère aîné de Pezé, avoit du bien, mais pour soi seul, et plantoit ses choux chez lui. Leur grand-père avoit épousé la fille aînée d'Artus de Saint-Gelais, seigneur de Lansac et d'une fille du maréchal de Souvré dont la famille s'étoit crue heureuse de se défaire honnêtement de la sorte par la disgrâce de son corps, et le mari qui la prit s'estima très-honoré de faire cette alliance à quelque prix que ce fût. L'autre fille de M. et de Mme de Lansac épousa Louis de Prie, seigneur de Toucy, et de ce mariage vint Mme de Bullion, grand-mère de Fervaques, chevalier de l'ordre en 1724, et la maréchale de La Mothe, laquelle étoit ainsi cousine germaine du père de Pezé, et lui, par conséquent, issu de germain des duchesses d'Aumont, mère du duc d'Humières, de Ventadour et de La Ferté, toutes trois filles de la maréchale de La Mothe. Cette alliance si proche le tira du régiment des gardes où il étoit entré en sortant de page, et le fit gentilhomme de la manche du roi. C'étoit un jeune homme de figure commune avec beaucoup d'esprit et de physionomie, plein de manéges, d'adresses, de finesse, de ressources dans l'esprit, liant et agréable, le ton du grand monde et de la bonne compagnie où il étoit agréable et bien reçu, et d'une ambition qui lui fit trouver toutes sortes de talents pour arriver à la plus haute fortune. Il fit si bien qu'il persuada au monde que le roi l'avoit pris en amitié, que cette raison le fit compter, lui acquit des amis considérables à qui il ne manqua jamais en aucun temps, et lui fraya le chemin à tout. Je crois avoir reçu la dernière lettre qu'il ait jamais écrite ; il m'a vu toujours très-soigneusement et m'a toujours parlé de tout à cœur ouvert. On a vu en son temps que le duc d'Humières fît que je lui fis obtenir le gouvernement de la Muette dès que le roi eut cette maison, puis le régiment du roi quand Nangis eut la permission de le vendre, et Pezé ne l'oublia jamais. Enfin Nangis, lassé de ne point vendre, chercha à profiter du désir de Pezé et de l'incroyable facilité de M. le duc d'Orléans, à laquelle je n'eus point de part, mais bien à l'agrément d'acheter exclusif de tout autre. Pezé donna donc cent vingt mille livres desquelles Nangis donna soixante-cinq mille livres à Saint-Abre, qui, moyennant cette somme, lui céda le gouvernement de Salces, en Languedoc, qu'il avoit. Il étoit de dix mille livres d'appointements, il fut mis à seize mille livres en même temps pour Nangis qui, outre sa pension de six mille livres comme colonel du régiment du roi qui lui fut conservée, en eut une autre pour son frère le chevalier de Nangis, de quatre mille livres, qui étoit capitaine de vaisseau. Saint-Abre eut par le marché une pension du roi de cinq mille livres, dont deux mille livres furent assurées à une de ses filles après lui. Ainsi Nangis tira plus de quinze mille livres de rente de ce qui ne lui avoit jamais rien coûté et qu'il désiroit de vendre, et avec cela fut assez sot pour m'en bouder toute sa vie, et fit le mécontent. Aussi lui et Pezé n'ont jamais été bien ensemble.

Nangis, à force de restes mourants de sa figure passée, devint pour rien chevalier d'honneur de la reine à son mariage, sans cesser de servir, fut chevalier de l'ordre, et quoique sans considération, et ayant paru un très-ignorant officier général, son ancienneté parmi les autres pouliée par sa charge, le fit enfin maréchal de France, pour ne point servir et achever sa vie sans considération et comme dans la solitude au milieu de la cour, s'ennuyant et ennuyant les autres, et ne paraissant guère que pour les fonctions journalières de sa charge. Pezé, au contraire, passé en Italie avec le régiment du roi, y montra tant de talents naturels pour la guerre qu'il y saisit d'abord toute la confiance des généraux des armées, et devint en très-peu de temps l'âme des projets et des exécutions. Il força par sa valeur et par ses lumières l'envie à lui rendre justice. Il mourut des blessures qu'il avoit reçues à la bataille de Guastalla, avec l'ordre du Saint-Esprit qui lui fut envoyé en récompense de tout ce qu'il avoit fait en Italie, et il alloit rapidement au commandement en chef des armées comme généralement reconnu le plus capable, à quoi il s'étoit élevé en fort peu de temps.

Pezé me fait souvenir, et on verra bientôt pourquoi, que j'ai dépassé le temps où je devois rapporter la situation où Fleury, évêque de Fréjus, et moi, étions ensemble. Ses allures, ses sociétés et les miennes du vivant du feu roi, furent toujours différentes. Quoique nous eussions des amis communs, il n'y avoit nul commerce entre nous, mais sans aucun éloignement de part et d'autre, et politesse quand nous nous rencontrions. A la fin de son dernier voyage à la cour, vers la fin de la vie du feu roi, je le rencontrai assez souvent chez Mme de Saint-Géran; il brassoit alors bien sourdement la place de précepteur; il sentit apparemment que je pourrois quelque chose dans la régence que tout le monde voyoit s'approcher de plus en plus par l'état où le roi paroissoit. Le prélat me parut me rechercher, mais avec adresse, et je répondis avec civilité, mais sans passer les termes de conversations et de plaisanteries générales et indifférentes et sans nous chercher. Revenu démis de son évêché et précepteur, nous nous trouvâmes occupés tous deux à des choses différentes. Vincennes fit encore une séparation de lieu, et il se passa encore quelques mois après l'arrivée du roi à Paris sans que nous nous approchassions l'un de l'autre que par des civilités générales et passagères, quand rarement nous nous rencontrions. J'eus lieu de croire que cela ne satisfit pas M. de Fréjus.

On a vu ici toute la part qu'eut Mme de Lévi à le faire précepteur. C'étoit une femme de beaucoup d'esprit, vive à l'excès, toujours passionnée, et ne voyant ni gens ni choses qu'à travers la passion, qui en bien ou en mal la possédoit sur les choses et sur les personnes; elle s'étoit donc coiffée de M. de Fréjus, en vérité jusqu'à la folie, en vérité aussi en tout bien et honneur; car cette femme, avec tous ses transports d'affection ou du contraire, étoit foncièrement pétrie d'honneur, de vertu, de religion et de toute bienséance. Elle étoit fille du feu duc de Chevreuse, par conséquent intimement mon amie, et de tout temps dans la plus étroite liaison avec Mme de Saint-Simon. Causant un soir avec elle, elle se mit sur le propos de M. de Fréjus, et me reprocha que je ne l'aimois point. Je lui en témoignai ma surprise, parce qu'en effet je n'avois nulle raison de l'aimer, ni de ne l'aimer pas. Le hasard ne me l'avoit point fait rencontrer chez elle dans les derniers temps du feu roi, où leur amitié se lia, et elle étoit presque la seule personne fort de mes amies qui fut la sienne, et depuis la régence, lui et moi occupés de choses toutes différentes, n'avions point eu d'occasions de nous voir. Cela ne la satisfit pas; elle revint d'autres fois à la charge. Je jugeai donc que c'étoit de concert avec M. de Fréjus, qui de loin vouloit ranger tous obstacles. Je répondis toujours honnêtement pour lui, parce que je n'avois nulle raison de répondre autrement, tellement qu'enfin il m'attaqua de politesse, puis de courte conversation chez le roi, et peu de jours après vint chez moi à l'heure du dîner m'en demander. De là, il vint assez souvent chez moi, souvent aussi dîner, et je l'allai voir quelquefois les soirs. Il étoit, comme on l'a dit ailleurs, de bonne conversation et de bonne compagnie, et il avoit passé sa vie dans le monde le plus choisi. A force de nous voir, les raisonnements sur bien des choses entrèrent dans nos conversations.

Un soir assez tard que j'étois chez lui, quelque temps après qu'il eut commencé ses fonctions de précepteur, on lui apporta un paquet. Comme il étoit tard, et lui en robe de chambre et en bonnet de nuit au coin de son feu, je voulus m'en aller pour lui laisser ouvrir le paquet. Il m'en empêcha, et me dit que ce n'étoit rien que les thèmes du roi qu'il faisoit faire aux jésuites qui les lui envoyoient. Il avoit raison de prendre ce secours; car il ne savoit du tout rien que grand monde, ruelle et galanterie. Sur ce propos des thèmes du roi, je lui demandai, comme ne l'approuvant pas, s'il projetoit de lui mettre bien du latin dans la tête. Il me répondit que non, mais seulement pour qu'il en sût assez pour ne l'ignorer pas entièrement ; et nous convînmes aisément que l'histoire, surtout celle de France générale et particulière, étoit [ce] à quoi il le falloit appliquer le plus. Là-dessus il me vint une pensée que je lui dis tout de suite pour apprendre au roi mille choses particulières et très-instructives pour lui dans tous les temps de sa vie, et en se divertissant, qui ne pouvoient guère lui être montrées autrement.

Je lui dis que Gaignières, savant et judicieux curieux, avoit passé sa vie en toutes sortes de recherches historiques, et qu'avec beaucoup de soins, de frais et de voyages qu'il avoit fait exprès, il avoit ramassé un très-grand nombre de portraits, de ce qui en tout genre et en hommes et en femmes, avoit figuré en France, surtout à la cour, dans les affaires et dans les armées, depuis Louis XI ; et de même, mais en beaucoup moindre quantité des pays étrangers, que j'avois souvent vus chez lui en partie, parce qu'il y en avoit tant qu'il n'avoit pas pu les placer, quoique dans une maison fort vaste où il logeoit seul vis-à-vis des Incurables ; que Gaignières en mourant avoit donné au roi tout ce curieux amas[1]. Le cabinet du roi aux Tuileries avoit une porte qui entroit dans une belle et fort longue galerie, mais toute nue. On avoit muré cette porte, on avoit fait quelques retranchements de simples planches dans cette galerie, et on y avoit mis les valets du maréchal de Villeroy. Je proposai donc à M. de Fréjus de leur faire louer des chambres dans le voisinage, à quoi mille francs auroient été bien loin, d'ouvrir la porte de communication du roi, et de tapisser toute cette galerie de ces portraits de Gaignières, qui pourrissoient peut-être dans quelque garde-meuble ; de dire aux précepteurs des petits garçons qui venoient faire leur cour au roi,

---

1. La Bibliothèque impériale possède encore aujourd'hui une partie des portraits et des manuscrits rassemblés par Gaignières. On y trouve beaucoup de renseignements curieux sur les anciennes institutions de la France.

de parcourir un peu ces personnages dans les histoires et les mémoires, et de dresser avec soin leurs pupilles à les connoître assez pour en pouvoir d'abord dire quelque chose, et ensuite avec plus de détail pour en causer les uns avec les autres, en suivant le roi dans cette galerie, en même temps que M. de Fréjus en entretiendroit le roi plus à fond ; que de cette manière il apprendroit un crayon de suite d'histoire, et mille anecdotes importantes à un roi qu'il ne pourroit tirer aisément d'ailleurs ; qu'il seroit frappé de la singularité des figures et des habillements qui l'aideroient à retenir les faits et les dates de ces personnages ; qu'il y seroit aiguisé par l'émulation des enfants de sa cour, les uns à l'égard des autres, et la sienne à lui-même, de savoir mieux et plus juste qu'eux ; que le christianisme ni la politique ne contraindroient en rien sur la naissance, la fortune, les actions, la conduite de gens, morts eux et tout ce qui a tenu à eux, et que par là, peu à peu le roi apprendroit les services et les desservices, les friponneries, les scélératesses, comment les fortunes se font et se ruinent, l'art et les détours pour arriver à ses fins, tromper, gouverner, museler les rois, se faire des partis et des créatures, écarter le mérite, l'esprit, la capacité, la vertu, en un mot les manéges des cours dont la vie de ces personnages fournissent des exemples de toute espèce, conduire cet amusement jusque vers Henri IV, alors piquer le roi d'honneur en lui faisant entendre que ce qui regarde les personnages au-dessous de cet âge ne doit plus être que pour lui, parce qu'il en existe encore des familles et des tenants, et tête à tête les lui dévoiler ; mais comme il s'en trouve quantité aussi de ceux-là dont il ne reste plus rien, les petits garçons y pourroient être admis comme aux précédents ; enfin, que cela mettroit historiquement dans la tête du roi mille choses importantes dont il ne sentiroit que les choses, sans s'apercevoir d'instruction, laquelle seroit peut-être une des plus importantes qu'il pût recevoir pour la suite de sa vie, dont la vue de ces portraits le feroit souvenir dans tous les temps, et lui acquerroit de plus une grande facilité pour une étude plus sérieuse, plus suivie, et plus liée de l'histoire, parce qu'il s'y trouveroit partout avec gens de sa connoissance depuis Louis XI, et cela sans le dégoût du cabinet et de l'étude, et en se promenant et s'amusant. M. de Fréjus me témoigna être charmé de cet avis, et le goûter extrêmement. Toutefois il n'en fit rien, et dès lors je compris ce qui arriveroit de l'éducation du roi, et je ne parlai plus à M. de Fréjus de portraits ni de galerie, où les valets du maréchal de Villeroy demeurèrent tranquillement.

Il témoignoit à Pezé beaucoup d'amitié. Pezé, qui me voyoit fort en liaison avec lui, me proposa de chercher à le faire cardinal; si de lui-même, ou si le prélat lui en avoit laissé sentir quelque chose, je ne l'ai point démêlé. C'étoient deux hommes extrêmement propres à s'entendre et à se comprendre sans s'expliquer. Pezé vouloit que ce fût à l'insu de M. le duc d'Orléans; car la chose ne pouvant s'acheminer promptement, l'abbé Dubois pouvoit croître en attendant, peut-être quelque autre qui auroit barré Fréjus. Réflexion faite, je crus pouvoir tâter le pavé, et me conduire suivant ce que je trouverois. On a vu ici en son lieu l'étroite liaison où j'avois été avec le nonce Gualterio. Depuis sa promotion au cardinalat et son départ tout de suite, nous étions en usage de nous écrire toutes les semaines, et assez souvent en chiffre. Je le dis à Pezé, et que je sonderois le gué par cette voie, non que le cardinal Gualterio fût en crédit à Rome bastant pour s'en servir; mais il étoit fort au fait de tout, et propre à indiquer et à conduire. Cette menée dura plusieurs mois sans beaucoup de moyens ni d'apparence, jusqu'à ce que Pezé me pria de la part de Fréjus d'abandonner l'affaire qu'il avoit reconnue impossible à cacher au régent jusqu'au bout, et qui pourroit lui tourner à mal; le rare est que jamais il ne m'en a parlé qu'une fois unique, qui fut pour me dire lui-même ce que Pezé m'avoit dit de sa part, et me remercier à merveilles sans jamais m'en avoir parlé ni devant ni après, ni moi à lui. Cela néanmoins serra la liaison de sorte qu'il me parloit de tout très-librement, et qu'il a continué depuis jusqu'à sa mort la même ouverture sur les gens, les choses, les affaires à un point qui me surprenoit toujours, d'autant plus que ce n'étoit jamais que récits ou dissertations sans me demander mon avis sur rien ni encore moins d'envie de m'approcher ni des affaires ni de la cour, à quoi je lui donnois beau jeu par n'en avoir pas plus d'envie que lui. Ce court récit suffit maintenant. Il servira à éclaircir bien des choses qu'il n'est pas encore temps de raconter.

Le duc de Brancas eut une pension, de l'argent comptant, un logement à Luxembourg. Béthune, chef d'escadre, eut une pension de six mille livres, et Torcy obtint pour sa sœur l'abbesse de Panthemont, à Paris, celle de Maubuisson que Mme de Bourbon avoit refusée. Elle étoit fille aînée de M. le Duc et de Mme la Duchesse, fort contrefaite, fort méchante, avec de l'esprit. Elle étoit religieuse de Fontevrault, dont elle vouloit être coadjutrice. Mme de Mortemart, qui en étoit abbesse et qui la connoissoit bien, s'y opposa toujours. A la fin elle vint au Val-de-Grâce où elle désola le couvent, et fut enfin abbesse de Saint-Antoine. Elle en traita cruellement les religieuses, dissipa les biens, quoique avec une forte pension du roi, et en fit tant qu'à la prière de Mme la Duchesse, de M. le Duc son frère, de toute sa famille, le roi la fit enlever un matin par le duc de Noailles, capitaine des gardes du corps, et conduire en une petite abbaye, où elle est demeurée depuis honnêtement prisonnière.

L'abbé Morel mourut fort vieux. C'étoit un homme d'esprit et fort instruit que la débauche avoit lié avec Saint-Pouange en leur jeunesse, et toute leur vie le goût du plaisir. Saint-Pouange qui lui reconnut des talents le fit connoître à Louvois, qui en essaya pour négocier des affaires secrètes qu'il souffloit tant qu'il pouvoit au ministre des affaires étrangères. Il s'en trouva si bien qu'il en parla au roi, qui s'en servit souvent depuis la mort de Louvois, et lui parloit souvent aussi dans son cabinet, où il le faisoit venir par les derrières. Il disparoissoit quelquefois, et j'entendois dire qu'on l'avoit envoyé en commission secrète. Le roi et les ministres en furent toujours contents, et ses voyages furent toujours impénétrables. Il avoit pensions et abbayes, voyoit bonne compagnie, paroissoit quelquefois à la cour, et le roi en public lui parloit souvent et avec un air de bonté : en son genre c'étoit un personnage et un honnête homme aussi.

CHAPITRE XV.

Promotion de dix cardinaux. — Leur discussion. — Spinola, Althan, Perreira. — Gesvres. — Sagesse et dignité des évêques polonois — Bentivoglio. — Bossu, dit Alsace, et comment; est malmené par l'empereur. — Belluga; sa double et sainte magnanimité. — Salerne. — Mailly; son ambition; sa conduite. — Pourquoi les nonces de France, devenant cardinaux, n'en reçoivent plus les marques qu'en rentrant en Italie. — Tout commerce étroitement et sagement défendu aux évêques, etc., de France avec Rome, et comment enfin permis. — Haine de Mailly contre le cardinal de Noailles, et ses causes. — Sentiments de Mailly étranges sur la constitution. — Comment transféré d'Arles à Reims. — Sa conduite dans ce nouveau siége.

Le pape fit une promotion de dix cardinaux dont un réservé *in petto*. La France n'en eut point, parce que Bissy avoit passé sur son compte dans les derniers temps de la vie du roi, à la faveur de la constitution. Les neuf déclarés furent Gesvres, archevêque de Bourges pour la Pologne; Mailly, archevêque de Reims, *proprio motu*; Spinola, nonce à Vienne; Bentivoglio, nonce à Paris; Bossu, archevêque de Malines, *proprio motu*; Perreira y la Cerda pour le Portugal; Althan pour l'empereur, frère de son favori et évêque de Vaccia; Belluga, évêque de Murcie pour l'Espagne, et le P. Salerne jésuite. Il n'y a point de remarque à faire sur Spinola, nonce à Vienne, ni sur Althan et Perreira, nommés par l'empereur et par le roi de Portugal; il y en a sur les six autres. On n'en pervertira[1] le rang que sur Mailly dont on parlera le dernier.

Gesvres avoit plus de soixante ans, il avoit été jeune à Rome, il s'y étoit initié au Vatican. Innocent XI, Odeschalchi, tout ennemi de la France qu'il fut toujours, l'avoit tellement pris en affection qu'il lui donna une place de camérier d'honneur. Le nouveau prélat sut lui plaire et à toute sa cour, dont il prit si bien les manières qu'il ne s'en est jamais défait depuis, habitude, goût ou politique. Tout lui rioit à Rome; il y passoit pour un des prélats favoris, et qui touchoit de plus près à la pourpre; et personne ne douta ni à Rome ni en France qu'il ne l'eût obtenue à la première promotion, lorsque les démêlés sur les franchises entre le pape et le feu roi vinrent au point que le marquis de Lavardin, son ambassadeur à Rome, ne put jamais obtenir audience, qu'il fût excommunié, et que tous les François eurent ordre de sortir de Rome. Gesvres obéit comme les autres, mais à son grand regret et à celui du pape et de toute sa cour. Phélypeaux, archevêque de Bourges, frère de Châteauneuf, secrétaire d'État, venoit de mourir tout à propos. Bourges fut donné à Gesvres en arrivant pour prix de son obéissance et de l'abandon de ses espérances à Rome; il fut le premier abbé qui de ce règne fut fait archevêque tout d'un coup; il ne regarda ce poste que comme une planche après le naufrage, et ne songea qu'à s'en faire un échelon pour arriver où il tendoit, aussitôt que les affaires seroient accommodées entre la France et Rome. Il perdit son protecteur en Innocent XI. Ottobon, qui lui succéda sous

---

1 Saint-Simon a employé ce mot dans le sens d'*intervertir*.

le nom d'Alexandre VIII, fit passer le roi par où il voulut, puis se moqua de lui. Son pontificat fut trop court pour donner lieu à Gesvres de travailler utilement pour soi. Pignatelli, dit Innocent XII, lui succéda, régna plus longtemps. Il témoigna de l'estime et de la bonté à Gesvres, mais il n'étoit plus à Rome ni dans la prélature. Gesvres sentoit qu'il lui falloit une nomination. Il n'oublia rien pour se lier étroitement avec Pomponne, Croissy et Torcy, fils du dernier, gendre de l'autre, qui avoient en commun les affaires étrangères. Il y réussit parfaitement, et il brigua la nomination du roi Jacques d'Angleterre. Mais elle ne put réussir. Il se tourna vers celle de M. le prince de Conti, qui venoit d'être élu roi de Pologne et qui partoit pour se rendre en ce pays-là. On a vu en son lieu le peu de goût de ce prince pour cette couronne, et son prompt retour. Gesvres ne se rebuta point. Les évêques polonois, tous sénateurs du royaume, ont eu le bon sens de ne céder point aux cardinaux, en sorte qu'il n'y a guère que l'archevêque de Gnesne qui le puisse être, parce qu'étant primat du royaume et régent dans l'interrègne il n'y a point de difficulté avec lui; c'est ce qui rend la nomination de Pologne facile à obtenir aux étrangers. Gesvres sut si bien manéger qu'il eut celle de l'électeur de Saxe, élu roi de Pologne au lieu de M. le prince de Conti. Dans la suite le victorieux roi de Suède l'ayant forcé à céder sa couronne à l'heureux Stanislas Leczinski, Gesvres fit encore si bien qu'il eut sa nomination; et ce nouveau roi ayant été précipité du trône par un retour de fortune et l'électeur de Saxe y étant remonté, Gesvres eut encore une nouvelle confirmation de sa précédente nomination, et tout cela avec le consentement du roi. Il passa donc plus de trente ans de sa vie à pourchasser le cardinalat et à n'avoir autre chose dans le cœur et dans la tête.

Archevêque de nom sans presque jamais de résidence, épargnant tout pour ses agents à Rome et pour ses vues du cardinalat, il avoit tout démeublé ou vendu à Bourges depuis la mort du roi, et déclaré qu'il n'y retourneroit plus. Parvenu enfin à la pourpre si ardemment et si persévéramment souhaitée, et transporté de joie après tant de soins, de peines et de travaux, qui eût cru qu'arrivé enfin à l'unique but de toute sa vie, il n'en eût pas joui pleinement? Mais voilà de ces traits des jugements de Dieu qui confondent les hommes. Gesvres fut encore moins cardinal qu'il n'avoit été archevêque. Idolâtre de sa santé et de ses écus, il ne pensa qu'à éviter d'aller à Rome, et, pour en montrer son impossibilité, n'alla presque point à Versailles quand la cour y fut retournée, et dînoit en chemin. Il s'abstint des thèses, des sacres, de toutes cérémonies, même de celles du Saint-Esprit, après qu'il eut été admis à l'ordre, du conseil de conscience formé *ad honores*, et de toutes sortes d'affaires. Il vécut dans sa maison solitaire où sa pourpre ne lui fut d'aucun usage, que pour la voir dans ses miroirs et s'entendre donner de l'Éminence par ses valets. Point de visites; en recevoit très-peu, mangeoit seul, très-sobrement et médicinalement, avec une très-bonne santé, donnoit deux ou trois dîners l'année avec peu de choix, voyoit quelques nouvellistes italiens et quelques savants obscurs, car il n'étoit pas sans savoir ni sans lumière pour les affaires; se promenoit les matins aux Tuileries pour prendre l'air avec des gens la plupart inconnus, et se défit enfin de son archevêché en faveur de l'abbé de Roye, qu'il voulut *mordicus*, et pas un autre, non pas même de son neveu, quoique fort bien avec lui et avec le duc de Tresmes, son frère, parce qu'il crut que l'abbé de Roye y feroit plus de bien et ne tourmenteroit personne sur la constitution, qu'il n'avoit jamais honorée que des lèvres, et fit toujours de grandes aumônes dans l'archevêché de Bourges.

Bentivoglio avoit quitté tard un régiment de cavalerie qu'il commandoit au service de l'empereur, pour entrer en prélature. Sa naissance lui valut en moins de rien la nonciature de France, où il se signala par toute la débauche, les emportements, les fureurs dont on a parlé ici et qu'on ne répétera pas. Il ne les signala pas moins à l'unique conclave où il se trouva, et assez peu après il mourut d'un emportement de colère qui l'étouffa et en délivra le monde.

Bossu, dont le nom étoit Hennin-Liétard, étoit frère du prince de Chimay, mort mon gendre, que Charles II avoit fait tout jeune chevalier de la Toison, qui servit depuis Philippe V en Espagne, qui le fit lieutenant général et grand d'Espagne. Bossu fut envoyé tout jeune faire ses études à Rome, et livré aux jésuites pour avoir soin de son éducation et de sa fortune. Ils suppléèrent à ses talents qui en tout genre étoient nuls, mais ils en firent un grand dévot et se l'acquirent sans réserve. Des aveugles-nés de grande naissance qui les peut élever à tout avec du secours, sont merveilleusement propres à la société qui n'en laisse guère échapper de ceux dont ils se peuvent saisir, et les familles, qui espèrent bien y trouver leur compte, les leur offrent volontiers. Elles mettent ainsi de grands bénéfices et de grandes dignités dans leur maison, et les jésuites règnent avec autorité par des sujets grandement établis, qui ne se connoissent pas eux-mêmes. Bossu revint [de] Rome parfaitement jésuite; c'étoit toute l'instruction qu'il y avoit acquise, la seule dont son génie pût être susceptible, l'unique dont l'intérêt de sa famille et celui de ses instituteurs pût élever sa fortune : aussi lui valut-elle promptement l'archevêché de Malines et une belle et très-riche abbaye dans Malines même, dont les jésuites furent en effet archevêques et abbés. Ils se trouvèrent si bien d'un disciple si entièrement abandonné à eux, qu'ils n'oublièrent rien pour le faire valoir à Rome et le porter à la pourpre dont ils tireroient encore plus d'éclat et de fruit. Il auroit eu des concurrents qui lui auroient coupé chemin, si on se fût douté à Vienne qu'il pût être sur les rangs d'une promotion. Quelque zèle et quelque soumission que les jésuites aient de tout temps pour la cour impériale, leurs intérêts leur sont encore plus

chers, et le coup frappé ils ne manquent point de ressources
pour le cacher ou le faire oublier. Cette considération, bien
loin de les arrêter, ne fit qu'aiguiser leurs sourdes intrigues.
Ils firent comprendre Bossu dans cette promotion sans aucune participation de la cour de Vienne, et l'ignorant et
dévot Bossu, transporté de joie de sa promotion, en prit à
l'instant toutes les marques dans Malines, sans en demander, ni encore moins en attendre la permission de l'empereur. Ce monarque, accoutumé à dominer également et ses
sujets et la cour de Rome, entra en grande colère, menaça
Rome, saisit les revenus du nouveau cardinal et le traita
avec toute la hauteur d'un souverain justement irrité. Les
jésuites qui s'y étoient attendus firent le plongeon comme
des serviteurs fidèles qui n'avoient point de part en ce
choix, et firent rendre à leur créature rougie les plus
grandes soumissions à l'empereur et à ses ministres. L'affaire étoit faite, il ne s'agissoit plus que d'en sortir : avec
toutes ces soumissions, Bossu n'en garda pas moins toutes
les marques et le rang de sa nouvelle dignité. Sa conscience
ne lui permettoit pas de manquer au pape qui la lui avoit
conférée, mais en même temps il trahit son humilité. Il
prit le nom de cardinal d'Alsace. Il prétendit le premier de
sa maison sortir par mâles des anciens comtes d'Alsace. On
en rit en Flandre; mais partout ailleurs il ne put le faire
passer et ne fut jamais que le cardinal de Bossu. L'empereur eut grand'peine à lui permettre d'aller à Rome pour le
conclave. Il ne lui donna main levée de ses revenus pour ce
voyage qu'à condition de venir à Vienne directement de
Rome, dès que le pape seroit élu et couronné, demander
pardon de sa faute. Il y alla donc, y fut retenu six mois, y
reçut tous les dégoûts dont on put s'aviser, qui le poursui-
virent toujours depuis en Flandre. La constitution venue on
peut juger avec quelle aveugle fureur cette créature des
jésuites s'y signala.

Belluga arriva à la pourpre par des sentiers plus droits;

c'étoit un bon gentilhomme castillan que sa rare piété avoit fait choisir à Philippe V au commencement de son règne pour l'évêché de Murcie. Il s'y conduisit comme on s'y étoit attendu, et y fut en exemple à toute l'Espagne. Quelques années après, la guerre y fut portée jusque dans ses entrailles. Le roi et la reine, contraints d'abandonner Madrid sans argent, sans subsistance pour ce qui leur restoit de troupes, sans espérance d'en pouvoir lever, avec fort peu de sauver aucune pièce de la monarchie. Dans cette extrémité, qui fit si grandement éclater l'attachement et la fidélité espagnole à jamais mémorable, l'évêque de Murcie se signala entre les seigneurs et les prélats. Il fournit seul, gratuitement, deux mois de subsistance à l'armée, ou du sien qu'il épuisa et engagea, ou du fonds de ses diocésains qu'il toucha par l'ardeur de ses prédications, et encore plus par son exemple ; et il donna, de plus, de quoi payer aux troupes plusieurs prêts qui leur étoient dus. Le sort des armes et les efforts de cette héroïque nation ayant raffermi le trône et rendu la couronne à Philippe V, l'évêque de Murcie ne crut pas qu'il lui fût rien dû ; il compta n'avoir fait que remplir son devoir, ne songea ni à se montrer ni à faire parler de lui ; demeura, comme il avoit fait auparavant, renfermé dans son diocèse, uniquement occupé du soin de son salut et de celui de ses ouailles, sans que la cour aussi parût penser à lui. L'épuisement où tant et de si cruelles secousses avoient mis les finances fit chercher les moyens de les réparer un peu. La Crusade parut d'un secours plus prompt et plus net, on l'augmenta fort d'un trait de plume. C'est une imposition sur le clergé que les papes, dominant en Espagne ainsi que dans tous les pays d'obédience[1], et surtout dans ceux d'inquisition, ont accordée souvent aux rois d'Espagne

---

1. Les pays d'obédience étaient ceux où le pape nommait aux bénéfices et exerçait une juridiction plus étendue que dans les autres. L'Allemagne était un pays d'obédience. Il y avait aussi dans l'ancienne France plusieurs provinces qui étaient pays d'obédience et ne reconnaissaient point le con-

pour la guerre des Mores, et depuis leur expulsion, souvent encore sous prétexte de leur faire la guerre en Afrique. Comme l'Espagne y a toujours eu quelques places, qui ont soutenu des siéges sans fin, parce que les Mores n'entendent rien à l'attaque des places, cette imposition, plus ou moins forte, a presque toujours subsisté et comme passé en ordinaire ; mais la surtaxe, et de la seule autorité du roi, émut le clergé et l'évêque de Murcie plus qu'aucun. C'étoit un grand homme de bien, mais de peu de lumière ; il ne crut pas pouvoir en conscience livrer au roi un bien consacré aux autels et aux pauvres. Il fit grand bruit ; il résista avec la plus grande fermeté aux ordres réitérés du roi, et comme son exemple à lui donner dans sa nécessité avoit été grand et en spectacle à toute l'Espagne, celui de sa résistance n'eut pas moins de crédit pour le refus. Le roi, embarrassé, s'écrie et menace ; Belluga, inébranlable, porta ses plaintes à Rome, et fut cause que l'affaire devint très-considérable et ne put finir que par un accommodement.

Lors de son plus grand feu la promotion se fit, et Belluga, célèbre à Rome par son zèle et sa fermeté pour l'autorité du pape et pour l'immunité du clergé, y fut compris sans qu'il y eût jamais pensé. Il le montra bien ; il n'en apprit la nouvelle qu'avec surprise, et tout aussitôt déclara qu'il n'accepteroit jamais la pourpre sans la permission du roi, qu'il n'espéroit pas dans la disgrâce où il se trouvoit. En effet, le roi d'Espagne regarda la promotion de Belluga comme une injure qui lui étoit faite, et lui envoya défendre de l'accepter. Mais le refus de Belluga avoit prévenu la défense. Le pape, piqué à son tour, dépêcha un courrier à Belluga avec un bref impératif d'accepter en vertu de la sainte obéissance. Mais ce bref ne put tenter ni ébranler même ce sublime Espagnol. Il répondit modestement au bref, qu'il n'y alloit ni de

cordat de François Ier. Telles étaient la Bretagne, la Provence et la Lorraine. Le pape pouvait pendant huit mois de l'année y nommer aux bénéfices vacants.

la religion ni de l'Église qu'il fût cardinal ou qu'il ne le fût pas, mais qu'il y alloit du devoir et de la conscience d'un sujet d'obéir à son roi, de lui être fidèle et soumis, dont nulle puissance ne le pouvoit délier ni le faire départir. C'est qu'il ne s'agissoit ici que d'une dignité ; s'il y avoit eu de la religion ou de l'hérésie mêlée, je ne sais si on penseroit au delà des Pyrénées comme on pense en deçà, et comme toute l'antiquité a pensé en tout pays. Quoi qu'il en soit, telle fut la digne réponse du grand évêque de Murcie, dans laquelle il persévéra, malgré tout ce que Rome commise y employa de caresses et de menaces. Ce spectacle plaisoit fort à Madrid, qui laissoit faire, sans se remuer, et qui le laissa durer plusieurs mois. Belluga ne se remua pas davantage ; il ne fit ni ne laissa faire la plus petite démarche auprès du roi d'Espagne ; il ne fut pas moins tranquille ni moins absorbé dans ses devoirs et dans les occupations de sa vie accoutumée. Rome aussi dédaignoit d'agir auprès du roi d'Espagne, ou plutôt n'osoit se commettre à un refus. Lorsque Belluga n'y songeoit plus et que la longueur du spectacle l'eut fait tomber, le roi d'Espagne dépêcha deux courriers, l'un à Belluga, avec ordre d'accepter ; l'autre au pape, portant sa nomination au cardinalat en faveur de Belluga. Ainsi l'affaire fut finie avec une gloire sans égale pour Belluga, qui, sans se hâter ni changer rien à son habit ni à sa calotte, vint présenter sa barrette au roi d'Espagne, la recevoir de sa main, et l'en remercier comme ne la tenant que de ses bienfaits. Ce contraste fut un peu fort pour les cardinaux d'Alsace et de Mailly, et il fut célébré partout.

Dans la suite Belluga, qui avoit plus de zèle que de lumière, voulut entreprendre des réformes que les évêques d'Espagne ne purent souffrir. Ils s'élevèrent contre avec d'autant plus de succès que leur résidence, leurs mœurs, leurs aumônes, leur vie pleinement et uniquement épiscopale est en exemple de tout temps soutenu à tous les évêques du monde. Belluga, ne pouvant procurer à son pays le bien qu'il s'étoit proposé, se dégoûta tellement qu'il fit trouver bon au roi qu'il lui remît l'évêché de Murcie, et qu'il se retirât à Rome. Il y fut comme à Murcie, sujet très-attaché à son roi, chargé même de ses affaires dans des entre-temps, et y a eu part dans tous, et sa vertu qui surnagea toujours aux lumières, surtout politiques, lui acquit une vénération, et même pendant toute sa longue vie une considération que celles-ci ne peuvent atteindre, quoique plus dans leur centre en cette capitale du monde que partout ailleurs.

Salerne étoit un jésuite italien du royaume de Naples, transporté je ne sais par quelle aventure en Allemagne, ni par quelle autre fort bien dans les bonnes grâces de Frédéric-Auguste, électeur de Saxe, en la conversion duquel il eut beaucoup de part ; mais je ne sais s'il y eut plus de peine que le Tencin à celle de Law. L'électeur de Saxe vouloit être roi de Pologne, et il ne pouvoit être élu sans être catholique. Nul sujet du duché de Saxe ne pouvoit embrasser la religion catholique sans perdre à l'instant tous les biens qu'il y possédoit. La qualité de chef et de protecteur né de tous les protestants d'Allemagne est attachée à la dignité d'électeur de Saxe, qui est chargé de tous leurs griefs, de les faire redresser, de leur faire maintenir et rétablir tout ce que les diverses paix et pacifications leur ont accordé. Un titre qui a des fonctions si continuelles et si importantes, et qui le met à la tête du corps protestant, et en moyen de le mouvoir, lui donne la première considération dans l'Empire et dans toute l'Allemagne, et une autorité et un crédit qui le fait fort ménager par tous les souverains d'Allemagne et beaucoup par les empereurs. Auguste ne vouloit pas perdre de si grands avantages ni se commettre avec ses propres États passionnés pour le luthéranisme. Son domestique n'étoit pas plus aisé sur ce point. Le détail de cette grande affaire n'appartient point à ces Mémoires. Il s'y faut contenter de l'exposition du fait, et de dire qu'Auguste fut assez habile ou assez heureux pour concilier des choses si fort opposées. Il fut catholique et roi de

Pologne; il ne se brouilla ni avec ses sujets ni avec le corps des protestants; il demeura toujours leur chef et leur protecteur, dont il conserva toujours la considération, le crédit et l'autorité en Allemagne. Sa mère étoit fille de Frédéric III, roi de Danemark, qui survécut vingt ans à son couronnement à Cracovie, et qui ne le voulut jamais voir depuis. Il avoit épousé en 1693 Christine-Évérardine, fille de Christian-Ernest de Brandebourg, marquis de Bareith[1], qui se retira dans un château à la campagne dès qu'elle sut sa conversion, ne prit jamais les marques de reine ni n'en voulut admettre les traitements, fut plusieurs années sans pouvoir se résoudre à le voir quand il venoit en Saxe, et ne le vit enfin que comme en visites très-courtes et très-froides, sans avoir jamais voulu approcher des frontières de Pologne. L'électeur s'en consola aisément, mais il avoit encore un autre dessein à exécuter. C'étoit de convertir son fils aîné et de lui assurer la couronne de Pologne, sans perdre après lui la précieuse qualité de chef et protecteur né des protestants. Pour arriver à ce but, il falloit séparer doucement le jeune prince d'une mère si entêtée de sa religion, sans montrer ses desseins sur lui, et le confier à des personnes assez sûres et assez intelligentes pour tourner le prince électoral suivant ses vues. C'est à quoi il eut encore le bonheur de réussir, et ce qui le détermina à le dépayser de Saxe par de longs voyages. Le P. Salerne eut l'honneur de la conversion du fils comme il avoit eu celle du père. Il accompagna le jeune prince dans tous ses voyages, déguisé en cavalier; il le confessoit et le dirigeoit, et comme il n'étoit pas encore temps que sa conversion parût, il lui disoit la messe avant que la suite du prince le sût éveillé, dont il avoit une permission du pape. Au retour de ses voyages, la conversion, comme on l'a vu ici, fut déclarée, et presque en même temps son mariage avec une archiduchesse. Salerne

---

1. Ce nom s'écrit quelquefois Bareuth ou Bayreuth. Aujourd'hui Bareuth est une ville du royaume de Bavière.

en porta la nouvelle au pape qui le récompensa du chapeau. C'étoit, comme on le voit, un homme d'esprit et d'intrigue, doux, honnête, insinuant et dont les mœurs et la conduite n'ont point reçu de blâme. Il mourut à Rome chez les jésuites où il voulut toujours loger, neuf ans après sa promotion, toujours fort considéré et chargé des affaires de ses prosélytes.

Mailly, sans ailes comme en avoit eu Gesvres, ne visa pas moins haut et n'y travailla pas moins que lui. Mis dans l'Église malgré lui par un père et une mère violents et absolus dans leur famille, il fit de nécessité vertu à travers les plus cuisants regrets, et ne prit d'ecclésiastique que ce qu'il n'en put laisser; ni étude ni savoir d'aucune espèce ni aptitude ni volonté d'en acquérir, ni piété ni mœurs que ce qu'il en falloit à l'extérieur pour ne pas ruiner les espérances de l'état forcé qu'on lui avoit fait embrasser. Il vécut longtemps les coudes percés dans un recoin de Saint-Victor, parce qu'il en coûtoit moins à son père, et que cette demeure l'écartoit davantage du monde, et donnoit une écorce plus régulière. Le mariage du comte de Mailly son frère avec une nièce à la mode de Bretagne de Mme de Maintenon, mais dont elle prenoit soin comme de sa véritable nièce, et qu'elle fit dame d'atours de Mme la duchesse d'Orléans, puis de Mme la duchesse de Bourgogne, valut enfin une légère abbaye à ce malheureux reclus, et quelque liberté ensuite par une place d'aumônier du roi. Nos maisons, du même pays, étoient anciennement et plusieurs fois alliées; l'amitié et les liaisons s'étoient toujours conservées entre elles.

J'étois fort des amis du comte de Mailly et de sa femme. Je le devins de l'abbé de Mailly dès qu'il parut à la cour. Il parvint à force de bras à l'archevêché d'Arles, à la mort du dernier Grignan. A peine y fut-il nommé qu'il songea à mettre à profit le voisinage d'Avignon et la facilité de la mer pour le commerce avec Rome. Il fit toutes sortes d'avances à

Gualterio, vice-légat d'Avignon, qui y répondit en homme de beaucoup d'esprit et fort liant, qui n'ignoroit pas ce qu'étoit l'archevêque d'Arles et la comtesse de Mailly, sa belle-sœur. Le grand but de ces vice-légats, et qui leur fait souhaiter cette vice-légation, est d'en sortir par la nonciature de France qui leur assure le cardinalat. Pour cela il faut s'y rendre agréable, parce qu'une des distinctions des trois grandes couronnes, l'Empire, la France et l'Espagne, est l'exclusion pour leur nonciature de tout sujet qui leur déplaît, et le choix pour la remplir entre trois ou quatre sujets que Rome leur propose. La liaison fut donc bientôt formée entre les deux prélats par leurs vues et leurs besoins respectifs, qui se tourna dans la suite en amitié intime qui ne finit qu'avec leur vie, on l'a vu ici ailleurs, et que ce fut leur amitié qui forma la mienne avec Gualterio, qui a duré jusqu'à la mort. Il vint bientôt nonce en France. Il y plut extrêmement, et sut gagner si bien les bonnes grâces du roi, que, devenu cardinal, il lui donna l'abbaye de Saint-Victor à Paris. On a vu ici en son temps qu'il s'étoit noyé à Rome, par la visite qu'il fit en partant de France aux bâtards; ce qui a fait que depuis lui aucun nonce n'a reçu la calotte rouge à Paris, et que sur le point de leur promotion, ils ont toujours été rappelés et ne l'ont reçue qu'à l'entrée de l'Italie. Quelques années après sa promotion, Gualterio revint de Rome tout exprès pour voir le roi, et on a vu en son lieu ici avec quelle distinction il y fut reçu, jusqu'à donner de la jalousie par l'exemple du cardinal Mazarin. Il retourna à Rome avec parole du roi de l'ordre du Saint-Esprit à la première promotion. Le roi mourut sans la faire. M. le Duc en acquitta la promesse en 1724. Mailly, pendant ces années, tâchait de les employer sourdement par le commerce caché qu'il entretenoit à Rome, où il se faisoit des amis tant qu'il pouvoit. Il trouva moyen de se procurer des occasions d'écrire au pape et de s'en attirer des brefs, mais tout cela dans le plus ténébreux secret. Depuis la fin de la Ligue, et la force du règne de Henri IV, il étoit aussi sagement qu'étroitement défendu à tous évêques, bénéficiers et ecclésiastiques d'avoir aucun commerce avec Rome, sans une permission expresse qui passoit par celui des secrétaires d'État qui avoit les affaires étrangères, qui l'accordoit difficilement, qui limitoit le temps, et qui ne s'étendoit jamais au delà de l'affaire pour laquelle elle étoit accordée. C'étoit un crime et sévèrement châtié, qu'y écrire même une seule fois sans en avoir obtenu permission, parce que toutes les affaires ordinaires comme bulles, dispenses, etc., s'y faisoient par la seule entremise des banquiers en cour de Rome. Le roi étoit fort jaloux sur ce point. Ce n'a été que tout à la fin de son règne que l'affaire de la constitution, qui fit tant de fripons, d'ambitieux et de fortunes, et le crédit et l'intérêt du P. Tellier énervèrent cette loi si salutaire, puis l'anéantirent, dont la France sent encore tout le poids et le malheur. On a vu ailleurs ici combien il y eut de peine et de travail à sauver M. d'Arles, surpris en cette faute à l'occasion des reliques de saint Trophime, dont il avoit envoyé un présent au pape qu'il s'étoit fait demander, dont il fut sur le point d'être perdu. Cet orage, que Mme de Maintenon eut grande peine à calmer, et qui fit grand bruit à la cour, rendit l'archevêque d'Arles plus timide, mais sans lâcher prise, et lui servit à Rome. On peut juger qu'un homme d'ambition si suivie n'avoit pas négligé de se dévouer aux jésuites et de se les acquérir. Une haine commune les unissoit.

La comtesse de Mailly, et les Mailly leurrés et accoutumés à la voir la nièce favorite de Mme de Maintenon, n'avoient pu digérer la fortune si supérieure de la nièce véritable, et ce que les Noailles avoient tiré de ce mariage. N'osant s'en prendre à Mme de Maintenon, ils s'en prenoient aux Noailles qu'ils haïssoient parfaitement ; l'archevêque d'Arles en étoit irrité plus qu'aucun d'eux. Il ne pouvoit supporter l'éclat du cardinal de Noailles, dont les avances et la douceur ne le purent jamais ramener, en sorte que, se trouvant d'une assemblée du clergé où le cardinal de Noailles, lors en pleine faveur, présidoit, il prit à tâche, sourdement étayé des jésuites, de lui faire contre en toute occasion, sans que la patience et tout ce que le cardinal put faire pour le rendre plus traitable, y put réussir, tellement que l'archevêque leva le masque et lui rompit publiquement en visière. Le cardinal, tout modéré qu'il étoit, ne crut pas devoir souffrir cette insulte. Il la repoussa avec sagesse, mais avec la hauteur qui convenoit à sa place, et comme au fond il avoit raison, et qu'il sut bien l'expliquer et le démontrer, il confondit l'archevêque, qui ne sut que balbutier, et qui fut blâmé publiquement de toute l'assemblée. Cet éclat obligea le cardinal d'en rendre compte au roi. Le roi lava doucement la tête à l'archevêque, et l'obligea d'aller faire des excuses au cardinal, sans que les jésuites osassent dire un mot en sa faveur, ni que lui eût pu gagner Mme de Maintenon qui le tança fortement. Voilà ce qu'il ne pardonna jamais aux Noailles, et qui le rendit l'ennemi ardent et irréconciliable du cardinal de Noailles tout le reste de sa vie, jusqu'à m'avoir dit à moi-même dans le feu de l'affaire de la constitution, et lui cardinal, sur laquelle nous n'étions pas d'accord, qu'il ne se soucioit de la constitution comme telle en façon du monde ; qu'il ne l'avoit jamais soutenue avec ardeur, comme il feroit toujours, que parce que le cardinal de Noailles étoit contre, et qu'il auroit été contre avec la même violence, si le cardinal de Noailles avoit été pour. Il ne me dissimula pas aussi que la vue prochaine du chapeau lui avoit fait faire les fortes démarches qu'il avoit crues utiles pour se l'assurer et se l'accélérer.

Le Tellier, fils du chancelier de ce nom, et frère de Louvois, étant mort en 1710, archevêque de Reims depuis longues années, et toute sa vie peu ami des jésuites, le P. Tellier se fit un capital de le remplacer d'un homme à tout faire pour les jésuites, et à réparer dans ce diocèse les longues pertes qu'ils y avoient faites. Il y voulut aussi avec autant de choix un ennemi du cardinal de Noailles, qui, par l'éminence de ce grand siége, devînt un personnage nécessaire, sûr en même temps pour eux et propre à lui opposer. D'autres qualités, il ne s'en embarrassa guère, l'autorité et la violence suppléant aisément à tout. Dès qu'il ne s'agissoit que des deux premières il ne lui fallut pas chercher beaucoup pour trouver son fait. La naissance, les entours de Mailly, le siége d'Arles qu'il occupoit depuis longtemps, et où il avoit presque toujours résidé, rendirent facile sa translation à Reims. Mailly gagna tout à ce changement, et n'y perdit pas même la facilité qu'il avoit à Arles pour son commence et ses intrigues à Rome, sur lequel la rigueur de la cour étoit peu à peu tombée par les manéges du P. Tellier, aux vues duquel cette liberté étoit devenue nécessaire. Ainsi Mailly, devenu plus considérable à Rome par l'éclat de son nouveau siége et par sa proximité de Paris et de la cour, redoubla d'efforts à Rome, et n'oublia rien ici, pour en mériter l'objet de ses désirs. L'affaire de la constitution lui en présenta tous les moyens qu'il en saisit avec avidité, et qui lui fournit ceux d'exercer sa haine contre le cardinal de Noailles. L'orgueil souffroit toutefois de se voir avec son siége, son zèle, son affinité avec Mme de Maintenon, si loin derrière les cardinaux de Rohan et de Bissy, et confondu avec d'autres évêques; mais ce fut une épreuve qu'il fallut essuyer dans l'espérance du chemin qu'elle lui feroit faire. Ainsi s'écoulèrent les restes du règne du roi et les premiers temps de la régence. La constitution y ayant enfin pris le dessus, Mailly s'unit étroitement à Bentivoglio, tous deux dévorés du désir de la pourpre, et tous deux persuadés qu'ils ne se la pouvoient accélérer qu'en mettant tout en feu. Mailly donc n'aspira plus qu'à se faire le martyr de Rome, ne garda plus de mesures, abandonna Rohan, Bissy et les plus violents évêques, comme de tièdes politiques, qui abandonnoient le saint-siége et la cause de l'Église. De là ses lettres et ses mandements multipliés, le double mérite qu'il recueillit à Rome d'avoir osé les faire et les publier, et de n'avoir pu être arrêté par tous les ménagements que le régent avoit eus pour lui. Ce n'étoit pas des ménagements qu'il souhaitoit, c'étoit tout le contraire, pour acquérir à Rome la qualité de martyr et en recueillir le fruit. Aussi en fit-il tant que l'emportement d'une de ses lettres la fit brûler par arrêt du parlement; aussi en fit-il éclater sa joie et son mépris un peu sacrilégement. Il fonda une messe à perpétuité dans son église, à pareil jour, pour remercier Dieu d'avoir été trouvé digne de participer aux opprobres de son fils unique pour la justice; il espéroit sans doute engager à quelque violence d'éclat, par cette étrange fondation, qui le conduiroit plus tôt à son but : il y fut trompé.

Le châtiment alors ne pouvoit tomber que sur sa personne, et on ne peut agir contre la personne d'un pair qu'au parlement, toutes les chambres assemblées et les pairs convoqués. Outre l'embarras d'une affaire de cette qualité, la constitution et ses suites étoient détestées, et on ne craignoit rien tant là-dessus que l'assemblée du parlement. On laissa donc tomber l'éclat où l'archevêque vouloit engager. Sa conduite, qui scandalisa jusqu'aux plus emportés constitutionnaires, le décrédita même dans leur parti; mais les prélats ne donnoient pas les chapeaux; ce n'étoit qu'à Rome qu'ils se distribuoient, et ce n'étoit que vers Rome que toutes ses démarches se dirigeoient. Enfin il fut content par la promotion dont il s'agit ici; lui et son ami Bentivoglio y furent compris tous deux. Ces violents procédés ne le servirent peut-être pas mieux que ses flatteries. Le pape se piquoit singulièrement de bien parler et de bien écrire en latin; il vouloit s'approcher de saint Léon et de saint Grégoire, ses très-illustres prédécesseurs; il s'étoit mis à faire des homélies; il les prononçoit, puis les montroit avec complaisance; pour l'ordinaire, on les trouvoit pitoyables, mais on l'assuroit qu'elles effaçoient celles des pères de l'Église les plus savants, les plus élégants et les plus solides. Mailly s'empressa d'en avoir, et encore plus de se distiller en remercîments et en éloges. Ils achevèrent de gagner et de déterminer le pape, qui le fit cardinal, sans participation de la France ni de pas un de ses parents ou amis de ce pays-ci.

CHAPITRE XVI.

M. le duc d'Orléans, fort irrité de la promotion de l'archevêque de Reims, me mande, me l'apprend et dispute cette affaire avec Le Blanc et moi, où La Vrillière, gendre du frère de l'archevêque, survient. — Velleron dépêché à l'archevêque avec défense de porter aucune marque de cardinal et de sortir de son diocèse. — Ridicule aventure et dépit de Languet, évêque de Soissons. — Son état; son ambition; ses écrits; sa conduite — Conduite de l'archevêque de Reims. — Il obéit aux ordres que Velleron lui porte. — Quel étoit Velleron. — Ma conduite avec le régent sur l'archevêque de Reims. — Rare et insigne friponnerie des abbés Dubois et de La Fare-Lopis à l'égard l'un de l'autre. — L'archevêque de Reims clandestinement à Paris. — Mystère très-singulier de ce retour. — Foiblesse et ambition de l'archevêque de Reims. — Son premier succès et ma duperie. — Manége de Dubois à l'égard de l'archevêque de Reims, dont je suis encore parfaitement la dupe. — Comment Mailly, archevêque de Reims, obtint enfin de recevoir des mains du roi sa calotte rouge, où je le conduisis.

M. le duc d'Orléans m'envoya chercher un peu après midi; il n'y avoit pas une heure qu'il avoit reçu la nouvelle de la promotion; l'abbé Dubois qui la lui avoit portée n'étoit déjà plus avec lui. C'étoit le dimanche 10 décembre; je le trouvai seul avec Le Blanc; La Vrillière y vint une demi-heure après. M. le duc d'Orléans étoit fort en colère; il m'apprit la promotion, et tout de suite qu'il dépêchoit à Reims, où étoit l'archevêque, le chevalier de Velleron, enseigne des gardes du corps, avec un ordre du roi de l'empêcher de sortir de

Reims, de l'y faire retourner s'il le rencontroit en chemin, de lui défendre de porter la calotte rouge ni aucune marque ni titre de cardinal, et de la lui ôter de dessus la tête en cas qu'il l'y eût mise. Je sentis tout le crime d'une ambition désordonnée, qui m'étoit connue depuis si longtemps. Je sentis aussi toute la foiblesse du régent après le premier feu passé, qui le portoit lors aux extrémités, et tous les embarras à l'égard d'une dignité que les couronnes ont mise en possession paisible de toute indépendance, de toute infidélité et de toute vraie impunité. Je sentis encore que la chose étoit à ce point qu'il falloit perdre cet homme, qui étoit mon parent, et, tel qu'il fût, mon ami depuis si longtemps, ou le laisser en possession de son larcin. Je me conduisis donc en conséquence ; je montrai autant de colère que M. le duc d'Orléans, je ne le contredis en rien, je discutai avec lui tous les plus violents partis sans en exclure ni en inclure pas un. Je donnai à sa colère tout le jeu et tout l'essor qu'elle voulut prendre, et j'applaudis à tout. J'aurois tout gâté à faire autrement ; il n'étoit pas temps de chercher à diminuer ce feu, je l'aurois embrasé davantage, et j'aurois ôté la force à ce que je me proposois bien de lui représenter peu après. Ces délibérations d'extrémités fort en l'air et peu digérées durèrent jusqu'à près de trois heures. Je ne voulus rien abréger pour laisser évaporer tout le feu, et parus être aussi fâché que lui. Je l'étois en effet, parce que rien n'est plus préjudiciable à l'État ni plus directement opposé au droit des rois sur leurs sujets qu'une telle porte ouverte à l'ambition des ecclésiastiques, qui, au mépris du souverain, de son autorité, de ses intérêts, se livrent à une puissance étrangère, souvent ennemie, pour en obtenir une dignité amphibie qui les élève à un rang monstrueux, les met à la tête du clergé, les soustrait à tout châtiment et à toute poursuite, quelque félonie qu'ils puissent commettre, leur donne un crédit, une considération, une autorité infinie, avec le droit certain d'avoir pour deux et trois cent mille livres de rente en bénéfices, et d'obtenir tout ce qui leur convient à leur famille, sans rendre le plus léger service à l'État ni à l'Église, séduit une infinité d'autres par l'espérance, et rend le pape plus maître du clergé que le roi; mais Mailly, de plus ou de moins, n'augmentoit guère cette plaie; il étoit mon parent et mon ami; je ne voulois pas laisser casser la corde sur lui; et d'ailleurs je connoissois trop le régent pour le sentir capable de lui tenir la même rigueur qu'en pareil et même moindre cas le roi tint au cardinal Le Camus. A la fin le régent se souvint que nous n'avions pas dîné, et nous congédia.

Le Blanc, que M. le duc d'Orléans employoit pour le moins [autant] en espionnages et en choses secrètes qu'à son fait de secrétaire d'État de la guerre, étoit fort souvent au Palais-Royal. Il avoit accoutumé sa femme à faire mettre à table la compagnie chez lui sans lui, quand il n'étoit pas rentré à deux heures, et comme il en étoit près de trois quand il arriva ce jour-là, il trouva le dîner avancé, et la compagnie en peine de ce qui pouvoit l'avoir tant retardé. Le hasard le fit placer à table vis-à-vis Languet, évêque de Soissons. Le Blanc fit ses excuses, et dit qu'il ne cacheroit point ce qui l'avoit retenu si tard au Palais-Royal, parce que la chose alloit être publique : chacun dressa les oreilles et demanda de quoi il s'agissoit. Le Blanc répondit que c'étoit de la promotion que le pape venoit de faire. A ce mot, Languet se met presque en pied et s'écrie les yeux allumés : « Et qui, et qui? » Le Blanc nomme les nouveaux cardinaux; Mailly fut nommé le second, comme il l'étoit dans la liste. A ce nom, Languet tombe sur sa chaise, la tête sur son assiette, se la prend à deux mains, et s'écrie tout haut : « Ah! il m'a pris mon chapeau. » Un éclat de rire de la compagnie, mal étouffé et surpris, après quelques moments de silence, réveilla le désintéressé prélat. Il demeura déconcerté, laissa raisonner sur la promotion, balbutia tard, courtement, rarement, tortilla quelques bouchées lentement, et de loin à loin, pour faire quelque chose, devint le spectacle de la compagnie, et la quitta lorsqu'on fut hors de table tout le plus tôt qu'il put. Cette aventure fut bientôt publique, et me fut contée le lendemain par le chevalier de Tourouvre, qui vint dîner chez moi, et qui s'étoit trouvé la veille à table chez Le Blanc, à côté de Languet. Qui eût dit du plat abbé Languet, bourgeois de Dijon, languissant dans les antichambres de Versailles, où je l'ai vu cent fois entrant chez le maître ou la maîtresse de l'appartement, et le retrouvant en sortant sur le même coffre de l'antichambre; qui croyoit, avec raison, avoir fait fortune par une place pécuniaire d'aumônier de Mme la duchesse de Bourgogne, et une de grand vicaire d'Autun; qui croiroit, dis-je, que, non content d'être arrivé à se voir évêque, et évêque de Soissons, il ne se seroit pas trouvé au comble, et eût osé lever les yeux jusqu'à la pourpre et en approcher en effet de fort près? Saint-Sulpice d'abord, dont l'illustre curé étoit son frère, bien différent de lui, et la constiution après qui le fit évêque, en se livrant corps et âme au P. Tellier, lui tournèrent la tête d'ambition. Peu de gens osèrent se déshonorer au commencement de cette affaire par un abandon à découvert. Il fut des premiers, et bientôt après il se signala par ces fameux avertissements ou tocsins, qui firent tant de bruit et de scandale, dont il se donna constamment pour l'auteur tout aussitôt qu'ils parurent sous son nom.

Mailly, archevêque de Reims, me vint conter, mourant de rire, que Tourneli, docteur de Sorbonne, qui les avoit faits, mais qui, pour leur donner du poids, les vouloit donner sous le nom d'un évêque, étoit allé les lui porter, et le prier, jusqu'à l'importunité, de les adopter et d'y laisser mettre son nom pour les publier comme son ouvrage; qu'il ne voulut tâter ni de l'ouvrage, ni du mensonge, ni de se revêtir du travail d'autrui, et que sa surprise avoit été sans égale, lorsque peu après il les voyoit imprimés sous le nom de Languet, évêque de Soissons, qui s'en déclaroit publiquement l'auteur. Tant que Tourneli vécut, ce prélat s'illustra de sa plume parmi les siens ; mais quand la mort la lui eut enlevée, le tuf parut à plein dans les compositions de Languet. Il étoit très-vrai qu'il briguoit sourdement la pourpre ; mais on ne laissa pas à la fin de le savoir, et on l'en crut même fort proche. Rome, suivant sa politique, l'entretenoit d'espérances, sans la vouloir prostituer à un sujet aussi infime, et duquel, à beaucoup moins, elle étoit bien sûre de tirer toutes les folies et toutes les fureurs qu'elle voudroit ; aussi ne s'y est-elle pas trompée, et la suite en a donné la pleine démonstration même fort au delà des intentions de Rome. En effet, il se trouvera bien peu d'auteurs et encore moins d'évêques aussi hardis à citer faux, à tronquer les passages, à en tirer le contraire précis de ce qu'on y lit lorsqu'on y joint ce qui précède et ce qui suit, à présenter effrontément des sophismes avec une fécondité surprenante, à offrir en thèse la proposition réfutée ; à supposer des faits et des mensonges clairs avec la dernière audace, à remettre en principe certain le faux dont il a été convaincu. C'est trop en dire pour n'en pas citer au moins un [exemple] d'une si grande foule.

Transféré à l'archevêché de Sens par des voies peu correctes, il y trouva des suffragants d'un autre aloi que lui. Caylus, évêque d'Auxerre, dont la vie si épiscopale, et les savants écrits et la conduite sur l'affaire de la constitution, ont si avantageusement réparé une légère et courte complaisance pour la cour et pour Mme de Maintenon qui l'avoit placé, et qui lui ont fait un si grand nom, étoit depuis longtemps exilé de son diocèse et en butte à tous les opprobres des jésuites et des tenants de la constitution. Cet état le fit choisir entre les autres suffragants de Sens par l'intègre métropolitain, pour hasarder un éclat dont il ne présumoit pas que l'opprimé prélat osât former la moindre plainte. Languet publia donc un mandement plein de charité et de zèle, par lequel supposant qu'il avoit reçu des plaintes et des requêtes de tous les curés et chanoines du diocèse d'Auxerre, contre la doctrine de leur évêque, et pour lui demander protection contre la violence qu'il faisoit à leur foi et à leur obéissance à celle de l'Église, il avoit résisté longtemps pour donner lieu par sa patience à la résipiscence de son suffragant; mais qu'enfin, ne pouvant plus être sourd à tant d'instances et de cris redoublés de tous les pasteurs et chanoines du diocèse d'Auxerre, il étoit forcé de rompre le silence pour aller à leur secours, etc. Qui est l'homme assez hardi pour oser douter de la vérité d'un fait de cette nature si nettement et si expressément exposé par un mandement imprimé et répandu partout, dont ce fait si bien énoncé est l'unique matière? Toutefois une si raisonnable confiance ne dura pas longtemps. Trois semaines après que ce mandement fut répandu, il en parut un de l'évêque d'Auxerre, par lequel il témoigne à ses diocésains l'extrême surprise où il est du roman dont son métropolitain abuse le public, sous la forme d'un mandement, et joint, pour en démontrer la calomnie et l'imposture, une lettre à lui évêque d'Auxerre, écrite et signée par tous les curés et chanoines de son diocèse, à l'exception de quatre, par laquelle ils se plaignent amèrement de la fiction de Languet, protestent que pas un d'eux ne lui a fait de plainte ni adressé de requête, déclarent à leur évêque qu'ils ont la même foi que lui, et qu'ils ont toujours adhéré, adhèrent et adhéreront toujours à ses sentiments qu'il a si doctement et si clairement manifestés par ses instructions pastorales, mandements et autres ouvrages, consentent et demandent que cette présente lettre soit rendue publique, comme contenant la plus pure vérité et leurs véritables sentiments. Cette lettre, imprimée à la suite du mandement de l'évêque d'Auxerre, fit le bruit qui se peut imaginer, avec une surprise inexprimable.

L'archevêque de Sens, confondu et hors d'état de la moindre réplique, se tut à la vérité et se tint quelque temps en silence et assez retiré, mais bientôt il reprit vigueur avec

son impudence accoutumée, sans toutefois oser remettre sur
le tapis rien qui pût avoir trait au démenti si public qui
l'avoit déshonoré si à plein. Cette prudence ne lui étoit pas
ordinaire : convaincu cent fois de passages tronqués, de cita-
tions fausses et frauduleuses, et de tout ce qui en est dit
plus haut, il avoit très-ordinairement osé, après quelque
intervalle, remettre en preuves décisives ce sur quoi il avoit
été convaincu de faux, avec un front d'airain qui ne cherchoit qu'à surprendre et qui ne rougissoit jamais. Mais c'est
assez s'arrêter sur un prélat qui, tout vil qu'il est en tout
genre, doit pourtant être montré tel qu'il est par les personnages qu'il a faits et qu'il n'a cessé, quoique vainement,
de vouloir faire ; car sa misérable *Marie Alacoque*, faite par
un jésuite, et si longtemps depuis imprimée sous son nom,
n'a jamais été adoptée par Languet comme son ouvrage,
que pour revenir à la pourpre par des détours qu'il a crus
sûrs et qui le paroissoient, mais qui sont tout à fait hors et
au delà des matières de ces Mémoires qu'il faut maintenant
reprendre.

Dans le moment que La Vrillière sut la commission résolue pour le chevalier de Velleron, dont j'ai parlé ci-dessus,
il dépêcha un courrier à Reims pour en avertir l'archevêque,
et qu'il se perdroit sans ressource si cet officier le trouvoit
avec la calotte rouge, qu'il avoit ordre en ce cas de lui ôter
de gré ou de force, l'exhorta à obéir aux ordres qu'il lui
portoit, et lui manda qu'il n'y avoit que ce moyen de calmer
l'orage et de parvenir ensuite par degrés au consentement
de son cardinalat. La Vrillière étoit gendre du feu comte de
Mailly, frère de l'archevêque, qui me conta l'après-dînée du
même jour la précaution qu'il avoit prise, et raisonna avec
moi des mesures de conduite auprès du régent et à l'égard
de la tête opiniâtre et enivrée de la pourpre, qu'il falloit
tâcher d'empêcher de se jeter dans des précipices. L'avis
réussit et arriva à temps ; l'archevêque avoit déjà fait quelque
chose de bien et quelque chose de mal. Il avoit reçu la ca-

lotte par le courrier du pape, au lieu de l'envoyer tout de suite au régent. Mais il n'avoit voulu recevoir à Reims aucun compliment de personne, il avoit fermé sa porte et il étoit parti pour Paris. Velleron le trouva en deçà de Soissons, sans calotte rouge ni aucune marque de cardinal. Velleron, content de n'avoir point à le faire dépouiller, se contenta de lui déclarer la défense dont il étoit chargé en lui montrant ses ordres. Ils disputèrent un peu de temps dans le chemin tous deux pied à terre, l'archevêque voulant continuer sa route pour remettre lui-même sa calotte au régent, Velleron insistant sur l'ordre de retourner à Reims et d'y demeurer jusqu'à nouvel ordre. Enfin il l'emporta et il fit retourner l'archevêque à Soissons, où il l'accompagna et où ils couchèrent. L'archevêque écrivit de là au régent, pour lui rendre compte de sa conduite et de son obéissance, et l'assurer qu'il s'en retourneroit à Reims, où il attendroit ses ordres. Velleron le crut de bonne foi. C'étoit un cadet de Provence, d'une médiocre naissance, fils pourtant d'une sœur du feu cardinal de Janson. Il avoit du monde, de la politesse, de la figure, de l'honneur et de la valeur, mais rien du tout au delà ; les dames le portèrent, il fit fortune et il est mort ambassadeur en Angleterre, chevalier de l'ordre, sous le nom de comte de Cambis. Il partit donc de Soissons pour Paris en même temps que l'archevêque pour Reims, quoiqu'il eût ordre de rester auprès de lui. L'archevêque, qui avoit son dessein, sut s'en défaire. Il fut tancé d'être revenu, mais on ne le renvoya ni lui ni aucun autre à Reims. Ils avoient séjourné un jour à Soissons, qui s'étoit passé en disputes et en représentations qui avoient enfin abouti à ce qui vient d'être expliqué, tellement que Velleron arriva le 14 décembre, le cinquième jour après que le régent eut su la promotion.

Je n'avois pas perdu ce temps-là. J'avois vu souvent M. le duc d'Orléans, et agité avec lui plus à tête reposée, la diversité des extrémités où on pouvoit se porter et les inconvé-

nients de chacune, et comme j'étois fort incertain de ce qui
arriveroit du voyage de Velleron, je me contentai de me servir de tous les embarras résultants des partis extrêmes,
pour laisser le régent dans celui du choix sans lui montrer
aucune affection pour l'archevêque, pour profiter avec plus
de force de ce que ce prélat pouvoit faire de satisfaisant et
de la foiblesse du régent à prendre sérieusement, beaucoup
plus à soutenir un parti extrême de longue haleine. Le succès du voyage de Velleron me mit en état d'entamer un
autre langage. Je fis valoir le respect de l'archevêque, même
avant d'avoir reçu ni pu recevoir aucun ordre qui lui avoit
fait refuser de recevoir aucun compliment à Reims, et de
n'avoir pris aucune marque de cardinal, ainsi que Velleron
l'avoit trouvé avec sa calotte noire et son habit ordinaire. Je
convins de la sottise d'avoir reçu la calotte rouge du courrier
du pape au lieu de l'avoir envoyée tout de suite; mais je
tâchai de la couvrir de la joie, de la surprise, de la pensée
qu'il étoit peut-être plus respectueux de l'apporter lui-même,
puisqu'il ne l'avoit pas mise sur sa tête, ainsi que je le supposois, puisqu'il en avoit refusé les compliments, fermé sa
porte à tout le monde, et que Velleron l'avoit rencontré en
chemin sans en être paré. Enfin je fis valoir son obéissance
d'être retourné à Reims.

Quelque furieux que fût l'abbé Dubois de la promotion de
deux François, dont l'une étoit inattendue, qui pourroit porter un grand préjudice à un troisième, qui étoit lui-même,
sans oser encore le dire tout haut, et qui, dans cette fougue,
animoit tant qu'il pouvoit M. le duc d'Orléans, et par lui-
même et par ses émissaires, je m'aperçus incontinent du
bon effet de la conduite de l'archevêque qui ouvroit une
porte à M. le duc d'Orléans pour sortir de cette affaire sans
violence ; mais non-seulement l'archevêque avoit contre lui
Dubois, les envieux de sa pourpre, ceux qui raisonnoient
bien sur la manière dont il l'obtenoit, et tous ceux qui
étoient opposés à la constitution, mais les plus ardents de

ceux qui la favorisoient, les uns dans le dépit de se voir gagnés de la main, et reculés avec peu d'espérance, les autres piqués de voir leur égal, leur compersonnier[1] dans le maniement de cette affaire, en devenir un des chefs, et les laisser si loin derrière; les chefs même de se trouver un égal qui voudroit partager leur autorité en partageant leur rang et leurs distinctions, avec qui ce même rang les forceroit de compter, avec des égards qu'il sauroit bien se faire rendre; qu'ils seroient contraints de ménager même du côté de Rome, et qui ne se détacheroit pas facilement de ses idées particulières de se faire un parti dans le leur, et qui chercheroit sans cesse à pointer et à primer, ce que la naissance ni le siége du cardinal de Bissy ne lui avoient pas permis de tenter à l'égard du cardinal de Rohan. Tant d'obstacles ne me rebutèrent point. Tous ceux-là avoient à combattre une chose faite, l'engagement solennel de la cour de Rome, la foiblesse du régent qui étoit la meilleure pièce en faveur de l'archevêque; je m'en servis utilement pour lui faire sentir que Rome ne reculeroit pas, et qu'à chose faite, et qui malheureusement n'étoit pas sans exemple, il étoit de la prudence de se prendre à tout ce qui pouvoit sauver l'honneur et les apparences, et d'éviter une longue suite des plus épineux embarras dont on ne pouvoit prévoir ni le terme, ni la fin, ni tout ce qu'ils en pouvoient faire naître de plus fâcheux encore. Ces représentations étoient tellement conformes au naturel de M. le duc d'Orléans qu'elles firent plus de progrès et plus prompts que je ne l'avois espéré.

Les choses en étoient là quand le mercredi matin du 20 décembre, La Vrillière me vint dire que l'archevêque de Reims étoit arrivé la veille fort tard à Paris. Ce voyage sans aucun concert avec nous, et fait à l'insu de tout ce qui lui appartenoit, nous parut une équipée qui romproit toutes nos me-

---

1. Saint-Simon a déjà employé le mot *compersonnier* dans le sens d'associé.

sures et rejetteroit M. le duc d'Orléans dans sa première colère, pour être venu du lieu de son exil sans sa permission. Nous nous trompions tous : l'abbé de La Fare-Lopis, son grand vicaire et son homme à tout faire, étoit un fripon du premier ordre, plein d'esprit et de ressources, qui jusqu'alors s'étoit présenté à tout vainement, parce qu'il s'étoit tellement décrié par son abandon au P. Tellier et aux jésuites, que jusqu'aux chefs de la constitution en avoient en même temps peur et mépris, et l'avoient écarté de tout. La promotion admise de Mailly lui parut une planche après le naufrage, si elle pouvoit l'être par son industrie. Il s'étoit affronté là-dessus à l'abbé Dubois avec toute la hardiesse et la délicatesse possible, et avoit eu l'art d'en essuyer les plus énormes pouilles en face, sans se fâcher qu'à propos et par mesure. Il eut celui de lui faire revenir qu'il se méprenoit beaucoup sur ses vues du côté de Rome, de s'élever si fortement contre ce qu'elle venoit de faire en faveur de Mailly, au lieu de s'y faire un mérite de l'y servir, de l'aider à la tirer de l'embarras de l'engagement si public où elle venoit de se jeter, et à Mailly de s'acquérir sur lui le service de lui faciliter le prompt consentement du régent, au lieu d'irriter ce prélat par ses fougues, duquel il voyoit avec évidence quel étoit son crédit et sa considération à Rome qui hasardoit sciemment tout pour lui, et qui pouvoit lui nuire ou le servir si puissamment pour son chapeau. Ce funeste chapeau étoit la boussole de Dubois, et plus funestement encore Dubois étoit devenu la boussole du régent. Réflexion faite, le chapeau séducteur, quoique encore vu de si loin, changea subitement Dubois. Il manda l'abbé de La Fare, lui fit cent amitiés, et à force de prolonger des verbiages, chercha à le faire parler pour profiter du ton qu'il prendroit.

La Fare plus fin que lui encore parce que, sans fougue et maître de lui-même, rien ne le détournoit des moyens de son but, se mit à rire, et lui dit qu'il n'avoit jamais été un moment la dupe des emportements qu'il lui avoit témoignés;

qu'il avoit senti tout d'abord que ces mêmes emportements étoient le ton et le langage indispensable d'un ministre en tel cas ; qu'il n'en avoit donc rien du tout sur le cœur, ni pour soi ni pour Mailly, et tout de suite ajouta qu'il avoit encore soupçonné que ce grand appareil d'éclat, qui étoit bon pour le monde, pouvoit n'être pas inutile au désir qu'il ne croyoit pas impossible qu'eût Dubois de servir Mailly auprès du régent par des réflexions qu'il lui feroit naître, et d'autant moins suspectes que la colère de lui Dubois n'avoit pas été moindre, et avoit encore paru avec beaucoup moins de mesures que celle du régent. A cette ouverture, Dubois, transporté de croire avoir trompé qui le trompoit en effet, embrasse l'abbé de La Fare, avoue qu'il l'a deviné, s'écrie qu'un génie supérieur tel que le sien mériteroit le ministère, l'accable de louanges et de protestations pour Mailly, et, plein de ses désirs qu'il ne peut cacher, lui montre à découvert tout ce qu'il attend à Rome de la reconnaissance de Mailly, et le plus profond secret en l'une et l'autre cour. La Fare, ravi de tenir l'abbé Dubois pris dans le filet qu'il lui avoit tendu, lui promet tout, exagère le crédit de Mailly à Rome, ce que Dubois peut tirer de sa reconnoissance, mais en même temps demande tout. Bref ils ne se quittèrent point sans paroles réciproques, dont le gage fut de la part de La Fare des propos en l'air qui ne coûtoient rien, tandis que Dubois lui dit de mander à Mailly de venir secrètement sans en avertir aucun des siens, de se tenir caché dans sa maison sans y voir que trois ou quatre personnes au plus de ses plus proches ou de ses plus intimes, et qu'il se chargeoit lui Dubois de le renvoyer bientôt à peu près content, et en chemin de l'être dans peu tout à fait, parce que cette affaire ne se pouvoit conduire à bien que par degrés. Ce mystère demeura religieusement renfermé entre l'abbé Dubois, l'abbé de La Fare et Mailly, archevêque de Reims, qui laissa pleinement croire à La Vrillière, à moi, qui le vîmes tous les jours, et au peu de ce qui le vit, qu'il étoit venu à l'aventure et au hasard de tout ce qui pourroit en arriver. Cependant, quoique venu de la sorte, nous ne crûmes pas prudent, quelque caché qu'il se tînt chez lui, de laisser apprendre à M. le duc d'Orléans son arrivée par d'autres qui la pourroient découvrir, et qui en la lui disant n'iroient pas à la parade de la colère qui en seroit l'effet. Mailly qui avoit ses raisons qu'il ne nous disoit pas, approuva fort que nous révélassions son arrivée. La Vrillière n'osa s'en charger, le paquet en tomba sur moi. Mailly étoit en calotte noire ; mais il avait la rouge dans sa poche ; il l'en tiroit de fois à autre devant moi, la considéroit, avec ravissement, par-ci, par-là la baisoit, puis me disoit les yeux enflammés qu'il [ne] se la laisseroit pas du moins arracher de ses mains ; en vérité je crois qu'il couchoit avec elle, comme font les enfants avec une poupée qu'on vient de leur donner. Je parlai donc dès le lendemain à M. le duc d'Orléans, de l'arrivée subite et clandestine de l'archevêque.

Ma surprise fut grande de le voir sourire et me dire d'un air affable : « Il a bien envie de porter sa calotte. » Je cherchai à lui faire un mérite de ce qu'il ne l'avoit que dans sa poche, et nulle autre marque de cardinal ; puis voyant le régent en si belle humeur, j'en profitai pour m'étendre sur le respect, l'obéissance, l'attachement de l'archevêque, dont il pouvoit profiter en le traitant avec bonté, pour éviter des embarras infinis avec Rome sur sa promotion ; pour y faire sûrement passer et valoir tout ce qu'il voudroit sans la connaissance des cardinaux de Rohan et de Bissy, lequel l'avoit si traîtreusement trompé, comme lui-même l'avoit vu, le lui avoit reproché, et me l'avoit dit, par ses lettres prises au courrier de Rome, toutes contraires, et avec fureur, à celles qu'il lui avoit donné sa parole formelle d'écrire. Enfin je flattai le régent par son goût d'opposer, dans le même parti, des chefs les uns aux autres. A mesure que je sentois que mes raisons prenoient, je m'applaudissois de mon bien-dire, tandis que mes discours n'avoient pas la moindre part à leur succès. J'ignorois pleinement l'abbé Dubois gagné et auteur du voyage, qu'il avoit tout aplani en telle sorte que le régent n'attendoit que la première confidence de l'arrivée de l'archevêque et l'accompagnement de quelques propos là-dessus, pour en venir à la composition résolue entre l'abbé Dubois et lui. Ce fut donc sans peine, et avec grand étonnement, que je crus obtenir que M. le duc d'Orléans verroit l'archevêque, recevroit ses respects, ses pardons, ses excuses, lui prescriroit ses volontés et les conditions sous lesquelles, après un délai raisonnable, il lui permettroit d'être cardinal. Celle que M. le duc d'Orléans mit pour lors fut que je lui amènerois le lendemain, entre six et sept heures du soir, l'archevêque par les derrières, que je serois seul en tiers, et que l'archevêque viendroit et s'en retourneroit seul avec moi dans mon carrosse, et sans flambeaux.

Je crus avoir remporté une incroyable victoire, et j'admirois avec quelle facilité La Vrillière, à qui je la contai, n'en pouvoit revenir, et trouvoit mon crédit suprême. Mailly joua en apparence le même personnage que La Vrillière faisoit tout de bon, et il est vrai que je m'en applaudissois, quoique j'y sentisse toute la foiblesse de M. le duc d'Orléans, mais sans me douter le moins du monde de l'influence de l'abbé Dubois. Je menai donc l'archevêque au régent avec le mystère qui m'avoit été prescrit. Tous deux d'abord parurent embarrassés l'un de l'autre. Je me mis de la conversation en chancelier de l'archevêque. Ils se remirent et parlèrent convenablement tous deux. J'avois fort fait le bec à l'archevêque, dont je craignois la hauteur et l'indiscrète vivacité : autre panneau où je tombai encore. Il avoit pris sa leçon de Dubois même par l'abbé de La Fare que je ne vis ni n'aperçus jamais dans toute cette affaire, que longtemps après cette présentation. Les propos finis, M. le duc d'Orléans déclara à l'archevêque les conditions auxquelles il voulut qu'il se soumît pour arriver au consentement du roi d'accepter publiquement la pourpre : n'en porter ni la qualité, ni calotte, ni aucune marque sur soi, à ses armes, ni dans ses titres, jusqu'à ce qu'il eût reçu la calotte des mains du roi, retourner aussitôt à Reims, et ne point sortir de son diocèse sans être mandé ; de n'écrire à personne en France que dans son style ordinaire, et ne signer que l'*archevêque duc de Reims.* Néanmoins permis à lui d'écrire aux étrangers hors du royaume en cardinal, et de signer ces lettres-là : le *cardinal de Mailly.* C'étoit là un si grand pas que j'en demeurai étourdi. Je me jetai dans les remercîments, et je ne sortois point d'étonnement d'en trouver si peu dans l'archevêque. Je l'attribuai à sa vanité, et n'imaginai jamais qu'il eût en entrant la plus légère idée de ce qui se passeroit, tandis qu'intérieurement il se moquoit de ma simplicité, et sûrement M. le duc d'Orléans beaucoup davantage ; et je ne sus avoir été joué de la sorte que des années après que le roi eut donné la calotte au cardinal de Mailly.

Achevons tout de suite ce qui regarde ce cardinal presque éclos jusqu'à ce qu'il le soit tout à fait, pour n'avoir pas à revenir à une matière et à un personnage qui n'a guère d'autre part en celles de ces Mémoires que sa promotion. Dubois, résolu de profiter de sa situation, le laissa languir cinq mois dans son diocèse dans cet état amphibie, en attendant une occasion utile de l'en tirer et le préparer cependant par l'ennui et l'impatience, à se rendre flexible à tout ce qu'il pourroit en exiger. De temps en temps je pressois le régent de finir sa peine ; il me répondoit qu'à la façon dont l'archevêque s'étoit fait cardinal, il n'avoit pas à se plaindre d'un délai et d'un séjour dans son diocèse, qui le laissoit cardinal au dehors du royaume, et qui lui répondoit enfin d'obtenir sûrement sa calotte des mains du roi. Je sentois cette vérité peut-être plus encore que ne faisoit celui qui me la disoit. Je laissois un intervalle, puis je demandois quand cet état finiroit ; à la fin j'obtins, à ce que je crus, le retour de l'archevêque et qu'en arrivant, la calotte lui seroit donnée, et je me remerciois de ce que mon éloquence et ma persévérance avoit enfin réussi. La Vrillière ne se lassoit point de me remercier, et toute la famille et les amis; autre duperie et tout aussi lourde que la première. Je n'eus pas plus de part à la conclusion que je n'en avois eue à l'ébauche, et le rare est que sur toutes les deux La Vrillière soit mort dans l'erreur et qu'il y a fort peu de gens qui n'y soient encore. Voici donc ce qui mit enfin publiquement la calotte rouge sur la tête du cardinal.

J'ai fait mention plus haut, par anticipation, du corps de doctrine du cardinal de Noailles, approuvé par les cardinaux de Rohan et de Bissy, et par une assemblée d'évêques, tenue par eux à Paris. Sur quoi je dois avouer que j'ai confondu une autre affaire de même genre, sur laquelle le cardinal de Bissy écrivit à Rome avec fureur, tout le contraire de ce qu'il avoit formellement promis à M. le duc d'Orléans, duquel la défiance fit arrêter le courrier un peu en deçà de Lyon, et prendre les lettres de Bissy que M. le duc d'Orléans montra à ce cardinal, avec les reproches que méritoit sa perfidie. Ce corps de doctrine ainsi approuvé, et que la même perfidie redoublée des cardinaux de Rohan et de Bissy fit aussi échouer, il fut question de le faire approuver par tous les autres évêques absents, avant de l'envoyer à Rome. Pour y parvenir, on choisit plusieurs du second ordre bien dévoués à la constitution et à faire fortune par elle, qu'on endoctrina et qu'on chargea de porter ce corps de doctrine chacun à un nombre d'évêques qu'on leur assigna. L'abbé de La Fare-Lopis n'avoit garde de n'être pas du nombre de ces courriers, et il étoit naturel qu'étant grand vicaire et l'homme de confiance de l'archevêque de Reims, il eût la commission de lui porter le corps de doctrine à signer. On craignoit qu'il ne se rendît plus difficile qu'aucun, par sa haine personnelle contre le cardinal de Noailles et par ses ménagements pour Rome dans la conjoncture où il se trouvoit, à laquelle on n'avoit point encore fait part d'un ouvrage qui touchoit ses prétentions de si près. L'abbé de La

Fare, à qui le voyage de Reims fut destiné, saisit en habile compagnon la difficulté qu'on craignoit, la grossit tant qu'il put, effraya l'abbé Dubois de l'effet du refus du prélat, de la vigueur et du peu de ménagement de l'archevêque, assis sur un siége tel que celui de Reims, que le pape venoit de faire cardinal et qui étoit sans doute de fort mauvaise humeur du hoquet qu'on faisoit durer si longtemps, à lui en laisser prendre les marques, la qualité et le rang.

La Fare n'oublia rien pour augmenter l'embarras de l'abbé Dubois, et le laissa quelques jours dans cette peine. Dubois le mandoit sans cesse pour chercher quelque expédient. Quand La Fare le jugea à son point, il lui dit qu'après bien des réflexions, il croyoit lui en pouvoir proposer un; mais qu'il étoit unique, et à son avis *causa sine qua non*. Il verbiagea un peu avant de s'en ouvrir, pour exciter le désir de Dubois; puis, l'ayant amené à ne rien refuser, il lui dit que, puisqu'il regardoit comme si essentiel d'amener l'archevêque à signer l'approbation d'un corps de doctrine fait par son ennemi et inconnu encore à Rome, il falloit flatter sa vanité dans la manière et à la fin le satisfaire; que, pour cela, il falloit le distinguer des autres prélats, à qui on envoyoit des gens du second ordre, et lui députer à lui l'évêque de Soissons; que cela étoit tout naturel, parce qu'il étoit son premier suffragant, ardent constitutionnaire, d'ailleurs son voisin, dont le voyage seroit imperceptible d'ailleurs, Soissons étant sur le chemin de Paris à Reims; que cela auroit un tout autre poids auprès de l'archevêque, que non pas lui La Fare, son grand vicaire, quoique son ami; mais que cela ne suffisoit pas encore; qu'il falloit toucher l'archevêque par son intérêt le plus vif et le plus pressant, profiter de l'occasion de mettre fin à un état de souffrance qui ne pouvoit pas toujours durer; que pour cela il falloit encore s'y prendre avec la délicatesse que demandoit la vanité; qu'après avoir bien tout pesé et balancé, il croyoit qu'il falloit charger Languet de deux lettres de M. le duc d'Orléans pour l'archevêque : par l'une le presser de signer en termes qui flattassent son orgueil, y ajouter que ce n'étoit point comme condition que la signature lui étoit demandée, et que, signant ou refusant, il pouvoit venir, quand il voudroit, recevoir sa calotte des mains du roi; par l'autre lettre lui mander qu'il falloit signer nettement et sur-le-champ ou compter qu'il demeureroit exilé et sans calotte pour toujours; l'une pour lui faire un sauve-l'honneur qu'il pût montrer, et donner en même temps plus de poids ici et à Rome à sa signature; l'autre pour lui parler françois et lui serrer le bouton par son plus sensible et à découvert. L'abbé Dubois goûta l'expédient, le fit approuver par M. le duc d'Orléans, qui écrivit les deux lettres. Languet, évêque de Soissons, si outré que l'archevêque lui eût pris son chapeau, eut le goupillon de le lui aller assurer; il porta les deux lettres à l'archevêque, qui empocha l'une et se para de l'autre. Il signa tout de suite, et se hâta d'accourir jouir en plein de son cardinalat.

Toute difficulté étant ainsi levée, je menai le cardinal, mais encore en calotte noire, à M. le duc d'Orléans. L'accueil fut très-gracieux; le régent lui dit qu'il prendroit le lendemain les ordres du roi pour le jour et l'heure de lui donner la calotte. Je ne vis jamais homme si transporté de joie de se voir enfin au bout de ses longs et persévérants travaux. Ce fut donc le surlendemain que j'allai prendre l'archevêque chez lui sur les dix heures du matin; je le menai dans mon carrosse aux Tuileries. Comme il étoit archevêque de Reims, cardinal ou non, je n'avois point d'embarras avec lui : nous fûmes aussitôt introduits dans le cabinet du roi, qui y étoit seul avec M. le duc d'Orléans, le maréchal de Villeroy, M. de Fréjus et deux ou trois autres. M. le duc d'Orléans le présenta au roi, ne le nommant qu'archevêque, mais ajoutant ce qui l'amenoit avec quelques propos obligeants. Aussitôt l'archevêque qui avoit à la main sa calotte rouge, la présenta au roi, ôta la noire qu'il avoit sur la tête, se baissa tout le plus bas qu'il lui fut possible, et reçut sur sa tête la rouge des mains du roi, après quoi il lui fit une profonde révérence, et quelques mots de remercîment. Alors M. le duc d'Orléans l'appela M. le cardinal, lui fit son compliment, et ce qui étoit dans la chambre. Tout cela fut extrêmement court : nous fîmes tous deux la révérence, et nous nous en allâmes. Le cardinal se contint tant qu'il put ; mais il ne touchoit pas à terre. Je le remenai chez lui au bout du Pont-Royal. Ainsi finit cette longue et mystérieuse affaire.

CHAPITRE XVII.

Sécheresse où ces Mémoires vont tomber, et ses causes. — Chute du cardinal Albéroni qui se retire en Italie. — Dona Laura Piscatori nourrice et assafeta de la reine d'Espagne. — Son caractère. — Albéroni arrêté en chemin, emportant le testament original de Charles II et quelques autres papiers importants, qu'il ne rend qu'à force de menaces. — Joie publique en Espagne de sa chute, et dans toute l'Europe. — Marcieu garde honnêtement à vue le cardinal Albéroni jusqu'à son embarquement à Marseille, qui ne reçoit nulle part ni honneur ni civilité. — Sa conduite en ce voyage. — Folles lettres d'Albéroni au régent sans réponse. — Aveuglement étrange de souffrir dans le gouvernement aucun ecclésiastique, encore pis des cardinaux. — Cause de la rage d'Albéroni. — But de tout ministre d'État ecclésiastique ou qui parvient à se mêler d'affaires. — Disposition du roi très-différente, et sa cause, pour M. le duc d'Orléans et pour l'abbé Dubois, également haïs du maréchal de Villeroy et de l'évêque de Fréjus. — Conduite de tout cet intérieur. — M. le duc d'Orléans résolu de chasser le maréchal de Villeroy et de me faire gouverneur du roi. — Il me le dit. — Je l'en détourne.

Nous voici arrivés à une époque bien curieuse ; mais quel dommage que Torcy n'ait pas poussé plus loin qu'il n'a fait le recueil des extraits des lettres que le secret de la poste lui ouvroit, et quel déplaisir de ce que le crédit imposant et toujours augmentant de l'abbé Dubois sur M. le duc d'Orléans ne lui permettoit plus sa confiance accoutumée pour ceux qui lui étoient le plus fidèlement attachés! Ce double malheur privera désormais ces Mémoires des plus curieuses connoissances. Je n'y veux et n'y puis écrire que ce qui a passé sous mes yeux ou ce que j'ai appris de ceux-là mêmes par qui ont passé les affaires. J'aime mieux avouer franchement mon ignorance que de hasarder des conjectures qui sont souvent peu différentes des romans; c'est où j'en serai souvent réduit désormais ; mais je préfère la honte de l'avouer et d'en avertir pour le reste de ces Mémoires, à me faire de déplorables illusions, et tromper ainsi mes lecteurs, si tant est que ces Mémoires voient jamais le jour.

Les tyrans et les scélérats ont leur terme, ils ne peuvent outrepasser celui que leur a prescrit l'arbitre éternel de toutes choses. On a si amplement vu qu'Albéroni étoit l'un et l'autre par tout ce qui d'après Torcy a été ici rapporté de lui, qu'il n'y a plus rien à ajouter sur ce monstrueux personnage. L'Europe entière, victime de ses forfaits par un endroit ou par un autre, détestoit un maître absolu de l'Espagne, dont la perfidie, l'ambition, l'intérêt personnel, les vues toujours obliques, souvent les caprices, quelquefois même la folie, étoient les guides, et dont l'unique intérêt continuellement varié et diversifié selon que la fantaisie le lui montroit, se cachoit sous des projets toujours incertains, et dont la plupart étoient d'exécution impossible. Accoutumé à tenir le roi et la reine d'Espagne dans ses fers et dans la prison la plus étroite et la plus obscure, où il avoit su les renfermer sans communication avec personne, à ne voir, à ne sentir, à ne respirer que par lui, et à revêtir toutes ses volontés en aveugles, il faisoit trembler toute l'Espagne, et avoit anéanti tout ce qu'elle avoit de plus grand par ses violences. Accoutumé à n'y garder aucune sorte de mesure, méprisant son maître et sa maîtresse, dont il avoit absorbé toutes les volontés et tout le pouvoir, il brava successivement toutes les puissances de l'Europe, et ne se proposa rien moins que de les tromper toutes, puis de les dominer, de les faire servir à tout ce qu'il imagina, et se voyant enfin à bout de toutes ses ruses, à exécuter seul et sans alliés le plan qu'il s'étoit formé. Ce plan n'étoit rien moins que d'enlever à l'empereur tout ce que la paix d'Utrecht lui avoit laissé en Italie, de ce que la maison d'Autriche espagnole y avoit possédé, d'y dominer le pape, le roi de Sicile, auquel il vouloit ôter cette île comme arrachée à l'Espagne par la même paix, dépouiller l'empereur du secours de la France et de l'Angleterre en soulevant la première contre le régent par les menées de l'ambassadeur Cellamare et du duc du Maine, et jetant le roi Jacques en Angleterre par le secours du Nord, occuper le roi Georges par une guerre civile; enfin de profiter pour soi de ces désordres pour transporter sûrement en Italie, que son cardinalat lui faisoit regarder comme un asile assuré contre tous les revers, l'argent immense qu'il avoit pillé et ramassé en Espagne, sous prétexte d'y faire passer les sommes nécessaires au roi d'Espagne pour y soutenir la guerre et les conquêtes qu'il y feroit, et cet objet d'Albéroni étoit peut-être le moteur en lui de ses vastes projets. Leur folie ne put être comprise; ce ne fut qu'avec le temps qu'on découvrit enfin avec le plus grand étonnement que son obstination dans son plan, et à rejeter toutes les propositions les plus raisonnables n'avoit point d'autre fondement que sa folie, ni d'autres ressources que les seules forces de l'Espagne contre celles de l'empereur, de la France, de l'Angleterre et de la Hollande, que cette dernière couronne entraîna après soi. Pour comble d'extravagance, la découverte de la conspiration brassée en France, et le bon ordre qui y fut mis aussitôt, ni les contre-temps arrivés dans le Nord, qui ne laissèrent plus d'espérance à Albéroni d'occuper ces deux couronnes chez elles assez puissamment pour leur faire quitter prise au dehors, ne le purent déprendre de pousser la guerre et ses projets, dont les prodigieux préparatifs avoient entièrement achevé d'épuiser l'Espagne sans l'avoir pu mettre en état de tenir un moment contre toute l'Europe, neutre ou alliée pour soutenir l'empereur en Italie, qui à la fin y gagna Naples, la Sicile et quelques restes de la Lombardie qu'il n'y possédoit pas.

Albéroni abhorré en Espagne en tyran cruel de la monarchie qu'il s'approprioit uniquement, en France, en Angleterre, à Rome, et par l'empereur comme un ennemi implacable et personnel, sembloit n'avoir pas la moindre inquiétude. Il étoit pourtant impossible que le roi et la reine d'Espagne ignorassent les malheurs de leurs troupes et de leur flotte en Sicile, le danger prochain de la révolution de Naples, l'impossibilité de réparer tant de pertes, et de soutenir avec les seules forces de l'Espagne, qui n'en avoit plus aucune, toutes celles de l'empereur, de la France et de l'Angleterre, même la Hollande, unies, et les cris du pape et de toute l'Italie. Le régent et l'abbé Dubois, qui n'avoient que trop de raisons de regarder depuis longtemps Albéroni comme leur ennemi personnel à chacun d'eux, étoient sans cesse sourdement occupés des moyens de sa chute; ils crurent ce moment favorable, ils surent en profiter. Le comment, c'est le curieux détail qui n'est pas venu jusqu'à moi, et qui mérite d'être bien regretté. M. le duc d'Orléans a survécu Dubois de trop peu de mois pour que j'aie pu ressasser avec lui beaucoup de choses, et celle-ci est une de celles que je n'ai point mises sur le tapis depuis que sa confiance me fut rouverte, entraîné par le courant et par d'autres choses, et comptant toujours d'avoir le temps d'y revenir. Tout ce que j'ai su avec connoissance par M. le duc d'Orléans dans le temps même, mais en deux mots, et depuis en Espagne, sans y avoir trouvé plus d'éclaircissement et de détails, c'est ce qu'on a vu dans ce qui a été rapporté ici de Torcy, qu'Albéroni avoit toujours redouté, [et qui] lui arriva. Il trembloit du moindre Parmesan qui arrivoit à

Madrid; il n'omit rien par le duc de Parme et par tous les autres moyens qu'il put imaginer pour les empêcher d'y venir; il regarda sans cesse avec tremblement le peu de ceux dont il n'avoit pu rompre le voyage ni procurer le renvoi.

Parmi ceux-ci, il ne craignit rien tant que la nourrice de la reine, à laquelle, parmi ses ménagements, il lâchoit quelquefois des coups de caveçon pour la contenir, où le raisonnement politique avoit peut-être moins de part que l'humeur. Cette nourrice qui étoit une grosse paysanne du pays de Parme, s'appeloit Dona Laura Piscatori; elle n'étoit venue en Espagne que quelques années après la reine qui l'avoit toujours aimée, et qui la fit peu après son *assafeta*, c'est-à-dire sa première femme de chambre, mais qui en Espagne est tout autrement considérable qu'ici. Laura avoit amené son mari, paysan de tous points, que personne ne voyoit et ne connoissoit; mais Laura avoit de l'esprit, de la ruse, du tour, des vues à travers la grossièreté extérieure de ses manières, qu'elle avoit conservées ou par habitude, peut-être aussi par politique pour se faire moins soupçonner, et comme les personnes de cette extraction, parfaitement intéressée. Elle n'ignoroit pas combien impatiemment Albéroni souffroit sa présence et craignoit sa faveur auprès de la reine, qu'il vouloit posséder seul; et plus sensible aux coups de patte qu'elle recevoit de lui de temps en temps qu'à ses ménagements ordinaires, elle ne le regardoit que comme un ennemi très-redoutable, qui la retenoit dans d'étroites bornes, qui l'empêchoit de profiter de sa faveur en contenant là-dessus la reine elle-même, et duquel le dessein étoit de la faire renvoyer à Parme, et de n'oublier rien pour y réussir. Voilà tout ce que j'ai pu apprendre sans autre détail, sinon que voyant la conjoncture favorable, par ce qui vient d'être représenté de la situation des affaires d'Espagne, où la tyrannie d'Albéroni étoit généralement abhorrée, elle fut aisément gagnée par l'argent du régent, et l'intrigue de l'abbé Dubois pour hasarder d'attaquer Albéroni auprès de la reine, et par elle auprès du roi, comme un ministre qui avoit ruiné l'Espagne, qui étoit l'unique obstacle de la paix pour ses vues personnelles, auxquelles il avoit sacrifié sans cesse Leurs Majestés Catholiques et les avoit commises seules contre toutes les puissances de l'Europe. Comme je ne raconte que ce que je sais, je serai bien court sur un événement si intéressant.

Laura réussit. Albéroni, au moment le moins attendu, reçut un billet du roi d'Espagne, par lequel il lui ordonnoit de se retirer à l'instant sans voir ni écrire à lui ni à la reine, et de partir dans deux fois vingt-quatre heures pour sortir d'Espagne; et cependant un officier des gardes du corps fut envoyé auprès de lui jusqu'à son départ. Comment cet ordre accablant fut reçu, ce que fit et ce que devint le cardinal, je l'ignore; je sais seulement qu'il obéit et qu'il prit son chemin par l'Aragon. On eut si peu de précaution à l'égard de ses papiers et des choses qu'il emportoit qui furent immenses en argent et en pierreries, que ce ne fut qu'après les premières journées que le roi d'Espagne fut averti que le testament original de Charles II ne se trouvoit plus. On jugea aussitôt qu'Albéroni avoit emporté ce titre si précieux par lequel Charles II nommoit Philippe V roi d'Espagne, et lui léguoit tous ses vastes États, pour s'en servir peut-être à gagner les bonnes grâces et la protection de l'empereur, en lui faisant un sacrifice. On envoya arrêter Albéroni. Ce ne fut pas sans peine et sans les plus terribles menaces qu'il rendit enfin le testament, en jetant les plus hauts cris, et quelques autres papiers importants qu'on s'étoit aperçu en même temps qui manquoient. La terreur qu'il avoit imprimée l'étoit si profondément, que jusqu'à ce moment personne n'osa parler ni montrer sa joie, quoique parti. Mais cet événement rassurant contre le retour, ce fut un débordement sans exemple d'allégresse universelle, d'imprécations et de rapports contre lui au roi et à la reine, tant des choses les plus publiques qu'eux seuls ignoroient, que d'une infinité de forfaits particuliers qui ne sont plus bons qu'à passer sous silence.

M. le duc d'Orléans ne contraignit point sa joie, moins encore l'abbé Dubois : c'étoit leur ouvrage qui renversoit leur ennemi personnel, et avec lui le mur de séparation si fortement élevé par Albéroni entre le régent et le roi d'Espagne, et du même coup l'obstacle unique de la paix. Cette dernière raison fit éclater la même joie en Italie, à Vienne, à Londres ; les puissances alliées s'en félicitèrent ; jusqu'aux Hollandois furent ravis d'être délivrés d'un ministère si double, si impétueux, si puissant, et on espéra à Turin trouver des ressources de politique et de ruses qu'Albéroni avoit tant contribué à rendre suspectes ou inutiles. M. le duc d'Orléans dépêcha le chevalier de Marcieu, homme fort adroit, fort intelligent, et fort dans la main de l'abbé Dubois aux derniers confins de la frontière pour y attendre Albéroni, l'accompagner jusqu'au moment de son embarquement en Provence pour l'Italie, ne le pas perdre de vue, lui faire éviter les grandes villes et même les gros lieux autant qu'il seroit possible, ne pas souffrir qu'il lui fût rendu aucune sorte d'honneur, surtout empêcher quelque communication que ce pût être avec lui sans exception de personne, en un mot, le conduire civilement comme un prisonnier gardé à vue. Marcieu exécuta à la lettre cette commission désagréable, mais d'autant plus nécessaire que, tout disgracié qu'étoit Albéroni, on en craignoit encore les dangereuses pratiques, traversant une grande partie de la France, où tout ce qui étoit contraire au régent, avoit eu recours à lui, et où l'affaire de Bretagne n'étoit pas encore finie, et ce ne fut pas sans grande raison que toute sorte de liberté, d'accès, de curiosité même lui fut soigneusement retranchée.

On peut juger ce qu'en souffrit un homme si impétueux et si accoutumé à tout pouvoir et à tout faire ; mais il sut s'accommoder à un si grand et si prompt changement d'état, se posséder, ne se hasarder à aucun refus, être sage et mesuré en toutes ses manières, très-réservé en ses paroles, avoir l'air de ne prendre garde à rien, à s'accommoder de tout singulièrement, sans questions, sans prétentions, sans plaintes, dissimulant tout, et montrant, sans s'en lasser, de prendre Marcieu comme un accompagnement d'honneur. Il ne reçut donc aucune civilité de la part du régent, de Dubois, ni de personne, et fit, sans s'arrêter, avec presque nulle suite, les journées marquées par Marcieu, jusqu'au bord de la Méditerranée, où il s'embarqua en arrivant, et passa à la côte de Gênes. Ce fut dans ce voyage où Marcieu apprit de lui l'anecdote si curieuse touchant la disgrâce de la princesse des Ursins, convenue entre les deux rois, dont la nouvelle reine d'Espagne fut chargée pour la manière de l'exécution, qui a été ici racontée au temps de cette disgrâce, et que je sus du marquis, depuis maréchal de Brancas, à qui Marcieu l'avoit depuis racontée. Albéroni, délivré de son Argus et arrivé en Italie, s'y trouva aussitôt en d'autres embarras par la colère de l'empereur, qui ne l'y voulut souffrir nulle part, et par l'indignation de la cour de Rome, qui se trouva l'emporter, en cette occasion, sur sa jalousie du respect de sa pourpre. Il fut réduit à se tenir longtemps errant et caché, et il ne put approcher de Rome que par la mort du pape. Le surplus de la vie de cet homme si extraordinaire n'est plus matière de ces Mémoires. Mais ce qui n'y doit pas être oublié est la dernière marque de rage, de désespoir et de folie, qu'il donna en traversant la France. Il écrivit de Montpellier, à M. le duc d'Orléans, des offres de lui donner les moyens de faire la plus dangereuse guerre à l'Espagne; et de Marseille, prêt à s'embarquer, il lui écrivit de nouveau pour lui réitérer et le presser sur les mêmes offres. Il garda peu de décence sur le roi et la reine d'Espagne, et ne put s'empêcher d'ajouter que le pape, l'empereur et Leurs Majestés Catholiques rendroient compte à Dieu de l'avoir empêché d'avoir les bulles de l'archevêché de Séville.

On ne peut s'empêcher de s'arrêter ici une dernière fois sur Albéroni et sur l'aveuglement de souffrir des ecclésiastiques dans les affaires, surtout des cardinaux, dont le privilége le plus spécial est l'impunité de tout ce qui est de plus infamant et de plus criminel en tout genre. Ingratitude, infidélité, révolte, félonie, indépendance, sans qu'il en soit rien, pas même le plus souvent dans la conduite de personne à l'égard de ces éminents coupables, même assez peu perceptiblement dans l'opinion commune qui s'y est accoutumée par les exemples de tous les temps. Il falloit qu'Albéroni eût la tête bien étrangement tournée par la rage et le désespoir, pour faire cette plainte si fort inutile sur Séville. Il avoit voulu soulever l'Europe entière contre l'empereur pour lui arracher l'Italie, sans s'être jamais rendu à aucune sorte de composition pour l'Espagne, ni de raison; devoit-il s'étonner que l'empereur, qui le regardoit comme son ennemi personnel, s'opposât à ce qui augmentoit son pouvoir et sa grandeur? Il avoit traité vingt fois le pape avec la dernière indignité; étoit-il surprenant qu'il ne le trouvât pas favorable pour les bulles de Séville? Que ne devoit-il pas à Leurs Majestés Catholiques, de quelle poussière ne l'avoient-ils pas tiré, à quel degré de puissance et de grandeur ne l'avoient-ils pas élevé, et à quoi et combien de fois ne s'étoient-ils pas commis avec la plus extrême persévérance pour lui obtenir le chapeau? Et il en parle avec le dernier mépris, et s'offre à faire servir à leur ruine la connoissance intime que leur aveugle bonté lui a donnée de toutes leurs affaires, en le faisant régner absolument et si longtemps en Espagne. A qui fait-il des offres si abominables? A un prince qu'il a forcé à devenir leur ennemi, dont lui-même a fait tout ce qui a été en lui pour renverser la régence par les plus indignes pratiques, et qu'il ne peut douter qu'il n'ait contribué à sa chute, à tout le moins qu'il ne la regarde comme un des plus grands bonheurs qui pussent lui arriver. Voilà donc tout à la fois le comble du crime et de la folie. Aussi M. le duc d'Orléans ne lui fit aucune réponse. Mais il faut dévoiler ici le grand motif de cette rage et de ce désespoir à qui il ne put refuser de s'exhaler par ces deux lettres.

Tout ecclésiastique qui arrive, de quelque bassesse que ce puisse être, à mettre le pied dans les affaires, a pour but d'être cardinal et d'y sacrifier tout sans réserve. Cette vérité est si certaine, et tellement fortifiée d'exemples de tous les temps jusqu'aux nôtres, qu'elle ne peut être considérée que comme un axiome le plus évident et le plus certain. On a vu dans ce qu'on a donné ici d'après Torcy, les ressorts sans nombre et sans mesure qu'Albéroni inventa et fit jouer pour arracher du pape le cardinalat, et s'acquérir ainsi tout droit d'impunité la plus étendue, quoi qu'il commît, de la plus sûre et de la plus ferme considération, et les moyens de revenir toujours à figurer où que ce fût. Mais ce n'étoit qu'un degré : ses vues étoient plus vastes, il vouloit Tolède, et pour y arriver il se fit donner le riche évêché de Malaga et se fit sacrer. Tolède ne vacant point, il saisit l'instant de la mort de l'illustre cardinal Arias, archevêque de Séville, et en attendant Tolède, il se fit nommer à se second archevêché d'Espagne. De là à Tolède, il n'y avoit plus qu'un pas ; mais demeurant même archevêque de Séville avec sa pourpre, il étoit à la tête du clergé d'Espagne. La puissance où il s'étoit établi lui donnoit tous les moyens nécessaires à le pratiquer sans bruit et se l'attacher. Cardinal et archevêque, rien ne le pouvoit plus tirer d'Espagne ; ce nouveau titre l'affermissoit dans la place de premier et de tout-puissant ministre. Appuyé de la sorte il arrivoit au but qu'il s'étoit proposé de se faire redouter par le roi et la reine, et de devenir même à découvert le tyran de l'Espagne ; et si, par impossible à ses yeux, il tomboit enfin du premier ministère, inviolable par sa pourpre, et à la tête du clergé qu'il se seroit attaché, quel odieux personnage, mais quel puissant ne fût-il pas demeuré en un pays où le clergé a une autorité si grande, qu'il oblige le roi de compter avec lui sur les levées et sur toutes autres choses à tous moments ! C'est ce dessein, bien qu'avorté par l'opiniâtre et heureux refus des bulles de Séville, suivi de si près par sa chute, qui le rendit si longtemps inflexible à la démission de Malaga, que le pape et le roi d'Espagne lui demandèrent; c'étoit tenir encore par un filet ce projet qui lui étoit si cher, qui tout chimérique qu'il fût par n'avoir pas eu le temps de le laisser mûrir et de le faire éclore, étoit toujours le plus avant dans son cœur; et c'est, pour le dire en passant, le danger extrême du gouvernement des ecclésiastiques qui se rendent si facilement indépendants de leur roi, et qui, ce grand pas fait, ont des moyens de se maintenir par une force, contre laquelle toute la temporelle a la honte de lutter ou de souffrir tout, quelquefois d'étranges inconvénients à subir, et toujours en plein spectacle. Sans remonter pour la France aux cardinaux Balue, Lorraine, Guise et autres encore, les cardinaux de Retz, Bouillon, et celui-ci en rafraîchissent l'importante leçon que le cardinal Dubois, s'il eût vécu, eût certainement renouvelée aux dépens de M. le duc d'Orléans, s'il l'avoit pu. Ce n'est pas idée, imagination, mais réalité effective, dont il prenoit déjà sourdement toutes les mesures et les dimensions. Mais le roi ne le put jamais aimer, de quoi son gouverneur et son précepteur, en cela parfaitement de concert, surent parfaitement le garder et l'éloigner, et M. le duc d'Orléans, qui gémissoit sur les fins sous l'empire de sa créature, tout foible à l'excès qu'il fût, ne lui auroit pas laissé le temps de l'expulser, connoissant surtout les dispositions du roi qui l'aimoit et le montroit à demi, malgré les deux mêmes et sa disposition contraire à l'égard de Dubois.

Si on s'étonne de cette différence à l'égard de deux hommes si principaux, qui étoient également l'objet de la haine du maréchal de Villeroy et de l'évêque de Fréjus, un mot d'éclaircissement ne peut être que curieux. Rien de si désagréable que l'énonciation, le forcé et faux palpable de toutes les manières et de tout l'extérieur de l'abbé Dubois, même en voulant plaire. Rien de plus gracieux ni de plus agréable que l'énonciation, l'extérieur et toutes les manières de M. le duc d'Orléans, même sans penser à plaire; cette différence qui fait une impression naturelle sur tout le monde, frappe et affecte encore plus un roi de dix ans. Rien encore de si naturellement glorieux que les enfants, combien plus un enfant couronné et gâté! Le roi étoit en effet très-glorieux, très-sensible, très-susceptible là-dessus, où rien ne lui échappoit sans le montrer. Dubois ne travailloit point avec lui, mais il le voyoit et lui parloit avec un air de familiarité et de liberté qui le choquoit et qui découvroit aisément le dessein de s'emparer de lui peu à peu, ce que le maréchal de Villeroy et Fréjus encore plus redoutoient comme la mort.

Tous deux faisoient remarquer au roi et lui exagéroient les airs peu respectueux et indécents de l'abbé Dubois à son égard, et l'éloignoient de lui, pour ainsi dire à la tâche, en lui en inspirant de la crainte. Ils n'étoient pas en de meilleures dispositions pour M. le duc d'Orléans. Le maréchal de Villeroy entre le roi et lui, ou le seul Fréjus en tiers, donnoient carrière à sa haine. Mais le roi le craignoit et ne l'aimoit point. L'autorité seule lui donnoit quelque créance, mais faiblement. Fréjus qu'il aimoit et qui avoit captivé et obtenu toute sa confiance, auroit été dangereux s'il avoit aidé le maréchal contre le régent, comme il le secondoit contre Dubois. Mais il se contentoit d'éviter d'être suspect au maréchal, se reposoit sur son bien-dire, sentoit par l'événement du duc du Maine le danger de s'exposer. Il n'imaginoit pas lors qu'une mort si prématurée le porteroit au pouvoir le plus suprême, le plus arbitraire, le plus long, le moins contredit; mais il ne vouloit pas nuire à ses vues de grandes places et de grand crédit, sous M. le duc d'Orléans, par l'affection du roi, et par elle peu à peu de le faire compter avec lui; enfin si l'art et la fortune le pouvoient porter jusque-là, à chasser M. le duc d'Orléans et à s'emparer de toutes les affaires. Pour arriver là, il falloit donc deux choses : la première ne se pas faire chasser avant le temps, et se trouver perdu sans retour avant d'avoir pu commencer à être; la seconde, se conduire de façon à ne pas étranger de lui M. le duc d'Orléans le moins du monde, pour en pouvoir espérer facilité à ses desseins d'être; devenir en effet sous ses auspices, sans lesquels le roi quoique majeur ne l'auroit pas mis dans le conseil, encore moins en influence et en autorité, et pour cela ménager le régent avec un extrême soin, mais sans rien, non-seulement d'affecté, mais encore d'apparent, et se reposer contre lui sur le maréchal de Villeroy, avec une approbation la plus tacite qu'il pourroit, en attendant un âge fait du roi, un progrès plus solide dans sa confiance, une place dans son conseil, qui lui donnât moyen et caractère de profiter, même de faire naître des conjonctures, qui lui donnassent ouverture à devenir le maître et à renvoyer M. le duc d'Orléans à ses plaisirs. Moins plein de soi et plus clairvoyant que le maréchal de Villeroy, il sentoit le goût intérieur du roi pour M. le duc d'Orléans.

Ce prince n'approchoit jamais de lui en public et en quelque particulier qu'ils fussent, qu'avec le même air de respect qu'il se présentoit devant le feu roi. Jamais la moindre liberté, bien moins de familiarité, mais avec grâce, sans rien d'imposant par l'âge et la place, conversation à sa portée, et à lui et devant lui, avec quelque gaieté, mais très-mesurée et qui ne faisoit que bannir les rides du sérieux et doucement apprivoiser l'enfant. Travaillant avec lui, il le faisoit légèrement, pour lui marquer que rien [ne se faisoit] sans lui en rendre compte, ce qu'il proportionnoit et courtement à la portée de l'âge, et toujours avec l'air du ministre sous le roi. Sur les choses à donner, gouvernements, places de toutes sortes, bénéfices, pensions, il les proposoit, parcouroit brièvement les raisons des demandeurs, proposoit celui qui devoit être préféré, ne manquoit jamais d'ajouter qu'il lui disoit son avis comme il y étoit obligé, mais que ce n'étoit pas à lui à donner, que le roi étoit le maître, et qu'il n'avoit qu'à choisir et à décider. Quelquefois même il l'en pressoit quand le choix étoit peu important; et si rarement le roi lui paroissoit pencher pour quelqu'un, car il étoit trop glorieux et trop timide pour s'en bien expliquer, et M. le duc d'Orléans y avoit toujours grande attention, il lui disoit avec grâce qu'il se doutoit de son goût, et tout de suite : « Mais n'êtes-vous pas le maître ? Je ne suis ici que pour vous rendre compte, vous proposer, recevoir vos ordres et les exécuter. » Et à l'instant la chose étoit légèrement donnée sans la faire valoir le moins du monde, et [il] passoit aussitôt à autre chose. Cette conduite en public et en particulier, surtout cette manière de travailler avec le roi, charmoit le petit monarque; il se croyoit un homme, il comptoit régner et en sentoit tout le gré à celui qui le faisoit ainsi régner.

Le régent ni les particuliers n'y couroient pas grand risque; le roi se soucioit peu et rarement, et comme il a été remarqué, étoit trop glorieux et trop timide pour le montrer souvent, beaucoup moins pour rien demander. M. le duc d'Orléans étoit encore fort attentif à bien traiter tout ce qui environnoit le roi de près, avec familiarité, pour s'en faire un groupe bienveillant, et à chercher à faire des grâces à ceux pour qui on pouvoit croire que le roi avoit quelque affection. Cela servoit encore merveilleusement à M. le duc d'Orléans, dans des occasions de grâces et de places peu importantes, sur lesquelles le roi auroit montré un goût d'enfant. Comme il étoit prévenu par l'expérience, de la façon dont M. le duc d'Orléans en usoit toujours là-dessus avec lui, cela donnoit à ce prince la liberté et la facilité de lui représenter l'importance du poste et les qualités nécessaires pour le remplir, d'insister, mais en lui disant toujours qu'il étoit le maître, qu'il n'avoit qu'à prononcer; qu'il le supplioit seulement de ne pas trouver mauvais qu'il lui eût dit ses raisons, parce qu'il étoit de son devoir de le faire, et après de lui obéir. Il n'en falloit pas davantage, le roi se rendoit sans chagrin et gaiement; mais ces sortes de cas n'arrivoient presque jamais. Le maréchal de Villeroy étoit toujours en tiers à ce travail, par lui ou par le roi ; il étoit difficile que M. de Fréjus ne sût ce qu'il se passoit à chaque travail, de cette conduite du régent, et que le roi qui avoit des tête-à-tête avec son précepteur, que le maréchal de Villeroy qui en enrageoit, ne pouvoit empêcher, ne lui témoignât souvent combien il étoit content de M. le duc d'Orléans; il n'en falloit pas davantage pour le tenir en bride et laisser au maréchal, qu'il vouloit doucement primer et ruiner, les discours contre le régent, qui ne pouvoient plaire au roi dans la disposition favorable où M. le duc d'Orléans le tenoit continuellement pour lui.

Ce prince, délivré d'Albéroni, voyoit la paix et sa réconciliation prochaine avec l'Espagne, ce prétexte et les vaines espérances de ce côté-là ôtées aux brouillons, le duc et la duchesse du Maine hors de toute mesure d'oser plus branler, leurs adhérents de la cour reconnus épouvantés et hors d'état et de moyens de plus branler, les autres atterrés; enfin Pontcallet et d'autres nouvellement ou précédemment arrêtés en Bretagne, prêts à subir un jugement de mort, qui achèveroit de faire rentrer partout chacun en soi-même, et de rétablir la tranquillité. Il lui restoit l'embarras des finances et de l'administration de Law, et d'achever de vaincre le parlement pour n'y avoir plus d'entraves, qui tout étourdi qu'il avoit été du grand coup porté sur lui au lit de justice des Tuileries, reprenoit peu à peu ses esprits, et ce caractère si cher, mais si dangereusement usurpé, de modérateur avec autorité entre le roi et le peuple. Les mêmes seigneurs, liés secrètement avec M. et Mme du Maine, découverts et déconcertés, et qui l'étoient aussi avec cette compagnie, n'avoient pas renoncé à chercher de figurer avec elle et par elle. Le maréchal de Villeroy étoit comme leur chef, il étoit tombé dans le dernier abattement, ainsi que les maréchaux de Villars et d'Huxelles, lorsque M. et Mme du Maine furent arrêtés. Ils y étoient longtemps demeurés; mais la ridicule issue d'un si grand et si juste éclat, leur avoit rendu quelque petit courage, et Villeroy avoit repris tous ses grands airs et ses tons de roi de théâtre, appuyé de sa place et gâté par les pitoyables ménagements de M. le duc d'Orléans, qui s'en croyoit dédommagé en se moquant de lui en son absence, tandis qu'il en étoit dominé en présence avec la plus méprisante hauteur du maréchal, qui avoit l'audace de s'en parer au public, et de s'en faire valoir au parlement et aux halles où il vouloit toujours représenter M. de Beaufort.

Tout cela pesoit à M. le duc d'Orléans; il craignoit un ralliement public avec le parlement sur le désordre de Law, qui entraîneroit tout le monde et par l'intérêt particulier et pécuniaire de chacun, et par le fantôme du bien de l'État qu'ils auroient pour eux, et qui tiendroit M. le duc d'Orléans en bride. Je crois que Law, qui sentoit mieux que personne l'état où il avoit mis les finances et son propre danger, et [mieux] que M. le duc d'Orléans même, le lui grossit, et le pressa de songer à le parer à temps, et qu'il s'y fît aider par M. le Duc et par ses autres confidents tels que l'abbé Dubois et autres de l'intérieur. Je dis que je le crois, parce qu'aucun d'eux ne m'en parla, et que je n'ai pu me persuader que, sans une grande et puissante impulsion, M. le duc d'Orléans pût prendre la résolution de chasser le maréchal de Villeroy. C'étoit dans un temps où l'abbé Dubois, qui étoit tout à fait maître, éloignoit ce prince de moi, et où je m'éloignois de lui encore davantage, piqué du retour du duc et de la duchesse du Maine, et indigné de voir Dubois en pleine possession de son esprit. Ainsi tout se passoit tellement sans moi que je n'eus pas la moindre idée qu'il fût question de se défaire du maréchal de Villeroy.

Travaillant un jour à mon ordinaire tout à la fin de cette année avec M. le duc d'Orléans, il m'interrompit un quart d'heure au plus après avoir commencé, pour me faire ses plaintes du maréchal de Villeroy. Cela lui arrivoit quelquefois ; mais de là s'échauffant en discours de plus forts en plus forts, il se leva tout d'un coup, et me dit que cela n'étoit plus tenable, car ce fut son expression ; qu'il vouloit et alloit le chasser, et tout de suite, que je fusse gouverneur du roi. Ma surprise fut extrême, mais je ne perdis pas le jugement. Je me mis à sourire et répondis doucement qu'il n'y pensoit pas. « Comment, reprit-il, j'y pense très-bien, et si bien que je veux que cela soit, et ne pas différer ce qui devroit être fait il y a longtemps. Qu'est-ce donc que vous trouvez à cela ? » Se mit à se promener ou plutôt à toupiller dans ce petit cabinet d'hiver. Alors je lui demandai s'il y avoit bien mûrement pensé. Là-dessus il m'étala toutes ses raisons pour ôter le maréchal et toutes celles de me mettre en sa place, trop flatteuses pour les rapporter ici. Je le laissai dire tant qu'il voulut, puis je parlai à mon tour sans vouloir être interrompu. Je convins de tout sur le maréchal de Villeroy, parce qu'en effet il n'y avoit pas moyen de disconvenir d'aucune de ses plaintes, de ses raisons et de ses conséquences ; mais je m'opposai fortement à l'ôter. Je fis d'abord souvenir M. le duc d'Orléans de toutes les raisons que je lui avois alléguées pour le détourner d'ôter à M. du Maine la surintendance de l'éducation du roi, combien lui-même les avoit trouvées sages et bonnes, combien il en étoit demeuré persuadé, et qu'il n'avoit cédé qu'à la force et à la constante persécution de M. le Duc. Je lui distinguai bien les raisons communes avec ce qui regardoit M. le Duc d'une part, le parlement de l'autre, d'avec celles qui ne regardoient que le duc du Maine et lui-même, le danger d'intervertir la disposition du feu roi à l'égard d'une personne aussi chère et précieuse que celle de son successeur. De là, j'entrai en comparaison des personnages ; je lui fis sentir la différence d'ôter un homme quelque grand et établi qu'il fût, mais haï, mais envié, mais abhorré des princes du sang et du gros du monde, mais toutefois très-dangereux à conserver par son esprit, ses vues, sa cabale, d'avec un autre homme mis pareillement de la main du roi mort entre ses bras, sans esprit ni mérite, peu dangereux par conséquent, adoré du peuple et du gros du monde, orné du masque d'honnête homme et [tenu] pour incapable de pouvoir et de vouloir remuer et faire un parti dans l'État, chéri du parlement et de toute la magistrature par les soins qu'il en avoit pris de longue main, toutes choses, excepté le point du parlement, diamétralement contraires entre le maréchal de Villeroy et le duc du Maine. Je m'étendis là-dessus, et je répondis à toutes ses répliques.

Je lui dis que le maréchal de Villeroy n'étoit à son égard que ce qu'il le faisoit être, et ce que tout autre seroit avec autant de vent et de fatuité, et aussi peu d'esprit et de sens; qu'il l'avoit gâté et le gâtoit sans cesse, dont le maréchal savoit se prévaloir; qu'on ne s'accoutumoit ni en public ni en particulier à voir combien il lui imposoit, l'air de supériorité du maréchal avec lui comme s'il eût été encore au temps de Monsieur, et lui en celui de sa première jeunesse; que pour lui, pour les siens, pour Lyon, pour tous ceux pour qui le maréchal daignoit non pas demander, mais témoigner quelque petit désir, [tout] étoit accordé sur-le-champ et sans mesure, et que résolu de lui cacher tout, il lui disoit une infinité de choses, et l'admettoit continuellement dans le secret de la poste; qu'avec cette conduite que l'affaire du duc du Maine n'avoit que légèrement altérée et encore pour fort peu de temps, il ne devoit pas être surpris des avantages que le maréchal en savoit prendre; qu'il n'y avoit qu'à changer une conduite aussi étrange et aussi dangereuse, et tenir ferme dans ce changement, sans se donner la peine d'aller plus loin; qu'il verroit tout aussitôt le maréchal de Villeroy se croire perdu, tremblant, petit et respectueux, souple, tel enfin qu'il s'étoit montré à la disgrâce, et bien plus encore à l'éclat de l'affaire du duc et de la duchesse du Maine ; que la durée de ce changement achèveroit de le déconcerter, de le renverser, de le décréditer en lui ôtant l'opinion du monde que le maréchal lui imposoit, et que lui n'osoit lui résister ; que déchu de la sorte et toujours tremblant pour son sort, il ne pourroit jamais lui nuire ; que dépouillé de [ce] qui le rehaussoit, non de sa place, il y paraîtroit tel qu'il étoit, par conséquent méprisable et méprisé ; que c'étoit dans cette réduction qui étoit entre ses mains qu'il falloit mettre et tenir toujours le maréchal, qui, en cette posture, lui seroit bien meilleur demeurant dans sa place, que destitué, parce qu'il y seroit nu et seul, au lieu que destitué il auroit pour lui l'aboiement de tout le monde, l'air et l'honneur de martyr du bien public, celui dont la présence étoit incompatible avec les derniers excès de Law et la ruine universelle ; qu'en laissant le maréchal de Villeroy sans y toucher, mais en le traitant constamment comme je venois de le proposer, il l'anéantissoit ; que, le chassant, il en faisoit un personnage, une idole du parlement, du peuple, des provinces, un point de ralliement sinon dangereux, du moins embarrassant, d'autant plus qu'il avoit laissé passer le moment de l'envelopper avec le duc et la duchesse du Maine ; qu'il ne se pouvoit donc plus agir ici du bien et de la tranquillité de l'État ni d'intelligences étrangères et criminelles, comme à l'égard du duc et de la duchesse du Maine, et du parti qu'ils avoient formé, mais uniquement de l'intérêt et des soupçons de lui régent, et d'un sacrifice qu'il se feroit à lui-même du seigneur le plus marqué du royaume, chargé de toute la confiance du feu roi jusqu'à sa mort, mis uniquement par là auprès du roi son successeur, de sa main, dont Son Altesse Royale intervertiroit pour la seconde fois les dernières, les plus intimes et les plus sacrées dispositions.

Ébranlé, mais non dépris encore de sa résolution, il essaya de m'affoiblir en redoublant la tentation de la place de gouverneur du roi, et me comblant sur tout ce qu'il me prodigua là-dessus. Je lui témoignai ma reconnoissance en homme qui sentoit très-bien le prix de la place et celui de l'assaisonnement qu'il y mettoit, mais qui n'en étoit pas ébloui. Tout de suite je le suppliai de se rappeler de ce qui s'étoit passé entre lui et moi dès avant qu'on sût que le roi écrivoit tant de sa main, et qu'on en soupçonnât une disposition testamentaire; qu'il se souvînt que je lui avois dit qu'il étoit à présumer, même à désirer pour Son Altesse Royale, que le roi disposât des places de l'éducation du roi son successeur; mais que si, contre toute apparence, il vînt à manquer sans l'avoir fait, jamais lui régent, lui successeur immédiat par le droit des renonciations, si le jeune monarque mouroit sans postérité masculine, jamais lui, si cruellement, si iniquement, mais si universellement accusé de toutes les horreurs alors récentes, et dont le souvenir se renouveloit depuis de temps en temps avec tant d'art et d'audace, ne devoit jamais nommer un gouverneur ni aux autres places de l'éducation et du service intime, personne qui lui fût particulièrement attaché; que plus un homme le seroit ou anciennement ou intimement, encore pis l'un et l'autre, plus il en devoit être exclus, quand il auroit d'ailleurs pour ce grand emploi un talent unique, et tous les autres qui s'y pouvoient souhaiter; qu'il étoit entré dans mon sentiment, et qu'il étoit convenu avec moi de le suivre; que je le sommois donc maintenant de s'en souvenir et de ne pas s'écarter d'une résolution qui lui avoit paru alors si salutaire, et qui par tout ce qui s'étoit passé depuis, surtout par l'expulsion du duc du Maine, l'étoit devenue de plus en plus. Enfin que ce raisonnement si vrai et si fort, résultant de la perverse nature des choses, me rendoit par excellence l'homme de toute la France sur qui le choix devoit le moins tomber, et qui en étoit le plus radicalement exclus par nature; qu'aussi croirois-je lui rendre le plus mauvais et le plus dangereux office de l'accepter.

M. le duc d'Orléans qui étoit l'homme que j'aie connu qui avoit les réponses les plus prêtes à la main, et qui s'embarrassoit le moins, même n'ayant rien qui valût à répondre, fut si surpris ou de la force de mes raisons, ou de la fermeté de mon refus, qu'il resta court et pensif, se promenant la tête basse sept ou huit pas en avant et autant en arrière, parce que ce cabinet étoit fort petit. Je demeurai debout sans le suivre et sans parler, pour laisser opérer ses réflexions que je ne voulois pas troubler par des redites inutiles, puisqu'en effet j'avois tout dit l'essentiel. Ce silence dura assez longtemps : puis il me dit qu'il y avoit bien du bon dans ce que je lui avois exposé, mais que le maréchal de Villeroy étoit tellement devenu insupportable, et que j'étois si fait exprès pour l'emploi en tout sens, sur quoi il s'étendit encore, qu'il avoit bien de la peine à changer d'avis. Les mêmes choses se rebattirent assez longtemps encore ; les propos finirent par me dire que nous nous reverrions là-dessus. Je lui répondis que, pour ce qui me regardoit, cela étoit tout vu de ma part, et que très-certainement je ne serois point gouverneur du roi ; qu'à l'égard du maréchal, il prît bien garde aux impulsions d'autrui, et à la sienne propre à lui-même, et qu'il se gardât bien de faire un si grand pas de clerc. Nous n'en dîmes pas davantage. Il m'en reparla près à près deux ou trois autres fois, mais toujours plus foiblement, moi toujours de même, et gagnant toujours du terrain sur lui, jusqu'à ce que, la dernière fois, il convint avec moi qu'il n'y songeroit plus, et qu'il en useroit avec le maréchal de Villeroy comme je le lui avois proposé ; mais il n'en eut pas la force. Il le traita toujours de même, et le maréchal, par conséquent, toujours sur le haut ton avec lui. J'en étois dépité, mais je n'osai lui en faire de reproches, de peur de ranimer l'envie de le chasser. D'ailleurs tout alloit tellement de travers, l'abbé Dubois si fort et si publiquement le maître absolu, que cela joint à la déplorable issue de l'affaire de M. et de Mme du

Maine, mon dégoût alloit à ne vouloir plus me mêler de rien, et à voir M. le duc d'Orléans courtement et précisément pour le nécessaire, et pour ne rien marquer au monde si attentif à tout. Ainsi finit l'année 1719.

CHAPITRE XVIII.

Année 1720. — Comédie entre le duc et la duchesse du Maine, qui ne trompe personne. — Changement de dame d'honneur de Mme la Duchesse la jeune; pourquoi raconté. — Caractère de M. et de Mme de Pons. — Abbé d'Entragues; son extraction; son singulier caractère; ses aventures. — Law contrôleur général des finances. — Grâces singulières faites aux enfants d'Argenson. — Machaut et Angervilliers conseillers d'État en expectative. — Law maltraité par l'avidité du prince de Conti, qui en est fortement réprimandé par M. le duc d'Orléans. — Ballet du roi. — Force grâces pécuniaires. — J'obtiens douze mille livres d'augmentation d'appointements sur mon gouvernement de Senlis, qui n'en valoit que trois mille. — Je fais les derniers efforts pour un conseil étroit, fort inutilement. — Mariage de Soyecourt avec Mlle de Feuquières. — Réflexions sur les mariages des filles de qualité avec des vilains. — Mort du comte de Vienne; son caractère; son extraction. — Mort du prince de Murbach. — Mort de l'impératrice mère, veuve de l'empereur Léopold. — Son deuil et son caractère. — Mort du cardinal de La Trémoille. — Étrange friponnerie et bien effrontée de l'abbé d'Auvergne pour lui escroquer son archevêché de Cambrai. — Digression sur les alliances étrangères du maréchal de Bouillon et de sa postérité. — Abbé d'Auvergne; comment fait archevêque de Tours, puis de Vienne.

Cette année commença par une comédie fort ridicule dont personne ne fut la dupe, ni le public, ni ceux pour qui elle fut principalement jouée, ni ceux qui la jouèrent, si ce n'est peut-être la seule Mme la Princesse qui y fit un personnage principal, et qui étoit faite pour l'être de tout. Le duc et la duchesse du Maine, qui par la perfidie de l'abbé Dubois avoient eu, comme on l'a vu ici, tout le temps nécessaire, et beaucoup au delà pour sauver leurs papiers, et pour s'arranger ensemble depuis que Cellamare fut arrêté chez lui jusqu'au jour qu'ils le furent eux-mêmes, avoient très-bien pris leur parti, et chacun d'eux suivant leur caractère. Mme du Maine appuyée de son sexe et de sa naissance, s'affubla de tout dans ses réponses aux interrogatoires qu'elle subit, et dont on lut ce qu'il plut à l'abbé Dubois au conseil de régence, accusa fortement Cellamare, Laval, etc., sauva tant qu'elle put les Malezieu, Davisard, et ses intimes créatures, son mari surtout, pour qui elle se fit fort, et stipula tout sans, disoit-elle, lui en avoir donné connoissance, c'est-à-dire, sans lui avoir jamais laissé entrevoir ni intelligence en Espague, ni parti, ni rien qui pût aller à brouiller l'État, ni à attaquer le régent, mais seulement à lui procurer des remontrances assez fortes et assez nombreuses pour l'engager doucement à réformer lui-même beaucoup de choses dont on se plaignoit de son administration. Quoi qu'elle avouât, elle ne craignoit rien pour sa tête ni même pour une prison dure et longue. Les exemples des princes de Condé la rassuroient dans toutes les générations, qui s'étoient trouvés en termes encore plus forts.

Le duc du Maine, déchu de l'état et de la qualité de prince du sang, trembloit pour sa vie. Ses crimes contre l'État, contre le sang royal, contre la personne du régent, si longuement, si artificieusement, si cruellement offensée, le troubloient d'autant plus qu'il sentoit tout ce que raison, justice, exemple, devoir à l'égard de l'état et du sang royal, vengeance enfin exigeoient de lui. Il songea donc de bonne heure à se mettre à couvert sous la jupe de sa femme. Ses réponses et tous ses propos furent constamment les mêmes d'une parfaite ignorance et dans le plus grand concert entre eux deux. Il n'avoit vu en effet que ses domestiques les plus affidés, Cellamare presque point, et dans le dernier secret, dans le cabinet de Mme du Maine, inaccessible à tous autres de leur confidence, à qui il ne parloit que par la duchesse du Maine : ainsi, ni papiers ni dépositions à craindre. Ainsi, quand elle eut parlé, avoué, raconté, Laval aussi de rage de ce qu'elle avoit dit, et peu d'autres ; le duc du Maine, à qui cela fut communiqué à Dourlens, s'exclama contre sa femme, dit rage de sa folie et de sa félonie, du malheur d'avoir une femme capable de conspirer, et assez hardie pour le mettre de tout sans lui en avoir jamais parlé, le faire criminel sans qu'il le fût le moins du monde, et si fort hors de tout soupçon des menées de sa femme, qu'il étoit resté hors d'état de les arrêter, de lui imposer, d'avertir même M. le duc d'Orléans s'il eût trouvé les choses poussées au point de le devoir faire. Dès lors le duc du Maine ne voulut plus ouïr parler d'une femme qui à son insu avoit jeté lui et ses enfants dans cet abîme, et quand, à leur sortie de prison, il leur fut permis de s'écrire et de s'envoyer visiter, il ne voulut rien recevoir de sa part, ni lui donner aucun signe de vie. Mme du Maine s'affligeoit en apparence du traitement qu'elle en recevoit, en avouant toutefois combien elle étoit coupable envers lui de l'avoir engagé à son insu et trompé de la sorte. Ils en étoient là ensemble quand on les rapprocha de Paris. Le duc du Maine alla demeurer à Clagny, château bâti autrefois tout près de Versailles pour Mme de Montespan, et Mme du Maine à Sceaux. Ils virent ensuite M. le duc d'Orléans séparément sans coucher à Paris, où ils soutinrent chacun leur personnage, et comme l'abbé Dubois avoit jugé que le temps étoit venu de se donner auprès d'eux le mérite de finir leur disgrâce, tout fut bon auprès de M. le duc d'Orléans qui voulut bien leur paraître persuadé de l'ignorance du duc du Maine. Pendant leur séjour en ces deux maisons de campagne où ils ne virent que fort peu de gens, Mme du Maine se donna pour faire diverses tentatives auprès du duc du Maine, et lui pour les rebuter. Cette farce dura depuis le mois de janvier qu'ils arrivèrent à Sceaux et à Clagny, jusque tout à la fin de juillet. Alors ils crurent que le jeu avoit assez duré pour y mettre une fin. Ils s'en étoient trouvés quittes à si bon marché, et comptoient tellement sur l'abbé Dubois, qu'ils pensoient déjà à se remonter en grande partie, et, pour y travailler utilement, il falloit être en mesure de se voir et de se concerter et commencer par pouvoir être à Paris comme ils voudroient, où ils ne pouvoient pas ne pas loger ensemble.

L'apparente brouillerie avoit été portée jusqu'à ce point, que les deux fils du duc du Maine, revenus d'Eu à Clagny peu de jours après lui, furent longtemps sans aller voir Mme du Maine, et ne la virent depuis que très-rarement et sans coucher à Sceaux. Enfin, le parti pris de mettre fin à cette comédie, voici comme ils la terminèrent par une autre. Mme la Princesse prit un rendez-vous avec le duc du Maine, le dernier juillet, à Vaugirard, dans la maison de Landais, trésorier de l'artillerie; elle y arriva un peu après lui avec la duchesse du Maine qu'elle laissa dans son carrosse. Elle dit à M. du Maine qu'elle avoit amené une dame qui avoit grande envie de le voir. La chose n'étoit pas difficile à entendre, le concert étoit pris. Ils mandèrent la duchesse du Maine. L'apparent raccommodement se passa entre eux trois. Ils furent longtemps ensemble. Un reste de comédie les tint encore séparés, mais se voyant et se rapprochant par degrés jusqu'à ce qu'à la fin le duc du Maine retourna demeurer à Sceaux avec elle.

Pendant ces six mois, on acheva peu à peu de vider la Bastille des prisonniers de cette affaire, dont quelques-uns furent légèrement et courtement exilés. Laval fut plus maltraité, ou pour mieux dire le moins bien traité. Il avoit été l'âme au dehors de toute la conspiration et dans tout le secret du duc et de la duchesse du Maine qui en dit assez dans ses interrogatoires, c'est-à-dire dans le peu de ceux qui furent lus au conseil de régence, et sur lesquels l'avis ne fut demandé à personne et où personne aussi n'opina, pour prouver complétement cela contre lui. Aussi sortit-il de la Bastille enragé contre elle, et ne le lui a pas pardonné, dont elle se soucia aussi peu que font tous les princes et princesses, quand ils n'ont plus besoin des gens, parce qu'ils se persuadent que tout est fait pour eux, et eux uniquement pour eux-mêmes. Le courant de la vie dans tous les temps, et les conspirations de tous les siècles en sont la preuve et la leçon.

On ne s'aviseroit pas de faire ici mention du changement des domestiques de l'hôtel de Condé, si elle ne servoit à montrer l'étrange contraste de la conduite des gens de qualité la plus distinguée, ainsi que de celle de ceux qui en sont les singes : conduite si nouvelle, et en contraste si grand et si public avec elle-même. On a vu en son lieu à quel point le duc et la duchesse du Maine les avoient enivrés, et jusqu'à quelles folies ils les avoient jetés en se moquant d'eux pour arriver à leur but personnel, avec toute cette gloire dont M. et Mme du Maine avoient fait leur instrument pour les tromper et les conduire en aveugles. La femme de l'aîné de la maison de Montmorency, de laquelle M. le Prince, père du héros, étoit gendre, et dont les dépouilles ont constitué ses grands biens, étoit dame d'honneur de Mme la Duchesse la jeune, et y eut tant de dégoûts qu'elle se retira. Il est vrai que son mari étoit pauvre en tout genre, et elle, avec beaucoup de mérite, de très-petite étoffe. Mme de Pons lui succéda avec empressement; son mari étoit l'aîné de cette grande et illustre maison de Pons, mais si pauvre que M. de La Rochefoucauld, le favori de Louis XIV, prit soin de lui jusqu'à son logement, son vêtement et sa nourriture. Il avoit de la grâce, une éloquence naturelle, beaucoup d'esprit et fort orné ; beaucoup de politesse, mais à travers laquelle transpiroit même grossièrement une extrême gloire et une opinion de soi-même rebutante. Il eut du roi une charge dans la gendarmerie où il servit comme point, et ne vit guère plus de cour que de guerre. Il avoit un des plus beaux visages qu'on pût voir. Ce visage, soutenu de son esprit, donna dans les yeux de Mme de La Baume qui l'épousa. Elle étoit fille unique de M. de Verdun et riche héritière, parce qu'elle étoit restée seule des enfants de son père, qui n'avoit point paru à la guerre ni à la cour, qui étoit riche, et qui avoit beaucoup amassé. Lui et le maréchal de Tallard étoient fils des deux frères, Verdun de l'aîné, et avoit de grandes prétentions contre Tallard, ce qui les engagea à marier leurs enfants.

Le mariage ne dura guère. La Baume, fils aîné du maréchal, et qui promettoit beaucoup, mourut sans enfants des blessures qu'il reçut à la bataille d'Hochstedt, perdue par son père comme on l'a vu en son lieu, n'ayant été marié que six mois. Sa veuve se remaria en 1710 à M. de Pons, à qui elle porta de grands biens et force procès et prétentions, dont ils tourmentèrent tant le maréchal de Tallard, qu'ils en tirèrent à peu près ce qu'ils voulurent. La femme étoit aussi dépiteusement laide que le mari étoit beau, et aussi riche qu'il étoit pauvre; d'ailleurs autant de gloire, d'esprit, de débit et d'avarice l'un que l'autre. Cette avarice et leur procès l'emporta sur leur gloire; ils briguèrent la place que Mme de Montmorency-Fosseux quittoit, et l'obtinrent : leurs affaires liquidées, Mme de Pons s'en lassa et s'en retira. Elle étoit très-méchante, très-difficile à vivre, maîtresse absolue de son mari, dont l'humeur étoit pourtant dominante, et qui régnoit tant qu'il pouvoit sur tous ceux qu'il fréquentoit. Cette humeur peu compatible avec celle de MM. de La Rochefoucauld, moins encore avec tous les secours qu'il en avoit reçus, rendit le commerce rare et froid entre eux, dès qu'il n'en eut plus besoin. Le chevalier de Dampierre, écuyer de M. le Duc, qui étoit Cugnac, bonne noblesse, qui a eu un chevalier du Saint-Esprit en 1595, et lieutenant général d'Orléanois sous Henri IV, présenta la femme de son frère. Cet écuyer imposoit aisément à son maître par l'énormité de sa prestance, beaucoup d'esprit et fort avantageux, quoique soutenu d'aucune qualité personnelle, glorieux à l'excès, et qui avoit persuadé M. le Duc qu'il étoit, comme on dit, de la côte de saint Louis. Moyennant ce caquet sa belle-sœur eut la place; ils en avoient grand besoin, car ils n'avoient pas de chausses; et voilà comme l'excès de l'orgueil et de la bassesse s'accommodent presque toujours.

La singularité du personnage et d'un événement arrivé en ce même temps, mérite de n'être pas oubliée. L'abbé d'Entragues étoit un homme qui avoit été extrêmement du grand monde; il n'étoit rien moins que Balsac; je ne sais d'où ce nom d'Entragues leur étoit venu, car les Balsac sont fondus dans les Illiers. Le nom de celui-ci étoit Crémeaux, gentilhomme, tout ordinaire, du côté de Lyon; ce qui les mit au monde fut le mariage de son frère avec la sœur utérine de Mme de La Vallière, maîtresse du roi, du nom de Courtalvel, de la plus petite noblesse. Le père de cette sœur s'appeloit Saint-Remy, premier maître d'hôtel de Gaston frère de Louis XIII. Il épousa la veuve de La Vallière, qui s'appeloit Le Prévost, et qui n'étoit rien, veuve en premières noces de Bernard-Rezay, conseiller au parlement, dont elle n'avoit point eu d'enfants. De La Vallière elle eut la maîtresse du roi, et le grand-père du duc de La Vallière d'aujourd'hui; de son dernier mari, cette Mme d'Entragues, belle-sœur de l'abbé dont il s'agit.

La différence d'une mère avouée que n'avoient pas les enfants de Mme de Moustespan, et l'attachement dont Mme la princesse de Conti se piqua toujours pour sa mère et pour tous ses parents, les distingua. Ce fut donc la protection de Mme d'Entragues, propre tante de Mme la princesse de Conti qui introduisit chez elle l'abbé d'Entragues. Elle aima toujours beaucoup Mme d'Entragues, qui étoit aussi fort aimable par son esprit fait pour le grand monde dont elle fut toujours. De là, l'abbé d'Entragues se mit dans les bonnes compagnies dont il avoit le ton et le langage, avec une plaisante singularité, qui le rendoit encore plus amusant, qui étoit son vrai caractère; mais ce caractère n'étoit pas sûr; il étoit méchant, se plaisoit aux tracasseries et à brouiller les gens, ce qui le fit chasser de beaucoup de maisons considérables; il eut abbayes et prieurés, mais jamais d'ordres. C'étoit un grand homme, très-bien fait, d'une pâleur singulière, qu'il entretenoit exprès à force de saignées, qu'il appeloit sa friandise; dormoit les bras attachés en haut pour avoir de plus belles mains; et, quoique vêtu en abbé, il étoit mis si singulièrement qu'il se faisoit regarder avec surprise. Ses débauches le firent exiler plus d'une fois. L'étant à Caen, il y vint des Grands Jours[1], parmi lesquels étoit Pelletier de Sousy, qui a eu depuis les fortifications, père de des Forts, qui a été ministre et contrôleur général des finances. Pelletier, qui avoit connu l'abbé d'Entragues quoique assez médiocrement, crut qu'arrivant au lieu de son exil, il étoit honnête de l'aller voir. Il y fut donc sur le midi; il trouva une chambre fort propre, un lit de même, ouvert de tous côtés, une personne dedans à son séant, galamment mise, qui travailloit en tapisserie, coiffée en coiffure de nuit de femme, avec une cornette à dentelle, force fontanges[2], de la parure, une échelle de rubans à son corset, un manteau de lit volant et des mouches. A cet aspect Pelletier recula, se crut chez une femme de peu de vertu, fit des excuses, et voulut gagner la porte, dont il n'étoit pas éloigné. Cette personne l'appela, le pria de s'approcher, se nomma, se mit à rire : c'étoit l'abbé d'Entragues, qui se couchoit très-ordinaire-

---

1. C'est-à-dire des commissaires chargés par le roi de tenir des assises extraordinaires pour punir les crimes que n'avait pu atteindre la justice ordinaire.

2. Les fontanges étaient des nœuds de rubans qu'aux XVIIe et XVIIIe siècles les femmes portaient sur le devant de leur coiffure et un peu au-dessus du front. On rapporte que Mlle de Fontanges s'apercevant à la promenade que sa coiffure manquait de solidité, prit une de ses jarretières et la noua autour de sa tête. On trouva ce nœud charmant, et ce que le hasard avait produit, devint sur-le-champ une mode qui a duré jusqu'à la seconde moitié du XVIIIe siècle.

ment dans cet accoutrement, mais toujours en cornettes de femme plus ou moins ajustées. Il y auroit tant d'autres contes à faire de lui qu'on ne finiroit pas. Avec cela beaucoup de fonds d'esprit et de conversation, beaucoup de lecture et de mémoire, du savoir même, de l'élégance naturelle et de la pureté de langage; fort sobre, excepté de fruit et d'eau.

Dans le temps dont il s'agit, il passoit sa vie chez Mme la princesse de Conti, chez Beringhen, premier écuyer, et dans plusieurs maisons considérables qui lui étoient restées. On sut, sans que rien eût pu en faire douter, qu'il avoit été faire la cène un dimanche au prêche chez l'ambassadeur de Hollande; il s'en vanta même, et dit qu'il avoit eu enfin le bonheur de faire la cène avec ses frères. On en fut d'autant plus surpris qu'il étoit de race catholique, et qu'aucune religion n'avoit jusqu'alors paru l'occuper ni le retenir. L'éclat de cette folie, et le bruit qu'en fit le clergé, ne permit pas à M. le duc d'Orléans de se contenter d'en rire comme il eût bien voulu. Il donna donc ordre, au bout de trois ou quatre jours, de l'arrêter et de le mener à la Bastille; mais dans l'intervalle, il avoit pris le large et gagné Anchin pour sortir du royaume; de là à Tournay, rien de plus court ni de plus aisé. La fantaisie le prit d'aller à Lille et de se nommer chez le commandant. On avoit averti aux frontières, et celle-là, comme la plus proche, l'étoit déjà. Le commandant s'assura de lui et en rendit compte à M. le duc d'Orléans, qui le fit mettre dans la citadelle. L'abbé d'Entragues s'en lassa, et fit là son abjuration, après laquelle il revint enfin à Paris sans qu'il en fût autre chose, ni à son égard, ni à celui de ses bénéfices. Comme on ne pouvoit rien imaginer de sérieux d'un homme si frivole, il fut reçu chez Mme la Duchesse, chez Mme la princesse de Conti, chez Mme du Maine, et dans toutes les maisons qu'il avoit accoutumé de fréquenter, et où il étoit très-familier, et reçu comme s'il ne lui étoit rien arrivé. Il affecta quelque temps de se montrer à la messe avec un grand bréviaire, puis revint peu à peu à sa vie et à sa conduite ordinaire. Il ne laissoit pas, avec toute la dépravation de ses mœurs et un jeu qui l'avoit souvent dérangé, de donner toute sa vie considérablement aux pauvres, et avec tous les fruits et la glace qu'il avaloit de passer quatre-vingts ans sans infirmité. Il soutint avec beaucoup de courage et de piété la longue maladie dont il mourut, et il finit fort chrétiennement une vie fort peu chrétienne.

Le désordre des finances augmentoit chaque jour, ainsi que les démêlés d'Argenson et de Law, qui s'en prenoient l'un à l'autre. Celui-ci avoit l'abord gracieux ; il tenoit par son papier un robinet de finance qu'il laissoit couler à propos sur qui le pouvoit soutenir. M. le Duc, Mme la Duchesse, Lassai, Mme de Verue y avoient puisé force millions et en tiroient encore. L'abbé Dubois y en prenoit à discrétion. C'étoient de grands appuis, outre le goût de M. le duc d'Orléans qui ne s'en pouvoit déprendre. Les audiences du garde des sceaux, plus de nuit que de jour, désespéroient ceux qui travailloient sous lui et ceux qui y avoient affaire. La difficulté des finances et ses luttes contre Law lui avoient donné de l'humeur qui se répandoit dans ses refus. Les choses en étoient venues au point qu'il falloit que l'un des deux cédât à l'autre une administration où leur concurrence achevoit de mettre la confusion. Quelque liaison, même intime, qui subsistât entre lui et l'abbé Dubois qui avoit échoué à les faire compatir ensemble, la vue du cardinalat et la nécessité de beaucoup d'argent à y répandre ne permit pas à Dubois de balancer dans cette extrémité qui ne pouvoit plus se soutenir. La conversion de Law avoit un but auquel il étoit temps qu'il arrivât. Il étoit pénétré de la bonté de son système, et il s'en promettoit des merveilles de la meilleure foi du monde, sitôt qu'il ne seroit plus traversé.

Argenson voyoit l'orage s'approcher ; il se sentoit dans une place non moins fragile que relevée ; il vouloit la sauver. Il avoit trop d'esprit et trop de connoissance du monde, et de ceux à qui il avoit affaire, pour ne pas sentir que, s'opiniâtrant aux finances, elles entraîneroient les sceaux. Il céda donc à Law, qui fut enfin déclaré contrôleur général des finances, et qui, dans cette élévation si singulière pour lui, continua à venir chez moi tous les mardis matin, me voulant toujours persuader ses miracles passés et ceux qu'il alloit faire. Argenson demeura garde des sceaux, et se servit habilement du sacrifice des finances pour faire passer sur la tête de son fils aîné sa charge de chancelier de l'ordre de Saint-Louis, et le titre effectif sur son cadet. Sa place de conseiller d'État qu'il avoit conservée, il la fit donner à son aîné avec l'intendance de Maubeuge, et fit son cadet lieutenant de police. Le murmure fut grand de voir un étranger contrôleur général, et tout livré en France à un système dont on commençoit beaucoup à se défier. Mais les François s'accoutument à tout et la plupart se consolèrent de n'avoir plus affaire aux heures bizarres et à l'humeur aigre d'Argenson. M. le duc d'Orléans me dit bien d'avance ce qu'il alloit faire, mais sans consultation. L'abbé Dubois avoit tout envahi, et j'évitois au lieu de m'avancer à rien. On verra bientôt quel fut le succès de ce choix. Les enfants d'Argenson furent les seuls qui en profitèrent. On n'avoit jamais ouï parler d'un conseiller d'État et intendant de Hainaut de vingt-quatre ans, ni d'un lieutenant de police encore plus jeune. On changea en même temps la face et les départements du conseil des finances, dont le duc de La Force déjà entré dans celui de régence, ne fut plus. On donna une expectative de conseiller d'État à Machaut, qui quitta volontiers la place de lieutenant de police pour celle-ci, et pour les cinquante mille écus qu'il avoit donnés au garde des sceaux, qu'il lui rendit. Angervilliers, intendant d'Alsace, puis de Paris, eut en même temps une pareille expectative. On en fait ici mention à cause qu'on le vit depuis ministre et secrétaire d'État ayant le département de la guerre, et que sa capacité le distingua extrêmement dens tous ses emplois ainsi que sa probité.

La place de contrôleur général que Law occupoit si nouvellement ne le mit pas à l'abri du pistolet sur la gorge, pour ainsi dire, de M. le prince de Conti. Plus avide que pas un des siens, et que n'est-ce point dire? il avoit tiré des monts d'or de la facilité de M. le duc d'Orléans, et d'autres encore de Law en particulier. Non content encore, il voulut continuer. M. le duc d'Orléans s'en lassa, il n'étoit pas content de lui. Le parlement recommençoit sourdement ses menées : elles commençoient même à se montrer, et le prince de Conti s'intriguoit à tâcher d'y faire un personnage indécent à sa naissance, peu convenable à son âge, honteux après les monstrueuses grâces dont il étoit sans cesse comblé. Rebuté par le régent, il espéra mieux de Law ; il fut trompé en son attente ; les prières, les souplesses, les bassesses, car rien ne lui coûtoit pour de l'argent, n'ayant rien opéré, il essaya la vive force, et n'épargna à Law ni les injures ni les menaces. En effet, il lui fit une telle peur : le prince de Conti, ne pouvant lui pis faire pour renverser sa banque, y fut avec trois fourgons qu'il ramena pleins d'argent pour le papier qu'il avoit, que Law n'osa refuser à ses emportements, et manifester par ce refus la sécheresse de ses fonds effectifs. Mais craignant d'accoutumer à ces hauteurs et à cette tyrannie un prince aussi insatiable, il ne le vit pas plutôt parti avec son convoi, qu'il en fut porter ses plaintes à M. le duc d'Orléans. Le régent en fut piqué ; il sentit les dangereuses suites et le pernicieux exemple d'un procédé si violent à l'égard d'un étranger sans appui qu'il venoit de faire contrôleur général bien légèrement. Il se mit en colère, envoya chercher le prince de Conti, et contre son naturel lui lava si bien la tête qu'il n'osa branler, et eut recours aux pardons ; mais outré d'avoir échoué, peut-être plus encore que de la plus que très-verte réprimande, il eut recours au soulagement des femmes. Il se répandit en propos contre Law, qui ne lui firent plus de peur et moins de mal encore, mais qui firent peu d'honneur à M. le prince de Conti, parce que la cause en étoit connue, et qu'on n'ignoroit pas en gros tout ce qu'il avoit tiré de Law ; le blâme fut général et d'autant plus pesant que Law étoit fort déchu de la faveur et de l'éblouissement public qu'une bagatelle tourna en dépit et en indignation.

Le maréchal de Villeroy, incapable d'inspirer rien au roi de solide, adorateur du feu roi jusqu'au culte, plein de vent et de frivole, et de la douceur du souvenir de ses jeunes années, de ses grâces aux fêtes et aux ballets, de ses belles galanteries, voulut qu'à l'imitation du feu roi, le roi dansât un ballet. C'étoit s'en aviser trop tôt. Ce plaisir étoit trop pénible pour l'âge du roi, et il falloit vaincre sa timidité peu à peu et l'accoutumer au monde qu'il craignoit, avant de l'engager à représenter en public, et à danser des entrées sur un théâtre. Le feu roi élevé dans une cour brillante où la règle et la grandeur se voyoient avec distinction, et où le commerce continuel des dames de la reine mère et des autres de la cour l'avoit enhardi et façonné de bonne heure, avoit primé et goûté ces sortes de fêtes et d'amusements parmi une troupe de jeunes gens des deux sexes, qui tous portoient avec droit le nom de seigneurs et de dames, et où il ne se trouvoit que bien peu ou même point de mélange, parce qu'on ne peut appeler ainsi trois ou quatre peut-être de médiocre étoffe, qui n'y étoient admis visiblement, que pour être la force et la parure du ballet, par la grâce de leur figure et l'excellence de leur danse, avec quelques maîtres à danser, pour y donner la règle et le ton. De ce temps-là à celui d'alors, il y avoit bien loin. L'éducation de ce temps passé formoit chacun à la grâce, à l'adresse, à tous les exercices, au respect, à la politesse proportionnée et délicate, à la fine et honnête galanterie. On voit d'un coup d'œil toutes les étranges différences sans s'arrêter ici à les marquer. La réflexion n'étoit pas la vertu principale du maréchal de Villeroy. Il ne pensa à aucun des obstacles, soit du côté du roi, soit du côté de la chose, et déclara que le roi danseroit un ballet.

Tout fut bientôt prêt pour l'exécution. Il n'en fut pas de même pour l'action. Il fallut chercher des jeunes gens qui dansassent, bientôt se contenter qu'ils dansassent bien ou mal; enfin prendre qui on put, par conséquent marchandise fort mêlée; plusieurs qui n'étoient pas pour y être admis le furent si facilement que de l'un à l'autre Law, au point où il étoit parvenu, se hasarda de demander à M. le duc d'Orléans que son fils en pût être, qui dansoit bien, et qui étoit d'âge à y pouvoir entrer. M. le duc d'Orléans, toujours facile, toujours entêté de Law, et, pour en dire la vérité, contribuant de dessein à toute confusion autant qu'il lui étoit possible, l'accorda tout de plain-pied, et se chargea de le dire au maréchal de Villeroy. Le maréchal, qui haïssoit et traversoit Law de toutes ses forces, rougit de colère, et représenta au régent ce qu'il y avoit en effet à dire là-dessus; le régent lui en nomma qui, quoique d'espèce fort supérieure, n'en étoient pourtant pas à être du ballet; et quoique les réponses fussent aisées à l'égard de l'exclusion du petit Law, le maréchal n'en trouva que dans de vaines exclamations. Il ne put donc résister au régent, se trouvant sans ressources du côté de M. le Duc, surintendant de l'éducation du roi, grand protecteur de Law et des confusions, tellement que le fils de Law fut nommé pour être du ballet.

On ne peut exprimer la révolte publique que cette bagatelle excita, dont chacun se tint offensé. On ne parla d'autre chose pendant quelques jours, et sans ménagement, non sans quelques éclaboussures sur quelques autres du ballet. Enfin le public fut content, la petite vérole prit au fils de Law, et, à cause du ballet dont il ne pouvoit plus être, ce fut une joie publique. Ce ballet fut dansé plusieurs fois, et le succès ne répondit en rien aux désirs du maréchal de Villeroy. Le roi fut si ennuyé et si fatigué d'apprendre, de répéter et de danser ce ballet, qu'il en prit une aversion pour ces fêtes et pour tout ce qui est spectacle, qui lui a toujours duré depuis, ce qui ne laisse pas de faire un vide dans une cour, en sorte qu'il cessa plus tôt qu'on ne l'avoit résolu, et que le maréchal de Villeroy n'en osa plus proposer depuis.

M. le duc d'Orléans, par sa facilité ordinaire ou pour adoucir au monde la nouvelle élévation de Law à la place de contrôleur général, fit quantité de grâces pécuniaires; il donna six cent mille livres à La Fare, capitaine de ses gardes; cent mille livres à Castries, chevalier d'honneur de Mme la duchesse d'Orléans; deux cent mille livres au vieux prince de Courtenay, qui en avoit grand besoin; vingt mille livres de pension au prince de Talmont; six mille livres à la marquise de Bellefonds, qui en avoit déjà une pareille, et à force de cris de M. le prince de Conti une de soixante mille livres au comte de La Marche son fils, âgé à peine de trois ans; il en donna encore de petites à différentes personnes. Voyant tant de déprédation et nulle vacance à espérer, je demandai à M. le duc d'Orléans d'attacher douze mille livres en augmentation d'appointements à mon gouvernement de Senlis, qui ne valoit que mille écus, et dont mon second fils avoit la survivance, et je l'obtins sur-le-champ.

Tout ce que je voyois de jour en jour du gouvernement et des embarquements de M. le duc d'Orléans, au dedans et au dehors, m'affligeoit de plus en plus et me convainquoit de plus qu'il n'y avoit de remède que par le conseil étroit que je lui avois proposé, tel qu'on l'a vu plus haut. Plus j'en sentois la difficulté par la légèreté de M. le duc d'Orléans et par l'intérêt capital de l'abbé Dubois si fort devenu son maître, plus j'y insistois souvent, quoique je me retirasse de tout le plus qu'il m'étoit possible, et que M. le duc d'Orléans m'y donnât beau jeu pour complaire à la jalousie de Dubois, qui craignoit tout, et moi sur tous autres. J'allai même jusqu'à presser M. le duc d'Orléans de mettre dans ce conseil étroit le duc de Noailles, Canillac, et tout ce qu'il me savoit le plus opposé, non pas que j'estimasse leur probité ni leur capacité, comme je le lui dis, mais pour lui marquer à quel point je croyois cet établissement important et pressant à faire, et que, tels que fussent ceux que je lui nommois, j'aimerois mieux les y voir et que ce conseil fût établi. L'argument étoit pressant, aussi M. le duc d'Orléans en fut-il surpris et embarrassé, parce qu'il en sentit toute la bonne foi de ma part, conséquemment toute l'énergie. Il ne se défendoit point, mais tiroit de longue. Je revenois de temps en temps à la charge.

Une des dernières fois que je le pressois le plus et qu'il ne savoit que répondre, et c'étoit encore en nous promenant tous deux dans sa petite galerie, devant son petit cabinet d'hiver, il se tourna tout d'un coup à moi et me dit avec quelque vivacité : « Mais vous me pressez toujours là-dessus; vous voulez ce conseil à tel point que vous consentez que j'y mette qui je voudrai, jusqu'à ceux que vous haïssez le plus, et vous, vous n'en voulez pas être; franchement, n'est-ce point que vous sentez qu'il sera pour le moins aussi bon et plus sûr de n'en avoir point été, quand le roi sera devenu grand? » A l'instant je lui saisis le bras, et d'un ton bien ferme, en le regardant entre les deux yeux, je lui répondis : « Oh! monsieur, puisque cette idée vous entre dans la tête, je vous demande d'être de ce conseil, et je vous déclare que j'en veux être. Je vous ai toujours dit que je n'y voulois point entrer, parce que je vous connois, que vous auriez cru que je ne vous proposois et pressois d'établir ce conseil étroit, que parce que, tout devant y passer, je voulois augmenter par là mon autorité, mon crédit et me mêler avec poids de toutes les affaires à mon sens et à mon gré, et que cette opinion vous auroit éloigné d'un établissement si nécessaire, dans votre idée que je ne vous le proposois et vous en pressois que pour mon intérêt particulier, au lieu que, n'en voulant pas être, je vous ôtois toute défiance d'intérêt particulier, que par cela même je donnois plus de poids à ma proposition, et qu'elle devoit vous sembler d'autant plus pure, que ni vous ni moi ne pouvions pas nous dissimuler que faisant ce conseil et ne m'en mettant pas, c'étoit pour moi un dégoût public, une diminution très-grande, très-marquée, très-publique de ma situation auprès de vous, parce que peu de gens sauroient que je n'en avois pas voulu être; et qu'entre ce peu-là, la plupart seroient persuadés que c'étoit un discours, et qu'en effet je n'avois pu y entrer. Mais, puisque votre défiance se tourne du côté que vous me la montrez, je vous répète que je veux être de ce conseil, que je vous le demande, et que, dès que je fais tant que d'insister auprès de vous pour y entrer, vous ne pouvez me le refuser. Reste donc à nommer les trois autres; il y a longtemps que je vous presse de le composer, toutes vos réflexions sur le choix doivent être faites, nommez-les donc, et, au nom de Dieu, finissons ce qui devroit être fini et établi huit jours après que je vous en ai parlé la première fois. » Il demeura atterré et immobile, honteux je crois de m'avoir montré une défiance si injuste, pour ne dire pis, et si nettement repoussée; plus embarrassé encore entre la salubrité de ce dont je le pressois, contre laquelle il sentoit qu'il n'avoit aucune sorte de raison à opposer, et l'intérêt radicalement contraire de l'abbé Dubois qui n'oublioit rien pour l'en empêcher, et qui le tenoit très et trop réellement dans ses fers. J'insistai encore d'autres fois pour cet établissement, et toujours depuis cette conversation pour en être, et toujours inutilement. A la fin je m'en lassai et abandonnai la barque aux courants. J'ai rapporté de suite ce qui se passa là-dessus à diverses reprises pour n'avoir point à revenir inutilement sur une chose qui n'a point eu d'exécution.

Mme la princesse de Conti fit le mariage de la fille unique de Mme de Feuquières, sa dame d'honneur, avec Boisfranc, du nom de son père, frère de la défunte femme du duc de Tresmes, qui se faisoit appeler Soyecourt, dont étoit sa mère, qui, mariée pour rien à ce vilain, hérita, comme on l'a vu ici en son temps, de tous les biens de sa maison par la mort de ses deux frères sans alliance, tués tous deux à la bataille de Fleurus. A ces grands biens, il en venoit d'ajouter de plus considérables depuis peu d'années par l'héritage entier de tous ceux du président de Maisons. Ce Soyecourt en masque et vilain en effet, étoit donc extraordinairement riche et avoit de très-belles terres. Mme de Feuquières, veuve de celui qui a laissé de si bons Mémoires de guerre, avoit des affaires si délabrées qu'elle avoit été réduite à se mettre ainsi en condition pour vivre, et pour une protection qui lui aidât à débrouiller les biens de la maison d'Hocquincourt, dont elle étoit aussi la dernière et l'héritière, et ceux de la maison de Pas, dont sa fille étoit aussi la dernière et l'héritière, le frère de son père étant cadet, qui avoit épousé la fille de Mignard, peintre célèbre, pour sa beauté, qui avoit plus de quatre-vingts ans, et qui n'avoit point eu d'enfants. Il y avoit de grands restes et bons dans ces deux successions, mais il falloit du temps, de la peine, du crédit, de l'argent pour les liquider et en jouir ; et c'est ce qui faisoit, en attendant, mourir de faim Mme et Mlle de Feuquières et la marier comme elle le fut. Ainsi ce Seiglière, car c'étoit le nom de la famille de ce faux Soyecourt, joignit encore les biens de ces deux maisons à ceux dont il avoit déjà hérité. On le marqua encore ici à dessein de montrer de plus en plus le désastre, l'ignominie, la déprédation des mésalliances si honteuses des filles de qualité dont on croit se défaire pour leur noblesse sans leur rien donner, et dont le sort ordinaire est de porter tous les biens de leurs maisons, dont elles deviennent héritières, par une punition marquée, à la lie qu'on leur a fait épouser, en victimes de la conservation de tous ces biens à leurs frères qui meurent sans postérité. Pour rendre complet le malheur de ce mariage, Soyecourt avec de l'esprit, de la figure, de l'emploi à la guerre, se perdit de débauches, de jeu, de toutes sortes d'infamies, tellement que, de juste frayeur des arrêts qui le pouvoient conduire au gibet, il sortit de France peu d'années après, se cacha longtemps dans les pays étrangers, et mourut enfin en Italie au grand soulagement de sa femme, de ses enfants et de MM. de Gesvres.

Le comte de Vienne mourut assez subitement dans un âge peu avancé. C'étoit un fort honnête homme, qui avoit de l'esprit et de la grâce, qui étoit fort du monde, au contraire de son frère aîné, le marquis de La Vieuville, dont la femme étoit dame d'atours de Mme la duchesse de Berry. Leur nom est Cokseart[1] ; ils sont Bretons, et rien moins que des La Vieuville de Flandre, dont ils ont pris le nom et les armes qu'ils ont avec raison trouvés meilleurs que les leurs. On en a parlé ailleurs. Le comte de Vienne n'eut point d'enfants de sa femme dont il portoit le nom, et qu'on [a] vu, il n'y a pas longtemps ici, qu'il avoit perdue subitement. Le prince de Murbach mourut en même temps vers Cologne ; il étoit frère de Mme de Dangeau, bien fait et de bonne compagnie ; il avoit fait plusieurs séjours à la cour, il avoit force bénéfices et étoit riche : le nom qu'il portoit étoit celui de son abbaye commendataire de Murbach[2], qui donne titre de prince de l'empire, mais qui en France n'opère aucun rang.

L'impératrice mère, veuve de l'empereur Léopold, et sœur de l'électeur palatin, etc., mourut à Vienne d'apoplexie, qui fut un deuil de six semaines pour le roi. C'étoit une princesse fort haute et fort absolue dans sa cour et dans sa famille, qui avoit eu un grand crédit sur l'esprit de l'empereur Léopold, et plus encore sur celui de l'empereur son fils, ce qui lui avoit donné et conservé une grande considération. Sa prédilection, de tout temps marquée pour ce prince son second fils, et l'humeur impétueuse de l'empereur Joseph, son fils aîné, l'avoit fort écartée sous son règne. Elle étoit haute, fière, altière, grossière, avec de l'esprit ; elle aimoit et protégea tant qu'elle put sa maison, et fut

---

1. Ce nom s'écrit ordinairement Coskaër.
2. L'abbaye de Murbach était située en Alsace ; on en voit encore aujourd'hui les ruines dans le département du Haut-Rhin.

toujours fort opposée à la France. Sans être du conseil, elle entra fort dans les affaires, excepté pendant le règne de l'empereur Joseph, et y donna un grand crédit à l'électeur palatin, même à ses autres frères.

Le cardinal de La Trémoille mourut à Rome assez méprisé et à peu près banqueroutier. Il avoit pourtant des pensions du roi, et les fortes rétributions attachées au cardinal chargé des affaires du roi, le riche archevêché de Cambrai et cinq abbayes, dont deux fort grosses, Saint-Amand et Saint-Étienne de Caen. Son ignorance, ses mœurs, l'indécence de sa vie, sa figure étrange, ses facéties déplacées, le désordre de sa conduite, ne purent être couverts par son nom, sa dignité, son emploi, la considération de sa fameuse sœur la princesse des Ursins, quoique raccommodé avec elle par sa promotion qu'elle avoit arrachée. C'étoit un homme qui ne se soucioit de rien, et qui pourtant craignoit tout, tant il étoit inconséquent, et qui, pour plaire ou de peur de déplaire, n'avoit sur rien d'opinion à lui. On a assez parlé ici de lui, en d'autres endroits, pour n'avoir rien à en dire davantage. Sa mort me fait réparer un oubli qui mérite de trouver place ici, et qui, à l'esprit près, montrera la parfaite ressemblance de l'abbé d'Auvergne au cardinal de Bouillon.

On se souviendra ici de ce qu'il y a été dit du duc de Noirmoutiers, aveugle, frère de Mme des Ursins et du cardinal de La Trémoille, de son esprit et de toute la bonne compagnie qui abonda toujours chez lui; qu'il se mêloit d'une infinité de choses et d'affaires importantes; que, quoique souvent fraîchement avec Mme des Ursins, il étoit toujours par le besoin son plus intime correspondant, et il l'étoit pareillement du cardinal de La Trémoille. Les Bouillon se piquoient fort d'être de ses amis, et le voyoient tous sur le pied d'amitié particulière de tout temps. L'abbé d'Auvergne étoit sur le même pied et tâchoit même d'en tirer avantage dans le monde. Un an à peu près après que Cambrai eut été donné au cardinal de La Trémoille, M. de Noirmoutiers, dont la maison joignoit la mienne, qui, comme moi, avoit une porte dans le jardin des Jacobins de la rue Saint-Dominique, m'envoya prier de vouloir bien lui donner un moment chez moi, et, par l'état où il étoit, de lui marquer un temps où, s'il se pouvoit, il n'y auroit personne. Quoiqu'il vît beaucoup de monde chez lui, mais choisi, il n'aimoit pas à sortir, ni à se montrer à personne. C'étoit presque au sortir de dîner ; je demandai à son valet de chambre s'il avoit du monde chez lui et ce qu'il faisoit. Il me dit qu'il étoit seul avec la duchesse de Noirmoutiers. C'étoit une femme d'esprit, de sens et de mérite, en qui il avoit toute confiance, et qui suppléoit en tout à son aveuglement. Je dis au valet de chambre que je ne voulois pas donner la peine à M. de Noirmoutiers de venir chez moi, qu'il me fît ouvrir sa porte sur le jardin des Jacobins, et je m'y en allois par la mienne.

M. de Noirmoutiers fut d'autant plus sensible à cette honnêteté que je ne le connoissois en façon du monde, et ne lui avois jamais parlé ni été chez lui. Après les premiers compliments il m'en fit un sur la confiance que lui donnoit ma réputation, sans me connoître, de s'ouvrir à moi de la chose du monde qui le peinoit et l'embarrassoit le plus, lui et le cardinal de La Trémoille, et qu'après avoir bien pensé, cherché et réfléchi, il n'avoit trouvé que moi à qui il pût avoir recours. Si ce début me surprit, la suite m'étonna bien davantage. Il commença par me prier de lui parler sans déguisement, et de ne rien donner à la politesse et aux mesures dans ma réponse à la question qu'il m'alloit faire, et tout de suite me pria de lui dire sans détour comment son frère étoit dans l'esprit de M. le duc d'Orléans, et s'il étoit ou n'étoit pas content de lui. Je lui répondis que, pour le faire aussi correctement qu'il le désiroit, il y avoit du temps que rien ne s'étoit présenté entre M. le duc d'Orléans et moi, où il fût question de lui, mais qu'il m'en avoit toujours paru content. Il insista et me conjura de lui dire si le cardinal n'avoit point eu le malheur de lui déplaire. Sur ce que je le rassurai fort là-dessus, il me dit que cela augmentoit sa surprise; alors il me dit que l'abbé d'Auvergne, qu'il voyoit très-souvent, parce qu'il étoit ami particulier de tout temps de toute sa famille, et qui se donnoit pour être fort le sien et celui du cardinal de La Trémoille, avoit fait proposer à ce cardinal de lui donner la démission de l'archevêché de Cambrai, et fait entendre que M. le duc d'Orléans le vouloit ainsi; mais qu'il aimoit mieux n'y pas paroître; que le cardinal, à qui cela avoit semblé extraordinaire, n'y avoit pas ajouté grande foi, mais que les instances s'étant redoublées avec des avertissements qui dénonçoient la menace, il n'avoit pu croire que l'abbé d'Auvergne allât jusque-là de soi-même; que, dans cette inquiétude, il lui en avoit écrit, à lui duc, pour savoir ce qu'il plaisoit au régent, à qui il donneroit sa démission pure et simple toutes les fois qu'il le désireroit, puisqu'il tenoit la place du roi, et que c'étoit de sa grâce qu'il avoit reçu cet archevêché; que cette affaire les affligeoit fort l'un et l'autre; qu'il avoit cherché les moyens d'être éclairci des volontés du régent sans avoir pu trouver de voie sûre; que, tandis qu'il les cherchoit, les instances s'étoient redoublées avec un équivalent de menaces des conseils de céder, de s'en faire un mérite, et des protestations de la peine et de la douleur où cette volonté déterminée du régent le jetoit lui-même abbé d'Auvergne, son ami, son parent, son serviteur de lui et de son frère, de tous les temps ainsi que de toute sa famille, etc. Que dans cette crise, ne sachant au monde à qui s'adresser, il avoit imaginé la voie qu'il prenoit avec confiance, et le compliment au bout.

Ma surprise fut telle que je me fis répéter la chose deux autres fois, sur quoi la duchesse de Noirmoutiers alla chercher les lettres du cardinal, et m'en lut les articles qui regardoient et qui énonçoient ces faits, et la perplexité où ils le mettoient. Je leur dis que je leur rendrois confiance pour confiance dès cette première fois, mais sous le même secret qu'ils m'avoient demandé; qu'à la mort de l'abbé d'Estrées, nommé à Cambrai, M. le duc d'Orléans s'étoit hâté de donner cet archevêché au cardinal de La Trémoille pour le bien donner par la dignité, la naissance et l'actuel service à Rome; mais en même temps pour se délivrer de la demande que la maison de Lorraine auroit pu lui en faire pour l'abbé de Lorraine, à qui il ne vouloit pas donner ce grand poste si frontière, et de celle aussi des Bouillon pour l'abbé d'Auvergne, à qui il l'auroit moins donné qu'à qui ce fût, à cause de sa mère, de sa belle-mère, de sa belle-sœur, de sa nièce toutes des Pays-Bas et de leurs biens et alliances; que j'étois parfaitement sûr de cette disposition de M. le duc d'Orléans, qui me l'avoit dite dans le temps même, et que je n'avois rien aperçu depuis qui l'eût pu faire changer de sentiment; que de plus c'étoit un prince si éloigné de toute violence qu'il seroit fort difficile d'imaginer qu'il songeât à en faire une de telle nature et à un homme de l'état et de la naissance du cardinal de La Trémoille, et dont je ne l'avois point vu mécontent. M. de Noirmoutiers se sentit fort soulagé de cette opinion d'un homme aussi avant que je l'étois dans la confiance de M. le duc d'Orléans; mais il désira davantage, et me demanda si ce ne seroit point abuser de moi dès la première fois, que de me prier d'en parler franchement au régent. J'y consentis, mais en avertissant Noirmoutiers que je ne le pouvois qu'en faisant à M. le duc d'Orléans la confidence entière, à quoi il me répondit qu'il l'entendoit bien ainsi, en le suppliant du secret, et lui offrant la démission du cardinal, dont il avoit pouvoir, si elle lui étoit agréable. Je lui dis que j'étois fâché de n'avoir pas été averti deux heures plus tôt, parce que je sortois d'avec M. le duc d'Orléans, qui en effet m'avoit envoyé chercher tout à la fin de la matinée, auquel j'en aurois parlé. Là-dessus M. de Noirmoutiers se mit aux regrets à cause de l'ordinaire de Rome [1]. Je voulus lui faire le plaisir entier et retournai sur-le-champ au Palais-Royal.

Le régent, surpris d'un retour si prompt et si peu accoutumé, m'en demanda la cause; je la lui dis, et le voilà à rire aux éclats, et à se récrier sur l'insigne friponnerie et l'impudence sans pareille. Il me chargea de dire de sa part au duc de Noirmoutiers que jamais il n'avoit ouï parler de rien d'approchant ni n'en avoit eu la moindre pensée; qu'il étoit très-content du cardinal de La Trémoille, et très-éloigné de se repentir de lui avoir donné Cambrai; qu'il le prioit donc de le garder sans aucune inquiétude; mais qu'il les prioit aussi l'un et l'autre d'être de plus bien persuadés que, quand bien même il seroit possible que la volonté de s'en démettre vînt au cardinal, et qu'on ne pût l'en empêcher, il n'y avoit en France évêque ni abbé à qui il ne donnât Cambrai plutôt qu'à l'abbé d'Auvergne. Comme l'heure des plaisirs du soir approchoit, je ne fis pas durer la conversation, et je me hâtai d'aller délivrer M. et Mme de Noirmoutiers, qui se dilatèrent merveilleusement à mon récit. On peut juger ce qu'il fut dit entre nous trois de leur bon parent et ami l'abbé d'Auvergne, auquel toutefois ils résolurent de n'en pas faire semblant, mais de lui faire écrire par le cardinal de La Trémoille une négative si nette et si sèche, qu'il n'osât plus retourner à la charge, et qui lui fît sentir qu'il étoit découvert. Il le sentit en effet si bien qu'il demeura tout court, mais sans cesser de voir M. de Noirmoutiers, comme si jamais il n'eût été question de cette affaire, avec une effronterie en vérité incroyable.

Quelque hardies, quelque peu imaginables, quelque finement ourdies que fussent les friponneries de ce bon ecclésiastique et de son oncle, elles ne furent pas heureuses. On a vu ici (t. II, p. 110) la double friponnerie par laquelle

---

1. *L'ordinaire de Rome* était le courrier qui partait à époques fixes, chargé des dépêches de la France pour Rome.

le cardinal de Bouillon, chargé lors des affaires du roi à Rome, et surtout de s'opposer en son nom à la promotion du duc de Saxe-Zeits, évêque de Javarin, que l'empereur vouloit absolument porter à la pourpre, la double friponnerie, dis-je, par laquelle il pensa tromper le pape et le roi, en faisant passer l'évêque et l'abbé d'Auvergne avec lui, disant au pape que le roi ne consentiroit à l'évêque qu'à cette seule condition en faveur de son neveu par amitié pour lui, et mandant au roi que, ne pouvant plus empêcher la promotion de l'évêque, il avoit au moins obtenu qu'un François fût promu avec l'impérial, à quoi le pape n'avoit jamais voulu consentir que pour l'abbé d'Auvergne, par amitié pour lui, cardinal de Bouillon. Le pape, depuis si longtemps arrêté sur la promotion de l'évêque de Javarin par les plus fortes protestations du roi, qui n'avoit jamais voulu écouter nulle condition là-dessus, fut si étonné de la proposition du cardinal de Bouillon, dont l'ambition étoit connue et la probité fort démasquée, que Sa Sainteté prit le parti de mander le fait au roi par un billet de sa main, pour être éclairci par sa réponse, et de faire passer ce billet droit à Torcy pour le remettre au roi sans aucune participation de son nonce ni de ses principaux ministres à Rome. Le roi lui répondit de sa main par la même voie, le remercia, lui témoigna toute son indignation, et, insistant également contre la promotion de l'évêque de Javarin, lui déclara qu'il aimeroit mieux qu'il le fît cardinal seul que de faire avec lui l'abbé d'Auvergne; qu'il ne souffriroit pas qu'il le fût. Ce mot n'est que pour en rappeler ici la mémoire; l'histoire entière se trouve mieux au temps où elle arriva et où elle a été ici rapportée.

Mais à propos des raisons d'exclusion de l'abbé d'Auvergne sur Cambrai par rapport à sa famille, je ne puis m'empêcher de remarquer ici, puisque cela s'y présente naturellement, l'esprit suivi des Bouillon depuis que Henri IV eut fait la fortune du vicomte de Turenne en lui faisant épouser l'héritière de Sedan, le fit maréchal de France pour y atteindre, et le soutint pour en conserver les biens contre l'oncle paternel et ses enfants, quoique le maréchal n'eût point eu d'enfants de leur nièce et cousine. Je ne parle point de tout ce qu'il fit contre Henri IV et contre Louis XIII depuis qu'il se figura être prince, ni de ce que firent ses enfants. Je me borne ici à dire un mot de leurs mariages, pour se fortifier au dehors pour leurs félonies dont la vie de ce maréchal, depuis cette époque, et celle de ses fils n'a été qu'un tissu, et les mariages de leur postérité, quoique leur foiblesse et la puissance de Louis XIV depuis la paix des Pyrénées ne leur ait laissé que la volonté d'imiter leurs pères sans leur en laisser les moyens. Ce n'est pas leur rien prêter : on le prouve par la désertion du prince d'Auvergne en pleine guerre, en plein camp, sans mécontentement aucun, et par la seule et folle espérance de devenir stathouder de Hollande en se signalant comme il fit contre le roi en propos et en service. On le prouve par la félonie du cardinal de Bouillon. On le prouve par le refus de se reconnoître sujets du roi, comme le cardinal eut le front de le lui écrire, et comme son frère aîné aima mieux risquer tout que de s'avouer tel, comme cela est expliqué ici (t. VI, p. 395) et l'adresse fort étrange par laquelle d'Aguesseau, lors procureur général, le sauva sans s'avouer sujet. Mais revenons à leurs mariages.

H. de La Tour, vicomte de Turenne, qui se fit huguenot, à quoi il gagna tant, et qui servit si bien Henri IV jusqu'à ce que ce prince lui fit épouser l'héritière de La Marck, dame de Bouillon, Sedan, etc., et qui lui fut depuis si perfide, si ingrat et si félon, lui et sa postérité [à Henri IV] et à celle de ce monarque qui l'avoit fait maréchal de France pour ce mariage, si connu auparavant sous le nom de vicomte de Turenne, et depuis sous celui de maréchal de Bouillon, n'avoit point eu de mères que de la noblesse françoise. Veuf sans enfants de cette héritière qui avoit un frère de son père et des cousins germains, il conserva par force et par la protection de Henri IV qui s'en repentit bien depuis, comme on le voit par les Mémoires de Sully, et par tous ceux et les histoires de ce temps-là; il conserva, dis-je, toute la succession de l'héritière qui lui servit à figurer contre son roi et son bienfaiteur au dedans et au dehors du royaume, en s'appuyant des huguenots françois et étrangers, et par des mariages étrangers qu'ils lui facilitèrent. Ainsi il se remaria à la fille puînée du célèbre Guillaume de Nassau, prince d'Orange, fondateur de la république des Provinces-Unies, qui, cherchant de son côté à s'assurer des huguenots de France, pour se faciliter et se continuer l'appui si nécessaire de cette couronne à sa république naissante et à la continuité de la grandeur et de la puissance qu'il y avoit acquises et la transmettre aux siens, fit volontiers ce mariage de sa fille et d'une autre encore fort peu après, avec Charles de La Trémoille, second duc de Thouars, pair de France, qui étoient les deux plus grands seigneurs huguenots de France. Mais, pour montrer quelles alliances celle-là leur donna au dehors, il faut voir ici les enfants que ce célèbre prince d'Orange eut de quatre femmes qu'il épousa successivement : d'Anne d'Egmont, fille du comte de Buren, il laissa Philippe-Guillaume, qui à sa mort en 1582, par un assassin, à cinquante-un ans étoit entre les mains des Espagnols, fut catholique et attaché à eux toute sa vie, et n'eut point d'enfants d'une fille du prince de Condé, mort à Saint-Jean d'Angély, et de Charlotte de La Trémoille. Il étoit mort particulier en 1618, un an avant son épouse. Sa sœur unique de même lit fut la comtesse d'Hohenlohe. D'Anne, fille de Maurice, électeur de Saxe, il eut Maurice, prince d'Orange, qui succéda à ses charges et à sa puissance, dans la république des Provinces-Unies, et ne s'y rendit pas moins célèbre, mais il ne se maria point, et mourut en 1625, à cinquante-huit ans; Louis, comte de Nassau, mort sans alliance aux guerres des Pays-Bas; et une fille mariée à un bâtard du bâtard don Antoine, prieur de Crato, qui se prétendit roi de Portugal, après la mort du cardinal-roi, lorsque Philippe II envahit cette couronne sur la branche de Bragance, qui y fut depuis rétablie. Ce gendre du prince d'Orange courut les mers en qualité de vice-roi des Indes, et n'eut point de postérité. De Charlotte de Bourbon, professe et abbesse de Jouarre, qui en sauta les murs, se fit huguenote et se sauva chez l'électeur palatin, fille du premier duc de Montpensier, mariée en 1572, morte en 1582 de la peur qu'elle eut à Anvers du premier assassinat de son mari, manqué et blessé légèrement d'un coup de pistolet, à table auprès d'elle, il eut Louise-Julienne, épouse de Frédéric IV, électeur palatin, qui de luthérien se fit calviniste, et qui mourut en 1610. Il eut d'elle quantité d'enfants, entre autres Frédéric V, électeur palatin, qui se perdit en usurpant la couronne de Bohême, et fut grand-père de Mme la Princesse, etc., la duchesse des Deux-Ponts, l'électrice de Brandebourg, épouse de l'électeur J. Guillaume. De ce même lit, le prince d'Orange eut la maréchale de Bouillon, morte en 1642, la comtesse d'Hanau, la duchesse de La Trémoille, une abbesse de Sainte-Croix de Poitiers, qui se sauva de l'hérésie, et une autre fille mariée à un prince palatin de Lensberg. Enfin de Louise, fille du célèbre amiral de Coligny, veuve sans enfants du seigneur de Téligny, il laissa Henri-Frédéric, prince d'Orange, qui succéda à ses charges et à son autorité en Hollande, mort en 1647, et qui fut grand-père du fameux Guillaume, prince d'Orange, mort dernier de cette branche, sur le trône d'Angleterre, 19 mars 1702. On voit d'un coup d'œil quelles et combien d'alliances étrangères son mariage donna au maréchal de Bouillon parmi les protestants.

Ceux de ses filles et du célèbre vicomte de Turenne, son second fils, qui n'eut point d'enfants, ne lui en procurèrent pas moins en leur genre, parmi ce qu'il y eut de plus considérable parmi les protestants de France, de tous lesquels le père et les enfants surent tirer de grands et de continuels avantages au dedans et au dehors; c'est ce qui détermina le cardinal Mazarin, effrayé des dangers qu'il avoit courus et dans lesquels il avoit entraîné le royaume, à s'attacher deux hommes tels que les deux fils du maréchal de Bouillon, mort à Sedan, en mars 1623, à soixante-huit ans, et à ne rien épargner pour s'en faire un bouclier personnel, en leur donnant par le traité de l'échange de Sedan, qu'ils avoient perdu et qu'ils ne pouvoient ravoir ni le conserver après tant et de si étranges félonies, en leur donnant, dis-je, des millions, des terres qui se peuvent appeler des États, des emplois les plus importants et un rang inconnu en France, qui en souleva toute la noblesse, et qui étoit inouï, même si nouveau pour ceux de maison effectivement souveraine, composé d'usurpations, de ruses, de violences, parmi les troubles, les tourbillons et les forfaits de la Ligue.

Le duc de Bouillon, fils aîné du maréchal, épousa en 1634 une fille de Frédéric, comte de Berg, gouverneur de Frise, qui n'avoit pas moins d'esprit, de courage, d'entreprise et d'intrigues que son mari, ni moins de capacité à les ourdir et à les conduire; avec de la beauté, de la vertu, un mérite aimable et soutenu et de la grandeur d'âme; elle mourut à quarante-deux ans, en 1657, et M. de Bouillon à Pontoise, où étoit la cour, en 1652, à quarante-sept ans.

M. de Turenne son frère prit soin de ses neveux et de ses nièces. On a vu à quelle fortune il porta ses trois neveux; les deux autres furent tués en duel avant qu'il eût le temps de les agrandir. Dès cinq nièces, l'une ne daigna pas se marier, et mourut à quarante-trois ans, sans avoir trouvé parti digne d'elle; deux furent religieuses de Sainte-Marie, les deux autres mariées, l'aînée au duc d'Elbœuf, dont les deux derniers ducs d'Elbœuf; la dernière, en 1668, à Maximilien, frère de l'électeur de Bavière, père des électeurs de Cologne et de Bavière, mis au banc de l'empire pour s'être attachés à la France. Ce duc Maximilien n'en eut point d'enfants; il mourut à Turckheim, en 1605, et elle au même lieu, en 1606, à quarante-deux ans[1].

M. de Bouillon, frère du cardinal, et ses enfants : leurs mariages sont connus, au moins épousa-t-il une Italienne[2], sœur de la connétable Colonne; et un de ses fils, une Irlandoise fort intrigante.

Mais on ne peut s'empêcher d'admirer la profonde réflexion de son fils qui lui fit dénicher un parti très-singulier pour son fils, l'art et la dépense qu'il sut employer pour l'obtenir, et ce fils mort aussitôt après la consommation du mariage, tout ce qu'il mit en œuvre pour obtenir dispense de la faire épouser à son second fils. On supprime ici l'étonnement où elle fut de se trouver ici bourgeoise du quai Malaquais, comme elle l'osa dire, ayant compté d'épouser un souverain, et de tenir une cour. Aussi le mariage fut-il peu heureux, et après quelques années [elle] finit par retourner en Silésie au grand contentement de son mari et au sien, d'où elle n'est plus revenue.

Le comte d'Auvergne (on a expliqué ici, t. V, p. 313, 320 et 321, ces noms de comte et de prince d'Auvergne), frère du duc et du cardinal de Bouillon, fut marié, par M. de Turenne, son oncle, en 1662, à la fille unique de Frédéric de Hohenzollern et d'Élisabeth héritière de Berg-op-Zoom, qui lui apporta dès lors cette grande terre, et d'autres biens en mariage avec les alliances d'Allemagne et des Pays-Bas. Elle mourut à Berg-op-Zoom, où elle étoit allée faire un voyage en 1698, laissant plusieurs enfants. Il se remaria dès 1699, et toujours en Hollande, et il épousa à la Haye Élisabeth Wassenaer, qui se fit depuis catholique à Paris, et qui y mourut sans enfants peu d'années après. Le comte d'Auvergne mourut ensuite à Paris, à la fin de 1707 à

1. Le ms. porte 1605 et 1606, mais il faut lire 1705 et 1706.
2. La duchesse de Bouillon était Marie-Anne Mancini, nièce du cardinal Mazarin, et sœur de Marie Mancini, qui avait épousé don Lorenzo Colonna, connétable du royaume de Naples.

soixante-sept ans. Le seul de ses enfants, fils et filles, qui se soit marié, est le prince d'Auvergne, dont la désertion et la conduite ont été rapportées ici, (t. IV, p. 3), en leur temps. Passé sans cause que de folles espérances de sa maison, fondées sur leurs alliances en Allemagne et en Hollande, de la tête de son régiment au camp ennemi dès l'entrée de la campagne, il fut trouver d'abord sa tante en Bavière, et deux mois après se mit au service des États généraux. Ce fut lui qui, à la tête d'un gros détachement, alla recevoir le cardinal de Bouillon, dont la fuite aux ennemis étoit concertée. Il épousa, en 1707, la sœur du duc d'Arenberg, et mourut en 1710, à trente-cinq ans; c'étoit un gros garçon, fort épais de corps et d'esprit, grossier, et qui comptoit sottement devenir stathouder des Provinces-Unies. Il ne laissa point de garçons; sa fille épousa, en 1722, J. Christian, prince palatin de Sultzbach, morte à Hippolstein, en 1728, à vingt ans, laissant un fils unique, Charles-Philippe, prince de Sultzbach, par la mort de son père, en 1733, et devenu électeur palatin à la fin de 1742. C'est de ces alliances palatines dont le duc de Bouillon d'aujourd'hui cherche à s'appuyer, en se parant du nouvel ordre de l'électeur palatin.

Tels ont été l'esprit et les vues constantes de cette branche de la maison de La Tour depuis que par l'usurpation de Sedan elle a tâché sans cesse de se séparer de son être, de ne vouloir plus faire partie de la noblesse françoise, et de démentir son origine et leurs pères qui de cette origine ont tiré tout leur honneur et leur lustre, qui ont vécu parmi elle sans prétention, qui se sont toujours glorifiés d'être sujets de nos rois. Les réflexions sur tout cela se présentent en foule et bien naturellement d'elles-mêmes.

Encore un mot sur l'abbé d'Auvergne. Lorsque l'abbé de Castries, sacré archevêque de Tours, passa peu après à l'archevêché d'Albi, l'abbé d'Auvergne eut celui de Tours. L'abbé de Thesut, secrétaire des commandements de M. le duc d'Orléans, qui avoit alors la feuille[1], travaillant avec ce prince, fit un cri épouvantable quand il entendit cette nomination, dont il dit son avis par l'horreur qu'elle lui fit. Le régent convint de tout, y ajouta même le récit d'aventures de laquais fort étranges et assez nouvelles, et comme cet énorme genre de débauche n'étoit pas la sienne, il avoua à Thesut qu'il avoit eu toutes les peines du monde à faire l'abbé d'Auvergne évêque, mais qu'il en étoit depuis longtemps si persécuté par les Bouillon, qu'il falloit à la fin se rédimer de vexation. Thesut insista encore, puis écrivit la nomination sur la feuille en haussant les épaules; c'est lui-même qui me raconta ce fait deux jours après. Cela n'a pas empêché peu après la translation de l'abbé d'Auvergne, sacré archevêque de Tours à l'archevêché de Vienne, qu'il aima mieux. Tel fut le digne choix du cardinal Fleury pour la pourpre à la nomination du roi, dont le scandale fut si éclatant et si universel, que le cardinal Fleury n'en put cacher sa honte. On se contentera ici de ce mot pour achever de présenter la fortune de l'un et montrer le digne goût de l'autre, parce que cette promotion dépasse les bornes de ces Mémoires.

CHAPITRE XIX.

Comte Stanhope à Paris. — Paix d'Espagne. — Grimaldo supplée presque en tout aux fonctions de premier ministre d'Espagne, sous le titre de secrétaire des dépêches universelles. — Sa fortune; son caractère. — Digression déplacée, mais fort curieuse, sur le premier président de Mesmes. — Duchesse de Villars et dames nom-

---

1. Celui qui avait la feuille des bénéfices présentait au roi ou au régent les candidats aux bénéfices vacants.

mées pour conduire la princesse de Modène jusqu'à Antibes. — Remarques sur le cérémonial, le voyage et l'accompagnement. — Fiançailles et mariage de cette princesse. — Désordre du système et de la banque de Law se manifeste et produit des suites les plus fâcheuses et infinies. — Commencements et fortune des quatre frères Pâris. — Nouveaux prisonniers à Nantes. — Vingt-six présidents ou conseillers remboursés et supprimés, choisis dans le parlement de Bretagne.

Le comte Stanhope, ministre d'État fort accrédité du roi d'Angleterre, dont il a été fait si souvent mention dans ce qui a été rapporté ci-devant d'après Torcy sur les affaires étrangères, vint de Londres conférer avec l'abbé Dubois et M. le duc d'Orléans à l'occasion de la paix où l'Espagne ne tarda pas d'accéder dès qu'Albéroni fut chassé. Cette grande démarche fut même accompagnée d'une lettre très-amiable du roi d'Espagne au régent, en sorte que la bonne intelligence parut rétablie. La place de premier ministre d'Espagne ne fut point remplie. Albéroni en avoit dégoûté Leurs Majestés Catholiques, et leurs sujets exultèrent de n'en avoir plus; mais elle fut en quelque sorte remplacée sans titre et sans puissance personnelle par un homme qui doucement en fit toutes les fonctions d'une manière plus agréable; c'est-à-dire, qu'il fut comme le seul qui travaillât avec le roi sur toutes les matières des autres bureaux dont les secrétaires d'État lui envoyoient les affaires qui se devoient rapporter, à qui il les renvoyoit avec l'ordre du roi sur chacune. Ainsi les autres secrétaires d'État travailloient; c'étoit à eux qu'on s'adressoit pour les affaires de leur département; la direction et le détail leur en demeuroit; mais ils n'alloient au roi presque que par Grimaldo, hors des occasions fort rares, et c'étoit toujours à lui à qui il en falloit dire un mot, et tâcher de l'avoir favorable, après avoir sollicité les autres secrétaires d'État, chacun selon que l'affaire le regardoit, et qu'elle étoit envoyée à Grimaldo pour en parler au roi.

Ce Grimaldo étoit un Biscayen de la plus obscure naissance et d'une figure tout à fait ridicule et comique, surtout pour un Espagnol ; c'étoit un fort petit homme blond comme un bassin, gros et fort pansu, avec deux petites mains appliquées sur son ventre, qui, sans s'en décoller, gesticuloient toujours, avec un parler doucereux, des yeux bleus, un sourire, un vacillement de tête qui donnoient l'accompagnement du visage à son ton et à son discours, avec beaucoup d'esprit ; il l'avoit très-fin, très-adroit, très-insinuant, très-politique, bas et haut à merveilles, suivant ce qui lui convenoit et à qui il convenoit, et avoit l'art de ne s'y point méprendre. La première fois que le duc de Berwick qui me l'a conté fut en Espagne, on le lui voulut donner pour secrétaire espagnol, et il l'auroit pris s'il eût su l'espagnol, dont il ne savoit pas un mot alors, ou si Grimaldo eût entendu tant soit peu le françois. Hors d'espérance de cette condition, il en chercha une autre, et il entra commis dans les bureaux d'Orry avant qu'Orry fût devenu homme principal en Espagne. Il goûta Grimaldo par son esprit et sa douceur, plus encore parce qu'il le trouva net et infatigable au travail, fécond en ressources, et ne se rebutant jamais de rien. Ces qualités le portèrent à la tête d'un des bureaux de son maître, et ce bureau crût en commis sous lui et en affaires à mesure qu'Orry crût en autorité et en puissance. Orry le fit goûter et connoître à la princesse des Ursins, et par eux du roi et de la reine. Approché d'eux, et peu à peu admis à travailler avec eux au lieu d'Orry, quand celui-ci n'en avoit pas le temps ou ne vouloit pas le prendre. De là il parvint à être secrétaire d'État avec le département de la guerre, où il n'avoit rien à faire qu'à recevoir et à exécuter les ordres d'Orry et de Mme des Ursins, auxquels il faut dire à son honneur qu'il demeura fidèle à tous les deux après leur chute, et à leurs amis et créatures tant qu'il a vécu. Dans une telle dépendance, on peut juger qu'il fut un des premiers dont Albéroni se défit, et qu'il ne le laissa pas approcher tant qu'il fut le maître. Dans cette espèce d'exil, Grimaldo, toujours titulaire de son emploi, mais dont il n'exerçoit aucune partie, demeura retiré dans sa maison de Madrid, ayant conservé l'affection publique et beaucoup d'amis par les manières gracieuses et polies dont il avoit usé avec tout le monde, et son caractère obligeant qui le portoit à servir, toutefois presque sans aucun commerce, tant on craignoit Albéroni, et ce peu de commerce avec ses meilleurs amis ne subsistoit qu'avec de grandes mesures.

Le roi d'Espagne, malgré cet éloignement, n'avoit point changé pour lui ; il le fit même venir deux ou trois fois parler à lui la nuit et dans le plus profond secret. Don Alonzo Manriquez, de tout temps favori du roi et ami intime de Grimaldo, étoit le dépositaire de ce secret et le conducteur de Grimaldo au palais. C'est cet Alonzo, dont on aura à parler dans la suite, qui ne ploya jamais devant Albéroni, dont Albéroni ne put jamais se défaire; connu depuis sous le nom de duc del Arco, grand d'Espagne et grand écuyer, qui est l'une des trois grandes charges. Grimaldo, demeuré dans cette situation secrète auprès du roi d'Espagne, fut remis en place à l'instant de la chute d'Albéroni, et de secrétaire d'État de la guerre, dont le seul titre lui étoit demeuré, fut fait secrétaire des dépêches universelles, ce qui le fit travailler seul avec le roi à l'exclusion de tous les autres secrétaires d'État ou chefs de ce peu qui restoit de conseils, et porter sans eux leurs affaires au roi, comme il a été expliqué plus haut, ainsi que toutes les grâces, et en particulier toutes les affaires étrangères qui ne passoient que par lui et ne se traitoient qu'avec lui. Il revint le même qu'il avoit été. Le crédit et l'autorité supérieure ne le gâtèrent point, il se fit considérer, respecter et aimer de tout le monde, si on en excepte un petit nombre d'envieux, car jusqu'aux refus il les savoit assaisonner avec tant de grâce qu'on ne pouvoit lui en savoir mauvais gré. Il faut pourtant dire que dans cette élévation il ne put résister à la foiblesse de vouloir être homme de qualité. Il joua donc sur le mot, s'entêta de la proximité de nom de Grimaldo à Grimaldi ; il voulut être de cette maison, il en prit les armes pleines, et, quand avec les années il crut y avoir accoutumé le monde, il osa quoique inutilement aspirer à la grandeur. C'en est assez sur lui pour à présent. Je le trouvai en Espagne dans ce grand emploi et dans toute la faveur et la confiance du roi d'Espagne. Ce fut donc avec lui que j'eus à traiter, et j'aurai occasion d'en parler davantage lors de mon ambassade. J'ajouterai seulement ici que la reine qui avoit chassé Mme des Ursins, et Orry par conséquent, et qui avoit mis Albéroni en leur place, dont toutes les impressions en mal lui restèrent toujours, n'aima jamais Grimaldo, mais le traita comme si elle l'aimoit, parce qu'elle n'avoit pu l'ébranler auprès du roi d'Espagne, qu'il ne donnoit pas la moindre prise sur lui, qu'il n'étoit haï de personne, mais aimé et estimé de tous, et que son estime passa partout au dehors par la manière dont il se conduisit toujours et dont il mania les affaires.

Comme j'en étois à cet endroit, j'appris de M. Joly de Fleury, procureur général, une anecdote trop singulière et trop curieuse pour ne la pas mettre ici, quoique hors de place, et que j'aurois insérée si je l'avois sue peu de jours après que le duc et la duchesse du Maine furent arrêtés. Il m'apprit donc, causant ensemble de ces temps passés, que Mlle de Chausseraye, celle dont il a été parlé plus d'une fois ici, et qui toute sa vie s'est mêlée de tant de choses, que le premier président de Mesmes, inquiet au dernier point, peu après que M. et Mme du Maine furent arrêtés, la pressa de lui obtenir une audience de M. le duc d'Orléans, qui fut secrète, et qu'il n'osoit lui-même demander; elle la demanda donc, et ne put en venir à bout qu'avec peine. Au jour et heure marquée, elle se rendit au Palais-Royal, et M. le duc d'Orléans eut la complaisance de donner à son valet de chambre, qu'elle avoit amené exprès, nommé du Plessis, fort connu de lui et de tout le monde, sa clef d'une de ses portes secrètes, car il en avoit plusieurs qui, des rues qui environnent le Palais-Royal, conduisoient droit et secrètement à ses appartements. Ce du Plessis fut donc ouvrir au premier président, qui pour se mieux cacher étoit en manteau et point en robe, et l'amena à M. le duc d'Orléans qui l'attendoit seul et enfermé avec Mlle de Chausseraye. Là le premier président, qui étoit beau diseur et qui avoit fort la parole en main, fit à M. le duc d'Orléans les protestations les plus fortes de fidélité et d'attachement, à l'occasion des occurrences alors présentes, et comme l'esprit ne lui manquoit non plus que le langage, il n'oublia rien pour démêler, dans l'air froid et sérieux qu'il trouva, si M. le duc d'Orléans étoit instruit à son égard de quelque chose, sans y avoir pu réussir, tant le régent sut se contenir, se mesurer et ne lui pas laisser apercevoir la moindre chose. Il prit même plaisir à lui donner lieu de redoubler ses protestations, et à tout son bien-dire. Quand il en eut assez, il tira une lettre de sa poche, et tout à coup : « Monsieur, lui dit-il, d'un ton irrité ; tenez, lisez cela ; le connoissez-vous ? » A l'instant le premier président fondit à deux genoux, lui embrassant non pas les jambes mais les pieds, et se mit aux pardons, aux regrets, aux repentirs, et n'eut si belle peur de sa vie. M. le duc d'Orléans reprit la lettre, se dépêtra les pieds de ses bras, et sans dire un mot s'en alla dans un autre cabinet. C'étoit une lettre de sa main, par laquelle il répondoit du parlement à l'Espagne, et parloit sans ménagements et sur la chose et sur les moyens.

Éperdu et sans parole, il eut peine à se reconnoître et à se relever de ce prosternement où il étoit. Mlle de Chausseraye, guère moins éperdue, mais d'étonnement, lui reprocha la folle hardiesse de l'avoir commise à lui obtenir cette audience, lui se sentant aussi coupable ; toute sa réponse fut de la conjurer de le sauver et d'aller trouver M. le duc d'Orléans. Elle y alla, et le trouva seul dans la dernière indignation de l'audace, de l'effronterie de l'audience, de la scélératesse, de la tromperie et des protestations, avec une telle pièce écrite de la main du premier président, qu'il lui dit qu'il alloit faire arrêter. La Chausseraye qui connoissoit bien à qui elle avoit affaire, se prit à sourire : « Bon, lui dit-elle, le faire arrêter, il le mérite bien, et pis ; mais avec cette pièce en main, et l'aveu qu'il n'a pu dénier, voilà un homme qui ne peut plus qu'être à vous à vendre et à dépendre, et c'est la meilleure aventure qui vous pût arriver, parce que désormais vous en ferez tout ce qu'il vous plaira sans qu'il ose souffler, ni s'exposer à ne pas être à plaît-il maître sans réserve. » Quoique rien ne fût plus selon l'esprit et le goût de M. le duc d'Orléans qui aimoit, sur toutes autres, ces voies obliques, et dans son caractère encore d'éviter les grands engagements, tels que faire faire le procès à ce scélérat si fort du premier ordre, mais qui étoit premier président, quoique le procès ne pût être douteux, et un procès qui par ses dépositions auroit embarrassé non-seulement le duc et la duchesse du Maine, mais bien d'autres gens encore du plus haut parage, elle eut toutes les peines du monde à suspendre la résolution. Le temps duroit cependant au premier président d'une étrange sorte, qui se trouvoit entre la mort et la vie, car, pour le déshonneur et l'infamie, il y étoit accoutumé de longue main ; enfin Chausseraye le vint trouver, et après lui avoir dit ce qu'elle jugea à propos pour le rassurer assez pour lui faire retrouver les jambes, et qu'il en pût faire usage pour s'en retourner, elle alla appeler du Plessis, et le renvoya par où il étoit venu. Il fut longtemps encore dans les transes de la mort, avec la nécessité de paroître aux fonctions de sa charge et y faire bonne mine, et parmi les gens qu'il voyoit, quoiqu'avec M. le duc d'Orléans, qui avoit du temps, [il] pouvoit compter de bien sortir d'affaire[1], comme il arriva en effet.

L'abbé Dubois, à qui sûrement le régent ne cacha pas une

1. Cette phrase a été exactement reproduite d'après le manuscrit. Le sens est probablement que le premier président espérait, en gagnant du temps, se tirer d'affaire avec M. le duc d'Orléans.

chose si importante, n'avoit garde de le pousser; il vouloit être maître de l'affaire en total, par les raisons qui en ont été rapportées; et non-seulement il ne l'étoit plus en poussant le premier président, mais il ne pouvoit douter que ses dépositions apprendroient à M. le duc d'Orléans tout ce que lui Dubois lui avoit caché de toute cette conspiration pour en demeurer lui seul le maître, et c'en étoit bien plus qu'il n'en falloit pour sauver le premier président, parce que ce n'étoit pas moins que de se sauver lui-même d'une si perfide et noire infidélité. Ainsi toute pensée d'agir contre de Mesmes tomba bientôt, et la chose demeura entièrement secrète; c'est la Chausseraye elle-même qui la conta longtemps depuis au procureur général telle que je la viens d'écrire, et je l'ai écrite aussitôt qu'il me l'a eu racontée, pour l'insérer ici dans l'exactitude précise qu'il me l'a rendue bien des années après la mort de M. le duc d'Orléans, de ce coquin de Mesmes, si fort scélérat par excellence, et si prodigieusement impudent, qui mourut avant le régent comme il avoit vécu, et de la Chausseraye, qui mourut longtemps après.

Il n'est pas étrange que M. le duc d'Orléans ne m'ait jamais parlé de cette terrible aventure, tenu d'aussi court qu'il l'étoit alors par l'abbé Dubois qui le détournoit avec empire de tous ceux de sa confiance, et de moi plus que de pas un, parce que la sienne pour moi étoit plus entière, plus fondée, plus de tous les temps, surtout qu'il l'empêchât de s'ouvrir à moi sur une matière dont il s'étoit rendu seul maître, et sur laquelle ma haine pour le duc du Maine et pour le premier président, qui auroit pu augmenter ma force et ma liberté ordinaire de parler à M. le duc d'Orléans, auroit fait courir à Dubois le risque de se voir forcer la main, par conséquent celui de sa ruine, par la manifestation de tout ce qu'il avoit caché au régent, et que les dépositions du premier président et de bien d'autres nécessairement arrêtés sur les siennes, auroient mis au net et au grand jour ; mais ce qui est, on ne sait si plus inconcevable ou plus déplorable, peu de mois passèrent si bien non pas l'éponge, mais effacèrent si bien les pointes de l'impression de cette affaire dans M. le duc d'Orléans, qu'il se servit depuis du premier président, qui le trompa encore, et qu'après en avoir été servi de la sorte, et conduit par là à la nécessité de faire l'éclat d'envoyer le parlement à Pontoise, moins de quatre mois après, le premier président eut le front, et assez de mépris pour soi-même et pour le régent, pour oser lui demander de l'argent, et en quantité, en dédommagement de ce qu'il lui en avoit coûté à Pontoise à tenir table ouverte à tout le parlement, à s'y moquer de lui avec cette compagnie de la manière la plus indécente, et la moins mesurée, comme on le verra en son lieu, et que l'extrême merveille est qu'il en obtint plus de quatre cent mille francs à la vérité en cachette, mais non pas telle, que je ne l'aie su dès lors et bien d'autres gens avec moi. Voilà de ces prodiges que je comprends qu'on a bien de la peine à croire, quand on ne les a pas vus, et pour ainsi dire quand on ne les a pas touchés avec la main, et qui caractérisent le régent d'une façon bien étrange.

La duchesse de Villars fut nommée pour conduire Mlle de Valois, avec deux[1] dames de qualité qui furent Mmes de Simiane, de Goyon et de Bacqueville dont on parlera après.

Mme de Villars, qui voyoit tous les jours contester les choses les plus établies et les plus certaines, ne voulut pas s'exposer à aucune difficulté et fit décider jusqu'à ce qui n'avoit pas besoin de l'être : il le fut donc qu'elle auroit partout le même traitement que Mlle de Valois, à la main près, c'est-à-dire un fauteuil, un cadenas à table, une soucoupe, un verre couvert, les cuillers, fourchette et couteau de vermeil, les assiettes de même, le tout pareil à ceux de

---

1. Le manuscrit ne mentionne, en cet endroit, que *deux dames ;* mais plus loin on voit qu'il y en avait trois : Mmes de Simiane, de Goyon et de Bacqueville.

la princesse. Mlle de Valois en avoit, et le même genre de domestiques qu'elle pour la servir à table, et rien de tout cela pour aucune des dames de qualité qui mangeoient avec Mlle de Valois et la duchesse de Villars; ces distinctions déplurent à ces dames; mais ne les pouvant empêcher, elles firent en sorte que Mlle de Valois, qui s'arrêtoit partout et allongeoit tant qu'elle put son voyage jusqu'à un excès dont on se plaignit de Modène à M. le duc d'Orléans, se mit souvent à manger seule en public. La duchesse de Villars sentit l'affectation, mais ne voulut pourtant pas prendre le cadenas et les autres distinctions en mangeant avec les dames, lorque Mlle de Valois mangeoit seule, quoique les duchesses les eussent toujours prises dans la vie ordinaire et commune jusque vers le milieu du règne du feu roi; elle se contenta donc de rendre compte de l'affectation de manger souvent seule en public, sur quoi Mlle de Valois reçut un ordre de M. son père de manger toujours avec la duchesse de Villars et les dames, ce qui fut toujours exécuté depuis : je dis ceci d'avance, pour n'avoir plus à y revenir, ainsi que tout ce qui regarde ce mariage.

Les fiançailles se firent à l'ordinaire dans le cabinet du roi, sur les six heures du soir, le dimanche 11 février, par le cardinal de Rohan; la queue de Mlle de Valois portée par Mlle de Montpensier sa sœur, depuis reine d'Espagne; M. le duc de Chartres chargé de la procuration du prince de Modène. Il ne se trouva personne ou comme personne de la cour aux fiançailles, parce que rien n'est pareil aux fantaisies, aux hauts et aux bas des François. Il est très-certain que les princes et les princesses du sang ont toujours prié à leurs fiançailles; il ne l'est pas moins que les fils de France n'ont jamais prié aux fiançailles de leurs enfants. M. le duc d'Orléans étoit le premier petit-fils de France qui eût à marier ses enfants. Mme la duchesse de Berry épousant un fils de France n'étoit pas dans le cas; il ne se présentoit qu'ici pour la première fois, et M. le duc d'Orléans, supérieur en rang aux princes du sang, et régent, ne songea pas à faire prier personne, de manière que les fiançailles se firent fort solitairement, et cette foule qui l'environnoit, hommes et femmes et de toutes qualités, jusqu'aux plus grands qui lui prostituoient toutes sortes de bassesses pour en obtenir et souvent en arracher des grâces, se tint chacun chez soi comme de concert pour n'avoir pas été conviée. Mme la duchesse d'Orléans le sentit et le régent s'en moqua. Le roi donna à Mlle de Valois un beau collier de diamants et de perles, et, une heure après les fiançailles, alla lui dire adieu au Palais-Royal, et voir Madame et M. [le duc] et Mme la duchesse d'Orléans. Le lendemain à midi le mariage fut célébré à la messe du roi avec la même assistance que la veille, et non plus. Au sortir de la messe le roi donna la main à la mariée et la conduisit à son carrosse, qui étoit au roi, et dit au cocher : « A Modène, » suivant l'usage. Le cortége étoit autour comme si elle fût partie en effet; elle retourna au Palais-Royal, y eut quelque temps après la rougeole, ne reçut ni devant ni après aucunes visites de cérémonie, différa tant qu'elle put, partit enfin, abrégea toutes ses journées, augmenta les séjours et les allongea. Elle reçut divers avis de M. le duc d'Orléans sur cette conduite qui n'eurent pas grand effet, jusqu'à ce que, sur les plaintes réitérées du duc de Modène, le régent envoya des ordres si absolus qu'ils firent doubler le pas. Elle s'embarqua à Antibes où la duchesse de Villars et les dames prirent congé d'elle et prirent le chemin du retour.

Mme de Simiane, fille du comte de Grignan, chevalier de l'ordre, et de la fille de Mme de Sévigné, si connue par son esprit et par ses lettres, et veuve de M. de Simiane, premier gentilhomme de la chambre de M. le duc d'Orléans et lieutenant général de Provence, après son beau-père, demeura en Provence et n'en revint plus. Mme Goyon étoit fille de Mme Desbordes, qui avoit passé sa vie sous-gouvernante des enfants et des petits-enfants de Monsieur, quoique femme d'un huissier de la chambre, mais elle avoit un vrai mérite, et quoique le mari de sa fille ne fût qu'écuyer de la grande écurie, il ne laissoit pas d'être homme de qualité, et de même nom que MM. de Matignon. D'ailleurs elle avoit été élevée auprès des filles de M. le duc d'Orléans, qui l'aimoient toutes beaucoup. Pour Mme de Bacqueville, il n'y eut personne qui n'en fût scandalisé. A la vérité, elle étoit fille de M. de Châtillon, chevalier de l'ordre, premier gentilhomme de la chambre de Monsieur, etc., mais comme elle n'avoit rien, on l'avoit mariée à ce Bacqueville qui étoit riche, mais le néant. Son nom est Boyvin. Son père, qui s'appeloit Bonnetot, étoit premier président de la chambre des comptes de Rouen, d'une avarice sordide, dont le père étoit un fermier laboureur en son jeune temps, qui s'étoit enrichi au commerce des blés. Ce Bacqueville voulut être homme d'épée ; son mariage lui valut un régiment. Il y montra de la valeur, mais tant d'avarice et de folies qu'il fut cassé. Il se brouilla bientôt avec sa femme à qui il ne donnoit rien, et qu'il accabloit d'extravagances ; qui les fit séparer. Il n'en a pas moins fait depuis dans l'obscurité où il est tombé. Sa sœur avoit épousé Aligre, président à mortier, dont elle a été la seconde femme. Je ne sais ce qu'on donna à ces dames pour leur voyage. La duchesse de Villars eut cent mille francs. Son choix fut une nouveauté ; jamais duchesse n'avoit conduit de princesse du sang. Cet honneur jusqu'alors avoit été réservé aux filles de France et aux petites-filles de France depuis qu'il y en eut ; mais c'étoit la fille du régent qui venoit de faire duc et pair le beau-père de la duchesse de Villars et son mari par conséquent, dont on a vu l'histoire ici en son lieu, et le duc de Brancas, presque tous les soirs des soupers de M. le duc d'Orléans, et familièrement bien avec lui de toute sa vie. Mme la grande-duchesse [de Tsscane] embrassant la princesse de Modène pour lui dire adieu : « Allez, mon enfant, lui dit-elle, et souvenez-vous de faire comme j'ai fait ; ayez un enfant ou deux, et faites si bien que vous reveniez en France ;

il n'y a de bon parti que celui-là. » Leçon étrange, mais dont la princesse de Modène ne sut que trop bien profiter.

Le système de Law tiroit à sa fin. Si on se fût contenté de sa banque, et de sa banque réduite en de justes bornes et sages, on auroit doublé tout l'argent du royaume et porté une facilité infinie à son commerce et à celui des particuliers entre eux, parce que, la banque toujours en état de faire face partout, des billets continuellement payables de toute leur valeur auroient été de l'argent comptant et souvent préférables à l'argent comptant par la facilité du transport. Encore faut-il convenir, comme je le soutins à M. le duc d'Orléans dans son cabinet, et comme je le dis hardiment en plein conseil de régence, quand la banque y passa, comme on l'a vu ici alors, que, tout bon que pût être cet établissement en soi, il ne pouvoit l'être que dans une république, ou que dans une monarchie telle qu'est l'Angleterre, dont les finances se gouvernent absolument par ceux-là seuls qui les fournissent et qui n'en fournissent qu'autant et que comme il leur plaît; mais dans un État léger, changeant, plus qu'absolu, tel qu'est la France, la solidité y manquoit nécessairement, par conséquent la confiance au moins juste et sage, puisqu'un roi, et sous son nom une maîtresse, un ministre, des favoris, plus encore d'extrêmes nécessités, comme celles où le feu roi se trouva dans les années 1707, 1708, 1709 et 1710, cent choses enfin pouvoient renverser la banque, dont l'appât étoit trop grand et en même temps trop facile. Mais d'ajouter comme on fit au réel de cette banque la chimère du Mississipi, de ses actions, de sa langue toute particulière, de sa science, c'est-à-dire un tour de passe-passe continuel pour tirer l'argent des uns et le donner aux autres, il falloit bien, puisqu'on n'avoit ni mines ni pierre philosophale, que ces actions, à la fin, portassent à faux, et que le petit nombre se trouvât enrichi de la ruine entière du grand nombre comme il arriva. Ce qui hâta la culbute de la banque et du système fut l'inconcevable prodigalité de M. le duc d'Orléans qui, sans bornes et plus s'il se peut sans choix, ne pouvoit résister à l'importunité jusque de ceux qu'il savoit à n'en pouvoir douter lui avoir toujours été, lui être encore les plus contraires, et en même temps fort à mépriser, donnoit à toutes mains, plus souvent se laissoit arracher par des gens qui s'en moquoient et n'en savoient gré qu'à leur effronterie. On a peine à croire ce qu'on a vu, et la postérité considérera comme une fable ce que nous-mêmes nous ne nous remettons que comme un songe. Enfin, tant fut donné à une nation avide et prodigue, toujours désireuse et nécessiteuse par son luxe, son désordre, la confusion des états, que le papier manqua et que les moulins n'en purent assez fournir. On peut juger par là de l'inimaginable abus de ce qui étoit établi comme une ressource toujours prête, et qui ne pouvoit subsister telle qu'en ajustant ensemble les deux bouts et de préférence à tout, se conservant toujours de quoi répondre sur-le-champ à tous venants. C'est ce dont je m'informois à Law tous les mardis matin qu'il venoit toujours chez moi ; il m'amusa longtemps avant de m'avouer son embarras, et de se plaindre modestement et timidement à moi que le régent jetoit tout par les fenêtres. J'en savois par le dehors plus qu'il ne pensoit, et c'étoit ce qui me faisoit insister et le presser sur son bilan. En m'avouant enfin, quoique légèrement, ce qu'il ne pouvoit plus me cacher, il m'assuroit qu'il ne manquoit pas de ressources, pourvu que M. le duc d'Orléans le laissât faire. Cela ne me persuada pas. Alors les billets commencèrent à perdre, un moment après à se décrier, et le décri à devenir public. De là, nécessité de les soutenir par la force, puisqu'on ne le pouvoit plus par industrie, et, dès que la force se fut montrée, chacun désespéra de son salut. On vint à vouloir d'autorité coactive, à supprimer tout usage d'or, d'argent et de pierreries, je dis d'argent monnoyé, à prétendre persuader que depuis Abraham, qui paya argent comptant la sépulture de Sara, jusqu'à nos temps, on avoit été dans l'illusion et dans l'erreur la plus grossière dans toutes les nations policées du monde, sur la monnoie et les métaux dont on la fait; que le papier étoit le seul utile et le seul nécessaire; qu'on ne pouvoit faire un plus grand mal à nos voisins, jaloux de notre grandeur et de nos avantages, que de verser et faire passer chez eux tout notre argent et toutes nos pierreries; mais comme à ceci il n'y avoit point d'enveloppe, et qu'il fut permis à la compagnie de Indes de faire visiter dans toutes les maisons, même royales, d'y confisquer tous les louis d'or et tous les écus qui s'y trouveroient, et de n'y laisser que des pièces de vingt sous et au-dessous, et encore jusqu'à deux cents francs pour les appoints des billets et pour acheter le nécessaire des moindres denrées, avec défenses et de fortes punitions d'en garder davantage, en sorte qu'il fallut porter tout ce qu'on avoit à la banque de peur d'être décelé par un valet, personne ne se laissa persuader, et de là recours à l'autorité de plus en plus, qui ouvrit toutes les maisons des particuliers aux visites et aux délations pour n'y laisser aucun argent, et pour punir très-sévèrement quiconque en réserveroit de caché. Jamais souveraine puissance ne s'étoit si violemment essayée et n'avoit attaqué rien de si sensible ni de si indispensablement nécessaire pour le temporel. Aussi fut-ce un prodige plutôt qu'un effort de gouvernement et de conduite, que des ordonnances si terriblement nouvelles n'aient pas produit non-seulement les révolutions les plus tristes et les plus entières, mais qu'il n'en ait pas seulement été question, et que, de tant de millions de gens, ou absolument ruinés ou mourant de faim et des derniers besoins auprès de leur bien, et sans moyens aucuns pour leur subsistance et leur vie journalière, il ne soit sorti que des plaintes et des gémissements. La violence toutefois étoit trop excessive et en tous genres trop insoutenable pour pouvoir subsister longtemps, il en fallut donc revenir à de nouveaux papiers et à de nouveaux tours de passe-passe; on les connut tels, on les sentit, mais on les subit plutôt que de n'avoir pas vingt écus en sûreté chez soi, et une violence plus grande en fit souffrir volontiers une moindre. De là tant de manéges, tant de faces différentes en finance, et toutes tendantes à fondre un genre de papier par un autre, c'est-à-dire faire toujours perdre les porteurs de ces différents papiers, et ces porteurs l'étoient par force, et la multitude universelle. C'est ce qui en finance occupa tout le reste du gouvernement et de la vie de M. le duc d'Orléans, ce qui chassa Law du royaume, ce qui sextupla toute marchandise, toute denrée, jusqu'aux plus viles, ce qui fit une augmentation ruineuse de toute espèce de salaire, ce qui ruina le commerce général et le particulier, ce qui fit, aux dépens du public, la subite richesse de quelques seigneurs qui les dissipèrent, et n'en furent que plus pauvres, en fort peu de temps, et ce qui fit les énormes fortunes de toute espèce d'employés en divers degrés en cette confusion, et qui valut des millions à une multitude de gens de la plus basse lie du peuple, du métier de traitants et de commis ou employés de financiers, qui surent profiter promptement et habilement du Mississipi et de ses suites; c'est ce qui occupa encore le gouvernement plusieurs années après la mort de M. le duc d'Orléans; c'est enfin ce dont la France ne se relèvera jamais, quoiqu'il soit vrai que les terres en soient considérablement augmentées. Pour dernière plaie les gens tout-puissants, princes et princesses du sang surtout, qui ne s'étoient fait faute du Mississipi, et qui ont mis toute leur autorité à s'en sauver sans rien perdre, l'ont rétabli sur ce qu'ils ont appelé la compagnie d'Occident qui, avec les mêmes tours de passe-passe particuliers, et un commerce exclusif aux Indes, achève d'anéantir celui du royaume, sacrifié à l'énorme intérêt d'un petit nombre de particuliers dont le gouvernement n'a osé s'attirer la haine et la vengeance en attaquant un article si délicat.

Il se fit cependant plusieurs exécutions violentes et des confiscations de sommes considérables trouvées dans les maisons visitées. Un nommé Adine, employé à la banque, en fut pour dix mille écus confisqués, dix mille francs d'amende, et son emploi ôté. Beaucoup de gens cachèrent leur argent avec tant de secret, qu'étant morts sans avoir pu dire où ils l'avoient mis, ces petits trésors sont demeurés enfouis et perdus pour les héritiers. On ôta les emplois qu'on avoit donnés aux quatre frères Pâris depuis quelque temps, et on les éloigna de Paris, soupçonnés de cabaler contre Law parmi les gens de finance. Ils étoient fils d'un hôtellier qui tenoit un cabaret au pied des Alpes, qui étoit seul et sans village ni hameau, dont l'enseigne étoit *à la Montagne*; ses fils lui servoient, et aux passants, de garçons de cabaret, pansoient leurs chevaux et servoient dans les chambres, tous quatre fort grands et bien faits; l'un d'eux se fit soldat aux gardes, et l'a été assez longtemps : une aventure singulière les fit connoître. Bouchu intendant de Grenoble, dont il a été parlé ici quelquefois, étoit aussi intendant de l'armée d'Italie, lorsque, après la capture du maréchal de Villeroy à Crémone, le duc de Vendôme lui succéda dans le commandement de l'armée. Bouchu, quoique âgé et fort goutteux, mais qui avoit été beau et bien fait, n'avoit pas perdu le goût de la galanterie; il se trouva que le principal commis des munitionnaires chargé de tout ce détail, et de faire tout passer à l'armée, étoit galant aussi, et qu'il eut la hardiesse de s'adresser à celle que M. l'intendant aimoit, et qu'il lui coupa l'herbe sous le pied, parce qu'il étoit plus jeune et plus aimable. Bouchu, outré contre lui, résolut de s'en venger, et, pour cela, retarda tant et si bien le transport de toutes choses par toutes les remises et toutes les difficultés qu'il fit naître, quelque chose que pût dire et faire ce commis pour le presser, que le duc de Vendôme ne trouva rien en arrivant à l'armée, ou plutôt dès qu'il la voulut mouvoir. Le commis, qui se vit perdu et qui ne douta point de la cause, courut le long des Alpes chercher quelques moyens de faire passer ce qu'il pourroit en attendant le reste. Heureusement pour lui et pour l'armée, il passa à ce cabaret esseulé *de la Montagne*, et s'informa là comme il faisoit partout. Le maître hôtelier lui parut [avoir] de l'esprit, et lui fit espérer qu'au retour de ses fils qui étoient aux champs, ils pourroient lui trouver quelque passage. Vers la fin du jour, ils revinrent à la maison. Conseil tenu, le commis leur trouva de l'intelligence et des ressources, tellement qu'il se livra à eux, et eux se chargèrent du transport qu'il désiroit. Il manda son convoi de mulets au plus vite, et il passa avec eux conduits par les frères Pâris, qui prirent des chemins qu'eux seuls et leurs voisins connoissoient, à la vérité fort difficiles, mais courts, en sorte que sans perdre une seule charge le convoi joignit M. de Vendôme arrêté tout court faute de pain, et qui juroit et pestoit étrangement contre les munitionnaires, sur qui Bouchu avoit rejeté toute la faute. Après les premiers emportements, le duc de Vendôme, ravi d'avoir des vivres et de pouvoir marcher et exécuter ce qu'il avoit projeté, se trouva plus traitable. Il voulut bien écouter ce commis, qui lui fit valoir sa vigilance, son industrie et sa diligence à traverser des lieux inconnus et affreux, **et** qui lui prouva par plusieurs réponses de M. Bouchu, qu'il avoit gardées et portées, combien il l'avoit pressé de faire passer les munitions et les farines à temps; que c'étoit la faute unique de l'intendant à cet égard qui avoit mis l'armée dans la détresse où elle s'étoit trouvée; et fit en même temps confidence au général de la haine de Bouchu, jusqu'à hasarder l'armée pour le perdre, et la cause ridicule de cette haine ; en même temps se loua beaucoup de l'intelligence et de la volonté de l'hôtelier et de ses fils, auxquels il devoit l'invention et le bonheur du passage de son convoi. Le duc de Vendôme alors tourna toute sa colère contre Bouchu, l'envoya chercher, lui reprocha devant tout le monde ce qu'il venoit d'apprendre, conclut par lui dire qu'il ne savoit à quoi il tenoit qu'il ne le fît pendre pour avoir joué à perdre l'armée du roi. Ce fut le commencement de la disgrâce de Bouchu, qui ne se soutint plus qu'à force de bassesses, et qui au bout de deux ans se vit forcé de se retirer; ce fut aussi le premier commencement de la fortune de ces frères Pâris. Les munitionnaires en chef les récompensèrent, leur donnèrent de l'emploi, et, par la façon dont ils s'en acquittèrent, les avancèrent promptement, leur donnèrent leur confiance, et leur valurent de gros profits; enfin ils devinrent munitionnaires eux-mêmes, s'enrichirent, vinrent à Paris chercher une plus grande fortune, et l'y trouvèrent. Elle devint telle dans les suites, qu'ils gouvernèrent en plein et à découvert sous M. le Duc, et qu'après de courtes éclipses, ils sont redevenus les maîtres des finances et des contrôleurs généraux, et ont acquis des biens immenses, fait et défait des ministres et d'autres fortunes, et ont vu la cour à leurs pieds, la ville et les provinces.

Le roi vint pour la première fois au conseil de régence, le dimanche 18 février. Il ne dit rien en y entrant ni pendant le conseil, ni en sortant, sinon que M. le duc d'Orléans, lui ayant proposé d'en sortir, de peur qu'il ne s'y ennuyât, il voulut y demeurer jusqu'à la fin. Depuis il ne vint pas à tous, mais assez souvent, toujours jusqu'au bout, et sans remuer ni parler. Sa présence ne changea rien à la séance, parce que son fauteuil y étoit toujours seul au bout de la table, et que M. le duc d'Orléans, le roi présent ou non, n'avoit qu'un tabouret pareil à ceux de tout ce qui y assistoit. Le maréchal de Villeroy ne changea point sa séance accoutumée. Peu de jours après le duc de Berwick y entra aussi; on en murmura dans le monde, parce qu'il étoit étranger; mais cet étranger se trouvoit nécessairement proscrit, expatrié, naturalisé François, en France depuis trente-deux ans, dans un continuel service, duc, pair, maréchal de France, grand d'Espagne, général des armées des deux couronnes, et une fidélité plus qu'éprouvée; de plus, pour ce qui se passoit alors au conseil de régence, n'importoit plus qui en fût; nous étions déjà quinze, il fit le seizième. Une fois que le roi y vint, un petit chat qu'il avoit le suivit, et quelque temps après, sauta sur lui, et de là sur la table, où il se mit à se promener, et aussitôt le duc de Noailles à crier, parce qu'il craignoit les chats. M. le duc d'Orléans se mit aussitôt en peine pour l'ôter, et moi à sourire, et à lui dire : « Eh, monsieur, laissez ce petit chat, il fera le dix-septième! » M. le duc d'Orléans se mit à rire de tout son cœur, et à regarder la compagnie qui en rit, et le roi aussi, qui m'en parla le lendemain à son petit lever, comme en ayant senti la plaisanterie, mais en deux mots, ce qui courut Paris aussitôt.

Il y eut beaucoup de nouveaux prisonniers à Nantes, et on supprima vingt-six présidents ou conseillers du parlement de Bretagne, qu'on remboursa avec du papier. Ce ne furent point les vingt-six charges des dernières augmentations; ce furent les personnes en jardinant (comme on dit des coupes de futaies), choisies dans cette compagnie desquelles on étoit mécontent. Cela n'y causa pas le plus petit mouvement, la commission du conseil se rendoit redoutable à Nantes, et il y avoit des troupes répandues dans la province.

CHAPITRE XX.

Abbé Dubois obtient l'archevêché de Cambrai.— L'abbé Dubois, refusé d'un dimissoire par le cardinal de Noailles, en obtient un de Besons, archevêque de Rouen, et va dans un village de son diocèse, près de Pontoise, recevoir tous les ordres à la fois, de Tressan, évêque de Nantes; se compare là-dessus à saint Ambroise. — Mot du duc Mazarin. — Singulière anecdote sur le pouvoir de l'abbé Dubois sur M. le duc d'Orléans, à l'occasion du sacre de cet abbé. — Sacre de l'abbé Dubois par le cardinal de Rohan. — Les Anglois opposés au roi Georges, ou jacobites, chassés de France à son de

trompe. — Politique terrible de la cour de Rome sur le cardinalat.
— Mort de Mme de Lislebonne. — Douze mille livres de pension,
qu'elle avoit, [sont] données à Mme de Remiremont, sa fille. —
Mort et successeur du grand maître de Malte. — Mort et caractère
du P. Cloche, général de l'ordre de Saint-Dominique. — Mort de
Fourille; sa pension donnée à sa veuve. — Mort et caractère de
Mme de La Hoguette. — Mort de Mortagne, chevalier d'honneur de
Madame. — Mort de Mme la Duchesse, brusquement enterrée. —
Visites et manteaux chez M. le Duc. — Testament, etc.

Cambrai vaquoit, comme on l'a vu naguère, par la mort
à Rome du cardinal de La Trémoille, c'est-à-dire le plus
riche archevêché et un des plus grands postes de l'Église.
L'abbé Dubois n'étoit que tonsuré ; cent cinquante mille
livres de rente le tentèrent, et peut-être bien autant ce degré
pour s'élever moins difficilement au cardinalat. Quelque impudent qu'il fût, quel que fût l'empire qu'il avoit pris sur
son maître, il se trouva fort embarrassé et masqua son
effronterie de ruse, il dit à M. le duc d'Orléans qu'il avoit
fait un plaisant rêve, et lui conta qu'il avoit rêvé qu'il étoit
archevêque de Cambrai. Le régent qui sentit où cela alloit
fit la pirouette et ne répondit rien. Dubois, de plus en plus
embarrassé, bégaya et paraphrasa son rêve; puis, se rassurant d'effort, demanda brusquement pourquoi il ne l'obtiendroit pas, Son Altesse Royale de sa seule volonté pouvant
ainsi faire sa fortune. M. le duc d'Orléans fut indigné, même
effrayé, quelque peu scrupuleux qu'il fût au choix des évêques, et d'un ton de mépris, lui répondit : « Qui! toi, archevêque de Cambrai! » en lui faisant sentir sa bassesse et
plus encore le débordement et le scandale de sa vie. Dubois
s'étoit trop avancé pour demeurer en si beau chemin; lui
cita des exemples. Malheureusement il n'y en avoit que trop,
et en bassesse et en étranges mœurs, grâce comme on l'a
vu ailleurs à Godet, évêque de Chartres, avec ses séminaristes de néant et ignorants dont il remplit les évêchés, au
P. Tellier et à la constitution, pour bassesse, ignorance, et
mauvaises mœurs tout à la fois, et à ceux qui l'ont suivi.

M. le duc d'Orléans, moins touché de raisons si mauvaises qu'embarrassé de résister à l'ardeur de la poursuite d'un homme qu'il n'avoit plus accoutumé d'oser contredire sur rien, chercha à se tirer d'affaire, et lui dit : « Mais tu es un sacre, et qui est l'autre sacre qui voudra te sacrer ? — Ah ! s'il ne tient qu'à cela, reprit vivement l'abbé, l'affaire est faite ; je sais bien qui me sacrera, il n'est pas loin d'ici. — Et qui diable est celui-là, répondit le régent, qui osera te sacrer ? — Voulez-vous le savoir ? répliqua l'abbé ; et ne tient-il qu'à cela encore une fois ? — Eh bien ! qui ? dit le régent. — Votre premier aumônier ? reprit Dubois, qui est là dehors ; il ne demandera pas mieux ; je m'en vais le lui dire ; » embrasse les jambes de M. le duc d'Orléans, qui demeure court et pris sans avoir la force du refus, sort, tire l'évêque de Nantes à part, lui dit qu'il a Cambrai, le prie de le sacrer, qui le lui promet à l'instant ; rentre, caracole, dit à M. le duc d'Orléans qu'il vient de parler à son premier aumônier, qui lui a promis de le sacrer, remercie, loue, admire, scelle de plus en plus son affaire, en la comptant faite et en persuadant le régent qui n'osa jamais dire que non : c'est de la sorte que Dubois se fit archevêque de Cambrai.

L'extrême scandale de cette nomination fit un étrange bruit. Tout impudent que fût Dubois, il en fut extrêmement embarrassé, et M. le duc d'Orléans si honteux qu'on remarqua bientôt qu'on lui faisoit peine de lui en parler. Question fut bientôt de prendre les ordres. Dubois se flatta que, dans la posture où il se trouvoit et le besoin que le cardinal [de Noailles] avoit et auroit continuellement de lui dans la situation si pénible où l'affaire de la constitution, menée comme elle l'étoit, le mettoit, lui feroit faire envers lui toutes les avances, avec d'autant plus d'empressement que le cardinal avoit lieu d'être fort mal content de lui et de toute la protection qu'il donnoit à ses ennemis, qu'il ménageoit de loin pour son cardinalat ; et que le cardinal, dans l'espérance de se le ramener, au moins de l'adoucir, s'en feroit un mérite auprès de M. le duc d'Orléans et de lui, et envers le public d'un si bon procédé à l'égard d'un homme qui l'avoit si peu mérité de lui. Il se trompa ; la chair et le sang n'eurent jamais de part à la conduite du cardinal de Noailles. Les vices d'esprit et de cœur et les mœurs si publiques de l'abbé Dubois lui étoient connus. Il eut horreur de contribuer en rien à le faire entrer dans les ordres sacrés. Il sentit toute la pesanteur du nouveau poids dont son refus l'alloit charger de la part d'un homme devenu tout-puissant sur son maître, qui sentiroit dans toute étendue l'insigne affront qu'il recevroit, et quelles en seroient les suites pour le reste de leur vie. Rien ne l'arrêta, il refusa le dimissoire[1] pour les ordres avec un air de douleur et de modestie, sans que rien le pût ébranler, et garda là-dessus un parfait silence, content d'avoir rempli son devoir, et y voulant mettre tout ce que ce même devoir y pouvoit accorder à la charité, à la simplicité, à la modestie. On peut juger des fureurs où cet affront fit entrer Dubois, qui de sa vie ne le pardonna au cardinal de Noailles, lequel en fut universellement applaudi, et d'autant plus loué et admiré qu'il ne le voulut point être. Il fallut donc se tourner ailleurs.

Besons, frère du maréchal, tous deux si attachés et si bien traités et récompensés de M. le duc d'Orléans, tous deux sous leur air rustre, lourd et grossier, si bons courtisans, avoit été transféré de l'archevêché de Bordeaux à celui de Rouen, et Pontoise est de ce dernier diocèse, qui touche ainsi celui de Paris, et s'approche de cette ville à peu de lieues en deçà de Pontoise même. L'abbé Dubois vouloit gagner le temps et s'éviter la honte d'un voyage marqué. Les Besons lui parurent devoir être de meilleure composition que le cardinal de Noailles ; ils en furent en effet. L'archevêque de Rouen donna le dimissoire. Dubois, sous prétexte

1. On appelait *dimissoire* la lettre par laquelle un évêque permettait qu'un de ses diocésains fût promu aux ordres ou à l'épiscopat par un autre évêque.

des affaires dont il étoit chargé, obtint un bref pour recevoir à la fois tous les ordres, et se dispensa lui-même de toute retraite pour s'y préparer. Il alla donc un matin à quatre ou cinq lieues de Paris, où dans une église paroissiale du diocèse de Rouen, du grand vicariat de Pontoise, Tressan, évêque de Nantes, premier aumônier de M. le duc d'Orléans, donna dans la même messe basse, qu'il célébra *extra tempora*, le sous-diaconat, le diaconat et la prêtrise à l'abbé Dubois, et en fut après récompensé de l'archevêché de Rouen et des économats[1] à la mort de Besons qui avoit l'un et l'autre, et qui ne le fit pas longtemps attendre. On cria fort contre les deux prélats, et l'archevêque, qui étoit estimé et considéré avec raison, y eut à perdre. Pour l'autre, il n'y fit que gagner.

Le même jour que l'abbé Dubois prit ainsi tous les ordres à la fois, il y eut conseil de régence l'après-dînée au vieux Louvre, parce que toutes les rougeoles qui couroient, même dans le Palais-Royal, empêchoient qu'il se tînt à l'ordinaire aux Tuileries. On fut surpris d'un conseil de régence sans l'abbé Dubois, qui y rapportoit ce qu'il lui plaisoit des affaires étrangères, mais on le fut bien davantage de l'y voir arriver. Il n'avoit pas perdu de temps en actions de grâces de tout ce qu'il venoit de recevoir. Ce fut un nouveau scandale qui réveilla et qui aggrava le premier. Il venoit, à ce que dit plaisamment le duc Mazarin, de faire sa première communion. Tout le monde étoit déjà arrivé dans le cabinet du conseil, et M. le duc d'Orléans aussi, et on y étoit debout et épars. J'étois dans un coin du bas bout, qui causois avec M. le prince de Conti, le maréchal de Tallard et un autre qui m'échappe, lorsque je vis entrer l'abbé Dubois en habit court, avec son maintien ordinaire. Nous ne l'attendions point en tel jour, ce qui fit que naturellement nous nous

---

1. Les personnes chargées des *économats* avaient l'administration des revenus d'un évêché, d'une abbaye et en un mot de tous les bénéfices pendant la vacance. Le roi nommoit à ces économats.

écriâmes. Cela lui fit tourner la tête, et voyant M. le prince de Conti venir à lui, qui de son côté, avec ce ricanement de M. son père, mais qui, assurément étoit bien éloigné d'en avoir les grâces, et au contraire étoit cynique, s'avança deux pas à lui, lui parla de tous les ordres si brusquement reçus le matin même tous à la fois, de sa prompte arrivée au conseil si peu de moments après cette cérémonie, quoique faite au loin de Paris, de son sacre qui alloit suivre de si près, de sa surprise et de celle de tout le monde, et tout de suite lui fit un pathos avec tout l'esprit et la malignité possible qui tenoit d'un assez plaisant sermon, et qui auroit plus que démonté tout autre. Dubois, qui n'avoit pas eu l'instant de placer une seule parole, le laissa dire, puis répondit froidement que, s'il étoit un peu plus instruit de l'antiquité, il trouveroit ce qui l'étonnoit fort peu étrange, puisque lui abbé ne faisoit que suivre l'exemple de saint Ambroise, dont il se mit à raconter l'ordination qu'il étala. Je n'en entendis pas le récit, car dans le moment que j'ouïs saint Ambroise, je m'enfuis brusquement à l'autre bout du cabinet, de l'horreur de la comparaison et de la peur de ne pouvoir m'empêcher de lui dire d'achever, car je sentois que cela me prenoit à la gorge, et de dire combien peu saint Ambroise se pouvoit défier d'être ainsi saisi et ordonné, quelle résistance il y fit, et avec combien d'éloignement et de frayeur, enfin toute la violence qui lui fut unaniment faite. Cette impie citation de saint Ambroise courut bientôt le monde avec l'effet qu'on peut penser. La nomination et cette ordination se firent dans la fin de février.

J'achèverai tout de suite ce qui regarde cette matière pour ne la pas séparer, et n'avoir pas à y revenir. On y trouvera une anecdote curieuse sur l'autorité de l'abbé Dubois, sur son maître et sur la frayeur et le danger de lui déplaire. Il eut ses bulles au commencement de mai, et fut sacré le dimanche 9 juin. Tout Paris et toute la cour y fut conviée. Je ne le fus point; j'étois lors mal avec lui, parce que je ne le ménageois guère avec M. le duc d'Orléans, sur ses vues du cardinalat et sur son abandon dans les affaires à ce qui convenoit aux Anglois et à l'empereur, par lesquels il comptoit d'arriver à la pourpre romaine. Comme il redoutoit ma liberté, ma franchise, ma façon de parler à M. le duc d'Orléans qui lui faisoit de fréquentes impressions, quoique je m'en donnasse assez rarement la peine, et qu'il avoit celle de les effacer, il revenoit à moi de temps en temps, me ménageoit, me courtisoit, toujours pourtant détournant tant qu'il pouvoit la confiance de M. le duc d'Orléans en moi, qu'il resserroit sans cesse, mais qu'il ne pouvoit arrêter totalement ni même longtemps, quoique, comme je l'ai dit, je me retirasse beaucoup par le dégoût de tout ce que je voyois. Ainsi nous étions bien en apparence quelquefois, et souvent mal.

Ce sacre devoit être magnifique, et M. le duc d'Orléans y devoit assister. J'en dirai quelques mots dans la suite. Plus la nomination et l'ordination de l'abbé Dubois avoit fait de bruit, de scandale et d'horreur, plus les préparatifs superbes de son sacre les augmentoient, et plus l'indignation en éclatoit contre M. le duc d'Orléans. Je fus donc le trouver la veille de cet étrange sacre, et d'abordée je lui dis ce qui m'amenoit. Je le fis souvenir que je ne lui avois jamais parlé de la nomination de l'abbé Dubois à Cambrai, parce qu'il savoit bien que je ne lui parlois jamais des choses faites; que je ne lui en parlerois pas encore, si je n'avois appris qu'il devoit aller le lendemain à son sacre; que je me tairois avec lui de la façon dont il se faisoit, telle qu'il ne pourroit mieux, si l'usage étoit encore de faire des princes du sang évêques, et qu'il fût question de son second fils, parce que je regardois cela comme chose déjà faite, mais que mon attachement pour lui ne me permettoit pas de lui cacher l'épouvantable effet que faisoit universellement une nomination de tous points si scandaleuse, une ordination si sacrilége, des préparatifs de sacre si inouïs pour un homme de l'extraction, de l'état, des mœurs et de la vie de l'abbé Dubois, non pour lui reprocher ce qui n'étoit plus réparable, mais pour qu'il sût à quel point en étoit la générale indignation contre lui, et que de là il conclût ce que ce seroit pour lui d'y mettre le comble en allant lui-même à ce sacre; je le conjurai de sentir quel seroit ce contraste avec l'usage, non-seulement des fils de France, mais des princes du sang, de n'aller jamais à aucun sacre, parce que je n'appelois pas y aller la curiosité d'en voir un une fois en leur vie, que les rois et les personnes royales avoient eue quelquefois; j'ajoutai qu'à l'opinion que sa vie et ses discours ne donnoient que trop continuellement de son défaut de toute religion, on ne manqueroit pas de dire, de croire et de répandre qu'il alloit à ce sacre pour se moquer de Dieu et insulter son Église; que l'effet de cela étoit horrible et toujours fort à craindre, et qu'on y ajouteroit avec raison que l'orgueil de l'abbé Dubois abusoit de lui en tout, et que ce trait public de dépendance, par une démarche si étrangement nouvelle et déplacée, lui attireroit une haine, un mépris, une honte dont les suites étoient à redouter; que je ne lui en parlois qu'en serviteur entièrement désintéressé; que son absence ou sa présence à ce sacre ne changeroit rien à la fortune de l'abbé Dubois, qui ne seroit ni plus ni moins archevêque de Cambrai, et n'obscurciroit en rien la splendeur préparée pour ce sacre, telle qu'elle ne pourroit être plus grande, si on avoit un fils de France à sacrer; qu'en vérité c'en étoit bien assez pour un Dubois, sans prostituer son maître aux yeux de toute la France, et bientôt après de toute l'Europe, par la bassesse inouïe d'une démarche, où on verroit bien que l'extrême pouvoir de Dubois sur lui l'auroit entraîné de force. Je finis par le conjurer de n'y point aller, et par lui dire qu'il savoit en quels termes actuels l'abbé Dubois et moi étions ensemble; que j'étois le seul homme de marque qu'il n'eût point convié; que nonobstant tout cela, s'il me vouloit promettre et me tenir sa parole de n'aller point à ce sacre, je lui donnois la mienne d'y aller, moi, et d'y demeurer tout du long, quelque horreur que j'en eusse et quelque blessé que je fusse de ce que cela feroit sûrement débiter que ce trait de courtisan étoit pour me raccommoder avec lui, moi si éloigné d'une pareille misère et qui osai me vanter, puisqu'il le falloit aujourd'hui, d'avoir jusqu'à ce moment conservé chèrement toute ma vie mon pucelage entier sur les bassesses.

Ce propos, vivement prononcé et encore plus librement et plus énergiquement étendu, fut écouté d'un bout à l'autre. Je fus surpris qu'il me dit que j'avois raison, que je lui ouvrois les yeux, plus encore qu'il m'embrassa, me dit que je lui parlois en véritable ami, et qu'il me donnoit sa parole et me la tiendroit de n'y point aller. Nous nous séparâmes là-dessus, moi le confirmant encore, lui promettant de nouveau que j'irois, et lui me remerciant de cet effort. Il n'eut nulle impatience, nulle envie que je m'en allasse, car je le connoissois bien, et je l'examinois jusqu'au fond de l'âme, et ce fut moi qui le quittai, bien content de l'avoir détourné d'une si honteuse démarche et si extraordinaire. Qui n'eût dit qu'il ne m'eût tenu parole ? car on va voir qu'il le vouloit ; mais voici ce qui arriva.

Quoique je me crusse bien assuré là-dessus, néanmoins la facilité et l'extrême foiblesse du prince, et l'empire sur lui et l'orgueil de l'abbé Dubois, m'engagèrent à prendre le plus sûr avant d'aller au sacre. J'envoyai aux nouvelles le lendemain matin au Palais-Royal, et cependant je fis tenir mon carrosse tout prêt pour tenir ma parole. Mais je fus bien confus, quelque accoutumé que je fusse aux misères de M. le duc d'Orléans, quand celui que j'avois envoyé voir ce qui se passoit revint et me rapporta qu'il venoit de voir M. le duc d'Orléans monter dans son carrosse et environné de toute la pompe des rares jours de cérémonie, partir pour aller au sacre. Je fis ôter mes chevaux, et m'enfonçai dans mon cabinet.

Le surlendemain j'appris par un coucheur favori de

Mme de Parabère, qui étoit lors la régnante, mais qui n'étoit pas fidèle, qu'étant couchée la nuit qui précéda le sacre avec M. le duc d'Orléans, au Palais-Royal, entre deux draps, ce qui n'arrivoit guère ainsi dans la chambre et le lit de M. le duc d'Orléans, mais presque toujours chez elle, il s'étoit avisé de lui parler de moi avec éloge, que je ne rapporterai pas, et avec sentiment sur mon amitié pour lui, et que, plein de ce que je lui venois de représenter, il n'iroit point au sacre, dont il me savoit le meilleur gré du monde. La Parabère me loua, convint que j'avois raison, mais sa conclusion fut qu'il iroit. M. le duc d'Orléans, surpris, lui dit qu'elle étoit donc folle. « Folle, soit, répondit-elle, mais vous irez. — Et moi, reprit-il, je vous dis que je n'irai pas. — Si, vous dis-je, dit-elle, et vous irez. — Mais, reprit-il, cela est admirable, tu dis que M. de Saint-Simon a raison, et au bout, pourquoi donc irais-je? — Parce que je le veux, dit-elle. — En voici d'une autre, répliqua-t-il, et pourquoi veux-tu que j'y aille, quelle folie est cela? — Pourquoi, dit-elle, parce que. — Oh! parce que, répondit-il, parce que, ce n'est pas là parler ; dis donc pourquoi si tu peux. » Après quelque dispute : « Voulez-vous donc absolument le savoir? c'est que vous n'ignorez pas que l'abbé Dubois et moi avons eu, il n'y a pas quatre jours, maille à partir ensemble, et qui n'est pas encore bien finie. C'est un diable qui furette tout ; il saura que nous avons couché ici cette nuit ensemble. Si demain vous n'allez pas à son sacre, il ne manquera pas de croire que c'est moi qui vous en ai empêché ; rien ne le lui pourra ôter de la tête, il ne me le pardonnera pas ; il me fera cent tracasseries et cent noirceurs auprès de vous, et finira promptement par nous brouiller ; or, c'est ce que je ne veux pas, et c'est pour cela que je veux que vous alliez à son sacre, quoique M. de Saint-Simon ait raison. » Là-dessus, débat assez foible, puis résolution et promesse d'aller au sacre, qui fut bien fidèlement exécutée.

La nuit suivante la Parabère coucha chez elle avec son

greluchon[1], à qui elle raconta cette histoire tant elle la trouvoit plaisante. Par cette même raison le greluchon la rendit à Biron, qui le soir même me la conta. Je déplorai avec lui les chaînes du régent, à qui je n'ai jamais parlé depuis de ce sacre, ni lui à moi; mais il fut après bien honteux et bien embarrassé avec moi. Je n'ai point su s'il poussa la foiblesse jusqu'à conter à l'abbé Dubois ce que je lui avois dit pour l'empêcher d'aller à son sacre, ou s'il en fut informé par la Parabère, pour se faire un mérite auprès de lui d'avoir fait changer M. le duc d'Orléans là-dessus et faire montre de son crédit. Mais il en fut très-parfaitement informé et ne me l'a jamais pardonné, et j'ai su depuis par Belle-Ile qu'il avoit dit à M. Le Blanc et à lui que, de toutes les contradictions que je lui avois fait essuyer, même du danger pressant où je l'avois mis quelquefois, rien ne l'avoit si profondément touché et blessé, et jusqu'au fond de l'âme, que d'avoir voulu empêcher M. le duc d'Orléans d'assister à son sacre, duquel il est maintenant temps de parler.

Tout y parut également superbe et choisi pour faire éclater la faveur démesurée d'un ministre éperdu d'orgueil et d'ambition sans bornes, la servitude la plus publique et la plus démesurée où il avoit réduit son maître, et l'audace effrénée de s'en parer en la manifestant aux yeux de toute la France avec le plus grand éclat, et de là ceux de toute l'Europe, à qui il vouloit apprendre de la manière la plus éclatante que lui étoit entièrement le maître de la France, soit pour le dedans, soit pour le dehors, sous un nom qui n'étoit qu'une vaine écorce, et qu'à lui seul il falloit s'adresser pour quelque grâce et pour quelque affaire que ce fût, comme à l'unique dispensateur et au seul véritable arbitre de toutes choses en France.

Le Val-de-Grâce fut choisi pour y faire le sacre comme

1. Mot familier et libre, dit l'ancien *Dictionnaire de l'Académie*. Il désigne l'amant aimé et favorisé secrètement par une femme qui se fait payer par d'autres amants.

étant un monastère royal, le plus magnifique de Paris et
l'église la plus singulière. Le cardinal de Rohan, ravi de
faire contre en tout au cardinal de Noailles et de profiter du
refus qu'il avoit fait à l'abbé Dubois de lui permettre d'être
ordonné dans son diocèse, saisit un si précieux moment de
faire bien sa cour au régent et de s'attacher son ministre,
en s'empressant pour faire la cérémonie. En effet un cardinal de sa naissance, évêque de Strasbourg, et brillant de
toutes sortes d'avantages, étoit un consécrateur fort au-dessus de tous ceux que l'abbé Dubois auroit pu désirer. Il n'y
a guère en fait d'honneur que la première démarche de
chère; Rohan avoit franchi le saut quand, à la persuasion
intéressée du maréchal de Tallard, comme on l'a vu ici en
son lieu, il subit la loi que lui fit le P. Tellier, pour le faire
grand aumônier, et se livra, contre le cardinal de Noailles,
ses propres lumières et la vérité à lui parfaitement connue
et reconnue, à toutes les scélératesses et à toutes les violences
dont ce terrible jésuite le rendit son ministre, et que l'intérêt et l'orgueil d'être chef de parti et de n'en abandonner
pas l'honneur et le profit au cardinal de Bissy, lui fit continuer depuis en premier. Avec le revêtement constant d'un
tel personnage, il ne falloit pas s'attendre qu'aucune considération de honte ni d'infamie retînt le cardinal de Rohan
d'une si étrange prostitution, moins encore que sa conscience l'arrêtoit un moment sur le sacrilége dont il alloit se
rendre le ministre. L'abbé Dubois fut donc comblé de l'honneur qu'il lui voulut bien faire; M. le duc d'Orléans témoigna
au cardinal toute la part qu'il y prenoit, et Rohan, charmé
des espérances qu'il conçut de ce grand trait de politique,
plus sensibles pour sa maison que pour sa cause, laquelle
ne fut jamais que pour servir aux avantages de l'autre, se
rit de tous les discours, du bruit de l'improbation générale
et nullement retenue que cette fonction excita, et qu'il ne
regarda que comme des raisons de plus et des fondements
d'augmentation à ses espérances pour tout ce qu'il pouvoit

désirer d'un homme tout-puissant, pour l'amour duquel il [se] livroit à tant d'opprobres.

A l'égard des deux évêques assistants, Nantes y avoit un tel droit par l'ordination qu'il avoit osé donner à l'abbé Dubois, qu'il n'y avoit pas moyen de lui préférer personne. Pour l'autre assistant, Dubois crut en devoir chercher un dont la vie et la conduite pût être en contre-poids. Il voulut Massillon, célèbre prêtre de l'Oratoire, que sa vertu, son savoir, ses grands talents pour la chaire, avoient fait évêque de Clermont, parce qu'il en passoit quelquefois, quoique rarement, quelque bon parmi le grand nombre des autres qu'on faisoit évêques. Massillon au pied du mur, étourdi, sans ressources étrangères, sentit l'indignité de ce qui lui étoit proposé, balbutia, n'osa refuser. Mais qu'eût pu faire un homme aussi mince, selon le siècle, vis-à-vis d'un régent, de son ministre et du cardinal de Rohan? Il fut blâmé néanmoins et beaucoup dans le monde, surtout des gens de bien de tout parti, car en ce point l'excès du scandale les avoit réunis. Les plus raisonnables, qui ne laissèrent pas de se trouver en nombre, se contentèrent de le plaindre, et on convint enfin assez généralement d'une sorte d'impossibilité de s'en dispenser et de refuser.

L'église fut superbement parée, toute la France invitée; personne n'osa hasarder de ne s'y pas montrer, et tout ce qui le put pendant toute la cérémonie. Il y eut des tribunes à jalousies préparées pour les ambassadeurs et autres ministres protestants. Il y en eut une autre plus magnifique pour M. le duc d'Orléans et M. le duc de Chartres qu'il y mena. Il y en eut pour les dames, et comme M. le duc d'Orléans entra par le monastère, et que sa tribune se trouva au dedans, il fut ouvert à tous venants, tellement que le dehors et le dedans fut rempli de rafraîchissements de toutes les sortes et d'officiers qui les faisoient et distribuoient avec profusion. Ce désordre continua tout le reste du jour par le grand nombre de tables qui furent servies dehors et dedans pour tout le subalterne de la fête et pour tout ce qui s'y voulut fourrer. Les premiers gentilshommes de la chambre de M. le duc d'Orléans et ses premiers officiers firent les honneurs de la cérémonie, placèrent les gens distingués, les reçurent, les conduisirent, et d'autres de ses officiers prirent les mêmes soins à l'égard des gens moins considérables, tandis que tout le guet et toute la police étoit occupée à faire aborder, ranger, sortir les carrosses sans nombre avec tout l'ordre et la commodité possible. Pendant le sacre qui fut peu décent de la part du consacré et des spectateurs, surtout en sortant de la cérémonie, M. le duc d'Orléans témoigna sa satisfaction à ce qu'il trouva sous sa main de gens considérables de la peine qu'ils avoient prise, et s'en alla dîner à Asnières avec Mme de Parabère, bien contente de l'avoir fait aller au sacre qu'il vit, et à ce qu'on lui imposa[1] peut-être trop véritablement, qu'il vit, dis-je, peu décemment depuis le commencement jusqu'à la fin. Tous les prélats, les abbés distingués, et quantité de laïques considérables furent invités pendant la cérémonie par les premiers officiers de M. le duc d'Orléans à dîner au Palais-Royal. Les mêmes firent les honneurs du festin qui fut servi avec la plus splendide abondance et délicatesse, et apprêté et servi par les officiers de M. le duc d'Orléans et à ses dépens. Il eut deux tables de trente couverts chacune dans une grande pièce du grand appartement, qui furent remplies de ce qu'il y avoit de plus considérable à Paris, et plusieurs autres tables également bien servies en d'autres pièces voisines pour des gens moins distingués. M. le duc d'Orléans donna au nouvel archevêque un diamant de grand prix pour lui servir d'anneau. Toute cette journée fut livrée à cette sorte de triomphe qui n'attira pas l'approbation des hommes ni la bénédiction de Dieu. Je n'en vis pas la moindre chose, et jamais M. le duc d'Orléans et moi ne nous en sommes parlé.

1. Le verbe *imposer* est ici pris dans le sens d'*imputer*.

Dans le même temps que Dubois fut nommé à l'archevêché de Cambrai, on publia à son de trompe une ordonnance pour faire sortir en huit jours de toutes les terres de l'obéissance du roi tous les étrangers rebelles, qui, en conséquence, furent recherchés et punis avec la dernière rigueur. Ces étrangers rebelles n'étoient autres que des Anglois, et ce fut un des effets du voyage à Paris du comte Stanhope ; ce ne fut que l'exécution jusqu'alors tacitement suspendue d'une clause infâme du traité fait par Dubois avec l'Angleterre qui y gagnoit tout, et la France rien, rien que la plus dangereuse ignominie. Les François, depuis la révocation de l'édit de Nantes réfugiés en Angleterre, ne pouvoient donner la plus légère inquiétude en France, où personne n'avoit droit à la couronne que celui qui la portoit, et sa maison d'aîné mâle en aîné, et le réciproque stipulé par ce même traité ne pouvoit avoir d'application aux François, dont pas un n'étoit rebelle, ni opposé à la maison régnante. Ce réciproque n'étoit donc qu'un voile, ou plutôt une toile d'araignée pour faire passer, non l'intérêt des Anglois, mais celui du roi d'Angleterre et de ses ministres qui craignoient jusqu'à l'ombre du véritable et légitime roi, bien que confiné à Rome, et des Anglois de son parti, ou qui par mécontentement favorisoient ce parti sans se soucier du parti même. La cour sentoit que quelque éloignement qu'eût toute la nation angloise de revoir sur le trône le fils d'un roi catholique qu'elle avoit chassé, d'un roi qui avoit attaqué tous leurs privilèges, un roi élevé en France qui avoit pris les leçons du roi son père, qui y avoit été nourri au milieu de l'exercice le plus constant et le moins contredit du pouvoir plus qu'absolu, la nation toutefois ne désiroit pas l'extinction de sa famille, sentoit la justice de son droit, vouloit y trouver un appui, et de quoi montrer sans cesse à la maison d'Hanovre que son élévation sur le trône n'étoit que l'ouvrage de sa volonté qui également la pouvoit chasser, et bien plus justement qu'elle n'avoit ôté la couronne aux Stuarts, et tenir ainsi en bride perpétuelle le roi Georges, sa famille et ses ministres. La position de la France à l'égard de l'Angleterre les inquiétoit sans cesse sur les jacobites qui s'y étoient réfugiés par la facilité de leurs commerces et de leurs intelligences en Angleterre, et par la facilité d'y passer promptement.

Quelque honteuses preuves qu'eût le gouvernement d'Angleterre de l'abandon de celui de France à ses volontés, depuis que Dubois en étoit devenu l'arbitre unique, ces habiles ministres sentoient combien cette conduite étoit personnelle; qu'elle ne tenoit qu'au désir de la pourpre que Dubois espéroit du crédit du roi Georges auprès de l'empereur qui, en effet, pouvoit tout à Rome; que cette conduite étoit essentiellement contraire à l'intérêt de la France et singulièrement odieuse à toute la nation françoise, grands et petits; conséquemment qu'elle pouvoit facilement changer, et qu'il étoit de l'intérêt le plus pressant de la maison d'Hanovre et de ses ministres de profiter de leur situation présente avec la France pour la mettre à jamais, autant qu'il étoit possible, hors de moyens de troubler l'Angleterre, d'y favoriser utilement les jacobites, encore plus d'y faire des partis et quelque invasion en faveur des Stuarts. Pour arriver à ce point, il falloit deux choses, s'ôter toute inquiétude à l'égard de la France en la dépouillant de tous ceux qui leur en pouvoient donner, et ruiner en Angleterre tout crédit et toute confiance en la France, par la rendre conjointement avec eux la persécutrice publique et déclarée du ministère de la reine Anne, et de tout ce parti qui seul avoit sauvé la France des plus profonds malheurs par la paix particulière de Londres, la séparation de l'Angleterre d'avec ses alliés, enfin par la paix d'Utrecht, dont la reine Anne s'étoit rendue la dictatrice et la maîtresse, et qui avoit sauvé la France au moment qu'elle alloit être envahie, et la couronne d'Espagne à Philippe V, à l'instant qu'il l'alloit perdre sans la pouvoir sauver.

Le ministère du roi Georges avoit voulu faire sauter les têtes de ce ministère précédent, précisément pour avoir fait la paix de Londres et forcé les alliés aux conditions de celle d'Utrecht, et n'avoit cessé depuis de persécuter ce parti avec la dernière fureur. Mettre la France de moitié de cette persécution effective d'un parti à qui elle devoit si publiquement et si récemment son salut et la conservation de la couronne d'Espagne à Philippe, par complaisance pour le parti opposé, qui ne respira jamais que sa ruine radicale, et qui étoit parvenu à y toucher, c'étoit couvrir la France d'une infamie éternelle à tous égards, et la perdre tellement d'honneur, de réputation, de confiance en Angleterre, vis-à-vis le parti qu'elle contribuoit à y accabler en reconnoissance d'en avoir été sauvée elle-même, qu'une démarche si contraire à tout honneur, pudeur et intérêt, lui aliéneroit à jamais ce parti, qui l'avoit sauvée, avec plus de rage que n'en pouvoit avoir le parti régnant qui l'avoit voulu perdre, qui pour trouver la France si déplorablement complaisante, ne l'en haïssoit pas moins, et qui par là trouvoit le moyen de la mettre hors d'état d'en recevoir aucune inquiétude, sans toutefois avoir acheté une démarche si destructive de tout intérêt et de tout honneur, par le plus léger service, par la plus légère apparence de refroidissement avec ses alliés que la France devoit toujours regarder comme véritables ennemis, par la plus petite justice à l'égard de l'Espagne, par la moindre reconnoissance de la servitude par laquelle nous avions pour leur complaire laissé volontairement et si préjudiciablement éteindre et anéantir notre marine, en un mot, rien autre que d'avoir reconnu le pouvoir sans bornes de l'abbé Dubois sur son maître, et d'en savoir profiter pour en tirer tout, en lui faisant espérer le chapeau.

Je n'avois rien cédé de tout cela à M. le duc d'Orléans, dès le premier traité où cette infamie fut stipulée. On a vu en son lieu combien je m'y opposai dans son cabinet, et depuis au conseil de régence; je n'oubliai aucune des raisons qu'on vient de voir, je les paraphrasai plus fortement encore. Le maréchal d'Huxelles, maréchal d'Estrées, plusieurs autres, qui n'osèrent traiter la matière qu'en tremblant, ne laissèrent pas de laisser voir ce qu'ils en pensoient ; Torcy même, dont ces deux paix de Londres et d'Utrecht étoient l'ouvrage, s'éleva plus que sa douceur et sa timidité naturelles ne le lui permettoient ; tout cela ne changea point l'article du traité, mais en suspendit l'effet. Le gouvernement d'Angleterre y consentit, peut-être tacitement informé de la révolte des esprits et du murmure général ; mais les temps étoient venus de ne plus rien ménager. L'affaire du parlement, puis la conspiration du duc du Maine découverte et finie, la paix d'Espagne faite, l'abbé Dubois plus maître que jamais, ses amis les Anglois le sommèrent de sa parole ; il fallut bien la tenir dans la vue plus prochaine de la pourpre ; la proscription effective fut accordée et publiée sans qu'il fût possible à personne de l'empêcher. Les cris publics et l'horreur qui en fut généralement marquée n'en causa aucun repentir ; ce ne fut qu'un sacrifice de plus que Dubois eut à présenter à la cour de Londres pour accélérer sa pourpre, qui ne fut pas plus goûté par tous les Anglois de tous partis, hors celui des ministres, qu'il le fut en France, et on peut ajouter dans tout le reste de l'Europe, qui nous en méprisa, tandis que tout le gros de l'Angleterre nous en détesta ouvertement, et que le parti de son ministère se moqua de notre misérable facilité.

Le roi d'Espagne, qui avoit tant fait et laissé faire de choses en son nom, et avec tant de persévérauce pour élever Albéroni à la pourpre, en fit de plus étranges pour l'en faire priver. Il n'y eut point d'instances qu'il n'en fît faire au pape, qu'il ne lui en fît de sa main, et pour l'engager encore de l'enfermer au château Saint-Ange, s'il entroit dans l'État ecclésiastique. Peu content du succès de tant de démarches, et si empressées, il profita de la paix qu'il venoit de faire avec le roi et avec l'empereur, pour les presser de joindre leurs plus fortes démarches et leurs offices les plus vifs aux siens, auprès du pape, pour en obtenir cette privation du chapeau ; mais cela fut éludé à Rome, où on obtiendroit plutôt une douzaine de chapeaux à la fois, quelque chère et difficile que soit cette marchandise, car c'en est une en effet, que la privation d'un seul. Cette cour qui a élevé si haut cette dignité si vide de sa nature, et qui, à force de la revêtir et de la décorer des dépouilles des plus hautes dignités sacrées et profanes, sans être elle-même d'aucun de ces deux genres, est parvenue avec tout l'art de sa politique à en faire l'appui de sa grandeur, en fascinant le monde de chimères, qui à la fin sont devenues l'objet de l'ambition de toutes les nations, par les richesses, les honneurs, les rangs et le solide, dont elles se sont réalisées ; et de là, montant toujours, cette pourpre est arrivée à rendre inviolables les crimes les plus atroces, et les félonies les plus horribles de ceux qui en sont revêtus. C'est le point le plus cher et le plus appuyé des usurpations de leurs priviléges, parce que c'est lui qui est le plus important à l'orgueil et à l'intérêt de Rome qui se sert de l'espérance du chapeau pour dominer toutes les cours catholiques, qui, par ce chapeau, soustrait les sujets à leur roi, à tous juges pour quoi que ce puisse être, qui domine tous les clergés, qui est seule juge et la souveraine de ces chapeaux rouges, qui leur fait tout entreprendre et brasser impunément, et qui se trouve par là si intéressée à soutenir leur impunité, qu'elle ne peut se résoudre à y faire la moindre brèche en choses dont le fond ne l'intéresse point, comme les crimes qui lui sont étrangers, même ceux qui ont offensé les papes, comme Albéroni avoit fait avec si peu de ménagement, tant de fois, de peur que la privation du chapeau devînt et pût passer en exemple, et privât les papes des pernicieux usages qu'ils ont si souvent faits des cardinaux, que la vue de pouvoir être dépouillés de la pourpre arrêteroit en beaucoup d'occasions.

Ce raisonnement est tellement celui de la cour de Rome,

qu'on a vu des papes faire tuer, noyer, empoisonner des cardinaux, plutôt que leur ôter le chapeau. Les Caraffe, les Colonne et bien d'autres en sont des exemples dont l'histoire n'est point à contester; on n'en voit point de privation du chapeau, car on ne peut pas compter pour telle les temps de schismes, et ce que les papes et les antipapes faisoient contre les cardinaux les uns des autres. Ainsi le roi d'Espagne, heurtant ainsi la partie la plus sensible et la plus essentielle de l'intérêt des papes et de la cour de Rome, se donna vainement en spectacle de lutte et d'impuissance, contre un homme de la lie du peuple, pour l'élévation duquel il avoit tout épuisé, et qu'il ne put détruire. Tout ce que ses instances purent obtenir, encore aidées de la haine personnelle du pape et de la cour de Rome contre Albéroni, fut de le réduire à errer, souvent inconnu, jusqu'à la mort du pape; alors l'intérêt des cardinaux l'appela au conclave où il entra comme triomphant, et est depuis demeuré en splendeur, ou à Rome, ou dans les différentes légations qu'il a obtenues. Ces leçons sont grandes, elles sont fréquentes, elles sont bien importantes; elles n'en demeureront pas moins inutiles par l'ambition des plus accrédités auprès des rois, et la foiblesse des rois à leur procurer cette pourpre si fatale aux États, aux rois et à l'Église.

Plusieurs personnes moururent à peu près en ce même temps : la comtesse de Lislebonne, qui avoit pris depuis plusieurs années le nom de princesse de Lislebonne, mourut à quatre-vingt-deux ans; elle étoit bâtarde de Charles IV, duc de Lorraine, si connu par ses innombrables perfidies, et de la comtesse de Cantecroix, et veuve du frère cadet du duc d'Elbœuf. Il y a eu occasion de parler ici d'elle quelquefois, et de la faire assez connoître pour n'avoir plus besoin de s'y étendre; avec beaucoup de vertu, de dignité, de toute bienséance, et non moins d'esprit et de manége, elle ne céda à aucun des Guise en cette ambition et cet esprit qui leur a été si terriblement propre, et eût été admise utilement pour eux aux plus profonds conseils de la Ligue. Aussi Mlle de Guise, le chevalier de Lorraine et elle n'avoient-ils été qu'un ; aussi donna-t-elle ce même esprit à Mme de Remiremont, sa fille aînée, et Mme d'Espinoy sa cadette y tourna, et y mit tout ce qu'elle en avoit. Cette perte fut infiniment sensible à ses deux filles, à Vaudemont, son frère de même amour, encore plus dangereusement Guisard, si faire se pouvoit. Aussi logeoient-ils tous ensemble à Paris, dans l'hôtel de Mayenne, ce temple de la Ligue, où ils ont conservé ce cabinet appelé *de la Ligue,* sans y avoir rien changé, par la vénération, pour ne pas dire le culte d'un lieu où s'étoient tenus les plus secrets et les plus intimes conseils de la Ligue, dont la vue continuelle entretenoit leurs regrets et en ranimoit l'esprit, ce que prouvent les faits divers qui ont été rapportés d'eux en tant d'endroits de ces Mémoires, et tout le tissu de leur conduite ; ainsi on ne leur prête rien. Mais comme toute impunité, et au contraire toute considération, étoit devenue de si longue main leur plus constant apanage, la pension de douze mille livres qu'avoit Mme de Lislebonne, fut donnée à Mme de Remiremont ;

Le grand maître de Malte, Perellos y Roccafull, Espagnol de beaucoup de mérite, qui eut le frère du cardinal Zandodari pour successeur ;

Le père Cloche, depuis quarante ans général de l'ordre de Saint-Dominique, avec la plus grande réputation et la considération à Rome la plus distinguée et la plus soutenue, et beaucoup d'autorité dans toutes les affaires ; aimé, respecté, estimé et consulté par tous les papes et les cardinaux. Il auroit été cent fois cardinal, s'il n'avoit pas été François et très-bon François ; il avoit été confesseur de mon père jusqu'à son départ pour l'Italie ;

Fourille, aveugle, qui avoit beaucoup d'esprit et fort orné, et longtemps capitaine aux gardes, estimé et fort dans la bonne compagnie. Sa pension fut donnée à sa veuve, qui demeuroit pauvre avec des enfants, à l'un desquels on a vu ici que j'avois fait donner une abbaye sans les connoître ;

Mme de La Hoguette, veuve d'un lieutenant général sous-lieutenant des mousquetaires, mort aux précédentes guerres du feu roi en Italie, qui étoit un fort galant homme et très-estimé. Cette femme étoit fort riche, avare, dévote pharisaïque, toute merveilleuse, du plus prude maintien, et qui sentoit la profession de ce métier de fort loin avec de l'esprit et de la vertu, si elle eût bien voulu n'imposer pas tant au monde ; elle étoit très-peu de chose, et toutefois merveilleusement glorieuse. Son mari étoit neveu de La Hoguette, archevêque de Sens, si estimé et si considéré sans le rechercher, et qui refusa l'ordre du Saint-Esprit avec une humilité si modeste, comme on l'a vu en son lieu ici. La fille unique de Mme de La Hoguette, qui avoit épousé Nangis, fut sa seule héritière, et avec beaucoup de patience et de vertu n'en fut pas plus heureuse ;

Mortagne, officier général, qui s'étoit fait estimer dans la gendarmerie et dans le monde. Il en a été parlé sur ses deux mariages, l'un et l'autre assez singuliers. Il s'étoit fait chevalier d'honneur de Madame. C'étoit un fort honnête homme, mais de fort obscure naissance. Son père étoit un riche maître de forges devers Liége, qui laissa à son fils un nom qui n'étoit pas à lui. Il laissa une fille unique et une veuve assez digne du duc de Montbazon, mort enfermé à Liége, père de son père, dont la plupart de la postérité s'est sentie peu ou beaucoup.

Mme la Duchesse, sœur de M. le prince de Conti et de Mlle de La Roche-sur-Yon, mourut le 21 mars à Paris, dans l'hôtel de Condé, après une fort longue maladie, à trente et un ans, au bout de sept ans de mariage, dont il a été parlé ici en son temps, pendant lequel elle ne s'étoit pas contrainte : elle fut plainte sans être regrettée. Les princes du sang rebutés de leurs tentatives inutiles de faire garder le corps de ces princesses, l'usage de brusquer l'enterrement, pris depuis ce peu de succès, fut continué en cette occasion. Le surlendemain de sa mort, sans qu'il y eût eu aucune cérémonie à l'hôtel de Condé que le pur nécessaire, elle fut portée aux Carmélites de la rue Saint-Jacques où elle fut enterrée. Le convoi fut très-magnifique. Mlle de Clermont accompagna le corps avec la duchesse de Sully et de Tallard, que M. le Duc et Mme sa mère en avoient priées. Quelques jours après, M. le Duc reçut les visites de tout le monde, avec la précaution ordinaire d'un magasin de manteaux dans son antichambre, et l'indécence ordinaire et affectée contre cette nouvelle pratique, qui a été marquée ici à son commencement. Mme la Duchesse, qui ne laissa point d'enfants, fit un testament et Mme de La Roche-sur-Yon sa légatrice universelle. Il y avoit beaucoup à rendre et force pierreries, parce que feu M. le prince de Conti avoit fort avantagé cette princesse qui étoit sa fille aînée. Mlle de La Roche-sur-Yon ne se trouva pas la plus forte. M. le Duc s'en tira lestement, mais peu d'années avant sa mort il pensa sérieusement, et fit pleine justice à Mlle de La Roche-sur-Yon qui n'avoit osé le plaider, et qui ne pensoit plus depuis longtemps à cette affaire. Le deuil du roi ne fut que de cinq jours pour Mme la Duchesse.

CHAPITRE XXI.

Maison de Horn ou Hornes. — Catastrophe du comte de Horn à Paris. — Jugement et exécutions à Nantes. — Mort, famille et extraction du prince de Berghes. — Mort du duc de Perth. — Mariage du comte de Grammont avec une fille de Biron. — Mariage de Mailly avec une sœur de la duchesse de Duras, [Mlle de] Bournonville. — Mariage du duc de Fitz-James avec Mlle de Duras. — Mariage de Chalmazel avec Mlle de Bonneval. — Mariage du prince d'Isenghien avec la seconde fille du prince de Monaco. — Mariages du marquis de Matignon avec Mlle de Brenne, et de sa sœur à lui avec Basleroy. — Naissance de l'infant don Philippe. — Maulevrier-Langeron, envoyé en Espagne, lui porte le cordon bleu. — Affaire et caractère de l'abbé de Gamaches, auditeur de rote. — Sa conduite à Rome, où il mourut dans cet emploi. — Ce que c'est que la rote.

Le comte de Horn étoit à Paris depuis environ deux mois, menant une vie obscure de jeu et de débauche. C'étoit un homme de vingt-deux ans, grand et fort bien fait, de cette ancienne et grande maison de Horn, connue dès le xie siècle parmi ces petits dynastes des Pays-Bas, et depuis par une longue suite de générations illustres. La petite ville et la seigneurie de Horn en Brabant, près de Ruremonde, a donné l'origine et le nom à cette maison. Elle est du territoire de Liége, et relevoit de l'ancien comté de Looss. Des trois branches de cette maison J., second fils de Jacques, fait comte de Horn par l'empereur Frédéric III, et frère puîné d'autre Jacques qui eut des enfants, sans postérité, recueillit la succession de son frère et de ses neveux. Il quitta la prévôté de Liége pour épouser Anne d'Egmont, fille de Floris, comte de Buren, chevalier de la Toison d'or, et veuve avec des enfants de Joseph de Montmorency, seigneur de Nivelle. Elle captiva si bien son second mari que, se voyant sans enfants, et le dernier de la branche aînée de Horn, il adopta les deux enfants de sa femme, Philippe et Floris de Montmorency, qui furent tous deux illustres par leurs grands emplois, tous deux chevaliers de l'ordre de la Toison d'or, tous deux victimes des cruautés exercées dans les Pays-Bas, tous deux sans avoir laissé de postérité. Philippe prit le nom de comte de Horn. C'est lui à qui le duc d'Albe, gouverneur des Pays-Bas, fit couper la tête avec le comte d'Egmont, et qui furent exécutés ensemble à Bruxelles, le 5 juin 1568. Floris, son frère, porta le nom de baron de Montigny, député pour la seconde fois en Espagne, pour supplier Philippe II de ne point établir l'inquisition aux Pays-Bas, fut arrêté en septembre 1567, puis transféré du château de Ségovie en celui de Simancas, où il eut la tête tranchée en octobre 1570. Leurs deux sœurs furent mariées toutes deux dans la maison de Lalaing.

Thierry de Horn, frère puîné du trisaïeul du dernier de la branche aînée, fit la seconde branche qui finit à sa dixième génération.

J. de Horn fut chef de la troisième et dernière branche, et portoit le nom de seigneur de Baussignie. Il étoit second fils de Philippe, seigneur de Gaësbeck, arrière-petit-fils de Thierry, chef de la seconde branche. Eugène Max, sa cinquième génération directe, fut fait prince de Horn. Son fils unique, Philippe-Emmanuel, prince de Horn, eut les charges, les emplois et les distinctions les plus considérables, civiles et militaires, sous Charles II, roi d'Espagne, dont il reconnut le testament, servit de lieutenant général aux siéges de Brisach sous Mgr le duc de Bourgogne, de Landau, sous le maréchal de Tallard, se distingua fort sous le même à la bataille de Spire, puis sous le maréchal de Villeroy, fut blessé de sept coups et prisonnier à la bataille de Ramilies. D'Antoinette, fille du prince de Ligne, chevalier de la Toison d'or et grand d'Espagne, il a laissé deux fils : Maximilien-Emmanuel qui a suivi la révolution des Pays-Bas, où tous ses biens sont situés, et où il porte le nom de prince de Horn, et Antoine-Joseph portant le nom de comte de Horn dont il s'agit ici, et qui n'étoit encore que capitaine réformé dans les troupes autrichiennes, moins par sa jeunesse que par être fort mauvais sujet, et fort embarrassant pour sa mère et pour son frère. Ils apprirent tant de choses fâcheuses de sa conduite à Paris depuis le peu de temps qu'il y étoit arrivé, qu'ils y envoyèrent un gentilhomme de confiance avec de l'argent pour y payer ses dettes, lui persuader de s'en retourner en Flandre, et, s'il n'en pouvoit venir à bout, implorer l'autorité du régent, à qui ils avoient l'honneur d'appartenir par Madame, pour leur être renvoyé. Le malheur voulut que ce gentilhomme arriva le lendemain qu'il eut commis le crime qui va être raconté.

Le comte de Horn alla le vendredi de la Passion, 22 mars, dans la rue Quincampoix, voulant, disait-il, acheter cent mille écus d'actions, et y donna pour cela rendez-vous à un agioteur dans un cabaret. L'agioteur s'y trouva avec son portefeuille et des actions, et le comte de Horn accompagné, lui dit-il, de deux de ses amis; un moment après ils se jetèrent tous trois sur ce malheureux agioteur; le comte de Horn lui donna plusieurs coups de poignard, et prit son portefeuille; un de ses deux prétendus amis qui étoit Piémontois, nommé Mille, voyant que l'agioteur n'étoit pas mort, acheva de le tuer. Au bruit qu'ils firent, les gens du cabaret accoururent, non assez prestement pour ne pas trouver le meurtre fait, mais assez tôt pour se rendre maîtres des assassins et les arrêter. Parmi cette bagarre, l'autre coupe-jarret se sauva; mais le comte de Horn et Mille ne purent s'échapper. Les gens du cabaret envoyèrent chercher la justice, aux officiers de laquelle ils les remirent, qui les conduisirent à la Conciergerie. Cet horrible crime, commis ainsi en plein jour, fit aussitôt grand bruit, et aussitôt plusieurs personnes considérables, parents de cette illustre maison, allèrent crier miséricorde à M. le duc d'Orléans, qui évita tant qu'il put de leur parler, et qui avec raison ordonna qu'il en fût fait bonne et prompte justice. Enfin les parents percèrent jusqu'au régent; ils tâchèrent de faire passer le comte de Horn pour fou, disant même qu'il avoit un oncle enfermé, et demandèrent qu'il fût enfermé aux Petites-Maisons, ou chez les pères de la Charité, à Charenton, chez qui on met aussi des fous; mais la réponse fut qu'on ne pouvoit se défaire trop tôt des fous qui portent la folie jusqu'à la fureur. Éconduits de leur demande, ils représentèrent quelle infamie ce seroit que l'instruction du procès et ses suites pour une maison illustre, qui appartenoit à tout ce qu'il y avoit de plus grand, et à presque tous les souverains de l'Europe. Mais M. le duc d'Orléans leur répondit que l'infamie étoit dans le crime et non dans le supplice. Ils le pressèrent sur l'honneur que cette maison avoit de lui appartenir à lui-même. « Eh bien, messieurs, leur dit-il, fort bien ; j'en partagerai la honte avec vous. »

Le procès n'étoit ni long ni difficile. Law et l'abbé Dubois, si intéressés à la sûreté des agioteurs, sans laquelle le papier tomboit tout court et sans ressource, prirent fait et cause auprès de M. le duc d'Orléans, pour le rendre inexorable ; et lui pour éviter la persécution qu'il essuyoit sans cesse pour faire grâce, eux dans la crainte qu'il ne s'y laissât enfin aller, n'oublièrent rien pour presser le parlement de juger ; l'affaire alloit grand train, et n'alloit à rien moins qu'à la roue. Les parents, hors d'espoir de sauver le criminel, ne pensèrent plus qu'à obtenir une commutation de peine. Quelques-uns d'eux me vinrent trouver, pour m'engager de les y servir, quoique je n'aie point de parenté avec la maison de Horn ; ils m'expliquèrent que la roue mettroit au désespoir toute cette maison, et tout ce qui tenoit à elle, dans les Pays-Bas et en Allemagne, parce qu'il y avoit en ces pays-là une grande et très-importante différence entre les supplices des personnes de qualité qui avoient commis des crimes ; que la tête tranchée n'influoit rien sur la famille de l'exécuté, mais que la roue y infligeoit une telle infamie, que les oncles, les tantes, les frères et sœurs, et les trois premières générations suivantes, étoient exclus d'entrer dans aucun noble chapitre, [ce] qui, outre la honte, étoit une privation très-dommageable, et qui empêchoit la décharge, l'établissement et les espérances de la famille, pour parvenir aux abbayes de chanoinesses, et aux évêchés souverains ; cette raison me toucha, et je leur promis de la représenter de mon mieux à M. le duc d'Orléans, mais sans m'engager en rien au delà pour la grâce.

J'allois partir pour la Ferté, y profiter du loisir de la semaine sainte. J'allai donc trouver M. le duc d'Orléans, à qui j'expliquai ce que je venois d'apprendre. Je lui dis ensuite que quiconque lui demanderoit la vie du comte de Horn, après un crime si détestable en tous ses points, ne se soucieroit que de la maison de Horn, et ne seroit pas son serviteur; que je croyois aussi que ne seroit pas son serviteur quiconque s'acharneroit à l'exécution de la roue, à quoi le comte de Horn ne pouvoit manquer d'être condamné; que je croyois qu'il y avoit un *mezzo-termine* à prendre, lui qui les aimoit tant, qui rempliroit toute justice et toute raisonnable attente du public; qui éviteroit le honteux et si dommageable rejaillissement de l'infamie sur une maison si illustre et grandement alliée, et qui lui dévoueroit cette maison et tous ceux à qui elle tenoit, qui au fond sentoient bien que la grâce de la vie étoit impraticable, au lieu du désespoir et de la rage où tous entreroient contre lui, et qui se perpétueroit et s'aigriroit même à chaque occasion perdue d'entrer dans les chapitres où la sœur du comte de Horn étoit sur le point d'être reçue. Je lui représentai que ce moyen étoit bien simple. C'étoit de laisser rendre et prononcer l'arrêt de mort sur la roue, de tenir toute prête la commutation de peine toute signée et scellée pour n'avoir que la date à y mettre à l'instant de l'arrêt, et sur-le-champ l'envoyer à qui il appartient, puis le jour même faire couper la tête au comte de Horn. Par là toute justice est accomplie, et l'arrêt de roue prononcé, le public est satisfait, puisque le comte de Horn est en effet puni de mort, auquel public, l'arrêt rendu, il n'importe plus du supplice, pourvu qu'il soit à mort, et la maison de Horn et tout ce qui y tient, trop raisonnables pour avoir espéré une grâce de la vie qu'eux-mêmes en la place du régent n'auroient pas accordée, lui seroient à jamais redevables d'avoir sauvé leur honneur et les moyens de l'établissement des filles et des cadets. M. le duc d'Orléans trouva que j'avois raison, la goûta, sentit son intérêt de ne pas jeter dans le désespoir contre lui tant de gens si considérables en accomplissant toutefois toute justice et l'attente du public, et me promit qu'il le feroit ainsi. Je lui dis que je partois le lendemain ; que Law et l'abbé Dubois, acharnés à la roue, la lui arracheroient ; il me promit de nouveau de tenir ferme à la commutation de peine, m'en dit là-dessus autant que je lui en aurois pu dire ; en m'étendant là-dessus je lui déclarai que je n'étois ni parent ni en la moindre connoissance avec la maison de Horn, ni en liaison avec aucun de ceux qui se remuoient pour elle ; que c'étoit uniquement raison et attachement à sa personne et à son intérêt qui me faisoit insister, et que je le conjurois de demeurer ferme dans la résolution qu'il me témoignoit, puisqu'il en sentoit tout le bon et toutes les tristes suites du contraire, et de ne se point laisser entraîner aux raisonnements faux et intéressés de Law et de l'abbé Dubois, qui se relayeroient pour arracher de lui ce qu'ils vouloient. Il me le promit de nouveau, et comme je le connoissois bien, je vis que c'étoit de bonne foi. Je pris congé et partis le lendemain.

Ce que j'avois prévu ne manqua pas. Dubois et Law l'assiégèrent, et le retournèrent si bien que la première nouvelle que j'appris à la Ferté fut que le comte de Horn et son scélérat de Mille avoient été roués en Grève, vifs, et avoient expiré sur la roue le mardi saint, 26 mars, sur les quatre heures après midi, sur le même échafaud, après avoir été appliqués à la question. Le succès en fut tel aussi que je l'avois représenté à M. le duc d'Orléans. La maison de Horn et toute la grande noblesse des Pays-Bas, même d'Allemagne, furent outrées, et ne se continrent ni de paroles ni par écrit. Il y eut même par mieux d'étranges partis de vengeance, pourpensés, et, longtemps depuis la mort de M. le duc d'Orléans, j'ai trouvé de ces messieurs-là, qui n'ont pu se tenir de m'en parler ni se contenir de répandre le venin qu'ils en conservoient dans le cœur.

Le même jour, mardi 26 mars, que le comte de Horn fut exécuté à Paris, plusieurs Bretons le furent à Nantes par arrêt de la commission du conseil. Les sieurs de Pontcallet, de Talhouet, Montlouis et Coëdic[1], capitaine de dragons, y eurent la tête coupée. Il y en eut seize autres qu'on ne tenoit pas qui l'eurent en même temps en effigie, qui furent les deux frères Rohan du Poulduc, les deux frères du Groesker[2], les sieurs de Rosconan, Bourgneuf-Trevelec fils, Talhouet de Boisoran et Talhouet de Bonamour, La Boissière, Kerpedron de Villeglé, La Beraye, La Houssaye père, Croser, Kerentré de Goëllo, Melac-Hervieux et Lambilly, conseiller au parlement de Rennes. Les prisonniers avoient avoué la conspiration et les mesures prises pour livrer les ports de la Bretagne à l'Espagne, et y en recevoir les troupes, marcher en armes en France, etc., le tout juridiquement avoué et prouvé. On les avoit éblouis de les remettre comme au temps de leur duchesse héritière Anne, et de trouver la plupart de la noblesse de France prête à se joindre à eux pour la réformation du royaume sous l'autorité du roi d'Espagne, représentée en France par le duc du Maine. La bouche fut soigneusement fermée aux commissaires les plus instruits, et l'abbé Dubois sut mettre bon ordre à la conservation du secret, des détails sur le duc et duchesse du Maine qu'il avoit eu grand soin de faire élargir, et revenir avant d'achever les procès criminels de Nantes. Il se trouva tant de gens arrêtés et à arrêter sur les dépositions des prisonniers qu'après l'exécution réelle de ces quatre, et en effigie de ces seize, on envoya une amnistie pour tous les prisonniers et accusés non arrêtés, les uns et les autres non encore jugés, dont dix seulement furent exceptés, qui sont : les deux frères Lescoët, les sieurs de Roscoët, Kersoson, Salarieuc l'aîné, Karanguen-Hiroët, Coargan, Boissy-Bec-

---

1. Ce dernier est appelé, dans Lemontey (*Hist. de la Régence*, I, 246), du Courdic, capitaine réformé des dragons de Bellabre.
2. Dugroesquar, d'après Lemontey (*ibid.*). L'un était d'épée, et l'autre d'église, comme on disait alors. L'abbé Dugroesquar était un des chefs du mouvement et cherchait à lui donner de l'unité.

de-Lièvre, Kervasi l'aîné, et les frères Fontainepers[1]. Noyan, qui étoit prisonnier, fut mis en liberté par l'amnistie. Rochefort, président à mortier, et La Bédoyère, procureur général, et quelques autres du même parlement de Bretagne, eurent ordre de se défaire de leurs charges, et l'arrêt de la commission du conseil à Nantes fut rendu public. Plusieurs de ces Bretons coupables, qui se sauvèrent à temps, se retirèrent par mer en Espagne, où tous eurent des emplois ou des pensions. Peu y firent quelque petite fortune qui ne les consola pas de leur pays ni du peu qu'ils y avoient quitté. Beaucoup y vécurent misérables et méprisés par la plus que médiocrité, à quoi se réduisit bientôt ce qu'on leur avoit donné. Quelques-uns revinrent en France après la mort de M. le duc d'Orléans et le changement de toutes choses, mais fort obscurément chez eux; la plupart sont morts en terre étrangère. Telle est presque toujours l'issue des conspirations et le sort de tant de gens qui, en celle-ci, perdirent la tête ou leur état, leurs biens, leur famille, pour errer en terre étrangère, et y demander leur pain, et le recevoir bien court pour l'intérêt, les vues, l'ambition du duc et de la duchesse du Maine qui les avoient si bien ensorcelés, et qui n'en perdirent pas un cheveu de leur tête. Il fut même remarqué que, peu de jours après, le duc du Maine vit pour la première fois M. le duc d'Orléans à Saint-Cloud.

Le prince de Berghes mourut chez lui en Flandre. Il n'étoit point de l'ancienne maison de ce nom, mais des bâtards de Berghes et frère de Mlle de Montigny, cette maîtresse si longtemps aimée et publiquement par l'électeur de Bavière, qu'il fit enfin épouser au comte d'Albert, comme on l'a vu ici en son lieu. Elle avoit fait en sorte que l'électeur avoit obtenu la grandesse d'Espagne et la Toison d'Or de Philippe V, pour son frère qui étoit aussi petit et vilain qu'elle

---

1. D'après l'énumération des noms, l'on trouve plus de dix personnes non amnistiées.

étoit belle et bien faite. Il avoit épousé une fille du duc de Rohan qui ne vouloit pas lui donner grand'chose, dont il n'eut point d'enfants, et qui a été une femme de mérite et d'une belle figure. Le père de ce prince de Berghes étoit gouverneur de Mons, qu'il défendit quand le roi le prit, et il est mort chevalier de la Toison d'or et gouverneur de Bruxelles.

Le duc de Perth mourut presque en même temps dans le château de Saint-Germain où il étoit demeuré. C'étoit un seigneur qui avoit quitté de grands établissements en Écosse, par fidélité pour le roi Jacques qui le fit gouverneur du prince de Galles. Sa femme étoit morte à Saint-Germain, dame d'honneur de la reine d'Angleterre, dont il étoit grand écuyer. C'étoit un homme d'honneur et de beaucoup de piété, qui valoit bien mieux que le duc de Melford son frère. Le roi Jacques les fit ducs tous deux, le dernier en mourant, comme on l'a vu en son lieu, et leur donna à tous deux la Jarretière.

Il se fit aussi plusieurs mariages. Mme de Biron, qui ne négligeoit rien, avoit su profiter de la place de son mari auprès de M. le duc d'Orléans, et captiver Law pour avoir gros, comme auparavant elle avoit su sucer plusieurs financiers, et quelques-uns jusqu'au sec pour sa protection. Le duc de Guiche, moyennant le besoin que le régent crut toujours avoir du régiment des gardes avoit tiré des monts d'or de Law. Il avoit déjà marié sa fille aînée au fils aîné de Biron. Ils firent encore un mariage d'une fille de Biron avec le second fils du duc de Guiche qu'on appeloit le comte de Grammont. En faveur de cette affaire M. le duc d'Orléans donna huit mille livres de pension à la nouvelle épouse.

Mlle de Bournonville, sœur de la duchesse de Duras, mais qui ne lui ressembloit en rien, épousa l'aîné de la maison de Mailly, duquel la mère étoit sœur du cardinal de Mailly; ni l'un ni l'autre n'étoient pas faits pour la fortune, aussi pour des gens comme eux sont-ils demeurés dans l'obscurité.

La même duchesse de Duras et son mari marièrent leur fille aînée, qui n'avoit que quatorze [ans], au fils aîné du duc et de la duchesse de Berwick qu'on appela duc de Fitz-James, qui étoit aussi fort jeune, qui eut en se mariant dix mille livres de pension. Il mourut peu d'années après sans enfants. Sa veuve s'est depuis remariée au duc d'Aumont dont elle a des enfants.

Peu après, Chalmazel épousa Mlle de Bonneval, fille du frère aîné de celui qui a passé en Turquie, tous deux de bonne maison. Chalmazel étoit fils d'une sœur de Chamarande, goutteux, veuf et sans enfants, qui étoit riche; mais lui étoit Talaru qui est une fort ancienne maison devers le Lyonnois, alliée à toutes les meilleures des provinces voisines.

Le prince d'Isenghien, qui n'avoit point d'enfants de ses deux femmes, épousa Mlle de Monaco, sœur de la duchesse de Valentinois, qui en fit la noce chez le comte de Matignon, son beau-père, avec qui elle demeuroit. M. de Monaco étoit à Monaco et n'en sortoit plus.

Parlant des Matignon, la seconde fille du maréchal de Matignon qui n'étoit plus jeune, et s'ennuyoit de n'être point mariée, épousa Basleroy, colonel de dragons. Son nom étoit La Cour, et si peu de chose, que son père, qui étoit riche, épousa pour rien la sœur de Caumartin, conseiller d'État, et se fit maître des requêtes; il n'alla pas plus loin. Les Matignon outrés furent fort longtemps sans vouloir ouïr parler de Basleroy et de sa femme, et à la fin les virent et leur pardonnèrent. Le second fils du maréchal de Matignon épousa aussi Mlle de Brenne, fille d'une sœur de la duchesse de Noirmoutiers, qui en la mariant la fit son héritière.

La reine d'Espagne accoucha d'un prince qui fut appelé don Philippe, à qui on envoya le cordon bleu à l'exemple du feu roi qui en avoit usé ainsi envers les infants aînés de celui-ci, et les avoit ainsi comme fils de roi traités en fils de France, quoique, à le prendre en rigueur de naissance, ils ne fussent que fils d'un fils de France cadet, et par conséquent petits-fils de France. Maulevrier-Langeron, dont le nom est Andrault, neveu de l'abbé de Maulevrier, aumônier du roi, duquel on a parlé ici quelquefois, fut destiné à porter ce cordon bleu, et à être envoyé du roi en Espagne. Ce fut son oncle qui lui procura cet emploi. Il venoit d'être fait lieutenant général dans une promotion de dix-sept, dont fut aussi le duc de Duras. Ces Andrault étoient de Bourbonnois, attachés, mais fort en sous-ordre, à la maison de Condé. On a vu en son lieu que Langeron, lieutenant général des armées navales, l'étoit fort au duc du Maine. On verra que M. le duc d'Orléans auroit pu faire un meilleur choix, si Dieu me donne le temps d'écrire ici mon ambassade en Espagne.

L'abbé de Gamaches étoit à Rome depuis assez longtemps, qu'il y avoit été envoyé succéder au cardinal de Polignac, à la place d'auditeur de rote pour la France. Il étoit fils de Gamaches qui avoit été mis auprès de Mgr le duc de Bourgogne avec Cheverny, d'O et Saumery, en qualité de menins. Le frère de cet abbé avoit épousé une fille de Pomponne, frère de Mme de Torcy, et Torcy ministre et secrétaire d'État des affaires étrangères lui avoit valu cet emploi. Le père de Gamaches étoit chevalier de l'ordre de 1661, et tous deux avoient épousé les sœurs de MM. de Loménie et de Brienne, père et fils, et secrétaires d'État des affaires étrangères, que le fils quitta parce que sa tête se dérangea, et a vécu longtemps et est mort enfermé. Le nom de l'abbé de Gamaches est Rouault. Il étoit fort glorieux, encore plus ambitieux et fort plein de lui-même; il faut dire aussi qu'il n'étoit pas sans mérite, et qu'il avoit du savoir et de l'esprit pour toute sa race; mais il ne souffroit pas aisément de supérieur, ne démordoit point de ce qu'il avoit entrepris, et savoit parfaitement être ami et ennemi. Avec ces qualités il s'appliqua fort à la rote, et y acquit la réputation d'un des plus capables de ce tribunal. Quand il s'y fut ancré et qu'il eut acquis des amis et de la considération dans Rome, son génie et son humeur se déployèrent, et son ambition se développa. Il ne songea qu'à plaire à la cour de Rome et à ceux qui la gouvernoient ou qui pourroient la gouverner à leur tour, et se mit en tête de se faire cardinal par cette voie. Dans ce plan de conduite il ne craignit pas de se lier étroitement avec les personnages principaux et autres qu'il se crut utiles, quoique déclarés contre la France, et de marcher ainsi tête levée dans toutes les routes qui pouvoient favoriser son projet.

L'abbé Dubois avoit des agents secrets à Rome pour son chapeau. Gamaches les découvrit, les suivit, chercha inutilement à avoir par eux quelque part en leurs menées. Il fut piqué du mystère qu'ils lui en firent, se brouilla avec eux, se mit à les traverser de dépit, et aussi pour faire sentir à l'abbé Dubois qu'il avoit besoin de lui. Dubois en fut bientôt averti; la fureur le saisit contre l'abbé de Gamaches, qu'il trouva plus court de rappeler, dans la puissance où il se trouvoit de tout faire. Un autre que Gamaches auroit été accablé, mais il l'avoit prévu et s'étoit préparé à en soutenir le choc. Il commença par s'excuser, continua par se plaindre; mais comme il s'aperçut que cette conduite n'opéroit pas de changement à son rappel, il chaussa le cothurne et osa se déclarer; il déclara donc à l'abbé Dubois que ce rappel n'étoit point en sa puissance, pour couler doucement qu'elle n'étoit pas en celle du régent, par conséquent en celle du roi même. Il avança nettement que le feu roi, en le nommant à l'auditorat de rote pour la France, avoit consommé son pouvoir; que du moment qu'il étoit pourvu, agréé à Rome et en possession, il étoit devenu magistrat d'un des premiers tribunaux du monde; que dès là il ne dépendoit plus du roi, ni pour sa place, ni pour ses fonctions, ni pour sa personne; que si on pouvoit juridiquement prouver des crimes, un auditeur de rote comme tout autre magistrat en subissoit la punition, mais instruite devant le pape et prononcée par lui, lequel étoit le souverain de Rome et de la rote, sous l'autorité et la protection duquel elle faisoit ses fonctions; que de crimes ni même de mauvaise conduite, il ne craignoit point qu'on lui en pût imputer, encore moins prouver ; qu'il s'en tenoit là avec d'autant plus d'assurance qu'il n'avoit à répondre que devant le pape, de l'intégrité et de la bonté duquel il ne pouvoit prendre de défiance. A cette dépêche Dubois sauta en l'air; mais quand il eut bien tempêté, il craignit de se commettre avec une cour dont il espéroit tout et de s'y rendre odieux. Il écouta donc volontiers ce qu'on lui voulut dire en faveur de l'abbé de Gamaches. Mais comme il désiroit passionnément aussi de tirer de Rome un homme qui lui pouvoit beaucoup nuire, et qui étoit sur les pistes de tous ses agents, car il en entretenoit trois ou quatre à Rome inconnus les uns aux autres, il lui offrit l'archevêché d'Embrun, vacant par la mort de Brûlart-Genlis, le plus ancien prélat de France, et un des plus saints et des plus résidents évêques. Gamaches, incapable d'abandonner ses vues, le refusa tout net, et déclara qu'il ne vouloit quitter ni Rome ni la rote; mais profitant avec esprit de cet adoucissement, il fit le reconnoissant, offrit ses services à Dubois, et lui en rendit en effet pour le gagner et de fort bons. Avec tous ces manéges, il demeura auditeur de rote; mais il en résulta un véritable scandale.

Jamais auditeur de rote n'avoit encore imaginé ne pouvoir être rappelé. C'est un tribunal où, non sans abus, il se porte des affaires, et souvent très-considérables, de toutes les parties de la catholicité; c'est pour cela qu'il est composé de juges de toutes les nations catholiques, et que chaque roi, ou république, même quelques villes qui l'ont été autrefois, ont la nomination du juge de sa nation. Ce juge est son sujet; il cesse si peu de l'être par sa nomination, qu'il n'en fait les fonctions qu'à ce titre, et à titre de sujet, par conséquent révocable, par le pouvoir d'un souverain sur son sujet. Cet exemple de prétention de ne pouvoir l'être étoit donc monstrueux et très-punissable; mais la punir n'étoit pas l'intérêt du maître des affaires de France, qui les tournoit toutes, et les sacrifioit pour avoir un chapeau. Cette affaire fit donc grand bruit et peu d'honneur à l'autorité du roi, à laquelle elle a porté une blessure qui doit bien faire prendre garde à l'avenir au choix des auditeurs de rote. Quoique toutes les puissances qui en nomment aient le même intérêt, on n'a vu autre chose que Rome s'avantager de tout, et l'emporter sur choses bien plus essentielles, et s'il se peut encore moins fondées contre l'intérêt général, et quelquefois le plus important et le plus sensible de toutes les puissances de sa communion.

Gamaches, enflé d'un succès qu'il devoit à sa hardiesse, et aux conjonctures qui viennent d'être expliquées, ne se contint plus. Il avoit toujours devant les yeux les exemples de MM. Séraphin, La Trémoille et Polignac, qui d'auditeurs de rote pour la France étoient devenus cardinaux; mais c'en étoit trois seuls, et en plus d'un siècle. Il se brouilla dans la suite avec le cardinal de Polignac, chargé des affaires du roi à Rome, dont les défauts n'étoient pas de manquer de douceur, d'agréments, et de tout mettre de sa part dans le commerce d'affaires, et de société. La brouillerie s'augmenta avec tant d'éclat, que Gamaches perdit tout respect et toute mesure en discours publics et en conduite à son égard, ne le vit plus, et cessa de lui rendre tous les devoirs auxquels il étoit obligé envers lui comme cardinal, et comme ministre public du roi; il ne vécut pas mieux avec d'autres cardinaux attachés à la France, pour avoir pris le parti du cardinal de Polignac; tout cela fut su et souffert, parce qu'on avoit laissé gagner ce terrain à Gamaches, et dans les fins aussi, parce qu'ici on se plut à mortifier le cardinal de Polignac. Ce n'étoit pas que depuis quelques années Gamaches n'eût donné de fortes prises sur soi, et même une qui dura longtemps, et qui fit du bruit à Rome, mais dont il ne fut autre chose. Gamaches, que rien n'arrêtoit pour aller à son but, avoit quantité d'amis dans le sacré collége, dans la prélature, dans la principale noblesse, dans l'intérieur de la maison du pape, dans le subalterne important et accrédité; quoiqu'il ne fût pas sans ennemis, on pouvoit dire que tout rioit à ses espérances. C'est la situation où le duc de Saint-Aignan le trouva en arrivant à Rome, avec le caractère d'ambassadeur de France. Ils n'eurent guère le temps de savoir comment ils s'accommoderoient l'un de l'autre, l'abbé de Gamaches étant mort peu de temps après d'une maladie ordinaire, mais qui fut fort courte, et qui mit fin à tous ses grands projets. Il étoit riche, et entre ses bénéfices il avoit l'abbaye de Montmajour d'Arles qui est très-considérable.

CHAPITRE XXII.

Débordement de pensions, et pensions fixées au grade d'officier général. — M. le duc d'Orléans m'apprend le mariage du duc de Lorges avec la fille du premier président. — Ma conduite là-dessus. — Édit de réduction des intérêts des rentes. — Mouvements du parlement là-dessus. — Remontrances. — Retour de Rion à Paris, où il tombe dans l'obscurité. — Enlèvements pour peupler le pays dit Mississipi, et leur triste succès. — La commission du conseil, de retour de Nantes, s'assemble encore à l'Arsenal; peu après, le maréchal de Montesquiou rappelé de son commandement de Bretagne. — Retour du comte de Charolois de ses voyages. — Bon mot de Turménies. — Quel étoit Turménies. — Retrait [1] de l'hôtel de Marsan. — Mariage de La Noue avec Mme de Chevry. — Quels gens c'étoient. — Fruits amers du Mississipi. — Rare contrat de mariage du marquis d'Oyse. — Dreux obtient la survivance de sa charge de grand maître

1. Action en justice pour reprendre l'hôtel de Marsan qui avait été vendu.

des cérémonies pour son fils, et le marie malheureusement. — Mort du prince Vaïni. — Mort et caractère du comte de Peyre. — Sa charge de lieutenant général de Languedoc donnée pour rien à Canillac. — Mort de la comtesse du Roure ; curiosités sur elle. — Mort et singularités de la marquise d'Alluye. — Mort de l'abbé Gautier. — Mort et détails du célèbre Valero y Losa, de curé de campagne devenu, sans s'en être douté, évêque, puis archevêque de Tolède. — Éloge du P. Robinet, confesseur du roi d'Espagne, et son renvoi. — Division entre le roi d'Angleterre et le prince de Galles ; sa cause ; leur apparent raccommodement. — Duc de La Force, choisi pour aller faire les compliments à Londres, n'y va point, parce que le roi d'Angleterre ne veut point de cet éclat. — Masseï à Paris, depuis nonce en France ; sa fortune, son caractère. — Les Vénitiens se raccommodent avec le roi et rétablissent les Ottobon. — État, intrigues, audace des bâtards du prince de Montbéliard, qui veulent être ses héritiers et légitimes.

Malgré la situation des finances, il reprit à M. le duc d'Orléans un nouveau débordement de pensions. Il en donna une de six mille livres, et une autre de quatre mille livres attachée au grade de lieutenant général et à celui maréchal de camp, avec cette explication : qu'elles seroient incompatibles avec un gouvernement ou avec une autre pension ; mais que, si la pension étoit moindre, elle seroit portée jusqu'à cette fixation. Cela alloit bien loin au grand nombre et n'en obligeoit aucun en particulier. La vieille Montauban, dont il a été quelquefois parlé ici, en eut une de vingt mille livres, et M. de Montauban, cadet du prince de Guéméné, une de six mille. La duchesse de Brissac, sœur de Vertamont, qui étoit fort pauvre, et que son frère, premier président du grand conseil, logeoit et nourrissoit, en eut une aussi de six mille livres. Mme de Coetquen, du Puy-Vauban, Polastron, la fille de feu Puysieux, veuve de Blanchefort, grand joueur, et son fils, en eurent chacun une de quatre mille livres ; et huit ou dix autres personnes qui trois, qui deux mille francs. J'en obtins une de huit mille livres pour Mme la maréchale de Lorges, et une de six mille livres pour la maréchale de Chamilly, dont le Mississipi avoit fort dérangé les affaires. M. de Soubise et le marquis de Noailles eurent chacun deux cent mille livres en présent. Jusqu'à Saint-Geniez, sortant de la Bastille et relégué à Beauvais, ayant d'abord été destiné fort loin, eut une pension de mille francs. Tout le monde, en effet, auroit eu besoin d'une augmentation de revenu, par l'extrême cherté où les choses les plus communes et les plus indispensables, et toutes autres natures de choses étoient montées, qui, quoiqu'à la fin peu à peu diminuées, sont demeurées jusqu'à aujourd'hui bien au-dessus de ce qu'elles étoient avant ce Mississipi. Le marquis de Châtillon, qui a fait depuis une si grande fortune, eut aussi six mille livres de pension en quittant son inspection de cavalerie; enfin, La Peyronnie, premier chirurgien du roi en survivance de Maréchal, eut huit mille livres de pension.

Un jour de vers la fin d'avril, travaillant avec M. le duc d'Orléans, il m'apprit le mariage du duc de Lorges avec Mlle de Mesmes, et que le premier président lui en avoit demandé son agrément. Je n'en avois pas ouï dire un mot, et la vérité est que je me mis dans une étrange colère. On a vu, en différentes occasions, ce que j'ai fait pour ce beau-frère, et ce qui m'arriva pour l'avoir fait capitaine des gardes, qu'il étoit, s'il avoit voulu se priver de sa petite maison de Livry, dont la vente étoit nécessaire pour parfaire les cinq cent mille livres à donner au maréchal d'Harcourt, qu'il aima mieux garder. Il m'étoit cruel de lui voir épouser la fille d'un homme que je faisois profession d'abhorrer, et que je ne rencontrois jamais au Palais-Royal sans le lui témoigner, et quelquefois par les choses les plus fortement marquées. Je m'en retournai à Meudon où nous étions déjà établis. J'appris à Mme de Saint-Simon cette énormité de son frère, dont elle ne fut pas moins surprise ni touchée que moi. Je lui déclarai que de ma vie je ne le verrois ni sa femme, et que je ne verrois jamais non plus Mme la maréchale de Lorges, ni M. ni Mme de Lauzun, s'ils signoient le contrat de mariage et s'ils se trouvoient à cette noce. Je le dis tout haut partout, et je m'espaçai sur le beau-père et le gendre sans aucune sorte de mesure. Cet éclat, qui fut le plus grand qu'il me fut possible, et qui mit un grand désordre dans une famille jusqu'alors toujours si intimement unie, et qui vivoit sans cesse ensemble, arrêta le mariage tout court pour un temps; mais sans que je visse le duc de Lorges, qui se flattoit de me ramener par ses sœurs, et qui, dans l'embarras à mon égard de ne vouloir pas rompre ce beau mariage, n'osa se hasarder à me voir.

M. le duc d'Orléans, persuadé par ceux en qui il avoit le plus de confiance sur les finances, résolut de réduire à deux pour cent toutes les rentes. Cela soulageoit fort les débiteurs; mais c'étoit un grand retranchement de revenu pour les créanciers qui, sur la foi publique, le taux approuvé et usité, et la loi des contrats d'emprunts, avoient prêté à cinq pour cent, et en avoient toujours paisiblement joui. M. le duc d'Orléans assembla au Palais-Royal plusieurs personnes de divers états de finance, et résolut enfin avec eux d'en porter l'édit. Il fit du bruit au parlement, qui résolut des remontrances. Aligre présidoit ce jour-là. Le premier président s'en étoit allé à sa campagne pour y faire, disoit-il, des remèdes. Il est vrai qu'il avoit eu une légère attaque d'apoplexie pour laquelle il avoit été un an auparavant à Vichy. Il fut bien aise d'éviter de se commettre avec M. le duc d'Orléans après la cruelle aventure qu'il avoit eue avec lui, mais sans quitter prise, et de laisser agir le parlement, qu'il sentoit bien comme tout le monde que l'imbécillité d'Aligre et le peu de cas qu'en faisoit la compagnie ne seroit pas capable de retenir. Mesmes, ravi de voir se préparer de nouvelles altercations entre le régent et le parlement, [leur] vouloit laisser la liberté de se reproduire sans y être présent, et ne revenir qu'ensuite pour y jouer son personnage accoutumé de modérateur et de compositeur entre sa compagnie et le régent, pour en tirer de l'argent; ce qu'il ne désespéroit pas encore de sa facilité, et souffler le feu sous main. Huit jours après la résolution prise des remontrances, Aligre, à la tête de la députation du parlement, les porta par écrit au roi, et les lui laissa, après lui avoir fait un fort plat compliment; c'étoit le 17 avril. Ces remontrances n'ayant point eu de succès, le parlement s'assembla le 22 et résolut de ne point enregistrer l'édit, et de faire de nouvelles remontrances. Au sortir de la séance, les gens du roi vinrent au Palais-Royal rendre compte de ce qui venoit d'être résolu. M. le duc d'Orléans leur répondit court et sec qu'on ne changeroit rien à la résolution qui avoit été prise, et les laissa aussitôt.

Il permit à Rion de revenir à Paris, dont il avoit reçu défense de s'approcher, étant à l'armée du maréchal de Berwick en Navarre, lors de la mort de Mme la duchesse de Berry. Sa présence au retour de cette campagne, sitôt après cette mort, auroit réveillé bien des discours. On crut l'intervalle assez long pour qu'on ne songeât plus à rien. Sa présence, après tout ce qui s'étoit passé, ne pouvoit pas être agréable au Palais-Royal, et devoit l'embarrasser lui-même. Il ne fit donc qu'y paroître, se montra peu ailleurs, et mena une vie conforme à son humeur, c'est-à-dire de plaisir, mais particulière, fort voisine de l'obscurité. Il étoit fort à son aise, quoique le Mississipi fût venu un peu tard pour lui; il ne garda guère son régiment et ne songea plus à servir.

A force de tourner et retourner ce Mississipi de tout sens, pour ne pas dire à force de jouer des gobelets sous ce nom, on eut envie, à l'exemple des Anglois, de faire dans ces vastes pays des établissements effectifs. Ce fut pour les peupler qu'on fit à Paris et dans tout le royaume des enlèvements de gens sans aveu et des mendiants valides, hommes et femmes, et de quantité de créatures publiques. Si cela eût été exécuté avec sagesse, discernement, les mesures et les précautions nécessaires, cela auroit rempli l'objet qu'on se proposoit, et soulagé Paris et les provinces d'un lourd fardeau inutile et souvent dangereux; mais on s'y prit à Paris et partout ailleurs avec tant de violence et tant de friponnerie encore pour enlever qui on vouloit, que cela excita de grands murmures. On n'avoit pas eu le moindre soin de pourvoir à la subsistance de tant de malheureux sur les chemins, ni même dans les lieux destinés à leur embarquement; on les enfermoit les nuits dans des granges sans leur donner à manger, et dans les fossés des lieux où il s'en trouvoit, d'où ils ne pussent sortir. Ils faisoient des cris qui excitoient la pitié et l'indignation; mais les aumônes n'y pouvant suffire, moins encore le peu que les conducteurs leur donnoient, [cela] en fit mourir partout un nombre effroyable. Cette inhumanité, jointe à la barbarie des conducteurs, à une violence d'espèce jusqu'alors inconnue et à la friponnerie d'enlèvement de gens qui n'étoient point de la qualité prescrite, mais dont on se vouloit défaire, en disant le mot à l'oreille et mettant de l'argent dans la main des préposés aux enlèvements, [de sorte] que les bruits s'élevèrent avec tant de fracas, et avec des termes et des tons si imposants qu'on trouva que la chose ne se pouvoit plus soutenir. Il s'en étoit embarqué quelques troupes, qui ne furent guère mieux traitées dans la traversée. Ce qui ne l'étoit pas encore fut lâché et devint ce qu'il put, et on cessa d'enlever personne. Law, regardé comme l'auteur de ces enlèvements, devint fort odieux, et M. le duc d'Orléans eut à se repentir de s'y être laissé entraîner.

Châteauneuf, qui avoit présidé à la commission de Nantes, revint en ce temps-ci avec tous ceux qui l'avoient composée, mais pour subsister encore, et s'assembler à l'Arsenal pour achever de juger ceux des exceptés de l'amnistie qui ne l'avoient pas été à Nantes; et peu après le maréchal de Montesquiou fut rappelé du commandement de Bretagne, où il avoit eu le malheur de se barbouiller beaucoup et de ne contenter personne.

M. le comte de Charolois arriva enfin de ses longs voyages, M. le Duc, content de ce qu'il avoit obtenu pour lui, lui avoit mandé de revenir, et le fut attendre à Chantilly avec les familiers de la maison. Turménies s'y trouva avec eux, il avoit été maître des requêtes et intendant de province avec réputation, et y auroit fait son chemin au gré de tout le monde; mais à la mort de son père, qui étoit garde du trésor royal, il préféra le solide si abondant de cette charge aux espérances des emplois qu'il avoit. C'étoit un garçon de beaucoup d'esprit, de lecture et de connoissances, d'un naturel libre et gai, aimant le plaisir, mais avec mesure et pour la compagnie et pour le temps, fort mêlé avec la meilleure compagnie de la cour et de la ville, habile, capable, droit et obligeant dans sa charge, sans se faire valoir, estimé et accrédité avec les ministres, fort bien avec le régent, et sur un pied de telle familiarité avec M. le duc et M. le prince de Conti pères et fils, qu'ils trouvoient tout bon de lui, et ce qu'ils n'auroient souffert de personne. Le voisinage de l'Ile-Adam, la chasse, la table, l'avoit mis sur ce ton avec les pères; il avoit su se le conserver avec les fils. C'étoit un homme qui sentoit très-bien la force de ses paroles, mais qui ne retenoit pas aisément un bon mot. L'impunité avoit aiguisé sa hardiesse, qui d'ailleurs n'étoit que liberté, sans aucun air d'insolence et sans jamais se déplacer avec personne. Il étoit petit, grosset, le cou fort court, la tête dans les épaules, avec de grands cheveux blonds qui lui donnoient encore l'air plus engoncé, et qui lui avoient valu le sobriquet de Courtcollet. M. le Duc, averti que M. son frère arrivoit, alla, suivi de toute la compagnie, le recevoir au débarquer de sa voiture et l'embrasser. Tout ce qui étoit là les environna et s'empressa à faire sa révérence; après les premiers mots entre les deux frères, M. le Duc lui présenta la compagnie, que M. le comte de Charolois se contenta de regarder fort indifféremment sans dire un seul mot à personne, pendant un assez long temps que ce cercle demeura autour d'eux, dans la place où il avoit mis pied à terre dans la cour. Turménies, voyant ce qui se passoit et s'en ennuyant, se tourne à la compagnie : « Messieurs, lui dit-il froidement, mais tout haut, faites voyager vos enfants, et dépensez-y bien de l'argent, » et tout de suite passa d'un autre côté. Cet apophthegme fit du bruit, et courut fort. Il ne s'en défendit point, et M. le Duc et M. le comte de Charolois n'en firent que rire. M. le Duc devoit y être accoutumé.

Au commencement des actions de Law, M. le Duc se vanta chez lui, devant assez de monde, et avec complaisance d'une quantité considérable qu'il en avoit eue. Chacun se taisoit, lorsque Courtcollet, impatienté : « Fi, monsieur, répondit-il, votre bisaïeul n'en a jamais eu que cinq ou six, mais qui valoient bien mieux que toutes les vôtres. » Chacun baissa les yeux, et M. le Duc se prit à rire, sans lui en savoir plus mauvais gré. Il en a quelquefois lâché de bonnes à des ministres du feu roi, et depuis la régence à M. le duc d'Orléans lui-même, qui n'en faisoit que rire aussi. Il ne vécut que peu d'années après, quoique point vieux, et fut fort regretté même pour les affaires de sa gestion. Il ne laissa point d'enfants. M. de Laval, le même de la conspiration du duc et de la duchesse du Maine, épousa sa sœur qui étoit veuve de Bayez, dont il a eu beaucoup de biens et des enfants. Les apophthegmes de Turménies n'étoient pas réservés aux princes du sang. Il ne s'en contraignoit guère pour personne et avec cela rien moins qu'impertinent; il avoit trop d'esprit et de monde pour l'être.

Une affaire purement particulière fit alors grand bruit dans le monde. Matignon et M. de Marsan avoient épousé les deux sœurs, filles uniques et sans frères du frère aîné de Matignon : lui l'aînée, M. de Marsan la cadette, veuve alors avec des enfants de M. de Seignelay, ministre et secrétaire d'État, fils aîné de M. Colbert. Un intérêt commun les avoit étroitement unis, c'étoit l'amitié de Chamillart, dont ils avoient tiré des trésors en toute espèce d'affaires de finance. Le comte de Marsan fit par son testament M. de Matignon tuteur de ses enfants, avec l'autorité la plus étendue et les plus grandes marques de confiance; et tout le monde est convenu que le comte de Matignon y répondit sans cesse par tous les soins, l'application et les tendresses d'un véritable père, et le succès d'un homme habile et accrédité. Le comte de Marsan, qui n'avoit de soi point de bien, ne s'en étoit fait que d'industrie, de grâces et de rapines, avoit mangé à l'avenant, et laissé ses affaires en mauvais état. Matignon estima qu'un effet tel que l'hôtel de Marsan, à Paris, étoit trop pesant pour des enfants en bas âge, dont le prix aideroit fort à liquider les biens, et crut aussi, à la conduite qu'il avoit eue dans leurs affaires, la[1] pouvoir acheter quoique tuteur. Il l'acheta donc, y dépensa beaucoup, y alla loger et céda la sienne au maréchal son frère. M. de Marsan étoit mort en 1708, veuf pour la seconde fois depuis près de neuf ans. Le prince de Pons, son fils aîné, étoit né en 1696; par conséquent il avoit vingt-quatre ans en cette année 1720, et il étoit marié en 1714 à la fille cadette du duc de Roquelaure. Il pria le duc d'Elbœuf d'aller dire à Matignon de sa part qu'il se croyoit obligé de retirer l'hôtel de Matignon, qui étoit l'hôtel de Marsan que le comte de Matignon avoit achetée et payée, mais qu'il ne vouloit point que M. de Matignon songeât à en sortir, et qu'il l'y laisseroit toute sa vie. Le comte de Matignon, aussi surpris qu'indigné du compliment, répondit tout court qu'il espéroit d'assez bonnes raisons pour ne devoir pas craindre ce retrait; qu'il le remercioit de la manière polie dont il lui avoit parlé; mais qu'il l'assuroit en même temps qu'il ne profiteroit pas de la grâce que le prince de Pons prétendoit lui faire; et qu'il pouvoit lui dire que, s'il étoit assez malheureux pour perdre ce procès, il quitteroit sa maison le lendemain et n'y remettroit jamais le pied. Les procédures ne tardèrent pas après de la

---

1. L'auteur a fait *hôtel* féminin.

part du prince de Pons, qui en fut extrêmement blâmé, et universellement de tout le monde. Matignon soutint le procès ; tout y étoit pour lui, hors la lettre de la règle. Il le perdit donc, uniquement par la qualité de tuteur qui acquiert de son mineur, et ce fut au grand regret du public et des juges mêmes. Le jour même de l'arrêt, Matignon retourna loger chez le maréchal son frère, et de dépit acheta et rebâtit presque la superbe maison que son fils occupe, et qu'il a si grandement augmentée et ornée. Le comte de Matignon n'eut pas le temps d'y loger. Elle étoit tout près de le pouvoir recevoir lorsqu'il mourut chez le maréchal son frère, en janvier 1725. Ce ne fut qu'à sa mort qu'il revit le prince de Pons et son frère, avec qui les Matignon sont depuis demeurés fraîchement.

Il y a des choses qui occupent dans leur temps et qui vieillissant s'anéantissent. Je n'en puis toutefois omettre une de ce genre. Il y avoit une petite nièce par femmes de M. de Fénelon, archevêque de Cambrai, qui déjà veuve à peine mariée, sans enfants et sans biens, avoit une figure aimable, l'air et le goût du monde, un manége infini et beaucoup d'intrigue, et qui, sans avoir été religieuse et coureuse comme la Tencin, eut cette similitude avec elle qu'elle fit pour M. de Cambrai et son petit troupeau, conséquemment pour Mme Guyon et sa petite église, le même personnage que l'ambition du frère et de la sœur fit faire à celle-ci pour la constitution. La veuve dont je parle avoit trouvé ainsi le moyen de rassembler chez elle bonne compagnie, mais elle mouroit de faim. Elle persuada à un vieil aveugle qui étoit riche et qui s'appeloit Chevry de l'épouser pour avoir compagnie et charmer l'ennui de son état. Il y consentit et lui fit toutes sortes d'avantages. Il se flatta d'autant plus de mener avec elle une vie agréable qu'elle aimoit le monde, le jeu, la parure, et néanmoins fort dévote, se disoit-elle, et disoient ses amis, et il le falloit bien puisque en cela consistoit toute son existence et sa considération. Chevry, presque aveugle quand il l'épousa, le devint bientôt après tout à fait. Il fut doux, bon homme, s'accommoda de tout, et quoique compté presque pour rien, il avoit toute sorte de complaisances, hors celle de mourir, et il ennuyoit fort sa femme et cette troupe d'amis. Il mourut enfin, et ce fut un grand soulagement dans la maison, et une grande joie pour les amis qui trouvoient là une bonne maison et opulente, où rien ne contrarioit plus leur conversation. Mais les vapeurs qui avoient gagné la dame pendant la vie de son aveugle ne s'en allèrent pas avec lui. A ces vapeurs, qui étoient devenues énormes, se joignit la gravelle, qui, mêlées, la mettoient dans des états étranges, après quoi, presque en un instant, il n'y paroissoit pas. Une pointe de merveilleux faisoit merveilles parmi ce monde qui abondoit chez elle; elle étoit les délices et la vénération de toute cette petite église et le ralliement de tout ce qui y tenoit. C'étoit là où se tenoit le conseil secret; et comme il s'y joignoit souvent d'autre bonne compagnie, sa maison étoit devenue un petit tribunal qui ne laissoit pas d'être compté dans Paris; tout cela flattoit sa vanité, l'amusoit et l'occupoit agréablement, avec ce talent de s'attirer du monde avec choix et de soutenir cet abord par la bonne chère. Mais elle n'avoit jamais eu de mari, et elle s'en donna un dont on ne l'auroit jamais soupçonnée, la petite église par vénération, les autres commensaux par la croire de meilleur goût, tous par l'état de sa santé. La Noue, espèce de chevalier d'industrie, s'étoit introduit chez elle par hasard, la table l'y attira souvent. Il étoit frère de Teligny, que la faim avoit fait gouverneur de M. le comte de Clermont, et d'un lieutenant des gardes du corps. C'étoient de fort simples gentilshommes et fort pauvres, leur nom est Cordouan; j'en ai parlé ailleurs. Il n'avoit d'esprit qu'un simple usage de médiocre monde, et anciennement de jeu et de galanterie bourgeoise, et rien plus, avec un peu d'effronterie. Il avoit servi toute sa vie dans le subalterne, avoit attrapé une place d'écuyer à l'hôtel de Conti, puis le régiment de ce prince dont la jalousie lui ôta l'un et l'autre en le chassant de chez lui. M. le duc d'Orléans en eut pitié, et lui donna une inspection. Ce fut donc ce vieux belâtre qu'elle épousa, mais dans le dernier secret, tant elle en fut honteuse. Ce secret dura quatre ans, après lesquels ce beau mariage se déclara. Ce fut un étrange vacarme parmi les amis de la maison qui, de ce moment, ne fut plus, ni depuis, à beaucoup près, si fréquentée, et déchut enfin de cet état de tribunal où tout ce qui se passoit étoit jugé, et où elle présidoit avec empire. Le mari, déclaré, fut toujours amant soumis et respectueux, mais cela ne dura guère, elle ne put soutenir une telle décadence. Elle mourut, et La Noue ne profita de rien.

L'extrême folie d'une part, et l'énorme cupidité de l'autre, firent en ce temps-ci le plus étrange contrat de mariage qui se soit peut-être jamais vu. C'est un échantillon de celle que le système de Law alluma en France, et qui mérite d'avoir place ici. Qui pourroit, et qui en voudroit raconter les effets, les transmutations de papiers, les marchés incroyables, les nombreuses fortunes dans leur immensité, et encore dans leur inconcevable rapidité, la chute prompte de la plupart de ces enrichis par leur luxe et leur démence, la ruine de tout le reste du royaume, et les plaies profondes qu'il en a reçues et qui ne guériront jamais, feroit sans doute la plus curieuse et la plus amusante histoire, mais la plus horrible en même temps, et la plus monstrueuse qui fût jamais. Voici donc, entre autres prodiges, le mariage dont il s'agit. Le contrat en fut dressé et signé entre le marquis d'Oyse, âgé lors de trente-trois ans, fils et frère cadet des ducs de Villars-Brancas, avec la fille d'André, fameux Mississipien qui y avoit gagné des monts d'or, laquelle n'avoit que trois ans, à condition de célébrer le mariage dès qu'elle en auroit douze. Les conditions furent cent mille écus, actuellement payés; vingt mille livres par an jusqu'au jour du mariage; un bien immense par millions lors de la consommation; et profusions en attendant aux ducs de Brancas père et fils. Les discours ne furent pas épargnés sur ce beau mariage. Que ne fait point faire *auri sacra fames?* Mais l'affaire avorta avant la fin de la bouillie de la future épouse, par la culbute de Law. Les Brancas, qui s'en étoient doutés, le père et les deux fils, s'étoient bien fait payer d'avance; le comble fut que les suites de cette affaire produisirent des procès plus de quinze ans après, qui furent soutenus sans honte. Ces Brancas-là n'y étoient pas sujets.

M. le duc d'Orléans, qui prodiguoit tout de plus en plus, accorda à Dreux la survivance de sa charge pour son fils. Ce n'étoit pas pour le mérite du père qui n'étoit pas imposant, et dont la conduite pleine d'ignorance, de brutalité, et qui pis est d'infidélité dans cette charge, n'en méritoit pas la conservation, bien loin d'une survivance à un fils de vingt ans. Ce ne pouvoit être le désir de gratifier le parlement en une de ses bonnes et anciennes familles; celle-ci qui venoit de peu y étoit toute nouvelle, et les services militaires du père, aussi borné qu'il l'étoit, n'auroient pu durer longtemps sans l'appui de Chamillart son beau-père qui le poussa, et par la considération duquel, même après sa chute, son gendre continua d'être employé dans l'état des armées parmi le grand nombre, et où, à la valeur près, il fut toujours compté pour rien. Ce fut donc à Chamillart encore que cette survivance fut accordée. Cette charge de grand maître des cérémonies fut créée par Henri III pour M. de Rhodes, et il est vrai qu'elle ne convient qu'à des gens de la première qualité. MM. de Rhodes l'ont conservée jusqu'au dernier, qui, se voyant perclus de goutte et sans enfants, la vendit à Blainville, frère de Saignelay, ministre et secrétaire d'État, duquel Chamillart la fit acheter par son gendre pour le recrépir et pour, à l'abri fictif de cette charge et plus du crédit du beau-père qui fit tout et qui étoit lors à l'apogée de sa faveur, faire entrer sa fille dans les carrosses, manger et aller à Marly. Peu après cette survivance, Dreux maria son fils à une autre Dreux, fille du frère aîné de Nancré, mort capitaine des Suisses de M. le duc d'Orléans, dont il a été fait plus d'une fois mention. Cette fille étoit puissamment riche et tenue de si court qu'on ne la voyoit presque jamais, et non sans cause, mais qu'on avoit su cacher si bien que personne n'en eut de soupçon. Elle éclata dès le lendemain des noces par un accès public d'extrême folie qui, suivi de quantité d'autres, obligèrent de l'enfermer dans un couvent. Mais le mari par leur parenté hérita d'elle.

Le prince Vaïni, chevalier de l'ordre par la belle cause qui en a été rapportée ici en son temps, mourut à Rome. On a suffisamment fait connoître quel il étoit pour n'avoir rien à y ajouter. Le merveilleux est que, ayant été trompé à son titre, à sa naissance, à son mérite, à sa considération à Rome qui étoit nulle, le fils y fut fait aussi chevalier de l'ordre et reçu par le duc de Saint-Aignan pendant son ambassade, lequel fils n'y brilla pas plus que le père.

Le vieux comte de Peyre mourut enfin chez lui, en Languedoc, où il étoit l'un des trois lieutenants généraux de cette province, mais sans fonction. C'étoit un grand homme de bonne mine, riche et grand tyran de province, et avec lequel il ne faisoit bon pour personne d'avoir affaire. Il n'avoit point de brevet de retenue. Sa charge, qui est de vingt mille livres, fut donnée sur-le-champ à Canillac, à qui M. le duc d'Orléans l'avoit déjà accordée une fois sur un faux bruit qui se répandit de la mort de ce comte de Peyre.

En même temps et en même pays mourut aussi la vieille comtesse du Roure, qui étoit fille de Claude Marie du Guast, dit le comte d'Artigny et de Marie Cottelier[1]. Elle fut fille

---

1. Nous avons reproduit exactement le texte du manuscrit; mais il est nécessaire de rectifier les erreurs de noms qu'il présente. La comtesse du Roure était Claude-Marie du Gast ou du Guast, fille d'Achille du Guast, seigneur d'Artigny et de Montgauger en Touraine, et de Marie d'Argouge-le-Coutelier.

d'honneur de Madame, première femme de Monsieur, sous le nom de Mlle d'Artigny, compagne et amie intime de Mlle de La Vallière, dont la faveur lui fit épouser en 1666 Pierre Scipion de Beauvoir de Grimoard, frère de la mère du cardinal de Polignac et fils aîné du comte du Roure, chevalier de l'ordre en 1661, ainsi que le vicomte de Polignac, son beau-frère, duquel le père l'avoit été aussi en 1633. Par ce mariage le comte du Roure fit passer à son fils sa charge de lieutenant général de Languedoc et son gouvernement du Pont-Saint-Esprit. Il y eut plusieurs enfants de ce mariage de Mlle d'Artigny avec le comte du Roure, dont l'aîné eut aussi la lieutenance générale de Languedoc et le gouvernement du Pont-Saint-Esprit en épousant la fille du duc de La Force dont Monseigneur avoit été publiquement amoureux, et le fils de ce dernier mariage, qui n'a point eu les charges de son père tué à la bataille de Fleurus, a épousé une fille du maréchal duc de Biron qui est dame du palais de Mme la Dauphine. Cette vieille comtesse du Roure-Artigny, occasion de cet article, étoit une intrigante de beaucoup d'esprit et que la faveur de Mlle de La Vallière avoit accoutumée à beaucoup de hauteur. Elle se trouva mêlée dans beaucoup de choses avec la comtesse de Soissons, qui les firent chasser de la cour, puis avec la même dans les dépositions de la Voisin[1] qui firent sortir la comtesse de Soissons du royaume pour toujours. Cette dernière aventure pensa mener loin la comtesse du Roure. Elle en fut quitte néanmoins pour l'exil en Languedoc, où elle a passé le reste de sa vie, excepté un voyage de peu de mois qu'elle obtint de faire à Paris quelques années avant sa mort. On la craignoit partout. Elle vivoit d'ordinaire dans un château, et son mari dans un autre.

La marquise d'Alluye mourut en même temps au Palais-

---

1. La Voysin ou La Voisin, fut brûlée vive le 22 février 1680. On trouve, dans les *Lettres de Mme de Sévigné*, les détails les plus curieux sur le procès et le supplice de cette célèbre empoisonneuse.

Royal à Paris. Elle s'appeloit de Meaux du Fouilloux[1], avoit été aussi fille d'honneur de Madame, première femme de Monsieur, et amie de Mlle d'Artigny dont on vient de parler, et sa compagne ; elle épousa, en 1667, n'étant plus jeune, mais belle, le marquis d'Alluye, fils et frère de Charles et de François d'Escoubleau, marquis de Sourdis, chevaliers de l'ordre, l'un en 33, l'autre en 88. D'Alluye, qui étoit l'aîné, eut le gouvernement d'Orléanois de son père, fut encore plus mêlé que sa femme dans l'affaire de la Voisin, furent longtemps exilés, et le mari, qui mourut sans enfants en 1690, n'eut jamais permission de voir le roi, quoique revenu à Paris. Sa femme, amie intime de la comtesse de Soissons et des duchesses de Bouillon et Mazarin, passa sa vie dans les intrigues de galanterie, et quand son âge l'en exclut pour elle-même, dans celles d'autrui. Le marquis d'Effiat, dont il a été si souvent mention ici, avoit épousé une sœur de son mari, dont il n'avoit point eu d'enfants, et qu'il perdit de bonne heure. Il protégea la marquise d'Alluye dans la cour de Monsieur, avec qui elle fut fort bien, et avec Madame toute sa vie. C'étoit une femme qui n'étoit point méchante ; qui n'avoit d'intrigues que de galanterie, mais qui les aimoit tant que, jusqu'à sa mort, elle étoit le rendez-vous et la confidente des galanteries de Paris, dont, tous les matins, les intéressés lui rendoient compte. Elle aimoit le monde et le jeu passionnément, avoit peu de bien et le réservoit pour son jeu. Le matin, tout en discourant avec les galants qui lui contoient les nouvelles de la ville, ou les leurs, elle envoyoit chercher une tranche de pâté ou de jambon, quel-

---

1. Bénigne de Meaux du Fouilloux ou de Fouilloux. D'après les documents contemporains, Mlle du Fouilloux était une des filles d'honneur de la reine-mère. On lit dans le recueil de Maurepas (ms. B. I., t. II, p. 271) des vers sur les filles de la reine, où il est question de Mlle du Fouilloux :

> Fouilloux, sans songer à plaire,
> Plaît pourtant infiniment
> Par un air libre et charmant.

que fois un peu de salé ou des petits pâtés, et les mangeoit. Le soir, elle alloit souper et jouer où elle pouvoit, rentroit à quatre heures du matin, et a vécu de la sorte grasse et fraîche, sans nulle infirmité jusqu'à plus de quatre-vingts ans qu'elle mourut d'une assez courte maladie, après une aussi longue vie, sans souci, sans contrainte et uniquement de plaisir. D'estime, elle ne s'en étoit jamais mise en peine, sinon d'être sûre et secrète au dernier point; avec cela, tout le monde l'aimoit, mais il n'alloit guère de femmes chez elle. La singularité de cette vie m'a fait étendre sur elle.

L'abbé Gautier, dont il est si bien et si souvent parlé dans ce qui a été donné ici, d'après M. de Torcy, sur les négociations de la paix avec la reine Anne, et de celle d'Utrecht, mourut dans un appartement que le feu roi lui avoit donné dans le château neuf de Saint-Germain, avec des pensions et une bonne abbaye. Il s'y étoit retiré aussitôt après ces négociations où il avoit été si heureusement employé, après en avoir ouvert lui-même le premier chemin, et rentra en homme de bien modeste et humble, dans son état naturel, et y vécut comme s'il ne se fût jamais mêlé de rien, avec une rare simplicité, et qui a peu d'exemples en des gens de sa sorte, qui, dans le maniement des affaires les plus importantes et les plus secrètes, dont lui-même avoit donné la première clef, sans s'intriguer, s'étoit concilié l'estime et l'affection du roi et de ses ministres, de la reine Anne et des siens, et des plénipotentiaires qui travaillèrent à ces deux paix.

Le célèbre archevêque de Tolède mourut aussi en ce même temps; il s'appeloit don Francisco Valero y Losa, et il étoit simple curé d'une petite bourgade. Il y rendit des services si importants pour soutenir les peuples dans le fort de la guerre et des malheurs, les exciter en faveur du roi d'Espagne, trouver des expédients pour les marches et les subsistances, avoir des avis sûrs de ce que faisoient et projetoient les ennemis, que les généraux et les ministres ne pouvoient assez louer son zèle, son industrie, sa vigilance et sa sagesse. Rien de tant de soins ne dérangea sa piété, les devoirs de sa paroisse, sa modestie, son désintéressement. Ses amis, l'orage passé, le pressèrent vainement d'aller à la cour représenter ses services. Il ne prit pas seulement la peine d'en faire souvenir. Dans cette inaction qui relevoit si grandement son mérite, le P. Robinet, lors confesseur du roi d'Espagne, qui ne l'avoit pas oublié, en fit souvenir Sa Majesté Catholique à la vacance de l'évêché de Badajoz, qui le lui donna. Le bon curé, qui n'y avoit jamais songé, l'accepta, s'y retira, et y vécut en excellent évêque. Ce fut de ce siége que le même confesseur le fit passer à celui de Tolède, avec l'applaudissement de toute la cour et l'acclamation de toute l'Espagne. Le prélat y avoit aussi peu songé qu'il avoit fait à celui de Badajoz. Il fut dans ce premier siége de toutes les Espagnes aussi modeste qu'il avoit été dans sa cure, et il y fut l'exemple de tous les évêques d'Espagne, l'exemple de la cour et celui de tout le royaume. Sa promotion à Tolède perdit le confesseur.

Le cardinal del Giudice, aussi étroitement uni à la princesse des Ursins alors, qu'ils devinrent ennemis dans la suite, vouloit ce riche et grand archevêché; il le demandoit hautement, et Mme des Ursins en fit sa propre affaire. Le roi y consentoit, lorsque son confesseur osa lui représenter avec la plus généreuse fermeté quel affront il feroit à la nation espagnole, à l'amour et aux prodiges d'efforts de laquelle il devoit sa couronne, s'il la frustroit du premier et du plus grand archevêché, pour le donner à un étranger, qui déjà tenoit de lui le riche archevêché de Montreal en Sicile, et tant de pensions et d'autres grâces, et fit si bien valoir le mérite, les services, la piété, le désintéressement de l'évêque de Badajoz, qu'il emporta pour lui l'archevêché de Tolède. Ce trait et les louanges qu'il en reçut outra le cardinal, et plus que lui encore Mme des

Ursins qui ne pouvoit souffrir de résistance à son pouvoir et à ses volontés. Ce père ne se mêloit de rien que des bénéfices, ne lui donnoit nul ombrage, vivoit avec tout le respect, la modestie, la retenue possible avec elle, avec le cardinal, avec tous les gens en place; mais, comme il ne tenoit point à la sienne, il ne faisoit sa cour à personne. Mme des Ursins, qui avoit déjà éprouvé quelque peu de sa droiture et de sa fermeté, qui le voyoit estimé et adoré de tout le monde, craignit tout de ce dernier trait, outre l'extrême dépit de se voir vaincue après s'être déclarée; aussi ne lui pardonnat-elle pas. Elle sut si bien travailler qu'elle fit renvoyer cet excellent homme environ un an après, et fit à l'Espagne une double et profonde plaie par la perte qu'elle fit d'un homme si digne d'une si importante place, et par donner lieu au choix d'un successeur si différent, et qu'elle-même avoit déjà chassé de cette même place. Ce fut le P. Daubenton, dont on a suffisamment parlé ici dans ce qui y a été donné d'après M. de Torcy, pour voir qu'on ne dit rien de trop sur le choix de ce terrible jésuite, dont j'aurai encore lieu de parler, si Dieu me donne le temps d'écrire mon ambassade d'Espagne et de conduire ces Mémoires jusqu'au but que je me suis proposé.

Le P. Robinet, véritablement soulagé de n'être plus dans une cour et dans les affaires, revint en France, et ne se soucia ni de lieu ni d'emploi. Il fut envoyé à Strasbourg, où il se fit aimer et estimer comme il avoit fait partout, y vécut dans une grande retraite et dans une grande tranquillité, et y mourut saintement après plusieurs années. On le regrettoit encore en Espagne lorsque j'y ai été, et j'en ai ouï souvent faire l'éloge. Il faut dire que ce P. Robinet est le seul confesseur du roi d'Espagne qui ait mérité de l'être, qui en fût digne à tous égards, et qui ait été goûté, aimé, estimé et honoré de toute la cour et de toute l'Espagne sans aucune exception.

Il y avoit eu depuis longtemps une espèce de guerre dé-

clarée entre le roi d'Angleterre et le prince de Galles, qui
avoit éclaté avec de fréquents scandales, et qui avoit partia-
lisé la cour et fait du bruit dans le parlement. Georges
s'étoit emporté plus d'une fois contre son fils avec indécence.
Il y avoit longtemps qu'il l'avoit fait sortir de son palais et
qu'il ne le voyoit plus. Il lui avoit tellement retranché ses
pensions qu'il avoit peine à subsister, tellement que le roi
eut le dégoût que le parlement lui en assigna, même abon-
damment. Jamais le père n'avoit pu souffrir ce fils, parce qu'il
ne le croyoit point à lui. Il avoit plus que soupçonné la duchesse sa femme, fille du duc de Wolfenbuttel, d'être en
commerce avec le comte Kœnigsmarck. Il le surprit un matin sortant de sa chambre, le fit jeter sur-le-champ dans un
four chaud, et enferma sa femme dans un château, bien
resserrée et gardée, où elle a passé le reste de sa vie. Le
prince de Galles, qui se sentoit maltraité pour une cause
dont il étoit personnellement innocent, avoit toujours porté
avec impatience la prison de sa mère et les effets de l'aversion de son père. La princesse de Galles, qui avoit beaucoup
de sens, d'esprit, de tour et de grâces, avoit adouci les
choses tant qu'elle avoit pu, et le roi n'avoit pu lui refuser
son estime, ni se défendre même de l'aimer. Elle s'étoit
concilié toute l'Angleterre, et sa cour, toujours grosse, l'étoit
aussi en ce qu'il y avoit de plus accrédité et de plus distingué.
Le prince de Galles s'en autorisoit, ne ménageoit plus son
père, s'en prenoit à ses ministres avec une hauteur et des
discours qui à la fin les alarmèrent. Ils craignirent le crédit
de la princesse de Galles, et de se voir attaqués par le parlement qui se donne souvent ce plaisir. Ces considérations
devinrent de plus en plus pressantes par tout ce qu'ils dé-
couvrirent qui se brassoit contre eux, et qui auroit nécessairement rejailli sur le roi. Ils lui communiquèrent leurs
craintes, ils les lui donnèrent, et le conduisirent à se raccommoder avec son fils à certaines conditions, par l'entremise de la princesse de Galles, qui de son côté sentoit tous

les embarras de faire et de soutenir un parti contre le roi, et qui avoit toujours sincèrement désiré la paix dans la famille royale. Elle profita de la conjoncture, se servit de l'ascendant qu'elle avoit sur son mari, et l'accommodement fut conclu. Le roi donna gros au prince de Galles, et le vit ; les ministres se sauvèrent, et tout parut oublié.

L'excès où les choses avoient été portées entre eux, qui tenoit toute la nation britannique attentive aux désordres intestins prêts à en éclore, n'avoit pas fait moins de bruit en toute l'Europe, où chaque puissance, attentive à ce qui en résulteroit, tâchoit de souffler ce feu, ou de l'apaiser, suivant son intérêt. La réconciliation fut donc une nouvelle intéressante pour toute l'Europe. L'archevêque de Cambrai, que je continuerai d'appeler l'abbé Dubois, parce qu'il ne porta pas longtemps le nom de son église que son cardinalat vint effacer, en étoit lors dans la crise, et très-sensible à ce qui se passoit à Londres, d'où il attendoit son chapeau par le ricochet du crédit alors très-grand du roi d'Angleterre sur l'empereur, et de la toute-puissance de l'empereur sur la cour de Rome qui trembloit devant lui, et n'osoit lui rien refuser. Dans la joie du raccommodement entre le père et le fils, Dubois la voulut témoigner d'une façon éclatante pour faire sa cour au roi d'Angleterre. Le duc de La Force, qui ne se mêloit plus de finance, qui vouloit toujours se mêler de quelque chose, et qui n'en trouvoit pas d'occasion dans le conseil de régence, où il ne se portoit plus rien d'effectif depuis que la foiblesse du régent l'avoit rendu peu à peu si nombreux, le duc de La Force, dis-je, qui étoit toujours à l'affût, eut le vent de ce dessein, et se proposa à Dubois pour aller en Angleterre par le chausse-pied d'y aller voir sa mère qui y étoit retirée depuis longues années à cause de la religion, mais qu'il n'avoit pas songé jusqu'alors d'aller voir depuis qu'elle étoit sortie du royaume avec la permission du feu roi. Law servit le duc de La Force auprès de Dubois, et il fut nommé pour aller en Angleterre faire les compliments du roi et du régent sur cette réconciliation, sans qu'on pensât à l'inconvénient de montrer à l'église françoise de Londres un seigneur catholique, né et élevé leur frère, qui les avoit depuis persécutés, et qui en avoit su tirer parti du feu roi. On sut incontinent en Angletere la démonstration de joie qui venoit d'être résolue en France. Georges, outré du retentissement que les éclats de son domestique avoient faits par toute l'Europe, ne s'accommoda pas de les voir prolonger par le bruit que feroit cet envoi solennel. Il fit donc prier le régent de ne lui en envoyer aucun. Comme on ne l'avoit imaginé que pour lui plaire, le voyage du duc de La Force fut presque aussitôt rompu que déclaré. Il en fut pour un commencement assez considérable de dépense, et pour faire revenir beaucoup d'équipages qu'il avoit déjà fait partir, et l'abbé Dubois en recueillit auprès du roi d'Angleterre le double fruit de cet éclat de joie, et de l'avoir arrêté également pour lui plaire.

Masseï, qui avoit apporté la barrette au cardinal de Bissy un peu avant la mort du roi, arriva à Paris. Il étoit fils du trompette de la ville de Florence, et avoit été petit garçon parmi les bas domestiques du pape, alors simple prélat. Son esprit et sa sagesse percèrent ; il s'éleva peu à peu dans la maison, et de degré en degré devint le secrétaire confident de son maître, et enfin son maître de chambre quand il fut cardinal. Sa douceur et sa modestie le firent aimer dans la cour romaine où son emploi le fit connoître. Il le perdit à l'exaltation de son maître; il étoit de trop bas aloi pour être maître de chambre du pape, mais il en conserva toute la faveur et la confiance; le pape lui parloit presque de tout, le consultoit et se trouva bien de ses avis. Il le fit archevêque *in partibus*, pour le mettre à portée d'une grande nonciature. Il l'avoit envoyé dans ce dessein porter la barrette au cardinal de Bissy, dans l'apogée de la faveur de cet ambitieux brouillon, et s'en étoit servi pour s'assurer de l'agrément de la France pour le recevoir nonce, quand le Bentivoglio, qui l'étoit, laisseroit la place vacante. En effet il lui succéda, et comme il étoit honnête homme il ne lui ressembla en rien. Il se conduisit durant le plus grand feu de la constitution avec beaucoup de modération, d'honneur et de sagesse, et se fit généralement aimer et estimer. Il languit longtemps nonce parce qu'il n'y eut point de promotion pour les nonces pendant le reste de ce pontificat, et que Benoit XIII, qui étoit si fort singulier, et qui eût été meilleur sous-prieur de dominicains que pape, ne voulut jamais faire aucun nonce cardinal, et disoit d'eux qu'ils n'étoient que des nouvellistes.

Masseï ne montroit pas la moindre impatience, mais en attendant il mouroit de faim ; car les nonces ont fort peu, et, à ce qu'étoit celui-ci, son patrimoine ni ses bénéfices n'y suppléoient pas. Il ne s'endetta pas le moins du monde, supporta son indigence avec dignité, mais il l'avouoit pour être excusé de la frugalité de sa vie, et s'en alla sans rien devoir, véritablement regretté de tout le monde. Il s'étoit tellement accommodé de la vie de ce pays-ci et du commerce des honnêtes gens et des personnes considérables qu'il avoit su s'attirer, qu'il étoit outré de sentir que cela finiroit. Il disoit franchement que, s'il étoit assuré de sa nonciature pour toute sa vie, avec de quoi la soutenir honnêtement, il ne voudroit jamais la quitter pour la pourpre, et s'en aller. Aussi fut-il très-affligé, quoique arrivé au cardinalat et tout de suite à la légation de la Romagne. Le nouveau cérémonial des bâtards, dont Gualterio s'étoit si mal trouvé, car ils étoient rétablis alors, empêcha que la calotte lui arrivât à Paris. Dès que la promotion fut sur le point de se faire, il reçut ordre de prendre congé, de partir, et d'arriver dans un temps marqué et fort court à Forli, sa patrie, où il trouveroit sa calotte rouge, comme il l'y trouva en effet ; ce fut en 1730. Il vécut encore plusieurs années, et passa quatre-vingts ans. C'étoit un homme très-raisonnable, droit, modeste, et qui toute sa vie avoit eu de fort bonnes mœurs.

Les Vénitiens, brouillés depuis longtemps avec le feu roi, par conséquent avec le roi son successeur, s'en lassèrent à la fin, et se raccommodèrent en ce temps-ci. Ottoboni, père du pape Alexandre VIII, étoit chancelier de Venise qui est une grande charge et fort importante, mais attachée à l'état de citadin et la plus haute où les citadins puissent arriver; la promotion de son fils au pontificat fit inscrire les Ottobon au livre d'or [1], et par conséquent ils devinrent nobles Vénitiens. Le cardinal Ottoboni, après la mort du pape son oncle, accepta la protection de France sans en avoir obtenu la permission du sénat, ce qui est un crime à Venise. De là la colère des Vénitiens, qui effacèrent lui et tous les Ottobon du livre d'or; et le roi, qui s'en offensa, rompit tout commerce avec eux. On a rapporté cette affaire ici en son temps et ce que c'est que la protection. On ne fait donc qu'en rafraîchir la mémoire. La république envoya deux ambassadeurs extraordinaires en France faire excuse de ce qui s'étoit passé, et rentrer dans l'honneur des bonnes grâces du roi en rétablissant préalablement le cardinal et les Ottobon dans le livre d'or et dans l'état et le rang de nobles Vénitiens, le cardinal demeurant toujours également protecteur de France sans aucune interruption de ce titre ni de ses fonctions.

Le prince de Montbéliard, cadet de la maison de Wurtemberg, vint à Paris pour demander que ses enfants fussent reconnus légitimes et princes, quoiqu'il les eût de trois femmes qu'il avoit eues à la fois, dont deux étoient actuellement vivantes et chez lui à Montbéliard, tout contre la Franche-Comté, où il faisoit appeler l'une la douairière et l'autre la régnante, et prétendoit que les lois de l'Empire et les règles du luthéranisme qu'il professoit lui permettoient ces mariages. Le comte de La Marck, comme versé dans les lois allemandes, fut chargé d'examiner cette affaire

---

1. Livre dans lequel étaient inscrites les familles patriciennes de Venise.

avec Armenonville. Qu'une folie de cette nature ait passé par la tête de quelqu'un, il y a de quoi s'en étonner, mais de la faire examiner comme chose susceptible de l'être sérieusement, cela fait voir à quel point le régent étoit facile à ce qui n'avoit point de contradicteur. M. de Montbéliard du temps du feu roi s'étoit contenté de vouloir faire légitimer ses enfants et en avoit été refusé; maintenant il veut qu'ils soient non pas légitimés, mais déclarés légitimes. On se moqua de lui et il s'en retourna chez lui. Qui ne croiroit cette chimère finie? Elle reparut à Vienne avec les mêmes prétentions; elle y fut foudroyée par le conseil aulique qui déclara tous ces enfants bâtards. Ce ne fut pas tout. Le prince de Montbéliard maria un de ses fils à une de ses filles, sous prétexte que la mère de cette fille l'avoit eue d'un mari à qui il l'avoit enlevée, puis épousée, et longtemps après il fut vérifié que cette fille étoit de lui, quoiqu'ils ne l'aient pas avouée et que le mariage ait subsisté. Après ce sceau de réprobation, M. de Montbéliard mourut.

Le duc de Wurtemberg, à qui ce partage de cadet de sa maison revenoit par l'extinction de cette branche, voulut s'en mettre en possession; les bâtards se barricadèrent et portèrent leurs prétentions au parlement de Paris. Ils étoient réunis contre le duc de Wurtemberg, mais divisés entre eux, ceux de chacune des deux prétendues femmes se traitant réciproquement de bâtards. Le frère et la sœur mariés vinrent à Paris; le mari n'étoit qu'un lourdaud, mais sa femme une maîtresse intrigante. Ces sortes de créatures se sentent de loin les unes les autres. Mme de Mezières, dont il a été parlé quelquefois ici et qui excelloit en intrigues, avoit marié une de ses filles à M. de Montauban, cadet du feu prince de Guéméné, au grand regret des Rohan, qui pourtant, l'affaire faite, jugèrent à propos de s'aider d'une si dangereuse créature, pour ne l'avoir pas contraire dans leur famille, et tirer parti de sa fertilité. Elle et cette bâtarde qui avoit épousé son propre frère firent connoissance; la

Mezières, bien avertie que la bâtarde avoit mis la main sur le riche magot du prince de Montbéliard, fit espérer sa protection et celle de ses amis, mais à des conditions. La princesse de Carignan, quoique d'une espèce bien différente par le mariage qu'elle avoit fait, n'étoit ni moins intrigante ni moins intéressée que toutes les deux; elle entra de part avec elles moyennant sa protection. Ces deux femmes et leur suite donnèrent dans l'œil de la bâtarde; elle sentoit bien qu'il lui falloit un crédit très-supérieur pour réussir; elle crut l'avoir trouvé, le marché se conclut. Les conditions furent une grosse somme comptant dès lors à la Mezières, et une moindre à Mme de Carignan, et le mariage arrêté entre le fils de la bâtarde et une fille de Mme de Montauban, qui n'auroit lieu qu'en cas de plein succès de l'affaire; qu'on ne donneroit rien ou presque rien pour la dot; mais que par le gain du procès, le bâtard, frère et mari tout à la fois de cette bâtarde, père et mère du gendre futur de Mme de Montauban, étant déclaré légitime et héritier de la comté de Montbéliard, par conséquent de la maison de Wurtemberg, la Mezières, tous les Rohan et Mme de Carignan lui feroient obtenir le rang de prince étranger; et que, dès ce moment du marché, ils feroient tous leur propre affaire de la sienne. Ce marché étoit excellent pour toutes les parties, dont chacune y trouvoit merveilleusement son compte, mais les deux maîtresses intrigantes surtout, qui empochoient gros dès lors quoi qu'il pût arriver.

Les choses ainsi réglées, les protectrices du frère et de la sœur, mari et femme, leur firent prendre effrontément le nom, le titre, les armes et les livrées du feu prince de Montbéliard, leur père, avec un équipage sortable à ce nouvel état, qui de leur propre autorité préjugeoit le fond du procès. Tous les Rohan se mirent en pièces, Mme de Carignan remua tous les Luynes et fit agir la duchesse de Lévi, et Mme de Dangeau auprès du cardinal; elle-même travailla auprès du garde des sceaux Chauvelin avec ses bassesses et ses adresses accoutumées et auprès duquel elle avoit grand crédit. Pour remuer tous les dévots à la mode, c'est-à-dire les jésuites et toute la constitution, les nouveaux Montbéliard adjurèrent le luthéranisme, et quoique frère et sœur mariés ensemble, devinrent une merveille de piété. L'effet répondit aux espérances de cette belle conversion ; tout ce côté-là s'intrigua pour eux, et prit leur parti jusqu'au fanatisme. Mais lorsque le succès paroissoit infaillible par tous les ressorts que l'artifice avoit su faire jouer, l'empereur, excité par le duc de Wurtemberg, se fâcha. Il fit dire au roi, c'est-à-dire au cardinal Fleury, qu'il trouvoit fort étrange qu'on prétendît juger en France une affaire jugée en son conseil aulique, seul compétent de connoître de l'état des princes de l'empire et de leurs successions. Il se trouva qu'on étoit lors en désir et en termes de conclure la paix avec lui.

Le cardinal, à qui Chauvelin avoit, pour son intérêt particulier, qui n'est pas de ce sujet, fait entreprendre très-légèrement et fort mal à propos cette guerre, en étoit fort las, quoiqu'elle n'eût guère duré, tellement que toutes les intrigues ne purent étouffer les égards qu'on crut devoir aux plaintes de l'empereur, et l'affaire fut arrêtée. L'intérêt de ces prétendus Montbéliard et de leurs protecteurs étoit trop grand pour quitter prise. Ils espérèrent trouver et profiter d'autres conjonctures, et, en attendant, continuèrent à porter les nom, armes, titre et livrées qu'ils avoient arborés, ils se rabattirent à se faire plaindre et à entretenir leurs amis et leur cabale. Cela dura des années, qui éclaircirent leur plus puissante protection. Les Rohan, seuls en vigueur, leur restoient et les manéges de la Mezières ; mais tout vieillissoit et s'engourdissoit. Je ne sais comment le duc de Wurtemberg consentit à revenir procéder au parlement de Paris. Il est vrai que le roi avoit eu lieu d'être fort content de lui pour empêcher tant qu'il avoit pu, et avec succès, les cercles du Rhin de se déclarer lors de la guerre que la mort de l'empereur avoit fait renaître. Le procès fut donc repris au parlement, mais les choses étoient trop changées pour les faux Montbéliard. Cette affaire si singulière avoit fait trop de bruit et avoit trop duré; elle avoit à la fin été éclaircie de tous les artifices dont elle avoit été voilée. L'état de cette bâtardise étoit connu, celui de cet incestueux et abominable mariage ne le fut pas moins. Le monde s'indigna qu'une prétention si monstrueuse fût soufferte; les dévots eurent honte à leur tour de l'avoir tant protégée; tellement qu'il intervint enfin un arrêt contradictoire en la grand'-chambre qui replongea cette canaille infâme dans le néant, d'où elle n'auroit jamais dû sortir, et cela sans plus d'espérance ni de ressource. La singularité de la chose et des personnages m'a engagé de couler cette affaire à fond, quoique sa durée et sa fin dépassent le but que je me suis proposé de bien des années. Le rare est que, malgré cet arrêt et son exécution pour le comté de Montbéliard, dont le duc de Wurtemberg fut mis en possession, cette rare bâtarde a eu l'impudence de conserver dans Paris son prétendu nom, titre, armes et livrées, qu'elle va traînant où elle peut, sans être presque plus reçue de personne. Reprenons maintenant le fil de notre narration.

FIN DU DIX-SEPTIÈME VOLUME.

NOTES.

I. TAILLE.

Page 240.

On trouve des détails curieux sur la taille et sur la manière de la lever dans un manuscrit de la bibliothèque de l'Arsenal[1], qui a été rédigé vers 1725. Le passage suivant pourra servir de commentaire aux Mémoires de Saint-Simon, qui se borne à mentionner (t. XVII, p. 240) cet impôt.

« La taille, dit l'auteur anonyme, est une imposition sur chaque particulier. Elle se divise en taille personnelle, réelle et mixte, selon les pays.

« La taille personnelle est imposée sur le bien fonds que chacun possède, selon la quantité d'arpents et la bonté du terrain, dont il a été fait une estimation qui s'appelle cadastre[2], qui la divise en trois espèces : le bon, le moyen et le mauvais. Sur quoi il y a seulement à observer que les fonds nobles en sont exempts, quoique le possesseur soit roturier, et que le fonds roturier la paye, quoique le possesseur soit noble.

« La taille mixte est en même temps personnelle et réelle, c'est-à-dire imposée arbitrairement sur la personne à raison des fonds qu'elle exploite. L'homme noble a le privilége de pouvoir faire exploiter par des valets quelques charrues sans payer, mais ses fermiers ou métayers payent la taille pour tous les autres fonds.

« Le conseil détermine, sur les besoins de l'État, la somme qu'il faut imposer pour l'année suivante; c'est ce qui s'appelle *le brevet de taille*. Il détermine aussi, sur les avis des intendants, la somme que

---

1. Bibl. de l'Arsenal, ms. n° 218, in-fol. (Histoire).
2. Malheureusement le cadastre de la France, commencé par ordre de Colbert, n'avait été exécuté que dans un petit nombre de généralités.

chaque généralité doit payer, dont il envoie la commission à l'intendant, qui en fait l'imposition dans chaque élection, dont il doit connoître l'étendue et la valeur. Il y a des tribunaux établis pour juger de tout ce qui concerne cette imposition et ceux qui en sont chargés.

« Les parlements étoient si contraires aux intérêts du roi dans cette partie qu'on a été obligé de créer d'autres juridictions uniquement pour cela.

« Le tribunal supérieur s'appelle la cour des aides; les juridictions inférieures sont l'élection, la chambre de grenier à sel, les juges de ports et des traites. Elles connoissent des différents droits dont nous parlerons dans l'occasion, et toutes relèvent en dernier ressort de la cour des aides.

« Il y a un autre tribunal appelé les *trésoriers de France*, qui originairement faisoient les fonctions d'intendants dans les provinces; ils étoient chargés des finances, des ponts et chaussées et des chemins. Il ne leur reste plus qu'une très-petite ombre de cette autorité entière dévolue aux intendants.

« La commission de la taille s'enregistre dans leur bureau, et pareillement tous les états de payements assignés sur les tailles.

« Nous avons dit que les intendants faisoient faire l'imposition de la taille dans chaque élection. Les élus en font la distribution par paroisses de leur ressort, et les habitants de chaque paroisse choisissent des collecteurs qui font l'imposition sur chaque particulier. Ils sont chargés personnellement et par corps du recouvrement, qu'ils remettent aux receveurs des tailles de l'élection; celui-ci les remet au receveur général, qui les porte au trésorier royal.

« Il a été établi depuis peu[1] un autre bureau par où on fait passer les fonds qu'on appelle la *caisse commune*.

« Il faut observer que ni les pays d'états[2], ni les pays conquis, ne payent point cette taille, ou ne la payent point de la même manière; ils s'imposent eux-mêmes, selon les dons gratuits que le roi leur a demandés.

« A considérer le royaume par rapport à cette imposition, il est divisé en vingt généralités, en pays d'états et en pays conquis. Les pays d'états sont la Bourgogne et la Bretagne, le Languedoc, le Béarn et l'Artois. Quoique la Provence ait perdu son privilége d'état, toutes les impositions s'y lèvent à peu près de la même manière. Les pays conquis sont la Flandre, les Trois-Évêchés (Toul, Metz et Verdun), l'Alsace et la Franche-Comté. Le reste du royaume contient les vingt généralités et un bureau des finances [par généralité]. C'est par géné-

---

1. Cette notice sur la taille et sur les juridictions financières, a été écrite, comme on l'a déjà dit, vers 1725.
2. Voy. sur les pays d'états, t. XIV, p. 482.

ralité, et non par province, que les intendants sont distribués; ainsi la Normandie en a trois : Rouen, Caen et Alençon, et il n'y en a qu'un pour les provinces de Limousin et Angoumois.

« Les intendants[1] sont des commissaires tirés du conseil pour rendre compte aux ministres de tout ce qui se passe dans leur district; et quoiqu'ils prennent la qualité de *commissaire de justice, police et finance*, leur autorité ne s'étend point sur les contestations ou procès ordinaires; ce n'est qu'autant qu'ils ont rapport aux habitants des lieux où sont les troupes.

« De ce que nous avons dit sur la manière dont s'impose la taille, il en résulte un arbitraire qui arrête toute industrie, et qui non-seulement empêche la culture des terres, mais encore les fait abandonner. Un seigneur n'oublie rien pour obtenir de l'intendant une diminution sur la taille de son village, et il l'obtient à proportion de son crédit à la cour.

« Dans les répartitions particulières, le crédit de l'homme en charge ou riche épouvante le collecteur, qui est obligé de faire tomber tout le fardeau sur le pauvre; la haine et la vengeance achèvent l'injustice de cette imposition, et le pauvre laboureur, hors d'état de la payer, abandonne sa terre et va mendier avec toute sa famille.

« Dans un état qui m'a été remis des impositions de la taille dans la généralité de Paris en 1720, j'ai vu avec étonnement que, dans des paroisses contiguës, l'une paye jusqu'à quinze sous par livre du bail à ferme, tandis que l'autre ne paye que trois sous.

« Si, à la face de la cour et des ministres, il se commet de pareilles injustices, qu'est-ce qu'on doit penser des provinces? Je sais aussi qu'il y a environ trois ans qu'un particulier avoit établi une manufacture de savon à Bagnolet, qu'il a été obligé d'abandonner, par la taille exorbitante où il avoit été imposé; dommage encore plus grand pour la paroisse que pour ce particulier, qui portera son industrie ailleurs, peut-être chez nos voisins.

« Dans l'imposition de la taille sont compris le taillon destiné au payement de l'ordinaire des guerres[2], les fonds pour l'entretien des ponts et chaussées, et, en temps de guerre, le quartier d'hiver, dont les répartitions se font au sou la livre sur les taillables.

« La capitation, qui est une imposition par tête sans exception, et qui a commencé sous le feu roi[3], s'impose aussi au sou la livre sur les taillables, et arbitrairement sur tous les autres particuliers.

« Il y a à observer qu'actuellement elle s'impose à Paris unique-

---

1. Voy. sur les intendants, t. III, p. 442.
2. C'est-à-dire des dépenses ordinaires de l'armée.
3. Voy. *Mémoires de Saint-Simon*, t. I, p. 227, 228, note.

ment par le prévôt des marchands[1], à l'exclusion des échevins, et en cela on augmente le produit, parce que les échevins, abusant de leur ministère, favorisoient et leurs parents et presque tous les bourgeois; mais on est tombé dans un inconvénient encore plus pernicieux. Car ceux dont on se sert pour cette imposition, ayant intérêt à la grossir, exigent au delà de la faculté de chacun, et pour la faculté des payements, ils ont obtenu que les rentes, même viagères, ne seroient payées qu'aux porteurs de quittances de capitation, contre la foi des arrêts qui les exemptent de toute saisie, même pour les deniers de Sa Majesté.

« Ces manques de foi, qui sont la cause du grand discrédit des effets royaux, ne coûtent rien à la plupart des ministres, et ils le font si légèrement, qu'on ne peut s'empêcher de les soupçonner ou d'ignorance ou d'intérêt particulier.

« C'est ici le lieu de faire quelques observations sur l'impôt personnel et arbitraire.

« On a vu l'inconvénient de cet impôt dans l'injustice des répartitions. Il n'est pas moindre dans la difficulté du recouvrement : on n'en donnera pas d'autre exemple que celui de la capitation dont nous venons de parler. On a de la peine à arracher vingt sous par an de capitation d'un artisan, tandis qu'il paye sans attention cinquante livres annuellement pour un minot de sel, et à proportion pour le vin et la viande. C'est que l'impôt réparti sur la denrée ne paroît qu'une plus value de denrée enchérie également pour tout le monde, au lieu que, dans l'impôt personnel, on croit toujours être taxé injustement, et l'on ne manque point d'objets de comparaison qui le persuadent. »

Les faits confirment pleinement ce que l'auteur dit des abus et des inconvénients de la taille. Les Mémoires du marquis d'Argenson en fournissent de nombreuses preuves; ainsi il parle souvent de la misère des campagnes et même de famines, qu'il attribue aux impôts excessifs. Il écrit dans ses Mémoires encore inédits, à la date du 8 juin 1751 : « Je suis présentement dans mes terres, à quatre-vingts lieues de Paris. Les apparences de la récolte ne sont que d'une demi-année au plus, pourvu cependant qu'il fasse du chaud; tous les fruits sont perdus; la vigne a quelque apparence. On laisse encore sortir le blé, qui va par la Loire à Nantes, et de là en Hollande. Sans cette permission continuée, il n'y auroit pas un sol pour payer les tailles ni les propriétaires des terres. Le poids de la taille est plus fatigant que jamais; elle est beaucoup plus forte que dans la généralité de Paris. Les corvées pour les chemins et le sel[2] achèvent de les écra-

---

1. Voy. sur le prévôt des marchands, t. III, p. 442.
2. L'impôt sur le sel, ou gabelle.

ser. Les contraintes des receveurs des tailles sont une autre taille pire que la première : voilà ce que j'entends dire de tous côtés.

« Mercredi 16 juin. — J'ai recueilli dans ma province ce que j'entends dire d'impartial sur l'état des habitants; il s'ensuit que la misère augmente et augmentera de plus en plus, par les mauvais principes et le *faux travail* du ministère et des intendants. Je dis faux travail; car on se donne bien de la peine pour faire plus mal.

« Si on laissoit faire, on ne détourneroit point de l'agriculture pour porter à des arts inutiles; on ne feroit pas de la campagne un séjour affreux comme on fait. Par ce qu'on fait, la campagne se dépeuple; ce qui augmente chaque jour.

« Les grands chemins et belles routes sont bonnes, mais ceux qui les dirigent ont impatience d'avancer, et précipitent ce travail par des corvées qui achèvent d'écraser les villages voisins à quatre lieues à la ronde. Je vois ces pauvres gens y périr de misère : on leur paye quinze sols ce qui vaut un écu, pour leurs voitures. Ainsi en a-t-on encore pour longtemps chez moi à faire des vingt voitures de huit lieues chacune, qui met les habitants à l'aumône.

« On ne voit que villages ruinés et abattus, et nulles maisons qui se relèvent; ce qui augmente.

« Les receveurs des tailles et du sel font chaque année des frais pour la moitié en sus de l'imposition. Les pauvres sont en retard de payer par impuissance, et supportent ces frais. Les riches n'osent pas payer les receveurs mieux qu'ils ne font, de peur d'être surimposés; toute la communauté craint le surhaussement l'année suivante, et paye mal exprès; ainsi la misère s'accroît.

« Tout l'argent du revenu des terres va à Paris; il ne revient au plat pays (à la campagne) que quelque argent des étrangers pour le blé qu'on envoie. Mais gare une mauvaise récolte! tout périroit. »

Ailleurs, le marquis d'Argenson met en opposition le triste état des campagnes et le luxe de la cour :

« On n'a toujours que des choses fâcheuses, et même funestes, à dire du dedans du royaume. La maladie s'est jetée dans les moutons, à cause de la grande humidité de la terre; il en périt quantité de troupeaux, surtout dans quelques provinces comme le Berry. On n'a donné encore aucun ordre sur la cherté des blés, et on laisse subsister la permission de les sortir du royaume; on en donne même des passe-ports; je sais une dame qui vient d'en avoir un.

« Le roi vient d'accorder au duc de Chaulnes un don de deux cent soixante mille livres, pour indemnité des dépenses qu'il a faites aux derniers états de Bretagne, outre les revenus et émoluments ordinaires de cette place.

« On a prétendu que l'hôtel de la chancellerie de France seroit mieux avec un appartement de plain-pied; l'on y change l'escalier à la porte d'entrée ; ce qui coûtera grande dépense, et M. le chancelier va être une année sans pouvoir habiter cet hôtel. Mais le pire est que cela coûte à l'État ; ce qui scandalise le public.

« La marquise de Pompadour paroîtra à Marly avec une robe qui est garnie de dentelles d'Angleterre pour plus de vingt-deux mille cinq cents livres.

« Tous payements sont retardés. M. le duc d'Orléans m'a dit hier que ses pensions et tout ce qu'il reçoit au trésor royal étoient retardés présentement de deux années et un quartier, ce qui est de cinq quartiers plus qu'à l'ordinaire. »

Et ailleurs : « Les receveurs des tailles font de grosses fortunes en peu de temps par les frais énormes des recouvrements : chaque habitant est à leur merci et craint l'augmentation de la taille chaque année. Ils sont surchargés d'impôts, gagnent peu, voient tout l'argent aller à Paris ; toute industrie, toute aisance est découragée : de là vient cette ruine générale en France. »

II. VÉNALITÉ DES CHARGES.

Page 254.

Il est souvent question dans les Mémoires de Saint-Simon, et notamment page 254 du présent volume, de la vénalité des charges Comme cet abus de l'ancienne France remontait à une époque reculée, et que les détails n'en sont pas connus de tous les lecteurs, il est nécessaire d'en rappeler l'origine et le caractère.

En 1512, Louis XII, manquant de ressources pécuniaires pour soutenir la guerre contre la maison d'Autriche, commença à vendre des offices de finances et même quelques charges de judicature, par exemple des offices de baillis et de conseillers au parlement. Au premier aspect, on s'indigne d'un trafic qui livrait au plus offrant les charges d'où dépendent la vie et l'honneur des citoyens, et il faut bien reconnaître que, dans la suite, la vénalité des offices fut féconde en abus et en scandales. Cependant on ne doit pas oublier que ce fut une des principales causes de l'élévation des classes inférieures, qui, enrichies par le commerce, purent acquérir des charges de magistrature. Un des contemporains de Louis XII, Claude de Seyssel, était déjà frappé de cette révolution. Après avoir indiqué que la nation française est divisée en trois classes, tiers état, magistrature et noblesse, il ajoute[1] : « Si peut un chacun du dernier état parvenir au

---

1. *Traité de la monarchie*, première partie, chap. XVII.

second, par vertu et par diligence, sans autre moyen de grâce ni de privilége. » Ce second état donnait souvent l'avantage sur la noblesse, placée au premier rang. « On voit tous les jours, ajoute le même écrivain[1], les officiers et les ministres de la justice acquérir les héritages et seigneuries des barons et nobles hommes, et iceux nobles venir à telle pauvreté et nécessité qu'ils ne peuvent entretenir l'état de noblesse. »

Sous François Ier, les abus de la vénalité des charges commencèrent à se manifester de la manière la plus scandaleuse. Ce prince créa jusqu'à des chambres entières du parlement, composées d'un grand nombre de magistrats. Ainsi, en 1524, la création et la vente de vingt charges de conseillers au parlement de Paris lui valut soixante-dix mille livres tournois (monnaie du temps)[2]. La création de seize commissaires au Châtelet, de quarante notaires à Paris, de baillis, etc.[3], fut encore une mesure fiscale. Plusieurs de ces juges ne se faisaient pas scrupule de revendre en détail ce qu'ils avaient acheté en gros. « Il y en a, dit l'ambassadeur vénitien, Marino Cavalli[4], qui poussent si loin l'envie d'exploiter leur position, qu'ils se font pendre tout bonnement à Montfaucon; ce qui arrive lorsqu'ils ne savent pas se conduire avec un peu de prudence; car, jusqu'à un certain point, tout est toléré, principalement si les parties ne s'en plaignent pas. » Le même ambassadeur dit que la longueur des procès était souvent une spéculation des juges[5] : « Une cause de mille écus en exige deux mille de frais; elle dure dix ans. »

Ces abus, qui ne firent que s'accroître sous les règnes suivants, provoquèrent les plaintes les plus vives. Bodin, dans son traité *de la République*, et Montaigne, dans ses *Essais*, s'élevèrent contre un trafic scandaleux. Mais il fut surtout attaqué par François Hotman[6]; il ravale la vénalité des charges par une comparaison ignoble empruntée à la boucherie. Il assimile le trafic de ces offices, que l'on achetait en gros et que l'on revendait en détail, au commerce d'un boucher qui, après avoir acheté un bœuf, le dépèce et en vend les morceaux[7]. Ces attaques amenèrent d'utiles réformes : la vénalité des charges ne fut pas détruite, mais elle fut soumise à des conditions de

---

1. Claude de Seyssel, *Traité de la monarchie*, deuxième partie, chapitre XX.
2. *Journal d'un bourgeois de Paris sous François Ier*, p. 123, 124 (Publication de la Société de l'histoire de France).
3. *Ibidem*, p. 124, 125, 126, 127.
4. *Relations des ambassadeurs vénitiens*, I, 265.
5. *Ibidem*, 263.
6. *Franco-Gallia*, chap. XXI.
7. « Sicuti lanii bovem optimum pretio emptum in macello per partes venditant. »

moralité et de capacité[1]. Grâce à ces réformes, que l'on dut surtout au chancelier de L'Hôpital, les inconvénients de la vénalité des offices de judicature furent atténués. La science et la vertu se transmirent avec les charges dans les familles parlementaires : les Lamoignon, les de Harlay, les Molé, pour ne citer que les plus illustres, datent de la fin du xvie siècle.

Henri IV et son ministre Sully régularisèrent cette propriété des offices dans les familles parlementaires. Il fut décidé, en 1604, que les magistrats, pour en devenir propriétaires, payeraient chaque année un soixantième du prix de leur charge. Le premier fermier de cet impôt fut le financier Paulet, d'où vint à la taxe le nom de *paulette*. Le premier bail pour cet impôt fut conclu pour neuf ans, et rapporta au trésor deux millions deux cent soixante-trois mille livres (monnaie du temps). Antérieurement, pour que la vente d'un office fût valable, il fallait que celui qui le résignait survécût quarante jours à la transaction. Henri IV déclara que, pour les offices dont les titulaires auraient payé la paulette, la mort n'entraînerait point la déchéance ; les héritiers pouvaient disposer de la charge.

Au xviie siècle, la vénalité des charges fut plusieurs fois attaquée. Richelieu songea à la supprimer : « Il ne faut plus rétablir la paulette, dit-il dans ses Mémoires[2] ; il faut abaisser les compagnies, qui, par une prétendue souveraineté, s'opposent tous les jours au bien du royaume. » Colbert eut la même pensée, comme le prouve un mémoire qu'il présenta à Louis XIV en 1665[3]; mais comme son projet rencontra des résistances insurmontables, il sut se contenter des réformes qui pouvaient être immédiatement appliquées ; il diminua le prix des offices et en limita le nombre[4]. Malgré ces réformes, le prix des charges de judicature était encore très-élevé : un office de président à mortier se vendait trois cent cinquante mille livres ; les charges de maître des requêtes et d'avocat général, cent cinquante mille livres ; de conseiller au parlement, quatre-vingt-dix à cent mille livres ; de premier président de la chambre des comptes, quatre cent mille livres ; de président de la même chambre, deux cent mille livres ; de maître des comptes, cent vingt mille livres[5].

Pendant la dernière partie du règne de Louis XIV, les abus de la vénalité des charges se renouvelèrent de la manière la plus scandaleuse, et Saint-Simon, qui retrace surtout l'histoire de cette période,

1. Voy. art. 12 de l'ordonnance de Moulins (1566).
2. *Mémoires de Richelieu*, liv. XX.
3. Ce mémoire a été publié dans la *Revue rétrospective*, deuxième série, t. IV, p. 251 et suiv.
4. *Anciennes lois françaises*, t. XVIII, p. 66.
5. *Anciennes lois françaises, ibidem.* — Henri Martin, *Histoire de France*, 3e édit), t. XIV, p. 574.

en parle souvent. Mais c'est surtout dans le *Journal* inédit de Foucault[1] que l'on trouve la preuve de ces créations d'offices, multipliées par la fiscalité. Il suffira d'en citer quelques passages : « En février 1693, j'ai reçu l'édit et l'arrêt du conseil que M. de Pontchartrain m'a envoyé au sujet des charges de contrôleur commissaire et trésorier de l'arrière-ban [2]. — Le roi a créé des charges d'essayeurs d'étain. — En 1694, il a été créé, par un édit, des colonels, majors et autres officiers de milices bourgeoises des villes et bourgs du royaume. J'ai proposé de les faire prendre (ces charges) par les mieux accommodés des bourgeois [3]. — Le 9 janvier, M. de Pontchartrain m'a envoyé l'édit portant création des certificateurs des criées. — Le roi a créé des médecins et chirurgiens royaux. — Il a été créé des offices de greffiers alternatifs [4] des rôles des tailles dans les paroisses. — Au mois d'octobre 1696, le roi a créé, par un édit, des offices de gouverneurs héréditaires dans toutes les villes closes du royaume, à l'exception de celles où il y a des provisions du roi et des appointements employés dans les États de Sa Majesté. Ces charges ont été fort recherchées et bien vendues. »

Cette nomenclature, qu'il serait facile de prolonger, prouve à quel excès avait été portée la vénalité des charges. Elle s'étendait à l'armée, et Saint-Simon a dit avec raison : « Cette vénalité est une grande plaie dans le militaire, et arrête bien des gens qui seroient d'excellents sujets. C'est une gangrène qui ronge depuis longtemps tous les ordres et toutes les parties de l'État. » Malgré ces abus, la vénalité des charges trouva des apologistes au XVIIIe siècle. Montesquieu l'a défendue dans le passage suivant de *l'Esprit des Lois* [5] : « Cette vénalité est bonne dans les États monarchiques, parce qu'elle fait faire, comme un métier de famille, ce qu'on ne voudroit pas entreprendre pour la vertu ; qu'elle destine chacun à son devoir, et rend les ordres de l'État plus permanents. » La vénalité des charges de judicature, supprimée en 1771, par le président Maupeou, fut rétablie en 1774, et a duré jusqu'à la révolution française.

1. J'ai déjà plusieurs fois cité ce journal de Foucault, qui est conservé dans le dépôt des mss. de la Bib. impériale.
2. *Ibidem*. fol. 82.
3. *Ibidem*, fol. 87.
4. C'est-à-dire remplissant alternativement l'office de greffiers des rôles.
5. Liv. V, chap. XIX, éd. de Ch. Lahure, t. I, p. 61.

FIN DES NOTES DU DIX SEPTIÈME VOLUME.

TABLE DES CHAPITRES

DU DIX-SEPTIÈME VOLUME.

Chapitre premier. — Message étrange que M. le duc d'Orléans m'envoie par le marquis de Biron, au sortir du lit de justice. — Dispute entre M. le duc d'Orléans et moi, qui me force d'aller à Saint-Cloud annoncer à Mme la duchesse d'Orléans la chute de son frère, interrompue par les conjouissances de l'abbé Dubois et les nouvelles de l'abattement du parlement. — La dispute fortement reprise après; puis raisonnements et ordres sur ce voyage. — Ma prudence confondue par celle d'un page. — Folie de Mme la duchesse d'Orléans sur sa bâtardise. — On ignore à Saint-Cloud tout ce qui s'est passé au lit de justice. — J'entre chez Mme la duchesse d'Orléans. — Je quitte Mme la duchesse d'Orléans et vais chez Madame. — Menace folle et impudente de la duchesse du Maine au régent, que j'apprends par Madame. — Mme la duchesse d'Orléans m'envoie chercher chez Madame, qui me prie de revenir après chez elle. — Lettre de Mme la duchesse d'Orléans, écrite en partie de sa main, en partie de la mienne (dictée par elle), singulièrement belle. — J'achève avec Madame, que Mme la duchesse d'Orléans envoie prier de descendre chez elle. — J'entretiens la duchesse Sforze. — Je rends compte de mon voyage à M. le duc d'Orléans. — Conversation sur l'imminente arrivée de Mme la duchesse d'Orléans de Saint-Cloud. — Entrevue de M. [le duc] et de Mme la duchesse d'Orléans, arrivant de Saint-Cloud, et de Mme la duchesse de Berry, après avoir vu ses frères qui l'attendoient chez elle. — Force et but de Mme la duchesse d'Orléans, qui sort après de toute mesure. — Misère de M. le duc d'Orléans. — Je demeure brouillé de ce moment avec Mme la duchesse d'Orléans, sans la revoir, depuis Saint-Cloud. — Je vais à l'hôtel de Condé; tout m'y rit. — Mme de L'Aigle me presse inutilement de lier avec Mme la Duchesse.... 1

Chapitre ii. — Conduite des bâtards. — O et Hautefort détournent le comte de Toulouse de suivre la fortune de son frère. — Caractère et propos d'Hautefort à son maître. — Conversation entre Valincourt et moi sur le comte de Toulouse et les bâtards. — Il revient aussi me faire les remercîments du comte de Toulouse et m'assurer qu'il s'en tiendra à sa conservation. — Le comte de Toulouse voit le régent, vient au conseil. — Le duc et la duchesse du Maine se retirent à Sceaux. — Le comte de Toulouse et Mme Sforze blâment fortement et souvent Mme la duchesse d'Orléans de ne me point voir. — Elle est outrée qu'il n'ait pas suivi le duc du Maine, qui est fort mal traité par sa femme. — Séditieux et clandestin usage de feuilles volantes en registres secrets du parlement. — Le premier président mandé et cruellement traité par la duchesse du Maine. — Blamont, président aux enquêtes, et deux conseillers enlevés et conduits en diverses îles du royaume. — Mouvements inutiles du parlement. — Effet de ce lit de justice au dehors et au dedans du royaume — Raisons qui me détournèrent de penser alors à l'affaire du bonnet. — M. le Duc en possession de la surintendance de l'éducation du roi. — Sage avis de Mme d'Aligre. — Mauvaise sécurité du régent. — Création personnelle d'un second lieutenant général des galères en faveur du chevalier de Rancé. — Folie du duc de Mortemart, qui envoie au régent la démission de sa charge pour la seconde fois. — Je la fais déchirer avec peine, et j'obtiens après la survivance de sa charge pour son fils. — Ma dédaigneuse franchise avec le duc de Mortemart. — Survivances des gouvernements du duc de Charost à son fils; de grand maître de la garde-robe; des gouvernements de Normandie et de Limousin, aux fils des ducs de La Rochefoucauld, de Luxembourg et de Berwick, et du pays de Foix au fils de Ségur, qui épouse une bâtarde, non reconnue, de M. le duc d'Orléans. — La Fare, lieutenant général de Languedoc, et l'abbé de Vauréal maître de l'oratoire. — Gouvernement de Douai à d'Estaing. — Mme la duchesse d'Orléans, qui s'étoit tenue enfermée depuis le lit de justice, revoit le monde et joue.................................. 20

Chapitre III. — Efforts du duc du Maine, inutiles, pour obtenir de voir M. le duc d'Orléns et se justifier. — Députation du parlement au régent sur ses membres prisonniers. — Le parlement de Bretagne écrit en leur faveur au régent. — Le parlement de Bretagne écrit à celui de Paris, qui lui répond. — Le régent demeure ferme. — Menées en Bretagne. — Le régent entraîné maintient très-mal à propos Montaran, trésorier des états de Bretagne, qui le vouloient faire compter et lui ôter cet emploi. — Le comte Stanhope passe trois semaines à Paris revenant d'Espagne en Angleterre. — Riche flotte d'Amérique arrivée à Cadix. — Les conseils sur leur fin, par l'intérêt de l'abbé Dubois et de Law. — Appel du cardinal de Noailles, etc., de la constitution *Unigenitus*. — Il se démet de sa place de chef du conseil de conscience. — Tous les conseils particuliers cassés. — L'abbé Dubois fait secrétaire d'État des affaires étrangères, et Le Blanc secrétaire d'État de la guerre. — Brancas et le premier écuyer conservent leurs départements; plusieurs des conseils leurs appointements. — — Canillac entre au conseil de régence. — La Vrillière a la feuille des bénéfices. — Le comte d'Évreux, Coigny, Biron, Asfeld, demeurent comme ils étoient. — Admirable mandement publié par le cardinal de Noailles sur son appel de la constitution. — Fêtes données à Chantilly à Mme la duchesse de Berry. — Le frère du roi de Portugal incognito à Paris. — Mariage du roi Jacques d'Angleterre, dit le chevalier de Saint-Georges, avec une Sobieska, qui, en allant le trouver avec la princesse sa mère, est arrêtée à Inspruck par ordre de l'empereur. — Tyrannie étendue à cet égard. — Foiblesse du régent pour le traitement du duc du Maine. — Autres gens des conseils récompensés. — Bonamour et sept membres du parlement de Bretagne exilés, puis quatre autres encore. — Mme la duchesse d'Orléans à l'Opéra. — Curiosité sur les tapis. — Mort du maréchal-duc d'Harcourt et de l'abbé de Louvois. — Conseillers d'État pointilleux et moqués. — Kœnigseck ambassadeur de l'empereur à

Paris. — Époque singulière de l'entier silence de tout ce qui eut trait à la constitution au conseil de régence. — Retour des conseillers du parlement de Paris exilés, non du président Blamont. — Faux sauniers nombreux excités. — Mézières avec des troupes est envoyé contre eux. — Le duc du Maine achète une maison à Paris. — Meudon donné à Mme la duchesse de Berry. — Rion en a d'elle le gouvernement. — Du Mont, qui l'avoit, en conserve les appointements. — Chauvelin, longtemps garde des sceaux si puissant, et chassé, devient président à mortier; Gilbert avocat général, et l'abbé Bignon bibliothécaire du roi. — Nangis veut se défaire du régiment du roi. — J'en obtiens l'agrément pour Pezé, et aussitôt Nangis ne veut plus vendre. — Le duc de Saint-Aignan, ambassadeur en Espagne, reçoit ordre du régent de revenir. — Je lui assure à son insu une place en arrivant au conseil de régence. — Berwick accepte de servir contre l'Espagne. — Asfeld s'en excuse. — Six mille livres de pension à Mlle d'Espinoy; autant à Mlle de Melun; quatre mille livres à Meuse; autant à Béthune le Polonois. — Six mille livres à Méliant, maître des requêtes, en mariant sa fille unique au fils aîné du garde des sceaux. — Dix mille livres au marquis de La Vère, frère du prince de Chimay. — Huit mille livres à Vertamont, premier président du grand conseil. — Mme la duchesse de Berry en reine à l'Opéra, une seule fois. — Elle donne audience de cérémonie à l'ambassadeur de Venise sur une estrade de trois marches. — Force plaintes. — Elle n'y retourne plus.. 39

CHAPITRE IV. — Conversation entre M. le duc d'Orléans [et moi], sur ses subsides secrets contre l'Espagne, qui la voulut avoir enfermé seul avec moi dans sa petite loge à l'Opéra. — Conversation forte entre M. le duc d'Orléans et moi, dans son cabinet, tête à tête, sur la rupture avec l'Espagne. — Foiblesse étrange du régent, qui rompt avec l'Espagne, contre sa persuasion et sa résolution. — Launay gouverneur de la Bastille. — Projet d'Albéroni et travail de Cellamare contre le régent. — Précautions de Cellamare pour pouvoir parler clairement à Madrid, et prendre les dernières mesures. — Je suis mal instruit de la grande affaire dont je vais parler. — Cause étrange de cette ignorance. — Les dépêches de Cellamare, envoyées avec tant de précautions, arrêtées à Poitiers et apportées à l'abbé Dubois, qui, dans cette affaire surtout, en fait un pernicieux usage; et le secret de tout enfoui. — Résultat bien reconnu des ténèbres de cette affaire. — Instruments de la conjuration pitoyables. — Cellamare arrêté; sa conduite. — J'apprends de M. le duc d'Orléans ce qui vient d'être raconté de Cellamare, du duc et de la duchesse du Maine, et du projet vaguement. — Conseil de régence sur l'arrêt de l'ambassadeur d'Espagne, où deux de ses lettres au cardinal Albéroni sont lues. — Pompadour et Saint-Geniez mis à la Bastille. — Députation du parlement au régent, inutile, en faveur du président de Blamont. — Abbé Brigault à la Bastille. — D'Aydie et Magny en fuite. — La charge du dernier donnée à vendre à son père. — Tous les ministres étrangers, au Palais-Royal, sans aucune plainte. — On leur donne à tous des copies des deux lettres de Cellamare à Albéroni, qui avoient été lues au conseil de régence... 62

CHAPITRE V. — Evêques et cardinaux en débat sur les carreaux à la chapelle du roi, pour le sacre de Massillon, évêque de Clermont, qui s'y fit devant le roi, qui lui donna trente mille livres de gratification, en attendant une abbaye. — Le parlement refuse d'enregistrer la banque royale. — Le régent s'en passe, le méprise, la publie et l'établit. — Menille à la Bastille. — Cellamare écrit très-inutilement aux ministres étrangers résidant à Paris. — Conseil secret au Palais-Royal, qui se réduit après à M. le Duc et à moi, à qui le régent confie que le duc et la duchesse du Maine sont des plus avant dans la conspiration, et qui délibère avec nous ce qu'il doit faire. — Nous concluons tous trois à les faire arrêter; conduire M. du Maine à Dourlens, et Mme du Maine au château de Dijon, bien gardés et resserrés. — M. le Duc dispute un peu sur Dijon et se rend. — M. et Mme du Maine et leurs affidés ont tout le temps de mettre leurs papiers à couvert et en profitent. — Perfidie de l'abbé Dubois. — Conseil secret entre M. le duc d'Orléans, M. le Duc, l'abbé Dubois, Le Blanc et moi, où tout est résolu pour le lendemain. — Le duc du Maine arrêté à Sceaux par La Billarderie, lieutenant des gardes du corps, et conduit dans la citadelle de Dourlens. — Mme la duchesse du Maine arrêtée par le duc d'Ancenis, capitaine des gardes du corps, et conduite au château de Dijon. — Enfants du duc du Maine exilés. — Cardinal de Polignac exilé à Anchin. — Un gentilhomme ordinaire du roi est mis auprès de lui. — Davisard et autres gens attachés ou domestiques du duc et de la duchesse du Maine, mis à la Bastille. — Excellente et nette conduite du comte de Toulouse. — Le duc de Saint-Aignan se retire habilement d'Espagne, où on vouloit le retenir. — Mort du comte de Solre, sans nulle prétention toute sa vie. — Son fils et sa belle-fille s'en figurent de toutes nouvelles et inutiles. — Mort de Nointel, conseiller d'État, et du vieux Heudicourt. — Belle-Ile; sa famille; son île. — Caractère de Belle-Ile. — Caractère du chevalier de Belle-Ile. — Union des deux frères Belle-Ile; leur conduite domestique; leur liaison avec moi. — L'aîné commence à pointer et fait avec le roi l'échange de Belle-Ile. — Raison de s'être étendu sur les deux frères Belle-Ile...................... 87

CHAPITRE VI. Année 1719. — Conduite du duc du Maine. — Conduite de Mme du Maine. — Mme la Princesse obtient quelques adoucissements à Mme du Maine, et à Mme de Chambonnas, sa dame d'honneur, de s'aller enfermer avec elle; puis son médecin. — Commotion de la découverte de la conspiration. — Conduite du duc de Noailles. — Netteté de discours et de procédé du comte de Toulouse. — Faux sauniers soumis d'eux-mêmes. — Adresse de l'abbé Dubois. — Il fait faire par Fontenelle le manifeste contre l'Espagne. — Il est examiné dans un conseil secret au Palais-Royal, passé après en celui de régence, et suivi aussitôt de la publication de la quadruple alliance imprimée, et de la déclaration de guerre contre l'Espagne. — Le tout très-mal reçu du public. — Pièces répandues contre le régent sous le faux nom du roi d'Espagne, très-foiblement tancées par le parlement. — Incendie du château de Lunéville. — Conspiration contre le czar découverte. — Le roi de Suède tué. — Prétendants à cette couronne, qui redevient élective, et la sœur du feu roi élue reine avec peu de pouvoir, qui obtient après l'association au trône du prince de Hesse, son époux, mais avec force entraves contre l'hérédité et le pouvoir. — Baron de Gœrtz est décapité, et le baron Van der Nath mis en prison perpétuelle. — M. le duc de Chartres a voix au conseil de régence, où il entroit depuis quelque temps. — Saint-Nectaire ambassadeur en Angleterre. — Rareté de son instruction et de celle des autres ministres de France au dehors. — Maligne plaisanterie du duc de Lauzun faite cinq ans après le vieux Broglio maréchal de France. — Officiers généraux et particuliers nommés pour l'armée du maréchal de Berwick. — M. le prince de Conti obtient d'y servir de lieutenant général et de commandant de la cavalerie, et de monstrueuses gratifications. — Prodigalités immenses aux princes et princesses du sang, excepté aux enfants du régent. — Prodigalités au grand prieur. — Il veut inutilement entrer au conseil de régence; mais ce fut quelque temps après être revenu d'exil; et cela avoit été oublié ici en son temps. — L'infant de Portugal retourne de Paris à Vienne. — Le duc de Saint-Aignan entre en arrivant au conseil de régence. — Mort et caractère de Saint-Germain Beaupré. — Mort du prince d'Harcourt. — Mort et aventure de Mme de Charlus. — Mort de M. de Charlus. — Jeux de hasard défendus. — Blamont, président aux enquêtes revient de son exil en une de ses terres. — Le grand prévôt obtient la survivance de sa charge pour son fils qui a six ans. — Milice levée. 114

Chapitre VII. — Quatre pièces, soi-disant venues d'Espagne, assez foiblement condamnées par le parlement; discutées. — Prétendue lettre circulaire du roi d'Espagne aux parlements. — Prétendu manifeste du roi d'Espagne adressé aux trois états. — Prétendue requête des états généraux de France au roi d'Espagne. — Prétendue lettre du roi d'Espagne au roi. — *Philippiques*. — La Peyronie premier chirurgien du roi. — Belle entrée de Stairs, ambassadeur d'Angleterre. — Ses vaines entreprises, et chez le roi et à l'égard des princes du sang. — Mort de Mme de Seignelay. — La bibliothèque de feu M. Colbert achetée par le roi. — Archevêque de Malines; quel. — L'empereur lui impose silence sur la constitution. — Sage et ferme conduite du roi de Sardaigne sur la même matière. — Le P. Tellier exilé à la Flèche, où il meurt au bout de six mois. — Ingratitude domestique des jésuites. — Promotion d'officiers généraux. — Duc de Mortemart vend au duc de Saint-Aignan le gouvernement du Havre. — Dix mille livres de pension au vicomte de Beaune, et vingt mille livres au duc de Tresmes, au lieu de son jeu, qui se rétablit après, et la pension lui demeure. — L'abbaye de Bourgueil à l'abbé Dubois. — Mariage de M. de Bournonville avec Mlle de Guiche. — Profusion au grand prieur. — Mariage du prince électoral de Saxe déclaré avec une archiduchesse. — Le roi Jacques en Espagne. — Retour de Turin et grâce faite à M. de Prie. — Rémond; quel; son caractère. — Mimeur; quel; son caractère; sa mort. — Mort et caractère de Térat. — La Houssaye, conseiller d'État, lui succède. — Mort d'un fils de l'électeur de Bavière, élu évêque de Munster. — Mort et caractère de Puysieux. — Belle-Ile s'accommode lestement de son gouvernement d'Huningue. — Cheverny a sa place de conseiller d'État d'épée. 134

Chapitre VIII. — Inquiétude des maréchaux de Villeroy, Villars et Huxelles — Villars, dans la frayeur, me prie de parler à M. le duc d'Orléans. — Je le fais, et le veux rassurer. — Manége et secret sur les prisonniers. — Politique de l'abbé Dubois sur l'affaire du duc et de la duchesse du Maine et des leurs. — La même politique fausse et très-dangereuse pour M. le duc d'Orléans. — Je le lui représente très-fortement, ainsi que l'énorme conduite à son égard du duc du Maine et de ses principaux croupiers, et le danger d'une continuelle impunité. — Je ne trouve que défaites et misères. — Trois crimes du duc du Maine à punir à la fois : premièrement, attentat d'usurper l'habilité de succéder à la couronne ; secondement, les moyens pris pour soutenir cette usurpation ; troisièmement, sa conspiration avec l'Espagne. — Conduite à tenir à l'égard du duc et de la duchesse du Maine, de leurs principaux complices et des enfants du duc du Maine. — Mollesse, foiblesse, ensorcellement du régent par Dubois. — Je cesse de parler au régent du duc du Maine, qui peu à peu est rétabli. — Adroit manége de Le Blanc et de Belle-Ile. — Duc de Richelieu et Saillant à la Bastille. — Leur folie. — Traité du premier. — Ils sont bientôt élargis. — Singularité de la promotion de l'ordre, dont je fus moins de dix ans après........ 153

CHAPITRE IX. — Conduite étrange de Mme la duchesse de Berry, de Rion et de la Mouchy. — Conduite de Mme de Saint-Simon. — Scandaleuse maladie de Mme la duchesse de Berry, à [au] Luxembourg. — Rion, conduit par le duc de Lauzun, son grand-oncle, épouse secrètement Mme la duchesse de Berry. — Mme la duchesse de Berry rouvre le jardin de Luxembourg ; se voue au blanc pour six mois ; change de capitaine des gardes. — Canillac et le marquis de Brancas entrent au conseil des parties. — Prince Clément de Bavière est [élu] évêque de Munster et de Paderborn. — Le cardinal Albano est fait camerlingue. — Le duc d'Albret épouse de nouveau la fille de feu Barbezieux. — Mort de Mme de Maintenon. — Sa vie et sa conduite à Saint-Cyr. — Mort d'Aubigny, archevêque de Rouen. — Besons, archevêque de Bordeaux, lui succède ; et le frère du garde des sceaux, à Besons. — Érection de grands officiers de l'ordre de Saint-Louis à l'instar de ceux de l'ordre du Saint-Esprit. — Nouveaux règlements sur l'ordre de Saint-Louis, et leurs inconvénients. — Extraction, caractère, fortune de Monti. — Laval, dit *la Mentonnière*, mis, à la Bastille. — Cellamare, duc de Giovenazzo, arrive en Espagne ; est aussitôt fait vice-roi de Navarre. — Rare baptême de Marton. — L'abbesse de Chelles, sœur du maréchal de Villars, se démet et se retire dans un couvent à Paris avec une pension de douze mille livres du roi. — Mme d'Orléans lui succède, se démet, se retire à la Madeleine. — Leur caractère. — Diminution d'espèces. — Élargissement du quai du Louvre. — Guichet, place et fontaine du Palais-Royal. — Efforts peu heureux sur l'Écosse. — Tyrannie maritime des Anglois. — Cilly prend le port du Passage et y brûle toute la marine renaissante de l'Espagne. — Les plus confidents du duc et de la duchesse du Maine sortent de la Bastille et sont mis en pleine liberté. — Merveilles du Mississipi. — Law et le régent me pressent d'en recevoir. — Je le refuse, mais je reçois le payement d'anciens billets de l'épargne. — Blamont, rappelé à sa charge, devient l'espion du régent, et le mépris et l'horreur du parlement. — Mort de Pécoil père, digne d'un avare, mais affreuse. — Digne refus, belle et sainte retraite, curieuse, mais inintelligible déclaration, de l'abbé Vittement, sur le règne sans bornes et sans épines du cardinal Fleury. — Douze mille livres d'augmentation d'appointements et de gouvernement à Castries.. 175

CHAPITRE X. — Mme la duchesse de Berry va demeurer à Meudon, où sa maladie empire, et sa volonté de déclarer son mariage augmente. — M. le duc d'Orléans me le confie et fait subitement partir Rion pour l'armée du maréchal de Berwick. — Mme la duchesse de Berry, déjà considérablement mal, se fait transporter à la Muette. — Mort d'Effiat — Singularité étrange de sa dernière maladie. — Biron premier écuyer de M. le duc d'Orléans. — Mort de La Vieuville et de Mme de Leuville; quelle elle étoit. — Pensions données à Coettenfao, à Fourille, à Ruffey, à Savine, à Béthune, à La Billarderie. — La duchesse du Maine à Châlon-sur-Saône, presque en pleine liberté. — L'épouse du roi Jacques se sauve d'Inspruck, est reçue à Rome en reine. — Le roi en pompe à Notre-Dame. — Étrange arrangement de son carrosse. — Siége de Fontarabie. — Folle lettre anonyme à M. le prince de Conti. — Mort du fils de Lestaing. — Prise de Fontarabie, puis de Saint-Sébastien. — On brûle à Santona trois vaisseaux espagnols prêts à être lancés à la mer. — Mort, fortune et caractère de La Berchère, archevêque de Narbonne. — Beauveau, archevêque de Toulouse, lui succède. — Mort, caractère et infortune de Dupin. — Misère de notre conduite à l'égard de Rome. — Impudence des *Te Deum*. — Mort, fortune et caractère de Nyert. — Le roi à l'hôtel de ville, voit le feu de la Saint-Jean. — Fatuités du maréchal de Villeroy. — Mort et caractère de Chamlay. — La cour des monnoies obtient la noblesse. — Le chevalier de Bouillon obtient trente mille livres de gratification. — Sainte-Menehould brûlée. — Autre incendie à Francfort-sur-le-Mein. — Mort et caractère de Nancré. — Mort de la duchesse d'Albret (Le Tellier). — Clermont-Chattes; quel; est capitaine des Suisses de M. le duc d'Orléans. — Le garde des sceaux marie son second fils; perd sa femme; pousse ses deux fils. — Mort de Chauvelin, conseiller d'État. — Mort, extraction, fortune du duc de Schomberg. — Mort, fortune et caractère de Bonrepos...... 203

CHAPITRE XI. — Mme la duchesse de Berry se fait transporter de Meudon à la Muette. — Conduite de Mme de Saint-Simon à l'égard de Mme la duchesse de Berry. — Raccourci de Mme la duchesse de Berry. — Mme la duchesse de Berry reçoit superbement ses sacrements, fait après à Mme de Mouchy présent d'un baguier de deux cent mille écus. — M. le duc d'Orléans le prend, et elle demeure perdue. — Mme la duchesse de Berry reçoit une seconde fois ses sacrements, et pieusement. — Scélératesse insigne de Chirac, impunie. — Ma conduite à l'égard de Mme la duchesse de Berry en sa dernière extrémité. — Je vais à la Muette auprès de M. le duc d'Orléans. — Il me charge de ses ordres sur tout ce qui devoit suivre la mort. — J'empêche toute cérémonie et l'oraison funèbre. — Mort de Mme la duchesse de Berry regrettée, sans exception, de personne que de M. le duc d'Orléans, et encore peu de jours. — Scellés mis par La Vrillière, secrétaire d'État. — Convois du cœur et du corps. — Ni manteaux ni mantes au Palais-Royal. — Les appointements et logements continués à toutes les dames de Mme la duchesse de Berry. — Mouchy et sa femme chassés. — Gouvernement de Meudon rendu à du Mont. — Désespoir de Rion, qui à la fin se console. — Maladie de Mme de Saint-Simon à Passy. — Le régent nous prête le château neuf de Meudon. — Deuil de la cour prolongé six semaines au delà de celui du roi. — Il visite Madame, M. [le duc] et Mme la duchesse d'Orléans. — Le roi au Louvre, en visite toutes les académies pendant qu'on nettoie les Tuileries. — M. et Mme du Maine fort relâchés. — Aveux de la duchesse du Maine. — Misérable comédie entre elle et son mari. — Le secrétaire du prince de Cellamare mis au château de Saumur. — MM. d'Allemans, Renaud et le P. Malebranche; quels. — Mémoires d'Allemans sur la manière de lever la taille. — La Muette donnée au roi, et le gouvernement à Pezé. — Vingt mille livres de pension à Mme la princesse de Conti la mère. — Cent cinquante mille livres de brevet de retenue à Lautrec sur la lieutenance générale de Guyenne. — Toutes pensions se payent. — Forte augmentation de troupes. — M. le duc d'Orléans achète pour M. le duc de Chartres le gouvernement de Dauphiné, de La Feuillade, qu'il accable d'argent. — La Vrillière présente au roi les députés des états de Languedoc, de préférence à Maillebois, lieutenant général de la province. — Extraction de Maillebois. — Belle action des moines d'Orcamp. — Mme la duchesse d'Orléans refuse audience à tous députés d'états, depuis la prison du duc du Maine. — Le duc de Richelieu peu à peu en liberté............ 221

CHAPITRE XII. — Paix de la Suède avec l'Angleterre. — Le duc de Lorraine échoue pour l'érection de Nancy en évêché. — Vaudemont en tombe fort malade à Paris. — Maximes absurdes, mais suivies toujours et inhérentes, du parlement sur son autorité. — J'empêche le régent d'en rembourser toutes les charges avec le papier de Law. — Raisons secrètes contre le remboursement des charges du parlement. — Seconde tentative du projet du remboursement des charges du parlement finalement avortée. — Le parlement informé du risque qu'il a couru, qui le lui a paré, et qui y a poussé. — Duchesse du Maine à Chamlay, où Mme la Princesse la visite. — Officiers du sang, et leur date. — Usurpations et richesses. — Le chevalier de Vendôme vend au bâtard reconnu de M. le duc d'Orléans le grand prieuré de France, et veut inutilement se marier. — Retour de Plénœuf en France. — Raisons d'en parler. — Plénœuf, sa femme et sa fille; quels. — Courte reprise de sa négociation de Turin avortée par l'intérêt personnel et la ruse singulière de l'abbé Dubois. — Étrange trait de franchise de Madame, qui rompt tout court la négociation de Turin. — Digression sur les maisons d'Este et Farnèse. — Maison d'Este. — Bâtards d'Este, ducs de Modène et de Reggio jusqu'à aujourd'hui. — Maison Farnèse. — Farnèse bâtards, duc de Parme et de Plaisance.... 247

CHAPITRE XIII. — Le roi Jacques repasse en Italie. — Le prince électoral de Saxe épouse une archiduchesse, Joséphine. — Bénédiction de Mme de Chelles. — Mort de Marillac, doyen du conseil; de Mme de Croissy; son caractère. — Mort de Courcillon; de Louvois, capitaine des Cent-Suisses. — Sa charge donnée à son fils à la mamelle. — Mort du comte de Reckem, du duc de Bisaccia; sa famille. — Mort du marquis de Crussol; de l'évêque d'Avranches, Coetenfao; d'Orry; de Mme de Bellegarde, puis de son mari; du duc de La Trémoille.— Mort de Mme de Coigny; extraction de son mari. — Mort de l'abbé de Montmorel. — Mort du président Tambonneau. — M. le comte de Charolois comblé d'argent du roi, fait gouverneur de Touraine. — Comte d'Évreux achète le gouvernement de l'Ile-de-France et la capitainerie de Monceaux, où il désole le cardinal de Bissy. — Le nonce Bentivoglio, près d'être cardinal, prend congé et part. — Ses horreurs. — L'abbé de Lorraine et l'abbé de Castries obtiennent enfin leurs bulles de Bayeux et de Tours, et sont sacrés par le cardinal de Noailles. — Commission de juges du conseil envoyée à Nantes. — Bretons arrêtés; d'autres en fuite. — Berwick en Roussillon, prend la Ceu-Urgel; y finit la campagne. — Le Guerchois gouverneur d'Urgel. — M. le duc d'Orléans se fait appeler *mon oncle*. — Le feu roi n'appartenoit que lui, Monsieur et la vieille Mademoiselle. — Conseil de régence entièrement tombé. — Besons, archevêque de Rouen, puis l'abbé Dubois, y entrent. — Je propose à M. le duc d'Orléans un conseil étroit, en laissant subsister celui de régence; [chose] que l'abbé Dubois empêcha. — Davisard mis en liberté. — La Chapelle; quel; exilé, aussitôt rappelé, mort peu après. — Quatre millions payés en Bavière; trois en Suède. — Quatre-vingt mille livres données à Meuse, et huit cent mille francs à Mme de Châteauthiers, dame d'atours de Madame. — Abbé Alary; quel; obtient deux mille livres de pension. — Le marquis de Brancas obtient quatre mille livres de pension pour son jeune frère, et la survivance de sa lieutenance générale de Provence à son fils, à neuf ans. — Maréchal de Matignon obtient six mille livres d'augmentation d'appointements de son gouvernement. — Fureur du Mississipi et de la rue Quincampoix. — Diminution d'espèces; refonte. — Prince de Conti retire Mercœur à Lassai. — Largesses aux officiers employés contre l'Espagne. — Affaires de cour à Vienne. — Prince d'Elbœuf: quel; obtient son abolition et revient en France. — Nominations d'évêchés où l'abbé d'Auvergne et le jésuite Lafitau sont compris. — Conduite de ce dernier.................. 277

Chapitre XIV. — Mississipi tourne les têtes. — Law se veut pousser, et pour cela se faire catholique. — L'abbé Tencin l'instruit et reçoit sans bruit son abjuration. — Digression sur cet abbé et sa sœur la religieuse. — Caractère de celle-ci. — Elle devient maîtresse de l'abbé Dubois. — — Caractère de l'abbé Tencin. — Il va à Rome pour le chapeau de l'abbé Dubois; est admonesté en plein parlement en partant. — Law achète l'hôtel Mazarin et y établit sa banque. — Mort de Conflans; du célèbre P. Quesnel; de Blécourt dont Louville obtient le gouvernement de Navarreins. — Mort de la princesse de Guéméné. — Retour du maréchal de Berwick. — Porteurs de lettres en Espagne arrêtés. — Vaisseaux espagnols aux côtes de Bretagne. — Bretons en fuite; d'autres arrêtés. — Profusions du régent. — Prince d'Auvergne épouse une aventurière angloise. — Law se fait garder chez lui. — Caractère et fortune de Nangis et de Pezé, qui obtient le régiment du roi d'infanterie, et Nangis force grâces. — Ma situation avec Fleury, évêque de Fréjus, avant et depuis qu'il fut précepteur. — Caractère de Mme de Lévi. — Je propose à M. de Fréjus une manière singulière, aisée, agréable et utile d'instruction pour le roi, et je reconnois tôt qu'il ne lui en veut donner aucune. — Je m'engage à faire Fréjus cardinal. — Grâces pécuniaires au duc de Brancas. — Six mille livres de pension à Béthune, chef d'escadre. — Torcy obtient l'abbaye de Maubuisson pour sa sœur. — Madame de Bourbon, depuis abbesse de Saint-Antoine; quelle. — Mort et état de l'abbé Morel.. 293

Chapitre XV. — Promotion de dix cardinaux. — Leur discussion. — Spinola, Althan, Perreira. — Gesvres. — Sagesse et dignité des évêques polonois. — Bentivoglio. — Bossu, dit Alsace, et comment; est malmené par l'empereur. — Belluga; sa double et sainte magnanimité. — Salerne. — Mailly; son ambition; sa conduite. — Pourquoi les nonces de France, devenant cardinaux, n'en reçoivent plus les marques qu'en rentrant en Italie. — Tout commerce étroitement et sagement défendu aux évêques, etc., de France avec Rome, et comment enfin permis. — Haine de Mailly contre le cardinal de Noailles, et ses causes. — Sentiments de

Mailly étranges sur la constitution. — Comment transféré d'Arles à Reims. — Sa conduite dans ce nouveau siége.......................... 314

Chapitre XVI. — M. le duc d'Orléans, fort irrité de la promotion de l'archevêque de Reims, me mande, me l'apprend et dispute cette affaire avec Le Blanc et moi, où La Vrillière, gendre du frère de l'archevêque, survient. — Velleron dépêché à l'archevêque avec défense de porter aucune marque de cardinal et de sortir de son diocèse. — Ridicule aventure et dépit de Languet, évêque de Soissons. — Son état, son ambition, ses écrits, sa conduite. — Conduite de l'archevêque de Reims. — Il obéit aux ordres que Velleron lui porte. — Quel étoit Velleron. — Ma conduite avec le régent sur l'archevêque de Reims. — Rare et insigne friponnerie des abbés Dubois et de La Fare-Lopis à l'égard l'un de l'autre. — L'archevêque de Reims clandestinement à Paris. — Mystère très-singulier de ce retour. — Foiblesse et ambition de l'archevêque de Reims. — Son premier succès et ma duperie. — Manége de Dubois à l'égard de l'archevêque de Reims, dont je suis encore parfaitement la dupe. — Comment Mailly, archevêque de Reims, obtint enfin de recevoir des mains du roi sa calotte rouge, où je le conduisis............................. 331

Chapitre XVII. — Sécheresse où ces Mémoires vont tomber, et ses causes. — Chute du cardinal Albéroni qui se retire en Italie. — Dona Laura Piscatori nourrice et assafeta de la reine d'Espagne. — Son caractère. — Albéroni arrêté en chemin, emportant le testament original de Charles II et quelques autres papiers importants, qu'il ne rend qu'à force de menaces. — Joie publique en Espagne de sa chute, et dans toute l'Europe. — Marcieu garde honnêtement à vue le cardinal Albéroni jusqu'à son embarquement à Marseille, qui ne reçoit nulle part ni honneur ni civilité. — Sa conduite en ce voyage. — Folles lettres d'Albéroni au régent sans réponse. — Aveuglement étrange de souffrir dans le gouvernement aucun ecclésiastique, encore pis des cardinaux. — Cause de la rage d'Albéroni. — But de tout ministre d'État ecclésiastique ou qui parvient à se mêler d'affaires. — Disposition du roi très-différente, et sa cause, pour M. le duc d'Orléans et pour l'abbé Dubois, également haïs du maréchal de Villeroy et de l'évêque de Fréjus. — Conduite de tout cet intérieur. — M. le duc d'Orléans résolu de chasser le maréchal de Villeroy et de me faire gouverneur du roi. — Il me le dit. — Je l'en détourne............ 349

Chapitre XVIII. — Année 1720. — Comédie entre le duc et la duchesse du Maine, qui ne trompe personne. — Changement de dame d'honneur de Mme la Duchesse la jeune; pourquoi raconté. — Caractère de M. et de Mme de Pons. — Abbé d'Entragues; son extraction; son singulier caractère; ses aventures. — Law, contrôleur général des finances. — Grâces singulières faites aux enfants d'Argenson. — Machaut et Angervilliers conseillers d'État en expectative. — Law maltraité par l'avidité du prince de Conti, qui en est fortement réprimandé par M. le duc d'Orléans. — Ballet du roi. — Force grâces pécuniaires. — J'obtiens douze mille livres d'augmentation d'appointements sur mon gouvernement de Senlis, qui n'en valoit que trois mille. — Je fais les derniers efforts pour un conseil étroit, fort inutilement. — Mariage de Soyecourt avec Mlle de Feuquières. — Réflexions sur les mariages des filles de qualité avec des vilains. — Mort du comte de Vienne; son caractère, son extraction. — Mort du prince de

Murbach. — Mort de l'impératrice mère, veuve de l'empereur Léopold. — Son deuil et son caractère. — Mort du cardinal de La Trémoille. — Étrange friponnerie et bien effrontée de l'abbé d'Auvergne pour lui escroquer son archevêché de Cambrai. — Digression sur les alliances étrangères du maréchal de Bouillon et de sa postérité. — Abbé d'Auvergne; comment fait archevêque de Tours, puis de Vienne.............. 370

Chapitre XIX. — Comte Stanhope à Paris. — Paix d'Espagne. — Grimaldo supplée presque en tout aux fonctions de premier ministre d'Espagne, sous le titre de secrétaire des dépêches universelles. — Sa fortune, son caractère. — Digression déplacée, mais fort curieuse, sur le premier président de Mesmes. — Duchesse de Villars et dames nommées pour conduire la princesse de Modène jusqu'à Antibes. — Remarques sur le cérémonial, le voyage et l'accompagnement. — Fiançailles et mariage de cette princesse. — Désordre du système et de la banque de Law se manifeste et produit des suites les plus fâcheuses et infinies. — Commencements et fortune des quatre frères Pâris. — Nouveaux prisonniers à Nantes. — Vingt-six présidents ou conseillers remboursés et supprimés, choisis dans le parlement de Bretagne.. 401

Chapitre XX. — Abbé Dubois obtient l'archevêché de Cambrai. — L'abbé Dubois refusé d'un dimissoire par le cardinal de Noailles, en obtient un de Besons, archevêque de Rouen, et va dans un village de son diocèse, près de Pontoise, recevoir tous les ordres à la fois de Tressan, évêque de Nantes; se compare là-dessus à saint Ambroise. — Mot du duc Mazarin. — Singulière anecdote sur le pouvoir de l'abbé Dubois sur M. le duc d'Orléans, à l'occasion du sacre de cet abbé. — Sacre de l'abbé Dubois par le cardinal de Rohan. — Les Anglois opposés au roi Georges, ou jacobites, chassés de France à son de trompe. — Politique terrible de la cour de Rome sur le cardinalat. — Mort de Mme de Lislebonne. — Douze mille livres de pension, qu'elle avoit, [sont] données à Mme de Remiremont, sa fille. — Mort et successeur du grand maître de Malte. — Mort et caractère du P. Cloche, général de l'ordre de Saint-Dominique. — Mort de Fourille; sa pension donnée à sa veuve. — Mort et caractère de Mme de La Hoguette. — Mort de Mortagne, chevalier d'honneur de Madame. — Mort de Mme la Duchesse, brusquement enterrée. — Visites et manteaux chez M. le Duc. — Testament, etc.................. 420

Chapitre XXI. — Maison de Horn ou Hornes. — Catastrophe du comte de Horn à Paris. — Jugement et exécutions à Nantes. — Mort, famille et extraction du prince de Berghes. — Mort du duc de Perth. — Mariage du comte de Grammont avec une fille de Biron. — Mariage de Mailly avec une sœur de la duchesse de Duras, [Mlle de] Bournonville. — Mariage du duc de Fitz-James avec Mlle de Duras. — Mariage de Chalmazel avec Mlle de Bonneval. — Mariage du prince d'Isenghien avec la seconde fille du prince de Monaco. — Mariage du marquis de Matignon avec Mlle de Brenne, et de sa sœur à lui avec Basleroy. — Naissance de l'infant don Philippe. — Maulevrier-Langeron, envoyé en Espagne, lui porte le cordon bleu. — Affaire et caractère de l'abbé de Gamaches, auditeur de rote. — Sa conduite à Rome, où il mourut dans cet emploi. — Ce que c'est que la rote... 442

CHAPITRE XXII. — Débordement de pensions, et pensions fixées au grade d'officier général. — M. le duc d'Orléans m'apprend le mariage du duc de Lorges avec la fille du premier président. — Ma conduite là-dessus. — Édit de réduction des intérêts des rentes. — Mouvements du parlement là-dessus. — Remontrances. — Retour de Rion à Paris, où il tombe dans l'obscurité. — Enlèvements pour peupler le pays dit Mississipi, et leur triste succès. — La commission du conseil, de retour de Nantes, s'assemble encore à l'Arsenal; peu après le maréchal de Montesquiou rappelé de son commandement de Bretagne. — Retour du comte de Chorolois de ses voyages. — Bon mot de Turménies. — Quel étoit Turménies. — Retrait de l'hôtel de Marsan. — Mariage de La Noue avec Mme de Chevry. — Quelles gens c'étoient. — Fruits amers du Mississipi. — Rare contrat de mariage du marquis d'Oyse. — Dreux obtient la survivance de sa charge de grand maître des cérémonies pour son fils, et le marie malheureusement. — Mort du prince Vaïni. — Mort et caractère du comte de Peyre. — Sa charge de lieutenant général de Languedoc donnée pour rien à Canillac. — Mort de la comtesse du Rouvre; curiosités sur elle. — Mort et singularités de la marquise d'Alluy. — Mort de l'abbé Gautier. — Mort et détails du célèbre Valero y Losa, de curé de campagne devenu, sans s'en être douté, évêque, puis archevêque de Tolède. — Éloge du P. Robinet, confesseur du roi d'Espagne, et son renvoi. — Division entre le roi d'Angleterre et le prince de Galles; sa cause; leur apparent raccommodement. — Duc de La Force, choisi pour aller faire les compliments à Londres, n'y va point, parce que le roi d'Angleterre ne veut point de cet éclat. — Masseï à Paris, depuis nonce en France; sa fortune, son caractère. — Les Vénitiens se raccommodent avec le roi et rétablissent les Ottobon. — État, intrigues, audace des bâtards du prince de Montbéliard, qui veulent être ses héritiers et légitimes 457

NOTES.

I. Taille. 484
II. Vénalité des charges.. 490

FIN DE LA TABLE DES CHAPITRES.

TYPOGRAPHIE DE CH. LAHURE
Imprimeur du Sénat et de la Cour de Cassation
rue de Vaugirard, 9.

A LA MÊME LIBRAIRIE.

OEUVRES COMPLÈTES
DES PRINCIPAUX ÉCRIVAINS FRANÇAIS.

Éditions de Ch. Lahure, format in-18 jésus.

Pour la France, 2 fr. le vol.; pour l'étranger, 2 fr. 50 c.

On peut se procurer chaque volume de cette série, relié en percaline gaufrée, sans être rogné, moyennant 50 c. en sus des prix ci-dessus marqués.

Tous les ouvrages de cette collection, dont le texte est d'une correction typographique irréprochable, ont été revus avec le plus grand soin sur les meilleures éditions anciennes et modernes, et augmentés de morceaux inédits.

BOILEAU : *OEuvres complètes*. 1 vol.
   Notice sur Boileau, — Satires, — Épîtres, — Art poétique, — Le Lutrin, — Poésies diverses, — OEuvres diverses en prose, — Lettres.

CORNEILLE (P.) : *OEuvres complètes*, suivies des *OEuvres choisies* de TH. CORNEILLE. 5 vol.
   TOME I : Notice sur P. et Th. Corneille, — Théâtre.
   TOMES II et III : Suite du Théâtre.
   TOME IV : Fin du Théâtre. — Traduction en vers français de l'Imitation de Jésus-Christ et de l'Office de la sainte Vierge.
   TOME V : Poésies diverses, — Opuscules en prose, — Lettres.

FÉNELON (sous presse).

LA FONTAINE : *OEuvres complètes*. 2 vol.
   TOME I : Notice sur La Fontaine, — Fables, — Contes.
   TOME II : Théâtre, — Poésies diverses, — Opuscules en prose, — Lettres.

MOLIÈRE : *OEuvres complètes* 2 vol.
   TOME I : Notice sur Molière, — Théâtre.
   TOME II : Fin du Théâtre, — Poésies diverses.

MONTAIGNE (sous presse).

MONTESQUIEU : *OEuvres complètes*. 2 vol.
   TOME I : Notice sur Montesquieu, Esprit des lois.
   TOME II : Grandeur et décadence des Romains, — Lettres persanes, — OEuvres diverses, — Lettres, — Table analytique.

PASCAL (B.) : *OEuvres complètes*. 2 vol.
   TOME I : Notice sur Pascal, — Vie de Pascal par Mme Périer, — Lettres à un Provincial, — Pensées, — Opuscules.
   TOME II : OEuvres attribuées, — Traités divers de physique et de mathématiques, — Table analytique.

RACINE : *OEuvres complètes*. 2 vol.
   TOME I : Notice sur Racine, — Théâtre.
   TOME II : Histoire de Port-Royal, — OEuvres diverses, — Lettres.

ROUSSEAU (J. J.) : *OEuvres complètes*. 8 vol.
   TOME I : Notice sur J. J. Rousseau, — Discours, — les quatre premiers livres d'Emile.
   TOME II : Fin d'Emile, — Économie politique, — Contrat social.
   TOME III : Considérations sur le gouvernement de Pologne, — Lettres à Butta-Foco, — Projet de paix perpétuelle. — Polysynodie, — Julie ou la Nouvelle Héloïse.
   TOME IV : Mélanges, — Théâtre, — Poésie, — Botanique, — Musique.
   TOME V : Fin de la Musique, — Les Confessions.
   TOME VI : Dialogues, — Rêveries, — Correspondance.
   TOMES VII et VIII : Fin de la Correspondance, — Table analytique.

SAINT-SIMON (le duc de) : *Mémoires complets et authentiques* sur le siècle de Louis XIV et la Régence, collationnés sur le manuscrit original par M. Chéruel, et précédés d'une Notice de M. Sainte-Beuve de l'Académie française. 13 vol.

VOLTAIRE : *OEuvres complètes*. 25 vol. (sous presse).

Paris. — Typographie de Ch. Lahure, rue de Vaugirard, 9.